全国原苏区振兴理论与实践

（第六辑）

魏后凯　周利生　邱小云 | 主编

光明日报出版社

图书在版编目（CIP）数据

全国原苏区振兴理论与实践. 第六辑 / 魏后凯，周利生，邱小云主编. -- 北京：光明日报出版社，2023.7
ISBN 978－7－5194－7396－9

Ⅰ.①全… Ⅱ.①魏…②周…③邱… Ⅲ.①区域经济发展—赣南地区—文集 Ⅳ.①F127.56-53

中国国家版本馆 CIP 数据核字（2023）第 145074 号

全国原苏区振兴理论与实践. 第六辑
QUANGUO YUANSUQU ZHENXING LILUN YU SHIJIAN. DILIUJI

主　　编：魏后凯　周利生　邱小云

责任编辑：杨　茹　　　　　　　　责任校对：杨　娜　董小花

封面设计：中联华文　　　　　　　责任印制：曹　净

出版发行：光明日报出版社

地　　址：北京市西城区永安路 106 号，100050

电　　话：010-63169890（咨询），010-63131930（邮购）

传　　真：010-63131930

网　　址：http://book.gmw.cn

E－mail：gmrbcbs@gmw.cn

法律顾问：北京市兰台律师事务所龚柳方律师

印　　刷：三河市华东印刷有限公司

装　　订：三河市华东印刷有限公司

本书如有破损、缺页、装订错误，请与本社联系调换，电话：010-63131930

开　　本：170mm×240mm

字　　数：574 千字　　　　　　　印　　张：32

版　　次：2024 年 7 月第 1 版　　　印　　次：2024 年 7 月第 1 次印刷

书　　号：ISBN 978－7－5194－7396－9

定　　价：145.00 元

版权所有　　翻印必究

编委会

主　　编　魏后凯　周利生　邱小云

执行主编　刘善庆　黎志辉　边俊杰

目 录
CONTENTS

嘉宾致辞

在"第六届全国原苏区振兴高峰论坛"上的致辞 ………… 胡剑飞（3）
在"第六届全国原苏区振兴高峰论坛"上的致辞 ………… 罗　晶（6）
在"第六届全国原苏区振兴高峰论坛"上的致辞 ………… 徐伟民（8）
在"第六届全国原苏区振兴高峰论坛"上的致辞 ………… 魏后凯（12）
在"第六届全国原苏区振兴高峰论坛"上的致辞 ………… 周利生（15）
在"第六届全国原苏区振兴高峰论坛"上的致辞 ………… 朱小理（17）

主旨报告

苏区精神、文化、历史相关主旨报告 …………………… 刘建生（23）
促进全国或老区农民征收的战略路径 …………………… 魏后凯（28）
继承发扬党的调查研究优良传统　重视革命老区振兴发展 …… 仝　华（32）
全国红色基因传承研究中心建设发展概述 ……………… 田延光（36）
大变局、中国式现代化与高质量发展 …………………… 彭迪云（39）

专题研讨一　党的二十大精神研究阐释

中国共产党勇于自我革命的基本内涵、宝贵经验与实现路径
　　——学习党的二十大关于自我革命论述的体会 ……… 梁晓宇（49）
习近平关于中国式现代化重要论述的生成逻辑、精髓要义与价值意蕴 ………
　　…………………………………………………………… 刘福华（63）
中国式现代化的基本特征、本质要求和时代意义 ………… 强原新（80）

1

专题研讨二　中国共产党革命精神

中国共产党弘扬奋斗精神的百年考察 ………… 韩亚男　黄　蕊（95）
将苏区精神融入基层党员干部教育的路径探析 ………… 刘宗贵（105）

专题研讨三　苏区史与红色文化

百年党史视野下中央苏区粮食工作蕴含的政治经济学经验在
　　新中国的传承与发展 ………………………………… 郭海龙（115）
中央苏区"三八"妇女节纪念活动研究
　　——以《红色中华》报为中心进行探讨 ………… 郭　斓　周文生（125）
习近平关于红色闽西的重要论述及其现实启示 ………… 马春玲（135）
苏区时期的选举运动研究
　　——以党报党刊为视角 ………………………… 邱　明　李井文（144）
从无线电联系的建立看共产国际对中国共产党的指导 …………
　　…………………………………………………… 孙　伟　杨燕红（158）
国民党对中央苏区的全面进攻及党的全面应对研究 …… 王小元　梁　圆（173）
中央苏区模范乡建设述论 ………………………… 谢庐明　吴振东（186）
苏区时期瑞金社会治理实践及其启示 ………………………… 张文卓（196）
中央苏区基层政权建设及现实启示 …………………………… 朱万红（208）
新时代大学生"红色基因"传承探析 ……………… 曾祥明　温思霞（221）
群众范畴的概念辨析、理论建构及方法论启示
　　——以党群关系建设为视域 ……………………………… 程东旺（230）
传承弘扬江西红色、绿色、古色文化研究 ………………………
　　…………………………… 黄惠运　刘祥宪　谢积耀　刘娟华（243）
中国共产党探索人与自然和谐共生现代化的奋斗历程及历史经验研究 ………
　　…………………………………………………… 刘　想　汪忠华（254）
"红色声音"：《红色中华》的苏维埃政权舆论构建 ………… 吕满文（267）
红色诗歌的思想政治教育价值与实践路径 ……………………… 马　勇（280）
红旗渠红色文化与旅游融合发展的路径研究 …………………… 王　煜（288）
革命文物承载光荣的历史
　　——馆藏革命文物文献资源的利用及"活化"案例 ………… 魏金华（296）
"互联网+"时代红色文化社会化传播的际遇、困境与对策 …… 徐功献（304）

专题研讨四　苏区振兴

数字化推动老区振兴发展研究
　　——从红色龙岩到数字龙岩 ………………………………… 陈　捷（317）
运用红色文化资源　助力红色乡村振兴
　　——以广东省汕头市潮南区红场镇为例 …………………… 程大立（325）
产业关联、产业转移与苏区产业振兴研究 ………… 胡淑琴　张其富（343）
红色旅游推动赣南高质量发展路径研究 ……………………… 黄　春（357）
革命老区共同富裕：生成逻辑与实践方略 ………… 黄玉发　廖嘉乐（367）
红色旅游对农户增收的影响研究 ………… 龙　玲　王　俊　舒长江（377）
中央苏区国有企业党的建设的历史考察 ……………………… 牛玉杰（391）
赣南苏区高校专利转化和高质量发展研究 …… 王　昆　孙家兴　迟嘉琪（405）
三农问题与自然生态：邓子恢环境观及其当代意义 …… 王　韵　何爱国（417）
国务院对赣南原中央苏区出台《若干意见》促进了当地的经济增长吗？
　　——基于合成控制法的定量评估研究 ……………………… 肖晓军（435）
新时代推进红色文化旅游高质量发展路径研究
　　——以赣南革命老区为例 ……………………… 杨丽萍　廖嘉乐（453）
赣南苏区振兴发展的历史性成就、基本经验及实践进路 ………………
　　……………………………………………………… 张宜红　王露瑶（464）
数字化引领革命老区高质量发展路径研究
　　——基于江西农业数字化发展的调研思考 ………………… 钟群英（479）
新中国成立以来寻乌经济社会发展成就研究
　　——基于《寻乌调查》 ……………………………………… 朱少媚（488）

01
嘉宾致辞

在"第六届全国原苏区振兴高峰论坛"上的致辞

胡剑飞[1]

尊敬的各位领导、各位来宾、各位专家，朋友们、同志们：

大家上午好！

阳春三月，草长莺飞，生机勃勃。很高兴在这美好的季节，与大家相聚在梦里水乡，美丽上犹，一起出席第六届全国原苏区振兴高峰论坛。首先，受江西省委副书记、赣州市委书记吴忠琼同志，赣州市委副书记、市长李克坚同志委托，我谨代表中共赣州市委、赣州市人民政府，向本届高峰论坛的胜利召开表示热烈祝贺！向出席论坛的各位领导、各位专家和同志们，表示诚挚欢迎！向长期以来关心支持赣州发展的各界人士，表示衷心的感谢！

大家知道，赣州是全国著名的革命老区、中央苏区、共和国摇篮，是中央红军长征集结出发地、南方三年游击战争的主阵地，为中国革命做出了重大贡献和巨大牺牲。党中央、国务院一直十分关心赣南革命老区，习近平总书记先后2次亲临赣州视察，9次对赣州工作做出重要指示批示。在习近平总书记的关心和关怀下，2012年6月28日，国务院出台《国务院关于支持赣南等原中央苏区振兴发展的若干意见》（国发〔2012〕21号），开启赣南苏区振兴发展新纪元。2021年1月24日，立足新发展阶段，国务院又出台《国务院关于新时代支持革命老区振兴发展的意见》（国发〔2021〕3号），给予赣州一系列特殊政策支持。2022年3月17日，经国务院批复同意，国家发展改革委印发《赣州革命老区高质量发展示范区建设方案》（发改振兴〔2022〕423号），要求赣州在全国革命老区中率先走出一条高质量发展的新路来，为今后实现共同富裕提供典型经验。2022年5月19日，经国务院同意，国家发改委又印发《革命老区重点城市对口合作工作方案》（发改振兴〔2022〕766号），在20个革命老区重点城

---

[1] 作者简介：胡剑飞，现任赣州市委常委、常务副市长、党组副书记。

市中，把赣州与深圳的对口合作摆在第一位。这一系列特殊政策的出台，饱含着习近平总书记和党中央、国务院对赣南革命老区的深切关怀，为赣南苏区振兴发展注入了强劲动力。

近年来，在党中央、国务院的关心关怀和省委、省政府的坚强领导下，赣州全市上下感恩奋进、苦干实干，推动赣南革命老区发生了翻天覆地的变化。去年是苏区振兴战略实施10周年，江西省委、省政府在赣州高规格召开座谈会，省委、省人大常委会、省政府、省政协四套班子主要领导和8名副省级领导出席会议，59个中央和国家机关、28名中管干部、78名司局级领导和159名国家部委挂职干部齐聚赣州，感恩习近平总书记和党中央的关心关怀，共同见证赣南苏区振兴发展取得的重大成就。10年来，赣南苏区实现了摆脱贫困、同步小康的千年梦想，谱写了赶超跨越、示范争先的精彩华章，进入经济社会发展最快、城乡面貌变化最大、群众受益最多的时期。一是经济实力显著增强。2022年，赣州GDP总量突破4500亿元，达4523.63亿元，居全国百强城市第62位，比2011年前移46位，比2021年前移3位，一举超过淄博、芜湖、遵义3个城市。二是工业发展势头强劲。格力、吉利、富士康等一大批龙头企业纷纷进驻并建成投产，中国稀土集团总部落户赣州，去年规模以上工业增加值增长8.8%，规模以上工业营收增长16.3%，增速均列全省第3；规模以上工业增加值1259.6亿元，规模以上工业营收5389.18亿元，总量分列全省第3、第4，均创历史最好成绩。三是交通区位极大改善。全市高速公路通车里程达1728.8千米，占全省的1/4，实现县县通高速。瑞金机场今年10月通航，赣州将同时拥有2个机场。南北向的赣深高铁2021年12月10日全线贯通，赣州正式融入大湾区2小时经济圈。另一条东西向的长赣高铁也已开工，届时两条高铁在赣州十字交汇。水运方面，赣州港五云码头今年建成投运，1000吨的船只将在赣江全流域实现三级通航。未来赣州北上南下、西进东出、通江达海的区位优势会愈发明显。四是民生福祉极大提升。我们始终坚持以人民为中心的发展思想，不断满足人民群众对美好生活的向往。近年来，累计建成城乡学校5821所，校舍面积增长68.8%。实施医疗项目2998个，全市每千常住人口床位数6.7张，增长147%，与南方医科大学南方医院、广东省人民医院共建两个国家区域医疗中心，老区人民在家门口就能享受到大城市一流的医疗服务。新增养老机构34个，总床位达5.7万张，增长46.2%，城市社区居家养老服务站点基本实现全覆盖。

当前，我们正按照建设革命老区高质量发展示范区的目标，紧紧抓住深圳与赣州对口合作这一重大战略机遇，全面深化与深圳市各领域务实合作，赣粤两省政府联合下发《深圳市与赣州市对口合作实施方案（2023—2027年）》（粤府〔2023〕7号），双方共同确定首批21个重点合作事项清单，制定下发2023年工作要点，建立了深赣对口合作联席会议制度并在深圳召开第一次会议，就两地共建"飞地"产业园基本达成共识，产业、园区、金融、教育、卫生、科技、农业等各领域合作全面展开，深赣合作实现良好开局，走在全国20个革命老区城市的前列。

赣南苏区振兴发展取得的发展变化，是党中央、国务院关心关怀，省委、省政府正确领导的结果，是省直部门和社会各界大力支持的结果。全国原苏区振兴高峰论坛，是以"苏区振兴"为主题的全国性学术会议，自2017年启动以来，已经举办了五届，为推动原苏区振兴发展发挥了积极作用。本届高峰论坛是在全党全国深入学习贯彻党的二十大精神和全国"两会"精神，开启现代化国家新征程的背景下召开的，对于加快落实《国务院关于新时代支持革命老区振兴发展的意见》等系列重要政策文件，推动全国革命老区高质量发展，具有重要的意义。这次参加论坛的专家学者，来自全国各地，层次高、造诣深，理论功底深厚，实践经验丰富。真诚希望各位专家学者围绕论坛主题，聚焦新时代革命老区振兴发展，广泛交流、深入研讨，多谋良策、贡献智慧。我们将认真运用好这次论坛取得的宝贵经验，努力转化为推动赣南苏区振兴发展的生动实践，全力谱写新时代革命老区高质量发展示范区建设的崭新篇章。

最后，预祝本次论坛取得圆满成功！祝愿大家身体健康、工作顺利、阖家幸福、万事如意！

谢谢！

在"第六届全国原苏区振兴高峰论坛"上的致辞

罗 晶①

尊敬的各位领导、各位嘉宾：

上午好！

春风报新喜，犹江万物欣。在全面深入学习贯彻党的二十大精神之际，第六届全国原苏区振兴高峰论坛在上犹召开，各位领导、各位嘉宾如约而至，这是对上犹苏区振兴工作的肯定和鼓励，我们感到十分高兴、十分荣幸。在这里，受县委副书记、县长钟晓斌同志委托，我谨代表中共上犹县委、上犹县人民政府对各位领导、各位嘉宾的到来表示热烈欢迎，向长期以来关心、支持、帮助上犹事业发展的国家部委和省、市领导，以及社会各界朋友表示衷心感谢！

上犹县位于赣州市西部，于南唐保大十年（公元952年）建县，因治所建于大犹山之南、犹水口上侧而得名，全县面积1543平方千米，总人口33万，素有"旅游之乡、水电之乡、茶叶之乡、中国观赏石之乡、中国天然氧吧"的美誉，是国家生态文明建设示范区、国家水土保持示范县，连续三年荣登"中国最美县域"榜单。土地革命战争时期，上犹是中央苏区的重要组成部分，并一度成为河西区革命斗争的领导和指挥中心。全县有名有姓的革命英烈2199名，开国将军4名。

2012年以来，上犹这块充满红色底蕴的革命老区，在党中央、国务院的深切关怀和省委、市委的坚强领导下，上犹人民牢记嘱托、感恩奋进，苏区振兴发展取得重大进展，进入了经济社会发展最快、城乡面貌变化最大、人民群众受益最多的时期。全县综合实力显著提升，打造了以玻璃纤维复合材料为首位产业，以电子信息、智能装备制造、新能源为主导产业的生态工业，发展了以茶叶、油茶、竹木为重点的现代农业，培育了以生态旅游为龙头的幸福产业，

---

① 作者简介：罗晶，上犹县委常委、常务副县长。

经济总量迈上百亿台阶，财政收入跨过10亿门槛。全县各项事业全面进步，城乡面貌焕然一新，生态魅力更加彰显，乡村振兴有效衔接，群众福祉节节攀升，2019年4月经省政府批准正式退出贫困县。长期以来，教育部、全国工商联、中国社科院等国家部委和省市有关单位、社会各界情系上犹，在政策、资金、项目等方面给予了大力支持，为上犹发展注入了强劲动能，33万上犹人民永远铭记于心、感恩于情！

近年来，随着新一轮支持革命老区高质量发展系列重大政策文件的出台，上犹经济社会发展再次迎来重大机遇。在新的征程上，我们将始终坚持以习近平新时代中国特色社会主义思想为指导，聚焦新时代赣南苏区振兴发展，解放思想、踔厉奋发，深入推进"三大战略、八大行动"，持续打造"五区"，提升"两指数"，加快建设革命老区高质量发展生态示范县，全面建设社会主义现代化美丽幸福上犹。

各位领导、各位嘉宾，今天的活动，既是缘与势的使然，又是心与心的交流。我们真诚希望各位领导、各位嘉宾多来上犹，既来上犹调研指导、传经送宝，也来上犹感受优美的生态风光、独特的客家风情。

最后，预祝本次高峰论坛取得圆满成功，祝各位领导和各位嘉宾工作顺利、身体健康、幸福如意！

谢谢！

在"第六届全国原苏区振兴高峰论坛"上的致辞

徐伟民[1]

尊敬的各位领导、专家学者和来宾朋友们：

大家好！

今天我的致辞主题围绕牢记嘱托、感恩奋进、奋力打造新时代全国革命老区高质量发展示范区展开，在全国上下深入学习贯彻党的二十大和全国"两会"精神之际，各位领导、专家学者和来宾朋友们齐聚赣南苏区，在风景如画、繁花似锦的上犹，共同见证苏区的历史巨变，研究探讨新时代革命老区振兴发展的新使命、新任务。全国原苏区振兴高峰论坛已经举办了五届，成为全国支持苏区振兴发展的一个重大平台。本次高峰论坛，也必将为原中央苏区振兴发展提供强力的智力支撑，注入强劲的发展动力。在此，我受江西省发展改革委领导委托，代表省发改委对各位领导和专家学者的莅临指导表示衷心的感谢，对长期以来给予原苏区振兴高峰论坛的关心、支持致以崇高的敬意。

赣南等原中央苏区这片书写了中国革命的光荣与梦想、浸染着无数革命先烈热血的红土圣地，铸就了跨越时空的井冈山精神和苏区精神，在中国革命史上具有特殊、重要的地位。习近平总书记对这片红土地始终饱含深情大爱，对2200多万苏区人民一直牵挂于心，亲自将推动赣南等原中央苏区振兴发展上升为国家战略。党的十八大以来，习近平总书记两次亲临赣南等原中央苏区视察指导，多次做出重要指示批示，为新时代苏区振兴发展指明了前进的方向、提供了根本遵循。

10年来，全省上下满怀对习近平总书记的由衷感激和拥戴之情，把赣南等原中央苏区振兴发展作为重大政治任务，牢记嘱托、感恩奋进，切实把战略机遇转化为发展优势、把宏伟蓝图转化为生动实践，推动赣南等原中央苏区发生

---

[1] 作者简介：徐伟民，江西省生态文明研究院党委书记。

了翻天覆地的历史性巨变,呈现出欣欣向荣、蓬勃向上的新气象。

——综合实力大步跨越。深入实施创新驱动发展战略,中科院赣江创新研究院等20个"国字号"科创平台落户。加快构建具有苏区特色的现代化产业体系,形成了6个千亿产业,有色金属、电子信息、现代家居等产业集群迅猛发展。强攻营商环境,优化升级"一号改革工程",赣州国际陆港、井冈山综保区等开放平台能级大幅提升,赣州—深圳、吉安—东莞、抚州—泉州建立对口合作关系,苏区正在加速成为开放高地、创业福地。54个苏区县GDP全部实现十年翻番,苏区经济综合实力和竞争力显著增强。

——城乡面貌深刻变化。基础设施建设提档升级,昌赣高铁、广吉高速等一批交通项目建成运营,苏区迈入高铁时代。井冈山机场扩建竣工投运,赣江航道全部具备三级通航条件。铁路营运里程、高速公路通车里程较2011年实现翻倍,雅中—江西特高压直流工程、井冈山航电枢纽等一批能源水利项目建成投用。新型城镇化建设加快推进,赣州、吉安、抚州均获评国家卫生城市、国家园林城市、国家森林城市,赣州、吉安跻身全国文明城市。乡村振兴扎实推进,一批富民产业快速成长,农村水、电、路、气等短板加快补齐,人居环境和乡风文明全面改善。

——人民生活大幅提升。坚决打赢精准脱贫攻坚战,井冈山市在全国率先脱贫摘帽,苏区239.8万建档立卡贫困人口全部脱贫,21个贫困县全部摘帽,2104个贫困村全部出列,彻底摆脱了区域性整体贫困,苏区如期与全国同步全面建成小康社会。下大力气解决突出的民生问题,改造农村危旧房105万户,巩固提升农村安全饮水1348万人,新建和改造电力线路12.6万千米、农村公路6.3万千米。扎实推进共同富裕,苏区人民生活"芝麻开花节节高"。

新时代开启新征程,新征程赋予新使命。2021年以来,《国务院关于新时代支持革命老区振兴发展的意见》《赣州革命老区高质量发展示范区建设方案》《革命老区重点城市对口合作工作方案》等重磅文件相继出台,为江西革命老区高质量发展带来新的重大机遇。我省也相继出台赣州市与深圳市、吉安市与东莞市对口合作实施方案,赣州革命老区高质量发展示范区发展规划,正在加快推进《江西省促进革命老区振兴发展条例》立法进程。下一步,我们将全面贯彻落实党的二十大精神,认真落实国家革命老区"1+N+X"政策体系,聚焦打造现代产业集聚区、改革开放引领区、乡村振兴示范区、生态文明建设典范区、革命老区共同富裕先行区、传承红色基因样板区的"六区"定位,以感恩之心、奋进之态,努力探索中国式现代化革命老区实践路径,奋力打造新时代全国革命老区高质量发展示范区。

一是坚持创新引领，奋力打造现代产业聚集区。建强、用好国家稀土功能材料创新中心等"国字号"重大科技创新平台，深入实施产业链"链长制"；推进有色金属、电子信息、现代家居、汽车制造等特色优势产业提质延链；强攻数字经济做优做强"一号发展工程"；推动现代金融、现代物流等现代服务业提质扩容，不断迈出革命老区产业转型升级坚实步伐。

二是坚持敢闯敢试，奋力打造改革开放先行区。大力弘扬苏区敢为天下先的精神，积极争取国家部委改革试点政策方面的倾斜支持，全面打响"干就赣好""吉事即办"等营商环境品牌。深度融入共建"一带一路"倡议、粤港澳大湾区等发展战略，深入推进革命老区重点城市对口合作，全面提升对外开放水平。

三是坚持协调发展，奋力打造乡村振兴示范区。持续巩固拓展脱贫成果，全面推进乡村振兴，推动城乡产业融合化、基础设施一体化、公共服务均等化，着力形成工农互促、城乡互补、携手并进的新型城乡关系。大力提升城市功能品质，高质量推进赣州省域副中心城市、吉安赣江中游生态经济带、抚州"四区一体化"建设，推动县域经济创新倍增发展。

四是坚持扬优成势，奋力打造生态文明建设典范区，坚定不移走生态优先、绿色发展之路，千方百计保护绿水青山，坚决打好污染防治攻坚战。想方设法打通"两山"转化通道，实施有色、建材等传统产业绿色化改造，积极发展生态旅游、循环经济、林下经济和节能环保产业，深化生态产品价值实现机制探索，着力构建生态文明制度体系，书写革命老区人与自然和谐共生的美丽画卷。

五是坚持共建共享，奋力打造革命老区共同富裕试验区。用心、用情、用力解决群众的急难愁盼问题，积极探索共同富裕有效路径，让苏区人民生活更加美好。加强普惠性、基础性、兜底性民生建设，全方位促进教育、文化等社会事业发展。抢抓基础设施建设重要窗口期，全面改善基础设施条件，让现代化基础设施体系更好地服务苏区群众的生产生活。

六是坚持继往开来，奋力打造传承红色基因样板区。物质富足、精神富有是社会主义现代化的根本要求，我们将深入推进红色基因代代传工程，加强红色资源保护利用，大力创作红色文艺精品，广泛开展红色教育培训。充分发挥革命博物馆、纪念馆等红色基因库的教育功能，高标准推进长征国家文化公园江西段建设，大力提升"红色名村"建设水平。

同时，革命老区振兴发展需要各方面共同努力。我们将全力搭建对口支援工作平台，让对口支援干部干得舒心、干出精彩；我们将全力整合各类资金、各方力量，让广大金融机构、市场主体、社会组织在革命老区各显神通、蓬勃发展。特别是，恳请在座的各位领导、各位专家学者一如既往地关心、支持苏区振兴工作，为苏区振兴发展建言献策、贡献智慧，共同汇聚起加快建设新时代全国革命老区高质量发展示范区的强大力量，携手书写赣南等原中央苏区振兴发展新的时代荣光！

最后，预祝此次论坛取得圆满成功！祝各位领导、各位专家学者身体健康、事业兴旺、万事如意！

谢谢大家！

在"第六届全国原苏区振兴高峰论坛"上的致辞

魏后凯[①]

各位领导、专家、同志们:

大家上午好!

首先,我谨代表全国原苏区振兴高峰论坛的主办方之一,对各位领导、专家、同志们积极参加本届论坛,表示热烈的欢迎和衷心的感谢!

我很欣慰地看到,在中国社科院农村发展研究所、江西师范大学、赣南师范大学、江西省苏区精神研究会等主办单位以及前后六届来自全国20多个省区市的数百名专家学者们的共同努力下,全国原苏区振兴高峰论坛因党的十九大而兴,因党的二十大而盛,因传承和弘扬苏区精神与老区精神、促进新时代革命老区振兴发展而荣。党的二十大是我们党开启第二个百年征程召开的一次具有里程碑意义的重要会议。习近平总书记在二十大报告中特别提出要"支持革命老区、民族地区加快发展"。深入学习宣传贯彻党的二十大精神,加快全国革命老区振兴发展,是国家有关部门和所有老区的党政机关、企事业单位当前和今后一个时期的首要政治任务。作为以推动革命老区振兴发展为己任的领导、专家以及广大青年研究者、工作者,一定要责无旁贷地运用自己的智慧、施展自己的才华、贡献自己的力量,努力将中共中央、国务院关于促进新时代革命老区振兴发展的新部署、新要求,忠诚地落实到赣南等原中央苏区和全国其他革命老区的战略发展谋划当中,忠诚地落实到推动革命老区振兴发展的各项具体工作当中,忠诚地落实到革命老区与全国同步实现第二个百年奋斗目标的伟大实践当中。

中国社科院农村发展研究所(以下简称农发所)是一个与老一辈革命家、

---

① 作者简介:魏后凯,中国社科院农村发展研究所所长。

全国革命老区具有深厚渊源的研究机构。农发所在1978年由邓小平、李先念等党和国家领导人亲自批准成立,从此成为中国"三农"研究领域的一支国家队,也是中国社会科学院成立后新建的第一批研究所之一,1985年之前为农业经济研究所。农发所也是一个拥有真切的老区情怀的研究机构。革命老区大多地处偏僻落后的农村地区,自然条件较差,经济底子较薄。建所初期,农发所就组织专家学者深入农村、深入老区对包产到户进行调查研究,为当时推进农村土地承包制改革做出了重要贡献。农发所近年来组织开展的贫困县退出评估、精准扶贫精准脱贫百村调研、乡村振兴综合调查等项目,其中有不少县乡村都属于革命老区。我个人很早就关注革命老区发展政策问题,2011年在《中国区域政策》一书中把"中央扶持革命老区发展政策"作为单独一章,2012年还组织中国社科院城环所与江西社科院共同完成了"中央苏区振兴需要国家支持的政策研究"的课题。

加快革命老区振兴发展,不仅是补偿老区贡献、弥补历史欠账、服务老区人民、促进区域协调发展的现实需要,而且是实现第二个百年奋斗目标、以中国式现代化全面推进中华民族伟大复兴的必然需要。下面,我想就这次论坛和今后的苏区振兴、老区振兴研究提几点希望和要求。

第一,要聚焦前沿问题。聚焦苏区振兴、老区振兴研究的前沿问题,需要把握两个关键点:一是从国家战略需求出发,把握党中央、国务院和各省市、自治区关于革命老区振兴的政策动态和政策需求;二是从理论创新需求出发,跟踪和把握国内外关于欠发达地区的学术研究动态,运用新视角、新技术、新手段,深入拓展革命老区振兴发展的创新性研究。

第二,要把握中国国情。由于中国目前仍处于社会主义初级阶段以及人多地少、城乡区域差距较大等国情特点,西方学界关于欠发达地区发展的某些理论在中国并不具有适应性。我们需要创建符合中国国情特点的老区发展理论,提出符合中国国情、能够解决实际问题的政策建议,在全球关于欠发达地区的学术研究中发出"中国老区声音",提出"中国老区方案"。

第三,要坚持人民立场。苏区振兴、老区振兴的任何理论和政策都是具有立场的。开展苏区振兴、老区振兴研究,一定要坚持人民立场、厚植人民情怀,深刻认识农民主体地位,把提高老区人民的福祉作为研究的出发点和落脚点,真心实意地通过自己的研究"把革命老区建设得更好,让老区人民过上更好的生活"。

第四,要深入科学论证。作为专业的苏区振兴、老区振兴研究者,我们提出的理论观点和政策建议,一定要在深入实地调查的基础上,采用科学的方法和准确的数据，综合考虑各方面因素，进行科学的分析论证，最终得出能够经得起实践检验的对策建议和研究结论，从而为构建中国特色的老区发展理论体系、话语体系做出贡献。

最后，预祝本届论坛圆满成功！祝愿我们这个论坛在各级党政部门、科研院所和高校智库的大力支持下越办越好！

谢谢大家！

在"第六届全国原苏区振兴高峰论坛"上的致辞

周利生[1]

尊敬的胡剑飞市长、刘建生组长、魏后凯所长、田延光主任、朱小理书记,各位领导、嘉宾、同志们:

大家上午好!

很高兴与各位相聚在"全国生态文明示范工程试点县""中国最美生态休闲旅游名县"——赣州上犹,共同参加第六届全国原苏区振兴高峰论坛。我谨代表论坛主办方之一——江西师范大学,对论坛的召开表示热烈祝贺!对参加本次论坛的各位领导、各位嘉宾和专家学者,表示热烈的欢迎和衷心的感谢!

革命老区是党和人民军队的根,是中国人民选择中国共产党的历史见证,是党夺取民主革命胜利的出发地,也是党在全国执政的实验地和锻炼治国安邦人才的培养地。

赣州是土地革命战争时期中央苏区的主体和核心区域,是中华苏维埃共和国临时中央政府所在地,为中国革命做出了重大贡献和巨大牺牲。党中央、国务院十分关心赣州革命老区的振兴发展,习近平总书记亲临赣州视察指导,做出重要指示批示。建设赣州革命老区高质量发展示范区,是贯彻落实习近平总书记对革命老区殷殷嘱托的必然要求,是党中央、国务院赋予江西的一项重大历史使命,也是新时代支持赣南苏区振兴发展的重大战略部署。赣州革命老区高质量发展示范区建设,对于推动新时代全国革命老区振兴发展具有重要意义。

在赣州等革命老区孕育形成的"苏区精神""老区精神",是引领革命老区前进方向、激发革命老区发展动力的"精神灯塔"。我们要结合新的时代条件和国家战略需要,积极研究、宣传和弘扬"苏区精神""老区精神",让新时代革命老区振兴发展事业永葆生机活力,绽放出新的时代光芒。一要深化老区历史

---

[1] 作者简介:周利生,江西师范大学党委委员、副校长。

和老区精神研究，丰富研究宣传成果。以党史工作部门、高等院校、科研机构等为依托，组织精干力量，瞄准重点选题，力争拿出高水准、有价值的研究成果，不断增强老区历史和老区精神研究与宣传的深度、广度。二要深入开展老区振兴应用对策研究，努力完善老区发展政策体系。以建设中国特色社会主义新型智库为契机和动力，答好新时代革命老区振兴发展的"时代之问"，丰富和完善支持革命老区振兴发展的政策措施，为走出一条中国特色的欠发达地区跨越式发展道路贡献智慧。三要依托老区丰富的红色资源，积极做好开发利用的大文章。着力研究老区革命文物开发利用的体制机制和技术创新方式，结合红色旅游、乡村振兴以及爱国主义和革命传统教育，真正让老区红色资源"活"起来、"亮"起来、"富"起来。

江西师范大学是教育部、江西省人民政府共建高校和中西部高校基础能力建设工程高校。学校融教育学、经济学、管理学、艺术学等十大学科门类于一体，对江西的经济社会发展有较大影响，被江西省人民政府确定为优先发展的省属重点（师范）大学。学校高度重视革命老区历史和中国共产党人精神谱系研究，着力推动革命老区振兴发展应用对策研究和社会服务，为此专门设立了"苏区振兴研究院""江西省红色资源开发与教育研究中心"等智库研究机构，组建了革命文物协同研究中心，长期以来把文章写在红土地上。

各位领导、各位嘉宾、同志们，新时代赋予新使命，新征程呼唤新作为。推动革命老区高质量发展示范区建设，做好新时代革命老区振兴发展工作，这是责任重大、使命光荣的伟大事业！让我们在这项伟大事业中勠力同心、奋发有为！

最后，预祝本次论坛取得圆满成功！

谢谢大家！

在"第六届全国原苏区振兴高峰论坛"上的致辞

朱小理[①]

尊敬的各位领导、各位专家学者：

大家上午好！

在全国上下深入学习、宣传贯彻党的二十大精神之际，今天，我们满怀喜悦，相聚红色赣南，梦里水乡上犹，隆重举行第六届全国原苏区振兴高峰论坛。首先，我谨代表论坛主办方赣南师范大学向论坛的成功举办表示热烈的祝贺！向与会的各位领导、各位专家学者表示诚挚的欢迎！对长期以来给予我校大力关心、支持和帮助的各位专家、学者表示衷心的感谢！

赣南是全国著名的革命老区，是土地革命战争时期中央苏区的主体和核心区域。赣南师范大学自1958年建校以来，始终扎根赣南这片红土，大力弘扬伟大的苏区精神，不忘初心、潜心育人，为党和国家培养输送了18万余名毕业生，被誉为"红土地上人民教师的摇篮"，教育部专家组评价学校"是一所特色鲜明、前景良好的区域性优秀师范大学"。

十年振兴发展，十年赣南巨变。沐浴着赣南苏区振兴发展的东风，10年来，我校事业发展取得了可喜的进步，尤其在专业建设、人才培养、科学研究、师资队伍、社会服务等方面卓有成效。在专业建设方面，学校全部本科招生专业中有60%入选一流本科专业建设"双万计划"，建有18个师范类专业，师范生占比达56%，17个列入教育部师范专业认证的师范专业全部完成二级认证，走在江西省师范院校前列。学校始终高举师范教育大旗，躬耕教师教育，先后被列为教育部对口支援的高校、教育部师范教育协同提质计划重点支持院校、江西省公费师范生培养高校。在人才培养方面，近些年学生荣获中宣部"五个一工程"奖、中国戏剧"梅花奖"、全国大学生党史知识竞答大会团体一等奖、中

---

① 作者简介：朱小理，赣南师范大学党委书记。

国国际"互联网+"大学生创新创业大赛金奖、全国"挑战杯"大学生课外学术科技作品竞赛红色专项活动一等奖等诸多国家级重大奖项 200 余人次。在科学研究方面，学校在中央苏区研究、红色文化研究等领域形成了显著特色，创办全国高校首个专门研究红色文化的学术刊物——《红色文化学刊》，推出了《中央苏区研究丛书》《苏区研究文库》等系列研究成果，培养了一批"红色作家""红色学者"。近年来，学校承担了国家社科基金重大招标项目、科技部重大支撑项目、国家重点研发计划、国家自然科学基金等国家和省部级科研项目 1100 余项，获省部级以上科研奖励 40 余项，相关研究成果在 Nature、Science 等国际著名期刊上发表。去年，学校还实现了国家自然科学基金优青项目零的突破，再次获批国家社科基金重大招标项目。在师资队伍方面，学校围绕申报博士学位授予单位指标要求，推动学校博士教师占比达到 46%，仅 2022 年一年，学校就新增博士 100 人，新引进人数位列江西省高校第 2。与此同时，学校也努力在"质"上求提升，有国家高层次人才计划人选等国家级人才 20 余人、省双千计划人选等省级以上人才 150 余人，涌现出"全国专业技术人才先进集体""全国先进工作者""全国优秀教师"等一批先进典型。在社会服务方面，学校还紧紧依托国家脐橙工程技术研究中心、国家级工业设计中心和教育部人文社科重点研究基地——中国共产党革命精神与文化资源研究中心等 3 个国家级科研服务平台和 21 个省级科研平台，积极助推脐橙、家具、文化传承创新等产业兴旺发展，服务地方经济社会发展能力水平显著提升。

学校还坚持用红色文化铸魂育人，把赣南丰富的红色文化资源转化为优质的育人资源，通过构建"十个一"工作体系和"五融入"工作机制，努力实现全员、全程、全方位育人，形成了"立足红土地办学、用苏区精神育人、为苏区振兴服务、做苏区精神传人"的红色文化育人特色。学校红色文化育人的相关经验做法也得到了中央党的建设工作领导小组《党建要报》《中国教育报》《江西日报》等众多权威媒体宣传推介。

历史照亮未来，征途未有穷期。党的二十大擘画了全面建设社会主义现代化国家、全面推进中华民族伟大复兴的宏伟蓝图。新征程上，赣南师范大学将始终坚持以习近平新时代中国特色社会主义思想为指导，持续深入学习、贯彻习近平总书记视察江西重要讲话精神，坚持社会主义办学方向，落实立德树人根本任务，大力弘扬伟大的苏区精神，深化红色文化育人工作，推进红色基因传承，努力为党和国家培养更多堪当民族复兴重任的时代新人和红色传人。

各位领导、各位专家学者，学校当前正全力冲刺申报博士学位授予单位，衷心希望和诚挚邀请各位领导、专家能常来赣州,常到我们学校考察指导,一如既往支持、帮助我校建设发展,共同推动老区教育事业高质量发展。

最后,预祝本次高峰论坛取得圆满成功!祝愿各位领导、专家学者身体健康、工作顺利、万事如意!

谢谢大家!

02
主旨报告

苏区精神、文化、历史相关主旨报告

刘建生[①]

尊敬的各位专家、各位领导、各位同事：

大家上午好！一场春雨喜迎宾，今天会议请来了这么多县长、书记，请来了这么多专家学者，请来了这么多校长、老师、同学，这让我特别高兴，在这里我向所有在我们赣南挂职的各单位的同志们问好！大家识天意、知民情、晓发展，待良时，大家寻共识、论友谊、研学向、兴苏区；大家钻课题、辟新意、究学理、展同愿、绘宏图，无不令人感到重逢的喜悦。"谈笑皆鸿儒，往来无白丁"，昨天我认真选读了论坛收录的50篇论文，特别挑选浏览了其中三五篇文章，论文范围之广泛、研修之深远、讨论之前沿、结论之精湛皆让我震惊！在苏区建设事业中，在弘扬苏区精神的伟大洗礼中，我们有这么多佳作出台，有这么多学术建树，有这么多接地气的好文章，何愁苏区建设发展不再上一个新台阶，何愁中国式现代化建设不指日可待！"好雨知时节，当春乃发生"，在这良辰佳节，我们共聚上犹，在这里，我看到苏区干部的好传统、好作风，老区干部的好行动，在一代又一代人手中接力，红色事业的传递在一代又一代接力者身上升华。刚才各位领导热情洋溢的致辞，充分体现了这片土地的生机勃勃、蒸蒸日上，大家也为集结再出发、为征程再起步的场景画龙点睛，我在这里预祝此次论坛圆满成功！

我发言主要有三块：

第一部分。第一次进入赣南苏区，站到这片红色的土地上，作为一名共产党员，我感受到的是一万种崇敬、一万种兴奋、一万种感慨！在102年前，即"觉醒年代"，上海石库门、南湖的红船上，中国年轻的和中年的知识分子，酝酿成立了中国共产党。那时候对红色政权的期盼，虽然有了苏俄的榜样，但在中国应该怎么实现还处于朦胧之中。而82年前，到了瑞金时代，到了赣南苏

[①] 作者简介：刘建生，中共中央宣传部一级巡视员、巡视组专职组长。

区，到了苏维埃政府的成立，这种红色革命的初心，这种"唤起工农千百万，同心干"的谋划已经成为事实，尤其是井冈山斗争的星星之火，已在全国形成燎原之势。虽然后来失去了井冈山的地盘，但是又有了瑞金坚强巩固的红色根据地。中国共产党人打天下的念想，已经成为局部坐天下的诠释，甚至成为共产国际青睐中国革命成果，预期中国革命成功，预言中国红色政权建立的基本依据、基本事实、基本评估。

建党100周年，习近平总书记响亮地提出"不忘初心、牢记使命"，并以此为题在党内开展主题教育。党的二十大政治报告再次提到了政党执政的周期问题并且做出了"自我革命"的第二份法案。没有以瑞金为中心的革命根据地对初心初衷的逐步实践，没有瑞金民主政府的初步实践和延安的继续实践，就没有当年毛泽东在延安劳动回答黄永培先生的提问时，脱口而出的"民主""让人民来监督政府"，以避免周期率的重演。我们在瑞金叶坪和沙坪坝的两次会员大会上，已经充分见证了民主的氛围、昌盛、定义和意义。这是今天全过程人民民主的扎实起步、先声、端倪和序幕。

为什么党旗那么红？为什么我们把革命根据地称为向旧世界宣战的红色堡垒？为什么我们在构成中国古代、近代、现代及当代文化成分中，赫然醒目的勾勒出红色文化的轮廓并形成三个文化的概念？为什么我们的口号是传承红色基因，就是因为这片土地是由鲜血染成的，这座江山是无数英雄志士、先烈先辈们抛头颅、洒热血，奋斗牺牲、前赴后继换来的。这番事业是革命老前辈、共产主义老前辈，为了崇高的理想信念，为着全体人民共同的幸福，为着大同世界，"环球同此凉热"团结奋斗出来的，"唤起工农千百万，共同干"，现在我们今天拥有的一切，与这片土地的流血牺牲、无私奉献息息相关。我们所有的成就、胜利、成功、拥有，都与这里走出来的队伍、锤炼出来的精神、磨砺出来的意志密不可分。没有苏区精神的垫底，中国革命的胜利会大打折扣；没有苏区人民的奉献，中国革命的成功也许会变得子虚乌有，至少会延长很久很久，甚至会面临夭折。

第二部分。第一次站在赣南苏区这片红色的土地上，作为一名宣传思想战线上的工作者，我体会到、感受到的是一万种刻骨铭心的教育、一万种发自肺腑的感激、一万种对未来实现理想信念的坚定不移。

习近平总书记用28个字归纳了苏区精神："坚定信念、求真务实、一心为民、清正廉洁、艰苦奋斗、争创一流、无私奉献。"这28个字既含有中国共产党人革命精神的共性又显示苏区时期的特色和个性，是中国共产党人政治本色和精神特质的集中体现，是中华民族精神新的升华，也是我们正在建设的社会主义核心价值体系的重要来源。苏区精神是中国共产党人精神谱系中的重要组成部分。苏区精神的时代话语体系，体现了中国共产党人先进性、纯洁性追求的一贯主张和实践，当年在"红旗到底能打多久"的质疑声中，毛泽东的回答是"星星之火，可以燎原"。如今，更要在新的征程中继续解决举什么旗，走什么路的大是大非问题。理想信念是否牢固？是否永久？是否持之以恒？当年的反对本本主义、教条主义映照着今天坚持实事求是的思想路线，坚持一切从实际中来、从实践中来、从群众中来的原则；当年的"真心实意为群众谋利益"正是如今的"以人民为中心""为人民谋幸福"，是我们最大愿望的写照；当年的"自带干粮去办公"，在今天映照和传承的便是清正廉洁，克己奉公，恪守品性、品格、品德、底线，恪守党纪、国法、准绳；当年的"创业艰难百战多"正是新时代勇于斗争、善于斗争的品格和气质；当年创造的"第一等工作"正是今天的创造性继承、创新性发展，追求卓越，高质量高水平推进工作；当年的"无私奉献"，正是今天"我将无我、不负人民"的铮铮誓言。

新中国从苏区走来，从这里走来，打造新时代精神，凝聚新时代力量，创造新时代伟业，也正是要从这里诞生的精神上开始。"会昌城外高峰，红旗漫卷西风"，苏区精神的时代意义永远照亮我们奋斗的征程。

第三部分。沉浸在苏区这片具有红色文化的土地上，作为一个老粗的人，在这里不敢真正称老，苏区才敢真正称老，苏区还有一个名字叫老区，作为一个从业40年的出版人，伫立在1932年中央局出版的报纸、刊物、图书面前，我产生出一万种顶礼膜拜的景仰，领悟一万种撬动心神的启迪，承受到一万种点铁成金的鼓励和激励。

中国共产党成立至今，包括成立之前一直十分注重思想宣传工作和出版工作，像重视"枪杆子"一样重视"笔杆子"。一大对宣传工作期刊、图书出版的部署，二大成立人民出版社，成立宣传委员会的安排，苏区建设中对于书、报刊的出版操作，乃至于中央出版局的正式成立，都是标志性的建设。80年来，党的出版工作，是整体布局、战略布局的重要组成部分；是党的方针政策，主张要求传播的口舌；是组织群众、宣传群众、动员群众的强大思想武器。瑞金是红色政权的发祥地，是红色出版的诞生地。如今国家的出版工作直接由中央管理，更是体现了当年这种基本布局、管理设想的继承和延续。用出版工作的实际，服务于党的中心工作和任务，服务于中国式现代化建设，服务于为人民谋福利，服务于促进人的全面发展和社会整体进度的初衷，是我们的天然使命、光荣职责和义不容辞的任务。

出版对于传播的价值还可以从下面一则小故事中看出：在红军第五次反

"围剿"失利，不得不进行大的战略转移时，毛泽东实际上已经被排斥在党的核心领导层之外。共产国际直接干预这件事情，提出最了解中国国情的毛泽东必须随中央红军行动，为中国革命由小到大、由弱变强、由失败到胜利埋下了重重的伏笔，为以后在中国共产党内确定毛泽东的领袖地位打下基础。其中有一个很重要的原因，1927年5月27日和6月12日，共产国际执委会的主杂志《共产国际》的俄文版、英文版先后以《湖南农民运动（报告）》为题，转载了中国国内《向导》杂志上毛泽东的文章《湖南农民运动考察报告》，认为"在迄今为止介绍中国农村状况的英文版刊物中，这篇报导最为清晰"。共产国际执委会主席布哈林称赞该篇文章"文字精炼，耐人寻味"。因此当"左"倾机会主义排斥毛泽东时，共产国际的领导人才会发来电报，明确表示毛泽东要留下来，留在中央红军的队伍中，他是最懂中国国情的人，所以长征出发时，毛泽东才会被人抬到担架上进入中央红军长征组织序列。从大历史上看，中国共产党的成功有其必然原因、必然因素，因为它代表人民的利益，是始终为中国人民谋利益的政党。考察报告让共产国际了解一个人的能力、经历、本领、阅历、见识和潜力。我们的《向导》期刊和国外的《共产国际》杂志功不可没，党的宣传工作能力和价值功不可没。

当时主管中共中央宣传工作的瞿秋白在为《湖南农民运动考察报告》所作的序言中，称赞毛泽东是"农民运动的王"。他说："中国革命家都要代表三万万九千万农民说话做事，到战线去奋斗，毛泽东不过开始罢了。中国的革命者个个都应当读一读毛泽东这本书。"目前党中央再次号召全党开展大调研动员、大调研活动和大调研工作，并对调查的方式方法、具体细节进行了部署，这正继承了当年苏区大调研的传统，发扬毛泽东当年寻乌调查的作风，深入实际开展调研。

第一次沐浴在赣南苏区的红色文化中，作为一个文化人，我油然而生一万种对革命文化的追思，一万种对血与火年代中诞生的红色文化的赞叹，一万种对苏区文化内在潜质和不灭激情的感慨。文化工作者要从苏区这片红色土壤内汲取什么？一是深刻领悟苏区精神。我们不仅要看到苏区实践对中国革命的价值，而且要看到苏区出现对世界进步的影响，对科学社会主义的昭示。我们要看到苏区政权模式类型在当时革命战争年代的壮举，更要看到苏区创建本身与新时代吃改革饭、走开放路的意义。创新永远是生命律动的最强音，我们不仅要看到苏区的尝试和积累，对党的建设、党的领导的实践的推动和丰富的理论，还要看到苏区的马克思主义与中国革命相结合、与中国传统文化结合的内在联系。关注苏区文化、关注中国共产党在瑞金和赣南的成功，不能不考虑客家文化的特点和特征，革命化现代化与客家文化的交融，也是形成这片土地红色文化的重要元素。地域、人文、宗教、文学、地理、习惯等所有的文化元素都应当成为我们研究和生命输出精神的渠道和路径。二是全面宣传苏区精神。苏区的意义对于革命事业成败的影响是全方位的，政府宣传活动，做思想政治工作，动员老百姓维护新政权，参与革命，创造新天地，更着力于经济建设，双手抓生产，开展土地革命，让农民耕者有其田，发展生产、发展经济以形成在延安时期的"自己动手，丰衣足食"和今天的"独立自主""自力更生"。苏区的文化建设从村落到集镇，从民工组织到苏联政府，形式多样化、渠道多重化、对象多元化，形成了文化引进、文化提升、文化包容、文化进步的体系。从小学孩子们的新识字课本到大中杂志、书、报纸等的红红火火，到各种文艺文化形式的呈现，应有尽有、丰富多彩、成就斐然。苏区精神是一个完整的文化精神体系，是一个全面的综合现象，是立体的、多维的，有丰富的层次、丰满的内涵和丰富的机理，宣传方面一定切记不要只抓住一点，不计其余，应该是全面推进、立体推进、全方位推进的，不要把导向走偏。三是长久布局，弘扬苏区精神。当年的政治局常委李长春同志提出过"红色旅游"这个概念，并经中央一再倡导，后来已经成为星火燎原之势。苏区精神的弘扬，有红色基因的传承，更有开发的资源、自然资源，有利于促进文化交流、促进经济交融、促进生态交汇、促进社会交互。以红色为线贯穿政治、经济、文化、社会、生态文明建设方方面面，形成大协奏曲，形成全方位现代化推进，并且在交流与融合中，缩小发达地区与沿海边缘地区的差距；在现代信息化数字化背景下，压缩苏区与发达地区的现代化距离，让苏区跟上时代前进的步伐，不掉队、不落伍，完成历代苏区人民的心愿，实现中国式现代化的全部目标。

几万种体会、几万种感受、千言万语道不尽、说不完。我衷心祝愿苏区事业蒸蒸日上、日新月异，苏区精神代代相传、基因永续，苏区人民幸福安康、生活美满，再次预祝我们这次论坛圆满成功！祝各位与会者身体健康、事业有成！

谢谢大家！

促进全国或老区农民征收的战略路径

魏后凯①

促进全国或老区农民征收的战略路径是我国"三农"问题中的重要问题，具体我主要围绕农民收入情况如何，如何促进农民增收及如何促进老区农民增收进行报告。

第一个问题：近年来我国农村居民收入增长及其差距。这里我们可以看出2010年以来，农村居民人均可支配收入增速连续13年高于城镇居民。在2010—2020年，农村居民收入年均增长8.1%，比城镇居民高1.8个百分点；2021年，农村居民收入实际增长9.7%，比城镇居民高2.6个百分点；2022年，农村居民收入实际增长4.2%，比城镇居民高2.3个百分点。虽然城乡收入差距持续缩小，但目前仍处于高位，从数据可以直观看到城乡居民人均可支配收入之比：从2007年最高时的3.14，下降到2017年的2.71，2022年进一步下降到2.45。目前城乡居民收入差距仍处于高位，比1985年高32%，更远高于发达国家的水平。从变化趋势而言，城乡居民收入绝对差距仍在不断扩大，2020年，农民人均可支配收入17131.5元，比城市落后11—12年，按当年价格计算，仅比城市2009年高1.4%；按可比价格计算，仅比城市2008年高3.8%。从农民生活水平而言，农民生活水平16063元，比城市落后10—13年，按当年价格计算，比城市2010年低3.1%；按可比价格计算，比城市2007年高1.6%。而造成城乡差距大的核心是农民收入低。2015年之前，城乡消费水平差距一直大于城乡收入差距，2016年以来，城乡消费水平差距已经小于城乡收入差距。从影响因素而言，农民收入低已经成为制约农民生活水平提升的关键因素，主要原因在于农民消费提升受到收入限制；提前消费、人情消费等倾向，导致农民消费负担过重，进一步制约了农民收入增加。

我们也不得不面对农村居民群体间差距也较大的问题，根据国家统计局发

---

① 作者简介：魏后凯，中国社科院农村发展研究所所长。

布的农村基尼系数来说，1978年农村基尼系数为0.21，到了2012年，农村的基尼系数变为0.39，而根据中国家庭收入调查（CHIP）数据显示，2018年的农村基尼系数为0.40。根据中国乡村振兴综合调查（CRRS）数据来看，2020年调查10个省区、308个行政村、3833个农户样本显示，按农民人均纯收入计算的基尼系数为0.4591，农村居民绝大部分为低收入群体，中国低收入群体主要集中在农村地区。根据国家统计局中等收入标准，典型三口之家年收入在10万至50万元（2018年价格），参照上面的指标测量对比，我们统计出2018年农村约90%为低收入群体，而在2021年，农村约80%仍然为低收入群体，这个形势不容乐观。2022年农村高低收入组差距在进一步扩大，来看一组数据：在统计调查的样本中，我们发现农村低收入组的名义增长3.5%，中间偏下收入组为3.3%，中间收入组为5.5%，中间偏上收入组为6.4%，高收入组为6.9%。从脱贫地区来看，农村居民收入名义增长7.5%，实际增长5.4%，均比全国农村快1.2个百分点。各地农村居民收入差异明显的现象也非常突出，2021年农村居民人均可支配收入：上海是甘肃的3.4倍。2019年浙江嘉兴市是甘肃临夏州的5.0倍，杭州余杭区是临夏东乡族自治县的7.0倍，可见近年来我国农村居民收入增长及其差距问题有待解决。

第二个问题：多种途径促进农民持续稳定增收。首先，新形势下要全方位增加农民收入，促进城乡共富，不能采取削高填低的办法，关键是全面推进乡村振兴，全方位增加农民收入。

目前农民增收越来越依赖工资性收入和转移净收入。2016—2021年，二者对农民增收的贡献高达69.6%，脱贫地区这一比重更高。农民增收的最根本来源应该是来自农业和农村，而不是农业农村之外的城市产业。未来重点是激发乡村内生活力，建立各具特色、具有竞争力的现代乡村产业体系和农业农村导向型的农民稳定增收机制。主要举措可以有：（1）多途径增加工资性收入。自2015年起，农民人均工资性收入已超过经营净收入，成为农民收入的第一大来源，其对2016—2021年农民增收的贡献率达到44.7%，2022年为40.9%。但这种工资性收入更多的是农民离开农业农村到城市打工的工资性收入。多途径增加农民工资性收入，并不断提高来自农业农村的工资性收入比重，从根本上改变某些地区尤其是欠发达地区农民增收高度依赖外出打工和转移净收入的状况。（2）促进经营性收入快速增长。近年来，农民从农业生产经营中获得的收入较少，农民增收更多依靠兼业化、非农化。2022年有所改变，农村居民人均第一产业经营净收入比上年名义增长6.4%，占比为22.7%，贡献率提升到23.0%，其中农业贡献率提升到19.6%。鼓励和支持农村创新创业，促进家庭经营性收入快速增长，稳定并提高经营净收入所占比重及其对农民增收的贡献率。（3）拓宽财产性增收渠道。速度快、比重低、贡献小。目前农民获得的财产性收入很少。农民人均财产净收入占比只有2.5%，其对2016—2021年农民增收的贡献率仅有2.9%，2022年为3.3%。全面深化农村改革，尤其是土地制度和农村集体产权制度改革，打通资源变资本、资本变财富的渠道，进一步拓宽增加农民财产性收入渠道，大幅度提高财产净收入所占比重及其对农民增收的贡献率。（4）优化农民收入分配格局。在做大"蛋糕"的过程中分好"蛋糕"。通过完善农业农村支持政策体系，稳定增加农民转移净收入的途径仍有较大空间。2022年农村占比为20.9%，增收贡献率为22.4%，但城乡比仍高达2.11，同时要重视农民的扩中提低问题，重点关注低收入、老年人等困难和特殊群体，形成橄榄型的社会结构。实现共同富裕的关键在于提低，提低的重点、难点都在农村居民，要多途径增加农村低收入群体收入，为农村低收入群体提供更多、更体面的就业岗位，鼓励和支持农民创新创业，激活农村资源，增加农民财产性收入，加大政策支持和多渠道帮扶力度，不断壮大农村中等收入群体，2021年为20%左右，力争在2035年超过1/3，在2050年超过50%。

　　第三个问题：加大支持力度，促进老区农民增收致富。中央一直高度重视革命老区发展。编制振兴发展规划，"十四五"特殊类型地区振兴发展规划：将革命老区作为六类特殊类型地区之一。设立革命老区转移支付：中央财政于2001年设立了革命老区转移支付，补助对象主要是对中国革命做出较大贡献、财政较为困难的革命老区县（市、区）。2014年为57亿元，2018年为110.58亿元，2022年为225亿元，江西为26.135亿元，占11.6%。革命老区重在发挥自身优势，形成发挥赶超优势、红色旅游、独特资源优势和生态环境优势"四势"合力。我们应充分挖掘革命老区红色旅游的潜力，我国红色旅游资源分布广泛，地域特色鲜明，主要集中在革命老区和红军长征沿线，尤其是中西部偏远山区、农村地区和少数民族地区。红色旅游是革命老区的主导优势产业，我们要充分利用当前的有利时机，以红色旅游为抓手，全面助推乡村振兴。2021年1月24日，国务院发布《国务院关于新时代支持革命老区振兴发展的意见》，推动红色旅游高质量发展，建设红色旅游融合发展示范区；2021年10月16日，国家发展改革委发布《湘赣边区域合作示范区建设总体方案》，瞄准"三区"定位：全国革命老区振兴发展的先行区、省际交界地区协同发展的样板区、绿色发展和生态文明建设的引领区。

　　最后，我认为红色旅游助推乡村振兴有七大路径，（1）红色引擎：弘扬红色精神，发挥党建引领作用；（2）全面融合：从文旅融合走向包括文旅融合、农旅融合在内的产业全面融合,充分挖掘本地红色资源,将红色旅游融入整个乡村产业链中,因地制宜打造各具特色的"红色+"产业模式,推动红色旅游与观光农业、休闲康养、文化教育、农产品加工、电商物流等产业全面深度融合,助推乡村产业振兴;(3)环境提升:将红色旅游与农村基础设施建设、公共服务和人居环境整治提升结合起来;(4)数字转型:以红色旅游数字化为抓手,推动乡村数字化转型,建设数字乡村和智慧乡村;(5)利益分享:让农民更多分享红色旅游产业链的增值收益,鼓励农民广泛参与,构建多种形式的利益联结机制,打造红色旅游发展共同体;(6)品牌效应:发挥红色品牌效应,推动乡村相关产业发展;(7)合作联动:加强地区之间的合作与联动。

继承发扬党的调查研究优良传统
重视革命老区振兴发展

仝 华①

关于在全党大兴调查研究的工作方案主要涉及三方面：

第一方面：从历史深处认识调查研究是我们党的传家宝。2023年3月19日，中共中央办公厅印发了《关于在全党大兴调查研究的工作方案》，并发出通知，要求各地区各部门结合实际，认真贯彻落实工作方案。工作方案含五个部分，分别是重要意义、总体要求、调研内容、方法步骤、工作要求。工作方案全文4700余字，其中用于阐述重要意义的有560余字，其第一句话写道："调查研究是我们党的传家宝。"虽然从字面看，无论在重要意义部分还是在其他四个部分，该工作方案均未对此加以展开，但是调查研究是我们党的传家宝的丰厚内涵和其不可磨灭的影响力反映在了工作方案的字里行间。

回顾党的历史，大革命失败后在探索开辟中国革命新道路的历程中，毛泽东从1930年5月至1933年10月先后写下了《调查工作》《学会调查》《长冈乡调查》《才溪乡调查》等11篇关于调查研究的宝贝文献，其中《调查工作》这篇理论文章提出了"没有调查就没有发言权，调查就是解决问题，中国革命斗争的胜利要靠中国同志了解中国情况"的论断。《学会调查》则以8万余字的详细调研记录，首先为根据地的党和红军从根据地实际情况出发制定政策、采取行动提供了宝贵依据。经历了土地革命战争时期和抗日战争相持阶段前期艰苦斗争的磨砺，经历了调查研究实践的锻造和调查研究思想的不断积累后，1941年5月19日，在党的高级干部整封阶段，毛泽东在延安干部会上所作《改造我们的学习》的报告中，提出了在全党推行调查研究的计划是转变党的作风的基础一环的思想，提出这一思想主要出于以下考虑：第一，从党的历史上看，因缺乏科学的调查研究，许多同志虽然读了马克思主义的书但是消化不了，致使

---

① 作者简介：仝华，北京大学马克思主义学院副院长、教授。

我们走了许多弯路,改变这种状况必须加强调查研究;第二,从现实看,认真地研究现状和研究历史的风气使党内一些不好的思想作风也极大改变;第三,从共产党领导机关的基本任务看,做好了解情况和掌握政策这两件大事都需要通过调查研究。毛泽东提出的这一思想,有力指导了延安整风运动中全党调查研究之风的初心。1941年8月1日,党中央向全党发布了由毛泽东起草的《关于调查研究的决定》,其中包括提出了六项加强调查研究的方法办法,这些办法今天读来,仍令人赞叹,颇受启发。同日,党中央还发布了《关于实施调查研究的决定》,对从中央到地方的调查研究实施办法逐一进行了相应要求。上述两个文件的发布,即在贯彻落实所取得的丰硕调研成果和进一步丰富和深化党的调查研究思想中,为党科学制定一系列正确的方针政策、团结带领广大人民群众争取抗日战争和解放战争的胜利创造了根本性的有利条件。由上也可见,曾经的革命老区是培育党的调查研究优良传统的沃土,是练成调查研究这一党的传家宝的荣土。由此也激励全党在新征程上继承和弘扬党的这一优良传统的实际行动中为原革命老区的振兴与发展贡献智慧和力量。

第二方面:要有完整、准确认识中国式现代化的自觉,调研原革命老区之所求所需。党的二十大报告第三部分集中阐述新时代新征程中国共产党的使命任务。报告指出,从现在起中国共产党的中心任务就是团结带领全国各族人民全面建成社会主义现代化强国、实现第二个百年奋斗目标,以中国式现代化全面推进中华民族伟大复兴。对中国式现代化的中国特色,二十大报告从五个方面做了高屋建瓴、鞭辟入里的阐发,并在此基础上强调了中国式现代化的本质要求。党的二十大后,习近平总书记在2023年2月7日讲话的第一部分中指出:"实现中华民族伟大复兴是近代以来中国人民的共同梦想,无数仁人志士为此苦苦求索、进行各种尝试,但都以失败告终。探索中国现代化道路的重任,历史地落在了中国共产党身上。"随后他简明扼要、提纲挈领地从中国共产党百年历程、四个历史时期、接续奋斗的角度阐发了中国共产党与中国式现代化的关系,即中国式现代化是蕴含在党的各个历史时期的不懈奋斗中的,这其中也包括原老区人民在党的团结带领下,从不同方面、不同角度和不同程度为中国式现代化的开启和推进所做的贡献,例如,新民主主义革命时期,党先后在苏维埃区域和抗日民主根据地以及在全国解放战争时期的新解放区内,开展的政治、经济、文化、社会等方面的建设都为中国式现代化的开启做出了一定的实践突变和经验积累。新中国成立后,特别是改革开放后,我国人民的生活水平总体上发生了很大的变化,但是我国还处在社会主义初级阶段,由于历史和现实多方面主客观原因的制约,原革命老区的大部分地区经济和社会发展长时间处于相对或绝对落后的状况。为数不少的困难群众进入中国特色社会主义新时代后，以习近平同志为核心的党中央清醒地认识到全面建成小康社会最艰巨、最繁重的任务在农村，特别是在贫困地区，没有农村的小康，特别是没有贫困地区的小康，就没有全面建成小康社会，因此党中央对扶贫开发工作、脱贫攻坚战、精准脱贫攻坚战高度重视。2018年6月15日，中共中央、国务院制定了关于打赢脱贫攻坚三年行动的指导意见，并于同年8月19日正式颁布，其中强调：必须清醒认识打赢脱贫攻坚战的困难和挑战，切实增强责任感和紧迫感，再接再厉、精准施策，以更有力的行动、更扎实的工作，集中力量攻克贫困的难中之难、坚中之坚，确保坚决打赢脱贫这场具有决定性意义的攻坚战，如期全面建成小康社会、实现第一个百年奋斗目标。2020年3月6日，习近平总书记在决战决胜脱贫攻坚座谈会上的讲话指出："我多次讲，脱贫攻坚战不是轻轻松松一冲锋就能打赢的，从决定性成就到全面胜利，面临的困难和挑战依然艰巨，决不能松劲懈怠。"他强调要加强扶贫领域作风建设，让基层扶贫干部心无旁骛地投入疫情防控和脱贫攻坚工作中去，要加强脱贫攻坚干部培训，确保新选派的驻村干部和新上任的乡村干部全部轮训一遍，增强精准扶贫、精准脱贫能力等。在党中央坚强有力的领导和举国体制的保障下，在广大扶贫干部和乡村干部的倾心努力以及贫困地区人民群众的支持配合下，至2020年11月，依据现行标准，中国所有贫困县全部清零。2021年1月4日，中共中央、国务院拟定了《关于全面推进乡村振兴加快农业农村现代化的意见》并于同年2月22日正式颁布，实现巩固脱贫攻坚战成果同乡村振兴有效衔接的任务由此普遍展开。在这个过程中，党中央的每一项相关决策都离不开调查研究提供的依据或参考。在全面建成社会主义现代化强国的新征程上，推进包括了革命老区的振兴与发展在内的中国式现代化，更需要全党大力继承发扬党的调查研究优良传统和作风，依托党的决策，紧贴时代发展的需要，紧贴原革命老区人民的心和全国人民的心。

  第三方面：以科学的态度和方法，保证调研工作的质量和水平。从党的历史看，新中国成立后，在开始全面建设社会主义时期，为切实纠正"大跃进"和人民公社化运动中发生的严重错误，1960年12月至1961年3月，毛泽东在党中央召开的多次重要会议上，大讲调查研究问题。其间，1961年1月中旬，党的八届九中全会召开，会议结束后，围绕社会主义建设中的若干重大问题，为了进一步推动全党大兴调查研究之风，毛泽东等中央领导同志分别亲自带队赴各地调查。1961年3月11日，在广州召开的中共中央中南局、西南局、华东局负责人和这三个地区所属省、自治区、直辖市党委负责人参加的工作会议上，毛泽东将他在1930年5月写的《关于调查工作》一文印发给大家并写了说明，让大家共同参考。3月13日，毛泽东在会上进行了要做系统的、由历史到现状的调查研究的讲话，突出强调做领导工作的人要依靠自己亲身的调查研究去解决问题，书面报道也可以看，但是这跟自己亲身的调查是不相同的。3月23日，在广州中央工作会议上，毛泽东号召大家牢固树立起一万年还要进行调查研究工作的思想，同日，中共中央发出《关于认真进行调查工作问题给各中央局，各省、市、区党委的一封信》，其主要内容之一是对县级以上党委的领导人员提出了进行调查研究的明确要求，以及进一步指出了进行调查研究应遵循的正确原则，即调查是为了解决问题，不是为了调查而调查，调查应该采取客观态度，不应该抱定一种成见下去，专替自己找证据，应该发现事物的真相，不要被各种假象所蒙蔽，应该对调查材料进行全面的综合分析，不要满足于孤立的、片面的、看不到事物发展规律的观察。在调查的时候，不要怕听言之有误的不同意见，更不要怕实践检验推翻了已经做出的判断和决定。在党中央和毛泽东的号召指导及带动下，党的历史上又一次波澜壮阔的调查研究活动得以展开。2023年3月19日，中共中央办公厅印发的《关于在全党大兴调查研究的工作方案》对调研的内容做了12条规定，其中第12条为本地区本部门本单位长期未解决的老大难问题。此外，工作方案实际用了三个部分的篇章，即总体要求、方法步骤、工作要求，从不同层面对调查研究应取的科学态度和方法进行了严格而详细的规定，对此让我们一起认真学习和共勉，也让我们在不同的岗位上从实际出发，为原革命老区的振兴和发展尽可能地贡献力量！

全国红色基因传承研究中心建设发展概述

田延光[①]

红色是中国共产党、中华人民共和国最鲜亮的底色，红色也是江西的底色和本色。十八大以来，习近平总书记从党和国家事业发展的战略全局出发，重视红色基因传承，先后两次来到江西视察，走到赣南、走到井冈山、走到南昌，深情讲述这片红土地上的红色记忆和革命先烈的故事。习近平总书记提出"做示范、勇争先"，在五个方面全面推进，对江西的工作提出了推进红色基因传承的重要要求。江西省牢记嘱托，感恩奋进、勇于创新，在中宣部的精心指导和中央有关单位的大力支持下，2022年的3月15日，江西省委宣传部联合中央党史和文献研究院第七研究部、人民日报社理论部、求是杂志社文化编辑部、中国人民大学中共党史党建研究院、中国井冈山干部学院教学科研部、江西省社会科学院等单位共同组建。联合成立了全国红色基因传承研究中心。这是江西省第一个社科类国字号的研究平台。

立足江西、面向全国，依托江西丰厚的红色资源，借助全国学术资源和研究力量，聚焦学习、宣传、贯彻习近平新时代中国特色社会主义思想，传承红色基因主题，全国红色基因传承研究中心努力成为四个方面的平台：一是中国共产党人精神谱系研究高地，二是海内外红色文化学术交流的重要平台，三是红色文化资源开发利用的高端智库，四是红色资源共建共享的数据中心。

成立一年以来，全国红色基因传承研究中心（以下简称红研中心）克服了疫情的影响，2022年主要完成了三个方面的任务。一是牢记嘱托、高位推动建设全国一流学术平台。江西省委高度重视红研中心的建设，将其作为贯彻落实习近平总书记视察江西重要讲话精神，推进全国红色基因传承示范区建设的重大政治工程来抓，并纳入省委常委会援助工作来落实。江西省委宣传部牵头负责红研中心的建设，每年拨专款用于中心的建设与发展，同时，省编办给予了

---

① 作者简介：田延光，全国红色基因传承中心办公室主任。

中心人员编制，共同组建的各单位秉持资源共享、优势互补、协同创新、合作共赢的原则，在江西设立调研基地，开展重大课题调研和专项研究，为红研中心理论成果提供发表平台，如人民日报为我们红研中心发表成果提供了大量的帮助。中心成立了学术委员会，由党史党建方面全国的领军人才组建，同时邀请知名学者为特约研究员。

二是面向全国，服务大局，重大课题研究取得丰硕成果。第一，发布了一批重大课题。2022年红研中心设立了5项重大委托课题，由全国的知名专家参与其中，同时，设立了10项年度重点课题和一批规划课题，吸引了一批全国有名望的专家学者和研究实力较强的科研团队参与，推出一批有思想深度、有理论创建、有决策价值、有重要影响的研究成果。第二，推出高质量理论文章。2022年在《人民日报》《光明日报》等国家权威报刊发表理论文章40余篇，产生了很大的影响。第三，推出江西红色文库资助。红研中心积极推动江西红色文库建设，准备用5—10年的时间将江西红色文库打造成一个保护和展示江西红色文化的系统性文化宝库，成为一项赓续红色血脉、传承红色基因的标志性工程。2022年有两项列入了文库资助：苏区教育文献史料汇编与苏区红色报刊整理。第四，形成了一批调研成果。红研中心组织力量完成了中宣部马克思主义理论研究和建设工程、2022年重点项目习近平新时代中国特色社会主义思想在江西的生动实践的课题研究，组织了由中宣部委托的老区精神基本内涵的研究认证。

三是聚焦主题深化交流，举办高层次理论研讨活动。红研中心成立一年来，先后主办和承办全国性理论研讨会高端论坛8场，第一，在2022年6月6日承办了中宣部和江西省委举办的"学习宣传习近平新时代中国特色社会主义思想研讨会"，有不少的专家学者进行了大会发言，《人民日报》整版刊发。第二，举办首届红色基因传承高端论坛，产生了很大的影响，拟计划高端论坛一年举办一次。第三，举办各种研讨会。2022年是中国人民解放军建军95周年、新四军组建85周年、安源路矿工人运动胜利100周年，各类研讨会的举办都产生了丰硕的学术成果。

一年来的工作取得了不少的成绩也得到了中央领导的充分肯定，同时，中央领导对红研中心的建设和发展提出了要求："要建设好红研中心，整合好全国研究人才，努力建设名副其实的国字号品牌。"江西省委常委、宣传部部长庄兆林对中心的建设和发展也提出了三点要求：提高政治战略抓落实、聚焦重点抓落实、形成合理抓落实。下一步，红研中心将贯彻上级领导的要求，积极开展重大理论研究、重大实践研究以及重大经验总结，不断提高研究质量和水平，不断扩大红研中心的影响，为落实传承红色基因、赓续红色血脉的重要指示做出努力，把红色基因代代相传！党的二十大将传承红色基因、赓续红色血脉写入了党代会的报告，传承好红色基因是江西这块红色土地的崇高使命和重大职责，全国红色基因传承研究中心将义不容辞地肩负起党中央和省委省政府交付的光荣使命，依托江西独特的红色资源优势，持续推进全国红色基因传承研究中心的内涵，建设着力打造全国一流的理论和学术研究平台，弘扬中心的建设与发展！

大变局、中国式现代化与高质量发展

彭迪云[①]

一、从"两个大局"观说起

2023年2月7日，开局之年第一课，习近平总书记在学习贯彻党的二十大精神研讨班开班式上，深刻阐述了中国式现代化的一系列重大理论和实践问题。深入阐释中国式现代化，抓住了学习贯彻党的二十大精神的关键点，为广大党员干部正确理解和大力推进中国式现代化提供了根本遵循。习近平总书记就全面建设社会主义现代化国家提出"进入新发展阶段，我国发展内外环境发生深刻变化，面临许多新的重大问题，需要正确认识和把握"。2019年5月21日，在江西南昌召开的推动中部地区崛起工作座谈会上的重要讲话上，习近平总书记提出"两个大局"观，指出"领导干部要胸怀两个大局，一个是中华民族伟大复兴的战略全局，一个是世界百年未有之大变局，这是我们谋划工作的基本出发点"。

"世界百年大变局"是一个具有历史穿透力、理论引领力、政治动员力和行动感召力的著名论断。当前，世界百年未有之大变局加速演进，世界之变、时代之变、历史之变的"三变"特征更加明显。面对快速变化的世界和中国，如果墨守成规、思想僵化，没有理论创新的勇气，不能科学回答中国之问、世界之问、人民之问、时代之问的"四问"，不仅党和国家的事业无法继续前进，马克思主义也会失去生命力、说服力。当前正处于"新时代+新征程"的关键时刻，大党面临新变化，大国进入新方位，世界面临大变局。如何面对三个重大的时代课题：（1）新时代怎样坚持和发展中国特色社会主义？（2）新时代怎样建设社会主义现代化强国？（3）新时代怎样建设长期执政的马克思主义政党？都有待解答。习近平总书记对新时代"两个一百年"的奋斗目标进行了总体规

[①] 作者简介：彭迪云，南昌大学教授、江西应用科技学院党委书记。

划,提出了新时代"两步走"战略构想,指出新发展阶段,就是全面建设社会主义现代化国家、向第二个百年奋斗目标进军的阶段。这在我国发展进程中具有里程碑意义。

二、大变局的逻辑意蕴

百年大变局,"百年"是指一个长时期的跨度,不是几年或几十年;"大变局",是指发生重要的、影响巨大的变化,不是小规模、局部的改变。既然是变局,也意味着变化涉及大的格局、秩序、体系。对于百年大变局,要有历史的眼光、有大视野、有谋略。"百年大变局"的关键字是"变",要研究变什么、怎么变、变到哪里去。百年大变局是对当今世界局势的高度概括和客观研判。其内涵丰富,蕴意深刻,揭示了现实世界的未来趋向以及不确定性。"世界百年未有之大变局"主要是指过去百年之间由大国实力对比变化所引起的大国之间地位的变迁以及国际格局的变动。狭义上来说,大变局就是指国际格局的转型或转换。2019年9月,我国发布的《新时代的中国与世界》白皮书,详细论述了中国与世界关系的发展历程,并指出:"百年未有之大变局的最大变化,就是以中国为代表的新兴市场国家和发展中国家群体性崛起,从根本上改变了国际力量对比。"中国近代的衰落和现代的复兴都与世界大变局有着密切的关联,世界百年未有之大变局加速演进,国际力量对比发生深刻变化。

关于"大变局"的时间起止,大致有以下几种代表性观点:第一,认为是指从第二次世界大战结束到21世纪中叶的百年,即从1945年到2050年;第二,认为是指21世纪的100年,即整个21世纪;第三,联系"两个一百年"奋斗目标,认为是指1921年中国共产党成立、1949年新中国成立到2021年中国共产党成立100年、21世纪中叶新中国成立100年;第四,认为是指相邻的20世纪和21世纪,为期200年;第五,认为应以17世纪人类逐渐进入机械化社会和18世纪英国资产阶级革命为标志来看待这一问题,并据此提出"百年"的时间起止应为过去的"400年"或是"300年"。世界百年未有之大变局是带有"破局"和"立局"性质的大变化:第一,从文明竞赛看,500年前西方开始领跑全球化的趋势正逐渐让位于东方;第二,从技术动能看,400年前开启的工业化进程已从机械化、电力化、信息化逐渐演进到智能化阶段;第三,从国家制度看,300年前开始向全球推广的所谓"民主政治"体制表现不佳;第四,从知识体系看,200年前出现并在全球普及的学科体系与思想范式在当前认识世界、重构世界的进程中暴露出缺陷与短板;第五,从权力结构看,100多年前确定的大西洋体系正在出现洲际式转移与主体性分散。结合习近平总书记的重要论述,有以下"五大变局":一是世界经济重心在变(由大西洋向太平洋地区转移),二是世界政治格局在变(非西方化和多极化趋势),三是全球化进程之变(全球化出现了逆流或暗流和杂音),四是科技与产业之变(新一轮的科技革命和产业变革),五是全球治理之变(世界治理体系和规则呼唤变革)。

"世界百年大变局"的本质:一是国际力量对比的变化,二是发展范式的危机,三是财富的分配出了大问题,四是气候变化的未知性,五是新科技革命的"风暴"。"世界百年未有之大变局不是一时一事、一域一国之变,而是各种能量积聚、各种问题交织的世界之变、时代之变、历史之变。""世界百年大变局"的意义,"两个大局"交织互动,构成21世纪最亮丽的风景线,也成为21世纪的"时代特征"。在这种交织互动中,中国将逐步由"世界失我"到"世界有我"再到"世界向我"转变(韩庆祥,2022)。一是"世界失我",即近代中国大大落后于世界现代化先进水平,有"被开除球籍的危险",当年一些人在某些方面依附西方,失去了自我;二是"世界有我",即我们党坚定不移走中国特色社会主义道路,在世界上独立自主地走出了中国自己的路,具有自己的主体性,赢得了历史主动性;三是"世界向我",即中国特色社会主义道路为世界做出了重要贡献,所创造的中国式现代化道路和人类文明新形态为人类进步、人类文明发展展现了光明前景,也使世界向有利于中国发展的方向发展。

新发展阶段"新"在何处?进入新发展阶段,是中华民族伟大复兴历史进程的大跨越,在我国发展进程中具有里程碑意义。新发展阶段之"新",不仅在于发展之"新"、阶段之"新",而且在于理念之"新"、格局之"新",更在于气象之"新"、前景之"新"。一是"新"在实现从全面小康到现代化强国的大跨越,二是"新"在实现从追赶到引领的大跨越,三是"新"在实现从高速增长到高质量发展的大跨越,四是"新"在实现从尽快摆脱贫穷、落后状况到扎实推动共同富裕的大跨越。大变局对我国发展的影响主要体现在新一轮科技革命和产业变革是影响大变局的重要变量;经济全球化退潮和全球产业链供应链调整是推动大变局的深层因素;国际力量对比变化和大国博弈加剧是大变局的最大变量;新冠疫情全球大流行使百年大变局加速演变。大变局的五个变化包括:(1)新发展理念;(2)双循环;(3)数字化;(4)低碳化;(5)共同富裕。

三、中国式现代化的基本特征和本质要求

习近平总书记在主旨发言中指出,中国共产党将团结带领中国人民深入推进中国式现代化,为人类对现代化道路的探索做出新贡献;人口规模巨大是我

国的基本国情，是中国式现代化的重要特征；全体人民共同富裕，是中国式现代化的一个基本特征；"两个文明"相协调是中国式现代化的应有之义；形成人与自然和谐发展现代化建设新格局；走出一条既发展自身、又造福世界的现代化之路。二十大报告系统阐述了"中国式现代化"的创新理论，十九届五中全会精神的核心要义，分别是新发展阶段、新发展理念、新发展格局，这三个"新"，深刻回答了我国进入什么样的发展阶段、实现什么样的发展、如何实现发展的重大命题。同时还有"三高"：高质量发展、高品质生活、高效能治理。

怎样理解共同富裕？第一，共同富裕是"全民共富"。它不是一部分人和一部分地区的富裕，是全体人民的共同富裕，是全体人民共享发展成果，过上幸福美好的生活。共同富裕是全体人民的富裕，不是少数人的富裕。习近平总书记在中央财经委员会第十次会议上铿锵有力的论断，深刻指出了共同富裕的人民属性。第二，共同富裕是"全面富裕"。它既包括物质上的富裕，也包括精神上的富裕，不只是生活的富裕、富足，也包括精神的自信、自强，还包括环境的宜居、宜业，社会的和谐、和睦，公共服务的普及、普惠。总之，有利于实现人的全面发展和社会文明进步。第三，共同富裕是"共建共富"。实现共同富裕需要全体人民辛勤劳动和相互帮助，人人参与，人人尽力，人人享有，共建美好家园，共享美好生活（"共同"富裕≠"坐等"富裕，"共同"富裕≠"公共"富裕）。第四，共同富裕是"逐步共富"。它是仍然存在一定差距的共同富裕，不是整齐划一的平均主义同等富裕，不是所有人都同时富裕，也不是所有地区同时达到一个富裕水准。不同人群不仅实现富裕的程度有高有低，时间上也会有先有后，不同地区富裕程度还会存在一定差异，不可能齐头并进。促进全体人民共同富裕是一项长期艰巨的任务，是一个逐步推进的过程，我们既要遵循规律、积极有为，又不能脱离实际，要脚踏实地、久久为功，在实现现代化过程中不断地、逐步地解决这个问题。这是一个在动态中向前发展的过程，要持续推动，不断取得成效（"共同"富裕≠"同时"富裕，"共同"富裕≠"一时"富裕）。第五，共同富裕是"协调共富"。实现共同富裕，首先要通过全体人民共同奋斗把"蛋糕"做大做好，然后通过合理的制度安排正确处理增长和分配关系，把"蛋糕"切好分好。这就需要"市场—政府—社会"三者相互协调互补（有效市场+有为政府+有爱社会）。

怎样理解高质量发展"首要任务"？一是以高质量发展服务我国规模巨大的人口，二是以高质量发展推动全体人民共同富裕，三是以高质量发展承载物质文明和精神文明，四是以高质量发展履行人与自然和谐共生的责任，五是以高质量发展践行和平发展道路。随着中国特色社会主义进入新时代，我国经济发展也进入了新时代，基本特征就是由高速增长阶段转向高质量发展阶段。中国经济将呈现由起飞到降落、由追赶到领先、由模仿到创新、由奇迹到成熟（"L型增长假说"：不是 U 型，也不是 W 型，更不是 V 型，而是 L 型）的态势。未来中国：创新型经济+高品质生活+可持续发展生态的完美统一。要在更高起点上创造人民群众美好生活，协同推进人民富裕、国家强盛、中国美丽。我国转向高质量发展阶段的主要特征：（1）从"数量追赶"转向"质量追赶"；（2）从"规模扩张"转向"结构升级"；（3）从"要素驱动"转向"创新驱动"；（4）从"分配失衡"转向"共同富裕"；（5）从"高碳增长"转向"绿色发展"。

四、以高质量发展推进和拓展中国式现代化

以高质量发展为主题，这是党的十九届五中全会根据我国发展阶段、发展环境、发展条件变化做出的科学判断。党的二十大提出："高质量发展是全面建设社会主义现代化国家的首要任务。发展是党执政兴国的第一要务。没有坚实的物质技术基础，就不可能全面建成社会主义现代化强国，要坚定不移地推动高质量发展。"何谓高质量发展？以人民为中心，符合新发展理念（创新+协调+绿色+开放+共享），具有高效性（效率性）、韧性（弹性）、公平性（包容性）、可持续性和安全性等特点的发展。高质量发展涵盖了质量变革、效率变革和动力变革。由高速增长转向高质量发展的内在要求离不开新发展理念，党中央强调，贯彻新发展理念是关系我国发展全局的一场深刻变革，不能简单以生产总值增长率论英雄，必须实现创新成为第一动力、协调成为内生特点、绿色成为普遍形态、开放成为必由之路、共享成为根本目的的高质量发展，推动经济发展质量变革、效率变革、动力变革。

高质量发展的内在要求：根本保证——坚持党的领导；指导原则——贯彻新发展理念；价值取向——以人民为中心；根本方向——促进共同富裕；底线要求——统筹发展和安全。何谓韧性？"韧性"一词衍生于拉丁语"resilio"，意即"回复到原始状态"。2009 年，联合国国际减灾战略署（United Nations International Strategy for Disaster Reduction，UNISDR）提出："韧性是系统、社区或社会在受到干扰时，能够及时通过有效的方式抵抗、吸收、适应外部变化，并从其影响中恢复的能力。"韧性通过工程韧性、生态韧性、演进韧性的发展演变后，已从简单追求单一线性稳定状态转变为强调持续适应的网络性多平衡状态。经济韧性是指经济体系在遭受外部性、系统性或结构性风险冲击后，快速调整并恢复到原有合理状态的能力，包括抵抗力、恢复力、适应调整力（含学习转换力）。（1）抵抗力是经济韧性的首要表现；（2）恢复力是经济韧性的核心表现；（3）适应调整力是经济韧性的动态表现。

以高质量发展推动和拓展中国式现代化，未来5年是全面建设社会主义现代化国家开局起步的关键时期，党的二十大对加快构建新发展格局、着力推动高质量发展做出了战略部署。

（一）着力构建新发展格局

把实施扩大内需战略同深化供给侧结构性改革有机结合起来，增强国内大循环内生动力和可靠性。坚持扩大内需这个战略基点，增强消费对经济发展的基础性作用和投资对优化供给结构的关键作用，加快形成强大的国内市场。深化供给侧结构性改革，在提高供给体系质量、畅通经济循环上下更大功夫，形成需求牵引供给、供给创造需求的更高水平的动态平衡。在积极扩大内需的同时努力稳定外需，提升国际循环质量和水平。

（二）着力提高全要素生产率

深入实施科教兴国战略、人才强国战略、创新驱动发展战略，推动教育优先发展、科技自立自强、人才引领驱动。进一步加强基础研究、应用研究和科技成果转化，坚决打赢关键核心技术攻坚战。强化科技创新制度保障，优化企业创新生态和激励引导机制，适度超前布局国家重大科技基础设施，加快建设高水平创新平台，打造区域创新高地。持续优化劳动、资本、土地、资源等生产要素配置，不断提高全要素生产率，形成优质高效的现代化产业体系、多层次的创新体系，开辟发展新领域、新赛道，塑造发展新动能、新优势。

（三）着力提升产业链、供应链的韧性和安全水平

把增强产业链韧性和竞争力放在更加重要的位置，着力打造自主可控、安全可靠的产业链和供应链。深入实施质量强国建设和产业基础再造工程，加快发展先进制造业集群，壮大智能制造、生命健康、新材料等新兴产业，做大、做强、做优数字经济，深入推进传统产业数字化转型和数字产业创新发展。落实最严格的耕地保护制度，坚持农业科技自立自强，夯实粮食稳产增产基础，保障国家粮食安全。不断健全和发展石油、天然气、煤炭、电力等能源新型的产供储销体系，保障能源和战略性矿产资源安全。

（四）着力推进城乡融合发展和区域协调发展

全面实施乡村振兴战略，加快构建现代农业产业体系、生产体系、经营体系，加快推进农业农村现代化。推进以人为核心的新型城镇化，加快农业转移人口市民化，优化城镇化空间布局，进一步完善城乡融合发展体制机制。深入实施区域协调发展战略、区域重大战略、主体功能区战略，构建优势互补、高

质量发展的区域经济布局和国土空间体系。推进京津冀协同发展、长江经济带发展、粤港澳大湾区建设、长三角一体化发展，推动黄河流域生态保护和高质量发展。加大力度支持特殊类型地区发展，在发展中促进相对平衡。

（五）着力构建高水平社会主义市场经济体制

坚持"两个毫不动摇"，充分发挥市场在资源配置中的决定性作用，更好地发挥政府的作用，营造好的政策和制度环境，提高国有企业核心竞争力，促进民营经济发展壮大，支持中小微企业发展，让国企敢干、民企敢闯、外企敢投。深化"放管服"改革，营造市场化、法治化、国际化一流营商环境。建设高标准市场体系，深化要素市场化改革，加快构建高效规范、公平竞争、充分开放的全国统一大市场。推进能源、铁路、电信、公用事业等行业竞争性环节市场化改革。为资本设置"红绿灯"，依法加强对资本的有效监管，依法规范和引导资本健康发展。

（六）着力推进高水平对外开放

持续深化商品、服务、资金、人才等要素流动型开放，稳步扩大规则、规制、管理、标准等制度型开放，依托我国超大规模市场优势，吸引全球资源要素。推动货物贸易优化升级，创新服务贸易发展机制，实施自贸试验区提升战略，加快建设海南自由贸易港，支持跨境电商、海外仓等发展，加大吸引外资力度，推动重大外资项目落地，持续完善外资安全审查机制，深化双边、多边、区域合作，推动共建"一带一路"高质量发展，构建互利共赢、多元平衡、安全高效的开放型经济体系。

（七）着力推动绿色低碳发展

处理好发展与减碳的关系，统筹有序推进碳达峰工作，落实好碳中和行动方案，完善能源消耗总量和强度调控，大力推进煤炭清洁高效利用，加快规划建设新能源供给消纳体系。健全绿色低碳循环发展经济体系，促进经济社会发展全面绿色转型，推动产业结构、能源结构、交通运输结构等调整优化，实施全面节约战略，倡导绿色消费，推动形成绿色低碳的生产方式和生活方式。坚持山水林田湖草沙一体化保护和系统治理，加快重要生态系统保护和修复，实施生物多样性保护重大工程。深入推进环境污染防治，健全现代环境治理体系。

（八）着力提高人民生活品质

坚持尽力而为、量力而行，加强普惠性、基础性、兜底性民生建设。实施就业优先战略，扩大就业容量，提升就业质量。在高质量发展中促进共同富裕，增加低收入者收入，扩大中等收入群体，促进机会公平。健全覆盖全民、统筹城乡、公平统一、安全规范、可持续的多层次社会保障体系。加快建设高质量教育体系和全方位全周期的健康体系，加快义务教育优质均衡发展和城乡一体化，健全公共卫生体系。实施积极应对人口老龄化国家战略，促进人口长期均衡发展。

　　江西正处于大有可为的战略机遇期、优势叠加的红利释放期、动能升级的转型关键期。发展不足仍然是江西的基本省情，经济总量不大、人均不高、结构不优、创新不强的问题仍然突出。以新发展理念引领发展，努力优化"产业存量"、升级"经济增量"、做大"区域总量"、提高"人平均量"、拓展"生态容量"、管控"风险变量"。在此基础上，江西今后的发展目标可以朝着全面建设社会主义现代化江西（"富裕美丽幸福现代化江西"）奋进，首要战略是高质量跨越式发展；工作方针为创新引领、改革攻坚、开放提升、绿色崛起、担当实干、兴赣富民（"24字方针"）。

专题研讨一 03

党的二十大精神研究阐释

中国共产党勇于自我革命的基本内涵、宝贵经验与实现路径[①]

——学习党的二十大关于自我革命论述的体会

梁晓宇[②]

摘 要：坚持自我革命是党加强自身建设不可缺少的要素，也是一名合格共产党员必须具备的条件。勇于自我革命是中国共产党长期执政的基本经验之一，也是中国共产党作为马克思主义政党区别于其他政党的重要标志，新时代坚持自我革命有着强烈的现实意义，有利于推动全面从严治党，有利于推进全面深化改革，有利于永葆党的初心和使命。始终坚持问题导向、明确目标指向、坚持科学方法、善于学习是坚持自我革命的宝贵历史经验。新时代坚持自我革命，需要从意识、定力和文化三个层面系统推进。

关键词：自我革命；马克思主义政党；路径

党的十九届六中全会概括总结了中国共产党百年奋斗的历史经验，即"十个坚持"，其中第十条历史经验是"坚持自我革命"。毛泽东同志曾在延安窑洞里给出了第一个答案，即"只有让人民来监督政府，政府才不敢松懈"。经过百年奋斗特别是党的十八大以来新的实践，我们党又给出了第二个答案，即自我革命。习近平总书记在党的二十大上特别强调，经过不懈努力，党找到了自我革命这一跳出治乱兴衰历史周期率的第二个答案。新修订的党章明确要求"以伟大的自我革命引领社会革命""党的自我革命永远在路上"，实际上蕴含着对全党坚持自我革命和弘扬自我革命精神的要求。自我革命是中国共产党的鲜明品格，贯穿着中国共产党的百年历程，坚持自我革命是党加强自身建设不可缺

[①] 基金项目：国家社会科学基金青年"项目网络时代中国共产党的社会号召力建设研究"（21CDJ014）。

[②] 作者简介：梁晓宇，中共四川省委党校党建教研部教授，法学（马克思主义理论）博士。

少的要素，也是一名合格共产党员必须具备的条件。

一、中国共产党自我革命的科学内涵与价值旨归

从哲学上看，革命指的是新事物代替旧事物，推动事物发展的根本性变革；从政治和社会发展方面看，革命指的是新政权取代旧政权，新制度取代旧制度的变革过程。对于一个政党而言，自我革命指的是某个政党及党员个体通过自我剖析和自我批判，达到坚持真理、修正错误的目的。

（一）自我革命的内涵

1. 敢于将自身作为自我革命对象

能不能、敢不敢将自身作为自我革命对象，是判断一个政党能否坚持自我革命的重要指标。中国国民党是为革命而建立的政党，在建党初期比较注重党的思想建设和党员队伍信仰建设，其组织工作也摆脱了过去停留在上层社会圈子的局限，与广大工农群众建立了较为广泛的联系。但是从20世纪30年代开始，中国国民党内部因为对三民主义的解释出现分歧，党内派系斗争不断，不正之风和腐败之风开始蔓延，部分领导人背叛了孙中山的三民主义精神，这些问题导致党内出现了信仰危机，失去了自我革命精神的纽带，其执政的合法性也遭受了危机。中国国民党丧失民心、败退大陆的一个重要原因是不敢将本党的高层领导人作为革命的对象，不敢触动高层统治者的利益。

中国共产党以全体党员和各级组织为自我革命对象，及时清除党内腐化分子和不合格党员，通过开展教育活动改造主观世界以提升无产阶级政党的纯洁性，通过加强作风建设以密切联系群众等，中国共产党对自身建设问题的探索，积淀着自我革命的勇气和品格。

2. 勇于彻底自我纠错

"监察院"是中国国民党在大陆执政时期对官员实施监督的最高机关，"监察院"虽然在促进国家法律的完善、防止监察人员滥用权力、促进监察活动开展方面做出了一定的贡献，但在惩治腐败方面并没有发挥出实质性的作用，以至于被人嘲笑是"养老院"。1948年，蒋经国被任命为上海经济管制副督导员，负责上海地区的经济改革，蒋经国雷厉风行，采取铁腕手段限定物价，打击囤积居奇，惩治贪污腐败分子。但是，当惩治腐败涉及孔祥熙的大儿子孔令侃时，蒋介石亲自出面予以干涉，蒋经国只好作罢，他的"打虎"行动也以失败告终。1937年10月，红军旅长黄克功逼婚不成，枪杀了陕北公学女学生刘茜，黄克功自恃战功显赫，请求边区法院和党中央从轻治罪，允许其戴罪立功。党中央以自我革命的勇气和魄力，从人民立场出发，对黄克功处以极刑，并要求全体共产党员和红军干部要以黄克功为前车之鉴。

中国共产党为什么能够从建党初期的50多名党员发展成为拥有9500多万党员的世界第一大党，为什么能够在关键时刻力挽狂澜，实现伟大的转折，为什么能够从胜利走向更大的胜利，一个不可忽视的原因在于中国共产党能够直面自身问题，保持了承认并改正错误的勇气，能够进行彻底的自我纠错。

3. 善于不断自我完善

在敢于将自身作为革命对象，敢于承认错误并纠正错误的基础上，能够做到与时俱进、不断完善自己，是中国共产党的成功密码之一。中国共产党继承了马克思主义政党的批判基因，成为带有批判意识的创新型政党，"这是马克思主义与时俱进的理论品质与中国社会客观诉求互相统一的结果"[1]，一方面，中国共产党运用马克思主义的世界观和方法论去批判"实然"的世界，在批判中培育了创新思维，向着"应然"的目标不断迈进；另一方面，中国共产党也时刻批判反思着自身的执政实践，不断革故鼎新、自我完善，始终保持着旺盛的生命力。中国共产党秉承马克思主义政党"经常自己批判自己"的革命基因，坚定不移地推进全面从严治党，不断完善执政方式、把握执政规律，通过彻底解决党内存在的突出问题，始终保持居安思危、励精图治的精神状态，为革命事业的胜利提供了坚强的政治保证。

（二）自我革命的价值旨归

1. 推动全面从严治党需要自我革命

全面从严治党在本质上是中国共产党的一场自我革命，反映出了中国共产党管党治党的信心和铁腕治吏的决心。勇于自我革命同全面从严治党紧密地联系在一起。全面从严治党与自我革命有着共同的目标，即提升党建质量，为中国共产党更好地带领中国人民实现中华民族伟大复兴创造条件；全面从严治党与自我革命有着共同的对象主体，即全体党员和党的各级组织；全面从严治党与自我革命有着共同的时间要求，即"只有进行时没有结束时"。自我革命与全面从严治党的紧密联系，深刻地说明了推动全面从严治党向纵深发展，必须大力发扬自我革命精神、坚持自我革命。这是因为自我革命能够为全面从严治党提供源源不竭的动力，全面从严治党也必须以自我革命精神作为引领，将自我革命精神贯穿于全面从严治党的始终。

2. 推进全面深化改革需要自我革命

全面深化改革涉及对各种利益关系和权力格局的重新调整，是一场新的伟大的社会革命，要解决好全面深化改革过程中面临的各种困难、挑战和深层次的问题，必须长期坚持自我革命。我们不能陶醉在过去的成绩单里，不能躺在历史的功劳簿上，不能在改革的道路上丧失斗志，而是要以自我革命的勇气冲破思想观念的障碍，在宽广的政治格局中推进全面深化改革，敢于正视改革过程中面临的深层次问题，敢于"进入攻坚克难的改革深水区，在对标现实风险和重大威胁的纠错过程中，理性分析，泰然处之"[2]。

3. 永葆党的初心使命需要自我革命

自我革命体现了中国共产党对初心和使命的坚守。守初心、担使命和自我革命都是新时代关于加强党的领导和建设的重大命题，二者贯穿于党的发展历程中，统一于党的领导和执政的实践中。

守初心、担使命需要共产党人以强烈的自我革命精神克服形式主义、官僚主义，以"无我"的状态全心全意为人民服务。党的初心和使命源于马克思主义政党的阶级性，因为马克思主义政党是为了绝大多数人谋利益的政党，其最终目标是为了全人类的自由解放，实现人的自由全面发展。中国共产党第一次全国代表大会，就将"消灭社会的阶级区分"[3]作为党的奋斗目标，中国共产党的初心和使命扎根于实现中华民族独立和人民解放的革命实践中，扎根于实现民族伟大复兴的伟大斗争中，成为自我革命永恒的主题。不忘初心、牢记使命，需要中国共产党时刻保持自我革命的斗志和精神，恪守党的性质和宗旨，坚持人民当家作主，增进人民福祉，厚植人民情怀，确保党始终成为中国人民的主心骨。

二、中国共产党坚持自我革命的宝贵经验

中国共产党勇于自我革命是永葆生机和活力的重要源泉。梳理中国共产党自我革命的宝贵经验，对于巩固和发展党的政治优势、保持党的团结统一、提升党的凝聚力和战斗力等具有重要的现实意义。

（一）始终坚持问题导向

一个政党，特别是取得政权之后的执政党，伟大之处不在于不犯错误，而在于如何对待和纠正错误。中国共产党自成立以来就从不回避自身的问题和错误，敢于直面问题和错误，这既是自我革命的鲜明特征，也是中国共产党坚持自我革命最宝贵的经验之一。

中国共产党成立不久就发现了党可能存在的腐败问题，并于1926年8月出台了党的历史上第一个反腐败的通告《坚决清洗贪污腐化分子》。井冈山时期，先后发生了新遂边陲特别区赤卫队私分缴获的银圆、工农革命军第一团团长陈皓腐化堕落的腐败事件，面对这些已经出现的腐化分子和腐化现象，党和红军毫不留情地予以严厉惩处，既增强了党的凝聚力，提高了军队的战斗力，也维

护好了党和红军在人民群众中的威信。八七会议上，中国共产党毫不回避错误，以彻底的自我革命精神查找大革命失败的原因，严厉批判了以陈独秀为代表的右倾机会主义错误，毛泽东在会上提出了"枪杆子里出政权"的著名论断，会议还改组了中央领导机构，选出了新的中央领导机构，确定了土地革命和武装反抗国民党反动派的总方针。延安时期，陕甘宁边区政府颁布了《陕甘宁边区惩治贪污条例（草案）》，为陕甘宁边区的反腐败工作提供了坚强的法律支撑。

  1949年3月，党的七届二中全会向全党发出了"两个务必"的号召，这实际上是提出了以自我革命精神去应对赴京赶考的时代命题。中国共产党在不同的历史阶段有着不同的历史任务，但坚持自我革命始终是应对赶考的必然选择。新中国成立后，全国党员数量一下子增加到了580万，这就给党中央提出了一个非常现实的问题，即如何对全国不同层次的党员进行科学有效的管理。1951年4月，刘少奇在党的第一次全国组织会议上便作了《为更高的共产党员的条件而斗争》的报告，并论证了执政党必须提高党员条件，严格入党手续的问题。根据我国社会主义建设的经验教训和党内干部思想上的变化，党中央又提出了党的组织工作正常化和党要管党的原则，提出了必须规定制度，并实行监督；提出党的干部实行交流等理论原则。新中国成立后不久，党中央立即在全国范围内开展了惩治腐败运动，开启了全面执政条件下自我革命的先河，严厉查处了刘青山、张子善的贪腐问题。值得一提的是，在处理刘青山和张子善案件时，有一些党的高级干部曾为二人说情，面对处理这些对革命有功劳的人，党中央也很痛心，但绝不徇私情，一切都交由人民法院根据国家相关法律进行处理。

  1976年10月粉碎"四人帮"之后，我国进入了一个新的历史时期，针对当时的工作实际，党中央集中抓了党的组织整顿和端正党的思想路线问题。十一届三中全会后，纠正"文化大革命"的错误，使党和国家从危难中走出来，这是时代的需要，也是人民的愿望。在邓小平等老一辈无产阶级革命家的坚持和领导下，党中央进行了"真理标准问题"的讨论，从根本上否定了"两个凡是"的错误方针，坚持了实践是检验真理的唯一标准。关于真理标准问题的大讨论，是继延安整风运动之后又一次自我革命式的洗礼，通过讨论，全党进一步认识了实践是检验真理的唯一标准的马克思主义的基本观点，冲破了"两个凡是"的禁区，促进了全党的思想解放，提高了全党的思想理论水平，为实现党的指导思想和各条战线上的拨乱反正，产生了积极的推动作用。

  （二）始终明确目标指向

  全党的高度团结和统一是实现党的意志的必要条件，也是弘扬自我革命精神的一个重要目标。作为一个长期执政的党，中国共产党弘扬自我革命精神首先是加强党的建设，维护党的团结统一的需要，坚持自我革命的首要目的是维护党的团结统一，提升全党的凝聚力和战斗力。

秋收起义后，针对部队战斗力下降、减员较大等问题，毛泽东带领队伍在永新县的三湾村进行了著名的"三湾改编"，确立了支部建在连上的原则，将党的政策和影响力传递到每一个连队，保证了党对军队的绝对领导，提升了党和军队的战斗力。红军长征时期，一方面，党中央和红军面临着国民党部队的围追堵截；另一方面，张国焘图谋不轨，成立"第二中央"并自任主席，党和红军面临分裂的危险。在这样一种极其危急和艰难的时刻，中国共产党展示出了强大的自我革命精神和纠错能力，及时果断地调整了党中央和红军军事领导人，确立了毛泽东同志在党和红军的领导地位，最终粉碎了张国焘分裂党和红军的阴谋，全党和全军实现了大团结，胜利到达陕北，取得了长征的伟大胜利。西柏坡时期，为了适应大兵团作战的需要，加强党对人民军队的绝对领导，中共中央先后颁布和实施了《关于建立报告制度》《关于健全党委制》等维护党中央权威的制度；重新颁布了"三大纪律、八项注意"，利用作战间隙在军队内部开展以"诉苦""三查"为主要内容的整军运动，这些举措极大地维护了部队的团结统一，加强了党的集中统一领导。党的十一届三中全会的召开及拨乱反正，是新中国历史上深层次的自我革命，从冲破"两个凡是"的桎梏到改革开放新篇章的开启，从完整理解毛泽东思想到正确评价毛泽东的功过，中国共产党实现了思想上的高度统一，保证了党的团结，为改革开放全方位的历史性转变奠定了重要基础。在中国共产党的历史上，先后出台了三个历史决议，其中前两个历史决议是以发现问题、解决问题为主，第三个历史决议是以总结经验为主，但不管是发现、解决问题还是总结经验，三个历史决议都突出了团结这一主题。中国共产党深刻地认识到，只有全党团结才能凝聚起全党的力量去战胜一切困难和挑战，才能凝聚起全党的智慧推动党的事业前进。党的十八大以来，中国共产党以更加鲜明的态度坚持自我革命，不断清除损害党肌体健康的各种不利因素，保持了党的纯洁性和先进性；通过完善和执行党内法规制度，坚决维护党中央权威和集中统一领导，党的各级组织和全体党员紧密团结在以习近平同志为核心的党中央周围，凝聚起了实现中华民族伟大复兴的磅礴力量。

作为马克思主义政党，中国共产党的性质和宗旨决定了其必须坚持自我革命，永葆自我革命精神；自我革命也必须弄清楚我们党是怎么来的，是"为了谁"这个基本问题。中国共产党之所以能够进行彻底的自我革命，根本原因在于中国共产党代表人民的根本利益，没有自己的特殊利益，因为没有自己的

"私利",才能够做到"无畏"和"无惧",才敢于进行刀刃向内的自我革命。同样,作为长期执政的马克思主义政党,更不能丢掉马克思主义政党的本色,不能忘记中国共产党成立的目的、奋斗目标和初心使命,只有坚持和弘扬自我革命,才能守正创新、不断审视自己,使中国共产党变得更加强大。一方面,中国共产党是否具备彻底的自我革命精神,自我革命的成效如何,人民群众是阅卷人,是评价的主体;另一方面,中国共产党通过自我革命革除与人民群众的要求中与期待不符的缺陷和不足,从而获得人民群众的拥护与支持。不难看出,坚持自我革命的根本目的是增强服务本领,增强执政基础,获取人民信任,从而更好地为人民服务。得民心者得天下,失民心者失天下,人民群众作为中国共产党的立党之本、执政之基和力量之源,中国共产党必须加强与人民群众的密切联系;江山与人民的辩证统一关系也警示着中国共产党要不忘初心、牢记使命,在自我革命的过程中珍惜来之不易的红色政权,珍惜来之不易的革命成果。人民立场是中国共产党坚持自我革命的根本政治立场,弘扬自我革命精神要紧扣民心这个最大的政治,在实践中将汇集民智作为工作的重要着力点,切实尊重人民群众的首创精神;提高群众工作本领,善于把党的正确主张转变为群众的自觉行动,积极推动马克思主义理论大众化,用党的最新创新理论武装群众,提升党对群众的政治动员力和凝聚力。中国共产党要把人民群众自身利益的诉求与愿望需要和党组织自身的发展结合起来,使党组织在人民群众中发挥好利益协调器的功能,维护各方的合法利益,促进各项事业健康发展。

(三)始终坚持科学方法

批评和自我批评与党的建设密切相关,是中国共产党保持党的纯洁性、解决党内分歧的有力武器和有效方法。批评和自我批评是自我革命的重要实践形式,这是因为,从政党层面来讲,自我革命精神的弘扬需要落实到每个基层组织和个人,而支部和党员个体需要通过批评和自我批评发现问题、剖析和反省自己。

纵观党的历史,在重要关头和重要转折点,批评和自我批评都被运用到党内生活中去克服和纠正错误思想,从而实现党的历史性转变。奠定军魂的古田会议是毛泽东等人运用批评和自我批评的方式方法完成历史使命的。在古田会议之前,红四军的七大和八大没有解决好红四军存在的极端民主化等问题,并存在着批评有失偏颇的现象。为此,毛泽东在"古田会议决议"中对红军内部出现的8种错误观念进行了详细的说明和批评,并提出了纠正的办法,强调不能把党内的批评变成个人攻击,党员要有组织意识;将批评和自我批评的运用上升到了党内政治生活的高度等。古田会议是红四军在党的领导下进行的一次彻底的自我革命，明确了建党建军的原则，对党和军队的建设产生了深远影响。古田会议后，古田会议确定的建党建军思想逐步推广到全国各地红军中，其表现出的自我革命精神也逐步内化为中国共产党的红色基因，批评和自我批评的优良传承也达到了广泛地继承和弘扬。没有批评和自我批评这一有力武器的有效运用，就没有遵义会议的胜利召开。在遵义会议召开期间，周恩来在发言中首先做了诚恳的自我批评，表示自己对军事上的失利负有不可推卸的责任，然后对李德、博古家长式的军事指挥提出了严厉地批评，周恩来的发言扭转了遵义会议的议题，与会人员在激烈的批评与争论中最终统一了思想，达成共识，结束了"左"倾教条主义错误在中央的统治。

　　与西方执政党不同，在全党范围内开展集中教育是中国共产党坚持自我革命的一条重要举措，也是一条重要经验。遵义会议虽然解决了当时最为紧迫的军事和组织路线问题，但党内长期存在的"左"倾和右倾错误思想一直没有得到彻底纠正；同时，抗日战争形势的变化及中国共产党的发展壮大对全党在思想、作风、号召力等方面提出了新的要求。为此，中国共产党从1941年5月开始开展了为期三年多的整风运动，延安整风是党的历史上第一次集中教育活动，其主要内容是反对主观主义、宗派主义和党八股，延安整风以自我革命的方式批判了教条主义和经验主义产生的根源及危害，统一了全党的思想认识；通过集中学习和教育的方法提高了全党的马克思主义理论水平，推进了马克思主义中国化的历史进程，为抗日战争和新民主主义革命的胜利奠定了重要的思想基础。新中国成立初期，中国共产党把党内集中教育与理论教育紧密结合，先后开展了全党全军整风运动和整党运动，严肃了党纪军纪，提高了党和军队的战斗力。整党运动与"三反""五反"运动相结合，处理了一大批违纪违法干部，保持了党肌体的健康与活力，提升了党员素质，为国民经济的恢复创造了有利条件。1983年11月开始至1987年春结束的整党运动是改革开放以来第一次大规模的整党运动，参加此次整党运动的党员有4200多万，这次整党是对党的作风和组织的一次全面整顿，为改革开放事业的顺利推进奠定了组织基础和群众基础。党的十八大以来开展的党的群众路线教育实践活动、"三严三实"专题教育、"不忘初心、牢记使命"主题教育以及党史学习教育，对于全党既是学习教育的过程，也是自我革命和精神洗礼的过程。

　　（四）始终坚持不断学习

　　中国共产党是一个善于学习的马克思主义政党，善于学习并不断总结经验贯穿党的发展史。早在1920年，上海共产主义小组就成立了外国语学社，培养和造就了一批坚定的马克思主义者；1921年7月，党的一大就把在工人中普及马克思主义作为一项中心任务，中国共产党通过建立夜校、建立补习学校、组织工会会员学习等方式，在工人中积极宣传马克思主义；1921年9月，中国共产党第一个出版机构人民出版社在上海成立，翻译和出版了大量马克思主义经典著作。

抗日战争爆发后，中国共产党调整了政策和策略，建立起了包括各党各派各界各俊，工农学兵商一切爱国同胞在内的抗日民族统一战线。为此，1938年召开的六届六中全会不仅号召全体党员成为遵守纪律、团结统一的模范，更要成为学习的模范，要向书本学习、向人民群众学习、向友党友军学习，要在全党范围内开展一个学习竞赛。学习是为了更好地理解和运用马克思主义，而不是教条式地理解马克思主义。为此，毛泽东联系中国革命的实际先后创作了《实践论》《矛盾论》两篇光辉的马克思主义著作，从马克思主义世界观和方法论上揭示了"左"倾和右倾错误的认识根源，批判了党内在对待马克思主义的主观主义和形而上学的错误及对革命的危害，深刻阐述了科学、完整理解和运用马克思主义的重要性。1933年3月，中央苏区在瑞金成立了"马克思共产主义学校"，对党员干部进行较为系统的政治理论教育，为了进一步推动学习教育制度化，党中央于1940年3月颁布了《关于在职干部教育的指示》，明确规定每年的5月5日为学习节，学习节当天要对全年的学习经验予以总结，要对学习模范予以奖励；党中央号召党员干部加强工作以外的学习，建立了在职干部平均每天学习两个小时的制度。1959年，党中央领导同志带头组织读书小组，各地方党委也纷纷组织集中学习。毛泽东在一次集中学习的时候，边读苏联的《政治经济学教科书》边与大家一起讨论，每章每节的研讨，这就是后来广为流传的《毛泽东读社会主义政治经济学批注和谈话》。邓小平着眼于中国特色社会主义现代化建设的过程中出现的新问题、新情况，对领导干部提出新的要求，他还要求领导干部要全方位地学习，专业化地学习。党的十四大提出了建立社会主义市场经济的目标，为此，党中央要求全党认真学习当代世界政治、经济、文化等各种知识，党的十六大提出了要建设学习型社会的重要目标。党的十六大以来，党中央通过开创中央政治局集体学习制度，创办井冈山、延安和浦东三所新型干部培训学院等举措，多方位加强了学习型政党建设。进入新时代，以习近平同志为核心的党中央对中央政治局集体学习在形式、内容和方法等方面进行了创新，进一步优化了学习内容，拓展了学习的广度和深度；同时，十八大以来党中央在全党大兴学习之风，建设学习型政党的同时，也推动了学习大国建设，使学习成为常态，成为党员干部提高能力素质的基本途径。

善于学习、不断学习实际上是一个政党永不懈怠的表现，是不断挑战自我，不断克服自身缺点和不足的主要途径,是自我完善和自我革新的重要过程。

三、新时代坚持自我革命的路径指向

党的十八大以来开展的党的群众路线教育实践活动、"三严三实"专题教育、"不忘初心、牢记使命"主题教育以及党史学习教育,对于全党既是学习教育的过程,也是自我革命和精神洗礼的过程。新时代坚持自我革命要以巩固党史学习教育成果为契机,从坚定马克思主义信仰、坚定正确的政治方向和培育积极健康的党内政治文化等方面共同努力。

(一)坚定马克思主义信仰,提高自我革命意识

新时代坚持自我革命,首要之举就是把好思想之舵。苏共教条式地对待马克思主义,没有科学地继承和发展马克思主义,在错误思想的指引下走上了亡党亡国的歧路。

1. 坚定政治信仰

信仰是一个政党的灵魂,是每一个政党成员思想和行动的"总闸门",正如邓小平所说:"对马克思主义的信仰,是中国革命胜利的一种精神动力。"[4]坚定政治信仰需要科学认知马克思主义的自我革命性。马克思主义是革命性的理论,其革命性又蕴含着批判精神和自我革命精神。例如,"共产主义"这一伟大理想最先由空想社会主义者提出,马克思主义反对空想,认为理想必须建立在对现实生活有深刻认识的基础之上,与现实生活相适应并且对现实具有有效的批判功能,而不是主观设想出来的。因而,马克思、恩格斯批判地继承和吸收了人类关于自然科学、思维科学、社会科学的优秀成果,创立了马克思主义哲学、马克思主义政治经济学和科学社会主义理论,摒弃了空想社会主义的渣滓,使共产主义学说建立在科学的基础之上。我们要在学习马克思主义创立者的这种革命和批判精神中,认清马克思主义与其他各种学说的区别,理解和掌握马克思主义的科学内核,坚定政治信仰。

2. 传承红色基因

传承红色基因是坚持自我革命的内生动力。行程万里,不忘来路。革命先辈用英勇事迹造就出来的红船精神、井冈山精神、延安精神等,是中国共产党在领导全国各族人民在长期的革命斗争实践中留下的精神财富。在革命战争年代,条件艰难困苦,但广大共产党员保持了革命乐观主义,对党绝对忠诚,为了党的事业敢于牺牲自己的一切。我们要在重温党的历史过程中深化对自我革命传统和自我革命精神的理解,深刻感悟对党忠诚的内涵;要从党的培养、个人努力、文化熏陶、家风家教等角度,深入挖掘革命遗址内涵,将党性教育与

学习党史、国史相结合，充分发挥党史以史为鉴、资政育人的功能。

3. 站稳人民立场

自觉接受群众监督。做好群众身边腐败和作风问题的线索搜集工作，通过网络、电话等多种形式，不断畅通群众信访举报渠道，拓宽案件线索源头，及时依法依规处理；要高度关注群众最为关心的扶贫领域和腐败作风问题的专项整治工作，对群众反映强烈的问题优先受理。

提高群众监督参与度。第一，健全群众信访举报管理制度。使群众举报的问题能够得到认真且及时地处理，完善来信来访的受理形式，建立立体的受理网络。要扩大有序的政治参与，拓宽群众监督渠道，使人民群众的监督经常化、制度化。第二，加强正面宣传，提高群众监督参与度。目前人民群众在参与监督的过程中普遍存在着与己无关的冷漠心理和担心报复的自保心理，这些不良心态无疑增加了举报人的心理负担，也降低了群众监督的参与度。因此，要持续加大群众监督的正面宣传力度，积极建设廉政文化，营造出人人参与监督的良好社会心理环境，激发群众参与监督的积极性。

勤于、善于调查研究。调查研究是获得问题症结的主要途径，也是新时代党员干部必备的能力之一，其重要性不言而喻。因此，党员干部要经常深入田间地头，通过躬身问情掌握群众工作方法，通过体察实情了解群众最关心、反映最强烈的突出问题，在深入调查研究中勤于思考问题，勇于破解难题，切实提高群众工作本领和自身工作能力。

坚持走群众路线。要紧扣民心这个最大的政治，在实践中将汇集民智作为工作的重要着力点，切实尊重人民群众的首创精神；提高群众工作本领，善于把党的正确主张转变为群众的自觉行动，积极推动马克思主义理论大众化，用党的最新创新理论武装群众，提升党对群众的政治动员力和凝聚力。要把人民群众自身利益的诉求与愿望需要和党组织自身的发展结合起来，使党组织在人民群众中发挥好利益协调器的功能，维护各方的合法利益，促进各项事业健康发展。

（二）坚定正确的政治方向，增强自我革命定力

1. 保持政治免疫力

坚定正确的政治方向首先要保持理论上的清醒，保持理论上清醒的前提是真正掌握马克思主义的立场、观点和方法。因此，党员干部要深入研读经典理论著作。第一，通过深入研读马克思主义著作，党员干部能够更加深入、具体地了解马克思主义理论，不断提高自身理论知识水平。第二，加强对历史与现实问题的理解。党员干部应积极学习马克思主义经典著作关于历史与现实的问

题的哲学思考，并结合当前国内外发展局势，思考我们党的发展方向。第三，不断拓展对马克思主义理论知识的研究深度，学习党规党章，深入理解党章精神，做尊崇党章的模范，全面系统地掌握习近平新时代中国特色社会主义思想，用马克思主义中国化最新成果武装头脑。

2. 提升政治辨别力

在思想多元化的今天，只有用马克思主义立场、观点和方法来正确认识经济社会发展趋势，才能正确认识社会思想意识中的主流和支流，才能在错综复杂的社会现象中看清本质、明确方向，如果动摇了马克思主义这个思想支柱，就会导致思想混乱。要自觉划清马克思主义与非马克思主义的界限，坚持正确的舆论引导，牢固树立政治意识、大局意识、责任意识和阵地意识，在舆论宣传方面更加自觉地为人民服务、为社会主义服务，增强政治敏锐性，对敏感问题要把好关；善于透过现象看清事物的本质，洞察其未来走向及可能产生的政治影响，用正确的政治态度去辨别和评价；自觉抵制腐朽思想文化的侵蚀，敢于担当，确保在政治是非面前保持清醒的政治头脑，同党中央保持高度一致。

3. 提高政治战斗力

要在政治历练中提升政治战斗力。在多重思想的交织影响下，党员干部要增强防范政治风险的能力，加强政治历练，做勇于战斗的战士，强化斗争意志，积累斗争经验，做到主动冲锋向前，自觉抵制各种错误思想的干扰，坚决与违背党的意志的言论做斗争，坚决对各种错误思想进行有理、有利、有节的批判。要运用互联网提升政治战斗力。互联网的进步为社会带来便捷的同时，也为不法分子传播错误思想提供了土壤，要将网络作为理想信念教育的一个重要平台，站在科技的制高点，充分利用网络这一高科技手段加强党员干部的马克思主义信仰；要加强对党员干部的政治安全教育，增强其自主甄别错误思想和观点的能力，将其培育成为主流意识形态的守护者，错误思想的抵制者；要积极培育战略思维，提高战略思维能力，善于从政治上认识和把握形势，运用高超的政治智慧分析和判断政治形势、筹划政治谋略，增强道路自信。

（三）培育积极健康的党内政治文化，提升自我革命文化

党内政治文化以革命文化为源头，与自我革命精神同源，能够为坚持自我革命提供正确的价值取向。

1. 摒弃圈子文化

党的十八大以来，党中央坚持反腐败无禁区、全覆盖、零容忍，不良圈子应声倒下，有的一查就是一窝，一抓就是一圈，演绎出一损俱损的"活报剧"。

圈子文化是污染政治生态的毒剂,其讲圈子,看亲疏,是"自己人"就行,是"异己"就大肆排除,背离党的政治原则、党的组织原则和党的纪律。党的十九大报告鲜明指出,要坚决防止圈子文化、码头文化的出现。作为党的领导干部,必须自觉抵制圈子、远离圈子,强化自我教育,筑起"铜墙铁壁",要把一切阴暗的操作、腐朽的认知、自私的行为统统拒之门外,让公权晒在阳光下,不给圈子以形成的环境,不给圈子文化以生存的土壤。

2. 涵养良好家风

领导干部要消除特权思想、用好权、用对权,就必须管好自己的配偶子女。走上从政之路后,家庭成员的支持和理解无疑是领导干部能够全心全意为人民服务的动力之一。相反,如果其家庭成员都想着为自己和家庭谋取私利,那无疑会成为领导干部从政路上的绊脚石。在这一点上,习近平认为领导干部要过"两关",自我关和人情关。自我关主要是靠接受党的教育。对于人情关,习近平总书记指出:"各级领导干部要严格要求自己的亲属、子女和身边工作人员,严格执行已经拟定的廉洁自守的规定。"[5]这是从新时代出发,对党员领导干部重申的一条重要政治原则。党员干部要切实用正面的社会风气凝聚人心,努力形成内化于心的精神成果、外化于行的自觉行动,通过大力弘扬以爱国主义为核心的民族精神、以改革创新为核心的时代精神和以图强争先为核心的奋斗精神,切实用强大的正能量凝聚人心。

3. 保持廉洁本色

"廉者,政之本也。"廉洁自律是党员干部的立身之本,是全党增强自我净化能力、提升政治免疫力的主要途径。无论在什么时候,什么情况下,党员干部都要在廉洁自律方面做表率,强化自我修炼、自我约束、自我塑造;要勇于直面问题,敢于刮骨疗毒,消除一切损害党的先进性和纯洁性的因素;要筑牢廉洁底线,深刻汲取反面案例的教训,始终保持共产党人的浩然正气。

"壁立千仞,无欲则刚。"党员干部要加强党性修养,树立正确的人生观、事业观和价值观,克服私心杂念,要不怕人情难却,不怕遭受孤立,有坚定的政治立场,才会使自身立于不败之地,才谈得上浩然正气、刚正不阿。"正身直行,众邪自息。"党员干部要培养自身抗体,谨小慎微,在日常生活、工作中,不以善小而不为,不以恶小而为之,时刻保持共产党人的先进本色。

参考文献:

[1] 张士海,郭小铭. 新时代中国共产党自我革命精神的生成逻辑 [J]. 思想理论教育导刊, 2020 (5).

［2］胡刚．新时代中国共产党自我革命精神的历史逻辑与理论进路［J］．桂海论丛，2020，36（5）．

［3］本书编委会编．中国共产党历次党章汇编：1921—2012［M］．北京：中国方正出版社，2012．

［4］邓小平．邓小平文选：三卷［M］．北京：人民出版社，1993．

［5］习近平．摆脱贫困［M］．福州：福建人民出版社，1992．

习近平关于中国式现代化重要论述的生成逻辑、精髓要义与价值意蕴

刘福华[①]

摘 要：习近平关于中国式现代化重要论述，是习近平新时代中国特色社会主义思想的关键组成部分。这一重要论述是传承发扬于中华优秀传统文化，赓续创新于马克思主义现代性思想，接续发展于党各个时期现代化思想，凝练升华于习近平的地方工作实践，深刻揭示了中国共产党和中国特色社会主义制度是中国式现代化的根本领导力量和根本制度力量，深刻阐明了中国式现代化具有符合中国实际、适合中国特点的中国特色，深刻指明了中国式现代化的实现路径是"时空压缩"跨越式发展和"五位一体"协调式发展的现代化道路，开辟了马克思主义现代化理论中国化时代化的新境界，为新时代全面建成社会主义现代化国家提供了科学指南，也为发展中国家走向现代化提供了崭新路径，具有深厚的价值意蕴和时代价值，是开启全面建设社会主义现代化强国新征程的科学指引和根本遵循。

关键词：习近平；中国式现代化；社会主义现代化

实现现代化，是世界各国发展进步的不懈追求，也是中华民族伟大复兴的应有之义。中国共产党诞生以来，对中国的现代化道路进行了艰辛探索和长期实践，经过新时代以来在理论和实践的创新突破，在中华大地上全面建成小康社会，实现了第一个百年奋斗目标，开创了中国式现代化道路。在新的历史起点上，习近平在党的二十大庄严宣告："从现在起，中国共产党的中心任务就是团结带领全国各族人民全面建成社会主义现代化强国、实现第二个百年奋斗目标，以中国式现代化全面推进中华民族伟大复兴。"[1]

[①] 作者简介：刘福华，男，广东惠州人，中南财经政法大学经济学院硕士研究生，研究方向为政治经济学。

"中国式现代化"的话语体系在习近平新时代中国特色社会主义思想中处于核心地位，是中国共产党领导中国人民建设社会主义现代化强国的科学指引和根本遵循。如果只是宽泛地谈习近平现代化观远远不够，只有将其放置在习近平关于中国式现代化重要论述的逻辑场域中，深入探究其"从何而来"的生成逻辑，系统阐释其内在孕育的精髓要义，深刻揭示其凝心振气的价值意蕴，才能准确把握习近平关于中国式现代化重要论述的原创贡献、学理价值和实践意义。系统梳理和总结习近平对建设什么样的社会主义现代化强国、怎样建设社会主义现代化强国的原创性阐释和论述，既是社会主义现代化理论在新时代发展和创新的理论需要，又是我国开启中心任务、全面建成社会主义现代化强国的实践需要，具有重大的理论价值和实践意义。

一、习近平关于中国式现代化重要论述的生成逻辑

习近平关于中国式现代化重要论述不是空穴来风、一朝得道的产物，而是基于对中华优秀传统文化的传承和发扬，对马克思主义现代性思想的赓续和创新，对党的各个时期现代化思想的接续和发展以及对地方工作实践的现代化思考的积淀和升华，由此生成系统完整、意蕴深刻的中国式现代化理论体系。

（一）精神根脉：传承和发扬中华优秀传统文化

一个国家的现代化道路离不开自身独有文化传统的浸润和滋养。"独特的文化传统，独特的历史命运，独特的基本国情，注定了我们必然要走适合自己特点的发展道路。"[2]中华民族具有五千多年的历史文明底蕴，构筑了具有独特标识、历久弥新的精神根脉，为中国式现代化道路的形塑注入深层的文化基因和强大的精神动能。中华优秀传统文化的"民惟邦本"的民本思想、"家国天下"的大同理念以及"天人合一"的共生智慧都为习近平关于中国式现代化重要论述提供丰厚的文化资源。

首先，中华优秀传统文化的民本思想与中国式现代化道路的人民至上理念一脉相承。自古以来，无论是《尚书·五子之歌》蕴含的"民惟邦本，本固邦宁"，将黎民百姓作为安定社稷的执政根基，还是《史记·郦生陆贾列传》主张的"王者以民人为天，而民人以食为天"，体现掌权者体恤民心、仁政爱民，亦是《管子·治国》提出的"凡治国之道，必先富民"，施政治国关注民众利益，都彰显出以民为本的治国理政智慧。习近平关于中国式现代化重要论述充分汲取中华优秀传统文化的民本思想，坚持以人为本、人民至上，将实现全体人民共同富裕和创造人民向往的美好生活作为推进中国式现代化的必然要求。其次，中华优秀传统文化的大同理念与中国式现代化道路的人类命运共同体理念不谋而合。无论是《礼记》中的"大道之行也，天下为公"，还是《荀子·王霸》中的"兴天下之同利，除天下之同害，天下归之"，都展现出了中华民族的天下观既是追求和睦、协和万邦，又是情系家国天下、胸怀黎民苍生。正如习近平指出："中华民族的血液中没有侵略他人、称霸世界的基因。"[3]中国式现代化道路既是一条和平发展之路，又是各国互利共赢之路。最后，中华优秀传统文化的共生智慧与中国式现代化道路的人与自然和谐共生思想相融共鸣。无论是《中庸》第三十章记载的："万物并育而不相害，道并行而不相悖"，还是《庄子·齐物论》中"天地与我并生，而万物与我为一"，都体现出传统文化中人与万物共生、共育和共发展的生态智慧。中国式现代化道路并不是先污染后治理的道路，也不是转嫁他国生态危机的道路，而是遵循"绿水青山就是金山银山"和人与自然和谐共生的绿色现代化道路。由此可知，"中国现代化运动决不是中国文化的死亡而是中国文化的'再造'"[4]，习近平关于中国式现代化重要论述对中华优秀传统文化的传承和发扬，并不是直接照搬古代文明来解决当今现代化问题，而是秉持古为今用的理念，通过创新性实践将中华优秀传统文化对象化为具体的、与时俱进的现代化文明。

（二）理论渊源：赓续和创新马克思主义现代性思想

马克思、恩格斯的现代性思想隐现于对资本和资本主义的研究和批判之中，运用锋利的历史唯物主义和辩证唯物主义两大"思想武器"，揭示出资本主义现代化不可调和的内在矛盾，从中孕育出社会主义现代化道路的历史必然性。在历史唯物主义视野中，现代性世界历史的开辟是以资本主义对外扩张为前提的。马克思指出资本主义的现代化进程凭借其生产方式的需要在世界历史中野蛮生长。通过"不断扩大产品销路的需要，驱使资产阶级奔走于全球各地。它必须到处落户，到处开发，到处建立联系"[5]，资本主义现代性实践不断在世界范围内对象化，结果是"正像它使农村从属于城市一样，它使未开化和半开化的国家从属于文明的国家，使农民的民族从属于资产阶级的民族，使东方从属于西方"[6]，以三个"从属于"阐明资产阶级按照自己的面貌为自己创造出的现代化世界，烙上资本主义现代化的独有印记。

在辩证唯物主义视野中，马克思辩证性地指出资本主义现代化具有双重特性，从正面效应看，资本主义现代化在历史上发挥革命性作用，一方面，创造了更有利于推动人类进入现代化社会的制度形式，"同以前的奴隶制、农奴制等形式相比，都更有利于生产力的发展，有利于社会关系的发展，有利于更高级的新形态的各种要素的创造"[7]；另一方面，确立了现代性社会发展的物质基础，"资产阶级在它的不到一百年的阶级统治中所创造的生产力，比过去一切世代创造的全部生产力还要多，还要大"，资产阶级充分挖掘社会劳动中蕴含的巨大生产力，对时代进步和社会发展具有正面的历史功绩。然而，从负面效应看，以物为本、遵循逐利逻辑的资本主义现代化给人类世界带来沉重灾难。资本主义在血与火的历史进程中推动西方现代化，"是用最残酷无情的野蛮手段，在最下流、最龌龊、最卑鄙和最可恶的贪欲的驱使下完成的"[8]，资本主义现代化与生俱来具有掠夺性、殖民性和侵占性的特征。不仅如此，资本主义现代性具有自我毁灭的趋势，"几十年来的工业和商业的历史，只不过是现代生产力反抗现代生产关系、反抗作为资产阶级及其统治的存在条件的所有制关系的历史"，生产力愈发进步和发展，资产阶级狭窄的生产关系已经无法容纳日益膨胀的财富。"随着大工业的发展，资产阶级赖以生产和占有产品的基础本身也就从它的脚下被挖掉了，"现代性工人阶级从资本主义的母体中孕育而出，成为资本主义现代化的掘墓人，指明现代性工人阶级成为社会主义现代化代表阶级的历史必然性。社会主义现代化建设之所以具有科学性和现实性，是因为立足于"占有资本主义制度所创造的一切积极的成果"[9]的基础上，利用已有的现代工业成果，加快建设符合全体人民根本利益的现代性世界。习近平关于中国式现代化重要论述正是马克思主义现代性思想在当今历史条件下创新性发展的重大成果，走出了具有中国特色的社会主义现代化道路，铸就了新时代践行马克思主义现代性思想、推进中国式现代化进程的行动指南。

（三）思想滋养：接续和发展党的各个时期现代化思想

习近平指出："我们建设的现代化必须是具有中国特色、符合中国实际的。"[10]中国现代化建设最大的实际是基于现实国情中历代中国共产党人对中国式现代化道路的实践探索。可以说，中国共产党百年奋斗史不仅是一部中华民族伟大复兴史，而且是一部独立自主探寻中国特色社会主义现代化的发展史。中国共产党人在各个时期探寻社会主义现代化的宝贵经验为习近平关于中国式现代化重要论述提供丰厚的思想滋养。

新民主主义革命时期，中国在帝国主义侵略下逐渐沦陷为半殖民地半封建社会，被动卷入世界现代化进程的中国呈现出一幅衰败凋零的景象。如果中国不能实现民族独立和人民解放，走中国现代化道路是不可能的。因此，毛泽东认为，需要采取暴力革命的方式，"使中华民族来一个大翻身，由半殖民地变为真正的独立国，使中国人民来一个大解放，将自己头上的封建的压迫和官僚资本（即中国的垄断资本）的压迫一起掀掉，并由此造成统一的民主的和平局面，造成由农业国变为工业国的先决条件，造成由人剥削人的社会向着社会主义社会发展的可能性"[11]。在新民主主义革命胜利前夕，中国共产党人基于现代化近似于工业化的认识,明确指出工人阶级的任务"不但是为着建立新民主主义的国家而斗争,而且是为着中国的工业化和农业近代化而斗争"[12]。随着新民主主义革命的胜利,中国才具备开启现代化征程的政治前提。社会主义革命和建设时期,为了从新中国成立初期一穷二白、百废待兴的局面中走出现代化道路,党中央审时度势地制定了"一化三改"的过渡时期总路线,采取"工业化"和"社会主义三大改造"齐头并进的现代化策略。从生产力方面看,工业化是在较短时间内集中力量推动生产力快速发展,建立其较为完备的工业化体系,改变战后经济凋敝和百姓贫穷落后的国家面貌。从生产关系方面看,社会主义三大改造是将生产资料公有制在农业、手工业和资本主义工商业中广泛确立起来,社会主义制度的确立为我国现代化建设提供重要制度前提。随着中国共产党人对现代化的认识愈发清晰,将单一的工业化建设拓展为"四个现代化",并提出"要在不太长的历史时期内,把我国建设成为一个具有现代农业、现代工业、现代国防和现代科学技术的社会主义强国"[13]。改革开放和社会主义现代化建设新时期,邓小平不仅创造性提出"中国式现代化"命题,而且指明走现代化道路需要立足于中国基本国情,"现在搞建设,也要适合中国情况,走出一条中国式的现代化道路"[14]。这里说的中国式现代化是与我国道路方向密切相关的,"我们搞四个现代化,是搞社会主义的现代化,不是搞别的现代化"[15],同时聚焦于现代化建设中协调性问题,提出"我们要建设的现代化,是物质文明和精神文明全面发展的社会主义现代化"[16]。

中国式现代化的探索过程,是中国共产党人一代接一代接续、发展和创新的过程。进入新时代,以习近平同志为核心的党中央在立足于原有的"四个现代化"的基础上,创造性地提出第五个现代化的目标,即"完善和发展中国特色社会主义制度、推进国家治理体系和治理能力现代化"[17],并且将人民放在中国式现代化更突出的位置,阐明中国式现代化不仅是人的现代化,还是全体人民共同富裕的现代化,极大地丰富和拓展了党的各个时期的现代化思想。

(四)实践淬炼:积淀和深化地方工作实践的现代化思考

认识来源于实践。习近平对现代化的认识离不开其青年时期在各个地方的历练和实践。从地方基层工作到中央治国理政,习近平青年时期从梁家河到北京一路走来,积累了丰富的现代化工作经验,也对中国式现代化"是什么""怎么实现"等基本问题有深刻思考,这些宝贵的基层工作经历构成了习近平关于中国式现代化重要论述的实践资源。

在梁家河的七年知青岁月中,习近平一方面不畏艰苦,与当地群众同居窑洞、躬耕黄土,以实干精神为当地百姓办实事、谋幸福,致力于改变农村贫困落后的面貌；另一方面利用好闲暇时间大量阅读马克思列宁经典著作，汲取理论智慧应用到实践当中。习近平对这段宝贵的实践经历难以忘怀，七年知青生活"让我懂得了什么叫实际，什么叫实事求是，什么叫群众。这是让我获益终生的东西"[18]。七年知青岁月让他懂得，建设社会主义现代化不仅需要依靠人民，更重要的是让人民过上好日子。在河北正定县工作期间，他以实事求是的态度，立足河北正定县是"高产穷县"的实际情况，大刀阔斧地对农村进行改革，优化农业生产结构，促进农林牧渔全面发展，调动农民生产积极性，让农村发展更好、农业生产更有活力、农民更加富有。七年知青岁月也让他懂得，中国式现代化不能脱离农村而现代化，农业、农村和农民的现代化是中国式现代化的必然要求。在福建任职期间，习近平先后到厦门和宁德进行现代化改革和探索，在厦门，一方面注重企业的生产发展，采取税利分流措施，让企业有更多资金投放到完善企业基础设施和提高生产效率中，现代化建设需要现代化企业来支撑；另一方面关注当地生态环境保护，以绿色发展理念对当地自然环境进行综合治理，与人、与自然和谐共生的现代化思想高度契合。在宁德，习近平高度重视当地的贫困现状，把摆脱贫困当作当地中心任务。他积极提倡要采取"经济大合唱"的手段发展当地经济，依托本地依山靠海、丛林众多的自然优势，以工业和农业相互补充、相互促进的方式，为当地群众创造脱贫致富的条件。七年知青岁月还让他懂得，贫困不是社会主义现代化，全体人民共同富裕才是中国式现代化。在浙江工作期间，他在社会主义现代化建设走在前列的地区，以"八八战略"推进浙江"五位一体"全面发展，通过打造"平安浙江"实实在在地解决民生之忧，赋予人民更多安全感和幸福感，以及提出"两山论"推动省域生态文明建设，建设好山清水秀"绿色浙江"。总之，习近平青年时期不平凡的地方实践经历，让他对中国不同发展层次和发展阶段地区的社会主义现代化建设有了更清醒的认识，习近平关于中国式现代化重要论述正是对地方工作的现代化实践的理论升华。

二、习近平关于中国式现代化重要论述的精髓要义

习近平关于中国式现代化的重要论述，立足于全面建成小康社会的历史新阶段，聚焦于2035年"基本实现社会主义现代化"和21世纪中叶"全面建成社会主义现代化强国"的战略目标，在"建设什么样的社会主义现代化强国，怎样建设社会主义现代化强国"这一重大时代课题的回答中，深刻阐释了中国式现代化的精髓要义。

(一) 深刻揭示了中国式现代化的根本力量

中国式现代化，不是什么其他现代化，而是中国共产党创造、推进、领导和发展的现代化，也是因循中国特色社会主义走向的现代化。中国共产党和中国特色社会主义制度作为中国式现代化的根本领导力量和根本制度力量，犹如车之双轮、鸟之两翼，共同为有效推进中国式现代化保驾护航。

一方面，现代化是一项艰巨复杂的国家工程，其中离不开政党的领导核心作用。诚如亨廷顿（Samuel Phillips Huntington）指出："那些在实际上已经达到或者可以被认为达到政治高度稳定的处于现代化之中的国家，至少拥有一个强大的政党。"[19]近代中国探索现代化屡次失败，无论是地主阶级领导的器物技术层面的现代化运动，还是资产阶级改良派、革命派领导的制度层面的现代化运动，抑或是新派人士所推动的思想文化现代化运动，都不能探索出中国的现代化道路。其中很重要的原因是缺乏代表人民利益的政党和独立稳定的制度环境。中国共产党对中国现代化事业的坚强领导，从来不是基于自身利益而为之，也不是为了任何精英团体或特权阶层而努力，而是为了广大人民群众的根本利益不懈奋斗。习近平同志深刻指出："我们党领导人民不仅创造了世所罕见的经济快速发展和社会长期稳定两大奇迹，而且成功走出了中国式现代化道路，创造了人类文明新形态。"[20]如果没有中国共产党发挥动员举国体制和稳定社会秩序的力量，调动一切积极因素和充分激活人民主体力量投入现代化建设过程，那么这两大奇迹是无法产生的。只有中国共产党的领导，中国人民才能汇聚合力持续创造人间奇迹，不断推进社会主义现代化事业。

另一方面，现代化是一场广泛的社会变革，其中离不开制度的有效保障和秩序供给。中国特色社会主义制度的优越性在于将社会主义的制度优势与市场机制的资源配置优势有机结合起来，实现了改革开放以来中国现代化经济高速持久性增长。中国之所以能够如期实现全面建成小康社会的历史性跨越，是因为只有中国特色社会主义才能发展中国、才能持续推进社会主义现代化事业。"我们要全面建成小康社会、加快推进社会主义现代化、实现中华民族伟大复兴，必须始终高举中国特色社会主义伟大旗帜，坚定不移坚持和发展中国特色社会主义。"[18]中国特色社会主义规定了中国式现代化道路的根本方向，只有朝着准确的方向才能不偏不倚地在中国式现代化道路上驰而不息，以确保能够如期实现中华民族伟大复兴的历史伟业，否则，方向错乱、南辕北辙，现代化事业则会功亏一篑。正如习近平同志指出："只要我们既不走封闭僵化的老路，也不走改旗易帜的邪路，坚定不移走中国特色社会主义道路，就一定能够把我国建设成为富强民主文明和谐美丽的社会主义现代化强国。"[21]

习近平旗帜鲜明地指出:"我们治国理政的根本,就是中国共产党领导和社会主义制度。我们思想上必须十分明确,推进国家治理体系和治理能力现代化,绝不是西方化、资本主义化。"[22]国家治理体系和治理能力现代化是一场上层建筑的现代化革命,保证了中国共产党的全方位领导核心作用和中国特色社会主义的完善和发展。只有在中国共产党的领导下,中国特色社会主义制度才能发挥强大的制度优势和治理效能。制度优势的重要评价标准在于治理效能的发挥。由于有了中国共产党这一风雨袭来最可靠的主心骨,所以可以从现有的制度体制下释放更多的治理效能,不断推动国家治理体系和治理能力的现代化。中国特色社会主义制度最大的优势在于中国共产党领导,"提出要推进国家治理体系和治理能力现代化,这是完善和发展中国特色社会主义制度的必然要求,是实现社会主义现代化的应有之义"[23]。

总之,中国共产党、中国特色社会主义与中国式现代化是有机统一的整体。中国式现代化道路本质上就是中国共产党领导中国人民走向美好生活、实现中华民族伟大复兴的中国特色社会主义现代化道路。中国共产党始终是中国式现代化的根本领导力量,实现中国式现代化不仅是中国共产党的核心目标,也是中国特色社会主义的必经之路。

(二)深刻阐明了中国式现代化的中国特色

中国式现代化之所以"不是简单延续我国历史文化的母版,不是简单套用马克思主义经典作家设想的模板,不是其他国家社会主义实践的再版,也不是国外现代化发展的翻版"[24],是因为其具有符合中国实际的、适合中国特点的中国特色。诚如习近平总书记在党的二十大上指出:"中国式现代化是人口规模巨大的现代化,是全体人民共同富裕的现代化,是物质文明和精神文明相协调的现代化,是人与自然和谐共生的现代化,是走和平发展道路的现代化。"[25]中国式现代化既有人类现代化发展的一般规律,也有基于本国国情的创新性发展。

第一,中国式现代化是人口规模巨大的现代化,从中体现了整体性逻辑。中国拥有14亿的超大人口规模,要让如此巨大的人口体量整体迈入现代化,世界上史无前例、绝无仅有。"历史上,西方发达国家用了近300年,让12亿左右人口进入现代化,创造了现代化的西方模式。"[26]毋庸讳言,中国式现代化所要推动的现代化人口,其规模上超过如今所有发达国家的总和。庞大的人口规模既是中国式现代化的复杂难题,又是中国式现代化的内在优势。一方面,人口规模巨大意味着社会不同群体各自的利益诉求相互交织、众口难调,容易给社会带来各种威胁、矛盾和挑战,阻碍中国式现代化的平稳推进;另一方面,人口规模巨大意味着其中蕴藏着超乎想象的力量之源,人民群众是历史的创造者，凝聚14亿人的磅礴伟力能够不断创造中国式现代化奇迹，稳步推进中华民族伟大复兴。

第二，中国式现代化是全体人民共同富裕的现代化，从中体现了公平性逻辑。习近平指出："共同富裕是社会主义的本质要求，是中国式现代化的重要特征。我们说的共同富裕是全体人民共同富裕，是人民群众物质生活和精神生活都富裕，不是少数人的富裕，也不是整齐划一的平均主义。"[27]共同富裕是以保障全体人民基本生存和物质需要为前提的，如若不然，人们就"必须重新开始争取必需品的斗争，全部陈腐污浊的东西又要死灰复燃"[28]。全体人民共同富裕是包容性、公平性和发展性的有机统一，既要注重财富分配的公平正义，又要注重财富增长的共同创造。在此意义上，中国式现代化是建立在当前我国历史性消灭绝对贫困和全面建成小康社会的基础上，从新的历史阶段上更进一步扎实推动全体人民共同富裕，不断满足人民对美好生活的向往，是发展性和公平性的统一。

第三，中国式现代化是物质文明和精神文明相协调的现代化，从中体现了平衡性逻辑。虽然共同富裕是以物质生活和精神生活都富裕为价值归宿，但"富裕"与"文明"不相同，后者更聚焦在社会形态层面。中国式现代化所建构的社会是物质文明与精神文明相互协调、比翼双飞的社会。"如果一个国家的人民缺乏一种能赋予这些制度以现实生命力的广泛的现代心理基础，如果执行和运用着这些现代制度的人，自身还没有从心理、思想、态度和行为方式上都经历一个现代化的转变，失败和畸形发展的悲剧结局是不可避免的。"[29]同样地，如果中国式现代化发展道路上缺乏强有力的精神内核作为支撑，仅仅单向地发展物质文明的话，这样是行不通的。正如习近平指出："当高楼大厦在我国大地上遍地林立时，中华民族精神的大厦也应该巍然耸立。"[30]物质文明是中国式现代化建设必不可少的物质基础，精神文明是中国式现代化建设的动力和支撑，二者只有辩证性、平衡性地协调发展，中国式现代化道路才能迸发出更强劲的活力和更优质的效能。

第四，中国式现代化是人与自然和谐共生的现代化，从中体现了可持续性逻辑。习近平同志指出："人类社会在生产力落后、物质生活贫困的时期，由于对生态系统没有大的破坏，人类社会延续了几千年。而从工业文明开始到现在仅300多年，人类社会巨大的生产力创造了少数发达国家的西方式现代化，但已威胁到人类的生存和地球生物的延续。"[10]欧美国家向现代化转型过程中，采用了"先污染后治理""边污染边治理""转嫁生态危机"三种发展模式，不仅消耗和污染了大量的生态资源，而且制造了各种气候危机和生态灾难，给人类的生存和发展带来了极大的威胁。如果"我们建设现代化国家，走美欧老路是走不通的，再有几个地球也不够中国人消耗"[31]，这种地球资源的有限性与人类追求现代化的无限性，决定了中国式现代化道路迥异于西方现代化道路。中国式现代化摒弃发达生产力与优美生态环境截然对立的认知，建构"绿水青山就是金山银山"的绿色发展理念和"人与自然是生命共同体"的生态价值理念，走出人与自然和谐共生的可持续性现代化道路。

第五，中国式现代化是走和平发展道路的现代化，从中体现了共赢性逻辑。习近平指出："中国人民要建设社会主义现代化强国，但我们坚持走和平发展道路，不会走扩张主义和殖民主义道路，更不会给世界造成混乱。"[14]中华民族自古以来爱好和平，血液中不含有一丝一毫称王称霸的基因，当今中国式现代化也是对西方"弱肉强食""国强必霸"的陈旧"世界观"的全面否定。和平的国际环境是中国式现代化接续推进的必要条件，并且中国式现代化道路本身也在为世界创造和平发展的国际环境。和平发展的中国式现代化道路充分践行了共商、共建、共享的全球治理观，共商是以平等对话为前提，共建是以互利合作为条件，共享是以共创共赢为原则，三者的有机融合既推动了社会主义现代化的车轮朝着光明未来前进，又促进了世界各国利益的互利共赢。

综上所述，中国特色的五个特征是环环相扣、层次分明、逻辑紧密的有机整体，共同赋予了中国式现代化区别于人类历史上其他现代化的质的规定性。中国式现代化归根结底是全体人民的现代化，"只有坚持以人民为中心的发展思想，坚持发展为了人民、发展依靠人民、发展成果由人民共享，才会有正确的发展观、现代化观"[32]。

（三）深刻指明了中国式现代化的实现路径

从世界现代化历史进程来看，中国是后发式现代化国家。具有现代化早发优势的西方发达国家占据了世界现代化的"绝对权力"，有意无意地阻碍着中国的崛起。但是，"世界上既不存在定于一尊的现代化模式，也不存在放之四海而皆准的现代化标准"[33]。中国式现代化的开辟和拓新，解构了西方现代化发展模式与人类现代化发展模式的同一性，走出一条"并联式"发展、协调性推进的全面现代化道路。

一方面，中国式现代化是"时空压缩"的跨越式发展型现代化。习近平同志指出："西方发达国家是一个'串联式'的发展过程，工业化、城镇化、农业现代化、信息化顺序发展，发展到目前用了200多年时间。我们要后来居上，决定了我们发展必然是一个'并联式'的过程，工业化、信息化、城镇化、农业现代化是叠加的。"[34]从空间结构看，西方式现代化实现了工业化、城镇化、农业现代化和信息化的"四化结构",中国式现代化同样需要包含这"四化结构",并且将信息化赋能工业化、城镇化和农业现代化,着力打造以"中国智造"和产业链现代化为核心的新型工业化、以人民现代化为核心的城镇化、以乡村振兴为核心的农业现代化,实现"四化"相互联动、相互促进、相互协调的融合发展。从时态顺序看,西方式现代化遵循历时性次序,渐进实现工业化、城镇化、农业现代化、信息化逐步发展,而中国式现代化遵循共时性次序,将工业化、信息化、城镇化、农业现代化的交互逻辑投射于中国这一场域同步推进,"超越了把西方'依次历时态'(即'串联式'发展)路径模式化的单一线性论"[31],以"弯道超车"的形式旨在将中国失去的200年找回来,实现社会主义现代化建设跨越式发展。中国式现代化的百年探索,逐步由后发式现代化到追赶型现代化再转向赶超型现代化,创造了旷古烁今的现代化奇迹,基本达到了西方发达国家200多年的现代化建设成果,在发展速度和社会效益上实现了现代化发展的"时空压缩"。

  另一方面,中国式现代化是"五位一体"的协调式发展型现代化。"现代化也不仅仅是生产方式的转变或工艺技术的进步,它是一个民族在其历史变迁过程中文明结构的重新塑造,是包括经济、社会、政治、文化诸层面在内的全方位转型。"[1]因此,现代化的推进模式并不是静止不动、一成不变,而是因时而变、日趋丰富,当今的现代化不只是局限于社会经济发展的物质现代化,而是涵盖物质政治精神社会生态的全方位、立体式、多维度的现代化。习近平同志指出"要在坚持以经济建设为中心的同时,全面推进经济建设、政治建设、文化建设、社会建设、生态文明建设,促进现代化建设各个环节、各个方面协调发展"[35]。在经济建设领域,中国式现代化以实现高质量发展为主题,立足新发展阶段,秉持新发展理念构筑现代化经济体系,依托"双循环"的新发展格局推动经济高质量发展。在政治建设领域,中国式现代化要在中国共产党的全面领导下,大力发展全过程人民民主,建设社会主义现代化法治国家。在文化建设领域,中国式现代化将中华优秀传统文化与社会主义先进文化相结合,繁荣社会文化事业和文化产业,丰富人民的精神世界,为现代化建设提供精神动能和内生动力。在社会建设领域,中国式现代化需要聚焦民生发展和社会公正,努力缩小社会贫富差距,将人民的获得感、幸福感和安全感放在首位,不断满足人民对美好生活的需要,实现全体人民共同富裕。在生态文明领域,中国式现代化坚持人与自然和谐共生,协同推进人民富裕和生态良好,提供更优质的生态产品增进普惠的民生福祉。总之,中国式现代化遵循"五位一体"协调推进的发展模式,努力实现更高质量、具有多层次内涵的第二个百年奋斗目标,最终指向全面建成富强民主文明和谐美丽的社会主义现代化强国。

三、习近平关于中国式现代化重要论述的价值意蕴

现代化是中华民族伟大复兴的必由之路，也是人类社会发展进步的不懈追求。"中国式现代化既切合中国实际，体现了社会主义建设规律，也体现了人类社会发展规律。"[36]习近平关于中国式现代化重要论述，开辟了马克思主义现代化理论中国化时代化的新境界，为新时代全面建设社会主义现代化国家提供了科学指南，也为发展中国家走向现代化提供了崭新路径，具有深厚的价值意蕴和时代意义。

（一）丰富和创新了马克思主义现代化理论

习近平关于中国式现代化重要论述既是对马克思主义现代化理论的赓续和发展，也是马克思主义现代化理论中国化的当代飞跃。十八大以来，以习近平同志为核心的中国共产党人，立足国内外形势新变化和发展新要求，从理论和实践的结合上科学回答了"创造什么样的中国式现代化、怎样实现中国式现代化"等重大时代课题，生成了一系列关于中国式现代化重要论述，丰富和创新了马克思主义现代化理论。

马克思、恩格斯立足于工业文明阶段，揭示出资本主义现代化实现了由传统封建社会向现代工业社会的转型，但资本主义现代化过程也是资本主义内在矛盾全面展开的过程，由此提出了超越资本主义现代化文明，从社会历史深处描绘了扬弃资本逻辑、实现自由人联合体的未来现代化社会图景。列宁、斯大林立足于帝国主义文明阶段，在经济文化落后的苏联进行社会主义现代化探索，力图以工业化建设优先的政策，缩短实现现代化的历史进程，但这种"畸形僵化"的苏联模式以失败告终，向资本主义现代化道路倒戈。新时代以来，习近平关于中国式现代化重要论述根植于中华优秀传统文化的历史沃土，将马克思主义现代化理论同中国实际相结合，开创了中国式现代化新道路。这既是对社会主义初级阶段这一最大国情的重大研判，又是对我国迈向社会主义更高阶段历史趋势的深度把握。中国式现代化，不是马克思主义经典作家设想现代化图景的移植照搬，不是苏联式社会主义现代化实践的再现重演，更不是西方式资本主义现代化的模仿翻新。一方面，中国式现代化建设没有全盘否定资本的作用，而是通过激活"资本的文明面"，充分利用资本为社会主义现代化建设服务，同时以人民至上的逻辑对资本力量进行驾驭，给资本设立"红绿灯"，防止资本无序扩张。另一方面，中国式现代化不是片面、畸形、僵化式推进现代化建设，也不是牺牲质量、效益换取数量指标的快速现代化，而是基于"五位一

体"总体布局，均衡、整体、全面式推进社会主义现代化建设，并且以"并联式"推进我国工业化、信息化、城镇化、农业现代化叠加发展，实现高质量的快速现代化。中国式现代化是亘古未有的伟大实践，势必会在前进的路上遇到各种艰难险阻和惊涛骇浪，不仅要在中国共产党的全面领导下，将新发展理念贯穿到中国式现代化新发展阶段的全过程，还要推进国家治理体系和治理能力现代化，不断坚持完善中国特色社会主义制度，将制度现代化和治理能力现代化摆在更突出的位置。综上，习近平关于中国式现代化重要论述提出了关于社会主义现代化建设的一系列原创性思想和理论，开辟了马克思主义现代化理论中国化时代化的新境界。

（二）为全面建成社会主义现代化强国提供了行动指南

一切伟大的理论创造最终都要经由实践检验。习近平关于中国式现代化重要论述之所以得到各族人民的认同和支持，具有普遍的真理性和旺盛的生命力，是因为其从中华民族的现代化实践中形成，又能经受起实践的检验，以系统科学的现代化理论指导社会主义现代化建设，构成了新时代推动中国式现代化建设的行动指南。

第一，坚持以问题为导向，不断解决人民急难愁盼问题。问题是实践的先导，中国式现代化建设是以发展不平衡不充分为问题导向，围绕着社会主要矛盾推进社会主义现代化建设，不断将人民对美好生活的向往化为现实。中国式现代化在持续推进中，不断解决人民急难愁盼问题，取得举世瞩目的伟大成就，已经"建成世界上规模最大的教育体系、社会保障体系、医疗卫生体系"[37]，打赢了人类历史上绝无仅有、规模最大、空前伟大的脱贫攻坚战，全国832个贫困县全部摘帽，近1亿农村贫困人口摆脱贫困，960多万贫困人口实现易地搬迁，使绝对贫困成为历史，让人民群众共同享有现代化发展成果，收获更加充实、更有保障、更可持续的获得感、幸福感、安全感。第二，实现了第一个百年奋斗目标，为全面建设社会主义现代化国家创造了前提条件。十八大以来，习近平基于新时代的基本国情，更加奋进有为地推动中国式现代化建设，以供给侧结构性改革为主线，将新发展理念准确全面贯彻到现代化经济体系构建之中，主动有为构建新发展格局，大力推动高质量发展，创造更充盈的物质财富和精神财富，满足人民对美好生活的需要，在中华大地上全面建成小康社会，实现了第一个百年奋斗目标。全面建成小康社会，让中华民族迎来了从站起来、富起来到强起来的伟大飞跃，为中国式现代化推进中华民族伟大复兴提供更坚实的物质基础、更自觉的精神力量。第三，以"五大文明"协调发展，创造了人类文明新形态。进入新时代，习近平洞察历史趋势和时代大势，统筹"五位一体"总体布局,协调推进物质文明、政治文明、精神文明、社会文明、生态文明融合发展,以中国式现代化推动旧文明形态向新文明形态的升级迭代,既创造了中国式现代化新道路,又创造了人类文明新形态。正如习近平指出:"我们坚持和发展中国特色社会主义,推动物质文明、政治文明、精神文明、社会文明、生态文明协调发展,创造了中国式现代化新道路,创造了人类文明新形态。"[38]实践充分证明,习近平关于中国式现代化重要论述,是新时代全面建设社会主义现代化国家的科学指南,必将指引着中国式现代化新道路通向中华民族伟大复兴。

(三)拓展了发展中国家走向现代化的路径选择

推进现代化是每个发展中国家共同追求的发展目标,但也是每个发展中国家共同面临的现实难题。从人类现代化历史来看,西方国家率先完成现代化蜕变,凭借其现代化早发优势和国际话语权垄断,将西方式现代化模式普遍化,建构起现代化等同于西方化的认知逻辑,生成现代化模式唯一的幻象。由此,摆在发展中国家面前的只有"依附式"现代化和"脱钩式"现代化两条道路,但两者都存在先天固有矛盾,让发展中国家陷入现代化危机。中国式现代化新道路的开创,向发展中国家昭示着:"通向现代化的道路不止一条,只要找准正确方向、驰而不息,条条大路通罗马。"[39]

中国式现代化开拓过程中,既形成了自身现代化建设的特殊逻辑,又体现了世界现代化发展的一般规律。中国具有独特的中华文化传统、独特的历史发展命运、独特的基本国情环境,共同决定了我们要走适合自己特点的中国式现代化道路。正如习近平指出:"现代化道路并没有固定模式,适合自己的才是最好的,不能削足适履。"[40]只有适合自己的现代化道路,才能掌握历史主动性。中国式现代化新道路的开创,"创造了实现现代化进程的最小代价方式,将正向成果与负面代价的利害冲突降到最低"[41],不仅在发展自身的同时造福世界,而且能够"为广大发展中国家走向现代化提供了成功经验、展现了光明前景"[42]。中国是最大的发展中国家,也是实现社会主义现代化的典型样本,开创了后发国家走向非资本主义现代化的中国方案,超越了资本主义现代化发展模式,对广大发展中国家来说更具参考价值和借鉴意义。中国式现代化,既不是"依附式"现代化,也不是"脱钩式"现代化,而是一条独立自主的发展新道路,成功打破了现代化等同于西方化的认知逻辑和路径依赖,解除了单一现代化论的幻象,"拓展了发展中国家走向现代化的途径,给世界上那些既希望加快发展又希望保持自身独立性的国家和民族提供了全新选择"[43]。

参考文献：

[1] 习近平. 高举中国特色社会主义伟大旗帜 为全面建设社会主义现代化国家而团结奋斗 [N]. 人民日报, 2022-10-26 (1).

[2] 习近平. 论党的思想宣传工作 [M]. 北京：中央文献出版社, 2020.

[3] 习近平. 习近平讲故事：中国人民不接受"国强必霸"的逻辑 [N]. 人民日报（海外版）, 2018-01-04.

[4] 金耀基. 中国文明的现代转型 [M]. 广州：广东人民出版社, 2016.

[5] 中共中央马克思恩格斯列宁斯大林著作编译局. 马克思恩格斯选集：第1卷 [M]. 北京：人民出版社, 2012.

[6] 中共中央马克思恩格斯列宁斯大林著作编译局. 马克思恩格斯文集：第2卷 [M]. 北京：人民出版社, 2009.

[7] 中共中央马克思恩格斯列宁斯大林著作编译局. 马克思恩格斯文集：第7卷 [M]. 北京：人民出版社, 2009.

[8] 中共中央马克思恩格斯列宁斯大林著作编译局. 马克思恩格斯文集：第5卷 [M]. 北京：人民出版社, 2009

[9] 中共中央马克思恩格斯列宁斯大林著作编译局. 马克思恩格斯文集：第3卷 [M]. 北京：人民出版社, 2009.

[10] 习近平. 把握新发展阶段，贯彻新发展理念，构建新发展格局 [J]. 中国民政, 2021 (9).

[11] 毛泽东. 毛泽东选集：第四卷 [M]. 北京：人民出版社, 1991.

[12] 毛泽东. 毛泽东选集：第三卷 [M]. 北京：人民出版社, 1991.

[10] 中共中央文献研究室. 建国以来重要文献选编：第19册 [M]. 北京：中央文献出版社, 1998.

[11] 邓小平. 邓小平文选：第二卷 [M]. 北京：人民出版社, 1994.

[12] 邓小平. 邓小平文选：第三卷 [M]. 北京：人民出版社, 1993.

[13] 胡锦涛. 胡锦涛文选：第三卷 [M]. 北京：人民出版社, 2016.

[14] 习近平. 决胜全面建成小康社会 夺取新时代中国特色社会主义伟大胜利 [N]. 人民日报, 2017-10-28 (1).

[15] 中央党校采访实录编辑室：习近平的七年知青岁月 [M]. 北京：中共中央党校出版社, 2017.

[16] 塞缪尔·P. 亨廷顿. 变化社会中的政治秩序 [M]. 王冠华, 译. 北京：生活·读书·新知三联书店, 1989.

[17] 习近平．以史为鉴、开创未来 埋头苦干、勇毅前行［J］．中国民政，2022（1）．

[18] 习近平．习近平谈治国理政：第一卷［M］．北京：外文出版社，2018．

[19] 中共中央关于党的百年奋斗重大成就和历史经验的决议［N］．人民日报，2021-11-17（1）．

[20] 中共中央文献研究室编．习近平关于社会主义政治建设论述摘编［M］．北京：中央文献出版社，2017．

[21] 习近平．在哲学社会科学工作座谈会上的讲话［N］．人民日报，2016-05-19（2）．

[22] 习近平．高举中国特色社会主义伟大旗帜 为全面建设社会主义现代化国家而团结奋斗［N］．人民日报，2022-10-26（1）．

[23] 陈曙光．走中国式现代化的历史必由之路［J］．红旗文稿，2022（17）．

[24] 习近平．扎实推动共同富裕［J］．中国民政，2021（20）．

[25] 中共中央马克思恩格斯列宁斯大林著作编译局．马克思恩格斯文集：第1卷［M］．北京：人民出版社，2009．

[26] 阿历克斯·英格尔斯．人的现代化：心理·思想·态度·行为［M］．殷陆君，译．成都：四川人民出版社，1985．

[27] 习近平．在文艺工作座谈会上的讲话［M］．北京：人民出版社，2015．

[28] 习近平．之江新语［M］．杭州：浙江人民出版社，2013．

[29] 习近平．论坚持人与自然和谐共生［M］．杭州：浙江人民出版社，2007．

[30] 梅世雄．习近平会见美国国防部长马蒂斯［N］．人民日报，2018-06-28．

[31] 中央文献研究室．十九大以来重要文献选编：中［M］．北京：中央文献出版社，2021．

[32] 唐爱军．唯物史观视域中的中国式现代化新道路［J］．哲学研究，2021（9）．

[33] 许纪霖，陈达凯．中国现代化史：第一卷［M］．上海：学林出版社，2006．

[34] 中共中央宣传部．习近平新时代中国特色社会主义思想学习纲要

[M]．北京：人民出版社，2019．

[35] 习近平．在庆祝中国共产党成立100周年大会上的讲话［M］．北京：人民出版社，2021．

[36] 习近平．论坚持全面深化改革［M］．北京：中央文献出版社，2018．

[37] 习近平．加强政党合作共谋人民幸福：在中国共产党与世界政党领导人峰会上的主旨讲话［J］．当代党员，2021（15）．

[38] 韩喜平，郝婧智．人类文明形态变革与中国式现代化道路［J］．当代世界与社会主义，2021（4）．

[39] 习近平．在庆祝改革开放40周年大会上的讲话［M］．北京：人民出版社，2018．

[40] 习近平．决胜全面建成小康社会 夺取新时代中国特色社会主义伟大胜利：在中国共产党第十九次全国代表大会上的报告［M］．北京：人民出版社，2017．

[41] 韩喜平，郝婧智．人类文明形态变革与中国式现代化道路［J］．当代世界与社会主义，2021（4）．

[42] 习近平．在庆祝改革开放40周年大会上的讲话［M］．北京：人民出版社，2018．

[43] 习近平．决胜全面建成小康社会夺取新时代中国特色社会主义伟大胜利：在中国共产党第十九次全国代表大会上的报告［M］．北京：人民出版社，2017．

中国式现代化的基本特征、本质要求和时代意义

强原新[①]

摘　要：中国式现代化是中国人民在中国共产党领导下的社会主义现代化，是在马克思主义理论指导下，依托中国独特的历史、文化、人口、资源逐步形成的现代化模式，其既具有现代化的一般特点又具有中国特色。中国式现代化的基本特征表现为原创性、自主性、持续性、全面性。中国式现代化的本质要求体现为中国式现代化的根本保证、发展动力、价值追求。中国式现代化的时代意义在于终结了"历史的终结"，推动社会主义伟大复兴；打破了现代化等于西方化，拓展了发展中国家走向现代化的新道路；创造了人类文明新形态，彰显了人类文明发展的多样性。

关键词：中国式现代化；基本特征；本质要求；时代意义

随着党带领全国各族人民迈上了全面建设社会主义现代化国家的新征程，实现中华民族伟大复兴步入了不可阻挡的历史进程。习近平总书记在党的二十大报告中指出："从现在起，中国共产党的中心任务就是团结带领全国各族人民全面建成社会主义现代化强国、实现第二个百年奋斗目标，以中国式现代化全面推进中华民族伟大复兴。"[1]中国式现代化不仅承载着实现国家整体现代化的时代重任，而且承载着全面推进中华民族伟大复兴的历史使命。不断总结提炼中国式现代化建设的基本特征，深刻揭示出中国式现代化的本质要求、世界意义，这对于构建特色鲜明的中国式现代化道路的完整体系意义重大，且有助于理解中国式现代化的优势，进而为全面建设社会主义现代化国家提供启发性思考。

---

① 作者简介：强原新，男，陕西榆林人，宁夏大学硕士研究生在读，研究方向为思想政治教育。

一、中国式现代化的基本特征

中国式现代化既具有现代化的一般特点，又具有中国式现代化的独特之处。"我国的现代化是人口规模巨大、全体人民共同富裕、物质文明和精神文明相协调、人与自然和谐共生、走和平发展道路的现代化。"[2]其具有原创性、自主性、持续性、全面性等特征。

（一）中国式现代化具有原创性

2016年，习近平总书记在哲学社会科学工作座谈会上的讲话中指出："当代中国的伟大社会变革，不是简单延续我国历史文化的母版，不是简单套用马克思主义经典作家设想的模板，不是其他国家社会主义实践的再版，也不是国外现代化发展的翻版。"[2]西方国家的现代化是由文艺复兴为先导、科技革命为动力、工业革命为内容、以资本增值的逻辑贯穿于资本主义发展的始终，推动了社会发展由传统向现代的转变。虽然打破了封建的束缚，促进了生产力的发展，但也将人置于"资本"的主宰之下，导致了"人的异化"，经济危机周期性爆发，社会矛盾尖锐。中国式现代化的原创性可以从中国式现代化的领导力量、本质、理论指导、基本经济制度中得以阐释。中国式现代化是由中国共产党领导的社会主义现代化，表明了中国共产党既是中国特色社会主义最本质的特征，同时也是中国式现代化的领导力量，中国共产党既是中国特色社会主义事业的引领者和开创者，也是中国特色社会主义事业不断取得胜利的根本保证。从中国式现代化的本质上来讲，中国式现代化更加注重的是人的现代化，强调将人的现代化与社会整体的现代化进行辩证统一，人作为社会的核心，既是现代化的实践主体，也是现代化的价值主体，更是现代化的最终目的，因而中国式的现代化始终坚持"以人民为中心"的发展思想，在促进人的全面发展的同时，推动社会进步。中国式现代化的理论指导是以马克思主义现代化思想为基础，结合中国具体实际，在经历了中国新民主主义革命、社会主义建设、改革开放、社会主义新时代四个不同时期后，形成了符合中国各时期国情的科学理论，填补了马克思主义关于两种社会形态的现代化如何转换和过渡的理论空白，并作为中国式现代化的理论指导，推动中国现代化事业蒸蒸日上。中国式现代化的基本经济制度集中体现为以公有制为主体、多种所有制经济共同发展的所有制形式和按劳分配为主体、多种方式分配并存的收入分配制度，公有制和多种所有制一方面构成了社会主义市场经济体制的基础，另一方面打破了公有制不能参与市场经济，市场经济只能与私有制结合的判断标准。

（二）中国式现代化具有自主性

一个国家选择什么样的发展道路，往往与其传统文化、历史际遇、基本国情等因素相关，有其自身发展的逻辑。党的十八大以来，习近平总书记反复强调，我们必须坚持走自己的路。在庆祝中国共产党成立 100 周年大会上的讲话时更是指出，"走自己的路，是党的全部理论和实践立足点，更是党百年奋斗得出的历史结论"[3]。中国共产党领导的中国式现代化所取得的伟大成果作为党的全部理论和实践的真实写照，深刻反映了我们坚持独立自主，走适合自己的路。中国式现代化的自主性充分反映为三个方面：

第一，方针战略的自主性。中国式现代化始终坚持马克思主义基本原理同中国具体实际相结合，反对本本主义和经验主义。在社会主义革命和建设时期，根据我们国家当时的实际情况，周恩来首次提出要"建设起强大的现代化的工业、现代化的农业、现代化的交通运输业和现代化的国防"[4]的"四个现代化"，随着"一化三改"的顺利完成，到 1956 年社会主义制度的确立为中国式现代化铺平了道路。在改革开放时期，邓小平指出"社会主义的本质，是解放生产力，发展生产力，消灭剥削，消除两极分化，最终达到共同富裕"[5]，对于社会主义本质的阐释，扫清了人们思想上的迷雾，确立改革开放的历史性决策，推动了社会主义现代化历史性的发展。中国特色社会主义进入新时代，习近平同志根据发展的新情况、新问题对共同富裕做出了新的诠释，指出新时代的共同富裕"是全体人民共同富裕，是人民群众物质生活和精神生活都富裕，不是少数人的富裕，也不是整齐划一的平均主义"[6]，为了实现这一目标，我们全面贯彻新发展理念，加快构建新发展格局，明确"五位一体"总体布局和"四个全面"战略布局，以此推动高质量发展。

第二，领导核心的自主性。在社会主义现代化建设过程中，中国共产党始终坚持人民至上的理念，站稳人民立场，坚持把握人民愿望、尊重人民创造、集中人民智慧，坚持发展依靠人民、发展为了人民、发展成果由人民共享。西方的执政党通常来说只代表部分阶层的利益，这样的体制容易导致社会内部的分裂，且容易被资本势力掌控，失去发展的自主性。中国共产党始终代表最广大人民的利益，坚持发展依靠人民、发展为了人民、发展成果由人民共享，在发展过程中，坚持问题导向，努力回应人民关切，因而始终能得到最广大人民的支持。

第三，发展模式的自主性。坚持走自己的路，努力打破"中心—外围"依附性现代化发展模式。"中心—外围"依附性现代化发展模式是指最先开始工业化的西方发达资本主义国家利用其自身资本、技术的优势在发展中国家扩张，撰取巨额利润，从而维持自身的发展与繁荣，这些国家在现代产业分工体系中处于中心地位；而发展中国家只能利用自身的市场和资源换取国家发展，成为产业体系的附庸。中国坚持独立自主的现代化发展模式打破了"中心—外围"依附性困境，牢牢地把握住适合自己的发展道路。当前，面对波谲云诡的国际形势，中国正在加快构建以国内大循环为主体、国内国际双循环相互促进的新发展格局，全面、完整、准确地贯彻新发展理念，着力提升产业链、工业链的韧性和安全，从而促进经济高质量发展。

（三）中国式现代化具有持续性

中国式现代化的发展态势是一种渐进式、阶段性、持续性地发展，在目标层面体现为分阶段、有步骤、积累式地发展和建设。西方发达国家大概用了两百年的时间走完了现代化历程，而中国仅仅用了几十年的时间就完成了西方发达国家两百年的现代化历程，中国之所以能高水平、持续性地推进现代发展，是因为在社会发展的不同时期都设定了科学合理的目标，这个目标既不好高骛远，也不操之过急，而是根据社会主要矛盾、国内外的实际情况、现有资源等因素设定。新中国成立前夕，毛泽东同志依据国内的实际情况提出，要"使中国稳步地由农业国转变为工业国，把中国建设成一个伟大的社会主义国家"[7]。"一五"计划的完成为我国工业化奠定了初步基础，也标志着我国在注重现代化建设现实条件和本土特殊性的前提下，走上了不同于西方模式的自主建设现代化的道路。改革开放和社会主义现代化建设新时期，邓小平同志提出到21世纪中叶基本实现现代化的"三步走"发展战略，推动了社会主义现代化的伟大进程，极大地改善了中国落后贫穷的面貌。党的十八大以来，中国特色社会主义进入新时代，以习近平同志为核心的党中央根据我国生产力水平的发展和综合国力的实际情况提出分两步走，把中国建成富强民主文明和谐美丽的社会主义现代化强国。从第一个五年计划到第十四个五年规划，从整体小康到全面小康，从"四个现代化"到"三步走"再到"两步走"，在我国的现代化建设中，连续性与阶段性相统一，战略步骤切实可行，阶段目标环环相扣，战略规划依次递进。

中国式现代化的持续性特征在领导层面体现为中国共产党的长期执政。无论是以毛泽东、邓小平为主要代表的党的老一辈无产阶级革命家，以江泽民、胡锦涛为主要代表的社会主义事业的接续奋斗者，还是以习近平同志为核心的新一代党中央领导集体，在推动社会主义现代化建设中都毫不动摇地坚持了马克思主义理论体系。这种执政特点有利于统一思想、凝聚共识、整合力量，有利于规划长期目标和制定远景战略，有利于确保总体战略、中长期规划、短期方针政策不会因为人事变动而出现"执行中断"现象,从而在根本上杜绝了西方执政党"阶段性执政"的政治缺陷,也反映了中国共产党是中国式现代化的最大优势和根本保障。

(四)中国式现代化具有全面性

中国式现代化是全面的现代化,既表现在全体人民的共同富裕,又表现在"五位一体"全方位发展的现代化。共同富裕是中国共产党的内在追求,也是中国式现代化的重要特征。首先,共同富裕的主体是全体人民,中国共产党带领全国人民走的共同富裕道路不是少数人、少数地区的富裕,少一个人都不是全体人民共同富裕。其次,共同富裕不是同时、同步、同等的富裕,而是消除两极分化和极端贫穷基础上的普遍富裕。最后,共同富裕不仅指物质富裕,还有宜居的生态环境、和谐的社会氛围、廉洁的政治生态、丰盈的精神生活以及每个人在中国式现代化进程中感受到的"获得感"和"幸福感"。

中国式现代化涵盖"五位一体"总体布局。党的十八大以来,我们党对社会主义建设规律在实践和认识上不断深化后,形成并统筹推进经济建设、政治建设、文化建设、社会建设、生态文明建设的"五位一体"总体布局。经济建设方面,推动经济现代化。经济现代化的首要任务是高质量发展,必须完整、准确、全面地贯彻新发展理念,推动经济由中高速增长转为高质量发展,实现生产力由量到质的转变;将扩大内需与深化供给侧结构性改革相结合,加快构建以国内大循环为主体、国内国际双循环相互促进的新发展格局,提升中国经济的韧性和安全水平。政治建设方面,推动政治现代化。政治现代化的核心问题在于推进国家治理体系和治理能力现代化,改革不适应实践发展的体制机制和法律法规,使各方面制度更加科学完善,从而更好地将中国特色社会主义制度优势转化为治理效能,也能更好地为中国式现代化发展提供制度保证。文化建设方面,促进文化现代化。全面建设社会主义现代化国家必须坚持中国特色社会主义文化发展道路,坚持马克思主义在意识形态领域的指导地位不动摇,要以为人民服务和为社会主义服务为基调,弘扬中华优秀传统文化、革命文化、社会主义先进文化,不断提升国家文化软实力和中华文化影响力。社会建设方面,推进社会现代化。建设社会主义现代化,既要在发展中保障和改善民生,又要推进社会体制改革,使其形成与现代经济结构相协调的合理、开放、包容的现代社会结构,从而不断满足人民对美好生活的向往,还要实现以社会主义核心价值观为导向的社会现代化。生态文明建设方面,推动生态现代化。牢固树立和践行绿水青山就是金山银山的理念,推进美丽中国建设,加快发展方式的绿色转型,建设人与自然和谐共生的生态现代化。

二、中国式现代化的本质要求

党的二十大报告指出:"中国式现代化的本质要求是,坚持中国共产党领导,坚持中国特色社会主义,实现高质量发展,发展全过程人民民主,丰富人民精神世界,实现全体人民共同富裕,促进人与自然和谐共生,推动构建人类命运共同体,创造人类文明新形态。"[1]这一概括既是我们党对中国现代化发展历史经验的深刻总结,也是党在现代化认识上不断深入、战略上不断成熟、实践上不断丰富的理论结晶,还是中国式现代化的根本遵循。

(一) 中国式现代化的根本保证

中国共产党作为中国式现代化的开拓者和领导者,是中国式现代化领导力量的保证;中国特色社会主义是中国式现代化的方向保证;全过程人民民主是中国式现代化主体参与的保证。因此,中国式现代化的根本保证可以从三个方面进行阐释。第一,坚持中国共产党领导。习近平指出:"中国人民和中华民族之所以能够扭转近代以后的历史命运、取得今天的伟大成就,最根本的是有中国共产党的坚强领导。"[8]中国式现代化道路是由中国共产党带领中国人民经历艰难险阻,开辟出来的符合中国实际的正确发展道路。因此,可以肯定的是中国共产党是中国式现代化的领导核心,也只有中国共产党才能肩负起带领中国人民实现现代化的历史重任。纵观世界现代化发展史,强有力的执政党是后发国家探索现代化道路、推动现代化进程、落实现代化目标的关键所在。在20世纪90年代左右,随着冷战结束,自由主义的盛行,导致一些后发国家盲目地按照新自由主义经济政策进行现代化转型,最终导致经济和社会发展陷入停滞。中国共产党是中国式现代化的领航者,是中国特色社会主义事业的主心骨,一百多年来,正是中国共产党的坚强领导才开创了有别于西方资本主义现代化的社会主义现代化发展道路,使得我们在几十年的时间里走完了发达国家几百年走过的工业化历程,创造了经济快速发展和社会长期稳定的两大奇迹。

坚持中国特色社会主义。中国特色社会主义现代化道路是历史的选择和人民的选择,也是我国实现现代化的必然选择。早在新中国成立初期,毛泽东就指出:"只有社会主义能够救中国。社会主义制度促进了我国生产力突飞猛进的发展。"[9]改革开放时期,邓小平提出:"我们要实现工业、农业、国防和科技现代化,但在四个现代化前面有'社会主义'四个字,叫'社会主义四个现代化'。"[10]坚持社会主义道路作为四项基本原则之一,始终贯穿着中国现代化的发展,始终确保了中国现代化道路是社会主义的现代化而不是别的什么现代化。在社会主义建设新时期,习近平总书记强调:"科学社会主义基本原则不能丢,丢了就不是社会主义。"[11]中国式现代化取得的巨大成就正是社会主义优越性的体现，在全面建成小康社会中、在全民抗击新冠疫情中以及重大科学技术突破中，都证明了中国特色社会主义无可比拟的优势。

坚持全过程人民民主。我国是工人阶级领导的、以工农联盟为基础的人民民主专政的社会主义国家，人民是国家的主人。"人民民主是社会主义的生命，是全面建设社会主义现代化国家的应有之义。"[1]西方的民主是以间歇性投票为特征的"一次性民主"，是典型的程序性民主，西方民众只有在投票时有一定自主权，在后续的政治生活中并不能做到全程参与。中国的全过程人民民主可以从两个方面阐释，首先，人民民主反映的是我们国家人民当家作主的价值理念，是对我国民主性质的集中概括和总结；其次，"全过程"体现了我国民主政治的实践形式，既反映了我国民主实践中人民始终在场、始终参与的实现机制，也突出了人民当家作主的价值取向。全过程人民民主是中国基于自身政治道路而选择的民主政治发展之路，是人民对美好生活向往的充分保障，也是中国式现代化的重要保障。

（二）中国式现代化的发展动力

中国式现代化道路是在中国共产党的坚强领导下和中国人民的广泛参与下开辟出来的带有浓厚中国元素的现代化道路。与西方以资本驱动为动力的现代化不同，中国式现代化的发展动力不是由单一的某个动力推动，而是由不同维度的动力组合而成的动力系统，具体来说可从目标导向力、改革内驱力以及价值引领力三个方面分析。

全体人民共同富裕是中国式现代化的目标导向力。实现全体人民的共同富裕是中国共产党在创立之初就明确提出来的战略目标，反映了中国共产党人的价值追求与理想信念，是我们推进现代化的内在要求和目标导向。在新中国成立初期，毛泽东指出社会主义道路是"使农民群众共同富裕起来"[12]，社会主义制度是"可以一年一年走向更富更强的，一年一年可以看到更富更强些。而这个富，是共同的富，这个强，是共同的强，大家都有份"[12]。可以看出，老一辈无产阶级革命家认为社会主义道路就是为了实现共同富裕。改革开放以来，党和国家领导人多次强调共同富裕是社会主义的目标。邓小平认为"社会主义最大的优越性就是共同富裕"，江泽民认为"制定和贯彻党的方针政策……使全体人民朝着共同富裕的方向稳步前进"[13]，胡锦涛提出中国特色社会主义制度要"保障人民各项权益，走共同富裕道路"[14]，习近平在党的二十大报告中指出"中国式现代化是人口规模巨大的现代化，是共同富裕的现代化"[1]。概言之，共同富裕目标贯穿于党的百年奋斗历程，也作为源动力推动着中国式现代化的发展。

高质量发展是中国式现代化的改革内驱力。发展是党执政兴国的第一要务，高质量发展是全面建设社会主义现代化的必然要求。现代化的发展历程本身就是"破"与"立"的变革过程，中国式现代化所取得的成果也并非一帆风顺，而是伴随着不断地改革开放，不断地提高生产力水平，改革与生产力水平不适应的生产关系，从而推动社会发展。通过改革破除掉不合时宜的旧体制、旧机制、旧观念，推动了社会主义制度不断完善和发展，也为中国现代化发展提供了有力保障。中国式现代化正是在不断地改革中提高发展的质量，推动中国式现代化建设取得了举世瞩目的成就。全面建设社会主义现代化国家迈入新征程，要求我们坚持以高质量发展为主题，坚决贯彻落实新发展理念，加快构建以国内大循环为主体、国内国际双循环的发展格局，努力将扩大内需与供给侧结构性改革相结合，确保经济实现质的有效提升。

丰富人民精神世界是中国式现代化价值的引领力。在世界现代文明的发展进程中，一些经济社会较为发达的资本主义国家，日益暴露出以资本为中心、物质主义膨胀的病灶和痼疾。究其根本原因，就在于这些国家"在工业化、技术化、资本化以及文化变迁的现代化场景中，物质文明与精神文明发展出现不平衡、不协调问题"。我国从一开始有计划、有目的地推进中国式现代化的时候起，就明确强调要发展社会生产力、促进经济快速稳定增长，强调精神文明是中国特色社会主义的应有之义，明确指出那种偏离抑或离开精神文明进步、搞单一物质文明发展的所谓现代化，不是真正的社会主义现代化，是根本不符合社会全面进步要求的。进入新时代，人民对生活的需求不再只是物质文明方面的需要，人民对于精神文明方面的需要比过去任何时候都更加强烈，其向往更加凸显民主、公平、正义、安全、环境优美的生活方式。社会主要矛盾所包含的特殊性，为执政党在新时代治国理政提供了重要依据，为满足人民的美好生活需要提供了政治保障。

（三）中国式现代化的价值追求

西方的现代化是建立在对内残酷剥削人民、对外殖民掠夺的基础上的血腥现代化，是征服和支配自然，疯狂掠夺和消耗自然，造成人与自然矛盾和冲突的现代化。中国式现代化是对西方资本主义现代化模式的批判、反思，也是对已存在的现代化道路的扬弃和超越。中国式现代化在价值追求上超越了西方现代化，是人与自然和谐共生的现代化，是人类文明新形态的重要体现，是构建人类命运共同体的重要途径。

中国式现代化是促进人与自然和谐共生的现代化。在西方，人们长久以来习惯用二元对立的思维来看待人与自然的关系,要么把人看作自然的附属物,人处于绝对顺从和被动的地位;要么人把自然看做征服和改造的对象,对自然进行掠夺和奴役。这种思维模式下的现代化造成了人与自然的严重冲突,一方面,人们为了实现自身的目的,不尊重自然规律,对自然进行疯狂的掠夺和破坏;另一方面,大自然由于长期无节制的资源开采和环境破坏,也对人类进行了相应的报复。人与自然的关系变得紧张且对立,这样的发展模式不具备可持续性。中华民族向来重视人与自然的关系,对大自然怀有敬畏之心,在五千年的历史文明中孕育了丰富的生态智慧。同时,马克思指出:"人要合理调节与自然界的物质变换,将自然界置于'共同控制'下,而不是将其作为一种工具进行统治。"[15]中国共产党在马克思主义的人与自然关系的基础上结合中华传统生态智慧提出人与自然和谐共生的现代化。中国式现代化把尊重自然、保护自然、顺应自然作为推动社会主义现代化的内在要求,站在人与自然和谐共生的高度提出绿水青山就是金山银山的理念。

　　中国式现代化创造了人类文明新形态。中国式现代化模式在路径、规模、发展价值等维度超越了西方现代化模式,开创了崭新的文明形态。从路径上看,中国式现代化走的是和平发展道路,超越了西方对外侵略掠夺。西方资本主义国家靠着对外侵略与掠夺进行资本的原始积累、原材料的掠夺和产品的倾销,走上了现代化发展之路,其现代化道路充满了压迫、剥削与血腥。中国式现代化赓续了中华民族几千年来爱好和平、睦邻友好的文明传统,始终秉持平等互利、合作共赢的理念同世界各国合作。从规模看,中国式现代化是人口规模巨大的现代化,超过了西方国家人口总和。中国 14 亿人口要整体迈入现代化,这在人类社会是前所未有的,产生的影响深刻且长远,将会彻底改写现代化的世界版图。从发展维度看,中国式现代化新道路超越了西方现代化道路片面追求物质财富的增长,中国式现代化是"五位一体"协调发展的现代化,是物质文明、精神文明、政治文明、社会文明和生态文明相互协调、相互支撑,统一于中国特色社会主义的伟大事业。从发展价值上看,中国式现代化弘扬的全人类共同价值超越了西方的"普世价值"。随着苏联解体、东欧剧变,社会主义运动遭遇了重大挫折,以弗朗西斯·福山(Francis Fukuyama)为代表的自由派提出了"历史终结论",他们认为资本主义的自由民主制度将成为"人类意识形态发展的终点"和"人类最后一种统治形式",将资本主义的价值观包装为"普世价值",实质是打着"主义"的幌子,谋取资本的私利。中国坚信全人类共同价值超越"普世价值",愿意同一切爱好和平的国家和人民一道在交流互鉴中推动世界不同文明共同进步。

中国式现代化推动构建人类命运共同体。面对百年未有之大变局的加速演变和动荡变革，习近平总书记指出："没有哪个国家能够独自应对人类面临的各种挑战，也没有哪个国家能够退回到自由封闭的孤岛。"[16]世界各国要齐心协力应对挑战，开展平等互利的全球性合作，推动构建人类命运共同体。中国的发展离不开世界，世界的发展也离不开中国，中国式现代化发展道路是始终不渝走和平发展的道路，这种自信和自觉源于中国对自身发展条件的认知，也源于对世界发展大势的把握。实现中华民族伟大复兴的中国梦离不开和平的国际环境，没有和平，中国和世界都无法顺利发展，没有发展，中国和世界也不会有持久的和平。中国坚定奉行互利共赢，以自身发展为世界提供新机遇，以和平、发展、公平、正义、民主、自由的全人类共同价值为价值基础同各国开展合作，推动构建人类命运共同体。

三、中国式现代化的时代意义

中国共产党领导人民成功开辟的中国式现代化道路，创造了人类文明新形态，终结了"历史的终结"，实现了社会主义与市场经济的有机结合；有效破解了发展中国家在现代化进程中面临的经济发展、政治稳定、文化选择、融入世界等一系列难题，拓展了发展中国家走向现代化的途径；创造了人类文明新形态，为国际社会构建不同文明之间的和谐关系提出了中国智慧和中国方案。

（一）终结了"历史的终结"，推动社会主义伟大复兴

1989年，美国学者福山发表《历史的终结》一文，宣称人类历史的前进和意识形态的斗争走向终结，西方资本主义自由民主制度将成为人类政府的终极形式。这一理论伴随着苏联解体、东欧剧变，国际社会主义运动遭受重大挫折。"历史终结论"同时也是一种现代化理论，福山指出苏东国家的现代化模式无法推动本国经济持续发展，而经济的长期停滞最终导致了社会的崩溃。在福山看来，计划经济模式虽然可以紧跟资本主义经济进入煤、铁和重工业时代，却不符合信息时代发展的要求，只有西方的自由民主制度才符合日益复杂的全球分工和技术创新。许多亚非拉国家和苏联的加盟国接受了其鼓吹的新自由主义，推动国民经济走向彻底市场化、自由化和私有化，导致了本国的国有资产被洗劫一空，人民财富极度缩水，陷入了恶性的通货膨胀和严重的债务危机。

中国共产党在面对国际社会主义运动的重大挫折和新自由主义的冲击时，始终坚持党的领导和社会主义不动摇，开始推动从原来的计划经济体制向市场经济体制转换。但不同于新自由主义鼓吹的完全市场化模式，中国将社会主义制度与市场经济体制有机结合，实现了有为政府和有效市场的结合，既充分利

用了市场在资源配置中的决定性作用,让市场机制贯彻到生产、分配、交换、消费的全过程,成为经济发展过程的主导性因素,从而提升经济发展的活力;又坚持发挥我国社会主义制度优越性,针对市场体制的先天性缺陷,发挥党和政府的积极作用,通过制定五年规划、产业战略,推动国民经济有规划的发展,弥补了市场调节资源的短期性和局部性,也遏制了资本的无序扩张和恶意垄断,从而避免了资本主义国家周期性的经济危机。中国式现代化的发展使得"马克思主义以崭新形象展现在世界上,使世界范围内社会主义和资本主义两种意识形态、两种社会制度的历史演进及其较量发生了有利于社会主义的重大转变"[8]。

(二)打破了现代化等于西方化,拓展了发展中国家走向现代化的新道路

中国式现代化发展道路不仅成就了中国,对于广大发展中国家来说,也具有借鉴作用。工业革命的成功使西方国家率先走上现代化道路,并形成西方现代化模式。西方现代化模式属于先发现代化国家的发展道路,是早期内生型和中晚期扩张型的合体。其显著缺点是:在国内,社会分化与阶级矛盾严重,引发长期的社会动荡;在国外,大搞殖民主义与霸权主义,推行颜色革命扶植傀儡政权,利用自身发展优势收割他国财富。

与此形成对比的是,中国式现代化成功开创了现代化新局面:在国内,经济建设、政治建设、文化建设、社会建设、生态文明建设相互支撑、全面进步,经济实力快速增强,社会和谐稳定,人民生活水平持续提升;在国外,始终坚持和平共处、促进共同发展的宗旨,坚决反对一切形式的霸权主义和强权政治,反对冷战思维和双重标准,同所有国家平等交往,在经济交往中互利共赢,积极融入经济全球化,推动构建人类命运共同体。中国式现代化道路的开辟,成功打破了现代化就等于选择西方资本主义道路的思维定式,破除了西方现代化的唯一性,在世界百年未有之大变局的背景下,为各国探索现代化道路提供了全新选择,既为后发国家的发展提供一个"独立自主发展"的现代化模式,又带动了发展中国家实现"后发性崛起",推动世界格局"东升西降"大变革,极大地促进了世界政治与经济权力格局的转移。

(三)创造了人类文明新形态,彰显了人类文明发展的多样性

文明代表着一个国家发展进步的程度。在不同历史时期、不同社会类型中,文明会以不同的样式、形态、发展水平呈现出来,蕴含了不同的内在原则和价值取向。人类文明形态因多样而丰富,因丰富而多彩。中国在推进自身现代化的实践与历史进程中,创造了具有中国特色的人类文明新形态。中国式现代化不是单一维度的、个别领域的简单变革,而是全方位的、深层次的,是在统筹

推进"五位一体"总体布局、协调推进"四个全面"战略布局、推动人的全面发展、全体人民共同富裕取得更为明显的实质性进展中生成和发展的，是一个将满足人民群众美好生活需要作为其发展动力和价值理念的中国道路、中国方案。它强调必须坚持"人—社会—自然"的和谐统一，要求协调好人、社会与自然之间相互依存、相互制约的关系。在此基础上，协调推进经济、政治、文化、社会和生态文明建设，共同推动我国现代文明的协调发展，为构建全人类共同价值的现代文明提供重要借鉴。同时，中国式现代化始终坚持和平与发展的主题，坚持合作共赢的重要理念，通过构建人类命运共同体这一具有重大世界影响和未来意义的倡议，为推动完善全球治理体系改革和建设注入新动力，充分展现出其为解决全球性问题、促进人类文明进步做出的原创性贡献，深刻回答了"世界向何处去"的世界之问。中国式现代化以和平发展破除了西方预设的"国强必霸"逻辑，以实际行动跨越"修昔底德陷阱"，通过互利共赢努力营造我国现代化发展的有利外部环境，并推动国际格局发生历史性转变，为国际社会构建不同文明之间的和谐关系提供了重要借鉴。

参考文献：

［1］习近平．高举中国特色社会主义伟大旗帜 为全面建设社会主义现代化国家而团结奋斗：在中国共产党第二十次全国代表大会上的报告［N］．人民日报，2022-10-17．

［2］中共中央文献研究室．十八大以来重要文献选编：下［M］．北京：中央文献出版社，2018．

［3］习近平．在庆祝中国共产党成立100周年大会上的讲话［M］．北京：人民出版社，2021．

［4］周恩来．周恩来选集：下卷［M］．北京：人民出版社，1984．

［5］邓小平．邓小平文选：第三卷［M］．北京：人民出版社，1993．

［6］习近平．扎实推动共同富裕［J］．中国民政，2021（20）．

［7］毛泽东．毛泽东选集：第四卷［M］．北京：人民出版社，1991．

［8］中共中央关于党的百年奋斗重大成就和历史经验的决议［M］．北京：人民出版社，2021．

［9］毛泽东．毛泽东著作专题摘录［M］．北京：人民出版社，1964．

［10］邓小平．邓小平文选：第三卷［M］．北京：人民出版社，1993．

［11］习近平．习近平谈治国理政：第三卷［M］．北京：人民出版社，2020．

［12］中共中央文献研究室．毛泽东年谱：第二卷［M］．北京：中央文献

出版社，2013.

［13］江泽民．江泽民文选：第三卷［M］．北京：人民出版社，2006.

［14］胡锦涛．胡锦涛文选：第二卷［M］．北京：人民出版社，2016.

［15］中共中央马克思恩格斯列宁斯大林著作编译局．马克思恩格斯全集：第25卷［M］．北京：人民出版社，1974.

［16］中共中央宣传部．习近平新时代中国特色社会主义思想学习纲要［M］．北京：人民出版社，2019.

专题研讨二 04

中国共产党革命精神

中国共产党弘扬奋斗精神的百年考察

韩亚男 黄 蕊①

摘 要：中国共产党领导中国人民进行革命、建设和改革的历史，就是中国共产党的奋斗史。奋斗精神产生于中国共产党成立以来的伟大实践中，并且上升为支撑中国共产党不断取得伟大胜利的精神品格。中国共产党弘扬奋斗精神是新民主主义革命的制胜法宝；是社会主义革命与建设的强劲动力；是推动改革开放进程的有力保障；是实现新时代伟大事业的精神驱动。

关键词：奋斗精神；制胜法宝；强劲动力；有力保障；精神驱动

精神是民族之魂，伟大的精神成就了伟大的民族。习近平总书记指出，"实现中华民族伟大复兴的中国梦，是全体中华儿女的共同心愿，也是全国各族人民的共同目标"，而"实现中国梦必须走中国道路、弘扬中国精神、凝聚中国力量"。[1]奋斗精神是中国共产党诸多革命精神的核心要义之一，是中国共产党领导人民不断走向胜利的根本保障。

奋斗在词典里的解释是为一个目标去战胜各种困难的过程，是一个充满压力、痛苦、挫折的过程，而为实现特定目标而形成的执着信念、精神力量就被称为奋斗精神。奋斗精神会激励组织或个人为实现理想而不屈不挠地奋斗前行，直至夺取最后胜利。毋庸讳言，中国共产党领导中国人民进行革命、建设和改革的历史，就是中国共产党的奋斗史。奋斗精神产生于中国共产党成立以来的伟大实践中，并且上升为支撑中国共产党不断取得伟大胜利的精神品格。它不仅是表现为某个特定历史阶段的偶然式的精神遗产，还是贯穿于中国共产党的一切伟大实践的精神动力，是中国共产党为民族谋复兴，为人民谋幸福的精神

---

① 作者简介：韩亚男，女，赣南师范大学中国共产党革命精神与文化资源研究中心副教授；黄蕊，女，赣南师范大学马克思主义学院硕士研究生。

支柱。中国共产党始终秉持艰苦奋斗的精神，带领亿万人民共同努力，实现中华民族从站起来、富起来到强起来的伟大飞跃。正如习近平总书记指出："我们的国家，我们的民族，从积贫积弱一步一步走到今天的发展繁荣，靠的就是一代又一代人的顽强拼搏，靠的就是中华民族自强不息的奋斗精神。"[2]因此，在梳理中国共产党百年来奋斗历史的过程中考察中国共产党的奋斗精神的发展与演变历程，对学习"四史"和加强理想信念教育具有重要的理论价值与现实意义。

一、中国共产党弘扬奋斗精神是新民主主义革命的制胜法宝

新民主主义革命时期，中国共产党凭借"浴血奋战、百折不挠"的奋斗精神，从"红船"建党到建立红色政权，从坚持抗战到推翻反动政权，克服重重困难，带领人民群众实现了民族独立，人民解放。习近平总书记指出："革命理想高于天。理想信念之火一经点燃，就永远不会熄灭。"[3]中国共产党正是在坚定的理想信念的指引下，经过坚持不懈的奋斗，最终取得了新民主主义革命的胜利。

（一）浴血奋战 建立红色政权

当旧民主主义革命遭受挫折，革命前途陷入迷茫之时，马克思主义在中国广泛传播，并成为中国革命的指导思想。一些接受马克思主义的先进分子，为实现共产主义理想走到一起。1927年7月23日，中国共产党第一次全国代表大会在上海法租界望志路106号（今兴业路76号）召开，会议的最后一天转移到浙江嘉兴南湖的一条游船上，并庄严宣告了中国共产党的诞生。从此，中国共产党以"红船精神"领航，把为中华民族谋复兴，为中国人民谋幸福作为自己的奋斗目标，勇往直前，开启了中国共产党的伟大征程。

中国共产党成立之后的革命道路曲折艰难，数以万计的党员在革命中壮烈牺牲。"四一二"政变发生时，"仅1927年3月到1928年上半年，就有2.6万名共产党员被反动派杀害"[4]。但屠杀和困难并没有吓倒中国共产党人，中国共产党在绝境中奋起，坚信马克思主义真理，宁死不屈。正如邓小平所说："为什么我们过去能在非常困难的情况下奋斗出来，战胜千难万险使革命胜利呢？就是因为我们有理想，有马克思主义信念，有共产主义信念。"[5]中国共产党在坚定的信念引领下，靠着不怕流血、不怕牺牲的奋斗精神走向最终的胜利。

土地革命时期，国民党反动派残酷屠杀共产党人和革命群众，白色恐怖笼罩全国。面对生死考验，中国共产党人凭借坚定的共产主义理想和百折不挠的奋斗精神，坚持武装斗争，创建革命根据地，建立红色政权，形成了极具代表的井冈山精神、苏区精神和长征精神。

井冈山时期，中国共产党人无畏白色势力的包围，在物质条件极度匮乏的情况下，用实际行动回答了"红色政权为什么能够存在"；中央苏区时期，中国共产党带领广大军民取得四次反"围剿"的胜利，打破敌人的经济封锁，坚信"星星之火，可以燎原"，艰苦奋斗，自力更生，探索出了"农村包围城市，武装夺取政权"的具有中国特色的革命道路；长征时期，中国共产党人对抗数倍于己的国民党军队，爬雪山、过草地，饥寒交迫，几乎陷于绝境时仍以钢铁般的革命意志，顽强奋斗，用双脚走完二万五千里长征。正如习近平总书记所说："在中央苏区和长征途中，党和红军就是依靠坚定的理想信念和坚强的革命意志，一次次绝境重生，愈挫愈勇，最后取得了胜利，创造了难以置信的奇迹。"[3]

（二）百折不挠 赢得最终胜利

抗日战争时期，中华民族和中国人民遭受了前所未有的苦难。面对残暴的日本侵略者，中国共产党从未退缩，最先举起了抗日的大旗，以百折不挠、血战到底的奋斗精神，成为坚持抗战的中流砥柱。正如习近平所说："在此民族危难之际，中国共产党秉持民族大义，担负起民族救亡的历史重任。"[6]

抗战过程中，中国共产党人宁死不屈、浴血奋战，带领人民群众建立抗日民族统一战线，形成了诸如东北抗联精神、沂蒙精神、延安精神、红岩精神等弘扬至今的伟大的革命精神，涌现了无数可歌可泣的英雄人物。有面对严刑拷打决不屈服的赵一曼女士；有弹尽粮绝也战斗到最后一刻的杨靖宇将军；有为了支持抗战把自己的孩子们都送上战场保家卫国的沂蒙母亲；有面对高官厚禄的诱惑不为所动，始终严守党的秘密慷慨就义的何功伟等。他们视革命理想为生命，舍身忘我的抗战精神鼓舞了广大人民群众，坚定了中国人民抗战的决心。

抗日战争胜利后，以国民党为代表的大地主和大资产阶级与以中国共产党为代表的广大人民群众之间的矛盾上升为主要矛盾。以毛泽东为核心的党中央高瞻远瞩，从彻底实现人民解放，建立新中国的战略高度，一鼓作气，实现了解放战争的彻底胜利，用革命热情和鲜血铸就塔山精神、大别山精神、西柏坡精神等精神丰碑。

早在延安时期，毛泽东接受美国记者采访时便提出了"一切反动派都是纸老虎"的论断，鼓舞了解放区军民的斗志，树立起敢打必胜的坚定信念。中国共产党凭借坚定的革命理想，敢于斗争，敢于胜利的奋斗精神，在艰难取得辽沈、淮海、平津三大战役的胜利后，势如破竹、锐不可当，一举夺得"跨江战役"的胜利，解放了全国大部分地区，建立了人民当家作主的新中国。

二、中国共产党弘扬奋斗精神是社会主义革命与建设的强劲动力

新中国的成立是中国历史上最重大的标志性事件，新生的人民政权来之不易，同时也面临来自国际国内的双重挑战。以毛泽东为核心的党中央，领导全国人民一起，将革命精神进行到底，一方面领导人民解放军以钢铁般的意志，自力更生的奋斗精神，打破国内外反动势力"亡我之心不死"的局面，稳定经济秩序，巩固新中国政权；另一方面带领全国人民发愤图强，在新中国"一穷二白"的基础上，为新中国奠定了工业基础，建立了社会主义制度，发展出"两弹一星"的国家重器，为社会主义革命和建设注入强劲动力。

（一）自力更生 巩固新中国人民政权

稳定经济秩序是巩固新中国政权的基础保障。国民党统治时期由于巨大的战争赤字，再加上官僚资本垄断市场、不法商人囤货不卖等问题，导致国统区物价飞涨、通货膨胀、民不聊生。为此，中国共产党开展了一系列的工作，如没收官僚资本、实行土地改革、稳定物价、统一全国财经、开展"三反""五反"运动等。这些工作在推进的过程中，因为会触及一部分人的利益，所以难度很大，但中国共产党以强大的政治领导力以及为民谋利的执政信念，在短短的三年之内，就完成了这些工作，保障了国民经济建设的顺利开展。

剿匪镇反运动是巩固新中国政权的必要手段。国民党从大陆撤退时潜留的大批特务，勾结当地恶霸土匪，进行各种破坏活动，妄图颠覆新生的人民政权。为此，中共中央发出了《剿灭土匪，建立革命新秩序》以及"镇压一切反革命活动"的指示，全国上下迅速展开了大规模的剿匪斗争和镇压革命运动。在中国共产党的领导和广大人民群众的配合下，剿匪镇反运动取得了巨大胜利，基本肃清了残留在大陆的国民党反革命残余势力，粉碎了敌人的反革命复辟阴谋，巩固了新生的人民政权。

抗美援朝的胜利是巩固新中国政权的有效利器。以美国为首的帝国主义不承认新中国的合法性，对中国采取政治孤立、经济封锁的政策，严重影响了新中国的政权稳定。1950年，朝鲜内战爆发，以美帝国主义为首的西方资本主义国家组成"联合国军"，武装干涉朝鲜内战，将战火打到中朝边境，威胁了新中国的国家安全。面对军事实力强大数倍于我军的"联合国军"，"以毛泽东同志为核心的党的第一代中央领导集体，不惧强权，知难而进，毅然决定抗美援朝"，最终"将美军赶回到三八线以南，戳穿了美帝国主义不可战胜的神话，并给美国以严重教训"[7]。在抗美援朝战争中，涌现出了如黄继光、邱少云、王合良、薛志高、刘光子等大批战斗英雄，他们不怕牺牲、奋勇杀敌，用自己的血

肉之躯，筑起了一道道钢铁长城。抗美援朝战争的胜利提高了新中国的国际地位，同时也增强了中国人民的民族自信心和民族自豪感。

（二）发愤图强 发展新中国伟大事业

社会主义制度的确立与"一五"计划的顺利完成，标志着我国进入到社会主义初级阶段。在生产力水平低下，工业基础薄弱，科技水平落后的条件下，中国特色社会建设任务十分艰巨。毛泽东号召全党："我们要保持过去革命战争时期的那么一股劲，那么一股革命热情，那么一种拼命精神。"[8]在中国共产党的坚强领导下，我们直面困难、大胆尝试、自力更生、艰苦奋斗，通过全国人民的不懈努力，我国经济社会发展水平明显提高，并且孕育了"大庆精神"、"北大荒精神"、"两弹一星"精神等，而这正是中国共产党伟大的奋斗精神在新中国成立初期的具体展现和生动例证。

大庆石油会战时，面对经验不足，技术、设备落后这些现实问题，中国共产党人喊出了"宁可少活二十年，也要拿下大油田""有条件要上，没有条件创造条件也要上"的口号，毫不退缩、艰苦拼搏，仅用3年多的时间就完成了大庆油田的建设，一举甩掉了"贫油"的帽子；开垦北大荒时期，全国上下共有百万转业官兵、城市知青和科技青年人员，陆续进驻北大荒，他们不畏艰苦、勇于开拓、胸怀大局、不计得失，把自己的青春甚至是生命都献给了开荒事业。终于，经过几代人的努力，把北大荒变成了北大仓；"两弹一星"研制时期，我国科技工作者克服各种难以想象的艰难险阻，自力更生、艰苦奋斗，最终"仅用了10年左右的时间就创造了原子弹爆炸、导弹飞行和人造卫星上天的奇迹"[4]。"两弹一星"是新中国建设成就的重要代表，它开启了中华民族的强国之梦。

三、中国共产党弘扬奋斗精神是推动改革开放进程的有力保障

十一届三中全会开启了改革开放的大幕，实现了新中国成立以来社会主义建设进程中具有深远意义的伟大转折。在改革开放的伟大实践中，中国共产党带领中国人民以解放思想、锐意进取的奋斗精神，开创了中国特色社会主义道路，为中国特色社会主义社会的伟大事业提供了有力保障。

（一）解放思想 开创中国特色社会主义道路

粉碎"四人帮"之后，"文化大革命"结束了，推行改革开放成为发展中国特色社会主义的必然要求。正如邓小平在十一届三中全会召开前的中央工作会议上指出的："如果现在再不实行改革，我们的现代化事业和社会主义事业就会被葬送。"[9]十一届三中全会明确做出了把党和国家的工作重心转移到经济建

设上来，实行改革开放的重大决策，从此中国正式进入改革开放的新时期。在国民经济秩序遭到严重破坏的历史背景下，以邓小平为核心的中国共产党带领全国人民解放思想，在实践中"摸着石头过河"，对内改革、对外开放、敢闯敢干、敢于担当、消除争论、大胆尝试，成功地开辟了中国特色社会主义道路。在改革开放的伟大实践中，安徽凤阳小岗村"大包干"制度和经济特区的建立与发展成为中国共产党弘扬解放思想、敢闯敢干的奋斗精神的最好证明。

安徽省凤阳县小岗村的18户农民冒着坐牢的风险，以"解放思想、敢闯敢干"的奋斗精神，搞起了"大包干"，揭开了中国农村改革的序幕。面对农民在实践中的积极探索和伟大尝试，邓小平同志对小岗村"大包干"的经验给予了充分肯定，他说："农村政策放宽以后，一些适宜搞包产到户的地方搞了包产到户，效果很好，变化很快……'凤阳花鼓'中唱的那个凤阳县，绝大多数生产队搞了大包干，也是一年翻身，改变面貌。"[9]此后，中国共产党对"大包干"经验在全国农村推广，有力地推动了农村家庭联产承包责任制改革，提升了农民的生产积极性，促进农业农村快速发展。

经济特区建设是党和国家改革开放进程中的重大决策，是中国共产党的伟大创造。为不断提升对外开放水平，营造良好的外部环境，党中央积极支持沿海地区总结经验、大胆尝试，率先在深圳、珠海、汕头、厦门建立经济特区。邓小平同志曾对提出特区建设的广东省委主要负责人习仲勋讲："中央没有钱，可以给些政策，你们自己去搞，杀出一条血路来。"[9]于是，1979年7月，深圳蛇口工业区响起了填海建港的炮声。之后短短5年，蛇口创造了24项全国第一。经济特区建设的伟大实践生动地展现出中国共产党和特区建设者敢闯敢干、敢于担当、勇于创新的奋斗精神，并且通过实际行动向世界展示了中国特色社会主义制度的蓬勃生机和光明前景。

（二）锐意进取 促进中国特色社会主义社会和谐发展

世纪之交，无论是以江泽民同志为核心的中央领导集体，还是党的十六大以后以胡锦涛同志为核心的中央领导集体，都坚定不移地高举中国特色社会主义的伟大旗帜，坚持走中国特色社会主义道路不动摇。在中国特色社会主义事业的持续发展过程中，中国共产党坚持一切从实际出发，立足中国国情，带领中国人民以锐意进取、团结协作的奋斗精神，多次战胜自然灾害和疾病灾害的侵袭，推动中国航天事业不断发展，成功举办北京奥运会、残奥会等一系列重大国际赛事。

面对1998年历史上罕见的洪涝灾害、2003年春夏突如其来的"非典型肺炎"和2008年四川汶川地区发生的特大地震，中国共产党领导着中国人民解放军、武警官兵、广大医务人员和广大人民群众一起奋起抗击，万众一心、众志成城，发扬"一方有难，八方支援"的光荣传统，从人民利益出发，在同自然灾害的斗争中，取得重大胜利。在应对自然灾害的严峻挑战中形成的"抗洪精神""抗击'非典'精神""抗震救灾精神"，生动地诠释了社会主义发展新阶段中国共产党和全国人民同舟共济的奋斗精神，并且促进中国特色社会主义事业克服各种困难，不断向前发展。

2003年10月15日9时，神舟五号载人飞船在中国酒泉卫星发射中心发射升空，并于16日6时23分在内蒙古着陆场成功着陆返回。这一伟大成就，推动了我国航天科技事业的跨越式发展，实现了中华民族千年来的飞天梦想。我国的载人航天工程能在比较短的时间里取得历史性突破，主要是依靠集体奋斗的力量，靠中国共产党的统一领导，靠社会主义制度下的同舟共济、团结合作。"在载人航天这项复杂的系统工程中，全国100多个行业、3000多家单位、1万余名科研人员，共同参与了'神舟'飞船各个项目的研制、建设和试验。"[10]所有人员目标一致、同舟共济，形成了助推"神舟"飞天的强大力量。神舟五号载人航天飞行圆满成功，是我国改革开放和现代化建设中取得的又一骄人成就。

2008年8月8日，筹备了七年之久的奥运会、残运会如期在北京召开。"中国人民以最大的热情和努力，兑现了庄严的承诺，实践了绿色奥运、科技奥运、人文奥运三大理念，实现了办一届有特色、高水平的奥运会、残奥会的目标，得到了国际社会的高度评价。"[11]在奥运会的筹办过程中，一切以奥运为先，大家全力以赴，同舟共济，充分体现了社会制度的优越性。北京奥运会的成功举办为中国树立了良好的国家形象，同时也增强了中国人民的民族自信，对中国特色社会主义和谐发展起到了积极的促进作用。

四、中国共产党弘扬奋斗精神是实现新时代伟大事业的精神驱动

党的十八大以来，中国特色社会主义进入了新时代。站在历史赋予的这个重要的发展点上，中国共产党只能激流勇进、勇往直前，夺取更大的胜利，取得更大的辉煌。习近平总书记在2021年2月25日全国脱贫攻坚总结表彰大会上强调，"展望未来我们正在为全面建设社会主义现代化国家的历史宏愿而奋斗，征途漫漫，惟有奋斗"。回望中国共产党所取得的伟大成绩，靠的是坚持不懈的奋斗精神，要实现新时代更大的突破，仍需这种精神做有力支撑。中国特色社会主义不是一味简单延续我国历史文化的母版，而是要在历史文化基础上去开创、去拓展、去顺应时代发展要求，去探索前人没有走的适合时代脉动之路。

(一) 自信自强 完成全面建成小康社会的历史任务

党的十八大在十六大确定全面建设小康社会战略目标的基础上，首次提出确保全面建成小康社会的战略新要求，实现经济持续健康发展，人民民主不断扩大、文化软实力显著增强，人民生活水平全面提高，资源节约型、环境友好型社会建设取得重大进展。自信自强、勇于攀登、勇于创新、勇于奉献的奋斗精神是实现全面建成小康社会的历史任务的重要精神支撑。这种精神在全面建成小康社会的实践中处处体现。

科技创新发展是全面建成小康社会、促进发展大局的重要驱动力，是广大科技工作者凭着夜以继日、拼搏创造、勇于攀登的奋斗精神取得的骄人成绩。十八大以来，我国科技创新迎来了"黄金时代"。"天眼"探空、墨子"传信"、蛟龙入海、北斗组网、大飞机首飞、"奋斗者"号深潜万米、嫦娥五号探月取壤、"九章"横空出世……所有的成绩都离不开中国共产党的指导和广大科技人员的艰苦奋斗。以北斗工程为例，为了让"核心技术"不受制于人，关键时候不被别人"卡脖子"，北斗研发团队攻克了一个又一个技术难关，实现导航领域"从0到1"的突破，北斗研发团队的奋斗精神和创新意识让中国"赶上世界"的强国梦实现了历史跨越。

"一带一路"倡议的提出是完成全面建成小康社会的重要内容，是深化对外开放的重大决策，也是勇于创新奋斗精神的生动体现。全面提升对外开放水平和营造良好的外部环境是关系我国政治、经济、文化建设的重要环节，"一带一路"的提出源自国际社会发展趋势和中国特色社会主义事业发展的现实需要。自习近平总书记于2013年提出合作倡议以来，我国已经与152个国家、32个国际组织签署201份共建"一带一路"合作文件。"一带一路"倡议经受住实践的考验，对加强我国对外经济合作，推动对外贸易健康发展，实现技术领域的广泛合作，促进中西方文化交流方面发挥了积极的作用。在推动"一带一路"的建设过程中，中国共产党和中国人民经受住了来自国际、国内的双重挑战，始终坚持共商、共建、共享的原则，与"一带一路"沿线国家的人民共同努力奋斗，最终实现共同发展的新局面。

精准扶贫的提出是完成全面建成小康社会的重要任务，是数百万名驻村干部、第一书记和贫困群众用辛勤汗水、无私奉献和不懈奋斗创造反贫困斗争的中国奇迹。民生大计历来是我们党最为关注的执政内容，也是检验不同历史时期党的工作成效的着力点。改善民生，尤其是解决贫困问题符合中国特色社会主义本质的发展要求，同时也是实现全面建成小康的重要工作内容。党的十八大提出精准扶贫的理念，党的十九大将精准脱贫作为三大攻坚战之一进行了新的部署。在我们党的正确领导下，在数百万名驻村干部、第一书记和广大人民群众的热心帮扶下，在贫困群众自身的不懈努力下，经过八年艰苦卓绝的奋斗，实现农村贫困人口全部脱贫，为完成全面建成小康社会迈出了坚实的一步。

纵观我们取得的成绩，奋斗精神贯穿于中国特色社会主义事业的每一项具体工作的始终。依靠这种精神，我们党带领全国人民砥砺前行，实现了全面建成小康社会的阶段性目标。

(二) 守正创新　实现中华民族伟大复兴

习近平总书记在党的十九大报告中以"不忘初心、牢记使命"为主题，对未来发展提出了新的"两步走"①的奋斗目标，并再一次强调了要实现中华民族伟大复兴的中国梦。党的二十大报告指出，我们要"高举中国特色社会主义伟大旗帜，全面贯彻习近平新时代中国特色社会主义思想，弘扬伟大的建党精神，自信自强、守正创新、踔厉奋发、勇毅前行，为全面建设社会主义现代化国家、全面推进中华民族伟大复兴而团结奋斗"。然而这个目标的实现离不开全国人民的共同奋斗，正如习近平所说，"空谈误国，实干兴邦""行百里者半九十。中华民族伟大复兴，绝不是轻轻松松、敲锣打鼓就能实现的"。当今世界百年未有之大变局给中国特色社会主义事业的发展创造了机遇，但同时也伴随着各种各样的风险。中国共产党必须继承迎难而上的传统，弘扬艰苦奋斗的精神，才能在全面建成小康社会的新的历史起点上，向建国一百年奋斗目标迈进。

习近平总书记曾在2021年的新年贺词中说："百年征程波澜壮阔，百年初心历史弥坚，从上海石库门到嘉兴南湖，一艘小小红船承载着人民的重托、民族的希望，越过急流险滩，穿过惊涛骇浪，成为领航中国行稳致远的巍巍巨轮。"从建党之初的步履维艰，发展到今天的波澜壮阔，中国共产党始终是引领中国人民百年奋斗的核心力量。坚定不移的理想信念和百折不挠的奋斗精神构成了中国共产党的内在精神动力。在世界面临百年未有之大变局，中国特色社会主义事业进入新时代的历史背景下，中国共产党在带领全国人民努力实现中华民族伟大复兴中国梦的同时，还需要放眼世界，与相关国家、国际组织与世界人民共同努力奋斗，应对全球经济发展问题、能源问题、环境问题、疫情防控等世界性的难题，构建人类命运共同体。

百年征程中，中国共产党团结带领亿万人民历经千难万险，"在山河破碎时

---

① 中国共产党制定的两步走分为两个阶段，第一阶段为从2020年到2035年，在全面建成小康社会的基础上，再奋斗十五年，基本实现社会主义现代化。第二阶段为从2035年到21世纪中叶，在基本实现现代化的基础上，再奋斗十五年，把我国建成富强民主文明和谐美丽的社会主义现代化强国。

浴血奋战，在一穷二白时发愤图强，在时代发展时与时俱进，攻克了一个又一个看似不可攻克的难关，创造了一个又一个彪炳史册的人间奇迹，迎来了中华民族从站起来、富起来到强起来的伟大飞跃"[12]。然而，越接近民族复兴越不会一帆风顺，面对风险和挑战，我们无比清醒："征途漫漫，惟有奋斗。"正如习近平总书记强调的："我们通过奋斗，披荆斩棘，走过了万水千山。我们还要继续奋斗，勇往直前，创造更加灿烂的辉煌！"站在"两个一百年"的历史交汇点，中国共产党在全面建成小康社会的基础上，要继续以建党精神为源头，发扬中国共产党人的精神力量，慎终如始、戒骄戒躁、不畏艰险、锐意进取，通过引领全国人民共同奋斗，向实现富强民主文明和谐美丽的社会主义现代化强国的伟大目标迈进。

参考文献：

[1] 习近平. 在第十二届全国人民代表大会第一次会议上的讲话 [N]. 人民日报，2013-03-17.

[2] 习近平. 在同各界优秀青年代表座谈时的讲话 [N]. 人民日报，2013-05-04.

[3] 在参观中央红军长征出发纪念馆时的讲话 [N]. 人民日报，2019-05-20.

[4] 王炳林. 初心：重读革命精神 [M]. 北京：人民出版社，2018.

[5] 邓小平. 邓小平文选：第三卷 [M]. 北京：人民出版社，1993.

[6] 习近平. 在纪念全民族抗战爆发七十七周年仪式上的讲话 [N]. 人民日报，2014-07-07.

[7] 王炳林. 大国追梦 [M]. 北京：人民出版社，2020.

[8] 毛泽东. 毛泽东文集：第七卷 [M]. 北京：人民出版社，1999.

[9] 中共中央文献研究室. 邓小平思想年谱（1975—1997）[M]. 北京：中央文献出版社，1998.

[10] 李小三. 中国共产党人的精神研究 [M]. 北京：中央文献出版社，2008.

[11] 徐东升，孙海英，叶桉. 中国共产党革命精神研究 [M]. 济南：山东人民出版社，2017.

[12] 人民日报评论员. 大力发扬为民服务孺子牛、创新发展拓荒牛、艰苦奋斗老黄牛的精神 [N]. 人民日报，2021-01-04（1）.

将苏区精神融入基层党员干部教育的路径探析[①]

刘宗贵[②]

摘　要：赣南，是中央苏区的主要组成部分，十八个县市区都留下了老一辈革命家的足迹，在这片红土地上培育的苏区精神，是中华民族精神的重要组成部分。苏区精神是赣南得天独厚的瑰宝，是无数革命先辈用鲜血和生命铸就的，承载着中国共产党人的初心和使命，这种精神跨越时空、永不过时，是砥砺我们不忘初心、牢记使命的不竭动力。课题就如何将苏区精神融入基层党员干部教育的路径做探讨，从基层党员干部传承苏区精神的意义、基层党员干部传承苏区精神的优势、基层党员干部传承苏区精神的路径进行探析，为市（县）党委宣传部门和党校的基层党员干部教育培训提供参考和借鉴。

关键词：苏区精神；干部教育；路径探析

苏区精神是天然的党性教育和理想信念教育的教科书，是党史学习教育最鲜活的教材。习近平总书记强调："要教育引导全党大力发扬红色传统、传承红色基因，赓续共产党人精神血脉，始终保持革命者的大无畏奋斗精神，鼓起迈进新征程、奋进新时代的精气神。"[1]运用好赣南十八个县市区的红色资源，从苏区精神中感悟先辈情怀、领会治国安民精髓、砥砺个人品格，显然是提升基层党员干部个人修养、执政品质和履职能力的良好途径。

一、基层党员干部传承苏区精神的意义

学习苏区精神的主体，无疑是广大党员干部，尤其是赣南的基层党员干部

---

① 基金项目：本文系2022年度赣州社科规划科研项目，编号：2022-011-0008。
② 作者简介：刘宗贵，男，江西上犹人，学士学位，中共上犹县委党校高级讲师，研究方向为党建、苏区精神、乡村振兴。

更要走在前列。苏区精神对于基层干部队伍提升思想修养和执政能力具有特殊意义。

（一）丰富干部教育资源，增强党性教育的实效性

赣南中央苏区是中国共产党在土地革命战争时期领导建立的全国影响最大的革命根据地，红色资源分布广泛、十八个县市区都留下了老一辈革命家的足迹，而且内容全面、各具特色，在中共党史上有着十分重要的地位。例如，瑞金是红色故都、是中华苏维埃共和国临时中央政府所在地；于都是中央红军长征集结出发地；兴国是苏区模范县、将军县；宁都是中央苏区红军反"围剿"主战场；寻乌是党实事求是思想路线的发祥地；信丰、大余是南方红军三年游击战争中心区域等，赣南每一个苏区县的特色都非常鲜明。在这片苏区土地上，有着厚重的历史底蕴，涌现了很多值得景仰的英雄，有着很多传奇故事，有着很多值得参观的历史遗迹。苏区精神背后所承载的丰富的精神资源是党员干部教育培训的重要资源。无论是苏区历史、事迹，还是苏区精神，都极大地丰富和拓展了基层党员干部教育的内容和教育载体，为增强党性教育的实效性提供了生动教材。

（二）提供强大的精神动力，坚定党员干部的理想信念

理想信念是共产党人精神上的"钙"，是共产党人的命脉和灵魂，是共产党人经受住任何考验的精神支柱。在苏区时期，革命先辈们深信"星星之火，可以燎原"的坚定信念，勇往直前，百折不挠。那时，国内革命形势处于低潮，部队中产生了"红旗到底打得多久"的疑问。毛泽东在回答这个问题时，展示了对中国革命必然胜利的深刻认识。革命形势的发展正如他指出的，经过一次次的反"围剿"，中央苏区建立起来了，其他苏区在发展壮大。这以后，中央苏区和其他苏区的发展虽然出现了曲折，甚至是严重的挫折，但是，广大红军将士和苏区人民，凭着坚定的理想信念，不惧白色恐怖，始终坚信革命一定会成功，因而在革命的征途上无论有多么巨大的牺牲，都前仆后继，义无反顾，即使面临就义，也会大义凛然地走向刑场，这就是信念的力量。

习近平总书记说："坚定理想信念，坚守共产党人精神追求，始终是共产党人安身立命的根本。""理想信念就是共产党人精神的'钙'。"[2]邓小平说："对马克思主义的信仰，是中国革命胜利的一种精神动力。"[3]苏区历史、苏区精神所蕴含的红色基因内核，是广大党员干部天然的"钙片"，有助于他们树立起正确的世界观、人生观、价值观。将苏区精神融入基层党员干部的理想信念教育中去，点燃起党员干部为第二个百年奋斗目标迈进的激情，成为党员干部强大的精神动力和力量之源。

（三）增强育人合力，助力党员干部保持政治本色

千秋伟业，人才为本。我们党和国家事业的发展依靠一大批信念坚定的党员干部。毛泽东同志明确指出，"政治路线确定之后，干部就是决定的因素"[4]，习近平同志强调，广大干部要"做到信念坚、政治强、本领高、作风硬"[5]。然而，现在干部队伍的成长环境和知识结构，与革命战争年代有着根本区别，现在的干部虽然具有新知识、新思维、新观念等优势，但没有当年前辈经历过的艰苦环境的磨炼和生死的考验，迫切需要增加与人民荣辱与共、生死相依的体验。正因此，习近平总书记指出，苏区精神是我们党的宝贵精神财富，要永远铭记、世代传承，教育引导广大党员、干部在思想上正本清源、固根守魂，始终保持共产党人政治本色。将苏区精神融入干部教育培训，融入党建工作模式，融入"三会一课"，融入工作实践中去，有助于增强育人合力，助力党员干部保持政治本色，铸造党员干部形成忠诚、干净、担当的政治品格。

二、基层党员干部传承苏区精神的优势

中央苏区是一片光荣、神奇的红土地，赣南十八个县市区全部是苏区全红县，每一个县都留下了苏区斗争时期的红色遗迹。每个苏区县都有各具特色的历史印痕，基层党员干部在传承苏区精神方面有着独特的优势。

（一）领导的重视，苏区资源设施日臻完善

"一个不记得来路的民族，是没有出路的民族。"[6]正因为如此，苏区各级党委政府牢记习近平总书记的嘱托，弘扬苏区精神，日臻完善苏区资源设施。以赣州为例，着力打造"瑞金建政""中央红军长征集结出发地""苏区干部好作风""南方三年游击战争"等红色品牌，塑造"红色故都"名片。赣州全市红色景区体系更加完善，红色教育功能明显增强，红色教育接待人数屡创新高。同时，苏区各级党委政府在用好原有的一些核心红色资源外，还高度重视苏区资源的挖掘、开发。实践证明，新挖掘开发的红色资源对于基层党员干部重温历史上的峥嵘岁月，可以不出县甚至不出乡能就近接受红色教育，效果很好。如上犹县在毛泽东同志《井冈山的斗争》一文中所述"我军经崇义、上犹向井冈山回军之际"[7]，考证到毛泽东、朱德率"八月失败"[8]后的红二十八团回师井冈山途中驻扎在双溪乡大石门村住了两晚，其间开展打土豪、整编、召开军人大会等活动。结合大石门村是中国传统古村落、生态环境优美的特点，把大石门村打造成"红色名村、古色村落、绿色村庄"。再如，朱德、陈毅率南昌起义军抵崇义的上堡、文英一带进行军事整训[9]旧址群的建设，彭德怀红三军团上犹平富旧址群的维护、修缮和配套设施的完善建设等，既吸引了大批基层党

员干部前来接受党性教育，又有力地促进了当地的乡村振兴。

（二）党员干部对党史、革命精神的价值观认同

"以史为鉴，可以知兴替。我们要用历史映照现实、远观未来，从中国共产党的百年奋斗中看清楚过去我们为什么能够成功、弄明白未来我们怎样才能继续成功，从而在新的征程上更加坚定、更加自觉地牢记初心使命、开创美好未来。"[1]随着党史学习教育的不断深入以及我们党历来高度重视党员干部教育培训，并且在苏区时期就有了中央党校的前身，"党校承担着强化理论武装、加强理想信念教育的重要职责，肩负着加强党性党风教育、传承党的优良传统作风的重要使命"[10]。在这样的教育培训大背景下，党员干部知史爱党、知史爱国。特别是在十八大以来的十年间，世界百年未有之大变局所体现的世界风云变幻、中美贸易摩擦、世界疫情以来，我国所显示出的强大的制度优势和政治优势，加深了党员干部对马克思主义以及马克思主义中国化的系列成果尤其是习近平新时代中国特色社会主义思想的认同，加深了对党史、革命精神的理解和价值认同。

（三）丰富的苏区资源载体，有效发挥着育人效益

苏区精神体现了中国共产党人革命精神的共性，也凸显了苏区特有的个性，是中华民族精神的重要组成部分，是井冈山精神的继续和发展，也是长征精神、延安精神的源泉。苏区精神跨越时空、历久弥新。

丰富的苏区资源，载体的表现形式各异：一处处传承着红色基因的旧址、一件件镌刻着红色记忆的文物、一个个彰显着红色初心的故事，铭记着苏区的光辉历史，更成为后辈弘扬革命精神、传承红色基因的宝贵资料；干部教育培训时，可以使用唱一首红色歌曲、讲一个红色故事、诵一段红色家书、读一篇红色故事等方式，用红色基因引领党员干部坚定理想信念，培养艰苦奋斗、乐观向上的生活态度，让课堂教学"活"起来；教学形式可以是专题式教学、案例式教学、经典导读式教学、情景式教学、讨论式教学等党员干部喜闻乐见的授课方式；现场教学可以是听党史、参观革命先辈故居、烈士陵园祭英烈、重温入党誓词等，形式不一，但是都发挥着育人效益。

三、基层党员干部传承苏区精神的路径探析

基层党员干部传承苏区精神，要整合各类资源，要丰富内容、创新形式，要在提升硬件条件、优化软件环境上持续发力，让党员干部在党性教育中更加生动活泼、入脑入心，激活基层党员干部内生动力，凝聚起推动苏区振兴发展的强大合力。

(一)创新教育机制,完善教育体系

苏区精神融入基层党员干部教育是一项系统工程,离不开资源、课堂、教师、日常的主体班培训和各种形式的活动,要创新机制,完善体系。一是要用好多样化主题报告这个重要形式,在开展苏区精神宣讲时,可以从历史的视角进行个案解剖,也可以从革命精神的创造群体多维度进行解读,要打动人心、触及思想和灵魂;二是可以通过各种渠道、各种形式讲党课。比如,以情景党课的形式讲党课,可以通过小品、舞台剧、朗诵、微党课等形式,把在乡村振兴、脱贫攻坚、疫情防控、重点项目等工作中表现突出的"身边榜样"的故事也搬上课堂,生动鲜活地诠释什么是苏区精神,什么是初心使命;三是可编印苏区精神地方特色教材,推动苏区精神红色教育进机关、进学校、进企业、进社区、进农村;四是以师资建设为突破口,整合省市县三级党校和部分大学教师、大型企业高管、相关领域高级专业技术人才、优秀基层干部等资源,建立师资库;选聘红色讲解员,建立一支结构合理、素质优良的党员干部教育培训需要的师资队伍,提供"菜单式"教学服务。

(二)挖掘苏区精神元素,加强文化建设

历史遗迹、各地苏区博物馆、纪念馆、革命旧址等是最鲜活的苏区精神"教材",其书写了中国共产党人的精神图腾,镌刻了中国共产党和中华民族浴血奋战、艰苦卓绝、沧桑前行的历史烙印。苏区精神既蕴含了中国共产党人革命精神的共性,又显示了苏区时期的特色和个性,是中国共产党人政治本色和精神特质的集中体现,是中华民族精神新的升华,也是我们今天正在建设的社会主义核心价值体系的重要来源。[11]一是要充分挖掘和运用各地的苏区精神红色基因物质载体,宣传和弘扬物质文化背后所提炼出的苏区精神元素及精神内涵,为党员干部坚定理想信念、牢记宗旨使命、永葆奋进初心提供强大的精神动力;二是强化苏区精神教育基地建设,结合名人故居、红色资源、特色产业,打造革命根据地旧址群,如中央苏区历史博物馆的开馆,大型实景演艺项目"浴血瑞京"的运营、长征国家文化公园、瑞金"红色故都"、兴国官田兵工旅游景区、会昌风景独好园、寻乌调查学院等项目的推进,让党员干部更好地重温革命历史、感受苏区精神;三是大力发展红色教育培训、红色文化演艺、红色文化创意、红色主题购物等红色文化产业,使苏区的红色旅游发展布局更加合理,红色精品景点体系更加完善,红色教育功能明显增强;四是把苏区精神与当地特色文化内涵进行深度结合,如赣南苏区,可以与红色、宋城、客家、阳明等特色文化内涵进行结合,将文物资源纳入旅游线路、融入景区景点,推动红色文化旅游融合发展;五是充分发挥新时代文明实践中心作用,让党的创新理论飞入寻常百姓家，弘扬苏区精神，持续开展红色名村创建活动，做强红色研学培训，传承红色基因，赓续红色血脉；六是加强各级党校建设，抓实全国基层干部教育培训契机，突出履职能力和新知识培训，开展新时代基层党员干部主题大培训。

（三）媒介宣传，发挥典型示范作用

良好的传承氛围是苏区精神传承和传播的必要外部环境。榜样的力量是无穷的，中国共产党和中华民族在任何历史阶段都不乏勇立潮头、无私奉献的民族脊梁和时代楷模。毛泽东同志说过："典型本身就是一种政治力量。"以先进典型为镜，就是要把榜样精神人格化、具体化、形象化。一是注重媒介内容的生产。将深入挖掘典型人物的典型事迹，转化为党员干部乐于接受的、具有丰富内涵的媒介内容，用榜样的力量去触动、感染、教育党员干部，使榜样的力量直抵心灵，化作奋进新时代的强大动力。二是注重媒介的宣传。运用新媒体、自媒体等媒介平台，采用图文、音频、短视频等方式，多维度、垂直化、不间断地输出符合时代特点以及党员干部身心发展规律的苏区精神的红色文化内容，掌握红色基因教育和话语权，结合党员干部的关注热点进行有效的宣传输出和思想引领；加强与党员干部的媒介互动，发挥新媒体平台强大的传播力和渗透力。三是吸引媒介参与宣传。系统地寻找和整理与苏区精神有关的事迹、人物、遗物、遗址等内容，鼓励媒体编写和创作成党员干部容易接受的鼓舞人心且易于共享的文学和艺术作品。例如，制作专题网页"网上祭英烈"；制作融合媒体产品，网上查阅革命遗址，网民们足不出户，就可以瞻仰革命遗址，聆听红色历史；制作红色经典剧目弘扬苏区精神，继承先辈遗志；重要节日制作主题鲜明的红色文化"快闪"，高唱苏区红色爱国歌曲，向祖国深情表白等方式，传播苏区精神红色血脉，续写先烈荣光。

（四）红色实践，做到知行合一

实践是认知的基础和来源。在对苏区精神的传承和推广过程中，要完善和健全社会实践体系和机制，坚持理论与实际相结合，用理论指导实践，在实践中深化对理论的认知，做到知行合一。一是加强与党性教育课堂的有效联动，为党员干部开展社会实践活动创造条件，将实践活动作为党性课堂外的教育"主阵地"，突破课堂教育的界限，并将红色教育实践纳入到党性教育主课堂；二是让党员干部寻找本地苏区历史资源，并进行挖掘和推广，例如，充当苏区历史的讲解员、接待员、档案管理员等，使苏区精神入脑、入心；三是组织党员干部充当志愿者，深入农村、企业、社区和英雄烈士纪念馆等，进行各种形式的志愿服务活动、公益劳动和社会研究，以此来加深对苏区精神的理解、感悟和同化，并努力传承苏区精神;四是继续完善苏区配套建设、开展苏区精神体验活动,例如,"追寻共和国足迹""重走长征路""重走红军小道"等参与式、沉浸式拓展体验活动,也可以利用 VR、AR 等现代科技进行体验,还可以开发拓展苏区主题餐厅、苏区文创产品等,让党员干部在过程中全景感受当时当地的苏区历史。传承苏区精神就需要在实践的所见、所闻、所感中不断去了解、去践行。

苏区精神是我们党的宝贵精神财富,是中华民族的生命准则和精神纽带。是中国共产党精神谱系中的重要组成部分。在基层党员干部培训中发挥着特殊的政治功能,党员干部肩负着弘扬苏区文化、传承苏区精神的重要使命。将苏区精神应用于党员干部日常工作中是应有之义,在新的赶考之路时代背景下更是大势所趋。讲好苏区故事、传播红色声音,将苏区精神进课堂、进教材,加深党员干部对苏区红色文化内涵的理解,使思想受到洗礼、精神得到升华,实现习近平总书记强调的:"我们要从红色基因中汲取强大的信仰力量,增强'四个意识',坚定'四个自信',做到'两个维护'。"[12]"使红色基因渗进党员干部的血液,使苏区精神代代相传。

参考文献:

[1] 习近平. 习近平谈治国理政:第四卷 [M]. 北京:外文出版社,2022.

[2] 习近平. 习近平谈治国理政:第一卷 [M]. 北京:外文出版社,2014.

[3] 邓小平. 邓小平文选:第三卷 [M]. 北京:人民出版社,1993.

[4] 毛泽东. 毛泽东选集:第二卷 [M]. 北京:人民出版社,1991.

[5] 习近平. 习近平谈治国理政:第三卷 [M]. 北京:外文出版社,2020.

[6] 习近平. 习近平谈治国理政:第二卷 [M]. 北京:外文出版社,2017.

[7] 毛泽东. 毛泽东选集:第一卷 [M]. 北京:人民出版社,1991.

[8] 中共江西省委党史研究室. 中国共产党100年江西简史 [M]. 南昌:江西人民出版社,2021.

[9] 中共江西省委党史研究室. 中国共产党100年江西大事记:上册 [M]. 南昌:江西教育出版社,2021.

[10] 中共中央关于加强和改进新形势下党校工作的意见 [N]. 人民日报,2015-12-14(1).

[11] 中共江西省委党史研究室,中共江西省委宣传部. 永恒的力量(苏区精神)[M]. 南昌:江西教育出版社,2021.

[12] 习近平. 坚定理想信念 补足精神之钙 [J]. 中国民政,2021(21).

专题研讨三 05

苏区史与红色文化

百年党史视野下中央苏区粮食工作蕴含的政治经济学经验在新中国的传承与发展

郭海龙[①]

摘　要：百年党史视野下，中央苏区粮食工作蕴含的政治经济学经验，在新中国得到了传承与发展。主要表现在：一是苏区粮食机构"特殊+普及"⇒新中国各领域的"试点+推广"；二是苏区筹粮、借粮运动中经济互动⇒新中国合作化与新型专业合作社；三是苏区查田运动保持阶级纯洁性⇒新中国自我革命保持思想纯洁性；四是各苏区统一财经⇒新中国肃清山头主义、消除诸侯经济与税制分合；五是苏区提倡做文明生意人⇒新中国"基于规则"发展为第一贸易大国。正是中央苏区粮食工作所积累的政治经济学经验不断得到传承，促进了我党抗战时期、解放战争时期和新中国的经济工作获得空前成功，直至如今跃升为世界第二大经济体，并为毛泽东思想的发展和成熟提供了丰富的素材，因此，务必载入史册，永远铭记。

关键词：中央苏区；粮食工作；政治经济学；新中国；传承与发展

中国共产党的百年历史，波澜壮阔，充满了开创性工作，积累了丰富经验。对历史经验的积累与传承，是促进我党不断由小到大、由弱到强，取得一个又一个胜利，并最终历经28年奋斗，从瑞金和延安的局部执政走向全国执政的重要因素。善于总结历史经验，是我们党长盛不衰、克服艰难险阻并走出挫折的重要法宝。其中，粮食工作就是一项贯穿百年党史的重要的基础性工作，在中央苏区的奠基时期，粮食工作积累了丰厚的政治经济学经验，在后世得到了很好的传承和发扬。

国以民为本，民以食为天。粮食是最重要的战略资源和金融武器[1]，不可替代，这在当前俄乌冲突的背景下进一步凸显。中国自古重视粮食工作，比如

---

① 作者简介：郭海龙，博士，中央党史和文献研究院助理研究员。

孔子认为，足兵、足食、足信，才能够维持社会安定；孙武等军事家认为，兵马未动，粮草先行。在土地革命过程中，瑞金是红色故都、共和国摇篮、中央红军长征出发地，延安之前的革命中心，是苏区精神主要发源地。中央苏区粮食工作背后的政治经济学经验，在后来得到了传承和发展，促进我国经济建设不断取得新成效。

苏区粮食机构"特殊+普及"⇒新中国各领域的"试点+推广"

土地革命时期，中央苏区粮食部、粮食调剂局、粮食合作社等苏区粮食机构都发源于闽西革命根据地，随着苏区的扩大，闽西苏区与赣南苏区连成一片，构成中央苏区。粮食部、粮食调剂局、粮食合作社等苏区粮食机构，得到了中华苏维埃临时中央政府的认可，并推广、普及到了各个苏区。具体历程如下：

1930年3月18—24日，闽西第一次工农兵代表大会在龙岩召开，闽西苏维埃政府成立。该苏区政府率先组建粮食人民委员会，选举林延年为粮食人民委员会主任。这是苏区第一个粮食机构。自此，闽西苏维埃政府粮食部肩负起组织领导闽西苏区粮食工作的重任。

根据地初创时期，面对闽西各地谷贱伤农的"剪刀差"[2]造成整个社会经济恐慌的情况，经过一年多的酝酿，从1929年9月3日，闽西特委下发《中共闽西特委通告（第七号）——关于剪刀差问题》提出临时补救办法，到1930年6月14日，闽西苏维埃政府下发《关于组织粮食调剂局问题》的第15号布告，闽西各地正式设置粮食调剂局。该布告强调："粮食调剂局的成立，是发展闽西社会经济的重要出路，是目前急须进行的重要工作。"布告对筹办粮食调剂局从机构组织到资金、谷价等具体事宜都进行了明确规定。《布告》发布后，闽西各级苏维埃政府相继成立了粮食调剂局。

1930年9月，闽西召开第二次工农兵代表大会。会议通过了《经济政策决议案》，对调节粮食产销问题进行了如下规定："粮食缺少地方组织办米合作社，向白色区域买米；米多地方要组织贩卖合作社，运米到别地销售，政府对办米合作社要帮助其进行。"《决议》首次提出"办米合作社"和"贩卖合作社"，成为苏区组建贩米合作社、开展粮食合作社运动的开端。此后，粮食合作社如雨后春笋般涌现，并在后期实现了与粮食调剂局的对接，二者整合为一个广泛的粮食系统，成为后者在县级以下层面开展筹集军粮、借粮等工作延伸到基层的"腿"。

从闽西开始，粮食部、粮食调剂局、粮食合作社逐步推广到全国各苏区，实现了从特殊到一般，践行了"从群众中来，到群众中去"的群众路线。

新中国传承和发展了这一传统，提炼为"试点+推广"。比如，在社会主义改造过程中，公私合营就经历了一种从尝试到全行业再到全国各行业推广的过程，加速了社会主义基本制度的确立。而"试点+推广"集中表现在改革开放后，"包产到户"的产生和普及、经济特区的创建、特别行政区、自由贸易试验区（港）的设立等一系列重大举措之中。例如，农村"包产到户"率先由安徽凤阳小岗村开始，经过领导人认可，在全国得到了总结和推广，成为改革开放的先声。再如，改革开放之初，邓小平同志全力支持经济特区先行先示。1979年4月，邓小平提出："可以划出一块地方，叫特区。"当谈到配套资金时，邓小平说，"中央没有钱，可以给些政策，你们自己去搞，杀出一条血路来"，并对名称问题指出："就叫特区嘛！陕甘宁就是特区。"[3]根据邓小平的提议，会议决定在深圳、珠海、汕头和厦门等地划出一定地区试办出口特区。深圳、珠海两地可以先行试办。这种"试点+推广"的办法，成功蹚出一条改革开放之路，至今仍然在造福中国。比如，作为新时代国家政治体制改革的重大举措之一，我国监察委员会的设立，最初就是在若干个省份进行试点，然后推广到了全国，这一举措借鉴了古代集权模式下的御史台制度和孙中山"五权宪法"的设想，适应了新时代党的集中统一领导制度，与公检法配套，与权力机关、行政机关、司法机关、审判机关以及人民政协共同完善了国家体制，使得国家治理体系和治理能力现代化迈上了新台阶，其源头可以追溯到中央苏区对粮食机构实行的"特殊+普及"政策。而目前全国各地自由贸易试验区（港），则承载着我国经济未来发展简化行政流程、促进投资贸易便利化的希望。

苏区筹粮、借粮运动中经济互动⇒新中国合作化与新型专业合作社

在苏区开展的筹粮、借粮运动中，军民互助、干群互动谱写了鱼水深情，并通过"合作社缓解通货紧缩"刺激了经济发展。发展到新中国，农业、手工业的合作化，当代的新型专业合作社都是传承和发展。其中，新型专业合作社有助于在货币现金流缺乏的情况下，通过物资整合促进乡村振兴。

借谷运动是中央苏区依靠群众解决红军粮食问题的重大举措。从1933年起，中央政府在全苏区开展了3次借谷运动，当时在中央苏区内，粮食最困难之处是汀州瑞金一带。有些地方，因受白军骚扰，无米可买，所以瑞金的米非常昂贵。这不但使城市劳苦群众的生活受极大影响，且汀州瑞金一带红军及机关也受到了影响。在借谷运动开展过程中，临时中央政府结合中央苏区实际，制定了适合苏区实情的政策。"在老苏区，按产谷的程度来分配，产米素丰的地方应多借，产谷较少的地方应少借；在新苏区，根据群众对革命认识的程度来决定，在对革命认识较深的地方多借，反之少借；在边区，则根据受国民党摧残抢劫的程度来决定，被摧残厉害的地方应不借，受害较轻的边区，酌情决定借谷数量。"[4]在党和政府的正确领导下，借谷运动得到了广大人民群众的支持和拥护，《红色中华》多次报道借谷运动的成绩。贫农团、雇农工会、选民大会等，将其他地方群众自动借谷的热烈与办法向本地群众宣传解释，并组织竞赛，使大家踊跃借谷，供给红军。[5]在这几次大的粮食征集活动中，中央苏区的粮食工作者在斗争中开拓工作新局面，在充分发动群众的基础上，依靠各级组织，较好地完成了粮食征集任务，为土地革命战争时期做好粮食工作积累了经验。其中，农民与政府、红军的互动，谱写了党群、干群、军民之间的鱼水深情。

与此相关，中央苏区从1932—1934年开展了一场轰轰烈烈的粮食合作社运动。这种以"出资入股"形式组建的粮食合作社，在应对长征前组织的几次粮食征集和借谷运动中发挥了举足轻重的作用，不仅帮助红军渡过了难关，挽救了新生的苏维埃政权，而且克服了苏区经济相对落后、工业品欠缺导致的通货紧缩困难，防止了谷贱伤农，促进了物资流通、资本循环和农业、手工业、轻工业等行业的振兴，受到苏区农民欢迎，丰富了我党早期乡村治理的探索和实践。实践证明，农民以物资、劳动力和生产工具入股建立合作经济，是落后地区克服商品经济不发达的弊端的有效方法，这在新中国得到了很好的传承和发展。

新中国成立之初，很多新解放区的农民，由于以家庭为单位经营农业显得势单力孤，就参考了老解放区农业互助组的做法，开展农业合作化运动，从初级社到高级社不断发展，促进了社会主义改造。只是后来的人民公社化运动，导致"一刀切"发展到了极端，反而束缚了生产力的发展。在改革开放之后，人民公社遭到了历史性淘汰，不过，改革开放之后，在包产到户的同时，保留了"宜统则统、宜分则分，统分结合、双层经营"的弹性制度，而在土地流转基础上，逐渐发展起来的农村专业合作社，则是农业规模化、产业化、集约化经营的有效组织方式。在未来乡村振兴过程中，农村专业合作社将大大促进互通有无，促进落后地区资源整合、产业整合，加快实现产业集约化、农村现代化和共同富裕，在这一背景下，合作化的势头方兴未艾。

苏区查田运动保持阶级纯洁性⇒新中国自我革命保持思想纯洁性

合作社本是弱者之间自帮自救的组织，国统区合作社却因长期被地主富农所把持，成为为强者谋利、损害弱者利益的组织，这不仅违背了合作社的本质规定，而且伤害了社员的合作积极性和生产积极性。西方国家合作社只具有解决成员生产生活困难、增加收入的经济功能[6]，而苏区的合作社则具有经济和政治双重功能。合作社不单单是一个经济组织，还是一个政治组织，如果政府不介入，合作社就会只顾自身利益最大化而不管政府利益最大化，陷入纯粹经济斗争或经济主义、经济派的误区，会产生各种各样不利于革命运动的错误。[7]经济主义是无产阶级革命运动的一种误区，只追求经济斗争，以经济斗争代替政治斗争，这是工人阶级不够成熟、缺乏成熟政党领导时的主要表现，多存在于革命早期。在世界范围内，在19世纪末、20世纪初的欧美发达国家，由于经济发达，统治阶级愿意拿出一部分超额利润以安抚工人阶级，导致工人工资水平提升、福利水平提高，对资本主义福利制度产生了依赖，缺乏阶级意识，致使革命运动在欧美发展不起来，总罢工甚至被认为是"总胡闹"。[8]在这一背景下，欧洲工人们组织的合作社，则顺从资本主义的利益最大化原则，缺乏必要的阶级斗争意识，难以成为资本主义的"反体制"力量，反而屈从于资产阶级的文化领导权[9]，成为资本主义的附庸。

因此，合作社要贯彻党和苏区工农政府的意志、唤醒工农的阶级意识，苏区工农政府就必须强力地领导合作运动。苏区工农政府"以运动促进运动"的方式动员群众开展合作运动，以合作的力量有效地解决了农民自身和红军家属生产生活困难的问题，促进了扩红运动和粮食收集运动的顺利开展；政府通过查田运动和检举运动，查处和清除破坏合作社的地主、富农和贪污分子，使合作社成为真正为贫苦农民和工农政府谋利的经济组织，调动了农民的合作热情和生产积极性。

党充分吸取了西方合作社和国统区合作社的经验教训，在领导合作运动过程中，通过查田运动，清除了混入合作社中的阶级异己分子和腐败分子，保证了合作社的纯洁性，调动了社员的合作积极性和生产积极性。这种自我净化的本质就是刀刃向内自我革命，在中国共产党的百年历史中得到了很好的传承，并成为新的红色优秀文化传统。从民主革命时期的"莫伸手，伸手必被捉"，到新中国成立时的"两个务必"；从新中国成立初期查处刘青山、张子善这两个新中国第一贪，到改革开放后重点抓高级领导干部、名人的大案、要案，"越是高级干部的子弟，越是高级干部，越是名人，他们的违法案件越要抓紧查处，抓住典型，效果也大"[10]。从党的十八大之后，铁腕反腐到如今以一体推进"不敢腐、不能腐、不想腐"构建风清气正的政治生态，无一不透露着我党坚决开展自我革命的决心和意志。正是这种大无畏的刀刃向内式自我革命精神，保证了从中央苏区一路走来，红色江山永不变色。

各苏区统一财经⇒新中国肃清山头主义、消除诸侯经济与税制分合

由于领导闽西革命根据地取得丰硕成果，尤其是开创了闽西革命根据地粮食工作的各项制度，邓子恢被调往中央担任粮食部部长。1932年7月底，临时中央政府指定粮食部部长邓子恢兼代土地部部长。1933年2月，国民经济部成立，邓子恢又兼任国民经济部部长。邓子恢就任三个部的部长职务后，了解到此前省县区苏维埃政府大多没有专人做收支预算，只能依赖于斗地主与军队筹集资金，没有建立可靠的财政系统和完善的税务体系的情况，于是，致力于统一中央苏区的税收制度、货币发行、国库制度和会计制度。

工作中，邓子恢发现几乎所有单位收钱、管钱、用钱混乱，账目不清，于是签发了财政部第12号训令，以统一会计制度。制度明确规定：收钱、管钱、领钱、用钱要分开；各级收支情况应按系统分别登记上报；确定会计科目，按统一的名称与范围记账；确定预决算规则，实行预决算制度；统一簿记、单据格式，按规定要求记账；实行财政交接制度，交卸者应提出清单报告，接管者要凭单清理核收。[11]

对此，邓子恢指出，财政是国家与政府的命脉，直接涉及全社会经济和阶级政权的稳定发展。鉴于各级苏维埃政府自行收支税款，不报告临时中央政府的税制紊乱现象，1932年8月16日，邓子恢签发了财政部关于统一税制的第15号训令："决定从8月份起，凡土地税、商业税、山林税、店租、房租、矿产资产等各项租税收入，各级财政部都应另立账簿，如公债款一样，分别收入，按月解缴上级，汇送中央或中央的指令之用途。"[12]邓子恢鼓励群众普遍使用苏维埃国家银行发行的苏区货币，禁止白区货币在苏区流通，苏维埃政府机关和红军部队一律使用苏维埃国家银行苏区货币，一切交易和纳税均按国币计算，不收杂币，以稳定粮食市场和金融物价。邓子恢同国家银行行长毛泽民以及曹菊如一起起草了《国库暂行条例》，经人民委员会名义发布成为政府训令，该法规定：中央建立总国库，省、县建立分、支库，一切收入必须上缴国库，由财政部签发支出命令，任何人不得擅自动用国库的钱，上下级国库之间采取多联单形式作为通知和记账凭证。

这种统一财经的举动，实际上是加强了各苏区之间的联系，传承了自古以来"大一统"国家对经济的统一管控。在我国，对财政和经济进行统一管控有着深厚的历史渊源。从管仲轻重派、桑弘羊《盐铁论》、刘晏为国理财、王安石变法富国强兵，历朝历代重视对经济的管理和掌控，以服务政治大局和国计民生。新中国成立后，迅速建立国营经济，实行公私合营为标志的社会主义改造，既是社会主义应有之义，也符合中国传统；改革开放后，我国形成了以公有制为主体、国有经济主导、多种所有制并存的经济制度；党的十八大以来，我国重视国有资本带动社会资本，发展混合所有制经济，注重发展军民融合产业，始终保持国家对经济强有力的宏观调控能力。而中央苏区上述统一财经的举动，促进了政令统一和令行禁止，树立了苏维埃政府的良好形象，同时，避免了山头主义，这为新中国所传承和发扬。

民主革命时期，毛泽东就认识到了山头主义的危害，并致力于肃清其影响。"山头主义的社会历史根源，是中国小资产阶级的特别广大和长期被敌人分割的农村根据地，而党内教育不足则是其主观原因。指出这些原因，说服同志们去掉盲目性，增加自觉性，打通同志间的思想，提倡同志间的互相了解、互相尊重，以实现全党大团结，是我们当前的重要任务。"[13] "我们要肃清山头主义，就要承认山头，照顾山头，这样才能缩小山头，消灭山头。所以我们要承认有山头……要先看到人家的长处。大家都是新民主主义解放区的，都是共产党员，都是同志，不应该发生看不起的问题。"[13]

新中国成立后，我们迅速统一了财经，并运用统一财经的力量，集中精力在新解放的上海打赢了米棉之战、粮油之战，站稳了脚跟，成功打击了不法资本家和商贩的嚣张气焰，稳定了国民经济。

从苏区统一财经到新中国建立以来的经济宏观调控，都继承并发扬了我国自古以来的优良传统。改革开放后，各地经济政策"特事特办"，放开、搞活，使得部分地区在发展经济方面，出现了"一窝蜂"现象，导致了市场混乱和资源浪费，物价起伏给人民群众经济生活造成了极大困扰，引发了不安。对此，从南方谈话后，我们利用财经力量，解决了经济过热问题，实现了"软着陆"，消除了诸侯经济。随着改革的深入，我国的税制经历了分税制的设置和地税、国税合一，分别适应了改革开放以来各个历史时期经济的发展。分税制在改革开放之初充分调动了地方和中央的积极性；国税、地税合一则有助于建设全国统一大市场，促进国内大循环、做好国际大循环，增强中央政府统筹全国财政力量，通过财政转移支付等手段集中力量办大事，推动老少边穷地区大踏步赶上全面建设社会主义现代化国家的时代步伐，促进跨越式发展和乡村振兴，推动共同富裕。

苏区提倡做文明生意人⇒新中国"基于规则"发展为第一贸易大国

在十月革命后实行新经济政策期间，列宁就提倡做"文明商人"[14]，这是对当时不断积累财富的耐普曼（nepman，字面意思是吃新经济政策那碗饭的人，即新经济政策的致富者,先富阶层)的一种期许,表达了苏维埃国家利用商业规则发展经济的愿望。这一点在中华苏维埃共和国得到了很好的发挥,并在新中国成立后得到了传承。

培养忠诚于合作事业的"文明生意人"经营管理合作社,是巩固合作社、促进百业兴盛的重要举措。前文所述的检举运动暴露的问题说明,推进合作运动的健康发展,必须培养、训练出我们自己合作社的生意人,来代替那些阶级异己分子。当时,党和政府不会做生意,需要训练一批自己的"文明生意人"干部,不但为了合作社,还要推进合作运动到更高的地步,为此,必须完成这一工作。这一时期,党和政府严惩了合作社的贪污现象,使"已经被损害了的合作社的信仰得到恢复","群众的合作热情和生产热情逐渐高涨"[15]。

新中国成立后,我们保持开放态度,继续在全球做"文明生意人"。一是与苏东国家合作开展贸易和投资,例如,那个时候成立的中波轮船公司至今仍在运营。二是在西方封锁下,利用香港转口贸易,与世界各国取得联系,诞生了一大批诸如霍英东、董建华那样的爱国爱港人士和"文明生意人",往返于我国与世界各地,沟通我国和外界。三是积极与欧洲、美国和日本经济界在未建立外交关系的情况下开展贸易往来和民间交往。之后,经过不懈努力,在"被非洲兄弟抬进联合国"即中国在联合国恢复合法席位和尼克松访华后,我国打开了经贸和外交局面,经过几十年的努力,我们的朋友遍布天下。

改革开放以来,沿着做"文明生意人"的思路,我们从沿海、沿边到内陆全方位开放。我们充分利用劳动力、资源、市场广阔等优势,按照国际商业规则,从加工订货"三来贸易"做起,实施进口替代、出口导向,并培育战略性新兴产业,从而在世界贸易中站稳了脚跟,逐步成为贸易大国。在世纪之交,面对亚洲金融危机等考验,我国坚持人民币不贬值,在亚太地区赢得了较高的国际信誉,出口与投资、消费一起成为我国经济的"三驾马车"。在加入世贸组织(WTO)后,我国积极遵守世界贸易规则,基于规则与全球各国做生意,经过不懈努力,已经成为第一贸易大国。因此,在民粹主义引发的"逆全球化"逆流中,我国成为坚决捍卫全球化的坚定捍卫者和推动者,我国积极推动区域经济伙伴关系(RECP)谈判,积极与韩国、欧洲推动贸易或投资谈判,并达成了中韩自贸协定,在上海合作组织撒马尔罕峰会积极倡导本币结算,就是对全球化的积极支持。与此同时,我国充分利用国际贸易规则,反击西方贸易保护主义,特别是美国发动贸易战之后,我们开展有利、有礼、有节的斗争,赢得了广泛尊重。

而今,面对新冠疫情肆虐,在全球化逆转乃至被严重质疑会中断[16]的情形下，我国大力开展法治化营商环境建设，并积极构建国内统一大市场，更是基于商业规则，做出促进贸易和投资便利化的重大举措。

雄关漫道真如铁，而今迈步从头越。中央苏区的革命，看上去遭受了"左"倾错误干扰，导致土地革命在四次反"围剿"斗争取得空前胜利的高光时刻、巅峰阶段遭遇挫折，这既与我党处在幼年，尚不能独立自主决定自身命运有关，也与共产国际的不当干预，特别是李德的错误军事路线有关。但是，挫折并不意味着全盘否定，中央苏区粮食工作等诸多工作的开展，为以后我党从遵义会议开始走向成熟积累了无比宝贵的历史经验。中央苏区粮食工作所积累的政治经济学经验不断得到传承，促进了我党抗战时期、解放战争时期和新中国的经济工作获得空前成功直至如今跃升为世界第二大经济体，并为毛泽东思想的发展和成熟提供了丰富的素材，务必详加记录、深入研究、载入史册，值得永远铭记。

参考文献：

[1] 温铁军，计晗，高俊. 粮食金融化与粮食安全 [J]. 理论探讨，2014 (5).

[2] 王明前. "剪刀差"问题与中央革命根据地的合作社经济 [J]. 阿坝师范高等专科学校学报，2010，26 (1).

[3] 中共中央文献研究室. 邓小平年谱 [M]. 北京：中央文献出版社，2019.

[4] 江西省粮食志编纂委员会. 江西省粮食志 [M]. 北京：中共中央党校出版社，1993.

[5] 中华苏维埃共和国临时中央政府人民委员会令第 39 号：为调节民食接济军粮 [N]. 红色中华，1933-03-06：58 (5).

[6] 查尔斯·马斯克列，郭海龙. 超越合作：重新审视工人自治企业的变革功能 [J]. 国外理论动态，2019 (5).

[7] 中共中央马克思恩格斯列宁斯大林著作编译局. 列宁选集：第二卷 [M]. 北京：人民出版社，2012.

[8] 卡尔·兰道尔. 欧洲社会主义思想与运动史：上卷：第一册 [M]. 群立，译. 北京：商务印书馆，1994.

[9] 郭海龙，徐红霞. 文化领导权视角下的文化安全 [J]. 中国文化产业评论，2020，29 (2).

[10] 中华人民共和国人事部. 邓小平人才人事理论学习纲要 [M]. 北京：

人民出版社，1997.

　　[11] 蒋伯英. 邓子恢传 [M]. 上海：上海人民出版社，1986.

　　[12]《邓子恢传》编辑委员会. 邓子恢传 [M]. 北京：人民出版社，1996.

　　[13] 毛泽东. 毛泽东选集：第三卷 [M]. 北京：人民出版社，1991.

　　[14] 中共中央马克思恩格斯列宁斯大林著作编译局. 列宁选集：第四卷 [M]. 北京：人民出版社，2012.

　　[15] 吴亮平. 目前苏维埃合作运动的状况和我们的任务 [N]. 斗争，1934-04-21.

　　[16] 马克·莱文森. 全球化简史 [M]. 方宇，译. 杭州：浙江文艺出版社，2022.

中央苏区"三八"妇女节纪念活动研究[①]

——以《红色中华》报为中心进行探讨

郭 斓 周文生[②]

摘 要：中央苏区时期，中华苏维埃共和国临时中央政府对妇女工作高度重视，开展一系列"三八"国际妇女节纪念活动。根据苏区第一份中央机关报《红色中华》记载，当时中央苏区"三八"妇女节纪念活动的形式主要有召开纪念大会、组织文体活动、发布纪念口号、举行竞赛活动、完善妇女组织等，呈现出全面与多元相结合，国际与本土相统一的特点。中国共产党将"三八"妇女节纪念活动与革命、支前、扩红、妇女解放和经济建设等工作紧密结合，赋予"三八"妇女节纪念活动多重特殊政治功能，如反对封建主义，唤醒妇女觉醒；凝聚军民感情，巩固红色政权；塑造中共形象，宣传政治主张等。

关键词：中央苏区；"三八"妇女节纪念活动；《红色中华》报

19世纪前后，欧洲资产阶级革命和启蒙运动为妇女运动提供了良好的政治基础和思想条件。1857年3月8日，美国女工上街游行示威，要求增加薪资，改善工作环境，拉开妇女解放运动帷幕。随后，西欧和北美各国妇女游行相继爆发。至1910年，国际首次筹划设立"国际三八妇女节"。受共产国际和各国妇女解放运动浪潮的影响，"1921年，上海共产主义小组在渔阳里六号举行'三八'妇女节纪念活动"[1]。这是中国最早举行的纪念"三八"妇女节的活动。1924年1月，为促成国共合作，许多共产党员以个人身份加入国民党。共

---

① 基金项目：本文系2022年度江西省基础教育一般课题"江西红色文化融入青少年德育教育的功能价值与实现路径研究"，编号：SZUXYZH2022-1211。
② 作者简介：郭斓，女，江西宜春人，江西师范大学马克思主义学院博士研究生，新余学院马克思主义学院教师，研究方向为习近平新时代中国特色社会主义思想、中央苏区史；周文生，男，江西新干人，硕士，教授，新余学院党委委员、党委宣传部部长，研究方向为思想政治教育。

产党的加入推动了妇女解放运动的开展，同年3月8日，广州各界有2000多名妇女参加国民党妇女部组织的"三八"纪念活动，发表演说并举行游行，首开公开纪念之先河。1925年，纪念活动扩展到北京、天津等地，李大钊、邓颖超等早期共产党领导人在活动中发表重要讲话。国民革命的推进，使"三八"妇女节纪念活动逐渐推广至全国。但随着国共合作破裂，共产党转向农村革命根据地，妇女运动陷入低潮。直至中央苏区时期，中国共产党开展系列"三八"妇女节纪念活动，妇女工作成就显著。

一、"三八"妇女节纪念活动概况

"三八"妇女节纪念形式主要有召开纪念大会、组织文体活动、发布纪念口号、举行竞赛活动、完善妇女组织等。纪念活动不是中央唱"独角戏"，而是党和群众的"大合唱"，中央发起后，各级各地积极响应，在参与人数、活动范围和民众情绪等方面均表现出规模之盛大。

（一）节前指示和部署

1932年2月18日，中共中央发布指示，要求在"三八"妇女节期间举行罢工和游行，召集妇女大会，动员妇女积极参加反帝国主义斗争，组织妇女运输队、交通队、救护队、慰劳队、募捐队等组织，要求宣传苏区妇女解放的光明前景，且援助罢工及失业女工等。[2]1932年，共产党瑞金第九区委各群众团体，即组织宣传队于"三八"节前的一个礼拜，出发去九区各乡宣传"三八"节的意义和作用。[3]

1933年2月7日，《中央关于"三八"妇女节的决定》要求当年"三八"节之前召集以乡为单位的女工农妇代表会议，讨论帝国主义和国民党对苏区的大举进攻及劳动妇女在发展革命战争中的任务、春耕运动，检查婚姻法、劳动法的执行和反对一切对妇女的压迫三个问题；号召扩红、节粮、捐款等。[4]

1934年2月20日，中共中央发布指示，要求大力宣传"三八"妇女节维护妇女权利、寻求妇女解放、鼓励妇女追求平等自由的重要意义，要求采取谈话会、纪念会、印发画报等形式团结广大妇女，吸纳妇女入党入团，号召妇女支援苏区第五次反"围剿"。[5]同年2月27日，《红色中华》记录了瑞金城市区的南郊乡、下州乡等地接到通知后，通过召开党团会议和代表会，动员妇女加入少先队和党团组织、开展春耕、进行节省运动、组织托儿所、进行学习生产等。[6]

（二）纪念活动的主要形式

一是召开纪念大会。中央苏区沿用了举行"三八"纪念活动之初的召开纪念大会的形式。纪念大会上，妇女代表、少先队、赤卫队等团体代表都会整队前往集会，大会前唱国际歌，主要领导人、妇女代表和各机关各团体代表在会上发表演说，宣传"三八"妇女节的重要意义，鼓励劳动妇女参加革命工作，巩固后方工作。1932年，瑞金第九区举行的"三八"妇女节纪念活动中，"当天纪念大会到会群众6000余人，妇女情绪非常热烈……""兴国城区举行示威大会，到会1000余人，劳动妇女占7%~8%，尤其青年妇女最多，最踊跃"[7]。

二是组织文体活动。活动期间，苏维埃政府组织进行晚会演出，苏维埃剧团准备了活报戏剧，进行巡演。如1932年，瑞金第九区在活动的当天晚上组织了热闹的晚会，"表演劳动妇女的出路及家婆压迫媳妇等新剧"。[3] 1934年，苏维埃剧团活报戏剧到各地举行春耕运动和"三八"表演。喜闻乐见、易于接受的活动不仅烘托了节庆气氛，还以"润物细无声"的方式为妇女群众灌输了妇女解放的思想。

三是发布纪念口号。纪念大会后，组织妇女进行游行示威，高呼纪念口号。口号作用涉及面广，例如，"反对老公打老婆！""劳动妇女解放万岁"[3]"纪念三八争取劳动妇女特殊利益！"体现了反封建、社会革命和妇女解放等需求，"鼓动老公当红军""纪念三八鼓励丈夫兄弟当红军去！""纪念三八夺取赣州南昌争取江西一省革命首先胜利"[7]则出于政治动员需要。

四是举行竞赛活动。将纪念活动与春耕、编草鞋、募款、扩红等竞赛相结合，大量工农妇女在"三八"节期间参与此类竞赛活动，并取得一定成效。如1934年《瑞金妇女在扩红突击运动中的光荣成绩》等报道，记载了瑞金妇女在做草鞋工作、节省经济、发展女党团员、扩红工作等方面的突出表现。

五是完善妇女组织。在"三八"妇女节纪念活动的动员中，倡议各地建立妇女代表会议制度，鼓励妇女加入党团组织，对妇女组织进行系统的完善。1931年3月，江西省苏维埃政府进行妇女工作机构撤并，精简人员，提高效率。1932年4月，苏维埃中央执行委员会要求在各级苏维埃政府组织成立妇女生活改善委员会。1933年3月，"劳动妇女代表会议"改称"女工农妇代表会议"。[8]至此，苏区妇女工作形成了一个妇女工作委员会领导的，由妇女生活改善委员会、妇女工作部门和女工农妇代表会议所组织成的完整的工作网络。1933年至1934年期间，苏维埃政府还以"三八"为契机，在《红色中华》上宣传报道乡政府坚决执行婚姻法，处置封建制度买卖婚姻的法律案件，呼吁妇女寻求婚姻自由、平等。

（三）纪念活动前后的报道及宣传

1932年，《红色中华》发表3篇纪念文章，为《瑞金第九区"三八"妇女节纪念大会盛况》等2篇报道和伯钊的文章《纪念"三八"与妇女工作应有的转变》，伯钊在文中对以往的妇女工作进行了反思与自我批评，指出苏区忽视了妇女运动的开展，活动吸引性不强，反封不够彻底，妇女仍受封建思想禁锢，观念少有转变等不足之处。伯钊提出以后应该："（1）加强对妇女工作的领导，建立妇女代表会议制度①；（2）提高妇女对革命战争工作参加的积极性；（3）吸收妇女参加革命群众团体及苏维埃的工作；（4）提高妇女文化水平。"[9]该文章从制度建设、组织建设、思想教育、文化提升等方面均提出了可行的实质建议，为苏区妇女工作指明了方向。

1933年的宣传工作更为多样和全面，《红色中华》刊发社论文章《劳动妇女们，武装起来拥护苏维埃！》，唤醒广大劳动妇女解放思想，动员妇女以加入赤卫队和少先队、加紧春耕、自动募捐、积极扩红等方式迎接"三八"国际妇女节。诗歌《纪念"三八"》中为妇女激动呐喊了反对压迫剥削，撕毁封建束缚的渴望和决心。除此之外，还增加了副刊"三八特刊"，三八特刊主题鲜明、形式多样，发表群众易读易懂的诗歌、剧本、论文及漫画，为"三八"妇女节纪念活动开拓了良好的舆论阵地。

1934年，《红色中华》第159期第5版延续了"三八特刊"，并丰富了内容，由于中央苏区面临的形势更为严峻，革命战争急剧开展，当年活动的宣传多以鼓动妇女参加拥苏、支前、扩红和生产为主。特刊中共发表纪念文章、诗歌和山歌共9篇，漫画插图共3幅。碧山同志撰写论文《"三八"妇女节的国际意义》，指出"三八"妇女节的意义在于为妇女要求权利、努力解放斗争、追求平等自由，号召妇女在精神上和物质上援助斗争，"以苏维埃政权胜利为前提，寻求中国妇女解放"。[10]发表女工刘长凤自述《苏维埃女工的话》，以一名女工的心理变化折射出千千万万苏区妇女在苏维埃旗帜引领下寻求解放，政治觉悟不断提升，鼓励丈夫参军参战的心路历程。发表的山歌则以赣南方言编写，便于妇女学习和传唱。1934年10月，第五次反"围剿"失败，中央红军主力开始长征，其间没有举办大规模纪念活动，《红色中华》也被迫暂时停刊。

---

① 当时瑞金第九区，第三四乡已成立了代表会。

表1　中央苏区时期纪念"三八"活动的宣传报道（以《红色中华》为例）

时间	总篇数	类型		相关标题	刊数
1932年	3篇	报道2篇		《瑞金第九区"三八"妇女节纪念大会盛况》《兴国城区劳动妇女热烈参加"三八"示威》	第13期
		纪念文章1篇		《纪念"三八"与妇女工作应有的转变》（伯钊）	
1933年	8篇	社论文章1篇		《劳动妇女们，武装起来拥护苏维埃！》（月华）	第57期
		副刊"三八"特刊	诗歌2篇	《纪念"三八"》《欢送红军战士去前方》	
			剧本1篇	《"三八"纪念（活报）》	
			文章1篇	《苏联的新女性——几个女英雄的自述》	
			漫画3幅	《工农妇女起来参加革命斗争》《反对封建压迫》等	
1934年	13篇	报道1篇		《城市区南郊乡的动员》	第159期
		"三八"特刊	报道4篇	《瑞金"三八"节工作的初步检查》等	
			论文2篇	《"三八"妇女节的国际意义》《苏维埃女工的话》	
			山歌2首	《山歌》《托儿曲》	
			诗歌1首	《红军家属"三八"节寄出》	
			插画3幅	《"三八"妇女耕田队》等	

二、"三八"妇女节纪念活动的特点

中央苏区地处赣南、闽西片区，该片区为丘陵地貌，经济发展落后，民众受教育水平低，特别是苏维埃政权建立初期，苏区一穷二白，条件简陋，属于中国共产党的"创业初期"。但是中国共产党保有高涨的实践热情，组织的"三八"妇女节纪念活动内容新颖、形式多样，呈现出多元化、全面化、国际化和本土化的特点，吸引了群众自觉、主动且热情的参与。

（一）多元与全面的显著融合

苏维埃政府本着"下好一盘棋，拧成一股绳"的工作思想，在"三八"国际妇女节活动前组织"'三八'纪念节筹备会"，对相关工作进行部署安排，全面统筹，让各级各部门能够统一思想。其纪念活动涉及妇女生产生活、参政议政、素质提升等方面，较为全面。

在活动组织的实际工作中，亦表现了其多元化。如节前安排宣传鼓动员和化装讲演员，进行反帝反封讲演运动。征调妇女干部参与苏区建设，援助罢工和失业女工。"三八"前后召开群众大会、纪念大会、代表会、谈话会、游艺会等，宣传"三八"妇女节的意义，吸引广大女工群众加入党团组织和赤卫队等组织，鼓动妇女寻求解放，投身反帝反封伟大革命。大会后还组织游行且亮出口号，进行晚会演出和编新剧巡回演出。纪念活动中，进行大量文学及文艺创作，积极发挥一切报纸刊物和画报的舆论功能，印刷标语，印发宣传册，刊发社论、宣言、漫画、诗歌、剧本等，易于传播，且内容通俗易懂。组织妇女运输、交通、洗衣、春耕、救护、募捐、慰劳等服务队。多元与全面的显著结合，鼓动着苏区妇女在前线与后方奔走，帮助红军救护伤员、递送情报、押看俘虏、缝补衣物，"战地黄花"开遍苏区。

（二）国际与本土的高度统一

"三八"国际妇女节作为西式的国际节日，在苏区开展却并未出现"水土不服"现象，原因就在于中国共产党将纪念活动实现了国际化与本土化的统一。纪念活动中，中共抓住一切机会向广大妇女宣传"三八"国际妇女节的历史来源及国际意义，宣传苏联社会主义建设的胜利和苏联妇女政治经济上与男子完全平等的生活情形，广泛传播马克思列宁主义到广大妇女群众中去。在形式上，也加入了齐唱国际歌，进行罢工游行，报道苏联妇女解放的成功案例等，实现了与国际接轨。

同样，苏区"三八"妇女节纪念活动也与妇女群众的生产生活紧密相连，与妇女编草鞋袜子竞赛、扩红、革命募捐等工作结合。在纪念活动中表演劳动妇女的出路及家婆压迫媳妇等本土化新剧，组织苏维埃剧团进行"三八"巡演，吸引了大量观众。更值得一提的是，"三八"妇女节纪念活动结合赣南特色，编写节庆山歌。客家人喜爱唱山歌，被誉为"一路行来一路歌"，兴国客家山歌于2006年被列入首批国家非物质文化遗产名录。客家山歌通俗易懂，易于传唱，是赣南、赣闽苏区片区的客家妇女表达和宣泄情感的主要渠道。《"三八"纪念进行曲》《庆"三八"》《纪念"三八"》等山歌大多保留原有山歌曲调，采用客家方言填进新内容，易懂、易学、易传唱。如1934年，副刊"三八特刊"发表的《山歌》中写道:"门门工夫涯知里①,英勇哥哥前方去,心肝哥!田里工夫唔愁哩。②"[11]这些内容赋予了客家山歌新的革命内容,为山歌注入新鲜血液,山歌从此与苏区时期抗战解放工作脉搏共跳,引导妇女群众寻求解放,实现了"三八"妇女节纪念活动的中国化。

三、"三八"妇女节纪念活动的功能分析

（一）反对封建主义，唤醒妇女觉醒

赣南、闽西地区客家人居多，常年避难迁徙，宗亲思想根深蒂固。客家围屋犹如坚不可摧的城堡，将客家妇女禁锢在封建礼教中。客家人推崇"男逸女劳"的传统封建思想，鼓励男子外出经商和读书。勤劳勇敢的客家妇女要背负持家、养育子女、耕地等多重负担，身心饱受摧残。他们只有"家"的观念，而没有"民族"和"国家"的观念，更不知"政权"为何物。

中央苏区践行男女平等的治理理念，利用"三八"这个特殊纪念活动来进行反封实践。1932年苏维埃政府于"三八"前夕颁布《托儿所组织条例》，已满一月至五岁的儿童可送进托儿所，每日早晚接送，实现了苏区妇女的劳动力解放，对妇女身心健康和儿童的健康成长给予了保障。伯钊在《纪念"三八"与妇女工作应有的转变》中提到"要提高妇女文化水平，转变不提拔妇女担任工作的坏现象，吸收广大劳动妇女加入洗衣队、看护队、慰劳队、敌情探查队等，发动他们鼓励老公当红军、建立妇女代表会议制度"。[9]

"1931年到1934年，中央根据地进行的三次民主选举中，妇女享有同男子平等的权利，在政府代表中一般占20%以上。"[16]"到1934年，中央根据地建有列宁小学3000余所，妇女在夜校学员中占很大比重，如在兴国县长冈乡，夜校女生占70%。"[17]这些措施在扩大妇女教育面、提高参政度、提高认同感等方面起到了至关重要的作用。饱受摧残的苏区妇女有了自己的节日，地位得到了提升，感受到自己被接受、被尊重、被认同，彻底摆脱了封建枷锁和男人"附属品"的称号。女工刘长凤自述："以前女人'话事'③也不自由，现在我们女人可以在会场上演说。以前女人不能在外面做事，现在我们女人都热烈地参加革命工作。"[13]

实践证明，没有中国妇女的觉醒，中国革命走向胜利的时间可能还要推延

---

① 客家话："涯知里"就是"我知道"。
② 客家话："唔愁哩"就是"不要愁"。
③ 方言，"话事"意思是说话、做决定。

很久,中国妇女解放事业的整体成功也要艰难很多。苏区"三八"妇女节纪念活动在中国共产党的领导下,妇女觉醒程度发生了由量变到质变的飞跃,民族意识、婚姻自由意识、经济平等意识、参政意识、受教育意识、卫生意识、子女教育意识等思想在女性头脑中不断萌芽、扎根、繁茂。一幕幕妻送郎、母送子的感人参军事迹,一批批妇女劳动模范、支战支前的先进典型井喷式涌出,妇女觉醒程度比以前任何时候都深。

(二)凝聚军民感情,巩固红色政权

中国共产党为了解放民众而进行伟大实践,进行"三八"妇女节纪念活动,是革命传统教育和共产党思想政治教育的绝佳形式之一,让广大群众知道共产党是为谁无私付出、为谁抛头颅洒热血,将军民感情水乳交融,打造军民一家亲的理念。

苏区时期,赣南人口总计240万,33万青壮年参军参战,支援前线,60多万人参加赤卫队、洗衣队、担架队等支前队伍。为支援前方战事和苏维埃建设,苏区妇女甘愿做出巨大牺牲,她们成为支前队伍中的主力军,积极参政议政,鼓励丈夫、儿子、兄弟、亲戚和朋友当红军,上前线。"送郎当红军,消灭反动派……千针万线一颗心,双双草鞋送红军……"等动人的红歌,响彻苏区大地。她们省吃俭用,踊跃购买公债,有的甚至拿出自己的积蓄,变卖自己的嫁妆、首饰以换取经费支援红军、支援前线。1934年"三八特刊"记载"瑞金妇女在'三八'节前完成扩红707名,超过计划207名,编制草鞋8176双,节省经济72元。"[14]"三八"妇女节纪念活动中发布相关政令征调妇女干部参与苏区建设,讴歌妇女主人翁意识的文学艺术创作,都体现了军从民中来,回到民中去,反哺民众。

通过"三八"妇女节纪念活动,反复灌输其政权的先进性和合法性,打破阶级论、妇女依附论,中国共产党为群众构建了一个寻求解放的共同信仰,在一定程度上巩固了初生的红色政权。

(三)宣传政治主张,塑造中共形象

"三八"妇女节纪念活动中的讲演、活报剧、口号、漫画、山歌、宣传册是政策宣传的有效形式,如《"三八"纪念进行曲》等山歌,《劳动妇女的出路》和《家婆压迫媳妇》等剧目,《工农妇女起来参加革命斗争》和《反对封建压迫》等漫画,"鼓动老公当红军"和"劳动妇女解放万岁"等游行口号,就体现了鲜明的政治动员色彩。通过戏剧演出、讲演、游行、文章、山歌等众多方式,"三八"妇女节纪念活动不断再现中国共产党的政治主张,强调妇女解放、苏区解放和全中国解放的重要意义,从而不断强化群众的感官印象,为苏区群众特别是苏区妇女建构集体记忆。[15]

《红色中华》上的大量报道和社论都是面向知识分子这一特殊群体，但这些主题讲演、活报剧、口号等则能够被文化程度普遍偏低或未接受过教育的妇女群众所接受，在潜移默化中认同中国共产党的政策和主张。因此，"三八"妇女节纪念活动成为特殊政治符号，标志着中国共产党的家国情怀和反对封建主义的决心。

四、结语

在党和苏维埃政府的高度重视下，"三八"妇女节纪念活动将其特殊政治功能充分发挥，妇女组织不断完善，中央苏区妇女工作取得了卓越成就。其间涌现出了邓颖超、康克清、贺子珍、蔡畅、李坚真、刘英等一大批妇女解放运动的先驱和英勇斗争的巾帼英雄。1934年10月，共有30位红军随红军主力部队从中央苏区出发长征，肩负起长征途中的政策宣传、筹粮筹款、发动群众等工作。其中24人最终胜利到达陕北延安，创造了一大奇迹。苏区妇女能够全力支援红军，为革命事业抛头颅、洒热血，这与中央苏区开展的妇女解放运动、妇女解放思想灌输是密不可分的。

总体而言，1932年至1934年，中央苏区开展了一系列"三八"妇女节纪念活动，吸引了广大妇女群众的参与，为妇女赢得话语权，颇有成效，与国民党统治区妇女工作形成鲜明对比。在中国共产党的领导、教育和带动下，苏区妇女意识到只有推翻封建统治，打倒土豪乡绅，建立红色苏维埃政权，才能真正迎来解放。中央苏区"三八"妇女节纪念活动响应了苏区妇女冲破封建礼教桎梏，积极投身土地革命和妇女解放的满腔热情，对推动中国妇女解放，巩固苏维埃红色政权起到了不可替代的重要作用，为琼崖、鄂豫皖、闽东等苏区的"三八"妇女节纪念活动提供了可参照样板，也为此后延安时期"三八"妇女节纪念活动和中共组织相关纪念活动积累了宝贵经验。

参考文献：

[1] 顾秀莲.20世纪中国妇女运动史：上卷[M].北京：中国妇女出版社，2008.

[2] 中央关于三八妇女节工作的决议（1932年2月18日）[M]//中央档案馆.中共中央文件选集：第8册.北京：中共中央党校出版社，1991.

[3] 瑞金第九区"三八"妇女节纪念大会盛况[N].红色中华，1932-03-19（5）.

[4] 中央关于"三八"妇女节的决定（1933年2月7日）[M]. 中央档案馆. 中共中央文件选集：第9册. 北京：中共中央党校出版社, 1997.

[5] 中央关于"三八"妇女节的决议（1934年2月20日）[M]. 中央档案馆. 中共中央文件选集：第10册. 北京：中共中央党校出版社, 1997.

[6] 城市区南郊乡的动员 [N]. 红色中华, 1934-02-27 (4).

[7] 兴国城区劳动妇女热烈参加"三八"示威 [N]. 红色中华, 1932-03-09 (5).

[8] 余伯流, 凌步机. 中央苏区史（下）[M]. 江西人民出版社, 2017.

[9] 伯钊. 纪念"三八"与妇女工作应有之转变 [N]. 红色中华, 1932-03-02 (6).

[10] 碧山. "三八"妇女节的国际意义 [N]. 红色中华, 1934-03-08 (5).

[11] 山歌 [N]. 红色中华, 1934-03-08 (6).

[12] 中共中央党史研究室. 中国共产党历史：第一卷（上册）[M]. 北京：中共党史出版社, 2011.

[13] 刘长凤. 苏维埃女工的话：一个女工的自述 [N]. 红色中华, 1934-03-08 (6).

[14] 瑞金妇女在扩红突击运动中的光荣成绩, 完成和超过全省女工农妇代表的决议来纪念"三八节" [N]. 红色中华, 1934-03-08 (5).

[15] 张泽宇. 中华苏维埃共和国重大节日纪念活动述论（1932—1934）[J]. 苏区研究, 2018 (6).

习近平关于红色闽西的重要论述及其现实启示[①]

马春玲[②]

摘　要：习近平总书记对闽西革命老区怀着深厚的感情，在闽西视察调研时发表了关于红色闽西的系列讲话。这些论述有深厚的生成基础，其中优良的红色家风培养了习近平对革命老区的特殊感情，丰富的从政阅历是习近平关于红色闽西重要论述的实践来源、深厚的知识积淀涵养了习近平的红色文化自信。习近平关于红色闽西的论述主要强调了闽西革命老区对中国革命的巨大贡献和牺牲，嘱咐领导干部勿忘老区、勿忘老区人民，老区人民要进一步弘扬革命精神、革命传统。学习领会习近平关于红色闽西的重要论述，为我们传承闽西红色文化，发挥本土红色文化资源，助推闽西革命老区高质量发展提供现实启示。

关键词：习近平；红色文化；闽西

闽西是著名的革命老区、中央苏区，有着丰富的红色文化资源。习近平对闽西红土地充满了深厚的感情。在福建工作期间他常到闽西视察调研，发表了系列重要讲话。离开福建后，习近平在全国两会等多个场合，把饮水思源、勿忘老区的闽西红土地故事讲了又讲。当前，认真学习领会习近平关于红色闽西的重要论述，有助于深入理解党的十八大以来习近平关于弘扬红色传统、传承红色基因的论述，更为发挥本土红色文化资源助推闽西革命老区高质量发展提供启示。

[①] 基金项目：本文系国家社科基金思政专项"发挥革命回忆录的思想政治教育功能研究"阶段性成果，编号：22VSZ129

[②] 作者简介：马春玲，女，龙岩学院马克思主义学院教授，博士，研究方向为马克思主义理论与红色文化。

一、习近平关于红色闽西重要论述的生成基础

深入理解和领会习近平关于红色闽西重要论述的理论意蕴,就要深刻把握其生成的思想基础,深入探讨习近平早期在地方从政时传承红色文化的生动实践。

(一)优良的红色家风培养了习近平对革命老区的特殊感情

人的认识不是头脑中凭空产生的,也不是天上掉下来的,而是来自他所处的现实生活世界。马克思指出:"人不是抽象地蛰居于世界之外的存在物。"[1]一个人思想的产生与他所处的时代相关联,更与成长环境关系密切,尤其是来自家庭的影响。习近平指出:"家庭是社会的基本细胞,是人生的第一所学校。"[2]可以说,家风对个人的认识以及品性和德行养成的作用是不容忽视的。

习近平对于红色传统的认识,源于革命家庭的熏陶。他的父亲习仲勋和母亲齐心早年参加革命,是坚定的无产阶级革命家。习仲勋是革命战争年代陕甘边革命根据地的主要创建者和领导者之一,也是和平建设时期改革开放事业的主要开拓者与推动者。早在1943年,毛泽东就曾亲笔书写"党的利益在第一位"[3]的题词赞扬习仲勋身上具有的无产阶级革命家的无私品格。习仲勋不仅对自己高要求、严标准,对家人、子女也是如此。习近平的母亲齐心教育子女们"工作不能被小事影响"时,习仲勋强调"大事也不能影响工作",形成了良好的家风家教。从小沐浴红色家风,父母以身垂范、从严要求,滋养了习近平的红色气质,培养了他对党的事业、对人民群众,尤其是革命老区群众的天然朴素感情。习近平在父亲88岁寿宴的拜寿信中深情地写道:"从父亲这里继承和吸取的宝贵和高尚品质很多,"其中"学父亲对信仰的执著追求"是印象最深的事。[4]可见,在这样一个堪称楷模的老布尔什维克和共产党人家风的家庭里,习近平从小受父辈红色传统的教育培养,传承着父辈红色基因,也培养了他对革命老区的感情。

(二)丰富的从政阅历是习近平关于红色闽西重要论述的实践来源

习近平16岁下乡到陕北梁家河,从普通农民做到大队书记,带领乡亲们办沼气池、铁业社、缝纫社、扫盲班,积极推进乡亲们读书识字的活动。这段经历使他的精神境界与中国共产党的初心与使命逐步契合。1982年3月,习近平担任正定县的县委书记职务。在正定县期间,他注重调查研究,走遍了每一个村,与当地的干部群众打成一片。习近平在梁家河和正定从政期间深入群众、为群众服务的经历,为他在之后到福建重视红色文化打下了实践基础。

1985年6月,习近平从冀中平原的农业县河北正定,来到中国改革开放的前沿城市福建厦门,担任市委常委、常务副市长。当时正值改革开放全面推进时期,社会上出现"自由主义""全盘西化"等否定改革开放前党的路线、方针、政策的思潮。对此,习近平始终坚持把革命精神融入地域发展。他在厦门工作的三年,对厦门进行了充分调研,把厦门人民在发展厦门的过程中创造出的诸多革命精神凝聚成艰苦奋斗、拼搏创新、包容并蓄、大气和谐的厦门精神。[5]

1988年6月,习近平任福建省宁德地委书记。赴任第二天,他就轻车简从来到福安柏柱洋,瞻仰闽东苏维埃政府旧址,看望烈士后人。在宁德工作两年期间,他经常到老区、基点村调查研究,时刻不忘曾为革命、为祖国流血牺牲的老区人民。对闽东红色遗传的挖掘和保护,习近平更是投入了特殊感情。为把闽东革命纪念馆建好、发挥更大作用,在开馆前后的9个月时间里,习近平先后4次主持地委办公会议,听取纪念馆建设、陈列等工作汇报,具体研究推进纪念馆开馆事宜。开馆后,习近平十分重视发挥纪念馆的使用效益和教育意义,要求"充分利用闽东革命纪念馆这块阵地,广泛开展老区传统教育"[6]。

习近平主政福州后,同样情注老区。1995年5月,在福州市老区建设促进会成立大会上,习近平强调:"关心支持老区的建设与发展,是党和政府义不容辞的责任。"[6]对老区,要采取"政策上优惠、安排项目优先、服务上优质"的措施,促进老区尽快脱贫致富,加快老区经济发展的步伐。

简言之,习近平关于红色闽西重要论述与他在地方主政期间对革命精神传承发展的探索实践一脉相承。从梁家河到河北正定再到福建,是他始终坚持传承红色文化的实践来源。

(三)深厚的知识积淀涵养了习近平的红色文化自信

习近平酷爱读书。他8岁就看完了《西游记》《东周列国志》《三国演义》《水浒传》等古典名著,在农村插队和上大学期间包括工作以后,一直都没有间断过读书,读书的广度和深度不断扩展。他的读书不是泛泛地读,而是对书中内容有所吸纳和借鉴,并有自己的分析和观点。成为党的领导人后,他常要求领导干部要养成读书、思考的好习惯。在读书与从政的实践经历中,习近平养成了坚定的战略眼光,确立了对党的历史与文化的自信,这为他对红色文化充满自信奠定了基础。

习近平在福建工作期间,注重在经济发展的过程中,把红色传统与时代发展现实相结合,不断凝练革命精神,总结凝练出厦门精神、嘉庚精神、闽东精神等具有时代特色且富有福建地域特色的红色文化精神,并把红色文化精神融入特区经济发展、侨乡侨务工作与闽东革命老区摆脱贫困的全过程中。同时,他意识到，随着市场经济迅猛发展，社会文化呈现出多元化的倾向，中国共产党的红色文化和革命精神存在被忽视的问题。在深刻把握党的执政规律的基础上，他认为要继续保持革命本色，中国共产党要保证长期执政，并强调革命战争时代形成的"光荣传统不能丢，丢了就丢了魂，红色基因不能变，变了就变了质"[7]。

二、习近平关于红色闽西重要论述的主要内容

到福建省委工作后，习近平下基层的第一站就选在闽西。据统计，在福建工作期间，习近平先后19次到闽西，其中7次到古田、3次到才溪，看望慰问老红军和革命"五老"人员，即老地下党员、老游击队员、老交通员、老接头户、老苏区干部[6]，瞻仰革命遗址，追寻革命足迹。2014年10月，习近平总书记在出席古田全军政治工作会议期间，与老红军、"五老"、军烈属代表进行座谈。在闽西红土地上，习近平发表的系列讲话中反复强调闽西是著名的革命老区，具有其他地方比不了的优势；要带着感情去关心老区的发展和老区人民的福祉；要把优良的革命精神与时代精神相结合。

（一）闽西是著名的革命老区，为中国革命做出了巨大的贡献和牺牲

闽西苏区是土地革命战争时期中国共产党在南方建立较早的比较巩固的红色区域，后来又与赣西南苏区联结成为中央苏区。1927年大革命失败以后，邓子恢、张鼎丞等遵照八七会议精神，开始了创建闽西革命根据地的斗争。1929年，毛泽东、朱德率领红四军入闽，推动了闽西的土地革命。在中国共产党的领导下，闽西苏区的人民群众彻底推翻了数千年来的封建统治及其赖以生存的一切政治经济的基础，建立了苏维埃政权，一次又一次打败了国民党军队的"围剿"，捍卫了革命果实。主力红军长征以后，闽西是南方八省坚持三年游击战争主要的一块游击根据地，保存和发展了革命力量。1929年12月在闽西召开的古田会议，确立了思想建党、政治建军原则，是马克思主义中国化的一个重要里程碑。在闽西，毛泽东写出了《星星之火，可以燎原》《才溪乡调查》等经典著作，丰富了马克思主义中国化的理论宝库。

习近平对于闽西对中国革命的巨大贡献和牺牲给予了高度的肯定和赞扬。他在福建工作期间到闽西调研时的讲话中反复强调，闽西是著名的革命老区、中央苏区，党的优良作风和革命传统深植于"红旗不倒"的红土地，革命战争年代为了中国人民的解放事业作出了巨大的贡献和牺牲，许多老一辈无产阶级革命家都曾经在闽西战斗和生活过。2014年10月，习近平在古田与老红军、"五老"、军属代表座谈会的讲话中全面、系统地阐述了闽西对中国革命的巨大

贡献和牺牲，他说，"闽西，我很熟悉。这是原中央苏区所在地，对全国的解放、新中国的建立、党的建设、军队的建设作出了重要的不可替代的贡献。许多革命先烈为了我们伟大的事业流血牺牲，闽西老区'二十年红旗不倒'，一直到我们建立新中国，这里走出了千千万万共和国的将军、元勋、共和国的建设者、创业者。"[8]对于闽西儿女对中国革命做出的巨大牺牲，习近平还特别指出："长征出发时，闽西子弟积极踊跃参加红军，红军队伍中有2万多闽西儿女。担任中央红军总后卫的红34师，6000多人主要是闽西子弟，湘江一战几乎全部牺牲。"[6]

（二）要带着感情去关心老区建设，要把老区群众的生活安排好、照顾好

习近平铭记闽西对中国革命做出的巨大贡献和牺牲，所以他每次到闽西红土地都怀着非常亲切的感情，也要求领导干部牢记老区人民为革命做出的贡献。

1996年5月2日，习近平在永定调研听取县里的工作汇报后，动情地说："革命老区过去为革命胜利作出了重大的贡献和巨大的牺牲，可是今天生活还是那么贫穷落后，我们心中有愧啊！我们要带着感情去关心老区建设，要把老区群众的生活安排好、照顾好。"[6]1999年1月，习近平花了四天半的时间，深入闽西的武平、上杭、长汀、新罗的十几个乡镇，看望了闽西籍革命前辈邓子恢、陈丕显、杨成武、刘亚楼、邓六金的家属，慰问老红军、革命"五老"人员、特困群众。在杨成武将军的故乡长汀县宣成乡下畲村与村干部和群众代表座谈时，习近平说："革命老区和老区人民为中国革命胜利作出了重要贡献，党和人民永远不会忘记，让老区人民过上好日子，是我们党的庄严承诺。"[6]

习近平经常讲起这样一段老红军的故事："在福建工作时，一位开国中将的子女找到我，说要遵循遗愿把父亲骨灰的一半送回家乡，一半送到闽西革命老区埋葬。这位老将军是湖北人，长征时是一个团的团长，带领团里的闽西子弟，血战湘江，很多战友都牺牲了。他说，死后要同战友们长眠在一起。"这位老将军就是曾任原北京军区副司令员的开国中将韩伟。1992年8月，遵其遗嘱，韩伟将军的骨灰被安放在了闽西革命公墓。习近平说，老区苏区的红土地孕育了革命，也孕育了革命老前辈，为中国人民解放事业作出了巨大贡献，"这个感情在我心里"[6]。2019年3月，习近平参加十三届全国人大二次会议福建代表团审议。与来自老区的代表面对面交流，习近平回忆起老将军王直在上杭古田堵车的故事：王直将军是上杭才溪乡人，是电影《英雄儿女》里政委的原型之一。有一次回老家进入古田镇的路上，王直的车被堵住了。原来，镇上正在搞活动，很多在外做生意的老乡开着豪车回来，车太多而路太窄。老将军的警卫员等得有些不耐烦，嘀咕说老乡坐这么好的车，还把路给堵了。老将军批评道："你不

要骂,我们当年闹革命,不就是想看着乡亲们好起来、富起来吗?我看到这种情况很高兴,把我的车堵了我也高兴。"[6]习近平指出,要饮水思源,绝不能忘了老区苏区人民,"要永远铭记老区人民为革命作出的贡献,永远不要忘记老区,永远不要忘记老区人民,忘记就意味着背叛"[6]。他是这样说的,更是这样做的。

(三)把优良的革命传统与时代精神相结合,闽西焕发出生机和活力

在嘱咐领导干部要带着感情对待闽西对中国革命的巨大牺牲和贡献的同时,习近平也高度赞扬了闽西人民对革命传统、革命精神的传承,并强调革命老区是闽西事业的最大优势。他说,在革命战争年代,闽西人民为中国革命的胜利付出了巨大的牺牲,作出了彪炳史册的重大贡献。革命胜利后特别是改革开放以来,闽西人民发扬老区光荣传统,自力更生、艰苦奋斗、埋头苦干、奋力开拓,取得了改革开放的辉煌成就。

1996年5月2日至7日,习近平在永定、长汀、上杭、龙岩调研时的讲话中说:"所到之处都可感受闽西人民把优良的革命传统与时代精神相结合而焕发出来的生机和活力。"[9]习近平又说,我们这里的优势很大。比如说老区,这是一个最大的优势,是精神支柱。虽然老区经济比较贫困,但精神不贫困。有这种革命精神支撑着,我们老区的事业就有大希望。老区的传统影响着老区的干部、群众,体现在朴实、勤劳,革命的坚定性、纪律性都很强。1999年1月8日至12日,习近平在武平、上杭、长汀、新罗调研时说,龙岩遍地都是革命遗址、革命旧址,处处都有可歌可泣的故事,可谓"遍地是黄金"。红土地的革命文化是其他地方比不了的。红土地的革命精神是我们的宝贵财富和优势,是我们龙岩地区的"王牌",要充分发挥好这一优势。

行走在闽西红土地上,习近平感受着革命精神的力量,他指出,革命精神是一种优势,要使它成为我们的精神力量。我们"要把红土地的革命精神归纳概括,要通过弘扬这种精神,凝聚人心,达到思想教育的目的"[6]。对于革命精神,习近平指出要辩证对待,赋予其时代价值,他说,当年的革命精神,是马克思主义和中国国情的具体结合,是用大无畏的不怕牺牲的精神去变革旧体制、旧社会。现在,这种精神将进一步激励我们以先进的姿态、开拓进取的精神走进新时代。我们"要进一步弘扬红土地革命精神,并赋予新时代创业精神的内涵,激励闽西干部群众开拓进取,走进新时代"。

三、习近平关于红色闽西重要论述的现实启示

习近平关于红色闽西的重要论述为新时代坚定理想信念、筑牢信仰之魂提

供了政治引领，更为发扬闽西红色传统、传承红色基因，实现闽西革命老区高质量发展提供了理论指导和实践遵循。

（一）保护、传承、发展好闽西红色文化，发挥闽西在传承红色文化中的示范作用

习近平多次强调闽西是著名的革命老区、中央苏区，有着别人比不了的丰富的红色文化资源。新时代如何保护、传承、发展好闽西红色文化，发挥闽西传承红色文化的示范作用，这是摆在闽西的一个重要的理论和实践课题。客观来说，近年来，我们在红色文化保护方面取得的成效是显著的，但问题也不容忽视，还普遍存在着保护意识不强、内涵挖掘不深、融合发展不够等问题和不足。为解决这些问题，应探索红色文化保护传承新路子，全面推进闽西红色文化保护传承跃上新台阶，为福建乃至全国传承弘扬红色文化提供一个范例。

加强红色文化资源保护，建设闽西红色资源保护展示示范区。闽西的红色文化遗存点多面广、覆盖全域、纵贯新民主主义革命各个历史时期。因此，要在红色资源全面普查的基础上，建立健全闽西红色资源分类保护制度，完善多元主体共同参与保护的格局，规范红色资源的开发利用，避免破坏性开发和过度商业化；要加强革命遗址保护修缮；要强化规划引领，提升红色文化遗存保护系统和红色文化展示水平。

加强红色文化传承发展，建设闽西红色文化生态融合示范区。加强挖掘梳理，深入研究阐释红色文化精神内涵；加大宣传教育，努力拓展红色文化传播的广度、深度；深化融合发展，努力打造红色文化产业集聚区；坚持良法善治，用法治力量保护红色文化遗存。实施"红色+"发展战略，提升红色文化的开发和弘扬格局，建立起红色文化与旅游、商贸、文创等业态以及各项社会事业的联动体系，促进红色文化与经济社会活动深度融合、和谐共生；实施红色记忆工程，打造一批红色主题公园、红色街道、红色社区，开展红色教育进机关、进学校、进社区、进企业、进家庭的"五进"活动。

（二）打响闽西红色品牌，善用活用红色文化资源造福人民

闽西老区为中国革命做出了重大贡献、付出了巨大牺牲，党中央和政府带着感情为闽西革命老区高质量发展绘制蓝图，为闽西老区人民过上美好生活而不懈努力。福建省委和省政府出台了《关于贯彻落实〈赣闽粤原中央苏区振兴发展规划〉的实施意见》《关于加大脱贫攻坚力度支持革命老区开发建设的实施意见》《关于做好革命老区中央苏区脱贫奔小康工作的实施意见》等一系列政策文件，修订完善《福建省促进革命老区发展条例》，为老区发展提速添劲。2022年3月，为深入贯彻落实习近平总书记关于革命老区振兴发展的重要讲话和重

要指示批示精神，落实国家"十四五"规划纲要和《国务院关于新时代支持革命老区振兴发展的意见》（国发〔2021〕3号）有关部署，国家发展改革委印发的《闽西革命老区高质量发展示范区建设方案》也落地实施。

这要求我们闽西站好人民至上的政治立场，确立为闽西革命老区人民的福祉而奋斗的信念，以更强的政治自觉打好革命老区的红色资源优势"王牌"，持续推动红色圣地、红旗不倒，推动红军故乡"三红"品牌特色化、内涵式发展。充分发挥长征国家文化公园（龙岩段），古田会议丰碑、调查研究典范、万里长征起点、中央红色交通线四大品牌，苏区民主建政、南方三年游击战争、红四军新泉整训、北上抗日先锋、"二十年红旗不倒"五大红色经典，红色摇篮系列、开国将军系列、著名先烈系列三篇系列文章等红色资源在闽西政治、经济、文化、社会等方面发展的作用。真正让红色资源优势转化为发展优势，成为推动闽西经济社会发展的重要引擎和不竭动力。

（三）弘扬革命老区的光荣传统，激发闽西人民实现社会经济发展的奋进力量

习近平强调要带着感情关心老区建设，加大老区扶持力度的同时指出：老区人民要弘扬革命光荣传统，继承发扬苏区精神、长征精神、老区精神，"继续发扬自力更生、吃苦耐劳的精神，铁心拼搏，尽力走上致富之路"[6]。发扬光大苏区干部"闹革命走前头，搞生产争上游"的优良传统。

闽西人民有着光荣的革命传统，这种传统不断发扬光大，并支撑着闽西的事业，激励着闽西的干部、群众艰苦创业、开拓进取，使闽西在基础比较差的条件下取得了和基础比较好的地方同样的业绩。党的十八大以来，在党的强有力领导下，在有关部门和福建省的支持下，闽西人民奋力开拓，扎实推动革命老区振兴发展工作，在深化改革创新、保障改善民生、发展富民产业、促进绿色转型、推进红色传承等方面积极探索，为全国革命老区振兴发展发挥了引领作用。面向未来，《闽西革命老区高质量发展示范区建设方案》提出发展目标，指出：到2025年，闽西革命老区人均地区生产总值和居民人均可支配收入等经济指标位居全国革命老区前列，增长潜力充分发挥，生态文明建设取得重大进展，乡村振兴和新型城镇化建设取得明显成效，继续探索引领林改、医改等改革创新，在革命老区高质量发展上形成一批可复制、可推广的典型经验做法。到2035年，闽西革命老区与全国同步基本实现社会主义现代化，在生态文明建设、重大改革创新、城乡协调发展、红色文化传承、社会民生改善等方面发挥重要示范引领作用。实现这样的发展目标，需要依靠闽西人民群众的团结斗争，需要闽西人民继续发扬革命光荣传统，发挥革命精神凝聚民心的作用，打开闽

西事业新天地。

参考文献：

[1] 中共中央马克思恩格斯列宁斯大林著作编译局. 马克思恩格斯文集：第 1 卷 [M]. 北京：人民出版社，2009.

[2] 习近平. 在会见第一届全国文明家庭代表时的讲话 [N]. 人民日报，2016-12-16.

[3] 中共中央党史研究室. 习仲勋纪念文集 [M]. 北京：中共党史出版社，2013.

[4]《习仲勋传》编委会. 习仲勋传 [M]. 北京：中央文献出版社，2013.

[5] 中央党校采访实录编辑室. 习近平在厦门 [M]. 北京：中共中央党校出版社，2020.

[6] 本书编写组. 闽山闽水物华新：习近平福建足迹：上 [M]. 福州，北京：福建人民出版社，人民出版社，2022.

[7] 中共中央文献研究室. 习近平关于全面从严治党论述摘编 [M]. 北京：中央文献出版社，2016.

[8]"我们永远不要忘记老区，永远不要忘记老区人民！"——习近平总书记接见我市老红军、"五老"同志和军烈属代表纪实 [N]. 闽西日报，2014-11-04（1-2）.

[9] 省委副书记习近平在我区调研农业农村工作时强调倒计时推进小康工程全方位搞好农村工作 [N]. 闽西日报，1996-05-09（1）.

苏区时期的选举运动研究

——以党报党刊为视角[①]

邱 明 李井文[②]

摘 要：中央苏区时期，中国共产党在局部执政条件下，对创建人民民主制度、发展全过程人民民主进行了积极探索。以毛泽东为代表的中国共产党人，抓住选举这个全过程人民民主的关键环节，先后开展了三次大规模的选举运动。通过开展宣传动员，进行选民登记，明确候选名单，缩小选举单位，增加工农成分和妇女代表比例，召开选举大会，向选民作工作报告和收集群众提案等一系列举措，唤醒了广大工农群众的阶级意识、民主意识和参政意识，为苏维埃民主政治建设积累了宝贵经验，对当前发展全过程人民民主具有重要的借鉴意义。历史证明，坚持党的领导是发展全过程人民民主的根本保证，实行工农民主专政是发展全过程人民民主的必经阶段，激发工农群众选举热情是发展全过程人民民主的力量源泉。

关键词：中央苏区；选举运动；全过程人民民主；人民民主制度

习近平总书记在党的二十大报告中指出："发展全过程人民民主，保障人民当家作主。"[1]这是对百年来中国共产党领导中国人民探索并不断丰富人民民主制度的经验总结。中央苏区时期，党在局部执政条件下，对创建人民民主制度、发展全过程人民民主进行了积极探索。以毛泽东为代表的中国共产党人，抓住选举这个全过程人民民主的关键环节，大力推进选举运动，唤醒广大工农群众的阶级意识、民主意识和参政意识，在苏维埃民主政治建设上积累了宝贵经验，

[①] 基金项目：本文系国家社科基金项目"中央苏区党报党刊研究"（立项批准号：21XDJ028）的阶段性研究成果。

[②] 作者简介：邱明，男，江西井冈山人，中国井冈山干部学院教学科研部院刊编辑室副教授、主任记者，研究方向为中共党史、新闻传播学；李井文，男，江西井冈山人，江苏省广播电视总台融媒体新闻一部主任编辑，研究方向为新闻传播学。

对当前发展全过程人民民主具有重要的借鉴意义。

一、中央苏区选举运动的历史背景

中央苏区开展选举运动，有着特殊的历史背景和时代要求。

（一）中华苏维埃共和国的政权性质决定了中央苏区必须开展最广泛的工农群众选举运动

1931年11月，中华苏维埃共和国临时中央政府刚刚成立，就在中华苏维埃第一次全国代表大会（简称"一苏大"）通过的《中华苏维埃共和国宪法大纲》中明确了自己的政权性质是"工人和农民的民主专政的国家"[2]。苏维埃政权属于工人、农民、红军兵士及一切劳苦民众，只有他们才有选举权和被选举权，能够选派代表掌握和管理政权；一切剥削者和反革命分子都没有选举权和被选举权，无权参与政权管理。因此，苏维埃政权必须动员最广大的苏区工农劳苦群众参与政权建设，以主人翁的姿态参与管理，巩固自己的政权。

（二）中央苏区政权的巩固和各项建设的蓬勃开展，为选举运动创造了良好条件

一方面，革命战争中四次反"围剿"取得胜利，中央苏区及全国各苏区的红军与工农劳苦群众在中国共产党的正确领导下，进行了土地革命，深入开展扩大红军运动、优待红军家属运动、春耕夏收运动、节省运动、查田运动等，实施婚姻法、劳动法、土地法等保障人民群众自由民主权利的法律，开展一系列政权、经济、文化和社会建设，取得了卓有成效的成绩。随着苏区不断扩大，人民武装不断壮大，选举运动能够在相对广阔的区域和稳固的环境下进行。另一方面，国民党自四次"围剿"惨败后，向帝国主义国家签订密约，借款大卖军火，准备第五次向苏区进攻。为此，党和苏维埃政府领导广大群众和红军，开展了普遍的选举，总结苏区斗争经验，讨论新的策略，加强苏维埃对中国革命的领导，粉碎敌人"围剿"，保卫红色政权，捍卫土地革命成果。

（三）井冈山斗争时期的群众大会选举，为选举运动积累了经验

井冈山根据地创建伊始，毛泽东就领导工农革命军发动群众，推翻代表资本家和地主利益的旧的政权机构，建立真正代表人民群众利益的工农兵政权。在毛泽东的具体指导下，1927年11月下旬，茶陵县工农兵政府成立，这是井冈山根据地的第一个红色政权，当选为政府主席的是工人出身的谭震林。随后，1928年1月24日，遂川县召开群众大会，宣告工农兵政府成立，毛泽东亲手将裹着红绸的大印授给新当选的县工农兵政府主席、贫农出身的共产党员王次淳。由毛泽东主持起草的《遂川工农县政府临时政纲》规定，革命力量发展到全县

的时候，"应立即召集全县工农兵代表大会，并选举正式人民委员会，为全县执掌政权的机关"[3]。这是井冈山根据地的人民群众用枪杆子推翻旧政府、建设工农兵政权经验的初步总结。2月21日，宁冈县（现已撤销）召开万人群众大会，宣告县工农兵政府的成立。经毛泽东介绍、提议，群众一致选举雇农出身的文根宗为县工农兵政府主席。

随着红四军主力转战赣南闽西，各地的红色政权纷纷选举成立。限于当时条件，不可能开展层层选举，工农兵政权负责人主要通过召开群众大会、党委提议推荐、群众表决选举的方式产生，这是苏维埃政权选举的最初形态。但这种群众大会选举也存在不足，主要是没有明确的选举法，居民中有选举权和没有选举权的没有明确划清，在方法上大多是用群众大会方式进行选举，多数群众还不能充分认识选举是自己管理自己生活的重要环节，因此没有争取多数选民来参加选举。

二、中央苏区选举运动的历史阶段

中央苏区的选举运动，大致经历了三个阶段。

（一）起始阶段："一苏大"的大规模选举（1930年9月至1931年11月）

随着中央革命根据地的创建和全国土地革命迅猛发展，成立苏维埃中央政府已迫在眉睫。1930年9月，中国工农兵会议第一次全国代表大会中央准备委员会（简称"中准会"）在共产国际的指导下，由中共中央组织成立，具体筹备召开"一苏大"事宜。苏维埃中央政府由于在筹建之中，还不能立刻制定详细的国家根本法的具体条文，但必须明确规定苏维埃根本法的原则。因此，"中准会"通过了《中华苏维埃共和国国家根本法（宪法）大纲草案》。该草案指出，苏维埃国家根本法的最大原则"在于真正实现劳动群众自己的政权，使政治权利握在最大多数工农群众自己的手里"[4]。该草案明确规定了苏维埃的选举法对劳动群众有最普及的、最广泛的选举权；苏维埃政权的选举方法，着重于从事生产的劳动者，尤其是工厂工人，直接以工厂为单位选举出代表，手工业工人和农民直接从自己的组织和地域中选出代表，让工农劳苦群众真正地团结起来，在斗争中学习管理国家的政治和事物。

1931年6月20日，中央革命军事委员会主席项英，副主席毛泽东、朱德发布通令，决定将"一苏大"由8月1日改为十月革命纪念日（11月7日）举行，要求各地代表在10月15日以前选举完毕。按照"中准会"的部署，经过两个多月的紧张筹备，全国苏区在大规模的选举运动中选出了"一苏大"代表。

11月7日至20日，"一苏大"在瑞金召开，宣告中华苏维埃共和国临时中央政府成立，中国第一个工农民主专政的国家政权是在工农兵代表大会上选举产生的。"一苏大"通过并颁布了《中华苏维埃共和国宪法大纲》，选举产生了苏维埃中央执行委员会，毛泽东当选为中央执行委员会主席和中央人民委员会主席。《中华苏维埃共和国的选举细则》《中华苏维埃共和国选举委员会的工作细则》随后在中央执行委员会第一次全体会议上通过，两部法令对选举的办法以及选举委员会的具体工作做了详细规定，[5]让各级苏维埃选举有法可依、有章可循。

（二）发展阶段：各级地方苏维埃的重新选举（1931年12月至1932年12月）

12月15日，中央执行委员会发布"关于抓紧划分行政区域和苏维埃政府建设的重要训令"，要求各级苏维埃在100天内，有步骤地重新划分行政区域，重新改组各级政府，"依照选举细则，选举乡苏维埃和城〔市〕苏维埃，……从城乡苏维埃直到省苏维埃，一律重新建设起来"[6]。项英在社论《地方苏维埃的建设问题》中指出，临时中央的训令，所指示的地方苏维埃的建设运动，不是普遍的改造苏维埃领导和一般的改造，而是从基本上进行苏维埃的建设工作。因此，对于这一训令的执行，必须打破改选和改造的随便观念，要慎重、周密地做这件事，才不至于马马虎虎地做得不好，将来重新再来一回。[7]1932年1月，中央执行委员会发布"关于变更和补充居民与苏维埃代表的比例标准"的第8号训令[8]，对选举细则进行优化。

按照中央政府的指令，各级苏维埃政府积极发动工农群众参加民主选举。经过宣传教育，广大群众的民主意识和参政权意识逐步形成，各地选民以主人翁的态度踊跃参加选举运动。在各县区乡苏维埃成功改选的基础上，3月和5月，闽粤赣省（即福建省）、江西省分别召开第一次工农兵代表大会，选举产生了新的省苏维埃政府。至此，改造各级苏维埃政府的选举工作基本完成。这是各级地方苏维埃重新选举的第一阶段。

针对地方苏维埃存在薄弱环节、阶级异己分子隐藏其中、官僚腐化现象滋长等问题，9月20日，中央执行委员会发布"关于继续改造地方苏维埃政府问题"[9]的第15号训令，要求以县为单位进行个别改选，洗刷掉阶级异己分子，消除贪腐官僚现象，纯洁干部队伍，把新的有能力的干部选进苏维埃政府。在中央政府的指导、检查、督促下，1932年年底，江西、福建的12个县全部改选，10个县部分改选。这是各级地方苏维埃重新选举的第二阶段。

这两次地方苏维埃选举比以往的选举有较大进步。各地在选举委员会的领导下开始用选民大会方式进行选举，普遍建立了乡苏与市苏的经常代表会议制度。选民参选热情高涨，兴国与赣东北等地方选民竟达到了90%以上[10]。大批工农先进分子被选举到了苏维埃，尤其是工人成分增多，成为苏维埃的骨干。

（三）高潮阶段："二苏大"的大规模全方位选举（1933年6月至1934年2月）

1933年6月8日，中央执行委员会决定召开中华苏维埃第二次全国代表大会（简称"二苏大"），要求在"二苏大"召开之前完成各级地方苏维埃改选。[11]针对以往选举单位过大、选民不易集中的情况，7月21日，中央执行委员会决定重新划分行政区域，要求苏维埃政府尽量接近群众。[12]在行政区域划分完毕之后，大规模、全方位的选举运动正式开启。8月9日，中央执行委员会发布训令，指出这次选举运动是从乡、市一直到区、县、省、中央的完全改选。[10]同时颁布了《苏维埃暂行选举法》，该选举法分为"总则""选举权和被选举权""选举的手续""各级苏维埃的选举程序及代表的标准""红军的选举手续及代表的标准""基本（市乡）选举的承认、取消及代表的召回""选举委员会及其工作""选举的经费""附则"9个部分，比以往的选举细则更为科学和严谨。[13]8月31日，中央人民委员会再次发布"关于选举运动的指示"，责成各级苏维埃机关"必须注意加强苏维埃无产阶级的领导，提拔劳动妇女参加苏维埃工作，同时要注意当选人的工作能力"[14]。

为了进行选举动员，8月12日，张闻天在《斗争》第21期发表文章《二次苏大会的改选运动与苏维埃的德谟克拉西》，从理论上阐述了选举运动的意义，号召"吸收每一个苏维埃的选民，参加苏维埃的选举"[15]。9月上旬，中央苏区南部18县和北部18县的选举动员大会先后召开，毛泽东在南部18县选举动员大会上专门作了《今年的选举》报告。中央内务部还举办了两期选举运动训练班，每期10天，受训达到150多人。[16]各省也相继开办了选举运动训练班。

经过了大量准备工作之后，中央苏区的选举运动热烈地开展起来，在9、10月间达到高潮，11月上旬基本完成，参加选举的选民达到80%以上，选民投票率超过很多西方发达国家。乡级苏维埃是政权工作的主要执行者，为了研究乡级苏维埃是如何开展工作的，基层选举刚结束，毛泽东就率中央政府检查团到兴国县长冈乡、上杭县才溪乡进行调查研究，总结经验，指导全苏区的苏维埃工作。毛泽东写了两篇调查报告《兴国长冈乡的苏维埃工作》《上杭才溪乡的苏维埃工作》，连续6期在《斗争》上连载，并在"二苏大"上作为典型材料印发给全体代表。毛泽东认为，要加强村一级的最基层政权建设，形成一个周密的联系群众的政权网络，"使全村民众像网一样组织于苏维埃之下，去执行苏维埃的一切工作任务，这是苏维埃制度优胜于历史上一切政治制度的最明显的一个地方"[17]。

1934年1月22日至2月1日,"二苏大"在瑞金召开,毛泽东代表中央执行委员会和中央人民委员会向大会作工作报告。在谈及苏维埃政权建设时,毛泽东从"自己的选举""关于选民登记""关于成分比例""关于选举单位""关于参加选举的人数""关于候选名单""关于妇女的当选""关于工作报告"八个方面,总结了中央苏区选举运动,称赞苏维埃是"最宽泛的民主","使民众对于行使管理国家机关的权力的基本步骤——苏维埃的选举,有了完满的办法,保证了苏维埃政权巩固的基础"[18]。"二苏大"选举产生了第二届中央执行委员会,毛泽东再次当选中央执行委员会主席。

三、中央苏区选举运动的实践探索

中央苏区选举运动是对创建人民民主制度、发展全过程人民民主的全新尝试,是在中国历史上从未发生过的工农劳苦大众的民主选举。在组织选举的具体实践上,中央苏区进行了有益的探索。在选举之前,各级专门设立了选举委员会。选举委员会是由政府及各个群众团体的代表组织而成,负责选举前、选举中、选举后的一切工作。具体包括以下几个方面。

(一)开展宣传动员,让工农群众理解选举运动的意义

苏维埃政权是工农劳苦群众自己的政权,其力量来源于群众,必须紧密联系群众,高度依靠群众,才能发挥政权的作用。因此,中国共产党进行了积极的宣传鼓动,一是宣传苏维埃政权民主的意义。一切被剥削、被压迫的工农劳苦群众在苏维埃政权下拥有完全的选举权与被选举权,一切劳动妇女享有男子同等的权利。工农劳苦群众在中国历史上第一次拥有了这样的权利。二是宣传群众参与选举运动的意义。宣传粉碎五次"围剿"、反对帝国主义瓜分中国与选举的关系,宣传苏维埃的革命作用和革命形势,宣传群众以百倍的信心参与政权建设的重要作用,吸引最广大的工农劳苦群众参与选举运动。

在宣传方式上,各地以乡为单位,组织了3至7人的宣传队,开展化装演出、红色戏曲、上选举课、开晚会等宣传动员。同时,中央发挥党报党刊等主流媒体的作用,浓墨重彩地宣传、报道选举运动。一是发布中央政府选举工作的法规、计划和总结,刊发党政军领导人的社论和理论文章。张闻天在《关于我们的报纸》一文中,专门要求中央政府要利用好自己的机关报《红色中华》,来动员和领导选举运动。[19]李一氓也为纪念《红色中华》百期而撰文《论目前"红中"的任务》,该文指出,选举运动能够激发工农群众的革命积极性,是群众参加政治的具体表现,《红色中华》报要在选举运动中发挥党报的组织作

149

用。[20]二是开设"苏维埃建设""准备第二次全苏大会的工作计划""特载""临时中央政府文告"等专栏。在"苏维埃建设"专栏中,刊发评论文章,反对在选民划分中侵犯中农权利[21];刊登读者来信,询问关于选举法的问题,并由中央内务部进行解释,就群众提出的选举法律问题进行释疑[22];刊登方法介绍,普及如何开好选举会的技巧[23];等等。三是刊登一系列醒目的通栏标语。比如,打出"以全苏区选举运动的伟大成功回答帝国主义国民党的五次'围剿'!""领导和组织广大的劳动妇女参加选举运动!""热烈进行市乡选举运动争取选举运动的全部胜利""以全苏区选举运动伟大成功来庆祝十月革命节与中央政府成立二周年纪念!""纪念十月革命节加紧进行选举运动!""热烈拥护各省工农兵代表大会!""加紧战争动员工作来庆祝全苏大会!""热烈庆祝第二次全苏大会的开幕!"等,鼓舞人心,振奋士气。四是集中报道各地开展选举运动的火热场景,宣传选举运动中涌现的典型,批评推诿塞责等官僚主义行为。据统计,从1933年6月至1934年2月,《红色中华》报涉及中央苏区选举运动的新闻和文章达到190多篇,还在"二苏大"期间出版了7期特刊,为选举运动营造了浓厚的宣传氛围。

(二)进行选民登记,严格划分选民与非选民

《苏维埃暂行选举法》明确规定了"选举权与被选举权":年满16岁的一切被雇佣的劳动者、自食其力的人、服军役者及其家属等享受选举权和被选举权;地主、资本家、富农及其代理人、买办、传教迷信职业者、反动分子等没有选举权和被选举权。[13]为此,各级选举委员会严格进行选民登记。新汀县将所有有选举权和没有选举权的,全部张榜公布。[24]这一先进做法被中央巡视组发现后,刊登在1932年2月10日的《红色中华》报上,随即在各地推广开来。各地还进行改进,在选举前5天用红纸、白纸公布,有选举权的写红纸上,无选举权的写在白纸上,防止阶级异己分子混入群众队伍来窃取选举权。据《红色中华》报道,在才溪区,曾经有一位富农的名字写在红纸上,群众立刻到乡选举委员会举报,要求撤销这位富农的选举权。[25]

这种严格划分选民与非选民的办法,取代了过去的开群众大会选举。毛泽东称之为"苏维埃宪法与选举法最重要的一条。……我们要建立坚固的苏维埃,就要从不使一个地主富农资本家偷取选举权做起"[26]。毛泽东还形象地以正在建设的红军烈士纪念塔打比方,他说,纪念塔的基脚是石头垒筑的,所以坚固,如果掺杂了一些污泥粪土进去,这个塔就不坚固了。

(三)明确候选名单,让选民进行充分酝酿

准备好候选名单,是争取选举胜利的重要环节。中央执行委员会第22号训

令要求："对于候选名单，选举委员会应做充分的事先准备。候选名单，应该在选举前收集各群众团体的意见。由选举委员会公布，使选民对于各候选人能够加以充分的考虑。"[10]由于实行候选名单制度，选民在选举之前就应有是否选举某人的准备，既杜绝了贪污腐化、消极怠工的官僚分子混到苏维埃中来，又能够将有能力的积极分子在党团的讨论下列入候选名单。1933年下半年所提的候选名单，许多地方超过了应选代表人数的1/2或2/3，这些在经过广大选民群众的讨论之后才提到选举大会上通过，充分体现了苏维埃选举的民主性。

（四）缩小选举单位，吸引最广大的选民参与

以往的选举单位太大，都是以乡为单位进行，导致选民难以集中。鉴于此，《苏维埃暂行选举法》将选举单位改小，以村子或屋子及企业为单位，工人单独开会选举，农民以小村子为单位选举，城市中贫民群众则划分街道选举。[13]因为选举单位的缩小，选民参加选举更加便利、发表意见的机会更多了。各级苏维埃也能及时听到群众意见，并加以解决。由此吸引了更多的选民参与。据统计，兴国县、瑞金武阳区、上杭才溪区等先进的地方平均到会的选民在90%以上；西江县、洛口县等比较落后的地方到会的选民平均在62%以上。瑞金下肖区等中等区到会选民平均在71%以上。据此推算，1933年的选举，到会的选民应当在80%以上；即使以最落后区来平均计算，到会的选民也应当在75%以上。[29]才溪区各乡的选举大会达到了90%以上，选民们很高兴地说："今天是我们出头的日子呵……"[28]这些数字表现出选民参加选举的积极性明显提高了。

（五）增加工农成分和妇女代表比例，加强无产阶级对苏维埃的领导

为了确保无产阶级在苏维埃政权中的领导骨干所占比例，《苏维埃暂行选举法》规定，从市乡到中央，各级苏维埃与执行委员会中工人与农民的代表都有适当比例。比如，县苏维埃代表大会中工人代表须占20%至30%，省、全国苏维埃代表大会中工人代表须占25%至35%。[13]这样确保了工农联盟和工人的领导地位。通过选举，各级苏维埃中工人代表的数量大大增加了。在上杭才溪区才溪乡，75个代表中工人有35人，占代表总数的46.6%；兴国全县的代表总数为9009人，其中工人占2509人，占代表总数的27.8%。即使在西江县这个新建立的县，2370个代表中也有工人710人，差不多占代表总数的30%。[27]中央执行委员会还要求：乡苏、市苏中"至少要有25%的劳动妇女当选"[10]。由于苏维埃政府保障了妇女参加政权的权利，极大地激发了广大劳动妇女的选举热情。《红色中华》报道，闽西就有富农家中的儿媳妇因为没有选举权，就纷纷到苏维埃政府要求离婚，不愿意当富农的老婆。[29]一位在总供给部草鞋厂做工的贫农刘长凤自诉，她不仅在经济上得到了自由，而且"得到了政治上的选举权"。

"现在已经从黑暗地狱的世界走上了光明大道,在苏维埃的旗帜之下,得到了彻底的解放!"[30]在大部分市乡苏维埃选举中,妇女代表占了25%以上。部分地方如上杭的上才溪乡,妇女代表占了60%,下才溪乡妇女代表占了66%。[18]兴国为30%以上,乡苏主席团有20多个女代表,杨殷为25%。[27]各地超额完成了中央规定的妇女代表比例任务,反映出广大的劳动妇女开始参加国家管理了。毛泽东在《兴国长冈乡的苏维埃工作》中欣喜地指出:"妇女在革命战争中的伟大力量,在苏区是明显地表现出来了,……在苏维埃的组织上(乡苏中女代表的作用等),都表现她们的英雄姿态与伟大成绩。"[31]这其中缘由,选举运动和女工农妇代表会的领导与推动是重要原因。

(六)召开选举大会,向选民作工作报告和收集群众提案

选举大会虽然只有一天,但要花几个星期的时间去筹备。在大会前,各级苏维埃将自己的工作报告准备好,提到各该级主席团会议上通过,再提交代表大会。大会前半个月,各级苏维埃公布大会的议事日程,使到会代表能够提前准备意见。大会议事日程一般包括上级政府的工作报告;本级政府的工作报告,战争动员工作;经济建设工作;查田运动的总结;当地重要建设事业;选举执行委员会;选举出席上级苏维埃代表大会的代表等。

中央执行委员会专门设立了向选民作工作报告的制度,充分保证了选民的知情权、参政权和批评权。项英在社论《强固城乡苏维埃的组织和工作》中指出:城乡苏维埃代表要"经常的向选民报告和传达苏维埃的会议决定和工作,要能随时搜集选民的意见和请求,提交代表会讨论"[32]。这方面,临时中央政府做出了很好的表率。1932年11月7日和1933年10月27日,《红色中华》先后刊发了由毛泽东署名的《中华苏维埃共和国临时中央政府一周年纪念时向全体选民的工作报告书》《中华苏维埃共和国临时中央政府成立两周年纪念对全体选民的工作报告书》,向全体选民汇报临时中央政府的工作情况,这在中国历史上也是第一次政府向选民发布工作报告书。从1933年下半年开始,各级苏维埃在选举大会上作工作报告,并引导选民批评政府存在哪些不足。由于实行向群众作报告,政府的工作在群众中得到了检验的机会,选民的选举热忱得到了提高。比如毛泽东在才溪乡调查时发现:很多群众在各个候选人名下标注意见,"注'好''不好'等字的多,注'同意'或'消极'的也有。有一人名下注着'官僚'两个字"[17]。

群众纷纷在选举大会上交提案。提案反映较多的问题,主要是扩大红军、优待红军家属、解决红军战士婚姻等问题,以及苏区货币兑换、土地分配、推销公债、修建道路桥梁、扩大合作社组织、开办学校等关系到老百姓日常生活

的问题。各级苏维埃政府及时倾听群众的利益诉求，在工作中积极主动地解决群众困难，密切了党和苏维埃政府与人民群众之间的关系。

四、中央苏区选举运动对发展全过程人民民主的历史经验

中央苏区选举运动的开展，是中国共产党领导和创建人民民主制度、发展全过程人民民主的一次大胆尝试，是工农民主专政的具体实践，为开创人民当家作主新政权营造了一个"自由光明的新天地"[18]。中央苏区选举运动虽系首创，各级苏维埃缺乏政权建设经验，但中国共产党本着密切联系群众、发扬人民民主的精神，在创建人民民主制度方面做了许多有意义的工作，为当前实行全过程人民民主积累了宝贵经验。

（一）坚持党的领导是发展全过程人民民主的根本保证

早在1928年7月，党的六大通过的《政治决议案》中就明确指出，党在苏维埃区域内的任务之一就是"建立苏维埃的政权机关，引进广大群众参加管理政事"[33]。同时，《苏维埃政权组织问题决议案》中指出："苏维埃政权之正确的组织，是要以党的坚固的指导为条件的。"[34]也就是说，苏维埃政权是在党的领导下创建的，也必须在党的领导下开展工作。如果没有了党的正确领导，那么苏维埃政权的运行将会偏离正确的前进方向。关于党如何筹备、组织和领导苏维埃选举工作，《苏维埃政权组织问题决议案》做了详细的规定：一是"苏维埃应在劳动群众直接选举的基础上组织起来"[34]，而不能仅由上层来安排代表；二是选举时应吸引工人、贫民、手工业者和学生等来参与；三是代表成分的分配大多数应为直接选举出来的工人和贫民，并保证革命军队兵士和小资产阶级下层成分的代表；四是产业工人在苏维埃选举中有特权，以保证工人在苏维埃中领导的地位；五是加强党对苏维埃的领导，主要是加强思想政治上的领导，并通过苏维埃政府中的党团组织来指导苏维埃工作。

从具体实践来看，中央苏区选举运动基本上是按照这一方针来执行的，党的领导贯穿了苏维埃民主政治建设的始终。1933年8月31日，中央人民委员会在"关于选举运动的指示"中要求："选举运动中必须注意加强苏维埃无产阶级的领导。"[14]1932年1月，陈毅在总结江西省苏维埃选举工作时指出："党与团、工会、贫农团、武装部队应该是这次省选运动的原动力。"[35]正是因为党员在选举运动中发挥了模范带头和骨干作用，才将广大群众组织发动起来，从千呼不应的散漫状态演变成热情激荡的群众运动。可以说，没有党的领导，就没有苏维埃民主政治建设，也没有苏维埃选举运动。历史事实证明，党是苏维埃政权的政治核心，也是苏区创建人民民主制度、发展全过程人民民主的根本保证。

(二) 正确处理民主与专政的关系是发展全过程人民民主的成功关键

工农民主专政是广大工农群众最大的民主主义，让广大工农群众真正参加政权管理。毛泽东指出，工农民主专政的苏维埃的作用，表现在两个方面：一是"打击反革命的武器"。就是指对反革命实行专政，革命的阶级——工农劳苦群众用苏维埃这个武器去对付内外一切反革命。对外用战争消灭外部的反革命，对内用法庭镇压内部的反革命。只有这样，工农劳苦群众才能成为统治阶级，苏维埃政权才能成为统治的政权。比如选举运动与查田运动相结合，将隐藏在群众内部的地主、富农、反动分子坚决清查出来，剥夺其选举权和被选举权，驱逐出苏维埃。二是"群众自己管理自己生活的机关"，就是指工农劳苦大众实行最广泛的民主。工农群众过去完全受地主资产阶级剥削压迫，因为地主资产阶级有政权、有自由，却不给工农群众以自由，农民没有土地，工人没有劳动保护。而苏维埃政权建立后，这完全是属于工农群众自己的政权，农民有了土地，工人有了劳动法保护，一切革命民众可以享受到充分的自由和权利。为了保护和发展苏维埃政权，毛泽东进一步指出："要用选举的方法，把大批最有觉悟、最先进、最积极的分子选进苏维埃去，而把旧人员中那些不中用的分子淘汰出来。这是最重要的一件事。"[26]中央苏区选举运动正确地处理了民主和专政的关系，这是苏维埃民主政治建设的成功关键。

(三) 激发工农群众选举热情是发展全过程人民民主的力量源泉

中央苏区是在长达四五年时间的反"围剿"革命战争中发展壮大起来的。如果缺少老百姓的支持，缺少赖以生存的农业生产，苏区是不可能存在并发展的。正如毛泽东在"二苏大"报告中指出："苏维埃具有绝对的力量，它已经成为革命战争的组织者与领导者，而且也是群众生活的组织者与领导者，它的力量的伟大，是历史上任何国家形式所不能比拟的。但它的力量完全依靠于民众，它不能够一刻离开民众。"[18]这段论述深刻阐述了苏维埃政权与人民群众之间的血肉联系，也说明了在选举运动中不能采取任何强迫和命令主义，而要耐心地进行解释说服教育，增强工农群众的主动性。

中央苏区把选举运动与苏区的中心任务紧密结合，并在选举运动中不断健全和完善各级苏维埃组织。紧密配合战争动员是选举运动最重要的政治任务，每次选举大会都会号召群众扩大红军、优待红军家属、推销公债等。比如上杭旧县区苏代表中会有1/3的男代表报名去当红军，决定做草鞋1500双，上杭红坊区在选举中推销公债5890元。兴国文溪区在选举中扩大了红军127名。[27]在兴国城岗区留龙乡选民大会中，原五军团回乡养伤的战士曾起贤说："我现在伤痕稍好些，有本事拿枪了，我舍不得当红军的良好生活和无上光荣，我还要到前线杀敌去！"[36]会场当时就有18个英勇的同志报名当红军。1934年2月2日，"二苏大"全体代表在主席团号召下，热烈帮助红军家属做礼拜六劳动工。[37]这样的事例，数不胜数。

由于中央苏区广泛地开展了选举运动，认真抓了基层民主政治建设，充分保障了人民大众的民主权利，充分发挥了基层政权动员与组织群众参加革命和组织生产，关心群众生活的两大职能，广大苏区农民分得了土地，翻身做主人，打倒了一切土豪劣绅，废除了剥削制度，因而，广大农民和群众都积极拥护新生的苏区革命政权，支持革命战争，大力发展农业生产，尽可能多产粮食支援红军，以实际行动来保卫和巩固苏维埃政权。中央苏区选举运动将群众的热情充分调动起来了，为巩固苏区政权发挥了重大作用，成为苏区创建人民民主制度、发展全过程人民民主的重要经验。

参考文献：

［1］本书编写组. 党的二十大报告学习辅导百问［M］. 北京：党建读物出版社，2022.

［2］中华苏维埃共和国宪法大纲［M］//中共江西省委党史研究室. 中央革命根据地历史资料文库：政权系统（6）. 南昌：江西人民出版社，2013.

［3］遂川工农县政府临时政纲［M］//井冈山革命根据地党史资料征集编研协作小组，井冈山革命博物馆. 井冈山革命根据地：上册. 北京：中共党史资料出版社，1987.

［4］中华苏维埃共和国国家根本法（宪法）大纲草案［M］//中共江西省委党史研究室. 中央革命根据地历史资料文库：政权系统（6）. 南昌：江西人民出版社，2013.

［5］中华苏维埃共和国的选举细则［M］//中共江西省委党史研究室. 中央革命根据地历史资料文库：政权系统（6）. 南昌：江西人民出版社，2013.

［6］中华苏维埃共和国中央执行委员会关于抓紧划分行政区域和苏维埃政府建设的重要训令［N］. 红色中华，1931-12-18（4）.

［7］项英. 地方苏维埃的建设问题［N］. 红色中华，1931-12-18（1）.

［8］中华苏维埃共和国中央执行委员会训令第八号：关于变更和补充居民与苏维埃代表的比例标准［M］//中共江西省委党史研究室. 中央革命根据地历史资料文库：政权系统（6）. 南昌：江西人民出版社，2013.

［9］中央执行委员会训令第十五号：关于继续改造地方苏维埃政府问题［N］. 红色中华，1932-09-27（1）.

[10] 中华苏维埃共和国中央执行委员会训令第二十二号：关于此次选举运动的指示 [M]//中共江西省委党史研究室.中央革命根据地历史资料文库：政权系统（7）.北京：中央文献出版社，南昌：江西人民出版社，2013.

[11] 中央执行委员会关于召集第二次全苏大会的决议 [N].红色中华，1933-06-08（2）.

[12] 中央执行委员会关于重新划分行政区域的决议 [N].红色中华，1933-08-01（3）.

[13] 中央执行委员会对于实施"苏维埃暂行选举法"的决议 [M]//中共江西省委党史研究室等编.中央革命根据地历史资料文库：政权系统（7）.北京：中央文献出版社，南昌：江西人民出版社，2013.

[14] 中央人民委员会关于选举运动的指示 [N].红色中华，1933-08-31（5）.

[15] 洛甫.二次苏大会的改选运动与苏维埃的德谟克拉西 [N].斗争，1933-08-12.

[16] 选举运动训练班第一期毕业了 [N].红色中华，1933-09-24（5）.

[17] 毛泽东.上杭才溪乡的苏维埃工作 [N].斗争，1934-02-02.

[18] 毛泽东.中华苏维埃共和国中央执行委员会与人民委员会对第二次全国苏维埃代表大会的报告 [N].红色中华，1934-01-26（5）.

[19] 洛甫.关于我们的报纸 [N].斗争，1933-12-12.

[20] 李一氓.论目前"红中"的任务 [N].红色中华，1933-08-10（4）.

[21] 伯钊.反对侵犯中农 [N].红色中华，1932-03-16（7）.

[22] 关于选举法的两个疑问黄达同志给二苏大会常委会的问信 [N].红色中华，1933-10-18（3）.

[23] 怎样开选举会 [N].红色中华，1933-10-06（3）.

[24] 郑荣光.进行苏维埃选举运动中一个工作经验 [N].红色中华，1932-02-10.

[25] 张鼎丞.选举运动的好模范 [N].红色中华，1933-11-17（3）.

[26] 毛泽东.今年的选举：在南部十八县选举运动会议的报告 [N].红色中华，1933-09-06（2）.

[27] 梁柏台.今年选举的初步总结 [N].红色中华，1934-01-01（6）.

[28] 张鼎丞.选举运动的好模范（续）[N].红色中华，1933-11-20（3）.

[29] 按城.闽西选举运动中的成绩 [N].红色中华，1932-03-23（7）.

[30] 刘长凤. 苏维埃女工的话 [N]. 红色中华, 1934-03-08 (6).

[31] 毛泽东. 兴国长冈乡的苏维埃工作（续）[N]. 斗争, 1934-01-19.

[32] 项英. 社论：强固城乡苏维埃的组织和工作 [N]. 红色中华, 1932-04-06 (1).

[33] 政治决议案（节选）[M] //中国井冈山干部学院. 井冈山革命根据地史料大全·党的建设卷（1）. 北京：党史读物出版社, 中共党史出版社, 2020.

[34] 中国共产党第六次全国代表大会苏维埃政权的组织问题决议案 [M] //中共江西省委党史研究室. 中央革命根据地历史资料文库：党的系统（1）. 北京：中央文献出版社, 南昌：江西人民出版社, 2011.

[35] 陈毅. 江西全省选举运动中各地的错误及如何纠正 [N]. 红色中华, 1932-01-27 (8).

[36] 萧嗣茂. 英勇的战士重上前线城岗选举大会有力的鼓励 [N]. 红色中华, 1933-10-18 (3).

[37] 张忠新. 热烈帮助红军家属大会代表做礼拜六！[N]. 红色中华, 1934-02-06 (1).

从无线电联系的建立看共产国际对中国共产党的指导[①]

孙 伟 杨燕红[②]

摘 要：1920年8月，共产国际与驻华代表及机构、中共早期党组织之间就有电报联系，主要是通过中俄通讯社等在华合法拥有的电台。1928年年初，共产国际委派牛兰来华实现了共产国际与中共中央的直接电台联络，后因1931年6月被捕导致一度中断。共产国际于1932年春委派格伯特来华，恢复了双方的直接无线电联系。此后，共产国际执委会远东局、共产国际执委会都与中央苏区取得了直接无线电联系。这极大地方便了信息与指令的及时、准确传输，有助于中共早期"以俄为师"，推动中国革命的迅猛发展；同时不可避免地出现了"左"的倾向，并在一定程度上影响了中共中央的决策及中国革命进程。

关键词：中国共产党；共产国际；无线电；联系；指导

中国共产党在成立前便得到了共产国际的帮助，双方很早就有电报联系。后来，在中国共产党、共产国际及其驻华代表的共同努力之下，双方取得了直接的无线电联系，虽然中间有过中断，但总体上比较畅通。这极大地方便了信息与指令的及时、准确传输，有助于中共早期"以俄为师"，推动中国革命的迅猛发展。当前学术界虽然有人认可中共早期与共产国际有过电报往来，但基本

[①] 基金项目：本文系中宣部2019年宣传思想文化青年英才资助项目"中央红军长征初期电文"的阶段性成果。
[②] 作者简介：孙伟，男，江西德安人，江西财经大学教授，博士生导师，主要研究方向为中共党史；杨燕红，女，山西霍州人，江西财经大学博士研究生，主要研究方向为马克思主义中国化研究。

上都认为是 1928 年六大后甚至 1931 年双方才电台联系沟通。① 本文通过还原双方无线电联系建立的过程，以考察共产国际对中国共产党的指导。

一、共产国际与中国共产党无线电联系的初始阶段

（一）共产国际与驻华代表及机构之间有电报联络

1920 年春，正当中国先进知识分子积极筹备建党的时候，经共产国际批准，俄共（布）中央远东局海参崴（今符拉迪沃斯托克）分局外国处派出全权代表维经斯基等人来华。与其同行的有旅俄华人、俄共（布）党员、翻译杨明斋等人。维经斯基在北京和上海分别会见了李大钊和陈独秀，介绍了十月革命后苏俄的对华政策，介绍了共产国际和国际共产主义运动的状况和经验。他们在了解到中国工人阶级的情况和马克思主义在中国传播的情况后，认为中国已经具备建立共产党的条件，并对李大钊和陈独秀的建党工作给予了帮助。[1](P58-59)

6 月，维经斯基于上海给海参崴（今符拉迪沃斯托克）去信，"现在实际上我们同中国革命运动的所有领袖都建立了联系""目前，我们主要从事的工作是把各革命团体联合起来组成一个中心组织""这次会议可能在 7 月初举行。我们不仅要参加会议筹备工作（制定日程和决议），而且要参加会议""我们将遵照您的建议，把很大注意力放在报道方面，虽然我们认为需要做的事情都做了""请寄来您想宣传的材料吧"[2](P28-29)。除了大力推动中国共产党的成立以外，该信还提到正在通过报纸等各种媒介在中国宣传马克思主义，以及新生苏俄政权的建设等。

维经斯基于 8 月 17 日在上海给俄共（布）中央西伯利亚局东方民族处去信，这封信的内容很重要。"几乎从海参崴（今符拉迪沃斯托克）寄来的所有材料（书籍除外）都已译载在报刊上""必须从中央和从西伯利亚给我们寄苏俄报刊。建立定期给我们转寄报刊制度后，你们会为这里的工作做很多事情"[2](P31-35)，进而给出了邮寄报刊地址和汇款地址。据此可见，从海参崴（今符拉迪沃斯托克）、西伯利亚到上海的邮路、汇款是畅通的，共产国际驻华代表及机构能及时得到莫斯科的指导。

---

① 代表性成果如王奇生《权力机制与联络技术：莫斯科与早期中共》，《民国档案》2021 年第 2 期；李友唐《党中央电台与共产国际联系的曲折经历》，《福建党史月刊》2011 年第 15 期；王新生《红军长征前后中共中央与共产国际的电讯联系考述》，《党的文献》2010 年第 2 期；李永昌《中共中央与共产国际电讯联系》，《百年潮》2003 年第 11 期；徐林祥《中共与共产国际秘密电讯联系的建立中断和恢复》，《安徽史学》1997 年第 2 期等。

同时，该信还写道，"你们发给《北京报》的电报收到了，昨天给你们发了回电""请按我的电报汇款"[2](P31-35)。这充分表明，截至1920年8月，共产国际与驻华代表及机构之间可以互发电报，并且保持着密切的联系。

（二）共产国际与中共早期党组织之间有电报往来

在维经斯基等人的帮助下，陈独秀以上海马克思主义研究会为基础，加快了建党工作的步伐。经过酝酿和准备，在陈独秀主持下，上海的共产党早期组织于1920年8月在上海法租界老渔阳里2号《新青年》编辑部正式成立。当时取名为"中国共产党"，这是中国的第一个共产党组织。上海的共产党早期组织通过写信联系、派人指导或具体组织等方式，积极推动各地共产党早期组织的建立，实际上起着中国共产党发起组的作用。[1](P59)

上述维经斯基8月17日的那封信，正好也反映了上海共产党早期组织的组建、运行情况。如他所说，"我在这里逗留期间的工作成果是在上海成立了革命局，由5人组成（4名中国革命者和我），下设三个部，即出版部、宣传报道部和组织部"。以及他们下一步的打算，"我们现在的任务是，在中国各工业城市建立与上海革命局相类似的局，然后借助于局代表会议把工作集中起来。目前还只建了一个北京局""现在我把米诺尔同志从天津派往广州，他要在那里组建一个革命局""在成立广州局的同时，我们在汉口也成立一个局"。

该信还写道，"《中国社会主义报》出版者李同志是我们上海革命局成员，他收到了沃兹涅先斯基①从莫斯科发来的电报，要求给莫斯科邮寄他所出版的各期报纸。今天我们就把现有各期寄出"[2](P31-35)。这个李同志是李震瀛，他收到了从莫斯科发来的电报，这证明了共产国际与中共早期党组织之间有电报往来。

（三）电报联系的主要途径

那么，共产国际与驻上海的代表及机构、上海共产党早期组织之间的电报，是通过什么途径呢？经查阅史料，发现有两个重要渠道，而且都与共产国际的通讯社有关。

一个是中俄通讯社的电台。在上海共产党早期组织筹建过程中，维经斯基决定建立一个共产国际工作组的公开活动机构——中俄通讯社（后改称华俄通讯社），由杨明斋任社长。通讯社的主要任务是建立中俄两国人民的沟通，相互了解，在中国广泛地宣传马克思主义和介绍俄国革命经验。其主要工作有两方面：一是翻译和报道来自苏俄和共产国际的大量材料，二是把中国报刊上的重要消息译成俄文通过电报发往莫斯科，在苏俄报刊上发表。前者稿源大部分来

---

① 时任苏俄外交人民委员部东方司负责人。

自赤塔、海参崴（今符拉迪沃斯托克）、莫斯科等地，也有少量消息转译自英、美、法等国的报刊。稿件类别繁多，包括政治、经济、文教、战争、工运、妇运等；形式有长篇专访、长篇演讲、制度与组织介绍、革命领袖介绍、俄事近讯等。

1920年7月2日，中俄通讯社在上海《民国日报》上发表了第一篇稿件《远东俄国合作社情形》。这是在中国设立的第一个同建党有关的无产阶级通讯社。1920年8月，上海共产党早期组织成立之后，中俄通讯社即为党所领导，社长仍由杨明斋担任。中俄通讯社的地址，设在上海社会主义青年团机关所在地霞飞路（今淮海中路）新渔阳里6号。[3]

维经斯基在1920年8月17日的信中，也谈到了中俄通讯社的有关情况。上海共产党早期组织下设的"宣传报道部成立了华俄通讯社，现在该社为中国31家报纸提供消息，因为北京成立了分社，我们希望扩大它的活动范围。我们通讯社发出的材料都经一位同志①之手，主要是从俄国远东报纸以及《每日先驱报》《曼彻斯特卫报》《民族》周刊、《新共和》周刊、《纽约呼声报》、《苏俄通讯》和我们一伙人提供的文章中翻译过来的东西。苏俄日历上的文章，如《十月革命带来了什么？》也被全文刊用了"[2](P32)。通讯社大体上覆盖到美国纽约与苏俄的周刊、日报，及中国各地的31家报纸。由于资讯讲究时效性、丰富性，中俄通讯社肯定拥有自己的电台，这就解释了维经斯基在信中所说的收、发电报之事。

另一个是俄罗斯通讯社②等在华的电台。8月17日那封信还指出，建立了一个北京局（即北京的共产党早期组织），"该局在按照我的指示与米诺尔同志和柏烈伟教授合作"[2](P33)。这个米诺尔是斯托杨诺维奇的化名，1920—1927年担任远东通讯社和俄罗斯通讯社驻广州记者。换句话说，苏俄政府官方权威的通讯社也与北京的共产党早期组织建立了联系。

维连斯基·西比里亚科夫于1920年9月1日给共产国际执委会去信，并附上《关于东亚书记处工作情况的简要报告》。他以苏俄外交人民委员部远东事务全权代表的身份来到远东，1920年5月，"为领导业已展开的工作，成立了临时的集体中心机构。其驻地设在上海，取名'第三国际东亚书记处'。后来，全部工作都通过积极活动的书记处，通过书记处里的中国科、朝鲜科（还处于萌芽状态）、日本科来进行"。

---

① 杨明斋。
② 即1918—1925年俄罗斯联邦和苏联的中央新闻机构，自1925年改名为塔斯社。

其中提到了两个细节。首先,"俄罗斯通讯社按所指地址每天为东亚书记处提供不少于1000字的新闻"。也就是说,俄罗斯通讯社驻华的记者或机构每天可以通过电台,在约定的频道抄收俄罗斯通讯社从莫斯科播发的无线电广播和资讯,以供上海的东亚书记处转报。其次,在介绍东亚书记处的报道活动时写道,"今年7月4日,我和我的几名助手来到北京,我们上海、天津等地组织的代表被事先打电报召集到这里。从5日至7日举行了在华工作的俄国共产党员第一次代表会议"。可见,共产国际驻北京、上海、天津的代表与组织之间,也保持着无线电联系,才能在一天之内迅速齐聚北京开会。

那么,这些电台到底属于谁呢?材料中有一个非常关键的信息,"我是取道中国从远东回来的,原因是中国政府对我很友好,完全正式地允许我进入中国(北京)""采取了利用合法通讯社和为中国、日本、朝鲜等国报纸提供服务的报刊社的原则。我们在上海成立了报刊社,在海参崴(今符拉迪沃斯托克)成立了中国报刊促进会,在北京成立了中国报刊社,在哈尔滨成立了北满通讯社"[2](P37-41)。原来,共产国际经中国政府允许,在中国各地设立了一些合法的通讯社、报刊社的分社,因工作需要,这些机构能合法拥有电台。包括中俄通讯社在内的报社电台,就为共产国际与驻华代表及机构、中共这三者之间的无线电联络,大开方便之门。

上述两类电台保密、方便,为共产国际直接或间接掌握。除此之外,也会偶尔通过中国境内的商业电报公司发报。如1922年8月,越飞以苏俄密使的身份来到中国,与孙中山多次会晤,成效显著。1923年1月,孙中山发表《孙文越飞联合宣言》,公开确立国民党的联俄政策。1922年8月25日,越飞在北京给莫斯科加拉罕①发去电报,汇报了与吴佩孚接触的情况后写道,"发电报太贵,最好同丹麦电信公司签订总的协议"[2](P109)。可见,越飞发给莫斯科的这封电报是通过丹麦电信公司,只不过收费实在高昂。

事实上,信使勤务和机要通信是当时苏联最通行的联络手段。20世纪30年代初以前,铁路运输仍然是远东地区的基本运输手段,因为莫斯科—新西伯利亚航空邮政直到1928年8月1日才开通,途中要四次换乘飞机,全程持续时间为26小时30分钟。[4](P32)

联共(布)中央政治局于1926年春通过了专门提纲,规定:"经俄罗斯联邦批准和同意,共产国际的代表可委托外交信使完成其在国外的工作任务……由信使专送的共产国际代表的邮件必须通过使馆机关传递。"在特别重要的情况

---

① 时任苏俄外交人民委员部副外交人民委员。

下,准许通过俄罗斯联邦的全权代表机关向共产国际的谍报员拍发密码电报,"但条件是,这些电报的报文应毫不掩饰地告知全权代表,以便译成外交人民委员部的密码"。提纲还附带说明:"利用外交信使勤务,需要注意到与各方商定的不可侵犯的外交邮件的极限重量,因此,只能利用该勤务邮寄书信和重量轻的包裹。"说明中还专门强调,发送这种邮件,"必须最严格地减轻重量——写在卷烟纸上,用薄纸做信封,避免用过多火漆印"。[4](P38-39)

可以断言,受费用等客观条件所限,中共早期与共产国际之间的联系,通常情况下是通过中苏官方铁路邮政传递信件、印刷品等,这主要考虑到字数较多(尽量轻便),或者对时效性要求不是特别高。据估算,从上海寄到莫斯科的报告,需要一个月左右,经共产国际领导开会审批后再寄回上海,总共至少需要二三个月。当然,如果遇到紧急情况,共产国际与驻华代表、中共之间亦能保持畅通的电报联络。总之,在中国共产党成立前后,共产国际就可以用电报指导工作,共产国际代表、中共亦可以借助电报向莫斯科汇报工作。

二、共产国际与中共中央直接接通无线电联系

(一)共产国际委派牛兰来华实现了双方的直接电台联络

中国革命形势瞬息万变,中苏远隔万里,两国国情不同,语言障碍,交通、通信不便,驻华代表往往隶属于不同部门。可以想象,双方以通信为主的沟通方式从总体上看非常不利于情报的交流,不利于共产国际科学、及时、有效地指导。由于信息的严重滞后性,很可能会让苏联方面对中国局势进行误判,以至于做出不符合实际情况的决策。

据师哲回忆,"共产国际同国内联系的方法最初是在海参崴(今符拉迪沃斯托克)设立电台同上海联络,经过上海同中共中央联系。设在赤塔的电台与哈尔滨联系"[5](P84)"中国共产党和共产国际从1927、1928年起建立了电讯联系。那时,中央在上海,共产国际在海参崴(今符拉迪沃斯托克)设立电台,同上海保持联系"[5](P137)。1928年年初,共产国际首次与上海党中央成功互发电报,苏联的电台设在离中国边境较近的海参崴(今符拉迪沃斯托克),完成这个光荣使命的正是牛兰①。

大革命失败后至1928年年初的半年时间里,共产国际与驻华代表及机构之间保持着一定密度的无线电往来。如1927年9月1日,联共(布)中央政治局在莫斯科召开会议,在听取"关于中国问题"之后,决定"将中国发来的所有

---

① 还有其他化名,如安里、亨利、马林、努伦斯、鲁埃格等。

密码电报送一份给共产国际执委会书记处皮亚特尼茨基①同志"[6](P31)。自国民党右派叛变革命之后,革命形势遭受重大挫折,所以共产国际驻华代表频繁使用电报将中国的最新情况发往莫斯科,特别就一些重要问题进行请示。当然,敏感的情报往往都加了密,以防消息泄露。而联共(布)、共产国际也会慎重地就有关事宜进行商讨,并将结果或指示回电进行答复。

当时共产国际同驻华机构的无线电联络渠道,主要通过国际联络部驻上海工作站。1921年6月,共产国际执委会设立国际联络部,领导共产国际的全部秘密活动,它拥有与全世界各国共产党大部分领导层进行直接和间接联系的复杂系统。其主要任务是保持共产国际执行委员会与各国共产党的秘密联络,其中包括传递秘密情报、文件、训令、材料、金钱,从一个国家向另一个国家护送工作人员,等等。国际联络部的全权代表遍布全世界。它的代表向各外国共产党转交共产国际拨给该党进行活动的经费、宣传品,秘密运送被禁止的共产主义文献等。它效仿一切情报机关,编有公开和秘密作战人员、信使、译电员、无线电报务员及制造假护照和其他文件的部门。该部还从事校阅文件并将其译成密电码或将来电译出的工作。共产国际执行委员会的所有秘密商业部门和情报勤务机关都隶属它。国际联络部又是共产国际与苏联工农红军总参谋部情报部门之间及共产国际与国家政治保安总局——内务人民委员部之间的联络机关,与这些部门进行密切合作。[7](P24)

共产国际为了加强对华方面的无线电联系,于1928年年初派国际联络部工作人员鲁德尼克(即牛兰)来到中国。牛兰在上海租界里以一家进出口贸易公司作为掩护,建立了秘密联络站,使共产国际同中国共产党建立了直接的电台联系。

据查,共产国际直接发给中共中央的最早电文,是在1928年2月4日,主要就中共准备举办暴动一事予以回复。"暴动的方针是正确的,但绝对禁止进行没有准备好的过早的发动。目前我们反对举行暴动""没有广泛的准备、组织和工农之间的联系,暴动注定要失败"[6](P300)。由于暴动的事情比较紧急,所以共产国际没有选择速度较慢的书信,而是直接用电文予以回复。

所能查到的中共中央最早直接发给共产国际的无线电报是在1928年3月底或4月初。米夫于1928年4月6日在莫斯科给布哈林去信,"鉴于最近收到的来自中国的电报,建议采取以下措施"。如中共中央占领东江地区或湖南边境,并

---

① 时任共产国际执行委员会书记,曾任共产国际执行委员会国际联络部部长(1921—1922年)。

以最快的速度集结革命武装于此。苏联军事主管部门方面，准备将苏联军校毕业的二三十名共产党员派往上述地区，并提供军事装备、经费、军事顾问等，还争取与上述地区建立无线电联系。[6](P397-398)从莫斯科反馈的内容看，中共中央致电共产国际，就近期准备暴动一事再次请示。共产国际这次表示同意并大力支持，希望中共中央与这些根据地都能建立无线电联络，以推动暴动顺利进行。

在1929年秋，李强等人建立起了中共第一部地下无线电台。[8](P11-12)所以，在1928年年初至1929年年秋期间，中共中央与共产国际联络时使用的还不是自己直接掌握的电台，而是通过其他比较安全、可靠的电台进行中转。那么，中共中央是什么时候拥有自己的国际电台呢？

据涂作潮回忆，1930年3月，他到上海后，组织上安排他到党领导下的无线电修理所工作，接受李强的领导。当时，涂作潮、翁瑛等人在西摩路的一幢楼房里搞了一个功率250瓦的"国际电台"，准备和海参崴（今符拉迪沃斯托克）通报，由毛齐华、曾三以及宋廉负责报务。常住在这里的是吴克坚夫妇，吴当时是他们行政管理财务方面的负责人。1930年年底，因为邻居失火，电台便搬走了。涂作潮还讲到了一个细节，1930年12月，"福利公司"事件发生的当天，他侥幸脱险后来到了西摩路"国际电台"，把公司被破坏的消息传递了出去。[8](P34-35)上述回忆介绍了"国际电台"的相关情况，如人物、地点、功率等，双方正式接通的时间约在1930年3月至12月间。

（二）牛兰被捕导致双方电讯一度中断

1931年6月15日，牛兰与妻子一起，在公共租界上海四川路235号的住处，被英国巡捕逮捕。对于此事，师哲回忆道："设在上海的电台几经破坏，又几次建立，其中一次电台被破坏是1931年6月，在上海公共租界被捕的牛兰夫妇就是共产国际电台的负责人。国民党和英法日等国的国际间谍勾结起来，将他们逮捕，并从他们的住所搜出大量的文件。这些文件《大公报》花了一两个月的时间才公布完。当时，我们在苏联得到这个消息后焦急万分。牛兰夫妇在狱中进行绝食斗争。宋庆龄等人在国内成立了'营救牛兰会'，要求释放他们，但国民党仍判他们无期徒刑。1937年年底，中苏关系改善后，牛兰夫妇获得释放，翌年离开中国回到苏联。当时，他们的儿子吉米就在我工作的莫尼诺国际儿童院学习。我们曾见过面，谈论过这些事。"[5](P137)

牛兰作为国际联络部的代表，在当时负责管理秘密电台、交通及经费等重要事项。被捕事件对共产国际与中共中央的联络产生了重大影响，引起苏联的高度关注，共产国际立即展开营救。1931年7月3日，皮亚特尼茨基主持召开了共产国际执行委员会政治书记处政治委员会会议，专门听取了"关于救援在上海被捕的同志"的汇报，做出了"为使在上海被捕的同志获释所需经费要从国际联络部的经费中拨出"[9](P340)的决定。档案中注明了"绝密""特别文件"的字样，可见准备动用经费以解救牛兰，这属于高度机密。

莫斯科派遣苏军总参谋部上海站的佐尔格专门负责此事。他接受任务后，成功与被关在死牢里的牛兰夫妇取得了联系，并随时用电台向莫斯科总部报告进展情况。为了保证营救方案的顺利执行，佐尔格要求组织给他送来两万美元，用以贿赂南京腐败的军官和法官。接着，上级派了两位德国同志担当秘密交通员。他们从东北北满地区出发，每人携带2万美元，行程2000千米。两人互不了解，都是由总部单独派遣的。结果，圆满地完成了组织交给他们的艰巨任务，历尽千辛万苦，终于将钱送到了目的地，交给了佐尔格。佐尔格收到钱后，立即开始实施计划，成功用这笔钱贿赂了国民党政府内的有关人员。[10](P69-70)

当然，牛兰夫妇的脱险，是多方力量共同努力的结果。如在苏联方面的要求和推动下，世界上有影响的知名人士爱因斯坦、高尔基、埃德加·斯诺、艾格妮丝·史沫特莱等纷纷向南京国民政府发电提出抗议，以施加国际压力；中国社会进步人士展开了营救，其中就包括宋庆龄、蔡元培、鲁迅等社会名流；中共特科的潘汉年，与佐尔格共同制定了营救计划，中华苏维埃共和国临时中央政府刊登声明予以声援，《红色中华》也跟踪报道了此事。这些方式有明有暗，相互密切配合。牛兰夫妇在狱中关押了6年多时间，曾多次遭受严刑拷打，但两人表现得十分英勇，未透露半点机密，亦在狱中进行绝食斗争。外界对他们的营救行动，一度成为世界头条新闻，也是一个经典案例，产生了较为广泛深远的影响。

（三）共产国际委派格伯特来华恢复了双方的直接无线电联系

共产国际一方面开展对牛兰的营救，力图将风险与损失减到最低；另一方面，也在尽快恢复暂时中断的国际联络部在华的电讯工作。遗憾的是，共产国际与中共中央的直接电台联络，直到半年之后才得以恢复。

牛兰被捕，使得共产国际执委会驻上海代表机构一时陷于无组织状态。1931年8月，国际联络部派经验丰富的工作人员马利到上海接替牛兰，慢慢恢复了与中国共产党业已中断的联系。由于苏联在华还有其他的情报机构、人员等，所以可以借助他们的电台，只不过没有之前直接联系那么方便而已。如1931年11月3日，开会决定"批准中共关于临时中央局组成人员的提议"，注明见"［共产国际执委会］国际联络部密电处电报"，听取"值中华苏维埃代表大会召开之际给中共政治局的指示"，决定给予通过，注明"［文本］见［共产国际执委会］国际联络部密电处电报"[11](P65)。可见，国际联络部还在正常发挥着莫斯科与上海无线电联络的功能,并就即将召开的一苏大会的重要事宜回电中共中央。

受共产国际执委会国际联络部的委派,格伯特①于1932年春来华。他后来返回苏联述职的时候提交了一份自己于1932~1935年在上海工作期间的报告,详细回顾了自己重新接通双方直接电台联络的经过。

"1932年春天我来到上海。以阿布拉莫夫②同志为代表的［共产国际执委会］国际联络部首先给我提出的近期任务是,恢复在努伦新（鲁埃格）同志暴露后同中共中央、苏区和朝鲜业已中断的联系。"可见,格伯特来到上海后最重要、最紧迫的任务,就是再次接通与中共中央的无线电联系。

"同中国共产党和朝鲜共产党代表金同志联系上之后,主要的任务是建立同苏区、上海和莫斯科之间的稳定联络。"该任务在他到达后的最初几个月便完成了,成果显著。"建立了三部无线电台:一个是为上海同苏区联络服务,另一个（电台）是为上海同莫斯科［联络］服务,第三个备用。按照我们制定的线路,这三部电台彼此严格隔绝,我同它们之间的联系通过中共中央专门为此指定的几个同志进行,这些同志不参加积极的政治工作。这种联系我在上海工作期间几乎没有间断过,直到第二任书记米茨凯维奇③被捕。"[12]（P253-254）

在格伯特的努力下,帮助中共中央迅速建立了三部电台,其中包括一个备用电台以防不测。由于远东局当时没有自己的无线电台,只好借助国际联络部上海联络站。因此,这些先进的技术装备搭建了上海的共产国际远东局和中共中央、莫斯科的联共（布）和共产国际、瑞金的中央苏区和苏区中央局,这三地多方之间的快速信息联动渠道。为了保密和安全考虑,三部电台之间彼此隔绝不发生交集,而且中共会派专人负责操作,因此能确保三地之间的无线电通信畅通。从后来上海与莫斯科之间大量电文收发对象的署名来看,格伯特的确发挥了正如他在上述报告中所讲的传导多方重要信息的电讯支点作用。

后由于叛徒出卖及保密措施不当等情况,导致党组织多次遭受国民党的严重破坏,对共产国际与上海之间的联络造成了一定的影响。1934年6月14日,以李竹声为首的上海中央局领导人等被捕。格伯特于7月3日在上海给皮亚特尼茨基去电,指出"共有17位同志被捕",其中包括"许多负责联络的同志""同许多部门的联系已中断"。为此,他采取了一切必要措施,以竭尽全力挽救

---

① 原姓塞德勒,化名艾尔文、库尔德、埃尔温等。
② 时任共产国际执行委员会国际联络部部长。
③ 盛忠亮（盛岳）。

167

党。如"我们近期的工作计划是：第一，恢复同特科的联系，逐步恢复同其他单位且首先是联络点的联系；第二，由于处境艰难，我不能在一周内收到或发出两次以上的电报。在失去秘密接头住所的情况下，工作要求延缓做出答复"[13](P154-156)。

可见，由于许多负责联络的同志被捕，与许多部门联系中断，秘密接头点被破坏，这些情况必定会延缓上海与莫斯科方面的无线电联系。不过，电讯并没有随之遭受破坏。从此后格伯特、上海中央局、共产国际三方的无线电联络频率、内容来看，都反映了上述事实。

上述状况延续到了1934年10月5日盛忠亮被捕叛变。上海中央局于12月29日给王明和康生的信中这样写道，"盛忠亮（米茨凯维奇）和其他五六位同志被捕，上海的三部无线电台暴露后，同你们和党中央的联系已经中断了三个月"。"这次暴露使共产党受到了最严重的打击。共有14人被捕，其中有许多熟练的老工作人员。他们失去了最重要的通讯联系机构。我们、（中共）中央和共产国际之间的通讯联系中断了。"[13](P324-328)这次严重暴露，导致格伯特此前辛辛苦苦创建的三部电台落入敌手，与之有关的所有人员均被逮捕，他们中间不乏中共优秀的无线电报务员。至此，上海地下党组织与共产国际的无线电中断。

三、共产国际与中央苏区取得直接的无线电联系

1931年9月，上海与瑞金接通直接电台联系后，瑞金与莫斯科也实现了无线电联络，只不过由于距离与电台功率，无线电联络必须经过上海地下电台进行中转。

首先，共产国际执委会远东局与中央苏区接通了直接电台联络。一方面远东局从上海地下电台获取瑞金的信息，并及时将消息报告莫斯科；另一方面，为了便于指挥中央苏区反"围剿"作战，加快打通了与中央苏区的联系。

1932年11月29日，远东局于上海给中共苏区中央局发去第一号军事指令。"怀着满意的心情收到你们的电报。请以后也要积极而协调地贯彻自己的方针。"于是就如何攻占抚州等问题提出了建议，最后写道："请每周不得少于一次向我们提供有关我方部队和地方部队的准确信息。只有这样你们才能得到具体的指示。"[11](P251-252)可见，远东局首次与苏区中央局实现了电报的互通，而且希望每周都能收到类似的军情汇报，以便能给予后者及时的指导。事实上，日后双方这样的有关汇报、指导内容的往来电文有很多。

其次，共产国际执委会与中央苏区接通了无线电联系。1933年1月初，中共临时中央政治局常委博古、张闻天、陈云等离开上海，于1月底抵达瑞金。

博古召集了中共临时中央政治局成员和原在苏区的中共苏区中央局成员开会，会议决定成立新的中共中央局，博古为总负责人。此后，领导中央苏区工作的是以博古为首的中共中央局。

1933年3月19—22日，共产国际执委会政治书记处给中共中央发去电报。电文指出，"我们总体上同意中共中央于1932年10月16日转发给中央苏区的指示，需要补充的是，在解决军事战术问题时应遵循以下一些原则"。同时提到，"对于毛泽东，必须采取最大限度的克制态度和施加同志式的影响，为他提供充分的机会在中央或中央局领导下担任负责工作"，还有"你们应高度重视苏区的经济政策问题"。最后写道，"请告知你们对以上几点的意见"[11](P353-355)。由此可见，莫斯科方面能向瑞金中共中央发送电报。

共产国际执委会政治书记处政治委员会于1933年5月9日在莫斯科给中共中央发电，抬头写"上海中共中央"[11](P426)。共产国际当然知道中共中央早已搬到了瑞金，留守上海的是上海中央局，之所以这样写，表明一个基本事实：电文是发给中央苏区的，但是需要上海地下电台收到电文后，再转发瑞金。1933年9月29日，共产国际执委会政治书记处政治委员会又给中共中央发电，这次抬头写道："致中共中央，抄送代表。"[11](P509)这表明，上海地下电台转发的同时，还要抄送一份给共产国际执委会远东局书记埃韦特。

目前，我们所能看到最早的一份中共中央在瑞金发给共产国际执委会的电报的时间是1933年12月23日，经上海地下电台转发，莫斯科收到的时间是12月27日。特别注明：绝密。内容如下：

"19路军不愿意公布我们同它签订的协议，更希望不要急于拿出关于购买武器、交易量、交换各种商品的各种协议的证据。为了避免关系破裂和改善我们的军事状况，同时利用我们的战绩在斗争过程中得到较好巩固的情况，也为了工农的利益，我们满足了这些要求。但是突然你们驻上海的代表①未经我们同意，甚至未通知我们驻上海的代表②，以我们党负责人名义接受了《中国论坛》和其他外国报纸记者的采访，讲述了同19路军签订的秘密协议和互不侵犯协议，并且在通报时犯了许多错误。所有这些使我们处于很困难的境地。请你们做出指示，不应再发生这类事情，就各种重要政治问题做出最终决定之前，必须同我们协商。"[11](P652-653)

这封电报的主题涉及与19路军的关系问题，之所以不通过共产国际执委会

---

① 埃韦特。
② 盛忠亮。

国际联络部的格伯特,也不通过共产国际执委会远东局书记埃韦特等人,最主要的原因是埃韦特擅自公开披露了中共中央与19路军的秘密协议内容,这让中共中央非常被动。为此,中共中央越过共产国际的驻华代表,直接与莫斯科取得联系,望能杜绝此类事情发生。

最后,共产国际执委会与中央苏区取得了直接无线电联系。格伯特在述职工作汇报中写道,共产国际为帮助他的工作派来了一些人,其中包括无线电报务员帕斯卡利,译电员迪尔。对于这两人,他的鉴定意见是:"无线电报务员帕斯卡利,平庸无能,一年时间也未能同莫斯科联系上;迪尔同志是一个为数不多的能够很好地为自己取得合法地位的人(关于她的交往我一无所知。我离开后她是否出了事)。"[12](P255-256)可见,格伯特对于这两位无线电人员的工作均不满意。

当时,中共在上海使用的中央台、国际台(还有一部备用电台)是由格伯特帮助建立的,而且由中国人担任收发报和译电工作。从格伯特的上述汇报中我们得知,其身边的无线电报务员很是无能。所以,他与共产国际执委会、中央苏区的无线电联系,是通过中共掌握的这两部电台。

这种状况当然对于共产国际及时指导中央苏区的革命斗争造成了较大不便,加上上海地下党组织屡遭破坏,境况堪忧,使得莫斯科方面决定另辟蹊径。1934年7月3日,雷利斯基于莫斯科给皮亚特尼茨基的便函中写道,我们认为,需要向艾尔文同志做出以下答复:"在译电员到来之前(他已经动身,将不晚于8月1日到达艾尔文处),艾尔文不应同中国同志进行任何会面,在译电员到来并分配(密码、电台)工作后,可以让艾尔文在我们委托他向斯拉文①同志本人转达什么的时候同斯拉文同志会面。"[13](P161)可见,莫斯科已经重新派来了译电员,加强了无线电技术力量。不久,这项工作就取得了重大成效,当然这也是中央苏区即将进行战略转移的现实需要,客观上推动了共产国际在电讯上的技术突破。

共产国际执委会国际联络部部长阿布拉莫夫致电中共中央(1934年9月26日),"我们认为与你们的直接双向密码通讯已经建立起来了。乌拉![共产国际执行委员会]国际联络部祝贺我们的朋友们——无线电报务员和译电员,并祝愿他们今后取得更大的成绩。"[13](P254)这封电报说明,经过国际联络部的努力,共产国际与中央苏区终于建立了直接的电讯联系。据查,此后双方也互发了一

---

① 即李竹声。看来,共产国际执委会在草拟该文件时,还不知道他于1934年6月被捕的事。

些电文，比如关于战略转移、与广东陈济棠部谈判等。

共产国际执委会政治书记处政治委员会于9月30日在莫斯科给中共中央去电，明确答复中共中央此前多次有关战略转移的请示，即"我们同意你们将主力调往湖南的计划"，最后写道"请确认电报是否收到和解密"[13](P256-257)。由于双方刚实现电台互叫，所以莫斯科方面想再确认一下瑞金能否收到并解密。中共中央收到了该电报，不久便开始长征。

由于盛忠亮等人被捕导致上海中央局三部电台暴露，共产国际获得消息后第一时间给中共中央报警。10月18日，阿布拉莫夫给中共中央发去电报："请立即停止与上海的无线电联系。你们的电台，包括备用电台和密码，已经被警察掌握。请采取一切措施与我们建立定期的通讯联系。"[13](P281)在此要求中共中央不要再和上海中央局的电台联系了，以后只与共产国际保持无线电联系即可。

共产国际执委会东方书记处于10月28日所作的关于在华工作的建议中写道："调整与中共中央的直接通讯联系，而经过中共中央在近几个月内实现与四川的直接通讯联系。建立通讯联系是为了领导当前的战役。要逐渐扩大无线电通讯网。"[13](P.287)这亦表明要加强与中共中央的无线电联络的力度，并由此扩大全国的无线电通信网。

潘汉年受党中央委托来到上海，并于1935年6月20日给共产国际驻华代表写信，说道："至于莫斯科与中共中央之间的无线电联系，我们只能收到消息，而莫斯科听不到我们的声音，因为我们的发报机功率太小。所以我们向西部进发时，没有随身携带这套设备。因此，共产国际与我们之间的无线电联系也就中断了。"[13](P449)这表明，由于功率原因，瑞金这边只能接收，难以有效发送。所以，长征出发时，中共中央没有携带与共产国际联络的这部电台，双方无线电直通的状态在事实上没有维持多久便中断了，非常可惜。不过，这些经历与经验，都为日后中共中央到达陕北后快速与共产国际恢复电台联络创造了条件。

新民主主义革命的胜利既是中国共产党领导中国人民披荆斩棘、不懈奋斗的结果，同样也与世界形势风云变幻特别是国际共产主义运动息息相关。从1920年的电报往来，就可见共产国际对中共组织寄予了极大期望，并给予了很多指导与帮助。大革命失败后，一方面，双方稳定的无线电联系得到不断健全与巩固；另一方面，共产国际也在总结中国革命经验的基础上进行政策调整。从双方电文的内容和频率来看，共产国际希望迅速获取中国革命的一手资讯，不过由于国情不同、先入为主、经验至上、代表较多等因素，还是不可避免地出现了"左"的倾向，并在一定程度上影响了中共中央的决策及中国革命进程。从电台的迅捷性和情报的准确性来看，是完全顺应世界发展潮流的，也是中国共产党开眼看世界的有效途径。

参考文献：

[1] 中共中央党史研究室. 中国共产党历史：第1卷（1921—1949）：上[M]. 北京：中共党史出版社，2011.

[2] 中共中央党史研究室第一研究部. 共产国际、联共（布）与中国革命档案资料丛书：第1卷[M]. 北京：北京图书馆出版社，1997.

[3] 陈绍康，朱少伟. 我党最早的通讯社[J]. 新闻记者，1984（4）.

[4] 维克托·乌索夫. 苏联情报机关在中国：20世纪20年代[M]. 赖铭传，等译. 北京：解放军出版社，2007.

[5] 李海文. 在历史巨人身边：师哲回忆录[M]. 北京：九州出版社，2015.

[6] 中共中央党史研究室第一研究部. 共产国际、联共（布）与中国革命档案资料丛书：第7卷[M]. 北京：中共党史出版社，2007.

[7] 维克托·乌索夫. 20世纪30年代苏联情报机关在中国[M]. 赖铭传，译. 北京：解放军出版社，2013.

[8] 中国人民解放军总参谋部通信部编研室. 红军的耳目与神经：土地革命战争时期通信兵回忆录[M]. 北京：中共党史出版社，1991.

[9] 中共中央党史研究室第一研究部. 共产国际、联共（布）与中国革命档案资料丛书：第10卷[M]. 北京：中共党史出版社，2002.

[10] 尤利乌斯·马德尔. 佐尔格的一生[M]. 钟松青，殷寿征，译. 北京：群众出版社，1986.

[11] 中共中央党史研究室第一研究部. 共产国际、联共（布）与中国革命档案资料丛书：第13卷[M]. 北京：中共党史出版社，2007.

[12] 中共中央党史研究室第一研究部. 共产国际、联共（布）与中国革命档案资料丛书：第15卷[M]. 北京：中共党史出版社，2007.

[13] 中共中央党史研究室第一研究部. 共产国际、联共（布）与中国革命档案资料丛书：第14卷[M]. 北京：中共党史出版社，2007.

国民党对中央苏区的全面进攻及党的全面应对研究[①]

王小元 梁 圆[②]

摘 要：20世纪30年代，国民党对中央苏区开展了以军事"围剿"、经济封锁和政治破坏为内容的全面进攻，给中央苏区的发展壮大带来了严重挑战。为打破国民党的全面进攻，中国共产党从军事、经济和政治等方面采取了一系列应对之策，与国民党在中央苏区展开了全面博弈。中国共产党的全面应对策略有效促进了中央苏区的发展壮大，为中国共产党实现从局部执政到完全执政的转变积累了丰富的历史经验。

关键词：中央苏区；军事"围剿"；经济封锁；政治破坏；全面博弈

引 言

毛泽东和朱德于1929年1月引兵向赣南转移时，国民党一直在围追堵截，妄想除之而后快。1930年，红四军在赣南立足之后，国民党一直如鲠在喉。中华苏维埃共和国临时中央政府成立前后，蒋介石从军事"围剿"、经济封锁和政治破坏三个方面进行全面进攻，试图将中国共产党和中国工农红军围困在中央苏区。可以说，从1930年10月到1934年10月，中国共产党与中国国民党在中央苏区展开了为期四年的全面博弈。这次全面博弈虽然以中国共产党暂时失败并被迫长征而告终，但是，中国共产党在与国民党的全面博弈中也取得了重要

[①] 基金项目：本文系2021年国家社科基金项目"中央苏区反腐败监督体系建设研究"，编号：21XDJ026；2021年江西省社科基地重点项目"中央苏区反腐败法治建设的历史考察与现实启示"，编号：21SKJD05；2019年江西理工大学博士启动项目"中央苏区四大红色报刊与党的廉政建设研究"，编号：JXXJBS19003。

[②] 作者简介：王小元，男，教授，博士，江西理工大学马克思主义学院党委书记，研究方向为中央苏区廉政建设；梁圆，女，助教，硕士，西安交通大学希望学院思政课教师，研究方向为中央苏区廉政建设。

成就，积累了宝贵经验。

一、国民党对中央苏区的全面进攻

中国共产党被迫长征后，蒋介石于1934年12月18日在《大公报》撰文指出："以军事围剿、政治攻势和经济封锁三管齐下，而将共区经济封锁，无疑为我们一个重要的战略。务必严密封锁港口码头和河道水口，断绝与共区的一切经济往来，使敌无粒米勺水之救济，无蚍蜉蚁蚁之通报……"[1]从蒋介石的话语中我们可以看出，中央苏区时期国共两党在苏区内外展开了全面博弈。

（一）国民党对中央苏区的军事"围剿"

蒋介石发动的第一、二、三次"围剿"失败后，还相继发动了第四次、第五次"围剿"，这两次针对中央苏区的"围剿"给苏维埃政府带来极大的安全隐患。中央苏区正式形成以前，国民党先后调集10万、20万和30万军队对赣南和闽西实施了三次疯狂的军事"围剿"。中国工农红军在毛泽东和朱德的正确领导下，制定了正确的反击战略，团结广大群众，彻底粉碎了国民党的前三次"围剿"，并顺利成立了中华苏维埃共和国临时中央政府。但是，蒋介石并不甘心失败，积极谋划并对中央苏区发动了第四次军事"围剿"。1932年10月，蒋介石集中40余万兵力对中央苏区进行了第四次军事"围剿"。苏区军民科学执行毛泽东、周恩来和朱德的军事战略路线，成功粉碎了国民党的第四次"围剿"。在前四次的国共正面较量中，中国共产党都战胜了不可一世的国民党，这使国民党统治集团非常震惊。1933年9月25日，蒋介石为挽回前四次"围剿"失利的局面，调集100万兵力，其中50万用于"围剿"中央苏区，并亲自坐镇指挥第五次"围剿"。国民党充分研究以往"围剿"失败的原因，认真备战和掌握战争主导权，企图逐步消耗中央苏区力量。一方面，蒋介石大力整顿国民党军队的作战纪律，提高战斗素养，强化战斗执行力。另一方面，蒋介石认真研究作战策略，及时改变失败的作战政策，突出自身的优势，执行碉堡作战新政策，掌握战争主导权，逐步将国共的争夺引向持久战和阵地战的模式。由于临时中央执行王明的"左"倾错误路线，丝毫不顾中国工农红军没有重武器的残酷现实，提出了"阵地对阵地、堡垒对堡垒"的战略主张，加大了中央苏区的作战困难，使中央苏区处于被国民党的军事严重威胁的境地。此时的中央苏区外部面临着国民党频繁的军事"围剿"、经济封锁和政治破坏，军事斗争和经济建设压力增大；内部面临着干部腐败现象，形势非常紧张。因此，中央苏区对内必须大力推进反腐败斗争，凝聚民心，减少腐败对中央苏区的负面干扰。

(二)国民党对中央苏区的经济封锁

除了军事"围剿"之外,国民党对中央苏区还发动了经济封锁,给中央苏区各项工作带来了极大威胁。从中央苏区所处的位置看,大部分地方经济和文化发展水平十分落后,即使像瑞金、兴国和上杭等中央苏区完全管辖的县城,其发展水平也相对落后,广大偏远的农村地区更是落后。从中央苏区的经济支柱看,主要是农业生产和部分手工业。随着革命形势的发展,中央苏区的管辖范围不断扩大,但国民党连续的军事"围剿"和经济封锁进一步加重了中央苏区在人力、物力和财力方面的负担。

第一,国民党对中央苏区实行直接物资禁运。随着国民党对中央苏区的军事"围剿"力度的加大,反"围剿"形势日趋紧张,不少适龄青壮年响应苏维埃政府号召,投身保卫中央苏区的战争中,苏区劳动力短缺现象非常严重,部分地方生产经营出现萎缩甚至中断。更有甚者,国民党还对中央苏区实施物资禁运,这种情形进一步加剧了中央苏区各种民用和军用物资的短缺状况。从食盐的销售情况看,在白区,购买六到七斤食盐只需一个银圆;而在苏区,一个银圆却只能勉强买到12两。国民党政府规定但凡粮食、食盐、报纸、药品等都严禁运入苏区,在与苏区交界的白区城镇设立的汽油、洋油公卖处,当地居民一个人一月只能买到三至五两食盐。[2]此外,国民党对中央苏区的物资禁运也包括药品。1932年3月,红军攻打赣州失利后,国民党要求赣州地方政府实行封锁,封锁的物品包括食盐、布匹和西药。"对西药药材更是严加控制。抓到私运盐、布、西药材的人,轻者没收物资,剃眉毛,罚苦役二三年,重者则以通'匪'罪,杀头示众。"[3]因此,由于药品短缺,大量从战争前线转移到后方医院的受伤战士和指战员得不到及时有效的治疗,早早地失去了生命,给中央苏区革命事业造成了极大损失。国民党的经济封锁使中央苏区原本薄弱的经济基础雪上加霜,给苏维埃政权带来了严重挑战。

第二,国民党禁止周边地区与中央苏区开展贸易。中央苏区虽然有60个县,面积有8.4万平方千米,近453万人口,但是,中央苏区只是一个内陆地区,四周全部被国民党各派地方势力包围。因此,只要国民党掐断中央苏区的对外贸易,中央苏区经济发展和群众生产生活就相当困难。国民党为达到搞乱苏区经济,颠覆苏维埃政府的目的,在中央苏区及其邻近地区设立购买所、购买分所、分所管理所和管理分所,在水路方面,则另外成立水道督察处,加强对赣江水道及其支流的全面封锁。尤其是对苏维埃政府在赣县江口、吉安值夏、会昌乱石圩、闽西汀州等多个苏区与白区贸易分局设置的机构进行严密监视,尽可能防止白区与苏区贸易,特别是中央苏区生产的土产如夏布、粮食、竹木、烟纸等不得出口到白区，而食盐、布匹、药材和洋油等日用品也不得从白区进口。蒋介石试图通过禁止相互贸易，将中国共产党及其工农红军困死在中央苏区，使苏区和红军"未'剿'而先灭""不战而自亡"。

第三，国民党还着手破坏中央苏区的金融体系。为配合军事"围剿"，国民党派人深入苏区，与苏区内部的残余反动分子里应外合，试图破坏中央苏区货币流通，制造金融混乱。其手段包括，查堵中华苏维埃共和国仿铸的银圆、藏匿现金、偷运根据地现金出境，压低国家银行纸币的价格，乃至拒用国家银行纸币。[4]1933年3月18日《红色中华》报记载："根据地最近发现的事实……会昌一带的奸商进行着破坏苏维埃国币的计划，瑞金、汀州的奸商有计划地向银行兑换，各地奸商操纵物价，同时大量地运送现金出口。"[5]这些奸商企图通过搞乱苏区金融体系的行为，制造恐慌，以达到颠覆苏维埃政权的目的。

（三）国民党对中央苏区的政治破坏

为取得全面进攻中央苏区的成功，国民党不仅在军事上加强"围剿"，在经济上加大封锁，同时还从政治上开展破坏活动。毛泽东指出："当帝国主义国民党军阀对全国苏区举行第四次围攻及现在正在向着中央苏区大举进攻，革命与反革命的战争已进入生死决战的时候，敌人除开军事力量外，更有计划地在苏区内部组织反革命活动，利用苏区的地主富农及商人，组织各种反革命团体（AB团、社会民主党、托洛茨基派）及封建迷信团体（一心会、赖子会等），欺骗少数落后群众，乘机捣乱，同时派遣侦探混入苏区，探听军情。"[5]从中央苏区实践看，政治破坏主要包括外部渗透式、内部策应式和里外结合式三种形式。

第一，外部渗透式破坏。所谓外部渗透式破坏是指国民党从外部派遣敌对分子潜入苏区进行政治破坏。国民党及其地方势力在中央苏区的失败，使蒋介石及驻南昌的江西省政府主席非常难堪。为此，蒋介石和鲁涤平、熊式辉等江西省几任主席和赣州白区的国民党干部从来没有停止过对中央苏区的政治破坏。一苏大会期间，蒋介石派飞机来瑞金上空轰炸，由于苏维埃政府早有准备，只造成了瑞金县苏极少人员受伤。项英在《于都检举的情形和经过》中描述了于都反革命的活动情况：反革命分子不仅假扮红军跑进苏区做反革命宣传，而且组建铲共团等反革命组织，反水的地主和富农还公开阻止苏维埃政府推销公债，甚至强迫群众带着公债逃跑。在黎村和新陂等地方多次发生反革命分子殴打工作团和政府人员的事件，部分地方还发生了殴打乡苏副主席和抢夺保卫局枪支事件。在汀州存在着国民党的县党部机关，在瑞金、汀州、河田三处发现彼此相同的反革命标语等。

第二，内部策应式破坏。所谓内部策应式破坏是指在中央苏区内部不甘心的地主资产阶级对苏区进行的破坏行动。中国共产党曾经在中央苏区实行过"左"倾路线，采取了一些错误的政策或方式，导致部分群众对政府不满。如在查田运动中因为成分错划而导致部分群众生命财产安全受损；在肃反运动中出现扩大化的情况，导致一些与社会民主党无关人员受到不必要的牵连；在扩红运动中出现违背群众意愿的现象。这些情况本来是一些个案，却被一些留在中央苏区、替国民党卖命的政治破坏分子利用，他们乘机煽动富农、地主和游击队员逃跑，甚至一些苏区干部和游击队员出现了反水的情况。福建连城县游击队1933年年底"反水了一二三（123）人，拖去枪支一零六（106）支"[7]，这种政治破坏使中央苏区的工作非常被动。

第三，里应外合式破坏。所谓里外结合式破坏是指国民党派遣与苏区有血缘或其他关系的敌对分子潜入苏区，并与苏区地主资产阶级或腐败分子进行联合破坏的行为。1933年3月15日，《红色中华》报登载了瑞金肃清两个奸商的事件，黄龙春与赖抡波两个奸商与国民党里应外合，以破坏苏维埃政府的金融秩序为手段，达到颠覆苏区政权的目的。1933年3月18日，《红色中华》报登载了汀州市查获国民党秘密组织的活动的新闻。国民党福建省党部特派员严友荣与在中央苏区的弟弟严友江一并接洽国民党秘密组织，接受国民党活动费，在苏区发展国民党组织，并坐探红军信息，企图响应国民党的军事进攻。

二、中国共产党的全面应对

面对国民党的全面进攻，中国共产党在中央苏区内外采取了一系列回应，迅速扭转了苏区各项工作的被动局面，使中央苏区的发展出现了鼎盛时期。为全面应对国民党的军事"围剿"，中国共产党组织苏区干部群众积极配合前线，开展了多次反"围剿"，并取得了前四次反"围剿"的胜利。为应对国民党的经济封锁，中国共产党积极开展自救，通过组织生产、加强边境贸易、整顿金融秩序等，实现了中央苏区的经济好转。为应对国民党的政治破坏，中国共产党开展了中央苏区反腐败斗争和肃反等运动，进一步纯洁了干部队伍。

（一）中国共产党精心组织反"围剿"

为粉碎国民党的军事"围剿"，红军总前委、江西省行委和江西省苏维埃政府领导江西苏区的全体军民紧急动员，号召苏区军民投入反"围剿"的斗争中。1930年11月14—15日，江西省行委召开扩大会议，从整体上部署苏区反"围剿"的各项工作。5天后，江西省苏维埃政府主席曾山签发《紧急通告——动员广大工农群众坚决实行阶级决战消灭敌人》，并从多个方面拟定了应对国民党

"围剿"的具体要求。按照江西省行委的统一部署，各县也紧急开展动员，配合江西省行委开展各项准备工作。

第一，强化军事交通站工作，准确收集国民党军事情报。军事情报是军队制定作战计划的重要依据，决定着战局的走向，影响着战争的结果。为应对国民党的军事"围剿"，江西省苏维埃政府军事委员会下达了《紧急通告第一号——迅速组织侦探队灵敏消息》的通告，苏区各级苏维埃政府根据该通告组织了侦探队，及时将正确信息报告军事指挥机关，为苏区战胜国民党的军事"围剿"发挥了重要作用。

第二，强化红军物资保障，断绝敌军给养。物资保障和给养是取得军事胜利的物质基础。中央苏区时期，苏维埃政府的物资补给能力较低，广大红军在极其艰难的条件下保卫苏维埃政权和苏区群众的根本利益。面对国民党的军事"围剿"，一方面，苏区军民动员干部、群众将有限的物资保障前线作战，各地支前运动效果明显。有的群众积极向政府认购公债，有的群众主动退还公债。《红色中华》第63期报道："胜利县仙下贯区仙下贯乡的刘金辉同志，为庆祝我们英勇红军的伟大胜利，并响应红色中华关于退还公债的号召，他就自动的、慷慨的把所买公债，计大洋25元5角，全部退还政府，来帮助红军战费。"[8]有的红军战士退回公债又捐现洋。[9]兴国的党员干部积极开展借谷运动，《红色中华》第76期报道："兴国永丰区三坑乡，对借谷运动有具体计划去进行。党员起核心领导作用，在进行时就做了充分的广大的鼓动宣传。所以竟于3天内借到谷子13000千斤，自动供给红军，不要支付归还。"[10]另一方面，苏区干部群众坚决执行坚壁清野，不让国民党军队得到给养，力争将国民党军队困死在人民群众中。苏区群众将家中的油盐柴米和锅碗瓢盆等日用物资，严密隐藏；将碾米用的砻、碓抬进深山或沉入水塘，并破坏水源，困饿敌军。[10]

第三，积极开展扩红运动。中央苏区时期，中国共产党通过反腐败斗争，使苏区民众进一步认识了中国共产党的人民性，他们以极大的热情参与扩红。不少家庭除了必要的劳动力之外，基本成了红军。1933年，各县都开展了"扩红突击运动"，争取超额完成扩红任务。1933年8月5日，在博生县成立了总人数1万的少共国际师，这是苏区群众支持革命的最好体现。兴国县甚至计划成立共产国际师和共产国际军团。公略县东古区全区"7年中扩大红军2400余人，全区精壮男子都上前线去"[12]。瑞金下肖区的杨长秀用威胁"离婚"的方式劝老公归队，她老公第二天就向乡苏报名归队了。[13]不少地方的妇女同志通过各种方式劝自己的丈夫当红军，苏区群众对扩红的支持程度可见一斑。"猛烈扩大红军是准备阶级决战的主要条件。"军队是战争的有生力量，保持充足的红军数量是取得反"围剿"胜利的力量保障。

第四，无私支持革命战争。由于中国共产党热心帮助群众，并为群众解决了土地等问题，苏区群众像保护自己的生命一样保护苏维埃政府，无私地支持反"围剿"战争。当时，中央苏区的各个县区都成立了临时洗衣队、临时担架队、耕田队和桥梁队等支前组织，有力地帮助了红军开展反"围剿"战争。公略县东古区组织耕田队帮助红军家属，并规定"凡红军家属的田（耕田莳田割禾）先耕先莳先割，并且在忙的时间，将红军家属的工作完全做好了，再做私人的工作"[14]。苏区群众因为无私的支前行动得到了苏区干部关心群众的回报。

此外，苏维埃政府还组织苏区群众开展对国民党军队的宣传，瓦解敌军斗志。有时候，甚至安排妇女群众"利用卖小菜小物或替白军洗衣等，去接近他们谈话借以宣传"[15]。

（二）中国共产党积极开展生产自救，打破经济封锁

国民党对中央苏区的经济封锁，使中央苏区的土产、竹木、烟纸、夏布、粮食等得不到出口，日用食盐、药材、布匹、洋油等得不到进口，苏区的经济状况处于非常困难的境地。面对国民党的经济封锁，苏维埃政府早已有思想准备，他们认为："目前敌人尚未下绝大决心来封锁苏区，所以日常用品许多还可以入口。但我们要知道，阶级斗争日益尖锐和剧烈，敌人也就必然更加严密地来封锁苏区。我们为巩固政权，进攻敌人，在经济上须有充分的准备。"[17]为打破国民党的经济封锁，苏维埃政府在舆论宣传方面做了很多工作，特别是1933年2月26日，中华苏维埃共和国临时中央政府向苏区的工农劳苦民众发出《中华苏维埃共和国临时中央政府为打破敌人对苏区的经济封锁告群众书》（以下简称《告群众书》），并刊登在1933年3月3日《红色中华》第57期上。《告群众书》不足1000字，却将国民党进行经济封锁的目的、经济封锁的危害和苏维埃政府的应对措施进行了全面而又简洁地分析。为打破国民党的经济封锁，苏维埃政府采取了一些措施。

第一，建立合作社，发展合作制经济。国民党的经济封锁使大部分生产和生活必需品短缺，价格高涨。这种局面使不少地主、富农乘机囤积居奇，贱买贵卖，利用"剪刀差"大发战争财。苏维埃政府的部分党干部也发现商机，加入倒卖粮食、食盐和药材等商品的行列。这些现象严重损害了苏区干部、群众的根本利益，给苏维埃政府应对国民党的军事"围剿"带来了严峻挑战。1933年夏，中央苏区谷价飞涨，又发生了严重的夏荒。中央政府各机关每天要吃一半稀饭，米价很贵，又买不到。此外还有一部分极贫苦的群众，特别是红军家属，没有饭吃，情形也是很严重的。[17]为克服这种困难，中华苏维埃共和国临

时中央政府决定在各级苏维埃政府中普遍建立合作社，发展合作制经济。1931年11月7日，全国第一次工农兵苏维埃代表大会召开，大会决定：为着整个苏维埃贸易与保持劳动人民的利益，改良劳动群众必需品的供给，苏维埃政府必须帮助消费合作社的组织和发展。随着合作社的发展，消费合作社、生产合作社、劳动互助合作社、犁牛合作社和粮食合作社等类型的合作社在中央苏区大地上纷纷建立，苏维埃政府不仅安排有经验的干部指导合作社建立，而且还将没收的耕牛、房屋和犁耙等生产资料进行统筹，用于建立各类合作社，甚至还实行免税政策，鼓励各类合作社发展。苏维埃政府建立合作社，发展合作制经济的实践在中央苏区打破国民党的军事"围剿"和经济封锁的过程中发挥了积极作用，它既是战时动员的机器，又是战时生产的组织者，还确保了苏区干部群众和军队的粮食供应，是以毛泽东为代表的苏维埃政府领导人的又一创举。

第二，踊跃认购苏区公债。中央苏区时期，中国共产党在苏区发行公债，筹措战争经费。中央苏区群众以主人翁态度积极认购，兴国县、上杭县等县和长冈乡、才溪乡等乡在认购苏区政府公债中积极踊跃，被评为模范县和模范乡。1933年11月29日，《红色中华》报第130期第3版刊登了《兴国怎样推销公债？》的文章。文章从兴国县苏召开专题会议、派遣宣传队开展各种形式的宣传、克服机会主义等几个方面总结了兴国县推销公债的经验，全面反映了兴国县干部群众的融洽关系，也体现了苏区群众对政府的支持。

第三，积极开展区外贸易。为打破国民党对中央苏区的贸易禁运，苏维埃政府采取了多种措施，促进赤白贸易，极大保护了苏区干部群众的根本利益。首先，成立贸易机构。1930年秋，闽西成立了工农通讯社，该机构由国家保卫局领导，专门负责护送领导干部出入苏区，采办军需物资并运入苏区。1933年，苏维埃政府成立对外贸易局和分局，该机构的主要任务是："管理苏区对外贸易事宜，设法打破封锁，保证苏区境内的生产品与境外的商品，得有经常交换，消灭农业生产品与工业生产品价格的剪刀现象。"[18]机构的设立和健全，为顺利开展赤白贸易奠定了组织保障。其次，指定优惠的贸易政策。为鼓励区内外商人参与赤白贸易，苏维埃临时中央政府制定了非常优惠的贸易政策，并以税收为杠杆促进赤白贸易。苏维埃政府征收的贸易税以满足苏区需要为原则。"不要的抽重些，要紧的抽轻些，一定要的就免税。"[19]苏维埃政府对诸如食盐、洋油、棉布和石灰等急需的商品免除进口税，对于洋布、洋袜等不是急需的商品则少抽些税；在出口方面，则相反。再次，组织党员干部参与赤白贸易。苏维埃政府不仅鼓励商人开展赤白贸易，对于那些非常紧缺的商品，如食盐，还组织游击队和白区工作委员会成员亲自参与贩盐工作，确保贸易渠道畅通。苏维埃政府认为："边区与白区党必须去帮助继续在拼命贩盐的成千成万群众，反对国民党团匪的屠杀与拦抢……他的任务，去组织贩盐，组织贩盐的武装队伍。"[20]此外，苏维埃政府还组织交通员和联络员利用各级交通站开设店铺和参与物资运送。卢伟良作为交通站站长多次参与贩盐工作，有时候被迫将食盐融化成水，通过衣服浸水的方式将食盐带回苏区。最后，发动群众参与赤白贸易。为扩大贸易队伍，减少国民党对贩盐的警觉性，苏维埃政府还发动群众参与贩盐活动，不少群众积极响应苏维埃政府的号召，想方设法将食盐带回苏区。有的群众将粪桶做成双层，上层装粪，下层装盐。不少群众为了贩盐失去了宝贵的生命。

第四，整顿中央苏区金融秩序。中央苏区时期，苏区的领导者们在领导苏维埃经济建设时就高度重视金融建设，充分发挥红色金融在支持革命战争、发展农业生产、促进商品流通、支持合作化运动、巩固苏维埃政权诸方面的重要作用。[21]但是，国民党对中央苏区红色金融的有组织破坏使红色金融的作用大打折扣，为此，苏维埃政府果断采取措施，严厉打击金融破坏者，整顿苏区金融秩序。一方面，苏维埃政府不断完善红色金融制度，防止国民党的金融破坏。苏维埃政府采取了减少财政性货币发行，提高苏区货币信用和提高货币发行质量，增强货币防伪性能等手段，大大减少了不法奸商的可乘之机。另一方面，苏维埃政府严厉打击破坏金融秩序的不法奸商。1933年3月15日，《红色中华》以《肃清两个发动的奸商》为题报道了国家政治保卫局严厉肃清黄龙春与赖伦波两个不法奸商的事实。最终，国家政治保卫局查明了这些罪状，经过该犯的供认不讳，已解至瑞汀卫戍司令部，处以死刑。[22]经过一系列的打击行为，苏维埃政府意识到，必须以完善制度的形式来推进整顿金融秩序的行为。1934年1月第二次全国苏维埃代表大会通过了《关于苏维埃经济建设的决议》，并指出：伪造国币，拒用、压低国家银行纸币价值的活动危害性极大，将其视为反革命行为。政府必须做最坚决的斗争，并对这种反革命分子处以罚款、苦工、禁闭、没收，罪大恶极者处以枪决。此外，中央执行委员会还颁布了《中华苏维埃共和国惩治反革命条例》，并对可以处以死刑的各种破坏金融秩序的行为进行了详细规定。

（三）中国共产党开展政治建设，维护苏区政治稳定

苏区形成以来，国民党通过各种手段对中央苏区进行的政治破坏给各级苏维埃政府带来了严重挑战，也给苏区群众的生命和财产安全形成了极大隐患，部分干部甚至不自觉地参与了政治破坏。为整肃中央苏区干部的纪律，维护中央苏区的政治安全，切实保护中央苏区广大干部群众自身利益，苏维埃政府通

过开展反腐败斗争，清退不合格党员和肃清反革命等运动，有效打破了国民党的政治破坏。

第一，开展中央苏区反腐败斗争。在赣南和闽西各级苏维埃政府成立的过程中，中国共产党和中国工农红军的主要精力集中在扩大红色区域和创建各级苏维埃政权等方面，对于苏维埃政权内部不同程度上存在的腐败现象没有引起足够的重视。中华苏维埃共和国临时中央政府成立以后，管辖的区域扩大，人口增加，管理机构的数量和层次也发生了很大的变化，管理人员得到大幅充实，但管理人员的素质良莠不齐，腐败问题成为中华苏维埃临时中央政府必须迈过去的坎。此外，国民党的经济封锁，不仅导致苏区群众生产生活紧张加剧，也使苏维埃政府的一些党员干部发现了"商机"，他们不仅全然不顾人民群众、红军战士和苏维埃政府的安危，而且借机大发战争财。虽然苏维埃政府已经制定了相关对外贸易制度，但腐败分子利用各种关系进行走私，破坏苏区经济制度。苏区缺什么，腐败分子就从白区走私什么，然后高价卖给政府和苏区群众，从中赚取高额差价。于都事件中的熊仙璧、刘洪清等腐败分子就是这样走上腐败道路的。为此，1931年11月1日至5日，中国共产党在瑞金叶坪召开了中国共产党苏区第一次代表大会，即赣南会议，会议通过了《党的建设问题决议案》。《决议案》指出："现在，在各级政权机关红军及各种组织中，多半是党员担负着最重要的工作。为保障这些同志真正成为群众中的模范者，防止一切腐化、官僚化、贪污等现象的产生，必须严格党的执行纪律……党应当加紧反对官僚腐化贪污等现象的口号，防止那些现象的滋长。"[23]这标志着中国共产党从理论上拉开了反腐败斗争的帷幕。1932年2月17日，中华苏维埃共和国临时中央政府颁布了《帮助红军发展革命战争实行节俭经济运动》的第三号通令，进一步明确了中国共产党开展反腐败斗争的指向。中国共产党通过建立和健全中央工农检察人民委员部等机构，制定和完善财经制度、审计制度、舆论监督制度等制度和强化廉政教育等途径，积极推进中央苏区反腐败斗争。在毛泽东等中央政府领导的积极努力下，熊仙璧、唐仁达、谢步陞和左祥云等一批腐败分子先后接受法律制裁。1934年9月，中央审计委员会独立完成了对教育人民委员部等部门在1934年4月至7月期间的经费审计工作，9月11日，中央审计委员会发布了《关于四个月节省运动的总结》。通过对各项审计数据的认真分析，中央审计委员会对四个月以来节省运动的成效非常满意，并最终肯定地给出了重要的结论——只有苏维埃是空前的、真正的廉洁政府。从中央审计委员会给出的报告中看，中央苏区反腐败斗争至少在以下四个方面发生了根本好转：一是苏区的干部队伍在思想上和组织上更加纯洁了；二是苏区群众凝聚力增强了；三是苏维埃政府的有限经费发挥了更大的效能，贪污浪费行为基本消失了；四是苏区干部好作风基本形成了，苏区干部内心的红色基因起作用了。

第二，开展洗刷不合格党员的运动。中央苏区形成之初，中国共产党就下达了关于洗刷不合格党员的通令。董必武在《把检举运动更广大地开展起来》中指出："江西乐安县一级和善和增田两区乡共清刷了72人，万太县区各机关中清刷了60人，石城县一级清刷了20人，区一级25人，乡一级4人。"[24]另外，苏维埃政府借鉴巴黎公社的做法，建立和完善民主选举制度。通过三次规模的民主选举，"大批落后分子（阶级异己分子与投机分子）被淘汰了。相反地，一大批先进分子被选举到了苏维埃，建筑了苏维埃大厦的强固基础"[25]。通过洗刷不合格党员和民主选举，进一步纯洁了中国共产党的肌体，确保留下来的党员干部能够全心全意为人民服务。

第三，开展反渗透运动。苏维埃政府针对国民党的渗透，在中央苏区开展了反渗透的斗争。中央执行委员会发布《中华苏维埃共和国临时中央政府中央执行委员会训令第二十一号——关于镇压内部反革命问题》，并对如何打破敌人的政治破坏进行了说明。沙可夫发表了名为《消灭苏区内外的敌人》的社论，他指出："要知道，敌人不仅在苏区外面向我们进行大举进攻，而且指派和组织了在苏区内部的反革命，来捣乱我们的后方，企图与外面反革命力量里应外合地来向我们进攻。"[27]他还要求苏区上下坚决执行中央政府的第二十一号训令，无情镇压内部反革命。一方面，针对在查田运动和肃反运动中的一些问题，苏维埃政府进行了实事求是的改正，纠正偏差，防止政府的不当行为被反革命分子利用；另一方面，严厉打击了政治破坏分子。福建省保卫局采取了严密的监视行动，在汀州破获了严友江和严友荣等人的政治渗透，并对严友江等人执行枪决。龙岩四都医院政治部破获了该院中医官张上阶企图毒死该院政委及院长的案件，张上阶等人由保卫局处以死刑。在会昌检查土地过程中，也查获了大批反革命分子，缴获大批枪支、弹药和望远镜等军需物资。通过这些实际行动，各级各地苏维埃政府严厉打击了苏区内部的反革命分子，维护了苏区干部群众的利益，保障了苏区的安全。

三、结论

中央苏区广大军民与国民党在全面博弈过程中，广大军民始终坚持中国共产党的正确领导，使苏区出现了鼎盛的局面。到1933年7月，中央苏区进入了历史上最辉煌的时候，中央苏区包括福建、江西、粤赣和闽赣4个省级行政区，60个县级行政区，其中21座县城被中央苏区完全占领，面积大约为8.4万平方千米。中央苏区人口总数约为 453 万,其中江西、粤赣两省共约 240 万,福建、闽赣两省各约 100 万,红军人数 13 万。[27]

参考文献:

[1] 吴晓荣. 中央苏区时期的经济封锁与反封锁 [J]. 中国井冈山干部学院学报,2014,7 (2).

[2] 余伯流,凌步机. 中国共产党苏区执政的历史经验 [M]. 北京:中共党史出版社,2010.

[3] 陈毅,肖华. 回忆中央苏区 [M]. 南昌:江西人民出版社,1981.

[4] 刘国昆. 浅析中央苏区货币的历程及思考 [J]. 金融与经济,2009 (9).

[5] 毛泽东,项英,张国焘. 关于镇压内部反革命问题 [N]. 红色中华,1933-3-18.

[6] 亮平. 在新的形势下彻底转变福建省苏的工作 [N]. 红色中华,1934-3-3.

[7] 一个人退还二十五元半 [N]. 红色中华,1933-3-21.

[8] 张凤岗. 退回公债又捐现洋 [N]. 红色中华,1933-3-27.

[9] 陈高祺. 兴国热烈借谷运动 [N]. 红色中华,1933-5-5.

[10] 余伯流,凌步机. 中央苏区史 [M]. 南昌:江西人民出版社,2017.

[11] 张傅必. 学习第一模范区:东古 [N]. 红色中华,1934-1-1.

[12] 月林. 瑞金下肖区的两个模范妇女 [N]. 红色中华,1934-2-6.

[13] 正冈. 优待红军家属的模范乡 [N]. 红色中华,1934-1-13.

[14] 江西省档案馆,江西省委党校党史教研室. 中央革命根据地史料选编:下 [M]. 南昌:江西人民出版社,1982.

[15] 井冈山革命根据地党史资料征集编研协作小组,井冈山革命博物馆. 井冈山革命根据地:上 [M]. 北京:中共中央党史资料出版社,1987.

[16] 毛泽东,项英,张国焘. 中央政府为节省五万担谷子卖给红军告瑞金会昌博生石城四县群众 [N]. 红色中华,1933-6-4.

[17] 中华苏维埃共和国各级国民经济部暂行组织纲要 [N]. 红色中华,1932-1-13.

[18] 江西省税务局,福建省税务局,江西省档案馆,等. 中央革命根据地工商税收史料选编 [M]. 福州:福建人民出版社,1985.

[19] 中共中央白区工作委员会关于国民党油盐公卖致各县委及白区工作部

的信［N］. 斗争, 1933-11-19.

［20］张孝忠. 中央苏区的红色金融［J］. 党史文苑, 2014 (5).

［21］肃清两个反动的奸商［N］. 红色中华, 1933-3-15.

［22］中共江西省委党史研究室. 中央革命根据地历史资料文库·党的系统：第3卷［M］. 南昌：江西人民出版社, 2011.

［23］董必武. 把检举运动更广大地开展起来［N］. 斗争, 1934-5-26.

［24］厦门大学. 中华苏维埃共和国法律文件选编［Z］. 南昌：江西人民出版社, 1984.

［25］沙可夫. 消灭苏区内外的敌人［N］. 红色中华, 1933-3-18.

［26］傅克诚, 李本刚, 杨木生. 中央苏区廉政建设［M］. 北京：中央文献出版社, 2009.

中央苏区模范乡建设述论[①]

谢庐明　吴振东[②]

摘　要：模范乡建设是中国共产党在中央苏区局部执政时期乡村治理的实践探索。模范乡建设是苏区革命和加强基层政权建设的必然要求，以毛泽东同志为主要代表的中国共产党人对模范乡的培育和指导，推行荣誉表彰制度，苏区干部好作风的实践及人民群众的大力支持，是模范乡建设的重要条件及决定因素。模范乡建设的内容体现在乡苏政权建设的模范、扩红运动的模范、劳动力调剂与合作社的模范和教育文化事业的模范。模范乡建设是中国共产党基层治理制度的成功实践，促进了基层政权建设；密切党群关系，促进了苏区干部好作风的形成；加强经济和文化教育建设，支持了苏维埃革命和建设。在加强党对基层政权的领导，真心实意为群众谋利益，践行党的群众路线，弘扬苏区干部好作风，创造第一等工作方面提供了经验启示，对新时代中国共产党推进国家治理体系和治理能力现代化具有重要的借鉴意义。

关键词：中央苏区；中国共产党；模范乡建设；基层治理；群众路线

模范乡建设是中国共产党中央苏区局部执政时期进行乡村基层社会治理的成功实践，中国共产党在中央苏区进行了模范乡建设的探索，积累了宝贵的经验，在中国共产党乡村基层社会治理史上占有重要的地位。但目前关于中央苏区模范乡建设的史料发掘和专题研究仍有待深入。[1]本文拟采用中央苏区时期毛泽东《长冈乡调查》《才溪乡调查》等文献资料及笔者深入赣南、闽西的实地

---

① 基金项目：本文系国家社会科学基金项目"苏区时期中国共产党的民心政治研究"，编号：19XDJ015。
② 作者简介：谢庐明，女，江西南康人，赣南师范大学中央苏区研究中心主任，教授，研究方向为中央苏区史；吴振东，男，安徽合肥人，赣南师范大学2017级历史学专业本科生，辽宁师范大学2021级硕士研究生，研究方向为中央苏区史。

调查材料，概述中央苏区模范乡建设的背景和内容，阐释其地位和作用，从而为中国共产党新时代的乡村基层社会治理提供经验启示及历史借鉴。

一、中央苏区模范乡建设的背景

在以毛泽东同志为主要代表的中国共产党人的领导下，苏区军民进行各项建设，在乡村建设中涌现了模范乡，以长冈乡、才溪乡等模范乡为突出代表，创造了第一等的工作，长冈乡、才溪乡模范乡的形成有其特定的背景。

首先，苏区革命和加强基层政权建设，是模范乡建设的必然要求。长冈乡与兴国县城隔河相望，是赣南最早传播马克思主义和建立党组织的乡村之一。1928年，建立农民协会，开展土地革命；1930年，建立乡苏维埃政府。长冈乡在县、乡苏维埃领导下，各项工作很好地得到了执行。为动员群众参加革命，开展土地革命使农民翻身成为主人，农民在各项工作上都保持着很大的积极性，有力地支援了革命。在政治上，实行代表会议制度，讨论政治形势和工作情形的各项具体问题，如经济动员、军事动员、修路和改善河堤等。实行检查制度，检查各项工作的实施情况、选举制度、设立各种委员会，如扩大红军委员会、山林委员会、土地委员会、教育委员会、卫生委员会等。在军事上，建立地方部队，有男女赤卫军、少队，训练和勤务是日常工作安排，实现农村军事化，地方站队在性质上既属于生产队又属于战斗队，平时参加生产和负责站岗放哨，在斗争中采用多种办法扰敌、困敌。经济发展以农业为主，群众生活得到较大改善，乡干部组织耕田队，建立劳动互助社、犁牛合作社等生产经济组织。在文化卫生方面，建立小学、夜学、识字班、俱乐部。长冈乡的俱乐部共有4个，每村1个，俱乐部设有体育、墙报、晚会委员会。列宁小学学生和群众积极把文章发表在墙报上，俱乐部配合形势与任务教育，经常排演新节目。按住所把居民编入卫生班，开展卫生运动。长冈乡苏维埃政府，创新了许多工作制度，如常委会值日代表制、定期检查制等，这些都成为当时苏维埃工作的典型并得到表扬。

其次，以毛泽东同志为主要代表的中国共产党人对模范乡的培育和指导，推行荣誉表彰制度，是模范乡形成的重要条件。"调查研究，总结经验；表彰先进，树立典型，是毛泽东同志倡导并一贯坚持的工作方法。苏区模范兴国县，是当年毛泽东为建立和发展农村革命根据地而确定的先进典型。"[2]中央苏区时期，毛泽东先后多次来到兴国指导革命实践，1933年11月，率领中央政府检查团到长冈乡，进行了为期7天的调查。随后毛泽东第三次来到福建省上杭县才溪乡进行社会调查。12月，写下《长冈乡调查》和《才溪乡调查》，赞誉这两个乡苏维埃政府工作成绩突出，是"真正的模范乡政府"，并在中共苏区中央局机关报《斗争》第42、43、44、45、46、48期连续刊载，对长冈乡和才溪乡的乡苏工作给予充分肯定和表扬。1934年1月27日，在"二苏大"会上，毛泽东向大会代表印发了《乡苏工作的模范（一）——长冈乡调查》和《乡苏工作的模范（二）——才溪乡调查》两本单行本，并对模范长冈乡和模范才溪乡给予高度赞誉，号召要学习长冈乡、才溪乡，要建设成几千个长冈乡，几十个兴国县，反对汀州市官僚主义的领导者。中央苏区掀起了学习和赶超模范长冈乡和模范才溪乡的热潮。

最后，苏区干部好作风的实践及人民群众的大力支持，是模范乡形成的决定因素。"苏区干部好作风，自带饭包去办公，日着草鞋分田地，夜走山路访贫农。"① 这首苏区群众称赞苏区干部的山歌，正是苏区干部好作风的真实写照。兴国县长冈乡创造了《干部十带头歌》，即"政治学习带头，军事训练带头，执行勤务带头，参军参战带头，遵纪守法带头，购买公债带头，节省粮食带头，发展生产带头，移风易俗带头，优待红属带头"②。长冈乡还要求苏维埃工作人员做到"四模范"，即"扩红的模范，干部作风的模范，土地革命的模范，经济文化建设的模范"③。1933年秋天，临时中央政府发行300万元经济建设公债，长冈乡如何动员群众购买公债呢？毛泽东专程前往村代表主任彭国亮家进行调查。在长冈乡公债发行动员会上，长冈乡的干部带头认购公债券，彭国亮动员他的妻子把银饰换成公债券。在彭国亮等干部的带动下，长冈乡超额完成公债发行任务。毛泽东感慨地说："长冈乡5000元公债的推销，全是在会场认购，全不按家去销，全是宣传鼓动，全不强迫摊派，……别乡则有销数比长冈乡少至五六倍、反在强迫摊派，销了两三个月还不能结束者，拿了同长冈乡对照，真是一个天上，一个地下。"④ 苏区干部好作风在整个苏区得到了全面推广和弘扬。

二、中央苏区模范乡建设的内容

第一，乡苏政权建设的模范。一是乡苏政权建设在选举运动的先进性。在选举方面，长冈乡和才溪乡都严格执行了苏维埃政府的选举制度，1933年11月4日长冈乡选举大会工人在乡苏开会达到了90%，农民达到了93%，代表们在

---

① 《苏区干部好作风》，2019年12月录自江西省兴国县苏区干部好作风陈列馆。
② 《干部十带头歌》，2019年12月录自江西省兴国县苏区干部好作风陈列馆。
③ "四模范"，2019年12月录自江西省兴国县苏区干部好作风陈列馆。
④ "毛泽东走访村代表主任彭国亮"，2019年12月录自江西省兴国县长冈乡调查纪念馆。

会积极表现。在才溪乡的选举过程中，群众可以在候选名单中标注意见，然后根据选民提出的意见登墙报批评，受墙报批评的有20多人，都是只关注自身，不顾群众的，才溪乡选民到会80%左右。才溪区"首先召开党的团的区委扩大会，支部大会，再召集区苏扩大会、乡苏扩大会，讨论领导全区、全乡的选举工作，并组织选举委员会、分会等"[3]。长冈乡在发动选民提交讨论方面做了表率，才溪乡则在选举宣传，组织候选名单并发动群众对候选名单的批评，组织工人与女子当选方面，都充分执行了中央政府的选举训令，成为中央苏区选举运动的模范。二是模范乡在政权组织上的先进性。乡（市）苏维埃政权为苏维埃政权的基本组织，乡（市）苏维埃代表会议为全乡（市）最高政权机关[4]，而模范乡"村的代表主任制度及代表与村民发生固定关系的办法，是苏维埃组织与领导方面的一大进步……将乡的全境划分为若干村，依靠民众自己的乡苏代表及村的委员会与民众团体在村的坚强的领导，使全村民众像网一样组织于苏维埃之下，去执行苏维埃的一切工作任务，这是苏维埃制度优胜于历史上一切政治制度的最明显的一个地方"[5]。毛泽东在《乡苏怎样工作？》中指出，"一切没有分村的乡，都要实行划分，有些乡可只分两村，有些乡可分三村，有些大乡则可分为四村五村，按照实际情形划定"[6]。组织形式的创造是根据具体工作分配来实行的，在建设过程中给予一定的灵活性是制度建设中维持稳定性的关键环节，乡苏组织给乡级工作人员提供自我组织管理的权利。"乡的中心在村，故村的组织与领导，乡苏主席团应极力注意。将乡的全境划分为若干村，依靠于民众自己的乡苏代表及村的委员会与民众团体在村的坚强的领导。"[5]严密的组织促进模范乡工作的高效和任务的完成。如"兴国县社区对各乡的领导，从加强对模范乡的领导入手，尤其在每一个突击任务中必须把模范乡的光荣例子传达到其他的乡去，能有力的来推动其他乡的工作"[7]。

第二，扩红运动的模范。模范乡长冈乡全部青壮年男子共407人，其中外出当红军、做工作的有320人，占79%。在扩红运动中，长冈乡优待红军家属和慰劳红军，给红军提供毛巾和草鞋等物资。上才溪全部青壮年男子共554人，外出当红军、做工作的有485人，占88%；下才溪全部青壮年男子共765人，外出当红军、做工作的有533人，占70%。[5]正是有了苏区模范乡工作者的努力，才让群众放心将自己托付给革命事业。通过扩红竞赛运动鼓舞模范乡人民的革命热情。1933年春，才溪乡在苏区建设的各项运动中，特别是扩大红军生产支前等工作，取得了优异的成绩，获得福建省第一模范区的称号。1934年1月至4月的扩红竞赛中，才溪乡有109人报名参加红军，是报名人数最多的。模范乡工作的高效和落实的成效都在红军建设中具有示范引领作用，在整个中央苏区建设上牵动着扩大红军的热潮。"兴国永丰区永丰乡在思想上认可红军，积极加紧模范师的干部政治训练，在4天的动员中，鼓舞了整排的模范师和模范少先队自动地加入红军，共计人数41名。"[8]上杭模范团"共有432个战士，其中以模范区才溪乡最多，计260人，党团员占1/3，新战士在开赴前线时还唱歌、讲故事，可见群众工作的扎实"[9]。模范乡扩红运动成功的主要原因是："（1）政治动员了共产党员和共产青年团员；（2）深入、广泛地动员了全县的工农群众，造成了扩大红军的热烈空气；（3）切实执行了优待红军条例，特别是替红军家属耕田工作。"①

第三，劳动力调剂与合作社的模范。一是解决劳动力的问题。扩红运动后，大批青壮劳动力进入红军队伍，农村劳动生产的劳动力不足，为缓解这一难题，长冈乡"成立模范耕田队和劳动互助社，让劳动互助社帮红军家属耕田（不要工钱），模范队则帮群众耕田（要工钱），比如某个互助社成员正要帮红属耕田，而他自己家的田又正待耕，模范队便派人帮他耕，或者代替他帮红属耕田，由他出工钱与模范队员，这样通过调剂劳动力的方式来解决劳动力缺少的问题"[5]。才溪乡解决生产力的问题也同样如此，男劳动力的缺乏使耕种主要依靠女子。二是发行公债和推行合作社。长冈乡工作的特点，在于能用最大的耐心去说服群众，公债开始至售空只花费了15天，别乡则有销售时间长和强行摊派的现象。1933年10月19日，《红色中华》中《一片推销建设公债声》报道："区乡有计划的、广泛而深入的政治动员，工农劳苦群众遂一齐发奋起来争先恐后的热烈购买，不过7天功夫，自动推销了900余元。"[10]模范带头作用不仅体现于政治方面，在经济建设方面也走在前列。"1931年5月，上杭县才溪乡在耕田队的基础上，创建闽西根据地第一个劳动合作社。"[11]合作社经济模式组织了全乡群众的经济生活，经济上的组织性到了很高的程度，经济上的成绩为苏区人民加入红军解决了后顾之忧，遏制了战争中的经济建设行不通，群众生活没有改善和群众不愿当红军的不良言论。1934年1月1日，《红色中华》第139期刊登《一个模范的消费合作社》的文章，"全面介绍了才溪消费合作社自1929年11月创业以来的发展历史、工作情况和办事经验"[12]。

第四，教育文化事业的模范。根据《苏维埃政权基本组织法》第四十条规定："在乡苏维埃之下，教育委员会委员9人至15人，由乡苏维埃代表、列宁小学校长、补习夜学校长、俱乐部主任，共产青年团、工会、贫农团、少先队、

---

① "江西兴国县扩大红军的记录"（1933年1月3日），原件存兴国县革命纪念馆。2019年12月录自兴国县革命纪念馆。

儿童团、女工农妇代表会等团体的代表组织,管理全乡文化教育事业的发展,整理与调查统计。"[13]上杭才溪区第二次工农兵代表大会决议案提出各乡文委会"要经常召集会议,讨论文化进行工作,宣传儿童、青年、群众,特别是青年妇女入校读书,群众教育方面如列宁室、读书团、识字班等应由各乡苏指定专人负责,同时提高高级、初级教员伙食费"[14]。模范乡在文化教育上响应苏维埃政府的方针政策,因地制宜开展小学、夜学、识字班和俱乐部等多种形式的教育工作,降低文盲率,组织群众学习,为其他区乡的教育建设提供了示范。"上杭旧县才溪的新剧团,本来老早已有组织,也曾出发表演过剧目,获得群众的欢迎。现在在县的调动下,出发各地表演新剧了。"[15]文艺事业提上日程,生活更加丰富,经济建设与文化建设并进,夯实了根据地的根基。

三、中央苏区模范乡的作用及其启示

其一,模范乡是中国共产党治国理政基层治理制度的探索实践,促进了中央苏区基层政权建设。"建立中心支部和模范支部,抓好典型和重点,以重点带动一般,以先进推动后进,这是党在基层组织建设上的经验。"[16]长冈乡是群众路线的重要实践基地,被毛泽东称为"真正的模范乡政府""苏维埃工作的模范"。这是长冈乡的荣誉,也是苏区各乡建设的榜样。毛泽东在《关心群众生活,注意工作方法》中谈到长冈乡和才溪乡取得有效的工作成绩时举例说明:"长冈乡有一个贫苦农民被火烧掉了一间半房子,乡政府就发动群众捐钱帮助他。有三个人没有饭吃,乡政府和互济会就马上捐米救济他们……才溪乡的乡政府也做得非常之好。这样的乡政府,是真正的模范乡政府。"[17]才溪乡健全各乡代表会议制度和实行巡视制度。村代表每周须向乡苏报告一次工作,乡苏10天须向区苏报告一次工作,区苏主席团5天须召开一次会议,执委会每月开会一次,讨论具体工作计划和各项重大问题。模范乡在"二苏大"会上作为先进典型进行宣传,体现了中国共产党对乡基层政权建设的高度重视,也是毛泽东在中央苏区亲手树起的红旗,亲自推广的先进典型。

其二,表彰先进,典型示范,密切了党同群众的联系,促进了苏区干部好作风的形成。"苏区干部好作风的核心和特征就是密切联系群众。"[18]长冈乡和才溪乡的苏维埃工作者一直坚持群众中心,贯彻毛泽东1934年在瑞金召开的"二苏大"会上所强调的"关心群众注意工作方法的要求。"[17]模范乡建设中坚持走群众路线,长冈乡对群众的衣食住行给予保障。群众放心模范乡乡苏的工作,苏区的任务则得到群众的支持拥护。毛泽东在深入调查模范乡后强调密切联系群众的重要性,在"二苏大"报告中就向全党提出学习模范工作的要求。

黄亚光在回忆"二苏大"时谈道:"毛泽东同志曾多次表扬兴国县、长冈乡和才溪乡,当时这些模范县苏政府和乡苏政府各方面的工作都做得很好,特别是关心了群众生活,注意了工作方法,组织群众积极支持革命战争,创造了第一等的工作。"[19]许多地方苏维埃中发生敷衍上级、强迫下级的错误现象,最有效的方式就是拿活的榜样给他们看。发扬优秀经验,收集更多经验,供给落后的乡苏以学习的榜样,使其赶上革命建设步伐,团结苏区群众于苏维埃周围,争取开展苏维埃工作和粉碎敌人压迫的环境。"在扩红运动中,上才溪乡赤卫队队长王仁,自己首先报名参加红军,从而带动了120多人报名当红军赴古田参战;在推销经济公债时,上才溪乡苏维埃主席雷浩卖了家中一头猪和四石谷子来买公债,在他的影响下,村里很快并超额完成购买公债的任务。"[20]干部应身先士卒,心中装着群众,像模范乡一样建设苏区。

其三,加强经济文化教育建设,支持苏维埃的革命和建设,加强地方武装,优待红属。"从上杭才溪来看,以乡为单位组织拥护红军委员会,以区为单位统计分配劳动工;党团员不仅自己去做礼拜六,而且还领导群众去做;妇女以乡为单位组织了看护队,每天派一个妇女到红军家属家去慰问;在新战士到前方的头一天晚上发动俱乐部和群众募金钱、开晚会、唱山歌等鼓舞他们的勇气等。"[21]通过劳动力调剂的方式将生产稳定,解决了劳动力不足的问题。模范耕田队优待红属,助推乡苏建设。毛泽东在《关心群众生活,注意工作方法》一文中提出:"要使广大群众认识到基层建设工作者是代表他们的利益的,是和他们呼吸相通的。"[17]

中央苏区模范乡建设的经验启示我们:

第一,加强党对基层政权的领导是模范乡建设的重要保证。一是苏区党组织的坚强领导。长冈乡和才溪乡在面临劳动力缺乏的问题时,乡组织几个村协作组成模范耕田队和劳动合作社,为生产及时补充了劳动空缺,乡以村为单位组织生产是实践中的创造,这种基层合作的方式值得借鉴。苏维埃政权基本组织法的第十八条规定:"在城外市区,如地域较宽或工作高度发展时,可以村为单位组织某些必要的委员会,每一委员会的人数是3人至5人,为乡的委员会的分会,其主任即以乡的委员之一充之。"[13]二是模范乡积极组织村与乡的互动。"长冈乡的村委会使苏维埃联结了更广大的群众,这是苏维埃工作发展到高度时的很好的创造。"[5]如此上下联动促进了乡苏工作。三是中央苏区模范乡的建设,发挥群众的首创性是建设基层的主要方式。扩红运动后,为适应建设的需要,设立劳动合作社,运行集体合作模式,解决劳动力的不足。

第二,真心实意为群众谋利益是模范乡建设的目标任务。苏区模范乡是依靠群众力量建设的，苏区干部非常关心群众生活。"乡苏维埃（与市苏维埃）是苏维埃的基本组织，是苏维埃最接近群众的一级，是直接领导群众执行苏维埃各种革命任务的机关。"[6] "苏维埃是群众生活的组织者，只有苏维埃用尽它的一切努力解决了群众问题，切切实实改良了群众的生活，取得了群众对苏维埃的信仰，才能动员广大群众加入红军，帮助战争，为粉碎敌人的"围剿"而斗争。"[5] 长冈乡和才溪乡苏维埃政府干部密切联系群众，关心群众生活，真心实意为群众谋利益，得到了群众的真心拥护和爱戴。苏区干部白天和群众一起参加劳动，晚上或休息时间深入到群众中去，进行宣传和组织工作。干部真心实意地把群众的生产、劳动、穿衣、吃饭、住宿、疾病、婚姻、生孩子，以及日常生活中的油米柴盐等问题放在心上，他们访贫问苦，关心红军家属，及时帮助群众解决各种实际困难。对红军家属，区乡干部更是关怀备至，有的红军家属生病，区乡干部就去请医生、买药、煎药、喂药，安排看护，使红军家属生活得到保障，红军作战员解除了后顾之忧。正因如此，长冈乡和才溪乡的工作取得了巨大的成绩。新时代的群众工作同样需要把群众利益放在首位，集中群众智慧，赢得民心。

第三，践行党的群众路线，弘扬苏区干部好作风，创造第一等工作是模范乡建设的实践路径。苏维埃工作人员应该从对民众的动员与对民众的说服去执行苏维埃工作，而不应该用强迫命令的办法去执行苏维埃工作，必须严明工作纪律，对于工作不积极，把苏维埃工作放在不要紧的位置等情况，如于都县岭背乡政府的主席和文书被查出"把贫农当富农，真正富农只要出了钱给政府就可以改为中农，应该向之做严厉斗争直至开除他们的工作"[22]。乐安善和乡的妇女带头组织乡建工作，帮助本乡从落后乡转变为模范乡。"武阳区武阳乡下角，林生娣女同志，热烈购买经济建设公债票，把自己的银器换成毛洋用来购买公债。"[23] "在扩红运动中，上才溪乡赤卫队队长王仁，自己首先报名参加红军，从而带动了120多人报名当红军赴古田参战；在推销经济公债时，上才溪乡苏维埃主席雷浩卖了家中一头猪和四石谷子来买公债，在他的影响下，村里很快并超额完成购买公债的任务。"[24] 苏区干部好作风的践行，使群众更加拥护苏维埃政权，促进了苏区基层政权建设和各方面建设的发展，苏维埃政权因此具有深厚的群众基础。

综上所述，模范乡是中国共产党在中央苏区局部执政时期基层治理的成功实践，在苏区的革命和建设中，发挥了示范带动作用。中央苏区的模范乡建设，促进了基层政权建设，是中国共产党基层治理制度的实践探索；密切了党同群众的联系，促进了苏区干部好作风的形成；加强了经济和文化教育建设，有力地支持了苏维埃革命和建设。对新时代中国共产党人的有益启示是：加强党对基层政权的领导；真心实意为群众谋利益；践行党的群众路线，弘扬苏区干部好作风，发挥模范乡的典型示范作用，创造第一等工作。民心是最大的政治，只有落实以人民为中心的发展思想，深入基层，建设模范乡，贯彻群众路线，为群众办实事、解难题，永远保持党同人民群众的血肉联系，我们党就能取信于民，执政基础永固。

参考文献：

[1] 中共江西兴国县委党史工作办公室. 永远荣光：模范兴国历史记实[M]. 北京：中共党史出版社，2017；中共江西兴国县委党史办. 苏区兴国模范县[M]. 北京：档案出版社，1992；林开钦. 红色才溪：中央苏区模范乡[J]. 福建党史月刊，2008（12）；石仲泉. 才溪乡调查与毛泽东的群众路线观[J]. 福建党史月刊，2014（6）；姚力. 劳模表彰：毛泽东群众路线思想的应用实践[J]. 当代中国史研究，2013，20（6）；游海华. 新价值观构建与引领：苏区时期中国共产党树立劳模的历史考察[J]. 福建论坛（人文社会科学版），2020（11）.

[2] 中共江西省委党史资料征集委员会. 井冈山精神教育丛书：创造第一等的工作[M]. 南昌：江西人民出版社，1993.

[3] 张鼎丞. 选举运动的好模范[N]. 红色中华，1933-11-17（3）.

[4] 蒋伯英，郭若平. 中央苏区政权建设[M]. 北京：中央文献出版社，2009.

[5] 毛泽东. 毛泽东农村调查文集[M]. 北京：人民出版社，1982.

[6] 毛泽东. 毛泽东文集：第一卷[M]. 北京：人民出版社，1993.

[7] 然之. 模范的上社区苏的工作[N]. 红色中华，1934-04-21（3）.

[8] 汤志仁. 模范乡的紧急动员[N]. 红色中华，1933-09-27（2）.

[9] 李中. 在东方军的伟大胜利中上杭群众的革命热情[N]. 红色中华，1933-09-27（2）.

[10] 周匀. 一片推销建设公债声[N]. 红色中华，1933-10-09（3）.

[11] 中共上杭县委党史工作委员会. 上杭人民革命史[M]. 厦门：厦门大学出版社，1989.

[12] 崔寅瑜. 一个模范的消费合作社[N]. 红色中华，1934-01-01（3）.

[13] 中共江西省委党史研究室. 中央革命根据地历史资料文库·政权系统：第8卷[M]. 南昌：江西人民出版社，2013.

[14] 赣南师范学院苏区教育研究室. 江西苏区教育资料汇编（1927—1937）：第2册[M]. 南昌：江西高校出版社, 2017.

[15] 李中. 文化战线上的模范县区[N]. 红色中华, 1933-09-24 (5).

[16] 余伯流, 凌步机. 中央苏区史[M]. 南昌：江西人民出版社, 2001.

[17] 毛泽东. 毛泽东选集：第一卷[M]. 北京：人民出版社, 1991.

[18] 廖正本, 余伯流. 中央苏区简史[M]. 南昌：江西高校出版社, 1999.

[19] 陈毅, 肖华. 回忆中央苏区[M]. 南昌：江西人民出版社, 1986.

[20] 傅柒生, 黄春开, 赖文燕. 才溪乡调查[M]. 北京：中共党史出版社, 2013.

[21] 上杭通讯. 优待红军的光荣模范[J]. 斗争, 1933 (35).

[22] 钟日兴. 乡村社会中的革命动员：以中央苏区为例[M]. 北京：中国社会科学出版社, 2015.

[23] 陈家珠. 模范区乡的革命妇女[N]. 红色中华, 1933-10-09 (3).

[24] 古田会议纪念馆. 才溪乡调查[M]. 北京：中共党史出版社, 2013.

苏区时期瑞金社会治理实践及其启示

张文卓[①]

摘　要：苏区时期瑞金社会管理实践从一个重要侧面揭示了中国共产党人一心为民、艰苦奋斗的精神品质。对这一问题进行研究，可以为新时代中国共产党的社会治理实践提供历史经验。苏区时期瑞金社会治理实践包含了土地斗争、经济建设、社会治安管理、战争动员、地方建设、军事演习及群众运动等内容，这一时期的社会治理实践虽然为党领导的革命斗争提供了有力支持，但是也不可避免地受到了"左"的错误的影响。就苏区时期中国共产党人面对的斗争环境而言，瑞金社会治理实践是共产党人从革命斗争的现实性与长期性出发，做出的战略抉择。苏区时期瑞金社会治理实践表明，社会治理应当遵循坚持党的领导、立足于中国具体国情及满足群众实际需求等原则。

关键词：瑞金；社会治理；中国共产党；苏维埃

中国共产党人在长期的治国理政实践中不断总结经验，提出了建立和完善共建、共治、共享的社会治理制度的构想。习近平总书记在党的二十大报告中指出，要健全共建、共治、共享的社会治理制度，提升社会治理效能，应当"完善正确处理新形势下人民内部矛盾机制，加强和改进人民信访工作，畅通和规范群众诉求表达、利益协调、权益保障通道，完善网格化管理、精细化服务、信息化支撑的基层治理平台，健全城乡社区治理体系，及时把矛盾纠纷化解在基层、化解在萌芽状态。加快推进市域社会治理现代化，提高市域社会治理能力。强化社会治安整体防控，推进扫黑除恶常态化，依法严惩群众反映强烈的各类违法犯罪活动。发展壮大群防群治力量，营造见义勇为社会氛围，建设人

[①] 作者简介：张文卓，男，吉林省永吉县人，萍乡学院马克思主义学院，研究方向为中国近现代史。

人有责、人人尽责、人人享有的社会治理共同体"[1]。苏区时期中国共产党人的社会治理实践，可以为我们构建共治、共享的社会治理制度提供一些历史参考。苏区时期，中国共产党人如何对红色首都进行管理，苏区时期瑞金社会治理实践有什么样的经验启示。

一、苏区时期瑞金社会治理的主要内容

苏区时期，中国共产党人在瑞金开展的社会治理实践与革命斗争的现实环境之间有着较为紧密的联系。如何在为红军的作战行动提供人力、物力保障的基础上，维持城乡基层社会的运转，是共产党人在瑞金县域治理实施过程中面对的首要问题，基于此，中国共产党人开展的社会治理实践包含了土地斗争、经济建设、社会治安管理、战争动员、地方建设、军事演习及群众运动等内容。

（一）土地斗争与经济建设

在经济方面，土地斗争的开展与经济建设运动的实施，是苏区时期瑞金社会治理实践的两大重要内容。在土地斗争方面，中国共产党人首先以瑞金为试点，开展了查田运动。"在叶坪乡试点的基础上，查田运动接着又在云集区9个乡及壬田区全面铺开，进而在瑞金县全面展开。"[2]查田运动实施过程中，瑞金城市区查出地主51家，富农16家，高利贷2家，收到的罚款累计达到2000元。下肖区查出地主39家，富农21家，高利贷3家，收到的罚款达1500元。[3]

中国共产党人在瑞金开展的经济建设实践体现了以下内容。第一，开展了"春耕运动""夏耕运动"等一系列生产活动，例如，在瑞金县苏土地部国民经济部1934年发起的春耕运动要求各乡组建妇女劳动教育委员会，向妇女讲授莳田、耙田、犁田的技巧，要求各区乡建立春耕委员会，负责领导计划推动与检查春耕生产工作的实行。[4]瑞金南郊乡以屋为单位，组建了四个妇女耕种学习组。[5]第二，为保证农业生产的有序进行，瑞金县苏维埃政府开展了农业基础设施建设。如瑞金武阳区苏维埃政府成立了分管水利工作的水利委员会。"在水利委员会的领导下，全区不仅修理了现有的水陂、水圳、水塘，还新开了水圳，筑了水塘。"[6]第三，苏区时期，中国共产党人在瑞金开展了合作社运动，建立了以犁牛合作社、劳动互助社及消费合作社为代表的一些合作社，如1933年4月，瑞金叶坪乡利用查田运动中收缴的7只耕牛，组建了犁牛合作社。[7]同年6月，瑞金叶坪乡成立了劳动互助社。[8]

此外，中国共产党人于1932年将中央卫生材料厂搬迁至瑞金，于1934年四五月间，将官田中央兵工厂、银坑弹药厂和寨上杂械厂迁往瑞金，合并组建中央苏区红军兵工厂。党在瑞金创办的国营工厂还包含了红军被服总厂和瑞金纺

织厂等工厂。[9]

（二）整肃社会治安

苏区时期，瑞金县苏及各个机关部门开展的社会治安整治工作涉及刑事案件侦办，打击封建迷信思想等。这一时期瑞金苏维埃政府机关侦办的刑事案件有杨嘉才杀人抛尸案、丁光章投毒案等。杨嘉才杀人抛尸案发生于1932年8月13日，因侄媳赵来开不肯与杨嘉才通奸，杨嘉才于8月13日晚间将赵来开杀死分尸，于次日凌晨带到城外掩埋。其埋尸行为被邻居发现，报告苏维埃政府，苏维埃政府随即派人将其逮捕，后杨嘉才本人被判处死刑。[10]丁光章投毒案发生于1933年7月7日，当天丁光章在集市上购买毒药2毫，投入积极与豪绅地主做斗争的革命群众丁海源家水缸内，之后丁海源一家中毒生病。这一事件发生后，瑞金政治保卫分局向瑞金县苏维埃政府裁判部提出公诉，要求判处丁光章死刑。[11]打击封建迷信思想的代表性事件是壬田区封建迷信活动案的侦破。1933年10月，瑞金壬田区竹桐乡草鞋坪发生山石坍落，岩石崩裂处涌出泉水，一些反革命分子认为此种现象是菩萨显灵，教唆群众到壬田区祭拜"观音太太"。[12]国家政治保卫局瑞金分局在得知群众前往壬田祭拜"观音太太"的消息后，派出侦查员前往侦查，逮捕了从事迷信活动的李永昌、余万隆、钟广婆三人，三人被瑞金县裁判部判处死刑，于1934年3月9日在瑞金执行枪决。[13]

（三）战争动员

瑞金地区开展的战争动员主要体现为军事动员与经济动员等内容。军事动员体现在以下两方面，一是吸收青壮年群众参加红军，如1933年11月苏区中央局召开中央一级积极干部扩大红军突击队会议以后，瑞金县委响应苏区中央局的号召，提出了扩红1800人的目标。[14]1934年1月，瑞金县第五次工农兵代表大会对扩大红军工作进行讨论，讨论结果：瑞金下洲、武阳两区各动员100名新战士参加红军；城市区和黄柏区各动员90名新战士参加红军；云集区和下肖区各动员80名新战士参加红军；河东、九堡、下宋三区，每区动员60名新战士参加红军；合龙区和官仓区，每区动员50名新战士参加红军；桃阳区和隘前区，每区动员30人参加红军。[15]二是开展归队运动，例如，瑞金下肖区通过打击逃兵领袖，解决逃兵家属实际困难，为归队逃兵提供路费等手段，动员已经离开红军的战士返回部队。[16]为动员群众参军、参战，瑞金县也通过以下手段解决红军家属的生活问题：第一，统计瑞金地区存在缺粮问题的红军家属数量及备荒仓、互济会、粮食合作社等地的粮食实际存储量，利用向富农征粮及开展群众募捐运动等方式为存在缺粮问题的红军家属提供救济；第二，利用公卖所与优红商店，解决红军家属的生活问题；第三，利用耕田队及地主富农劳役队等组织帮助红军家属开展生产劳动。[17]经济动员的实施目标在于为前线提供经济支援，涉及以下内容，第一，公债购买。如一些政府公职人员会利用各种会议，向参会者讲解发行公债的意义，号召民众购买公债。[18]第二，节省运动。如1934年4月，瑞金县苏召开各区主席联席会议，讨论发动群众节省三升米的运动。[19]第三，开展粮食动员。1934年中央政府发动关于粮食动员的紧急指示以后，瑞金县很快响应中央政府的号召，开展了粮食动员运动。粮食动员运动开展过程中，瑞金县成立了突击队，查处了官山乡粮食仓库主任勾结乡苏代表私卖粮食一案。[20]

（四）地方建设

苏区时期，瑞金县委、县苏维埃政府开展的地方建设主要指的是公共事业建设。公共事业建设涉及教育事业和卫生事业等方面。在教育事业建设方面，苏区时期，瑞金县教育部门设立了列宁小学、托儿所等教育机构，也对教师队伍的建设问题给予了关注。1932年2月，瑞金县苏在中央政府教育部的帮助下，利用寒假时间开办列宁小学教员训练班，训练班开设了政治常识、科学常识、体操、游戏、音乐（唱歌）等课程，培养了89名教师，其中取得甲等成绩者14人，乙等成绩者16人，丙等成绩者29人，丁等成绩者29人，戊等成绩者1人。[21]瑞金县苏维埃政府教育部召开的第一次教育大会也做出了动员妇女接受教育的决议。[22]在卫生建设方面，中华苏维埃共和国中央政府于1934年1月组建"中央防疫委员会"，开展"防疫运动周"活动。[23]瑞金九堡区苏维埃政府于1934年3月召开了专门讨论卫生运动的会议，要求区内各乡设立卫生委员会，各村设立卫生小组，并通过组织卫生宣传队、消毒队及掩埋队等方式开展疫情防控。[24]

就瑞金地方建设的实际情况而言，瑞金是中共中央所在地与中华苏维埃共和国的赤色首都，中央政府制定的一些方针政策在客观上也为中国共产党人的瑞金社会治理实践提供了支持。如在邮电交通事业建设方面，瑞金是中央邮政总局、中央电话局及运输管理总局所在地。邮政运输通道由瑞金出发，可延伸至兴国、石城、广昌、宁都、会昌、乐安等地。苏维埃临时中央政府成立后，开通了从瑞金通往各省苏维埃政府驻地，一些重要县以及中央单位间的电话线路。1933年1月12日，苏维埃中央政府发布训令，动员民众修建"瑞金—古城—汀州—河田—红坊—新泉""瑞金—武阳—会昌—门岭"等交通干道。[9]

（五）军事演习与群众运动

瑞金作为中华苏维埃共和国首都，曾遭到国民党军队的轰炸。例如，1933年7月26日，国民党军队派出4架飞机对瑞金城区进行空袭，投下大量炸弹及反动宣传品。[25]为应对国民党军队的轰炸，瑞金各政府机关也积极开展防空演习，如1933年7月23日，瑞金县各机关在红校政治部训育部的组织下，开展了防空总演习，演习实施期间，城区民众听闻防空警报，迅速回应，有序开展对空射击演练。[26]

苏区时期，中国共产党人也在瑞金社会治理实践中推动群众运动的开展。如1932年2月24日，瑞金县召开反帝反国民党参加革命战争的武装总示威，其间有多位妇女登台演说，痛斥国民政府统治之黑暗，又开展了武装示威游行。[27]1932年3月8日，中共瑞金第九区委于叶坪大会场开"三八"妇女节群众纪念大会。妇女们在会场喊出了"反对老公打老婆""鼓动老公当红军""劳动妇女解放万岁"等革命口号。[28]

（六）政权建设

苏维埃政权建设也是瑞金社会治理实践的一项重要内容。这一时期苏维埃政府的政权建设体现在以下两方面：第一，依托选举运动选拔公职人员，如1933年11月8日至11日，瑞金县武阳区召开群众选举大会，当日选出正式代表40人，候补代表9人；[29]1934年1月4日，瑞金县召开第五次工农兵代表大会，选举杨世珠、邱士桂、邹金元、高自立和王观澜等人为瑞金县苏执委。[15]

第二，加强政权内部的监督。政权内部的监督体现为民主监督和司法监督两方面。在民主监督实施过程中，工农兵代表大会是开展群众监督的一种重要手段。如1934年1月召开的瑞金第五次工农兵代表大会，对瑞金县苏主席团存在的官僚主义作风，瑞金县苏维埃财政部的贪污腐化行为进行了批判。[15]司法监督的典型案例即依靠同志审判会开展监督。如1934年2月26日，瑞金同志审判会对瑞金壬田区裁判部长曾远连、中央政府勤务科科员何景新等人的贪污腐败行为进行了审判。[30]

二、瑞金社会治理实践的实施效果

苏区时期的瑞金社会治理实践反映了共产党人的斗争智慧与管理智慧。其对革命发展的积极影响在于为党领导的革命战争提供了人力支持与武力保障，但是就苏区革命斗争的斗争环境而言，这一时期的社会治理工作也不可避免地出现了一些不足之处。"左"的错误对瑞金社会管理实践的影响与官僚主义作风的存在，是苏区时期瑞金社会治理实践存在的主要问题。

（一）苏区时期瑞金社会治理的积极影响

苏区时期，共产党人在瑞金开展的社会治理实践的积极影响体现在两方面。第一，中国共产党人的瑞金县域治理实践为革命战争提供了人力支持与物力支持,如1933年12月1日至1933年1月4日,瑞金县委红军部队提供了2049名新战士,超出了瑞金党组织原先制定的人数(1850人)。[31]瑞金还涌现出两位动员逃兵归队的模范妇女,两位妇女的名字分别为杨长秀和钟发陀,她们的丈夫都曾经是红军部队中的逃兵,杨长秀曾经利用半个月的时间动员自己的丈夫归队,但是丈夫不肯归队,杨长秀遂决定要求丈夫三日内归队,否则便与之解除婚姻关系,丈夫不愿离婚,便决定返回部队。钟发陀在劝说自己丈夫归队期间遭到丈夫殴打,乡苏维埃代表得知此事以后决定召开群众大会,同她的丈夫进行斗争,钟发陀拒绝了这一做法,决定只要丈夫归队,便可原谅他的行为。但如果丈夫不愿归队,她便要乡苏维埃政府对他进行惩罚,结果是她的丈夫带领另外一名逃兵返回了部队。[32]在中央政府关于粮食动员的紧急指示发布以后,截至1934年6月24日,瑞金县完成了7200余担粮食的收集任务。[32]

第二,苏区时期瑞金县的社会治理丰富了苏区精神的内涵。苏区时期,中国共产党人在瑞金开展的社会管理实践表明,残酷的战争环境会给民众的日常生活带来一些不利影响。中国共产党在苏区时期坚持"农村包围城市,武装夺取政权"的革命道路,同当时国民党控制的大中城市相比,农村革命根据地始终面对着工人群体力量薄弱、工商业不发达的问题。革命战争的严酷性与紧迫性,要求共产党人将有限的资源最大程度地投入到革命战争中。如何兼顾革命战争的实际需要与工农群众的实际需要,是当时中国共产党人在社会治理实践中面对的首要问题。苏区时期,共产党人在瑞金社会治理实践中坚持"求真务实"与"一心为民"相结合,二者的结合体现在两方面,一方面,艰苦奋斗的基础条件是"一心为民"。苏区时期中国共产党人在瑞金开展的社会治理实践是中国共产党人建立"革命的工农民主专政"的探索,当时在中国共产党人看来,"革命的工农民主专政,首先是依靠暴力获得并维持的。它倚靠于暴力同外面的敌人、帝国主义国民党的武装力量,进行残酷持久的国内战争,它也倚靠于暴力镇压苏区内部的地主残余、资本家与富农的反革命活动"[34]。这种暴力,主要依靠民众的力量来实现,所以共产党人为了实现自身的革命理想,就一定要坚持"一心为民"的原则。另外,党领导的革命斗争应当立足于中国的现实情况。农村革命根据地的社会实际决定了党在领导革命斗争的过程中,要保持艰苦奋斗的优良作风。所以,革命斗争的现实需要要求中国共产党人在社会治理实践中遵循"一心为民"与"艰苦奋斗"相结合的原则。另一方面,"一心为民"也体现了"艰苦奋斗"的目标指向。中国共产党在革命战争时期就是一个代表无产阶级利益的政党,也是一个努力谋求国家独立与人民解放的政党。党在革命斗争中坚持"一心为民"的理念,体现了党的性质与宗旨。中国革命始终坚持着社会主义的前进方向,苏区时期,党领导的革命斗争的现实目标就是"对外推翻帝国主义,求得彻底的民族解放,对内肃清买办阶级在城市的势力,完成土地革命,消灭乡村的封建关系,推翻军阀政府"[35]。这样的革命目标是要把民众从帝国主义、封建主义等的剥削压迫中解放出来。也就是说,中国共产党领导的革命斗争依靠人民,斗争目标为了人民,这样,在苏区时期特殊的斗争环境下,"一心为民"实际上也成为共产党人"艰苦奋斗"的重要目标。

(二)瑞金社会治理的不足之处

虽然苏区时期共产党人在瑞金开展的社会治理实践起到了为革命战争提供支援的作用,但是这一时期的社会治理也暴露出了一些不足之处,具体体现在两方面,第一,社会治理工作存在官僚主义作风,部分工作人员工作态度简单粗暴。例如,在公债推销工作开展过程中,瑞金县部分地区出现了强制摊派的行为;[36]在动员逃兵归队方面,瑞金下肖区、云集区出现了将当了逃兵的战士捆绑起来的做法。[37]

第二,一部分公职人员在工作中存在玩忽职守的问题,如1933年8月,有群众向瑞金城市区东郊乡苏维埃政府举报,东郊乡下坪村有人表演封建吊线戏。乡苏维埃政府主席并没有派员对这一事件进行处理,反而认为表演封建吊线戏是群众自发的行为。[38]在经济建设方面,在瑞金城郊区,中央国民经济部工作团要求区苏主席团开会讨论国民经济部工作,建立经济委员会,该区苏维埃政府主席认为经济工作没有必要,并对国民经济部工作采取不理不睬的态度,仅仅在工作团的督促下,于1933年9月10日召开了一次会议,确定了经济委员人选。[39]

此外,在苏区时期特殊的革命环境下,苏区时期的瑞金社会治理实践也不可避免地受到了"左"的错误的影响。"左"的错误在解决土地问题过程中有所体现,具体表现为损害了中农群体的利益。如瑞金九堡区、云集区等地在土地分配过程中,强行将中田分给中农,瑞金云集区第四乡出现了剥夺中农选举权的问题。当地中农谢汉兴,仅仅因为革命后生活水平改善,放了几十毫贷款,就被剥夺了选举权。[40]

三、瑞金社会治理实践的经验启示

苏区时期的瑞金社会治理实践,是中国共产党人探索社会治理模式的伟大实践,从正反两方面为我国的社会治理工作提供了历史经验。与之相关的经验启示集中体现在以下方面,第一,社会治理应以保障和改善民生为主要内容;第二,中国的社会治理模式应当立足于本国发展实际;第三,社会治理应当以坚持党的领导为根本原则。

（一）社会治理应以保障和改善民生为主要内容

苏区时期，中国共产党人在瑞金开展的社会治理实践涉及多方面的内容，其中很多内容都与群众的日常生活紧密相关。这表明社会治理应当以保障和改善民生为主要内容。苏区时期，毛泽东旗帜鲜明地指出了人民群众在革命斗争中的重要性，认为"在革命政府的周围团结起千百万群众来，发展我们的革命战争，我们就能消灭一切反革命，我们就能夺取全中国"[35]。苏区时期，中国共产党人在瑞金开展社会治理的一个重要目标就是要把群众团结到党和苏维埃政府的周围。如何将广大群众团结在党和政府的周围，这就要求党和国家开展的社会治理工作要立足于群众的实际生活，满足群众对美好生活的需要。

在民生方面，党和政府现阶段应当在社会治理工作开展过程中，"集中力量做好基础性、兜底性民生建设，统筹做好教育、收入分配、就业、社会保障、医疗卫生、住房等方面的工作"[41]。在进入新时代以后，党和政府应当从以下方面入手，解决民生问题：一方面，"要全面排查各种社会矛盾，加强分析研判，把各种潜在风险因素，主动进行防范化解"[42]；另一方面，"要完善社会治安防控体系，严厉打击迫害人民群众生命财产安全的违法犯罪行为，确保社会安定"[42]。

（二）社会治理应立足于中国发展实际

苏区时期，中国共产党人在瑞金开展的社会治理实践受到了"左"的错误的影响，这为共产党人的社会治理提供了反面案例。苏区时期，中国共产党人在瑞金开展的社会治理实践表明，我国的社会治理应当与中国的发展实际结合起来。针对我国进入新时代以后出现的一些现实问题，国家的社会治理应当注重以下内容，即"从我国实际出发，遵循治理规律，把握时代特征，加强和创新社会治理，更好解决我国社会出现的各种问题，确保社会既充满活力又和谐有序"[41]。互联网技术的发展与新冠疫情的全球大流行也给我国经济社会发展带来了一些挑战，此种情况下，"如何适应社会结构、社会关系、社会行为方式、社会心理等深刻变化，实现更加充分、更高质量的就业，健全全覆盖、可持续的社保体系，强化公共卫生和疾控体系，促进人口长期均衡发展，加强社会治理，化解社会矛盾，维护社会稳定，都需要认真研究并做出工作部署"[42]。

（三）新时代中国社会建设应坚持党的领导

苏区时期瑞金社会治理实践的结果，表明党的领导是中国革命取得胜利的重要因素。故而在中国特色社会主义制度建设进入新时代以后，仍然需要坚持党的领导。"只要在党的领导下全国各族人民团结一心、众志成城,敢于斗争、善于斗争,我们就一定能够战胜前进道路上的一切困难挑战,继续创造令人刮目相看的新的奇迹。"[42]现阶段国家治理体系和治理能力的现代化建设是我们党面对的一个重要问题。这要求我们:"把坚持党的全面领导的政治优势、坚持中国特色社会主义制度的制度优势同坚持新发展理念的理论优势统一起来,推动党对社会主义现代化建设的领导在职能配置上更加科学合理、在体制机制上更加完备完善、在运行管理上更加高效。"[42]为实现这样的目标,"各级领导干部特别是高级干部必须立足于中华民族伟大复兴战略全局和世界百年未有之大变局,不断提高政治判断力、政治领悟力、政治执行力,心怀'国之大者',不断提高把握新发展阶段、贯彻新发展理念、构建新发展格局的政治能力、战略眼光、专业水平,敢于担当、善于作为,把党中央决策部署贯彻落实好。"[42]

结论

土地斗争、经济建设、社会治安管理、战争动员、地方建设、军事演习及群众运动等内容是苏区时期中国共产党人在瑞金开展的社会治理实践的主要内容。这表明党在苏区时期开展的社会治理实践是统筹革命战争与农村革命根据地经济社会发展的革命活动。这种管理模式主要基于两方面考虑:一方面,苏区时期,革命根据地始终面对着国民党的军事"围剿"与经济封锁,这种特殊的斗争环境决定了这一时期共产党人在瑞金开展的社会治理工作要服务于革命战争的现实需要;另一方面,长期的战争也会耗费大量的人力、物力资源,只有保证革命根据地经济社会可持续发展,才能为革命战争的长期开展提供充足的人力、物力保障。革命战争的现实需要与长远需求,使得生产建设与战争动员并存成为苏区时期中国共产党人开展的瑞金县域社会治理的重要特征。苏区时期中国共产党人在瑞金开展的社会治理实践,体现了苏区精神中"一心为民"与"艰苦奋斗"的结合,这也是新时期我国促进国家治理体系和治理能力现代化的一大精神动力。

参考文献:

[1] 习近平.高举中国特色社会主义伟大旗帜 为全面建设社会主义现代化国家而团结奋斗:在中国共产党第二十次全国代表大会上的报告[EB/OL].中国政府网,2022-10-25.

[2] 王观澜.中央苏区的土地斗争和经济情况[M]//陈毅,肖华.回忆中央苏区.南昌:江西人民出版社,1981.

[3] 瑞金城市下肖两区查田工作的检阅［M］//中国井冈山干部学院，中央档案馆．《红色中华》全编（整理本）：4．南昌：江西人民出版社，2016．

[4] 瑞金春耕运动的布置［M］//中国井冈山干部学院，中央档案馆．《红色中华》全编（整理本）：5．南昌：江西人民出版社，2016．

[5] 城市区南郊乡的动员［M］//中国井冈山干部学院，中央档案馆．《红色中华》全编（整理本）：5．南昌：江西人民出版社，2016．

[6] 武阳部分革命老同志．春耕模范：瑞金武阳区［M］//陈毅，肖华．回忆中央苏区．南昌：江西人民出版社，1981．

[7] 叶坪犁牛合作社是全苏区的模范［M］//中国井冈山干部学院，中央档案馆．《红色中华》全编（整理本）：6．南昌：江西人民出版社，2016．

[8] 一个模范的劳动互助社［M］//中国井冈山干部学院，中央档案馆．《红色中华》全编（整理本）：6．南昌：江西人民出版社，2016．

[9] 余伯流，凌步机．中央苏区史［M］．南昌：江西人民出版社，2017．

[10] 杀媳烹羹的杨嘉才枪决了［M］//中国井冈山干部学院，中央档案馆．《红色中华》全编（整理本）：2．南昌：江西人民出版社，2016．

[11] 瑞金反革命豪绅地主的阴谋［M］//中国井冈山干部学院，中央档案馆．《红色中华》全编（整理本）：4．南昌：江西人民出版社，2016．

[12] 瑞金壬田区反革命活动［M］//中国井冈山干部学院，中央档案馆．《红色中华》全编（整理本）：5．南昌：江西人民出版社，2016．

[13] 瑞金壬田区枪决反革命［M］//中国井冈山干部学院，中央档案馆．《红色中华》全编（整理本）：6．南昌：江西人民出版社，2016．

[14] 二十天来瑞金的突击运动［M］//中国井冈山干部学院，中央档案馆．《红色中华》全编（整理本）：5．南昌：江西人民出版社，2016．

[15] 瑞金县第五次工农兵代表大会纪盛［M］//中国井冈山干部学院，中央档案馆．《红色中华》全编（整理本）：5．南昌：江西人民出版社，2016．

[16] 又是一个模范的归队运动［M］//中国井冈山干部学院，中央档案馆．《红色中华》全编（整理本）：5．南昌：江西人民出版社，2016．

[17] 学习瑞金优红工作的转变［M］//中国井冈山干部学院，中央档案馆．《红色中华》全编（整理本）：6．南昌：江西人民出版社，2016．

[18] 经济战线上的瑞金群众［M］//中国井冈山干部学院，中央档案馆．《红色中华》全编（整理本）：4．南昌：江西人民出版社，2016．

[19] 瑞金城市群众节省米二百三十余担［M］//中国井冈山干部学院，中央档案馆．《红色中华》全编（整理本）：6．南昌：江西人民出版社，2016．

[20] 瑞金下肖区收集粮食突击运动检阅 [M] //中国井冈山干部学院,中央档案馆.《红色中华》全编（整理本）：5. 南昌：江西人民出版社，2016.

[21] 瑞金列宁小学教员训练班毕业, [M] //国井冈山干部学院,中央档案馆.《红色中华》全编（整理本）：1. 南昌：江西人民出版社，2016.

[22] 瑞京第一次教育大会纪盛 [M] //中国井冈山干部学院,中央档案馆《红色中华》全编（整理本）：5, 南昌：江西人民出版社，2016.

[23] 瑞金的防疫运动 [M] //中国井冈山干部学院,中央档案馆.《红色中华》全编（整理本）：6. 南昌：江西人民出版社，2016.

[24] 瑞金九堡区的防疫工作 [M] //中国井冈山干部学院,中央档案馆.《红色中华》全编（整理本）：6. 南昌：江西人民出版社，2016.

[25] 国民党飞机又来轰炸苏区 [M] //中国井冈山干部学院,中央档案馆.《红色中华》全编（整理本）：4. 南昌：江西人民出版社，2016.

[26] 瑞金城举行防空总演习 [M] //中国井冈山干部学院,中央档案馆.《红色中华》全编（整理本）：4. 南昌：江西人民出版社，2016.

[27] "二一八"的各地武装总示威详载 瑞金武装总示威盛况 [M] //中国井冈山干部学院,中央档案馆.《红色中华》全编（整理本）：1. 南昌：江西人民出版社，2016.

[28] 瑞金第九区"三八"妇女节纪念大会盛况 到会群众六千余人 [M] //中国井冈山干部学院,中央档案馆.《红色中华》全编（整理本）：1. 南昌：江西人民出版社，2016.

[29] 武阳选举大会盛况又是一个模范的归队运动 [M] //中国井冈山干部学院,中央档案馆.《红色中华》全编（整理本）：5. 南昌：江西人民出版社，2016.

[30] 瑞金同志审判会的威权瑞金县第五次工农兵代表大会纪盛 [M] //中国井冈山干部学院,中央档案馆.《红色中华》全编（整理本）：5. 南昌：江西人民出版社，2016.

[31] 胜利的瑞金突击月（瑞金县委通讯）.中国井冈山干部学院 [M] //斗争（苏区版）：第3辑. 北京：中国发展出版社，2017.

[32] 瑞金下肖区的两个模范妇女 [M] //中国井冈山干部学院,中央档案馆.《红色中华》全编（整理本）：5. 南昌：江西人民出版社，2016.

[33] 瑞金在六月底完成计划 二十四日止已完成七千二百余担 [M] //中国井冈山干部学院,中央档案馆.《红色中华》全编（整理本）：7. 南昌：江西人民出版社，2016.

[34] 洛甫.二次苏大会的改选运动与苏维埃的德谟克拉西 [M] //中国井

冈山干部学院.斗争（苏区版）：第2辑.北京：中国发展出版社，2017.

[35] 毛泽东.毛泽东选集：第一卷［M］.北京：人民出版社，1991.

[36] 瑞金经济动员的检阅 集中火力反对命令摊派主义，城区落在乡村后面［M］//中国井冈山干部学院，中央档案馆.《红色中华》全编（整理本）：4.南昌：江西人民出版社，2016.

[37] 潘汉年.工人师少共国际师的动员总结与今后四个月的动员计划［M］//中国井冈山干部学院.斗争（苏区版）：第2辑.北京：中国发展出版社，2017.

[38] 维持封建意识的乡苏主席［M］//中国井冈山干部学院，中央档案馆.《红色中华》全编（整理本）：4.南昌：江西人民出版社，2016.

[39] 反对瑞金城区区苏对经济建设的消极怠工［M］//中国井冈山干部学院，中央档案馆.《红色中华》全编（整理本）：4.南昌：江西人民出版社，2016.

[40] 伯钊.反对侵犯中农［M］//中国井冈山干部学院，中央档案馆.《红色中华》全编（整理本）：5［M］.南昌：江西人民出版社，2016.

[41] 习近平.习近平谈治国理政：第二卷［M］.北京：外文出版社，2017.

[42] 习近平.习近平谈治国理政：第四卷［M］.北京：外文出版社，2022.

中央苏区基层政权建设及现实启示

朱万红[①]

摘 要：苏区时期，中国共产党在领导创建苏维埃政权实践中，把革命的触角伸入到乡村基层社会，打破传统社会秩序，创建基层政权组织，开展基层政权建设。本文主要从三个方面分析中央苏区基层政权建设实践：一是基层政权的组织架构及其权责配置，这是基层政权得以高效运行的基础；二是从基层代表会议、工作报告和检查制度、组织专门委员会这三个方面来剖析基层政权的运行模式；三是总结苏区基层政权的运行成效，并分析现实启示，为今天的基层政权建设提供历史镜鉴。

关键词：中央苏区；基层；政权建设；现实启示

基层政权建设是实现国家治理体系和治理能力现代化的重要环节，习近平总书记指出："基础不牢，地动山摇。只有把基层党组织建设强、把基层政权巩固好，中国特色社会主义的根基才能稳固。"[1] 可见，基层政权建设对于国家治理的重要性。本文聚焦中央苏区的基层政权建设，分析其组织架构、权责配置、运行模式的历史特点及其成效和不足，以期为今天的基层政权建设提供有益的借鉴。

一、中央苏区基层政权的组织架构及权责配置

（一）苏维埃植入乡村是革命的需要

大革命失败后，中国共产党人逐渐认识到建立苏维埃政权的重要性。1927年9月19日，中共中央在政治局会议上通过的《关于"左派国民党"及苏维埃口号问题决议案》明确指出："现在的任务不仅要宣传苏维埃的思想，并且在革

[①] 作者简介：朱万红，男，江西瑞金人，江西瑞金干部学院，研究方向为中共党史、中央苏区史。

命斗争新的高潮中应成立苏维埃。"[2]几天之后，斯大林也在一次联席会议上提出："就让我们的中国同志自己去进行把苏维埃移植到中国的工作吧！"[3]此后，在中国共产党的领导下，一场以武装斗争为主要形式、以土地革命为主要内容、以建立各级苏维埃政权为主要目标的苏维埃运动，在中国大地上轰轰烈烈地开展起来。

但是，在创建苏维埃政权的实践中，中国共产党人却要面对特殊的社会现状。在传统的中国社会，有"皇权不下县"的现象，与之相应，在实际运行中出现了"行政不下乡"的状况。这就是说，国家政权与群众百姓之间出现上下分层的"真空"状态，国家行政机能难以延伸到乡村，难以深入到社会。比如，处于松散的半自治状态的赣南、闽西乡村，基本上由乡绅群体、宗族姓氏，以及形形色色的民间组织来维持社会秩序。到了民国时期，赣南、闽西的传统社会秩序因为军阀混战而遭到破坏，土匪组织趁机得以迅速发展。广大劳苦群众遭到更多势力的剥削与压迫，社会也一直动荡不安。在这样的状况下，社会力量既显散乱又趋于革命。如何把这些力量统一起来，使之走向革命，这是中国共产党人必须思考的一个根本问题。因此，在苏维埃运动的背景下，把苏维埃植入乡村，建立基层苏维埃政权，既是革命的需要，也是整合广大工农群众和一切革命群体，乃至重建乡村社会网络的必然选择。

苏区时期，乡（市）基层苏维埃政权的创建，已然成为党联系群众的纽带，也成为党构建新式社会组织的权力工具。旧的社会秩序可以通过革命力量打破，新式基层政权也可以通过革命的推动而快速建立，而怎样维持基层政权高效运行，为革命源源不断输送力量，却需要一个长期实践和不断完善的过程。党在中央苏区领导创建基层政权的实践中，引进苏联经验，结合本土实际，在基层政权建设方面进行了有益探索，形成了宝贵经验。其中，首要工作是完善基层政权组织架构及其权责配置。

（二）基层政权的组织架构

中央苏区的政权组织形式是工农兵苏维埃代表大会，分为全国、省、县、区、乡（市）五级，其中，省、县、区、乡（市）苏维埃为地方政权。按照地方苏维埃组织法规定，乡（市）苏维埃又是基层政权。

在中央层面，全国苏维埃代表大会选举中央执行委员会作为代表大会闭幕期间的最高权力机关，再由中央执行委员会选举中央人民委员会作为最高行政机关，指挥全国政务；在地方层面，省、县、区苏维埃则由各级代表大会选举执行委员会及其主席团，直接行使国家权力。乡（市）苏维埃组织架构又有所差别。

209

乡（市）苏维埃为全乡（市）最高政权机关，由全乡（市）选民直接选举代表组成。1931年颁布的《地方苏维埃政府的暂行组织条例》规定：乡苏维埃不设执行委员会和主席团，只设主席和副主席各一人；乡苏维埃内不分科，下面划分若干个村；有具体的工作时，组织临时委员会负责。与乡苏维埃不同，市苏维埃须选举主席团，再由主席团推选正副主席各一人，并分设内务、劳动、文化、军事等九个科。乡（市）苏维埃每一个代表都要担负政府的一部分工作。后来，根据基层政权运行的实际情况，1933年又颁布了《中华苏维埃共和国地方苏维埃暂行组织法（草案）》，对乡（市）苏维埃组织架构又做了调整，规定乡苏维埃代表会议须选举主席团，主席团再推选正副主席各一人，代表全乡广大工农群众行使权力；另外规定每乡下辖村不超过5个。市苏维埃政权由市苏维埃代表会议、执行委员会及其主席团组成。其中，居民少于5万人的市，市苏维埃代表会议直接推选主席团；超过5万人的市，先由市苏维埃代表会议选举执行委员会，再由执行委员会推选主席团。另外，超过4000人的市，在市苏维埃之下划分若干个市区，并组建市区苏维埃主席团，代表所辖范围内广大工农群众行使权力。

此外，为把全乡（市）群众组织起来参与苏维埃政权的管理，地方苏维埃组织法规定，乡（市）苏维埃要组织各种经常性或临时性的专门委员会；而且每位苏维埃代表都要加入一至两个委员会，并担任委员，其他委员从工农群众中吸收积极分子担任。这些专门委员会的设立，把大多数工农群众吸收进基层苏维埃，并承担起各项工作，这就使广大工农群众能够真正参与政权管理。如此也把原本松散的社会重构成政治化、组织化的网络，为中央政令顺畅贯通到群众之中创造了条件。

（三）基层政权的权责配置

苏维埃代表大会制度最突出的特点是实行议行合一制，即国家权力机关统一行使立法权和行政权。但是，从上述国家政权的组织架构可以看出，中央与地方实行的议行合一制还是有差别的。中央国家权力机关的常设机构中央执行委员会及其主席团，主要是制定法律、做出决议、组织行政机关，并执行监督权，最高行政领导权则由中央执行委员会下设的中央人民委员会执行。而地方国家权力机关的常设机构即执行委员会及其主席团，是地方唯一的国家政权机构，既是地方最高权力机关，制定地方性法令或决议，又是地方的最高行政机关，同时监督本级及下级苏维埃政府对中央的法律、决议和地方法令、决议的执行。

乡（市）苏维埃不仅具有地方政权机关"贯彻执行"的特点，因直接面对广大工农群众，还有其独自的特点："经常的代表会议制度，代表不脱离生产，散布在群众中。"[4]也就是说，这一级的政权组织与工农群众直接血肉相连，须臾不可分离，是使中央和上级的法律、决议真正落地的国家政权机关，也是党和国家意志与工农群众意志联通、交换的纽带。所以，中华苏维埃共和国赋予乡（市）苏维埃如下权责：接受并执行上级苏维埃的一切命令和决议；议决并执行本乡（市）范围内的一切行政方针；选举或撤换本乡（市）主席团成员及出席上级苏维埃代表大会的代表；解决本乡（市）范围内一切争执及特殊的地方问题；定期组织召开乡（市）苏维埃代表大会。

在实践中，中央苏区基层政权的组织架构及其权责配置也在不断地调整和完善，趋向于科学、合理，为苏区基层政权高效运行提供了组织保障。

二、中央苏区基层政权的运行模式

国家政权犹如机器，影响其运转的因素有很多，如政权的组织架构及其权责配置、党的正确领导、群众的革命自觉和政治参与，等等。而作为国家机器的重要组成部分，乡（市）苏维埃有其独特之处，它是国家机器的"末梢"，直接关联社会基层，与广大群众息息相关。其是否高效运行直接影响到整个国家机器能否正常运转。在苏维埃基层政权中，代表会议、报告和检查、专门委员会是其运行的主要环节，这三个环节基本上构成了由上到下，又由下到上的循环链条。本文主要从制度设计和具体实践两个视角来观察这三个环节，分析其运行模式。

（一）代表会议是基层政权组织决策的轴心

乡（市）苏维埃代表会议是产生乡（市）苏维埃政权常设机构的法定途径，是基层政权的最高权力机关，也是基层政权组织决策的轴心。

从制度层面来看，乡（市）苏维埃代表会议与中央、省、县、区苏维埃有所不同，其特点是实行"经常的代表会议制度"。1931年颁布的《地方苏维埃政府的暂行组织条例》规定，乡苏维埃全体代表会议每10天召集一次，城市苏维埃全体代表会议每两周召集一次。1933年颁布的《中华苏维埃共和国地方苏维埃暂行组织法（草案）》规定，乡苏维埃全体代表会议仍然是每10天召集一次；市苏维埃全体代表会议，居民少于5万人的市，每月召集一次，居民超过5万人的市，每两月召集一次。除规定的时间外，如果遇到特别的事情，"可召集非常会议"。此外，还规定乡（市）苏维埃代表会议的召开不要仅局限在一个地方，可以根据实际情况到各村或企业去召开，特别是到与问题有关的村或企业去召开，其目的是吸引更多的群众参与问题的讨论，可谓是苏区时期的"现场办公会"。

这种制度设计是因为乡（市）苏维埃是基层政权组织，既要在群众中落实上级下达的各项工作任务和指示，又要时刻处理群众的各种问题。同时，乡（市）苏维埃与广大工农群众直接关联，是最亲近的关系，有条件实行"经常的代表会议制度"。

从实践角度来看，代表会议不仅是乡（市）的最高权力机关，也是处理一切日常事务的工作会议，是行之有效的工作方法与领导方式。主要是宣传动员并贯彻上级指令，或针对本区域的具体问题进行议事决策。代表统一意见、集体决策，使决策获得广泛认同而能顺利实施。比如，长冈乡"十一月八日开的一次会议"是一个典型的例子，[5]这次代表会议讨论了四项工作。

前两项主要是贯彻落实上级的指示精神和工作任务。一是军事动员。经过会议讨论，决定全乡扩红15人、慰劳红军草鞋400双和毛巾16条，并结合各村情况合理分配任务；会议还决定乡和村的宣传队和突击队对开小差的红军开展归队工作。二是经济动员。会议决定各村代表做好宣传动员工作，完成1219元的公债推销差额和250元的消费合作社集股差额。同时按照上级指示，发动各村群众多种蔬菜，以备春荒，并大力开展节省运动。

后两项主要是针对本乡的具体问题进行议事决策。一是根据选民提案，决定修整河堤道路。并要求在10天内修好通江背洞的大路，之后再修其他的路。路修好之后再修被水冲坏的河堤和木桥。二是开展"拥护区苏"活动。会议决定在全区第三次苏维埃代表大会召开期间，赠送红匾和红布，并动员群众整队到区苏打爆竹，表示热烈拥护。

从制度设计到具体实践来看，乡（市）代表会议是苏维埃基层政权运行的核心环节。无论是贯彻落实上级指令，还是决议本区域的行政方针，抑或组织动员群众，解决具体问题，都是通过代表会议并实行民主集中制原则，发挥代表的主观能动性，各项工作可以议而有决、决而能行。代表会议正是因为具有这样的特质，集民主和协商，以及鼓动性和表达性于一体，在基层工作中发挥着统一思想、意志和行动的巨大作用，因而成为苏维埃基层政权运行的轴心。另外，乡（市）苏代表因为不脱离生产，散布在群众之中，成为苏维埃政权连接广大群众的纽带，群众及群众团体因此紧紧围绕在苏维埃周围，贯彻代表会议的各项决策，参与政权管理，支持革命斗争。

（二）组织专门委员会，作为工作实施的抓手

从苏维埃基层政权组织架构可知，在乡（市）苏维埃之下还组织了各种经常或临时性质的专门委员会。当时在基层政权之下设立这些委员会，是因为乡

（市）苏维埃常设机构的组织结构简单、人数较少，而工作任务却多而繁重，急需一种形式把乡（市）群众中的积极分子组织起来、调动起来，配合苏维埃政府完成各项革命任务。

从制度设计来看，1931年颁布的《地方苏维埃政府的暂行组织条例》规定"有临时事件时，可临时组织委员会进行之"。经过两年时间实践，1933年颁布的《中华苏维埃共和国地方苏维埃暂行组织法（草案）》对此进行了规范，规定乡（市）苏维埃之下，都要组织各种经常或临时性质的专门委员会。苏维埃代表每人要参加一至两个委员会，其他委员从工农群众中吸收积极分子担任。结合当时基层政权建设的实际工作，规定乡（市）苏维埃之下须设立扩红、慰红、开荒、查田、选举、工农检查等20多个专门委员会。对于这些委员会的人数和具体任务也进行了规定。比如，扩大红军委员会，乡的人数是3—9人，市的人数是7—9人，其任务是负责扩大红军和归队工作。

这种制度设计，目的是引领、组织、动员更广大的群众贯彻落实党和苏维埃的方针政策和工作任务，为革命斗争和苏维埃建设凝心聚力。从具体实践来看，的确达到了预期，苏区群众被广泛动员起来，社会秩序明显趋向组织化、政治化。

在实际工作中，委员会分为经常性的和临时性的。比如，在以战争为中心任务的土地革命背景下，扩红、优红、慰红工作是最重要的政治任务，因此，苏维埃在出台优待红军和抚恤烈属等条例后，与之相配套，在乡（市）苏维埃之下组建了扩大红军委员会、优待红军委员会和慰劳红军委员会等经常性组织。这些委员会还与贫农团、妇女会、互济会等相配合，动员青壮年参加红军，开展优待红军、接济红军困难家属等工作，并召集广大群众轮流到前线慰劳红军，或组织担架队支持红军作战等工作。真正把党和苏维埃政府的相关政策落到实处。又如，在以农业为主体经济的中央苏区，面对国民党的经济封锁时，消灭荒田、疏通水利、鼓励春耕生产也是苏维埃最重要的工作。因此，在乡（市）苏维埃之下也普遍建立了生产委员会、开荒委员会、水利委员会等经常性组织，在苏区农业生产中发挥了巨大作用，为红军战士和广大群众的温饱提供了基本保障。

与此同时，根据苏区工作实际，在苏维埃指导下也成立了很多临时性委员会，像选举委员会就是临时性质的组织。需要开展选举工作时，苏维埃政府就指导组建选举委员会，在选举工作结束后，委员会自然解散，下次选举时再重新组织。比如，才溪乡1933年开展的选举运动，选举委员会很规范、很细致地完成了该乡的选举工作。从选民登记开始到选举大会圆满结束，都是选举委员会在组织筹办。选举委员会还能创造性地开展工作，协同工会、贫农团、妇女会等群众组织开展宣传动员工作，使更多人了解选举的意义，特别是发动广大群众对候选人提出批评意见，160多人中受到批评的有20多人。才溪乡这次的选举，因为选举委员会的积极工作而取得了良好的成绩，真正把中央的选举训令落到了实处，成为中央苏区选举运动的模范。

从制度设计到实际效果来看，这些专门委员会，将广大工农群众吸入基层政权的各项工作中，在组织动员群众、贯彻落实上级任务和解决群众实际困难等方面起到了不可替代的作用。它是国家权力有效深入乡村的重要渠道，是基层苏维埃政府开展工作的重要抓手，也是苏区基层政权运行的重要环节。江西省第二次苏维埃代表大会对这些委员会的作用给予了充分的肯定。它以兴国长冈乡、椰木乡和黄瑶乡等乡苏为例，指出这些乡苏取得如此好的成绩，是因为每个乡苏都组织了20多个委员会，把大批工农积极分子吸入到了乡苏管理中，切实解决了群众生产生活中的困难。[6]临时中央政府主席毛泽东在"二苏大"报告中也充分肯定了各乡（市）的委员会，称赞他们"把苏维埃工作组织成了网，使广大民众直接参加了苏维埃的工作"[7]。

（三）贯彻报告和检查制度，是上下传导意志的枢纽

中国共产党自创建之初，就已认识到工作报告和检查制度的重要性，认为这是加强组织领导、工作监督与上下级信息沟通的重要途径。土地革命初期，党把工作报告和检查制度推向苏维埃政权建设。如苏维埃成立前，具有临时政权性质的革命委员会在它的组织纲要中提出，区或城市的工会农协要经常向革命委员会做工作报告。1930年11月颁布的《全国苏维埃大会各级准备委员会组织及工作大纲》也提出，各级政权机关必须经常向上级政权机关做工作报告。这个时期虽然提出了工作报告的要求，但相关规定仍显空泛、笼统，未形成制度性约束。苏维埃临时中央政府成立后，对工作报告和工作检查的制度性规定已经非常明确。1931年颁布的《地方苏维埃政府的暂行组织条例》规定，各级苏维埃必须指示下级苏维埃的工作，下级苏维埃必须对上级苏维埃做工作报告。[8]此后不久，临时中央政府又发布了《关于建立报告制度问题》的通令，规定"各级苏维埃政府在工作方法上首先要建立下级向上级经常作报告的制度，上级对下级实行工作检查的制度"[9]。这样，苏维埃的工作报告和工作检查不但形成了制度性规定，而且两者配套出现，为上下传导意志创造了条件。

从制度设计来看，苏维埃工作报告和工作检查制度大概可以分为四种情况。一是下级苏维埃向上级苏维埃作工作报告，并接受上级苏维埃的工作检查。二是下级部门向上级相同职能部门和同级苏维埃政府主席团作工作报告，并接受

工作审查。三是指导员和特派员的工作报告。各级苏维埃派出的指导员或特派员到下级巡视工作后,须向苏维埃执行委员会或主席团作工作报告,并接受审议和检查。四是向选民作工作报告。各级苏维埃执行委员会都要向本区域内选民作工作报告,并接受选民的批评和意见。与上级苏维埃不同,乡(市)苏维埃向选民作工作报告非常频繁,乡(市)苏维埃每月必须向辖区内的选民作一次工作报告,而且乡苏维埃还可以到各村去召集选民大会,向各个村的选民报告自己的工作。[8]对于苏维埃政府的工作报告,选民有权发表意见,提出批评。

苏维埃工作报告和检查制度的创设,一方面,为加强中央对地方、上级对下级的组织领导、情况了解、工作指导和巡视监督创造了制度基础;另一方面,为工农群众表达意见、行使民主权利、参与政权建设提供了通道,可谓是上下传导意志、传导压力的枢纽。

当然,中央苏区工作报告和检查制度在实践中有一个逐步完善和规范的过程。苏维埃工作报告和检查制度的实施情况在初期出现了较大差异。中央政府层面非常重视,因此苏维埃工作报告和检查制度得以迅速推行,但是地方政府的实施情况并不理想。比如,梁柏台在检查宁都县工作时一针见血地指出了其突出问题:"上下级政府的关系薄弱,上级不管下级,下级不向上级报告,形成了各自为政的现象。"[10]事实上,在临时中央政府成立之初,上下级苏维埃政府的关系确实很薄弱,工作脱节的现象经常发生。因为工作报告和检查制度推行不力,甚至出现下级政府无视上级政府命令的恶习。作为基层政权的乡(市)苏维埃亦是如此,临时中央政府主席毛泽东在调查时发现,上级苏维埃对于乡苏的领导和检查不够紧密,发出很多命令和决议,但是竟然不知道乡(市)苏工作的实际内容;同时,乡(市)苏工作人员也不知道该怎样开展工作。

因此,临时中央政府非常重视地方苏维埃工作报告和检查制度的推行,于1932年初陆续派出指导员深入到地方及基层进行巡视、调查和指导,了解各地工作开展情况,督促各级苏维埃政府积极推动工作报告和检查制度的实施。由于临时中央政府一再督促,地方政府实施工作报告和检查制度的情况逐步好转。

比如,江西省苏维埃政府于1933年4月13日发出第十号训令《关于实行报告制度》,指示各级苏维埃必须实行经常的工作检查和有系统的报告制度,按期向上级作详细的工作报告,特别指出要坚决反对内容空洞、敷衍塞责的报告,并对报告制度作出具体细则。在基层苏维埃,工作报告和检查制度也基本上得到推行,尤其是向选民作报告已形成规范程序。比如,瑞金九堡区"各乡苏已经准备好了,将开始进行选民群众作工作报告";博生县梅江区"在各村选民大会上,乡苏主任都与选民作了工作报告"。特别是才溪乡的选举工作,乡苏不但向选民作工作报告，而且发动群众对苏维埃政府进行批评、提出建议，群众还在候选人名单下标注意见，有标注"好""不好"或"同意""不同意"的意见的，也有标注"官僚"字眼的。

在实际工作中，工作报告和检查制度逐渐得到健全与完善，尤其是在流程方面已经有规范的操作。下级苏维埃或职能部门按制度作工作报告时，上级苏维埃或职能部门必须认真听取、审议，并对报告内容逐一检查，以检验其真实性。如此，就把自下而上的工作报告与自上而下的工作检查紧密结合在一起，不但强化了中央对地方、上级对下级的组织领导和工作监督，而且打击了各级政府中存在的形式主义、官僚主义和懒政作风，形成了压力传导，督促各级苏维埃特别是基层苏维埃认真高效地执行中央政令。

综上所述，中央苏区基层政权建设通过顶层设计和实践完善，基本形成了较为高效、运转有力的机制。一是它以代表会议作为组织决策的轴心，基层权力机关由它产生，乡（市）行政方针由它决定，对上级指令的落实工作由它统筹部署，群众参政议政因它而实现。二是它以工作报告和检查制度的实施作为上下级机关传导压力、国家政权与工农群众相互传导意志的枢纽。通过工作报告和检查，上级机关可以有效领导、指导和监督方针政策的实施，群众可以表达政见、反映实情、推选或撤换代表；通过工作报告和检查，党和苏维埃政府可以及时调整施政方略，使党的方针政策更贴近群众生活，更符合群众利益，与群众意愿更加有机结合。三是它以各种专门委员会作为基层苏维埃实施工作的抓手。在乡（市）苏维埃之下建立各种专门委员会，架起了与群众休戚相关的桥梁。通过委员会积极分子的模范带头作用，带领广大群众参与政权建设和社会治理，使一切工作得以推行和落实。这三者之间的关系如同前进中的车轮，代表会议是运转的主轴，工作报告和检查是传导力量的辐条，各种委员会是接地抓力的轮圈；三者以代表会议为核心，缺一不可，相互作用。苏区基层政权运行机制也像车轮工作一样，制度设计与运行实践相互磨合，促进完善，构成了不断循环、高效运转的基层国家权力机器。

三、中央苏区基层政权建设的成效及现实启示

（一）中央苏区基层政权建设的成效

从以上论述可以看出，苏区时期正是因为建立了比较科学合理的基层政权的组织架构和运行机制，才能高效地完成各项革命任务。在扩大红军、春耕生产、购买公债、粮食动员、水利建设、节省运动、卫生防疫等方面都有明显成效，有力地支持了革命战争，同时也为解决群众生产生活中的各种困难创造了条件。

除此之外,中央苏区基层政权建设取得的成效,还体现在提高了工农群众参与政权管理和社会治理的自觉意识。

中央苏区基层政权建设,客观上推动了工农群众的民主训练。比如乡村基层的选举运动,不仅是产生合法政权的首要环节,而且客观上引导、训练和推动了广大群众行使民主权利。乡(市)苏的选举工作每半年一次,如此频繁是为了便于收集民众的新意见。两次选举工作之间,如果有代表犯严重错误,经选民半数以上同意,可以把代表召回,或开代表会议将其开除。这些制度设计,都是为了使工农劳苦大众真正参与自己的政权建设。所以,临时中央政府主席毛泽东曾指出,苏区时期的工农大众获得和行使民主权利"是历史上的第一次。"[11] 又如代表会议,它是工农群众参与政权管理的机关。它把全体居民按一定比例分配到每一位代表的领导之下,使每位代表与居民形成固定联系,密切了乡(市)苏维埃与所辖居民的关系,使民众与苏维埃血脉相连、呼吸与共。在乡(市)苏之下又组建各种专门委员会,更广泛地吸引群众参与苏维埃的具体工作,行使自己的民主权利。

另外,中央苏区基层政权建设,促进苏区社会实现了革新。中央苏区所辖的赣南、闽西,大多是山区地带。这里经济落后、交通闭塞、文化保守;人们长期生活于农业生产社会,形成了浓厚的小农意识。其特征表现在个人身上为:封建迷信,目光短浅,守旧不愿改变。表现在社会上则是:家族和血缘观念很强,地方主义色彩浓厚,社会结构松散无力。苏维埃基层政权的强力运行,一方面,必然推动社会革新,使整个社会政治化、集中化,力量高度凝聚统一,为苏维埃革命提供源源不断的人力资源。另一方面,也促使苏区工农群众的思想急剧革命化。如兴国崇贤区的群众都知道了迷信是封建恶习,是欺骗、愚昧群众的陋习,他们都已觉醒起来、团结起来,要铲除封建迷信。[12] 苏区妇女也放开小脚,打破"妇女犁田遭雷打""妇女莳田禾不长"等陈腐观念,积极地学习犁耙、插秧和收割;而且自觉破除封建包办婚姻的旧俗,实现了婚姻自由的愿望。中央苏区因而成为"一个自由光明的新天地"。[13]

当然,成效与问题并存,在中央苏区基层政权建设中,一些地方存在着形式主义、官僚主义,政权运行不畅等现象。这些现象的产生虽然在那个历史背景下难以避免,但是我们今天仍然要从中吸取教训。

(二)中央苏区基层政权建设的现实启示

1. 推进基层政权建设,必须坚持党的领导

回溯党的历史可知,在大革命失败后,党开始独立自主领导中国革命,领

导土地革命斗争。因为有党的坚强领导，才成功开辟中央苏区，创建苏维埃政权。党如何领导苏维埃政权，也有专门规定。中国共产党在第六次全国代表大会上通过的《苏维埃政权的组织问题决议案》，规定了在苏维埃政府中成立党团，通过党团贯彻党的意志，领导苏维埃政权建设。苏维埃正是因为坚持了党的领导，贯彻了党先进的政治理念和施政方略，才能取得各项革命事业的成功。苏区基层政权是国家政权的重要组成部分，因此也必然要在党的领导下运行实施，也必须在党的领导下，才能取得上述各方面的成效，这从苏区基层政权运行的一次次实践中已经得以证实。"二苏大"通过的《关于苏维埃建设决议案》，对苏维埃政权两年来的实践经验进行了总结并指出，"为着巩固和加强无产阶级的领导，苏维埃首先必须坚决拥护无产阶级政党——共产党的领导"；同时强调要为党的路线、主张和工作任务而坚决奋斗。[14]这就以事实和经验告诉我们，只有在党的领导下，苏维埃政权建设才能拥有正确的方向，基层政权才能保证正确的运行。所以，在新时代，加强乡村和城市基层政权建设，完善基层政权运行机制，同样必须毫不动摇地坚持中国共产党的领导。

2. 推进基层政权建设，必须坚持人民当家作主

苏维埃政权是工农民主政权，国家的主人是工人、农民、士兵和一切劳苦大众。这可以从两个方面来看。一是苏维埃政权是由选民群众选举产生的。按照《中华苏维埃共和国的选举细则》和《苏维埃暂行选举法》规定，乡（市）苏维埃采用直接选举的方式，由全体选民选举出代表组成基层苏维埃政府，代表广大群众行使国家权力。同时，选民对苏维埃政府可以提出批评、表达意见，对于代表还拥有召回权，真正行使当家作主的权利。二是苏维埃政权的宗旨是：一切为了群众，一切依靠群众。苏维埃临时中央政府主席毛泽东在"二苏大"上的报告就详细地阐述了"关心群众生活，注意工作方法"的深刻内涵，指出苏维埃政权就是要真心实意为群众谋利益。不但如此，苏维埃政权的一切工作都要依靠群众来落实。在乡（市）苏维埃之下设立的委员会，就是最大程度吸收工农群众参与基层政权工作的组织；通过这些委员会，一方面高效地完成各项革命任务，另一方面使广大群众真正行使国家主人的权力。毛泽东在《乡苏怎样工作？》中郑重指出，在土地革命背景下，改善群众生活同发展革命战争一样，都是乡（市）苏一切工作的中心，两者不可偏废，都是最重要的事。[15]这就为完善苏维埃基层政权建设指明了方向，那就是坚持群众立场、坚持人民立场。新中国的政权是人民民主政权，它与工农民主政权的本质是一致的，始终坚持国家一切权力属于人民，保证人民通过人民代表大会行使国家权力。因此，新时代完善基层政权建设，也要始终坚持人民立场、坚持人民主体地位、坚持

人民当家作主；并不断拓宽民主渠道，健全民主制度，贯彻全过程人民民主理念，扩大人民有序参与政治。同时，还必须贯彻党的群众路线，把人民对美好生活的向往，当作基层政权建设的奋斗目标和精神动力，不断解决人民最关心、与人民利益关系最直接的各种问题。

3. 推进基层政权建设，必须坚持民主集中制

民主集中制是苏维埃的组织原则和工作原则。各级苏维埃代表会议都是民主选举产生的，对工农群众负责，受工农群众监督，定期向选民和选举单位报告工作。苏维埃代表会议，实行少数服从多数，下级服从上级，地方服从中央的制度。代表会议既高度民主又高度集中，通过集体决策，统一意见，使决策因得到广泛认同而顺利实施，能集中力量办大事，高效办大事。苏区基层政权建设正是坚持了这样的组织原则和工作原则，才能顺利推动各项工作的开展。这种制度优势，在今天的基层政权建设中，仍然要坚持好、发扬好，确保言路畅通，汇聚广大人民的智慧和力量；实行统一领导，更加有力、更加高效地推动各项事业的发展。

4. 推进基层政权建设，必须完善和创新社会治理体系

如上所述，我们知道中央苏区政权建设是富有成效的。这些成果的取得，从根基上说，是因为不断完善了基层政权的组织架构和运行机制，使之更具可行性和高效性，从而调动了广大群众参与政权管理的积极性和创造性。对此，毛泽东在《乡苏怎样工作？》中做了深刻论述："改善乡苏工作的方向，应该朝着最能够接近广大群众，最能够发挥群众的积极性与创造性，最能够动员群众执行苏维埃任务，并且最能够争取任务完成的速度，使苏维埃工作与革命战争、群众生活的需要完全配合起来，这是苏维埃工作的原则。"[15] 这就为苏区时期基层治理和基层政权建设提供了理论依据和行动指南。今天依然如此，加强基层政权建设，必须创新社会治理模式，完善自治、法治、德治相结合的基层治理体系，实现政府治理同社会调节、居民自治良性互动，从而调动和发挥广大人民的积极性、主动性、创造性，建设人人有责、人人尽责、人人享有的社会治理共同体。这是推进基层政权治理能力现代化的必由之路。

参考文献：

[1] 习近平. 习近平谈治国理政：第四卷 [M]. 北京：外文出版社，2022.

[2] 中央档案馆. 中共中央文件选集：第3册 [M]. 北京：中共中央党校出版社，1989.

[3] 中共中央党史研究室第一研究部. 共产国际、联共（布）与中国苏维

埃运动（1927—1931）：第7卷 [M]．北京：中央文献出版社，2002．

[4] 中华苏维埃共和国地方苏维埃暂行组织法（草案）[M]//中共江西省委党史研究室．中央革命根据地历史资料文库·政权系统：第8卷．北京：中央文献出版社，2013．

[5] 毛泽东．长冈乡调查 [M]//全国人大图书馆．中华苏维埃代表大会重要文献选编．北京：中国民主法制出版社，2019．

[6] 江西省第二次工农兵代表大会决议案 [M]//中央档案馆，江西省档案馆．江西革命历史文件汇集（1933—1934年及补遗部分）．南昌：江西档案馆，1993．

[7] 毛泽东．中华苏维埃共和国中央执行委员会与人民委员会对第二次全国苏维埃代表大会的报告 [N]．红色中华·第二次全苏大会特刊，1934-01-24．

[8] 地方苏维埃政府的暂行组织条例 [M]//中共江西省委党史研究室．中央革命根据地历史资料文库·政权系统：第6卷．北京：中央文献出版社，2013．

[9] 中共中央文献研究室．毛泽东年谱（1893—1949）：上 [M]．北京：中央文献出版社，2013．

[10] 柏台．宁都苏维埃工作之一班（斑）[N]．红色中华，1932-04-21（6）．

[11] 毛泽东．中华苏维埃共和国中央执行委员会与人民委员会对第二次全国苏维埃代表大会的报告 [N]．红色中华·第二次全苏大会特刊，1934-01-24．

[12] 开展反宗教迷信斗争 [N]．红色中华，1933-11-26（129）．

[13] 毛泽东．苏区教育的发展 [N]．红色中华，1934-09-29．

[14] 中华苏维埃共和国第二次全国苏维埃代表大会关于苏维埃建设的决议案 [M]//江西省档案馆．中央革命根据地史料选编：下册．南昌：江西人民出版社，1982．

[15] 毛泽东．乡苏怎样工作 [M]//全国人大图书馆．中华苏维埃代表大会重要文献选编．北京：中国民主法制出版社，2019．

新时代大学生"红色基因"传承探析[①]

曾祥明　温思霞[②]

摘　要：红色基因是中国共产党人的精神内核，是"赓续红色血脉"和"保卫红色江山"的基本生命力。青年学生是传承红色基因的主力军和生力军。培养时代新人与传承红色基因具有内在理论契合，在青年学生中传承红色基因具有深远现实意义。但现阶段青年学生在传承红色基因时面临着认知、信念、毅力等方面的挑战。为此，通过深挖红色基因、汲取红色养分、唱响红色主旋律等路径，让红色基因传承深入骨髓、内化于心、外化于行，使红色江山后继有人，激励广大青年踔厉奋发，谱写新时代奋斗新篇章。

关键词：红色基因；青年学生；时代新人；传承；路径

在庆祝中国共产党成立100周年大会上的讲话中，习近平总书记指出，"赓续红色血脉""保卫红色江山"。[1]党的十九届六中全会指出："赓续党的红色血脉，弘扬党的优良传统。"[2]红色基因是历史的积淀，是历史真正的厚重所在。[3]在长期的革命、建设和改革历程中，无数先烈和先贤抛头颅、洒热血塑造和发展了新中国，贯穿其中的红色基因使中国人民从"站起来""富起来"，并走向"强起来"。在青年学生中传承红色基因是赓续红色血脉、保卫红色江山的重要方式。只有加强对青年学生的红色教育，使青年学生从红色文化中感悟近代以

---

① 基金项目：本文系国家社科基金重大项目"中国式现代化的中国特色和本质要求研究"，编号：23ZDA012；国家社会科学基金一般项目"新时代保护传承红色资源的理论和实践研究"，编号：22BKS066；中央社会主义学院统一战线高端智库课题"新时代乡村基层统战工作问题研究"，编号：ZK20230213；中国矿业大学（北京）中央高校基本科研业务费课题"习近平新型职业农民观研究"，编号：2023SKPYMY03。

② 作者简介：曾祥明，男，江西吉安人，博士，中国矿业大学（北京）马克思主义学院副院长、乡村振兴研究中心研究员、博士生导师，主要从事马克思主义中国化与思想政治教育研究。温思霞，女，山西平遥人，浙江常山县紫港中学教师，主要从事马克思主义中国化与思想政治教育研究。

来中国历经的苦难与党领导人民创造的辉煌，才能不断拉近党和人民的"鱼水关系"，深化党的思想引领力、提升国家的软实力。只有在红色基因薪火相传的基础上，将历史的接力棒交付给广大青年学生，中国人民才能在复杂的局面中凝聚共识、团结力量、攻坚克难，向着实现中国梦的方向砥砺前进。

一、青年学生传承红色基因的理论向度

传承红色基因是青年的使命。红色基因世代相传，就是将青年理想信念教育的培育与红色基因的本质内涵和精神实质传承相结合，由此达到育人实效。就此而言，青年学生理想信念与红色基因具有高度的内在契合性。

（一）红色基因与青年理想信念培育目标的一致性

红色基因决定了时代新人培养的根本方向，蕴含着丰富的时代新人培养内涵。[4]红色基因对于广大青年学生而言，是一项铸魂工程、奠基工程。青年红色基因传承工作是青年意识形态教育工作的一部分[5]，其主要体现在让青年学生坚守初心，坚定正确方向、坚守精神追求、弘扬优良作风、涵养社会新风。[6]红色基因包含着丰富的育人功能，有助于坚定青年政治信仰、提升青年道德素养、培育青年文化自信。而理想信念教育是立德树人的基础工程[7]，青年理想信念教育是解决好培养什么人、怎样培养人、为谁培养人这个根本问题的关键，关乎着国家的美好未来。其目标就是要坚定马克思主义科学信仰、用理论坚定信念、用实践增强信心。因此，必须把理想信念教育放在首位，以立德树人为导向加强青年时代责任感和历史使命感。

树立崇高理想信念、提升人生价值，树立青年成长与国家民族发展同心同向的高远追求，从这方面看，红色基因与青年理想信念在培育目标上是共生的，都包含着要加强思想引导，增强意识形态凝聚力；坚定文化自信，传承中华优秀文化；鼓舞青年志存高远，为实现中国梦增添青春能量。

（二）红色基因与青年理想信念教育内涵的相关性

理想信念是一个人的奋斗目标、精神支柱和前进动力。[8]青年理想信念教育即树立马克思主义的世界观和方法论、坚持中国特色社会主义共同理想、为共产主义奋斗终身的目标。因此，青年要深刻把握内涵，坚定理想信念，将理想信念作为人生成长的精神支柱和动力源泉。红色基因是革命精神的传承，是中华民族的精神纽带，是中国共产党人在百年奋斗过程中积累的、独具时代特点的精神价值，其教育内涵蕴含着中国共产党带领全国人民在长期的革命、建设、改革历程中凝练出来的价值立场、远大理想、顽强意志、光荣传统、优良作风等。[4]红色基因强调理想信念、精神作风、价值追求等意识形态方面的内容，这

与青年学生理想信念教育内涵相关联。

从这个角度来看，红色基因与青年理想信念教育内涵具有内在一致性，本质上是相通的，青年的理想信念就是要在无产阶级的观点、立场上形成自己的精神体系，指导学生学习马克思主义，树立新时代理想。理想信念教育是青年学生思想政治教育的核心环节，贯穿红色基因始终，学生从红色基因中寻找努力目标、努力方向。因此，红色基因与青年理想信念教育内涵同根同源、同向同行，具有高度一致的相关性。

（三）红色基因与青年理想信念践行路径的共通性

红色基因和青年理想信念践行路径具有共通性。加强对青年学生理想信念教育主要通过用理论武装头脑、用环境烘托情感、用实践活动增强感悟，这与传承红色基因要入耳、入脑、入心、入行具有共同的路径取向。满足当代青年成才、成长的内在需求，要充分发挥青年的主体作用。

在实践过程中，首先，激励青年深入学习政治理论知识，不断提升自身综合素质，而在传承红色基因过程中同样要加强党史学习教育，通过品读红色经典书籍来感悟红色精神。其次，在树立典型榜样和营造良好育人氛围方面也有共通性。将青年理想信念教育寓于社会大环境中，并且鼓舞青年学习时代楷模，汲取榜样力量，使青年学生在见贤思齐的氛围中潜移默化地受到理想信念教育的熏陶。而传承红色基因也需要汲取榜样力量，向革命老前辈学习，传承先辈精神，发扬优良传统，争做有为青年。还可通过情景化沉浸式教学，模拟环境营造当时的艰苦氛围，使青年学生锻造不畏困难、砥砺前行的精神。最后，在开辟第二课堂提高育人实效方面也具有共通性。以第二课堂活动为载体，深入开展社会实践活动，引领广大学生坚定理想信念。充分挖掘红色资源，让"红色教材"发挥作用，组织参观红色革命教育基地，感悟革命前辈艰苦奋斗历程。由此看来，红色基因和青年理想信念二者在践行路径上具有共通性。

二、青年学生传承红色基因的价值向度

理解、认同与传承是紧抓青年学生传承红色基因价值向度的三个关键环节。通过把握红色基因的时代价值，引领青年学生未来方向，增进学生理解红色基因的科学内涵，深化学生对红色基因精神内核的认同，激励学生传承红色基因。

（一）有助于把握时代价值，增进青年学生的理解

习近平指出："抛弃传统、丢掉根本，就等于割断了自己的精神命脉。"[9]在新的时代条件下，红色基因开创美好未来不仅要求我们对历史的东西进行珍存

和开发，还鼓励我们把握时代发展脉络和紧跟时代发展趋势不断发展新的内涵和价值。红色基因不仅具有内在稳定性，还具有时代性和发展性，在各个时期，它可以通过与时俱进的形态表现出来，不断丰富完善其自身内涵，不断赋予其新的时代特征。战火纷飞年代孕育出"西柏坡精神""延安精神""长征精神"；社会主义建设时期生成的"大庆精神""两弹一星"精神；改革开放时期的"载人航天精神""创业精神"；新时代的"脱贫攻坚精神""抗疫精神"等。红色基因与时代主题相结合是红色基因能够永葆生机活力、不断在新的时代条件下焕发光彩的根本原因。

当前社会环境和社会矛盾各方面因素相互交织，给青年学生带来不少困惑，造成部分学生理想信念的动摇、"三观"的扭曲。育苗先育根，育人先育心。[10]青年学生正处于价值观养成和道德观培育的关键期，其思想状况关乎着社会的发展走向。所以，传承红色基因是学生发展和成长的必须，也是实现伟大复兴中国梦的必须。青年学生在传承过程中吸收和借鉴红色基因的道德滋育和文化精粹，了解革命先烈的伟大贡献，增强党性修养，深刻把握红色基因的时代价值，增进对红色基因的理解。

（二）有助于应对现实需求，深化青年学生的认同

面对世界百年未有之大变局的复杂形势，历史虚无主义、冷战思维、强权政治和西方文化霸权盛行，"西强我弱"的国际文化格局依然存在。西方国家将文化价值观输出和意识形态安全放在了突出地位，国外敌对力量不但没有丝毫减弱甚至加剧利用所谓的"文化冷战"和"政治转基因"新兴工程，把青年学生作为"西化""分化"的关注焦点，企图将我国青年学生群体变成资本主义意识形态的信仰者。

青年学生传承红色基因能有效应对这种情况，通过充分重视红色文化教育，抓好学生红色学习，利用多种方式增强青年学生对红色基因的情感认同、理性认同、价值认同，帮助青年学子们增强政治敏锐性、强化政治定力、提升辨别能力。红色资源是传承红色基因最有说服力的教材，是培育青年学生三观最重要的载体，具有为现实服务、资政育人的功能。传承红色基因是应对文化安全的现实需求，是迫切需要解决文化发展困境的出路，是青年学生坚定红色信仰的必然需要。红色基因在传承中引起学生情感体验，增强了学生的情感认同；红色基因理论的传承，增强了青年学生的理性认同；红色基因在传承中深化了红色基因价值研究，增强了学生的价值认同。

(三)有助于引领成长方向,激励青年学生的传承

红色基因是一种革命精神的传承,它不仅象征光明,凝聚力量,还引领未来。[11]作为夯实固本、育人、铸魂三大重要工程的精神财富,红色基因根植于青年内心深处,鼓舞青年学生克服一切困难和障碍,指引青年成才、成长。红色基因与时代大势密切相关,通过时代赋予其丰富的科学内涵和精神内核,青年学生作为红色基因的传承者,可以有效凝聚红色基因奋进力量,让红色基因代代相传。

首先,传承红色基因有利于深化青年学生责任意识,为青年学生今后担当时代大任奠定基础。当代中国青年学生,是与时俱进的一代,是社会发展、民族进步的重要支撑力,时代赋予青年学生传承红色基因的崇高任务有利于培养青年社会责任感,指引青年树立正确的人生理想,为青年发展指明方向。其次,传承红色基因有利于增强青年学生使命感,推动青年全面发展,是青年成为栋梁之材的必然选择。在传承红色基因的过程中学习红色党史增强文化自信,了解红色故事激发青年红色动力,激励青年永续传承。传承红色基因是青年的使命,实现中国梦亦是青年的使命。青年肩负实现中国梦的青春使命,离不开厚植红色基因。广大青年在传承中增强社会责任感、使命感,坚定理想信念,培植家国情感,最终成为实现中华民族伟大复兴的擎天柱石。

三、青年学生传承红色基因面临的主要困难

当前世界处于多元文化交融的大背景中,一些西方不良社会思潮不断影响着青年学生,威胁我国特有的文化体系。由于青年学生理论基础、鉴别能力等方面的不足,面对整个世界文化层面上西方文化的强势介入,导致其在红色基因传承过程中遭受到认知、信念、毅力等方面的挑战。

(一)认知挑战:红色基因界定有待简明清通

青年学生处于生理和心理发育的过渡期,缺乏对优秀传统文化的认知与继承,当前大部分青年学生对红色基因的概念、意义及表现形式存在认知趋向模糊的现象,容易将红色基因与红色文化、革命精神等含义混淆,或者简单地将其归于马克思主义理论。但是,红色基因不同于红色文化和革命精神[12],从基本含义看,红色基因与红色文化、红色精神有着紧密联系,红色基因是一切红色资源的抽象体现,是其内核和灵魂。从本质上讲,红色基因是具有根本性、纯粹性、内在性的红色因子,它是民族奋斗历史和社会主义革命与建设实践的理论抽象,是承袭和开新的有机统一,是马克思主义中国化进程中与中华优秀传统文化相结合孕育而成的一种特殊现象。另外,青年学生对于红色基因的当

代意义和价值存在疑虑，认为红色基因已经不适宜当前社会的价值观，其理论观念已经落伍，对现今社会昌盛没有现实意义；有些则认为革命英雄人物的价值已消逝，革命英雄的时代价值已逐渐被遗忘，他们崇尚21世纪的英雄人物、榜样典型，因为这些人物离他们更近，感触也会更加深刻。

（二）信念挑战：红色基因主线尚未入骨入髓

红色基因是我党在长期实践中孕育而成的光荣传统和优良作风。中国迈步进入新时代，站在了新的历史关口，然而红色基因发生作用的周期对于新一代的青年学生来讲实在是太长了，因此他们容易对红色基因的信仰产生动摇，进而对始终坚持的信念确立形成挑战。一方面，站在了新的历史起点上，也遭到多元社会思潮的冲击，国家所提倡的红色基因传承与盛行的个人主义价值观存在冲突。个人主义和新自由主义思潮大肆宣扬个人利益、享乐主义、消费主义等，导致部分青年接受了"享乐文化""丧文化"，久而久之模糊了红色基因概念、偏离了红色精神主线。另一方面，青年还受到来自西方对中华文化上的弱化、精神上的矮化，种种历史虚无主义言论的无端打压和怀疑抹黑打击了青年传承者对自己文化的自信心。青年处在以利益为重和红色文化弱化的社会大背景中，观念上接受了利益规则的潜在影响，一定程度上消弭了对红色精神的深度热爱。这些不良观念和"亚文化"的存在，使得一些青年学生出现信念危机、信念滑坡、信念意识淡薄，对传承红色基因给予严重打击。

（三）毅力挑战：红色基因主旋律有待持久高旋

习近平强调："加强革命传统教育、爱国主义教育、青年思想道德教育，把红色基因传承好，确保红色江山永不变色。"[13]受学业压力和社会功利氛围的影响，对青年学生来讲，将红色基因长期性、延续性地传承下去，是个不小的挑战。为应对学业和各种挑战，青年学生需要将大量的时间和精力用在学习和生活上，缺少投入传承红色基因的足够觉悟和内在动力，从而逐渐淡化身为红色基因传承者的意识，对红色基因传承日益呈现出低位性、嬗变性、不稳定性等特征；然而在青年学生毕业后，面对激烈的市场竞争和就业、生存压力，大多数人不得不为维持生活而将主要精力消耗在工作中，理想主义逐渐被现实摧毁，物质主义和实用主义变成红色人文精神的敌手，红色文化很难引起青年情感共鸣，红色基因也更加难以融入他们的精神天地，红色基因传承面临断裂问题，不能持久，没有形成系统有效的长效机制，传承的实际效果不佳，这对持续关注和传承红色基因形成了挑战。

四、青年学生传承红色基因的路径选择

新时代传承红色基因要注重学思结合、知行统一。学习红色党史和挖掘校外红色资源是强化学生认知的重要途径；强化四史学习教育和观赏红色影视是汲取养分、坚守信念的重要环节；将红色教育生活化及开辟社会实践第二课堂是永续传承红色基因的重要举措。这三者皆有助于红色基因真正融入青年学生血脉。

（一）深挖红色基因强化认知

红色基因传承最重要的就是做好"挖掘"工作。通过深挖，将红色基因联结起来，让学生在这个过程中能有整体性、完整性的体验。红色基因的文化内蕴实现了从认知到认同的有效转化，因此必须研究挖掘红色基因以强化青年学生认知。我们不占思想阵地，人家就会去占领，要不断增强阵地意识。[14]其一，发挥思政课堂主阵地学习红色党史，实现红色基因传承与高校教书育人的有机融合。将红色党史学习教育融入课堂教学，让课堂多些"红色味道"。红色党史作为一种锻造时代精神的作品，记载着党的艰苦奋斗历程，承载着叙述历史的重任和对未来生活的期望。搞好红色教育，传播红色党史，品诵红色故事，从经典中获得红色基因内涵，领悟坚如磐石的红色信念、舍身为国的红色精神，在学思践悟中坚定红色信念，夯实红色基因传承理论。其二，对校外红色资源进行深度挖掘。建立红色文化教育智库，实现"校内+校外"红色文化教育智库建设。[15]充分利用得天独厚的地域红色文化资源，经过实地体验，积极学习革命前辈们的道德品质和高尚品德，感悟在艰苦环境下我们党面临各种风险和挑战，依然能以顽强拼搏的精神，跨过一次次坎、闯过一次次关的生生不息的革命战斗精神，从而使青年学生获得思想转变，强化红色基因认知。

（二）汲取红色养分坚守信念

传承弘扬红色基因首先要树立坚定的理想信念。[12]一方面，强化"四史"学习教育是针对因时代久远所以导致信念动摇状况的有效路径，同时也是反击历史虚无主义的有力武器。学习马克思主义理论，结合学习党史、新中国史、改革开放史、社会主义发展史，在学思践悟中坚定理想信念，在奋发有为中践行初心使命。[16]"四史"教学从根本上批判了历史虚无主义，揭示了中国共产党带领人民取得胜利的历史逻辑，有助于青年学生在学习中牢筑理想信念。另一方面，借用网络宣传工具，从红色影视中汲取营养。文艺是不可能脱离政治的。[16]利用红色经典影视激励青年学生汲取红色养分是最容易接受的方式之一，具有极其重要的现实意义。近年来，红色影视通过迎合青年观赏需求，用现代视听语言，讲述英雄的热血传奇故事，拉近青年与历史的距离。收视口碑双丰收的红色影视作品《觉醒年代》，播出后的半年里，在网上仍然引起持续热议，半年内热搜无数。之所以能达到如此成就，除了顺应红色主旋律，还在于它较好地处理了真实和艺术的统一，信仰与情感的统一，历史与现实的统一，让学生在观看影视中获取红色文化养分，这警示我们在新时代前进征程中仍需始终保持忧患意识，牢记使命，永不停歇。运用经典影视作品来增强红色教育实效，有助于学生深入贯彻习近平关于传承红色基因的育人思想，有助于为中华民族伟大复兴注入强大的精神动力，有助于青年学生汲取红色养分、坚定理想信念。

（三）唱响红色主旋律锤炼毅力

当今青年学生，对于信仰理念追求、爱国情感、个人涵养具有强烈的内驱力，但由于多种因素导致传承无法持久，因此，让红色基因永续传承，必须弘扬主旋律。[17]第一，红色教育生活化，注重红色基因传承在校园和宿舍的延展。校园内精心开展红色文化活动、布置校园景观，如举行红色朗诵、红歌传唱、讲红色故事活动；进行红色班级建设、设立红色文化长廊、网上开展红色主题活动等。充分利用宿舍生活空间，创造良好的宿舍育人文化氛围，形成红色"包围圈"，增强学生传承红色基因的积极性、主动性，使红色教育浸润学生心田，传承红色根脉。第二，发挥红色遗址的教育作用，开辟社会实践第二课堂。要在红色教育基地努力寻找故事与听众的"心灵契合点"，这样才能为红色基因添上直抵人心的力量，要找准"感情支撑点"，突出"思想启迪"，充分挖掘红色基地的教育作用和育人功能，达到触动青年心灵的功效。组织青年学生就近参观革命旧址、纪念馆、党史馆等党和国家的红色基因库；采访老红军、老八路、老党员，追寻革命英雄人物、革命事迹，将红色故事讲在实处，引导学生学习革命先烈的理想信念，帮助青年树大爱、立大志，将红色基因印在脑海、融入血脉、做到实处。

红色基因是中国共产党人颇具魅力的政治标识。它凝结着中华儿女的理想追求，是新时代前进的力量源泉。传承红色基因，承袭革命传统，这是连接过去、现在和未来的重要精神纽带。青年学生传承红色基因，有助于中国人民永葆昂扬精神，同心同德推进中国梦的早日实现。

参考文献：

[1] 习近平. 在庆祝中国共产党成立100周年大会上的讲话 [M]. 北京：人民出版社，2021.

[2] 中共中央关于党的百年奋斗重大成就和历史经验的决议 [N]. 人民日

报，2021-11-17（1）.

［3］乐其. 让"红色基因"代代相传［N］. 人民日报，2011-06-20（4）.

［4］陈怀平. 传承红色基因 培育时代新人［J］. 红旗文稿，2020（16）.

［5］罗明明. 引导新时代青年传承红色基因［J］. 人民论坛，2019（7）.

［6］胡雅静. 大学生理想信念教育中的红色基因传承研究［D］. 赣州：江西理工大学，2020.

［7］张云飞，李娜. 坚持以理想信念教育为高校思政工作核心［J］. 思想政治工作研究，2017（5）.

［8］彭正德，江桑榆. 论红色基因及其在新时代的传承［J］. 湖南社会科学，2021（1）.

［9］习近平：习近平谈治国理政：第一卷［M］. 北京：外文出版社，2018.

［10］张向阳. 学好"四史"，传承红色基因［N］. 人民日报，2021-06-15（005）.

［11］陈树文，蒋永发. 红色文化在大学生社会责任感培养中的价值与实现［J］. 思想教育研究，2017（1）.

［12］张凤莲. 论红色基因的科学内涵、当代价值与弘扬路径［J］. 沂蒙干部学院学报，2022（1）.

［13］习近平. 论中国共产党历史［M］. 北京：中央文献出版社，2021.

［14］曹征海. 一定要增强阵地意识［N］. 人民日报，2013-11-09（7）.

［15］魏巍，杨斌，梁潘. 百万扩招背景下高职学生红色基因教育存在的问题与对策［J］. 河北职业教育，2021，5（2）.

［16］在学思践悟中坚定理想信念 在奋发有为中践行初心使命［N］. 人民日报，2020-07-01（1）.

［17］姚泽卿. 在红色基因传承中奏响时代的强音［J］. 党建，2017（8）.

群众范畴的概念辨析、理论建构及方法论启示[①]

——以党群关系建设为视域

程东旺[②]

摘　要：推进党群关系建设，首先要正确把握群众范畴，正确判断关于群众范畴的概念分歧，诸如群众是政治性概念、历史性范畴、历史的创造者、政党的生命根基，还是描述性概念、永恒性范畴、愚昧无知的群氓、政党的选举工具。中国共产党坚持发展马克思主义群众范畴，从中国的具体实际出发，构建了群众范畴的理论框架：根据历史作用与历史任务赋予群众范畴质的规定性，群众外延包括基本部分和因时而变的部分，群众是党的力量源泉，党是群众的领导核心。群众范畴对党群关系建设具有方法论启示，必须结合社会现实把握群众范畴，根据社会主要矛盾与中心任务确定群众外延，坚持党依靠群众与党领导群众相统一。

关键词：群众范畴；概念辨析；理论建构；方法论启示；党群关系建设

中国共产党是在与群众的密切联系中诞生、成长、发展、壮大的，取得的一切成就都离不开群众的拥护和支持。一百多年来，中国共产党高度重视党群关系，把党群关系建设作为党的一项极其重要的工作。党群关系建设的目的是争取群众，把广大群众紧密团结在党的周围，为推进党和人民的事业创造强大力量。因而，推进党群关系建设，必须正确把握群众范畴，从而确保党团结一切可以团结的群众，孤立、反对和打击真正的敌人，达到"把我们的人搞得多

---

① 基金项目：本文系教育部人文社科重点研究基地重大项目"苏区精神在党性教育中的价值研究"，编号：19JJD7100012；江西省高校人文社科重点研究基地项目"苏区精神与党员政治忠诚教育研究"，编号：JD17014。
② 作者简介：程东旺，男，江西婺源人，赣南师范大学马克思主义学院教授，硕士生导师，研究方向为红色文化与党建。

多的，把敌人搞得少少的"① 的目标。所以，从马克思主义群众范畴出发，通过正确认识关于群众范畴的概念分歧，揭示和批判关于群众范畴的错误认识，分析中国共产党关于群众范畴的理论框架，为党群关系建设提出方法论启示，对推进党群关系建设具有重要意义。

一、党群关系建设视域下群众范畴的概念辨析

自古以来，受到社会条件、阶级立场、认识发展程度、哲学观念、文化传统等各种因素的影响，人们对群众范畴的认识产生了分歧，出现了对立的观点。对于群众的概念属性、本质、作用、地位、外延等不同观点，形成对政党与群众关系的不同认识，特别是其中的根本性分歧，和对政党与群众关系建设有着本质区别。

（一）群众是政治性概念，还是描述性概念

概念是思维的细胞，是最基本的思维形式，因而也是判断和推理的基础。概念属性是概念的关键特征，是人们正确把握概念的重要前提。对党群关系建设进行理论和实践探索，对党群关系做出判明和断定，从一系列判断中推出结论，都必须以正确把握群众范畴的概念属性为基础。一种观点认为，群众是描述性概念，指通过描述"群众"的现象或事实来回答"群众是什么"的概念，不涉及任何政治意义。例如，认为群众是指聚合在一起的人群或者是很多人的集合体，或者说群众是在精英之外的人群。可见，群众作为一种描述性概念，表达的是人的群体，并未对群众赋予政治属性。另一种观点认为，群众是政治性概念，指人们基于自身的政治倾向，诸如政治立场、政治观点和政治态度，反映"群众"的客观存在而回答"群众是什么"的概念，包含鲜明的政治属性。在中国政治语境里，群众可以表示一个人的政治面貌，指没有加入中国共产党的人，表示"党员"和"群众"的区别，也可以指未担任领导职务的人，表示"干部"与"群众"的区别。当然，群众作为政治性概念，具有极其丰富多样的政治含义，但其政治含义总体上可以归为基于某种政治倾向对群众做出认识和评价。在政党与群众关系中，把群众作为描述性概念，还是作为政治性概念，构成政党以何种态度对待群众的概念前提。

（二）群众是历史性范畴，还是永恒性范畴

范畴是指反映事物本质和普遍联系的基本概念，分为历史性的和永恒性的两种类型。历史性范畴是指范畴是在一定的历史条件下产生和发展的，或变化，

---

① 习近平. 习近平著作选读：第一卷［M］. 北京：人民出版社，2023：351.

或消失，或者被新的范畴所取代。永恒性范畴是指范畴不受时代和阶级的制约，没有变化，与人类的存在相伴始终。

在剥削阶级社会，统治阶级把反映本阶级利益和为本阶级服务的历史性范畴说成是不受时代和阶级制约的永恒性范畴，把束缚和禁锢群众的思想观念和价值原则当作跨越整个人类社会的永恒性范畴，用这些所谓"永恒性范畴"为资本主义制度做永恒辩护。与此相应，占统治地位的剥削阶级否认群众的历史地位和历史作用，认为群众永远是卑微的、惰性的、消极被动的乌合之众，是少数英雄人物或者某种精神力量（剥削阶级的化身）为实现其目的所宰制和驱使的工具，并把他们所赋予群众范畴质的规定性永恒化。

群众范畴作为历史性范畴，反映了群众外延的条件性和动态性，并不是否定群众的历史地位和历史作用。马克思主义认为，群众作为社会历史的主体，是指一切对社会历史发展起推动作用的人，但在不同国家、同一国家的不同时期，群众外延有着不同的内容，包含着不同的阶级、阶层和集团。哪些阶级、阶层和集团属于群众外延，并不是取决于他们自身，而是根源于社会主要矛盾及其决定的中心任务，从更深层次的原因来说，根源于社会基本矛盾及其运动规律。马克思、恩格斯曾经给予资产阶级和资本主义很高的评价，"资产阶级在历史上曾经起过非常革命的作用"[1] "资产阶级在它的不到一百年的阶级统治中所创造的生产力，比过去一切世代创造的全部生产力还要多，还要大"[1]，但从不认为它们是永恒的，而是认定"资产阶级的灭亡和无产阶级的胜利是同样不可避免的"[3]。资产阶级从最初在群众外延中，到被排除出群众外延，直到最后灭亡，是人类社会发展规律的必然结果。群众是历史创造者这一质的规定性从总体上决定群众外延，群众外延是动态的、变化的，这是群众发挥历史创造性的重要条件，也是对群众范畴质的规定性的具体体现。可见，在何种意义和层面上，把群众作为历史性范畴，还是作为永恒性范畴，关系到政党能否正确把握群众范畴质的规定性和外延，对政党与群众关系建设产生深刻影响。

（三）群众是历史的创造者，还是愚昧无知的群氓

马克思指出："统治阶级的思想在每一时代都是占统治地位的思想。"[1]在剥削阶级社会，对群众的蔑视和贬低，无视和抹杀群众的历史作用，是一种占据统治地位的社会意识形态。占统治地位的剥削阶级出于维护其统治地位的需要，通过支配物质生产资料和精神生产资料，生产出种种麻痹和禁锢群众的社会意识形态，赋予这些社会意识形态以普遍性的形式，获取群众的认同和响应，使群众接受这些反对他们自身的社会意识形态，从而给群众套上思想枷锁，使群众囿于被鄙视、被驱使、被奴役的命运。在黑格尔的历史观中，群众作为精神

空虚的物质材料，与代表积极精神的少数杰出人物相对立而存在，构成历史领域的基本矛盾；18世纪，以托马斯·卡莱尔（Thomas Carlyle）为代表的思想家们，认为历史都是由英雄们的个人意志创造的，群众是多余的，等等。诸如此类，不论这些观点如何标新立异，有多大差异，总体上都认为群众是精神空虚的、非理性的、盲目性的、破坏性的，在价值判断上都对群众充满着鄙视、反感、贬低及恐惧。

马克思主义认为，历史活动并不是少数英雄人物的活动，而是群众的活动，即只有群众的活动才是历史本身，并且这种活动是"追求着自己目的的人的活动"，因而群众不是少数英雄人物实现其目的的工具，相反，英雄人物才是群众创造历史的工具，正如马克思指出："历史并不是把人当作达到自己目的的工具来利用的某种特殊的人格。历史不过是追求着自己目的的人的活动而已。"[2]马克思主义经典作家创立发展唯物史观和群众史观的基本原理，揭示群众作为历史创造者的地位和作用，团结带领群众通过群众斗争实现历史自觉、思想自觉和行动自觉，充分发挥群众的历史创造性。一个政党，认为群众是历史的创造者，还是把群众作为愚昧无知的群氓，决定了其对待群众的根本态度，决定了其能否为了群众、相信群众、依靠群众。

（四）群众是政党的生命根基，还是政党的选举工具

不同性质的政党对群众有不同的态度。中国共产党把群众作为自己的生命根基，而西方政党则把选民（与西方政党对应的是选民）当作选举工具。虽然西方政党不会公然宣称，乃至声明反对，但并不会改变其把选民当作选举工具的客观事实。

从阶级来说，资产阶级是一个整体，而从其内部来看，资产阶级政党不是铁板一块，分为若干派别和利益集团，建立各自的政党和集团。但是，不管资产阶级政党的脸谱多么变化万端，唯一不变的是，它们都是资产阶级性质的政治组织，虽然存在利益矛盾和冲突争斗，但不妨碍它们共同代表和维护资产阶级的整体利益。当资产阶级的统治地位和根本利益遭遇外部危险时，资产阶级政党会暂时放下彼此的利益矛盾，沆瀣一气，组成利益同盟，与无产阶级和广大群众相对抗。在资本力量的掌控之下，按照资产阶级民主选举的游戏规则，资产阶级政党代表其派别和利益集团展开博弈，争夺阶段性的执政权，虽然这是"资本玩弄民意的工具"，是资产阶级对资本统治进行的精美包装，但政党能否上台执政在表面上取决于所获得的选票数量。因此，在西方民主政治中，选民是政党角逐和执掌执政权的选举工具，政党本身也是资产阶级的统治工具，而选民以手中的选票为筹码，要求所支持的政党去主张和实现他们的利益，选

民和政党从而在利益耦合中把彼此工具化。

中国共产党与西方政党在性质宗旨、执政地位等方面具有根本区别，这决定了中国共产党不仅把群众作为自己的生命根基，而且自觉认定自身是群众的工具。首先，从党的性质来看，中国共产党是"三个先锋队"，由群众中的先进分子组成，来自群众，植根于群众，发展壮大于群众，是群众的一分子，这决定了群众是党的生命根基，如习近平指出："中国共产党根基在人民、血脉在人民、力量在人民。"[3]其次，从党的宗旨来看，中国共产党的宗旨是全心全意为人民服务，党与群众同呼吸、共命运，其历史使命是为人民谋幸福，为民族谋复兴，为世界谋大同，没有自己的特殊利益。因而，中国共产党不是把群众当作自己的工具，相反，中国共产党自觉地认定自己是群众完成特定历史任务的工具。最后，从党的执政地位来看，中国共产党作为中国唯一的执政党，执政合法性和合理性来自历史和人民的选择，是中国社会历史发展的必然结果，而中国共产党前所未有的执政成就，中国特色社会主义民主政治的独特优势，决定了中国共产党能够长期执政，与西方政党通过竞选轮流执政具有本质区别。把群众作为政党的生命根基，还是作为政党的选举工具，取决于政党的性质、本质和职能，也与政党所处的政治制度环境紧密关联。

二、中国共产党关于群众范畴的理论建构

中国共产党从中国的具体实际出发，创造性发展马克思主义群众范畴，创立马克思主义群众范畴的中国化表述，实现马克思主义群众范畴的中国化，构建出中国共产党关于群众范畴的理论框架。

（一）根据历史作用与历史任务赋予群众范畴质的规定性

历史作用是马克思主义赋予群众范畴质的规定性的根本依据。马克思、恩格斯指出："如果要去探究那些隐藏在——自觉地或不自觉地，而且往往是不自觉地——历史人物的动机背后并且构成历史的真正的最后动力的动力，那么问题涉及的，与其说是个别人物，即使是非常杰出的人物的动机，不如说是使广大群众、使整个的民族，并且在每一民族中间又是使整个阶级行动起来的动机；而且也不是短暂的爆发和转瞬即逝的火光，而是持久的、引起重大历史变迁的行动。"[4]毛泽东指出："人民，只有人民，才是创造世界历史的动力。"[5]邓小平指出："群众是我们力量的源泉。"[6]江泽民指出："人民是我们国家的主人，是决定我国前途命运的根本力量。"[7]习近平指出："人民是历史的创造者，群众是真正的英雄。"[8]总而言之，马克思主义经典作家们关于群众范畴质的规定性的论述，可以总括为群众是社会历史的主体，是历史的创造者，是社会物质财

富和社会精神财富的创造者,是社会变革的决定力量,是一切对社会历史发展起推动作用的人。群众范畴质的规定性具有高度的原则性、抽象性和统摄性,对具体社会条件和特定历史任务具有一定的抽离性,因而必须结合具体实际,进一步明确群众范畴。

在历史作用基础上,中国共产党根据具体社会条件和特定历史任务进一步明确群众范畴质的规定性。在新民主主义革命时期,群众是指一切对完成这一时期党面临的主要任务起推动作用的人。在社会主义革命和建设时期,党根据这一时期面临的主要任务赋予群众范畴质的规定性,认为人民群众是"一切赞成、拥护和参加社会主义建设事业的阶级、阶层和社会集团"[9]。在改革开放和社会主义现代化建设时期,党根据这一时期面临的主要任务赋予群众范畴质的规定性,如江泽民指出,"人民群众是社会主义现代化建设事业的最终决定力量"[10]"人民群众是先进生产力和先进文化的创造主体,也是实现自身利益的根本力量"[11],胡锦涛指出,"人民群众是推动科学发展的主体"[12]等。在中国特色社会主义新时代,习近平强调,实现中华民族伟大复兴的宏伟目标"凝聚了几代中国人的夙愿"①"是每一个中华儿女的共同期盼"②,而实现这一宏伟目标,则"必须紧紧依靠人民来实现,必须不断为人民造福"③,深刻阐释了群众是实现中华民族伟大复兴的决定性力量。

(二)群众外延包括主体部分和因时而变的部分

群众外延既是理论问题,也是现实问题。群众是一切对社会历史发展起推动作用的人,这一质的规定性总体上决定了群众外延。但是,对应于不同历史时期的特定历史任务,群众的边界是变化的,群众外延是因时而变的。当然,不论群众外延如何变化,其中最稳定的主体部分是从事物质资料生产的劳动群众,总是占社会人口的绝大多数。

在马克思主义产生前后,欧洲工人阶级反对资本主义制度的斗争相继失败,觉醒的工人阶级认识到,工人阶级必须作为一个整体来行动,才能使自己的活动和事业收获成效,因而需要组织起来,成立自己的政党,为自己打造强有力的领导者和推动力量。正是在这样的历史背景下,马克思、恩格斯创立了世界上第一个无产阶级政党——共产主义者同盟,组织工人阶级,领导工人阶级的斗争。因而,在马克思、恩格斯时期,群众指的是与无产阶级政党相对应的工

---

① 习近平. 习近平著作选读:第一卷[M]. 北京:人民出版社,2023:63.
② 习近平. 习近平著作选读:第一卷[M]. 北京:人民出版社,2023:63.
③ 习近平. 习近平著作选读:第一卷[M]. 北京:人民出版社,2023:99.

人阶级。在苏维埃俄国列宁时期,群众外延扩展为"全体被剥削者",到了斯大林时期,群众外延扩大到所有社会主义劳动者。当然,苏维埃俄国布尔什维克党对群众外延的调整不是主观随意的,而是根源于国情以及布尔什维克党的革命和执政实践。

中国共产党对群众外延的确定受到马克思、列宁等的影响,伴随党的革命和执政实践而变化。在党成立之初,中国共产党认为群众主要指工人阶级,而没有限定于工人阶级,把农民、士兵和学生纳入群众外延,如党的一大纲领指出:"工人、农民、士兵和学生的地方组织中党员人数多时,可派他们到其他地区去工作,但是一定要受地方执行委员会的严格监督。"[13]

在新民主主义革命时期,中国共产党四次调整群众外延:一是从建党到国民大革命,群众外延从工人阶级拓展到农民阶级、小资产阶级、民族资产阶级和知识分子等,因而党群关系不再只是党与工人阶级的关系,是党与包括工人阶级在内的群众的关系;二是土地革命战争时期,群众外延主要包括工人阶级和农民阶级,由于受到党内"左"倾错误的不良影响,中国共产党把整个资产阶级排除出了群众外延,对知识分子采取排斥态度,打击富农,打击和排挤中间势力,把群众的一部分排除出群众外延,乃至作为敌人进行打击;三是抗日战争时期,中日民族矛盾成为主要矛盾,群众外延从工人和农民扩展到一切抗日的阶级、阶层、政党和团体,包括工人阶级、农民阶级、小资产阶级、民族资产阶级、大地主、大资产阶级的亲英美派集团等;四是解放战争时期,中国社会的主要矛盾是中国人民同美帝国主义支持的国民党反动派的矛盾,决定了一切反对"美帝国主义和官僚资产阶级、地主阶级以及国民党反动派"[9]的阶级、阶层和社会集团都属于群众外延,包括各民族、各民主阶级、各民主党派、各人民团体、广大华侨、各界民主人士及其他爱国分子和国民党统治集团中的一部分地方实力派。在社会主义革命和建设时期,中国共产党两次调整群众外延:从新中国成立到社会主义改造完成前,工人、农民、个体劳动者、知识分子等继续留在群众外延,而由于工人阶级与资产阶级的矛盾成为社会主要矛盾,所以资产阶级不再属于群众范畴,而是作为改造对象被排除出群众外延;社会主义改造完成后,剥削阶级被消灭,我国进入全面建设社会主义时期,"一切赞成、拥护和参加社会主义建设事业的阶级、阶层和社会集团"[9]都属群众外延,主要指工人阶级、农民阶级和知识分子阶层。改革开放以后,由于我国社会环境出现了根本性转变,不断涌现出新的社会阶层,群众外延突破了原有社会结构,包括全体社会主义劳动者、社会主义事业的建设者、拥护社会主义的爱国者、拥护祖国统一和致力于中华民族伟大复兴的爱国者,不仅包括工人、农民和知识分子，还包括新的社会阶层，如"民营企业和外商投资企业管理技术人员、中介组织和社会组织从业人员、自由职业人员、新媒体从业人员等"[14]。

总之，自党成立以来，群众外延一般包括工人阶级和农民阶级，而随着社会性质、社会主要矛盾、历史任务和社会阶层的变化，群众外延也随之变化，所包括的阶级、阶层和社会团体也随之调整。

（三）群众是党的力量源泉

群众是党的力量源泉，揭示了群众对党的重要性和根本性。这一结论包含两层意义：一是党必须依靠群众，二是党不能脱离群众。一旦脱离群众，失去群众的拥护和支持，党和人民的事业必然遭到挫折和失败。

1. 党必须依靠群众

毛泽东指出："共产党基本的一条，就是直接依靠广大革命人民群众。"[15]依靠群众是中国共产党的重要法宝和优良传统。在革命战争时期，中国共产党从小到大，以弱胜强，打败国内外一切反动势力，取得新民主主义革命的伟大胜利，关键在于依靠群众，获得群众的拥护和支持，如毛泽东指出："革命战争是群众的战争，只有动员群众才能进行战争，只有依靠群众才能进行战争。"[16]"真正的铜墙铁壁是什么？是群众，是千百万真心实意地拥护革命的群众"。[16]新中国成立以后，大规模的疾风暴雨的革命斗争基本结束，虽然党的处境、历史任务发生了根本性转变，但中国共产党继续依靠群众，胜利完成社会主义革命和建设时期、改革开放和社会主义现代化建设时期的主要任务，取得了社会主义革命和建设、改革开放和社会主义现代化建设的伟大成就。在中国特色社会主义新时代，以习近平同志为核心的党中央领导全国人民攻克一个个新的"娄山关"和"腊子口"，实现了第一个百年奋斗目标，踏上实现第二个百年奋斗目标的新征程，朝着中华民族伟大复兴的宏伟目标继续前进，关键仍然在于依靠群众，如习近平指出："实现中华民族伟大复兴，必须依靠中国人民自己的英勇奋斗来实现。"[17]

2. 党不脱离群众

建党一百年来，中国共产党坚持与群众紧密地联系在一起的优良作风，认为党的最大的政治优势是密切联系群众，最大危险是脱离群众，"依靠民众则一切困难能够克服，任何强敌能够战胜，离开民众则将一事无成"[18]。中国共产党人曾经用"儿子与母亲的关系""鱼与水的关系""舟与水的关系""种子与土地的关系""学生与先生的关系"等来比喻党与群众不可分割的联系，教育和引导全党必须保持与群众的密切联系，告诫党员不能脱离群众。

在革命战争时期，中国共产党确立正确的路线，纠正错误的路线，加强党的建设和党风廉政建设，有效化解党内右倾错误、"左"倾错误、官僚主义、形式主义、党员干部贪污腐化等对党群关系的危害，巩固和密切群众关系。新中国成立后，尤其改革开放以来，我国社会环境发生了根本性转变，在利益诱惑和种种消极思想的侵蚀下，一些党员干部淡漠群众观念，瞧不起群众，不愿接触群众，不听取群众意见，对群众的疾苦漠不关心，违反党的政治纪律和政治规矩，搞特权，贪污腐化，侵害群众的利益。中国共产党敲响"脱离群众的危险"的警钟，告诫全体党员"没有比忘记初心使命、脱离群众更大的危险"[19]，对全党发出强烈预警。党的十八大以来，以习近平同志为核心的党中央坚持人民至上，恪守"江山就是人民，人民就是江山"[20]的根本信念，全面从严治党，深入推进党风廉政建设和反腐败斗争，保持党的先进性、纯洁性和健康肌体，着力解决"不平衡、不充分的发展"的问题，不断满足人民日益增长的美好生活的需要，从而加强党与群众的密切联系，努力化解脱离群众的危险。

（四）党是群众的领导核心

1. 群众需要党的领导

群众创造历史的活动不仅受到客观条件的制约，在阶级社会，还受到统治阶级的控制和束缚，无法充分发挥历史创造性。同时，群众由不同的阶级构成，而不同阶级在阶级利益、阶级立场上是有区别的，甚至是根本对立的。所以，群众并不是以一个整体存在的，难以形成统一的意志和行动。因此，必须对群众进行具体的阶级分析，确认群众中代表新的生产力和与先进生产关系相联系的阶级，并由这个阶级中最有觉悟、最积极分子组成的政党领导群众，实现群众的团结统一，带领他们为自身的根本利益而奋斗。同时，"政党通常是由最有威信、最有影响、最有经验、被选出担任最重要职务而称为领袖的人们所组成的比较稳定的集团来主持的"[21]，一个没有领袖的政党必然组织无力，思想混乱，其所代表的群众和所在的阶级必然陷入涣散、分裂的状态，也就不能实现所肩负的使命，正如列宁指出："在历史上，任何一个阶级，如果不推举出自己善于组织运动和领导运动的政治领袖和先进代表，就不可能取得统治地位。"[22]

自鸦片战争以来，在中国共产党诞生以前，中国人民的反抗斗争一次次失败，根本原因在于中国旧政党不能组织群众，不能实现群众的团结统一，如孙中山感叹："中国四万万之众等于一盘散沙。"[23] 中国共产党是由中国无产阶级中的先进分子组成的，以科学理论武装自己，组织严密、纪律严格、勇于自我革命，坚持马克思主义群众观点，贯彻群众路线，比群众更了解实现中国革命、建设、改革和复兴的条件、进程和一般结果。在长期的群众斗争、群众实践中，中国共产党涌现出一批党和人民的领袖，对推进党和人民的各项事业发挥了重大而深远的历史作用。在新民主主义革命时期，中国共产党把广大群众组织起来，形成了一个意志和行动统一的整体，取得了新民主主义革命的伟大胜利，实现了民族独立和人民解放。新中国成立以后，经过社会主义改造，中国剥削阶级已经被消灭，群众既在根本利益基础上形成团结统一的整体，也在具体利益基础上形成不同阶层和社会团体。尤其是改革开放以来，新的社会阶层不断涌现，具体利益的分化和差别越来越大。如果利益矛盾和利益冲突得不到妥善解决，必然对群众的团结统一造成损害，难以维护和实现群众的根本利益和具体利益。中国共产党把群众的根本利益与不同阶层和社会团体的具体利益有机统一起来，以实现根本利益为根本目标，又充分重视实现具体利益，妥善解决好利益矛盾和利益冲突，从而维护和加强群众的团结统一，调动群众的积极性、主动性和创造性。

2. 党能够领导群众

马克思、恩格斯在《共产党宣言》中对共产党的先进性、纯洁性和时代性进行了前瞻性论述，指出，共产党"没有任何同整个无产阶级的利益不同的利益""使无产阶级形成为阶级，推翻资产阶级的统治，由无产阶级夺取政权""在实践方面，共产党人是各国工人政党中最坚决的、始终起推动作用的部分；在理论方面，他们胜过其余无产阶级群众的地方在于他们了解无产阶级运动的条件、进程和一般结果"[1]。邓小平也指出："共产党——这是工人阶级和劳动人民中先进分子的集合体，它对于群众的伟大的领导作用，是不容怀疑的。"[24]可见，中国共产党具有强大的领导力，能够领导群众，成为群众的领导核心。

中国共产党是马克思主义政党，具有其他任何政党所不可比拟的先进性、纯洁性和时代性。中国共产党能够制定正确的路线方针政策，纠正错误的路线方针政策，始终在政治思想、战略方向上正确引领群众，能够以科学理论、行动纲领、战略决策组织动员群众，发挥广大党员干部的先锋模范作用，做好群众的服务工作和思想政治工作，从而把群众紧密团结在自己的周围，形成一个意志和行动统一的整体，形成为实现群众的根本利益而奋斗的强大合力。历史经验证明，唯有中国共产党才能成为群众的领导核心，实现群众的团结统一，凝聚群众的强大力量，团结带领群众实现各个时期的历史任务。

三、群众范畴对党群关系建设的方法论启示

在党群关系建设中，中国共产党是领导者，群众是参与者，党群关系好不好关键在党。建党百年来，中国共产党把马克思主义群众范畴与中国具体实际结合起来，正确认识和把握群众范畴，实现马克思主义群众范畴的中国化，为

密切党群关系奠定思想基础，对推进党群关系建设具有启示意义。

（一）结合社会现实把握群众范畴

从哲学层面来说，群众是社会历史的主体，是历史的创造者，本质上是指一切对社会历史发展起推动作用的人。同时，群众是一个历史性范畴，群众外延是动态的、变化的，在不同的历史条件和阶级关系中，有不同的内容。因此，把握群众范畴不能脱离社会现实，否则，就不能正确确定群众外延。在第二次国内革命战争时期，以王明为代表的"左"倾教条主义者脱离实际，错误认识革命性质和革命对象，夸大中国革命反资产阶级、反富农斗争的意义，排斥和打击中间势力，将他们排除出群众外延，扩大了敌人，孤立了自己。社会主义改造完成以后，剥削阶级作为一个阶级在中国已经被消灭，我国社会的阶层结构主要是工人阶级、农民阶级和知识分子阶层，都属于群众的范畴。由于全面建设社会主义开始后出现了"左"倾错误以及发生了"文化大革命"，违背了社会现实，错误地把一部分群众认定为阶级敌人，对我国社会主义建设造成了严重挫折。由此可见，在党群关系建设中，必须坚持马克思主义群众范畴质的规定性，同时，又必须结合社会现实把握群众范畴，不能脱离社会现实抽象地规定不同时期的群众。

（二）根据社会主要矛盾与中心任务确定群众外延

正确确定群众外延是党群关系建设的基本前提。社会主要矛盾决定社会进程，决定中心任务，只有从社会主要矛盾出发，紧紧围绕中心任务，党和人民的各项事业才能取得胜利。群众范畴质的规定性总体上决定了群众外延，而群众外延是动态的和变化的，具有客观性，是由社会主要矛盾和中心任务所决定的，绝不能主观设定，否则，对应各时期的社会主要矛盾和中心任务，群众外延就会出现过小或过大的情形，就不能达到党群关系建设的目的。群众外延过小，意味着把群众的一部分排除出群众的范畴，压缩了群众外延，削弱了群众的力量；群众外延过大，意味着把不属于群众外延的人士纳入了群众外延，不利于群众的团结统一。从党的群众范畴演变来看，除了出现路线错误，我们党一直是从社会主要矛盾出发，紧紧围绕中心任务，根据社会主要矛盾和中心任务的变化调整群众外延。因此，必须从社会主要矛盾出发，紧紧围绕中心任务，确定群众外延。

（三）坚持党依靠群众与党领导群众相统一

只有依靠群众，获得群众的拥护和支持，中国共产党才能拥有不可战胜的强大力量，才能胜利推进党的各项事业。同时，中国共产党由群众中的优秀分子组成，也是群众中的一分子，这决定了党拥有群众基础广泛的天然优势，与群众具有不可分割的血肉联系，能够依靠群众。党领导群众，一是因为党具有先进性、纯洁性和时代性的特点，尤其是由党的领袖组成的领导核心比普通群众站得高、看得远，解决历史任务的愿望比普通群众强烈，凭借科学的思想理论来倡导和发起运动，为群众完成历史任务提供智力支持和精神保障；二是因为群众是以分散的个人存在的，而党凭借正确的路线方针政策、科学决策、强大的凝聚力、战斗力和领导力、号召力把分散的个人凝聚成一个团结统一的整体，大大增加了完成历史任务的可能性。可见，党依靠群众与党领导群众是有机统一的，领导群众，是党依靠群众的保障；而依靠群众，是党领导群众的基础。群众的历史地位和历史作用决定了党依靠群众，而要充分发挥群众的历史创造性，就必须坚持党对群众的领导。

综上所述，中国共产党坚持马克思主义群众范畴的基本观点，从中国的具体实际出发，根据历史作用与历史任务赋予群众范畴质的规定性，把群众外延分为基本部分和因时而变的部分，坚信群众是党的力量源泉，群众需要党的领导和党是群众的领导核心。因此，在党群关系建设中，必须结合社会现实把握群众范畴，根据社会主要矛盾与中心任务确定群众外延，坚持党依靠群众与党领导群众相统一。

参考文献：

[1] 中共中央马克思恩格斯列宁斯大林著作编译局. 马克思恩格斯选集：第1卷 [M]. 北京：人民出版社，2012.

[2] 中共中央马克思恩格斯列宁斯大林著作编译局. 马克思恩格斯文集：第1卷 [M]. 北京：人民出版社，2009.

[3] 习近平. 在庆祝中国共产党成立100周年大会上的讲话 [M]. 北京：人民出版社，2021.

[4] 中共中央马克思恩格斯列宁斯大林著作编译局. 马克思恩格斯选集：第4卷 [M]. 北京：人民出版社，2012.

[5] 毛泽东. 毛泽东选集：第三卷 [M]. 北京：人民出版社，1991.

[6] 邓小平. 邓小平文选：第二卷 [M]. 北京：人民出版社，1994.

[7] 江泽民. 江泽民文选：第二卷 [M]. 北京：人民出版社，2006.

[8] 习近平. 在第十三届全国人民代表大会第一次会议上的讲话 [M]. 北京：人民出版社，2018.

[9] 毛泽东. 关于正确处理人民内部矛盾的问题 [M]. 北京：人民出版社，1964.

[10] 中共中央文献研究室. 江泽民思想年编（1989—2008）[M]. 北京：中央文献出版社，2010.

[11] 江泽民. 江泽民文选：第三卷[M]. 北京：人民出版社，2006.

[12] 中共中央文献研究室. 十七大以来重要文献选编（上）[M]. 北京：中央文献出版社，2009.

[13] 本书编委会. 中国共产党历次党章汇编（1921—2017）[M]. 北京：中国方正出版社，2019.

[14] 中国共产党统一战线工作条例[M]. 北京：人民出版社，2021.

[15] 中共中央文献研究室. 建国以来毛泽东文稿：第12册[M]. 北京：中央文献出版社，1998.

[16] 毛泽东. 毛泽东选集：第一卷[M]. 北京：人民出版社，1991.

[17] 习近平. 在纪念辛亥革命110周年大会上的讲话[M]. 北京：人民出版社，2021.

[18] 中共中央文献研究室，中国人民解放军军事科学院. 毛泽东军事文集：第2卷[M]. 北京：军事科学出版社，中央文献出版社，1993.

[19] 习近平. 用好红色资源 赓续红色血脉 努力创造无愧于历史和人民的新业绩[J]. 求是，2021（19）.

[20] 习近平. 高举中国特色社会主义伟大旗帜 为全面建设社会主义现代化国家而团结奋斗：在中国共产党第二十次全国代表大会上的报告[M]. 北京：人民出版社，2022.

[21] 中共中央马克思恩格斯列宁斯大林著作编译局. 列宁选集：第4卷[M]. 北京：人民出版社，2012.

[22] 中共中央马克思恩格斯列宁斯大林著作编译局. 列宁全集：第4卷[M]. 北京：人民出版社，1984.

[23] 孙中山. 孙中山选集[M]. 北京：人民出版社，1981.

[24] 邓小平. 邓小平文选：第一卷[M]. 北京：人民出版社，1994.

传承弘扬江西红色、绿色、古色文化研究[①]

黄惠运　刘祥宪　谢积耀　刘娟华[②]

摘　要：在新的时代条件下，传承弘扬江西"红绿古"三色文化，应以习近平新时代中国特色社会主义思想为指导，提升一个传承弘扬理念：实现中华文明和赣鄱文化的创造性转化、创新性发展，树立"两山"理念等。确立两大传承创新目标：江西在绿色发展方面走在前列，在红色基因传承方面做出示范。建立三大传承创新机制：利用红色文化资源建立健全理想信念教育长效机制；完善群众文化服务体系；构建赣鄱文化、江西红色文化全球传播话语体系。实施四点对策建议：在实施"乡村振兴"战略中保护、开发、利用赣鄱文化资源；在共建"一带一路"倡议中推动赣鄱文化走出去，向海外传播；在防控疫情和抗洪抢险斗争中融入赣鄱文化元素；发挥客家文化论坛和江西抗战文化的统战功能。取得五大传承弘扬成果：利用赣鄱文化精华厚植家国情怀，坚定文化自信；定期举办赣鄱文化高峰论坛和红色文化传承创新论坛；构建新的专题文化学科；促进全省经济社会文化高质量跨越式发展；让《正气歌》唱响全球，同唱一首歌《苏区精神》。

关键词：江西"红绿古"文化；传承弘扬；对策建议

[①] 基金项目：本文系国家社科基金重大项目"中华苏维埃共和国国家制度和治理体系实践探索研究"，编号：20ZDA003，国基西部项目"习近平总书记关于加强'四史'教育的重要论述研究"，编号：21XDJ027，江西省智库招标课题"传承和弘扬红色、绿色、古色文化研究"，编号：20ZK06，井冈山大学社科基金项目（建党100周年暨党史专项）"改革开放道路与井冈山道路的历史关联"，井冈山大学教改课题"'中国现代史'课程利用红色文化资源协同育人模式构建研究"，编号：XJJG-19-16XJYLKCJS2020017 的阶段性成果之一。

[②] 作者简介：黄惠运，男，江西吉安人，历史学博士，井冈山大学人文学院教授、中国共产党革命精神与文化资源研究中心研究员、庐陵文化研究中心研究员、井冈山研究中心研究员，南昌大学兼职硕导，龙岩学院中央苏区研究院特聘研究员，主要研究方向为历史教学与研究；刘祥宪，吉安县文天祥纪念馆馆长，主要从事文天祥、吉州窑陶瓷文化研究；谢积耀，吉安县官田中学教师，研究方向为中学历史、政治教学与研究；刘娟华，吉安职业技术学院旅游学院助教。

江西是文化大省，红色、绿色、古色文化资源十分丰富，在中国文化史上具有重要地位。党中央和江西省、市、县各级领导十分关心、支持和大力推进江西红色、绿色、古色文化的传承弘扬。由于领导高度重视，政策大力推动和宣传展示鼓动，已经取得了相当可观的传承弘扬效果。但是也出现了"红绿古"三色文化深度融合不够、"走出去"步伐缓慢、协同创新机制局促等问题。在新的时代条件下，应以习近平新时代中国特色社会主义思想为指导，提升一个传承弘扬理念：实现中华文明和赣鄱文化的创造性转化、创新性发展，树立"两山"理念等。确立两大传承创新目标：在绿色发展方面走在前列，在红色基因传承方面做出示范。建立三大传承创新机制：利用红色文化资源建立健全理想信念教育长效机制；完善群众文化服务体系；构建赣鄱文化、江西红色文化全球传播话语体系。实施四点对策建议：在实施"乡村振兴"战略中保护、开发、利用赣鄱文化资源；在共建"一带一路"倡议中推动赣鄱文化走出去，向海外传播；在防控疫情和抗洪抢险斗争中融入赣鄱文化元素；发挥客家文化论坛和江西抗战文化的统战功能。取得五大传承弘扬效果：利用赣鄱文化精华厚植家国情怀，坚定文化自信；定期举办赣鄱文化高峰论坛和红色文化传承创新论坛；构建新的专题文化学科；促进全省经济社会文化高质量跨越式发展；让《正气歌》唱响全球，同唱一首歌《苏区精神》。

一、江西红色、绿色、古色文化传承弘扬现状述评

（一）领导高度重视

党中央和江西省市县各级领导十分关心、支持和大力推进江西红色、绿色、古色文化的传承弘扬工作。党的十八大以来，习近平总书记就江西工作发表多次重要讲话，提出"一个样板""两个定位""三个着力""四个坚持"和"五个推进"的总要求，这是新的时代条件下传承弘扬江西"红绿古"文化的根本遵循。江西省委书记刘奇在多次讲话中强调，红色是江西最亮的品牌，绿色是江西最大的优势，古色是江西最深的底蕴。要突出江西古色、红色、绿色三大文化品牌，加快建设历史文化传承创新区。省领导朱虹博士撰写发表《让江西古代书院"活"起来》《样式雷极简史》《改革家王安石》《江西十大红色旅游基因库》《赣水遐思》等多篇江西文化研究系列论文，著有《人文江西读本》《江西旅游文化丛书》《走遍江西100县》《风流江西》《江西符号》《翻开江西这本书》等多部江西文化研究专著，为传承弘扬赣鄱文化做出重要贡献。

（二）政策大力推动

江西省原文化厅、发改委编《江西省文化事业发展"十三五"规划》，中共江西省委省人民政府编发《关于加快文化强省建设的实施意见》，中共江西省委省政府办公厅印发《江西省革命文物保护利用工程（2018—2022年）实施方案》等文件提出：深化江西历史文化研究，加强文物资源保护利用，推进非遗和古籍保护传承，宣传普及优秀传统文化等政策措施；做出建设国家长征文化公园，推进中央红军长征集结出发、红六军团西征、抗日先遣队北上三条长征出发地文化线路建设，完善"重走长征路"红色旅游精品线路；推进景德镇市陶瓷传承创新示范区建设，启动江西省可移动文物普查数据资源服务平台，推进网上博物馆建设，加快博物馆与教育、旅游、科技的融合等文化繁荣发展部署。

（三）宣传展示鼓动

《江西省革命文物保护利用工程（2018—2022年）实施方案》规定：深挖红色题材内涵，围绕井冈山精神、苏区精神、长征精神等持续打造红色题材精品力作。建立省级十大红色育人实践基地，开发一批革命文物宣传品和文创产品。持续深入开展诵读红色家书和宣介红色经典故事等活动。2019年，在江西启动中宣部组织实施的"壮丽70年·奋斗新时代——记者再走长征路"活动；在南昌举行了世界VR产业大会、赣商大会；在上饶举行了鄱阳湖国际观鸟周，发展中的江西工商业和良好的江西生态令人称赞。举行了"中国共产党的故事——习近平新时代中国特色社会主义思想在江西的实践"专题宣介会；"文化的力量——2019江西文化发展巡礼展"，集中宣传展示江西省红色、古色、绿色、金色文化。

二、江西红色、绿色、古色文化传承弘扬问题聚焦

（一）"红绿古"三色文化深度融合不够

1. 脉络梳理不够

关于江西区域文化是称赣文化还是称赣鄱文化，红色文化是否包括在赣鄱文化范畴等问题，需要深入讨论定义。江西历史沿革、地理环境、山水林田湖草状况、各县市得名由来，具体如唐宋八大家江西占三家文化奇观的原因，"朱德毛泽东式""方志敏式""李文林式"革命根据地的特点等，均需分析总结。

2. 文旅融合不够

江西历史文化和旅游发展的某些方面融合不够紧密，不少旧居、旧址未能保护，濒临破损。有的历史文化遗址亟待保护开发和利用，例如，东固云汉堂会议旧址、敖上红军无线电训练班旧址、红军工兵连在吉安成立旧址，均需要保护、开发、利用和展示。

（二）"红绿古"三色文化"走出去"步伐缓慢

1. 政治站位偏低

江西各地文化建设健康发展，但也夹带一些封建迷信、落后习俗成渣浮现。未能有效利用国家"一带一路"倡议、"乡村振兴"战略实施的机遇，主动融入其中，因而显得零打碎敲，未能形成更大规模的有效的创新性发展。

2. "丝路瓷行"缓慢

千年瓷都，江西样板。昌南古镇，China 中国。以景德镇、吉州窑为代表的江西陶瓷文化，在中外文化交流史上的地位和茶文化一样重要，但目前的开发利用尤其是借助"一带一路"倡议实施的举措有些迟缓，没有及时跟进，吉州窑"木叶天目盏"产销不尽如人意。明隆庆初年抄录完毕的《永乐大典》副本，现在散落在海内外，只剩残卷 400 余册。中国国家图书馆通过多种途径至今共收藏《永乐大典》224 册（其中 62 册现暂存于台北"故宫博物院"）。另有 190 余册散落于美国、英国、德国、日本等国家。但很少组织专家学者分赴上述国家和地区，通过拍摄、抄录、访谈或者购买等形式，将《永乐大典》散佚在海外的经、史、子、集、工技、农艺、医学、科技、文学、戏剧、宗教、艺术等文献资料搜集整理和辑佚汇编，"国宝"级文物蒙尘海外。

（三）"红绿古"三色文化协同创新机制局促

1. 协同创新不足

江西是"八一"起义、湘赣边秋收起义和井冈山、东固、湘赣、湘鄂赣、赣西南、闽浙赣、中央苏区等革命根据地的所在地，孕育生成了"八一"精神、三湾改编精神、"赣南三整"精神、井冈山精神、东井冈精神、苏区精神等，这些革命精神一脉相承，但相互之间有时处于本位和封闭状态，缺少共同弘扬创新。

2. 满足群众愿望有差距

党和政府已经组织修建了许多文化广场，为人民群众提供休闲、娱乐、集会的场所。但是，有不少文化景区或文化公园尚未建设，如庐陵文化广场、东井冈文化广场（或称公略文化广场）、红六军团西征主题文化公园等，需要加快建设步伐。

3. 欠缺和学习宣传"四史"的结合

江西红色文化和党史、新中国史、改革开放史、社会主义发展史紧密联系在一起，是"四史"重要组成部分。但由于江西红色文化和学习宣传"四史"

的联系不够紧密,给人们留下的印象是:只知道有井冈山会师,而不知道有东固会师;只知道有"朱德毛泽东式""方志敏式",而不知道有"李文林式";只知道有"送瘟神精神",而不知道新中国第一架飞机、第一辆军用摩托车、第一辆轮式拖拉机、第一枚海防导弹等都是在江西制造的。

三、江西红色、绿色、古色文化传承弘扬对策建议

(一)提升一个传承弘扬理念

习近平总书记强调指出:不忘本来才能开辟未来,善于继承才能更好创新;努力实现中华文明的创造性转化、创新性发展;坚定"绿水青山就是金山银山"的理念,奋力实现江西"绿色崛起"。我们应以习近平新时代中国特色社会主义思想为指导,不断传承弘扬和创新赣鄱文化,为加快建设富裕、美丽、幸福、现代化江西提供精神动力和文化支撑,促进形成江西新的社会经济和文化发展增长点,实现江西在中部地区快速崛起。

(二)确立两大传承创新目标

1. 在绿色发展方面走在前列

习近平总书记要求江西走出一条经济发展和生态文明相辅相成、相得益彰的路子,加快构建生态文明体系,打造美丽中国"江西样板"。2019年5月,习近平总书记再次亲临江西视察时强调:"要加快构建生态文明体系、繁荣绿色文化、壮大绿色经济、创新绿色制度、筑牢绿色屏障。"

江西是绿色文化富省。吉水"石莲洞"遗址、永新九陇山军事根据地、赣州赣江源、南昌"水都"资源、上饶鄱阳湖水情风光、吉安吉泰盆地风景等绿色文化资源,均应得到有效保护和开发利用。应精准开发利用泰和县槎滩陂水利工程;井冈山"绿色宝库""天然氧吧"资源;中华苏维埃共和国的水利、林业建设成就和毛泽东在中央苏区提出的"水利是农业的命脉"等生态文明建设思想。[1]进一步完善"湖长制""河长制""林长制"管理体系,努力打造山水林田湖草生命共同体,实现人与自然的和谐共生。积极倡导和践行"生态+"理念,率先促进生态保护和绿色发展。

在生态文明建设发展中加强区域和省际合作。进一步加强湘赣、湘鄂赣、闽浙皖赣苏区历史文化研究,促进江西在长江流域中部崛起和振兴。武功山国家森林公园位于吉安安福县和萍乡莲花县,可以采取联合开发保护利用的方式。江西位于长江中下游南岸,处在浙江、福建、广东等沿海省份的后方,是唯一一个同时连接"长三角""珠三角""闽南三角"三个经济区的省份,应发挥对接发达经济区的区位优势,促进江西社会经济文化和生态文明建设快速发展。

继续组织开展"美丽中国·乡约江西"的宣传展示活动,将江西"绿色"文化资源与高科技深度融合,定向协作,创新发展。

2. 在红色基因传承方面做出示范

习近平总书记视察江西讲话提出的"四个坚持"之一是"坚持弘扬井冈山精神","五个推进"之一是"推进红色基因传承"。这是在新的时代条件下传承弘扬江西红色文化的指导思想。

(1) 应突出宣传江西党史、国史的重要地位

如"三大摇篮一个策源地"、农村包围城市、武装夺取政权的中国革命道路的开辟、赣东北"苏区模范省"、中央苏区是红军战略战术原则基本形成的基地、毛泽东思想形成的发祥地、中央红军长征出发集结地于都、毛泽东在井冈山和中央苏区撰写的《中国的红色政权为什么能够存在?》《井冈山的斗争》《星星之火,可以燎原》《关心群众生活,注意工作方法》等光辉著作,井冈山精神、苏区精神、方志敏精神等革命精神。进一步明确南昌起义打响武装反抗国民党反动派的第一枪,中国共产党开始独立领导武装斗争和创建人民军队新时期的历史地位;党对军队绝对领导的根本原则和制度,发端于南昌起义,奠基于三湾改编,定型于古田会议;中央苏区时期曾山的"扩红支前"贡献;江西在抗日战争中的历史地位等。

(2) 新建一座"十万工农下吉安"纪念馆

习近平总书记在系列重要讲话中多次强调,要把革命传统发扬好,把红色基因传承好,把红色资源利用好。让收藏在博物馆里的文物、陈列在广阔大地上的遗产、书写在古籍里的文字都活起来。1929年10月至1930年10月,毛泽东、朱德率领的红四军、红一军团、红一方面军,在黄公略、曾炳春等率领的江西地方红军武装和曾山等指挥的赣西南地区数十万群众的积极配合下,先后九次攻打吉安县城(今吉安市吉州区),史称"九打吉安"。毛泽东诗词称为"十万工农下吉安"。当前,有必要尽快修建一座"十万工农下吉安"纪念馆,以传承弘扬革命精神。

(3) 在学习宣传"四史"中传承弘扬江西红色文化

习近平总书记指出:"要把学习贯彻党的创新理论作为思想武装的重中之重,同学习马克思主义基本原理贯通起来,同学习党史、新中国史、改革开放史、社会主义发展史结合起来,同新时代我们进行伟大斗争、建设伟大工程、推进伟大事业、实现伟大梦想的丰富实践联系起来……"[2]可以通过新媒体、采取拍摄影像等方式学习江西党史、宣传江西红色文化。例如,关于中央苏区的由来,"八一"建军节的由来,中国人民解放军技侦情报工作创建日、《参考消

息》报的由来等，均需认知纪念、传承弘扬。

（4）文旅融合，发展壮大红色文化产业

可以开发创作井冈山红歌、东固山歌、兴国山歌、畲族山歌、红舞、红剧，或创制生产井冈山红书、红报、红装、红米、红瓷、红茶、红军药、红军菜、红军酒、书法、绘画、纪念品等红色文化创意产业。[3]继续编演音乐舞蹈史诗《井冈山》《可爱的中国》等节目。继修建南昌军事主题公园之后，在瑞金市、于都县、石城县、兴国县、遂川县等地建设好长征国家文化公园；进一步挖掘上饶集中营、马家洲集中营的历史文化；重点包装宣传"小平小道"的历史地位和文创价值等。

（三）建立三大传承创新机制

1. 利用红色文化资源建立健全理想信念教育长效机制

习近平总书记指出，"理想因其远大而为理想，信念因其执着而为信念。"井冈山精神内涵之一就是"坚定执着追理想"①。在新的时代条件下，要以井冈山精神、苏区精神、长征精神等对党员干部进行理想信念教育，对青少年进行革命传统和爱国主义教育，对公民进行"中国梦"和道德诚信教育。习近平总书记强调："要从瑞金开始追根溯源，深刻认识红色政权来之不易，新中国来之不易，中国特色社会主义来之不易。""共和国是红色的，不能淡化这个颜色。"今日的中华人民共和国是从在江西苏区瑞金成立的中华苏维埃共和国发展壮大起来的，要不断加强理想信念教育，永远深情缅怀毛泽东、朱德、周恩来、刘少奇、任弼时、陈云、邓小平、曾山等老一辈革命家创建中华苏维埃共和国的历史功绩和崇高风范。

2. 完善群众文化服务体系

方志敏在赣东北苏区创办了中国共产党历史上最早的公园"列宁公园"，这是为人民谋幸福的初心体现。在制定江西省文化事业发展"十四五"规划时，应进一步加强和提升省、市、县、乡镇（街道）、村（社区）五级公共文化设施网络建设和服务标准化、均等化，全面提升公共文化服务效能；继续完善提升各类教育培训机构、群众文化讲堂、文化研究社团、南昌万寿宫、庐陵人文谷建设等。

3. 构建赣鄱文化、江西红色文化全球传播话语体系

习近平总书记指出，"中国革命历史是最好的营养剂""我们走得再远都不能忘记来时的路""对历史的最好纪念，就是创造新的历史"。赣鄱文化是中华

---

① 习近平春节前夕赴江西看望慰问广大干部群众[N].人民日报，2016-02-04（1）.

传统文化的重要组成部分，可以将"诚斋体"诗歌翻译为外文向国外传播，打响江西陶瓷文化品牌。中国特色社会主义道路是从井冈山革命根据地开辟的农村包围城市、武装夺取政权的中国革命道路发展来的，应梳理阐明其紧密的历史关联。继续做好"跨越时空的回信"等文化节目，为"时代之问""人民之问"提供精神引领。要通过孔子学院等各种渠道和方式推动赣鄱文化、江西红色文化走出去，向全球传播推广，加快构建赣鄱文化、江西红色文化学科体系、学术体系和话语体系。

（四）实施四点对策建议

1. 在实施"乡村振兴"战略中保护、开发、利用赣鄱文化资源

"乡村振兴"战略是党的十九大报告提出的重大部署，应充分利用乡村耕作文化、书院文化、婚庆文化、祠堂文化、科举文化、名人文化、青铜文化、陶瓷文化、诗词文化，以及"临川四梦"戏曲文化，上饶弋阳腔、赣剧、婺源徽剧，南丰傩舞文化，永新盾牌舞，吉安县固江鲤鱼灯等非物质文化遗产资源，融入乡村学校、乡办企业、乡村民居、农技站、文化馆、敬老院、祠堂文化、水库、林站、养殖场和精准扶贫活动等；借助互联网优势，采取声光电等高科技手段，通过精准扶贫脱贫和美丽乡村建设实践，重点解决深度贫困问题，为美丽乡村建设营造良好的文化环境。

2. 在实施"一带一路"倡议中将赣鄱文化走出去，向海外传播

开展"一带一路"旅游营销行动，继续做好"江西风景独好"文化旅游宣传推广活动。通过搭建"江西文化丝路行"平台，创新千年瓷都试验区建设，将吉州窑和景德镇陶瓷文化向海外推广，打造"丝路瓷行"等对外文化交流品牌。挖掘文天祥部属散居南洋和开发南洋的贡献；解读郭汝霖《使琉球录》等史籍在钓鱼岛争端问题上的史料价值；梳理元代曾先之《十八史略》在日本的影响；探寻禅宗青原系在日本等国家的传播，整理《西域番国志》的文化交流价值，加强《永乐大典》海外散佚文献的搜集整理与书法艺术的传播利用等。

3. 在防控疫情和抗洪抢险斗争中融入赣鄱文化元素

将厚德载物、自强不息、崇文重教、格物致知、刚健有为、家国一体等赣鄱文化元素，融入防控疫情和抗洪抢险的全过程，建立防控疫情和抗洪抢险长效机制。1998年、2020年，江西洪灾出现的原因是什么，需要我们分析思考，并及时提出解决的办法，避免类似的情况再次发生，以确保人民生命财产和健康安全，减少国家经济损失，让赣鄱文明之光泽被苍生！

4. 发挥客家文化论坛和江西抗战文化的统战功能

作为全球客家集散地所在的赣南师大客家文化研究中心，可以和闽南师大、龙岩学院、嘉应学院及港台和海外的客家文化研究机构，轮流举办全球客家文化论坛，开展爱国统一战线工作，促进祖国和平统一大业早日实现。新四军军部在南昌正式成立，江西省是新四军的重要组建地和华中抗日根据地的重要组成部分，彭德大、郭猛是著名的抗日英烈，王造时、姚名达等是表现突出的抗战文化人士。这些抗战文化资源应该加以深入研究和保护开发利用，为有效开展统一战线工作提供历史智慧。

（五）取得五大传承弘扬效果

1. 利用赣鄱文化精华厚植家国情怀，坚定文化自信

习近平总书记强调，要在坚定理想信念、厚植爱国主义情怀等方面下功夫，加强思想政治教育。我们可以根据民族英雄文天祥的生平事迹与思想观点，论述他爱国崇文、自强不息、正气节义的精神内涵，提出构建"文山学"的命题。引用明代哲学家、曾任庐陵知县的王阳明提出的"四句教"，教育人们"致良知"。可以在青少年学生中广泛开展背诵《桃花源记》《望庐山瀑布》《滕王阁序》《牡丹亭》等为代表的古代诗文，举办《中国的红色政权为什么能够存在?》《井冈山的斗争》《星星之火，可以燎原》《反对本本主义》《关心群众生活，注意工作方法》等红色经典著作活动，坚定"四个自信"。

2. 定期举办赣鄱文化高峰论坛和红色文化传承创新论坛

依托南昌大学谷霁光人文高等研究院、江西师大江右文化研究中心、赣南师大客家文化研究中心、井冈山大学庐陵文化研究中心等机构，每年轮流举办分别以传承弘扬浔阳文化、豫章文化、临川文化、庐陵文化、赣西禅宗文化、赣南客家文化、景德镇陶瓷文化等区域文化为主题的高峰论坛，或者以类别名为江西青铜、陶瓷、书院、科举、名人、文学、史学、哲学、科技、节义、民俗、茶叶、药业、稻作、造纸、矿冶、宗教、商帮文化传承创新论坛。同时，举办"改革开放道路与井冈山道路的历史关联""人民共和国从瑞金追根溯源""三湾改编精神与古田会议精神的源流关系"等红色文化传承创新论坛，以促进江西"红绿古"文化的深度融合和传承创新。

3. 构建新的专题文化学科

积极构建"朱子学""诚斋学""文山学""《永乐大典》学""江右王学""赣江学""井冈学""苏区学"等专题文化学科，加强理论构建和实践创新。[4]

4. 促进全省经济社会文化高质量跨越式发展

全面贯彻落实《国务院关于支持赣南等原中央苏区振兴发展的若干意见》

等文件精神，大力开展产业扶贫、文化扶贫，促进革命老区经济、社会、文化建设高质量跨越式发展。按照省"五型"政府建设工作要求，聚焦深化"放管服"改革，打造"四最"营商环境，提升企业和群众的获得感、满意度。实施产业基础再造和产业链提升工程。巩固传统产业优势，强化优势产业领先地位，抓紧布局战略性新兴产业、未来产业，提升产业基础高级化、产业链现代化水平。

5. 让《正气歌》唱响全球，同唱一首歌《苏区精神》

海内外著名学者郝知本教授在全球演唱《新正气歌》，传承弘扬中华民族英雄文天祥的爱国精神和保护地球母亲的生态理念。国际知名学者龚鹏程先生已撰著出版了130余部中华文化研究论著，致力于向世界传播中华传统文化。2019年4月，中国文化标志海外第一座"牡丹亭"正式落户莎士比亚故乡英国斯特拉福德镇。著名党史专家石仲泉教授多次深入井冈山、赣南等革命老区考察调研，积极推动成立全国苏区精神研究会，倡议全国同唱一首歌《苏区精神》，联合弘扬和协同创新井冈山精神、苏区精神、长征精神等革命精神。

四、结语

习近平总书记强调，学史明理、学史增信、学史崇德、学史力行，学党史、悟思想、办实事、开新局。[5]"绿水青山就是金山银山"[6]"培育和弘扬社会主义核心价值观必须立足中华优秀传统文化"[7]等，这些重要思想是新时代条件下传承弘扬江西"红绿古"文化的基本遵循。我们要以习近平新时代中国特色社会主义思想为指导，大力弘扬传统文化，继承革命文化，发展社会主义先进文化，为实现中华民族伟大复兴中国梦提供精神动力和文化支撑，为推动中华文化走出去，发挥价值引领作用，做出积极有效的贡献，描绘好新时代江西改革发展新画卷，再铸新的辉煌。

参考文献：

[1] 胡长生. 江西生态文化产业发展研究［M］//曾志刚. 兴赣策论（六）. 南昌：江西人民出版社，2019.

[2] 习近平. 在"不忘初心、牢记使命"主题教育总结大会上的讲话［N］. 人民日报，2020-01-09.

[3] 黄惠运，毛若楠，刘宇祥. 井冈山红色文物艺术价值的传播与提升［J］. 地方文化研究，2018（3）.

[4] 黄惠运. 关于构建"井冈学"的思考［J］. 中华文化论坛（核心期

刊），2011（3）；黄惠运. 关于构建"文山学"的思考［J］. 江西文史，2012（1）；黄惠运. 关于构建"苏区学"学科的思考［J］. 红广角，2016（6）.

［5］习近平在党史学习教育动员大会上强调 学党史悟思想办实事开新局 以优异成绩迎接建党一百周年［N］. 人民日报，2021-02-21.

［6］习近平. 为了中华民族永续发展：习近平总书记关心生态文明建设纪实［N］. 人民日报，2015-03-10.

［7］习近平. 把培育和弘扬社会主义核心价值观作为凝魂聚气强基固本的基础工程［N］. 人民日报，2014-02-26.

中国共产党探索人与自然和谐共生现代化的奋斗历程及历史经验研究

刘 想 汪忠华[①]

摘 要：自1921年建党至今，中国共产党积极探索人与自然和谐共生现代化，前后经历了萌芽、探索、形成以及完善四个阶段。在这个奋斗历程中，中国共产党始终坚持党的领导、以人民为中心、科学理论的指导以及系统思维，不仅取得了巨大的实践和理论成就，也积累了丰富的经验。面向未来，共创人与自然和谐共生的现代化，更需要中国共产党汲取经验，落实实践路径，建设富强民主文明和谐美丽的社会主义现代化强国。

关键词：中国式现代化；人与自然和谐共生；生态文明建设

当前，我们正处于全面建设社会主义现代化国家的关键时期。习近平在党的二十大的报告中提出要"站在人与自然和谐共生的高度谋划发展"，并提出人与自然和谐共生是中国式现代化的本质特征。美国学者布莱克（Cynl E. Block）将现代化定义为"反映着人控制环境的知识亘古未有的增长，伴随着科学革命的发生，从历史上发展而来的各种体制适应迅速变化的各种功能的过程"。而中国式现代化是符合中国国情、植根中国大地的现代化，中国式现代化发展先后经历了三个阶段：第一阶段是新中国成立后，毛泽东提出了四个现代化目标；第二个阶段是邓小平时期，邓小平用"全面建成小康社会"诠释中国式现代化；第三个阶段是新时代，习近平同志诠释了现代化的四个特征，尤其强调"我们要建设的现代化是人与自然和谐共生的现代化"。随着中国式现代化进程的推进，人与自然和谐共生的现代化的当代价值越来越突出。

[①] 作者简介：刘想，女，湖北黄冈人，江西师范大学马克思主义学院、苏区（革命老区）振兴研究院硕士研究生，研究方向为马克思主义与当代中国经济社会发展；汪忠华，博士，江西师范大学苏区（革命老区）振兴研究院副教授、硕导，研究方向为环境与贸易、苏区振兴研究。

一、中国共产党探索人与自然和谐共生现代化的奋斗历程

中国共产党在为中国人民谋幸福、为中华民族谋复兴的现代化进程中，不断强化对生态文明建设的重视程度，逐步形成了系统化的人与自然和谐共生的现代化理论。革命战争年代，共产党人就十分重视植树造林。新中国成立后，毛泽东等中央领导人开始探索生态文明建设。1978年后，邓小平、江泽民、胡锦涛等中央领导人在建设中国特色社会主义的进程中，逐步加大生态文明的建设力度，提出了"走生产发展、生活富裕、生态良好的文明发展道路""可持续发展""科学发展观"等理论。党的十八大以来，以习近平同志为核心的党中央站在中华民族伟大复兴和构建人类命运共同体的高度，提出了一系列新理念、新思想、新战略，完善了生态文明制度体系，形成了习近平生态文明思想，走出了一条人与自然和谐共生的现代化之路。

（一）1921—1949 年：萌芽时期

民主革命时期，广大群众深受帝国主义、封建主义、官僚资本主义的压迫，中国共产党将民族解放运动同抗战救灾、保护自然资源自觉地结合在一起，这也构成了中国共产党早期最朴素的保护生态环境的行为。因此，这一时期也是中国共产党探索人与自然和谐共生的萌芽阶段。

1921 年，中国共产党诞生，这是开天辟地的大事件。党一经诞生，就注重改良劳工卫生条件、兴修水利。1922 年，中国社会主义青年团第一次代表大会审议通过《青年工人农人生活状况改良的议决案》，提出"改良工人卫生，禁止十六岁以下的青年做有妨害健康的工作"，党的第二次全国代表大会提出党建立统一战线的目标之一是改良工人待遇，"工厂设立工人医院及其他卫生设备"。1922 年年底，党在《中国共产党对于目前实际问题之计划》中指出中国农民之痛苦，其中之一就是水旱灾荒，要"改良水利。应支用国币或地方经费修理或开拓河道，最急要者如黄河、淮河等"[1]。

1927 年大革命失败后，党开始建设农村革命根据地，中国共产党陆续颁布了三部土地法：1928 年《井冈山土地法》、1929 年《兴国土地法》、1931 年《中华苏维埃共和国土地法》。三大土地法都突出了对山水林田湖草等自然资源的合理分配与保护。特别是《中华苏维埃共和国土地法》中明确指出："改良现有的及建立新的灌溉（工程），培植森林。"中央土地人民委员部设立了山林水利局。毛泽东还提出了"水利是农业的命脉"[2]。

抗日战争时期，中国共产党面临着国民党和日本帝国主义的双重压迫，为了抗日根据地的生存与发展，根据地颁布了一系列的制度纲领、法律法规。其

中1939年颁布的具有"宪法性质"的《陕甘宁边区抗战时期施政纲领》明确规定：一是开垦荒地，兴修水利，改良耕种，增加农业生产；二是厉行有效的开源节流办法，在各机关学校、部队中，提倡生产运动与节约运动。1940年8月，《中共晋察冀边委目前施政纲领》则要求"有计划地开井、开渠、修堤、改良土壤。……发展森林、畜牧业及家庭副业。……提倡清洁运动，改良公共卫生，预防疾病灾害"[3]。

1949年，解放战争逐步取得全面胜利，中国共产党开始组织筹备新中国成立的诸项事宜。1949年9月，《中华人民共和国中央人民政府组织法》和《中国人民政治协商会议共同纲领》中规定，"保护森林，并有计划地发展林业。保护沿海渔场，发展水产业。保护和发展畜牧业，防止兽疫"，政务部门设立林垦部、水利部、卫生部等部门。[4]

（二）1949—1978年：探索阶段

新中国成立时，历经一百多年的战争，中华大地满目疮痍、山河破碎，党开始修复山河。1950—1954年，中国经历数次特大洪灾，如淮河洪涝和长江荆江洪涝。1950年10月14日，政务院发布《关于治理淮河的决定》，提出"蓄泄兼筹，以达根治之目的"的方针，要将淮河作为一个整体，按"统一规划、蓄泄兼顾、综合治理"的系统工程思路，上中下游同时推进、一体谋划、有序推进、相互配合。在此期间，毛泽东同志写了"一定要把淮河修好"的题词。淮河治理是中国水利建设史上具有里程碑的事件，开启了"导淮"转向"治淮"的新征程。1950年通过的《荆江分洪工程计划》提出了"蓄泄兼筹，以泄为主""江湖两利"的方针。1954年夏，长江爆发史上特大洪水，荆江分洪工程发挥了巨大的作用，保障了两岸大堤以及人民的安全，这是新中国成立初期治标与治本相结合并将平原水资源综合利用的大型水利枢纽工程。这一时期，黄河治理和海河治理也在有序展开，毛泽东先后号召"要把黄河的事情办好"和"一定要根治海河"。

除治理江河外，这一时期，中国共产党初步形成了生态系统观念。针对一些地区由于乱砍滥伐、放火烧山等行为，破坏了地质水质，造成了水土流失、生物多样性降低等问题，1950年，华东局提出了关于禁止盲目开荒及乱伐山林的指示并得到了中共中央的批转。1956年1月，中共中央政治局颁布《1956年到1967年全国农业发展纲要（草案）》，提出"从1956年开始，在12年内，绿化一切可能绿化的荒地荒山，在一切宅旁、村旁、路旁、水旁，以及荒地上荒山上，只要是可能的，都要求有计划地种起树来"。3月，毛泽东同志发出了"绿化祖国"的伟大号召，强调"农、林、牧三者相互依赖，缺一不可，要把三者放在同等地位""农林牧，一个动物，一个植物，是人类少不了的"，甚至说，"没有林，也不成其为世界"。这些论述表明这一时期，中央领导集体已经逐步认识到山水农林牧是一个系统，发展农业，必须对环境进行系统保护。

1956年，国务院批准建立了我国第一个自然保护区——广东鼎湖山自然保护区。1972年，我国派团参加联合国人类环境会议，周恩来同志在听取会议情况汇报后指示，对环境问题再也不能放任不管了，应当把它提到国家的议事日程上来。1973年8月5日至20日，第一次全国环境保护会议召开，确立"全面规划、合理布局、综合利用、化害为利、依靠群众、大家动手、保护环境、造福人民"的环境保护32字工作方针。1978年3月5日修订的《中华人民共和国宪法》指出，"国家保护环境和自然资源，防治污染和其他公害"。保护环境被写入宪法，新中国第一部生态环境保护单项法律——《中华人民共和国环境保护法（试行）》颁布实施。1978年，我国举办中华民族历史上第一个"全国环境保护展览会"，参观人数达22万人。初步探索阶段，我国已经形成了环境保护的专门性法律法规，党和人民的环保意识逐渐增强。

（三）1978—2012年：形成阶段

改革开放初期，邓小平同志就十分重视生态环境保护，陆续颁布一系列法律法规。1978年12月，邓小平指出："为了保障人民民主，必须加强法制。……现在的问题是法律很不完备，很多法律还没有制定出来。……应该集中力量制定刑法、民法、诉讼法和其他各种必要的法律，例如，工厂法、人民公社法、森林法、草原法、环境保护法、劳动法、外国人投资法，等等，做到有法可依，有法必依，执法必严，违法必究。"在邓小平同志的领导下，我国逐步完善相关法律法规，这一时期，党和国家发布了诸多相关法律法规（见表1）

表1　1978年—1990年主要相关环保法规

时间	颁布部门	法规名称
1979年2月	全国人大常委会	《中华人民共和国森林法（试行）》
1979年9月	全国人大常委会	《中华人民共和国环境保护法（试行）》
1981年12月	全国人民代表大会	《关于开展全民义务植树运动的决议》
1984年5月	全国人大常委会	《中华人民共和国水污染防治法》
1985年6月	全国人大常委会	《中华人民共和国草原法》
1987年9月	全国人大常委会	《中华人民共和国大气污染防治法》

续表

时间	颁布部门	法规名称
1988年1月	全国人大常委会	《中华人民共和国水法》
1989年12月	全国人大常委会	《中华人民共和国环境保护法》

资料来源：根据中华人民共和国中央人民政府官网整理而得。

20世纪90年代，在经济全球化的影响下，资本主义经济高速发展，同时，它对资源的掠夺力、资本对环境污染的转嫁力、转移力也前所未有地突出，全球环保意识也逐渐增强。1992年6月，联合国通过了《里约环境与发展宣言》和《21世纪议程》等文件。1994年3月，江泽民在《中国21世纪议程》中明确指出，"中国政府有决心走可持续发展的道路"，并提出走可持续发展道路。[5]以江泽民同志为核心的党的第三代领导集体，在现代化的建设中明确强调"可持续发展"是促进经济社会发展的重大战略，必须坚定不移地走生产发展、生活富裕和生态良好的文明发展之路。2002年3月，江泽民同志主持中央人口资源环境工作座谈会，提出"正确处理经济发展同人口资源环境的关系，促进人和自然的协调与和谐，努力开创生产发展、生活富裕、生态良好的文明发展道路"[6]。与此同时，中国共产党努力推进退耕还林工程，再造秀美山川。这一时期，中国共产党逐步形成了生态环境保护与经济发展关系的科学理念，为现代化建设提供了科学的指导，也为后续人与自然和谐共生的现代化理念的发展奠定了理论基础。

进入21世纪新阶段，江泽民等新一代领导人进一步发展了"可持续发展理念"，提出了"科学发展观""和谐社会理念""两型社会"和"生态文明"等理念，初步形成系统化的人与自然关系的理论体系。2003年7月，胡锦涛首次提出科学发展观的概念："坚持以人为本，树立全面、协调、可持续的发展观，促进经济社会和人的全面发展。"[7] 2004年9月，在党的十六届四中全会上，中国共产党首次完整地提出了"构建社会主义和谐社会"，即"民主法治、公平正义、诚信友爱、充满活力、安定有序、人与自然和谐相处的社会"。2005年10月，胡锦涛在党的十六届五中全会指出，"加强能源资源节约和生态环境保护，增强可持续发展能力"并提出建设"资源节约型、环境友好型社会"[8]。2007年10月，在党的十七大上，"生态文明"首次被写入党代会报告，这是中国化的人与自然关系的原创表达，标志着中国共产党形成了人与自然和谐共生的生态文明理念，新的文明建设——生态文明在中国现代化的建设中拉开了帷幕。

（四）2012年至今：完善阶段

以党的十八大为标志，中国特色社会主义进入新时代，以习近平同志为核心的党中央以巨大的政治勇气、强烈的责任担当，提出了一系列新理论、新思想、新举措，推动党和国家的事业取得了显著成就，其中，生态文明建设也迈出了重大步伐，在理论与实践的互动中形成了习近平生态文明思想。习近平生态文明思想是党关于人与自然关系最为系统、全面、深刻的理论体系，是中国化、时代化的马克思主义生态文明思想的最新发展。

早在2005年，时任浙江省委书记的习近平同志在考察浙江安吉时就进行了"绿水青山就是金山银山"[9]的论述，并在《之江新语》发表了相关文章。党的十八大将生态文明建设纳入中国特色社会主义总体布局，将生态文明建设提升到国家战略全局的高度。2015年10月，在党的十八届五中全会上，党中央提出了"创新、协调、绿色、开放、共享"的新发展理念。在党的十九大上，我们党确立了坚持和发展中国特色社会主义的基本方略，其中一条就是"坚持人与自然和谐共生"。2015年，国家提出以供给侧结构性改革为主线，持续推进"三去一降一补"，对钢铁、煤炭等传统高污染、高能耗产业严格执行环保标准，化解过剩产能。在2017年《中国共产党章程（修正案）》、2018年《中华人民共和国宪法修正案》中，都将生态文明建设作为中国共产党立党立国、社会主义现代化建设的重大方面。2018年5月18日，中国共产党在全国生态环境保护大会上正式确立了习近平生态文明思想，习近平总书记进行了一系列重大论述："坚持人与自然和谐共生""绿水青山就是金山银山""良好生态环境是最普惠的民生福祉""山水林田湖草是生命共同体""用最严格制度最严密法治保护生态环境""共谋全球生态文明建设"……2018年党中央部署实施三大攻坚战，其中包括污染防止攻坚战，同时成立了生态环境部。党的十九大报告提出了建设社会主义现代化强国"两步走"的战略部署，要求到21世纪中叶，把我国建成富强民主文明和谐美丽的社会主义现代化强国，首次将"美丽"作为强国目标。十九届五中全会规划了2035年基本实现美丽中国的远景目标，即广泛形成绿色生产生活方式，碳排放达峰后稳中有降，生态环境根本好转。党的二十大报告提出中国式现代化是"人与自然和谐共生的现代化"，要站在人与自然和谐共生的高度谋划发展。

二、中国共产党探索人与自然和谐共生现代化的历史经验

一百多年来，党领导人民开展生态环境保护和生态文明建设，不仅取得了巨大的实践和理论成就，也积累了丰富的经验，彰显了中国共产党领导的体制

优势和中国特色社会主义的制度优势。

(一) 坚持中国共产党的领导

党政军民学,东西南北中,党是领导一切的。《中国共产党章程》中明确提出"中国共产党领导人民建设社会主义生态文明"[10]。在中国式现代化的背景下,生态文明建设任重而道远,必须由中国共产党也只能由中国共产党领导。

中国式现代化是社会主义现代化,也是人与自然和谐共生的现代化,这就决定了建设人与自然和谐共生的现代化必须由无产阶级政党——中国共产党来领导。中国共产党是中国工人阶级的先锋队,也是中国人民和中华民族的先锋队,党的宗旨就是为人民服务。党领导人民建设生态文明,也就是党通过建设生态文明来"服务"于人民,满足人民日益增长的优美生态环境的需要,正如邓小平指出的"领导就是服务"[11]。党的最高理想和最终目标是实现共产主义,我们走的现代化道路不同于资本主义,在处理人与自然关系时也是不同于西方的"人类中心主义""资本增殖论",只有坚持党的领导,才能确保"中国式现代化"性质不变。

中国走人与自然和谐共生的现代化之路,只能由中国共产党领导。2018年,习近平在全国生态环境保护大会上强调:"打好污染防治攻坚战时间紧、任务重、难度大,是一场大仗、硬仗、苦仗,必须加强党的领导。"[12] 生态环境保护是一项系统工程,需要处理以下几对关系:经济、政治、文化、社会建设与生态文明建设的关系;山水林田湖草沙之间的关系;党、政府、社会团体、企业组织和个人等不同治理主体之间的关系;城乡区域之间的关系;等等。故生态文明建设任务艰巨,需要一个强大的领导核心。中国共产党的领导是中国特色社会主义最本质的特征和最大的优势,党能够"总揽全局、协调各方",妥善处理各方关系,保证人与自然和谐共生的现代化进程平稳向前。

(二) 坚持以人民为中心

在社会主义现代化建设历程中,中国共产党有序推进生态文明建设,其初心和使命是"为中华民族谋复兴,为中国人民谋幸福"。正如习近平指出的,"生态文明是人民群众共同参与共同建设共同享有的事业,要把建设美丽中国转化为全体人民自觉行动"[13]。

民主革命时期,中国共产党修复水利、改良卫生条件等行动,都是以促进根据地人民基本生存为要旨。1944年11月,中国共产党颁布《陕甘宁边区文教大会关于开展群众卫生医药工作的决议》,明确指出"专制主义者利于人民愚昧,我们则利于人民聪明,我们要使一切人民都能逐渐地离开愚昧状态与不卫生的状态"[14]。在推行现代化的进程中,为了不走西方"先污染后治理"的老路,历届中国共产党人先后提出了"建立资源节约型、环境友好型社会""以人民为中心"的科学发展观,"走生产发展、生活富裕、生态良好的文明发展道路",旨在谋求人与自然和谐共生,走可持续发展之路。

进入新时代,以习近平同志为核心的党中央坚持并发展了以人民为中心的理念,创造性地提出了"环境民生论"。新时代我国社会主要矛盾是"人民日益增长的美好生活需要和不平衡不充分的发展之间的矛盾",良好的生态环境也是人民的美好生活需要的重要方面。中国式现代化是全体人民共同富裕的现代化,"共同富裕"也是高质量富裕,是绿色环保可持续性富裕。正如习近平所指出,"环境就是民生,青山就是美丽,蓝天也是幸福"[15]"改善生态环境质量,是满足人民群众对美好生态的最大需求,人民最渴望的是能呼吸清新空气,沐浴在优美舒适的自然环境中,喝上干净放心的水,吃上天然健康的食品,过上幸福舒适的绿色生活"[16]。

（三）坚持科学理论的指导

中国共产党探索人与自然关系的理论渊源有两部分:一是坚持马克思关于人与自然关系的思想,二是中国传统文化中的相关哲学理论。中国共产党人将马克思主义生态文明思想与中华优秀传统文化相结合,立足中国实际,进行理论创新与创造,在现代化的进程中推动人与自然和谐共生,形成了中国化、时代化的习近平生态文明思想。

马克思主义生态观是基于对资本主义生产方式的批判形成的。在资本主义私有制下,生产的直接目的就是剥削剩余价值,获取利润进行生产与再生产。人与自然的关系是人类中心主义,它强调人对自然界的主宰、征服和无限度攫取。马克思曾指出:"资本主义生产使它汇集在各大中心的城市人口越来越占优势,这样一来,它一方面聚集着社会的历史动力,另一方面又破坏着人和土地之间的物质变换,也就是使人以衣食形式消费掉的土地的组成部分不能回到土地,从而破坏土地持久肥力的永恒的自然条件。"[17] 马克思和恩格斯指出,我们"属于自然界和存在于自然之中的"。必须通过人的"类"实践活动,尊重自然发展规律,达到"人与自然的和解",从而实现从"必然王国"向"自由王国"的飞跃。

中国古代环境哲学理论中也蕴藏着"人与自然和谐共生的现代化"的思想。道家庄子倡导"天人合一"。老子提出"人法地,地法天,天法道,道法自然",意在指出天、地、人是相互联系的统一整体,天地自有其运行的规律,只有尊重天地运行的规律,才能达到"合一"的境界。儒家孟子提出"见其生,不忍见其死;闻其声,不忍食其肉""牺牲毋用牝",主张以"仁者"的姿态对待自然万物，正如习近平同志指出的"像保护眼睛一样保护生态环境，对待生命一样对待生态环境"。孔子的"奢则不孙，俭则固"，荀子的"强本而节用，则天不能贫，本荒而用侈，则天不能使之富"等都倡导有节制地向大自然索取生存发展之需，中国共产党人正是在此基础上提出"可持续性发展""建设资源节约型、环境友好型社会"等理念。

（四）坚持系统思维

唯物辩证法认为，世界是普遍联系的，没有孤立存在的事物，物质世界和精神世界都以系统的方式存在、发展、演变，要用系统的观念看待万事万物。

中国共产党在探索人与自然和谐共生的现代化历程中，始终秉持系统的理念。在领导新民主主义革命中，中国共产党自觉地将兴修水利、抗击水灾同民族解放运动紧紧地联系在一起，将人民大众所受的政治剥削、经济贫困和自然压迫紧紧地联系在一起。中华苏维埃共和国建立之初就成立了山林水利局，由水利、山林、总务三个分管部门负责水利工程、植树造林等事务，这说明中国共产党在革命战争时期，在处理人与自然关系时，就具有一定的战略思维和系统观念。新中国成立后，这种系统观念越来越突出。邓小平提出了一系列"两手抓，两手都要硬"的思想；江泽民将生产、生活和生态作为一个整体，提出走"生产发展、生活富裕、生态良好的文明发展之路"。

进入新时代，习近平生态文明思想中体现的系统观念是多维度的。一是提出山水林田湖草沙是统一的自然系统。习近平在全国环境保护大会上提出：人的命脉在田，田的命脉在水，水的命脉在山，山的命脉在土，土的命脉在林和草[18]，必须统筹山水林田湖草沙系统治理。二是将经济、政治、文化、社会、生态作为一个整体，谋求整体利益最大化。党的十八大首次提出"五位一体"总体布局，将生态文明建设纳入中国特色社会主义现代化建设总体布局，习近平指出："随着经济社会发展和实践深入，我们对中国特色社会主义总体布局的认识不断深化，从当年的'两个文明'到'三位一体''四位一体'，再到今天的'五位一体'，这是重大理论和实践创新，更带来了发展观念和发展方式的深刻转变。"[19] 三是提出了共谋全球生态文明的思想。习近平提出"人类命运共同体"的理念，在生态环境问题上，全人类是一个整体，各国应加强交流合作。在党的十九大上，习近平同志向全球伙伴提出倡议"各国人民同心协力，构建人类命运共同体，建设持久和平、普遍安全、共同繁荣、开放包容、清洁美丽的世界"[19]。同时，中国积极推进"一带一路"绿色发展，加强气候变化南南合作，全球生态文明建设取得重大进展。

三、共创人与自然和谐共生现代化的实践路径

党的十八大以来，我国已经实现第一个百年奋斗目标——全面建成小康社会，社会主义现代化建设迈出重大步伐。党和国家坚持全方位、全地域、全过程加强生态环境保护，生态环境保护发生历史性、转折性、全局性的变化，生态文明建设取得举世瞩目的成就。同时，必须清醒地认识到，生态环境保护问题依然严峻，推进高质量发展面临卡脖子现象，必须积极推进美丽中国建设，站在人与自然和谐共生的高度谋划发展。

（一）着力推动绿色低碳发展

绿色发展是实现人与自然和谐共生现代化的基本途径。[20]加快推进生态产业化、产业生态化，转变经济发展方式，推动产业结构、能源结构、交通运输结构优化升级。习近平总书记强调："要紧紧抓住新一轮科技革命和产业变革的机遇，推动互联网、大数据、人工智能、第五代移动通信（5G）等新兴技术与绿色低碳产业深度融合。"[21]真正实现高质量发展。加大煤炭、钢铁、石材、化工等高污染、高能耗产业升级力度，加快工业领域低碳工艺革新和数字化转型。要大力发展循环经济，促进垃圾资源可再生，减少能源资源浪费，真正实现可持续发展。发展绿色金融、绿色税收、绿色财政，构建绿色服务体系，逐步实现国内、国际双循环，使"绿色成为一种普遍形态"[22]。

（二）大力提升环境治理水平

推进绿色发展，首先在于污染防治，让天更蓝、水更清、草更绿、空气更清新。坚持饮用水源、黑臭水体、工业废水、农田退水、城乡污水"五水共治"，煤尘、烟尘、汽尘、扬尘"四尘同治"，建筑垃圾、生活垃圾、危险废物、畜禽粪污、工业固废、电子废弃物"六废联治"。提高人居环境治理水平，推进垃圾分类与回收，规范城乡排污，增强居民生活幸福感。完善现代治理体系，提高治理能力。各级政府部门应树立科学政绩观，不简单以GDP论英雄，把生态环境保护纳入经济社会发展指标，加大中央督察力度，打好蓝天、碧水、净土保卫战。

（三）切实保障生态系统安全

2022年3月5日，习近平同志在十三届全国人大五次会议内蒙古代表团审议时特别强调："切实履行维护国家生态安全、能源安全、粮食安全、产业安全的重大政治责任。"[23]生态安全，是国家安全在生态领域的具体体现，既是重大政治问题，又是重大民生问题。促使生态系统良性循环，秉持山水林田湖草沙是生命共同体的理念，划定并严守生态保护红线、永久基本农田、城镇开发边

界三条控制线，构建以国家公园为主体的自然保护地体系，大幅度提升国土绿化率。下大力气保护生物多样性，着重保护金丝猴、华南虎、麋鹿、大熊猫等濒临灭绝的珍稀物种，加快建立国家生物多样性保护大数据平台，推进信息共享和管理应用[24]，为全球生物多样性保护贡献中国力量，促进构建"2020年后全球生物多样性框架"。有效防范生态系统安全风险，加强风险研判力度，注重超前防范、源头防范、科学防范，建立健全风险研判、风险防控协同和责任机制，着力提升生态环境污染预防和治理现代化水平。

（四）积极稳妥推进碳达峰、碳中和

气候问题是世界性问题，任何国家和地区都不能置身事外。习近平总书记指出："十四五"时期，我国生态文明建设进入了以降碳为重点战略方向、推动减污降碳协同增效、促进经济社会发展全面绿色转型、实现生态环境质量改善由量变到质变的关键时期。[25]要立足我国富煤贫油少气的基本国情，将双碳目标纳入生态文明建设体系中，统筹落实《关于完整准确全面贯彻新发展理念做好碳达峰碳中和工作的实施意见》和碳达峰、碳中和"1+N"政策体系。一是推动能源低碳高效利用，将碳排放总量、碳排放强度计入经济社会发展约束性指标，实行钢铁煤炭、工业建筑等行业的碳排放报告制度，减少污染、降低碳排放。二是大力发展清洁低碳能源，对太阳能、风能等可再生能源生产给予政策支持和人才扶持，推动产业结构优化升级，着重发展新能源汽车、节能灯、空气净化器、环保家具和可食用餐具等低碳产业。三是深度参与全球环境治理。以"一带一路"为重要契机，与周边沿线国家共享绿色发展成果。主动参与联合国气候变化国际谈判，推动构建绿色普惠的全球治理体系。

生态兴则文明兴。生态文明建设的本质是正确处理人与自然的关系，探索人与自然和谐共生的现代化，不仅是建设社会主义现代化强国的应有之义，也是为全人类文明建设贡献中国智慧的现实需要。我们应从既往经历中汲取经验，更应立足当下，放眼世界，在习近平生态文明思想的指引下，着眼解决现实问题、世界难题，构筑一个清洁美丽的世界。

参考文献：

[1] 中共中央文献研究室，中央档案馆.建党以来重要文献选编（1921—1949）：第1册[M].北京：中央文献出版社，2011.

[2] 毛泽东.毛泽东选集：第一卷[M].人民出版社，1991.

[3] 中共中央文献研究室，中央档案馆.建党以来重要文献选编（1921—1949）：第17册[M].北京：中央文献出版社，2011.

[4] 中共中央文献研究室,中央档案馆.建党以来重要文献选编(1921—1949):第26册[M].北京:中央文献出版社,2011.

[5] 国家环境保护总局,中共中央文献研究室.新时期环境保护重要文献选编[M].北京:中央文献出版社,中国环境科学出版社,2001.

[6] 江泽民.江泽民文选:第三卷[M].北京:人民出版社,2006.

[7] 胡锦涛.高举中国特色社会主义伟大旗帜 为夺取全面建设小康社会新胜利而奋斗:在中国共产党第十七次全国代表大会上的报告[M].北京:人民出版社,2007.

[8] 胡锦涛.胡锦涛文选:第二卷[M].北京:人民出版社,2016.

[9] 习近平发表重要演讲呼吁共建"丝绸之路经济带"[N].新华网,2013-09-07.

[10] 中国共产党章程[M].北京:人民出版社,2017.

[11] 邓小平.邓小平文选:第三卷[M].北京:人民出版社,1993.

[12] 习近平.推动我国生态文明建设迈上新台阶[J].奋斗,2019(3).

[13] 习近平.习近平谈治国理政:第二卷[M].北京:外文出版社,2017.

[14] 毛泽东.毛泽东文集:第三卷[M].北京:人民出版社,1996.

[15] 习近平.在参加十二届全国人大三次会议江西代表团审议上的讲话[N].人民日报,2015-03-07(1).

[16] 中共中央文献研究室.十八大以来重要文献选编(中)[M].北京:中央文献出版社,2016.

[17] 中共中央马克思恩格斯列宁斯大林著作编译局.马克思恩格斯全集:第44卷[M].北京:人民出版社,2001.

[18] 习近平.全国生态环境保护大会上的讲话[N].人民日报,2018-05-20(1).

[19] 习近平.习近平谈治国理政:第三卷[M].北京:外文出版社,2020.

[20] 夏光.绿色发展:迈向人与自然和谐共生的现代化[J].中国经济报告,2021(2).

[21] 习近平.习近平在中共中央政治局第三十六次集体学习上的讲话[N].人民日报,2022-01-26(3).

[22] 习近平.论把握新发展阶段、贯彻新发展理念、构建新发展格局[M].北京:中央文献出版社,2021.

[23] 习近平参加十三届全国人大五次会议内蒙古代表团的审议［N］. 新华网, 2022-03-06.

[24] 魏辅文, 平晓鸽, 胡义波, 等. 中国生物多样性保护取得的主要成绩、面临的挑战与对策建议［J］. 中国科学院院刊, 2021, 36（4）.

[25] 习近平. 习近平在中共中央政治局第二十九次集体学习上的讲话［N］. 人民日报, 2021-05-02（1）.

"红色声音":《红色中华》的苏维埃政权舆论构建

吕满文[①]

摘　要：土地革命时期,《红色中华》作为中共临时中央政府的机关报,发挥舆论作用,传播红色声音,宣传苏维埃政权建设,阐述苏维埃政权是人民的政权,希望得到民众的支持拥护,并参与苏维埃政府活动。《红色中华》在民族危难中诞生,关键时刻为民众指明了中国革命的斗争方向,唤醒了煎熬中的受苦大众。它主动开展扩红宣传,动员群众加入民族解放的队伍之中,凝聚起革命斗争士气,与国民党的不抵抗政策和外国侵略势力进行坚决斗争。它贴近群众、贴近实际,其红色声音展示出媒体喉舌的独特力量,维系了民族精神的灵魂,在危难中竖起了一面保家卫国的大旗。

关键词：红色声音；红色中华；苏维埃政权；舆论

中华苏维埃共和国临时中央政府成立以后,中共为了领导全国人民进行土地革命,反对国民党政府的反动统治和日本帝国主义的侵略,决定创办《红色中华》报（以下简称《红色中华》）。该报作为中共的一种舆论工具,其任务是宣传中央政府对于中国苏维埃运动的领导作用,建立巩固广大的苏维埃根据地,创造大规模的红军,组织大规模的革命战争,以推翻帝国主义国民党的统治……达到全国的胜利。[1]秉持着这个任务,《红色中华》自创办以来,发布中共的革命主张和苏维埃政权的建设情况,传播工农的革命运动和苏维埃活动。阐述苏维埃政权属于人民,苏维埃政权就是百姓自己的政权,鼓励民众支持苏维埃政府活动。该报反对国民党的不抵抗政策,动员民众参加红军,壮大红军力量,勇敢地与日寇和卖国贼做斗争。《红色中华》这种"红色声音",为了国

[①] 作者简介：吕满文,河南大学《史学月刊》编辑部副编审,研究方向为中国近现代史、报刊史研究。

家和民族利益，以组织、宣传、动员为主要方法，唤醒了人们的民族自尊心和自信心，被群众誉为"运动的先锋"是"全苏区人民的喉舌"[2]，成为群众喜爱的报纸。国难时刻，《红色中华》竖起了一面武装大旗，指引着民众保家卫国的斗争方向，显示出其独特的魅力和喉舌的功效，成为革命斗争不可缺少的工具。

然而，由于《红色中华》办报较早，且遭遇连绵不断的战火，加上频繁的转移，留下的资料很少，尽管对它的研究一直都在进行，但研究的成果缺乏系统性，导致内容不全面、不完整。有鉴于此，笔者多方查找资料，力争想弥补一点这方面的缺憾，以再现该报对中国革命做出重要贡献的"雄姿"。

一、《红色中华》的创办及发展

1931年11月7日，中华苏维埃第一次全国代表大会在瑞金召开，会议决定创办《红色中华》报，筹备工作由王观澜同志负责。王观澜经过一个多月的筹划，1931年12月11日，《红色中华》在江西瑞金县城北的叶坪创刊，内务部长周以栗担任主笔，并为报纸题写了报头（1934年8月1日后改用黄亚光的艺术字，1936年12月8日后改用毛泽东的题字）。创办早期，该报为中华苏维埃共和国临时中央政府机关报，从1933年2月7日（第50期）起，改为中共苏区中央局、中华苏维埃临时中央政府、全总苏区执行局、少共苏区中央局联合机关报。

初创时，该报为周刊，从第50期（1933年2月7日）起改为3日刊，从第148期（1934年2月20日）起又改为双日刊［一直到1935年1月21日的264期（一说是240期，后面有说明）］，共出版348期［习惯说法是324期（后面有说明）］。前264期中，有240期在江西瑞金出版——有人称"瑞金版"，有24期在会昌和于都（红军长征后）出版——有人称"赣南版"，均为铅印。后84期在陕北出版（长征结束后）——有人称"陕北版"，并恢复为周刊，油印。印刷工作：长征前由中央印刷厂负责，长征后由中央政府西北办事处油印科负责。发行工作：长征前由中央发行部负责，长征后由中央政府西北办事处发行科负责。发行范围：长征前面向中央苏区及国统区和敌占区，长征后仅限于中央苏区。

《红色中华》大字标题及图花都采用木刻，纸张为毛边纸。主要栏目陆续设置有："红色区域建设""中央革命根据地消息""小时评""赤色战士通讯""工农通讯""红色小辞典""党的生活""苏维埃建设""工农民主法庭""突击队""铁棍""铁锤""警钟""红角"等。若遇重要的纪念日或红军打了胜仗，该报还出版"纪念专号"或"特刊""号外"等。随着办报经验的积累和读者的建议，后期增设了不定期的文艺副刊"赤焰"，也刊登一些文艺性的短文和识字课等材料。

《红色中华》的版面设置也随栏目的变化而适时地调整，创刊号为4开2版，之后多为4开4版、4开6版或4开8版（个别时候也出4开2版），最多时为4开10版。

在《红色中华》的发展过程中，很多人倾注了心血，有人甚至为此献出了生命。前期的报社工作主要由王观澜同志负责，后来随着工作的变动，李一氓、沙可夫、谢然之、瞿秋白、徐明正（有的写：徐名正）、任质斌、向仲华等任过该报的主笔（主编）之职。工作人员中在报社待得时间较长的有李伯钊、韩进、贺坚、白彦博等同志。[3]这些人是《红色中华》的精英，欲刊发的文章经过他们加工和编排，发挥出了战斗的力量，传播出了胜利的声音。瞿秋白同志任主编时，报社还设有编委会（成员有瞿秋白、任质斌、徐明正、谢然之和韩进，瞿秋白任主任），下设编辑部、通讯部和发行科，后来还增设了材料部（资料室）。从1935年1月下旬起，中共中央分局、中央政府办事处处境开始十分危急，2月10日，瞿秋白遵照中央的指示组织工作人员和部队实行突围，突围中不幸被俘，英勇就义在长汀[3]。

在《红色中华》发展过程中，通讯员队伍也是一支不可或缺的重要力量。在前期创办的三年多时间里，《红色中华》编辑部在党、政府和群众团体等系统中组织了200多名通讯员（多时有400多人）[4]，协助报社工作，成为群众办报的中坚。通讯员的稿件都是反映最基层的内容，介绍苏区群众的斗争经验，接地气、受欢迎，能调动起工农大众参与革命运动的积极性。

红军长征到达陕北后，《红色中华》于1935年11月25日复刊。"西安事变"后，为促成全国抗日民族统一战线，苏维埃临时中央政府决定停办《红色中华》，并于1937年1月29日，将其改名为《新中华报》。[5]

需要说明的是，大家一般认为《红色中华》共出版了324期，出版时间为1931年12月11日到1937年1月25日。笔者查阅资料发现，它实际上共出版了348期。依据是：《红色中华》在中央苏区出版的最后一期是264期，在该地出版的最后时间是1935年1月21日。[4]而有些研究者认为，《红色中华》在中央根据地出版的最后一期是第240期，出版的最后时间是1934年10月3日。其实，主力红军长征后，瞿秋白等部分领导人还留在中央苏区，按着原来的版式，沿用原来的期号，继续在江西会昌和于都两地出版《红色中华》，以迷惑敌人，掩护主力红军转移。直到1935年2月实行突围前，报纸才停刊。红军长征到达陕北后，《红色中华》复刊，复刊后的第1期是从241期起，以后各期就一直往下延续。这样，《红色中华》从第241期到264期，出现了两个24期，只不过这两个24期出版的内容不同，出版的地点和出版的时间也不同，而仅仅是出版期数相同的报纸。[6]

《红色中华》从创办到停刊，实际办报只有4年多时间。4年来它登载了大量的苏维埃中央政府宣言、声明、法令、决议、命令、社论、专论及红军作战的捷报，苏区消息等，成为年轻的苏维埃政府重要的喉舌，其"红色声音"唤醒了民族意识，汇集起革命志气，凝聚起坚强的战斗力，成为群众喜欢并争相阅读的一份报纸。据统计，该报的发行量最多时达到4万多份[7]，超过了当时国民党统治区销行的《大公报》。《红色中华》的红色影响，犹如一盏灯、一团火，有力地支持了中共开展的革命斗争，为红色力量的发展和壮大做出了贡献。

二、宣传苏维埃政权建设，阐述苏维埃政权属性，鼓励民众拥护支持和参与苏维埃政府活动

1927年大革命失败以后，中共就开展了土地革命和农村革命根据地的建设，到1930年年底，创建了赣南闽西、湘鄂西、鄂豫皖、闽浙赣、湘鄂赣、左右江、洲赣、琼崖、东江等10余块革命根据地。[8]其中，由赣南、闽西组成的革命根据地，为当时最大的根据地（该根据地后来成为中共中央所在地，故被人们称为"中央革命根据地"或"中央苏区"）。根据地的建立意味着革命在各地得到了蓬勃发展，同时也为建立全国政权做了一些必要准备。1931年11月7日，中华苏维埃全国第一次代表大会在江西瑞金召开，大会选举产生了中华苏维埃共和国临时中央政府，毛泽东同志当选为临时中央政府主席。会议向世界宣告：中华苏维埃临时中央政府是全国苏维埃政权的最高组织。

会后一个月，《红色中华》创刊。创刊后，《红色中华》对"苏维埃政权"——这个新生事物进行广泛宣传，并从第5期起设立"苏维埃建设"专栏，报道苏维埃的建设情况。如在介绍苏维埃中央政府时，《红色中华》解释道：中央政府的常务执行机构是中央执行委员会，下设外交、内务、教育、劳动、财政、土地、粮食、卫生、邮电交通、工农检查等部和革命军事委员会、人民经济委员会、政治保卫总局、最高法院等。这些部门代表人民行使国家权力，执行的是对人民实行民主、对敌人实行专政的职能；这些部门对人民负责，倾听人民意见，接受人民监督。为了确实保障民众有效地行使权力，中央政府制定了《中华苏维埃共和国宪法草案》以及《中华苏维埃共和国劳动法》《土地法》《地方苏维埃政府的暂行组织条例》《中华苏维埃共和国的选举细则》《中华苏维埃共和国暂行税则》《中华苏维埃共和国婚姻条例》等法律、法规[9]。

这期间,《红色中华》先后发表了大量的苏维埃政权建设和发展的文章,如《苏维埃建设:代表大会与主席联席会议》(第6期,1932年1月20日第6版)《苏维埃建设:反对忽视上级命令和敷衍塞责的恶习》(第9期,1932年2月10日第8版)、《中国苏维埃政权的现在与未来》(第66期,1933年4月2日第6版)、《目前革命战争环境中的经济建设任务》(第102期,1933年8月16日第1版)、《两年来苏维埃政权的巩固与发展》(第121期,1933年10月24日第3版)、《苏维埃建设决议案》(第152期,1934年2月20日第5版)、《苏维埃选举法有新的改变》(第250期,1936年1月16日第1版)、《正确执行苏维埃政策的效果》(第255期,1936年2月13日第1版)等。《红色中华》用这么多的篇幅,持续这么长的时间,发布这么多的"红色声音",来阐述苏维埃的政策、机构、规划、权利、义务、责任等内容,就是要告诉人民,苏维埃政权代表工人、农民、知识分子和国内各族劳动人民的意志和利益;苏维埃政权就是百姓自己的政权,苏维埃政权的一切权力属于人民,人民行使国家权力的机关是苏维埃;希望民众拥护苏维埃政权,支持和帮助苏维埃政府,参与苏维埃政府活动;号召民众多了解、学习苏维埃的政策法律,当好政权的主人,为苏维埃政权建设多做贡献。中共坦言,在苏维埃政权建设过程中会遇到一些困难,但"我们的困难是发展中的困难、是前进中的困难,把握了新的困难的本身就包含着战胜这些困难的先决条件与基础"[10]。对此,鼓励民众要树立战胜困难的信心和决心。

《红色中华》从第6期起又增加了"中央苏区消息"专栏,专门刊载中央苏区振奋人心的喜讯,"发散到苏区版图内任何地方为群众争先恐后的阅读"[10],以展示苏区的人心所向,向全国、全世界人民表明苏区是中国的灯塔和希望[3]。并且,为增强苏区消息的宣传效果,《红色中华》还指导民众学会斗争的策略,发动他们与革命战士团结在一起,向反动势力做坚决斗争。它号召苏区人民"发展民族革命战争!深入土地革命!"并呼吁:"扩大和巩固苏维埃政权!""争取革命在一省和数省的首先胜利!"[11]

中共的苏维埃政权是根据共产国际的指示,结合中国革命的具体情况而建立的。尽管它的建立受到了国民党的排挤和打压,但它受到了被压迫人民的拥护。因为它符合中国的发展实际,符合国际形势的潮流。"红色声音"及时向民众宣传介绍苏维埃政权,老百姓认识了苏维埃,信任了共产党,明白了自己的职责,激发了斗争的情绪,使中华苏维埃政府"已成为推翻帝国主义国民党统治的唯一政权,已成为彻底解放全中国的工农劳苦群众的鲜明旗帜了"[11]。此时，《红色中华》所扮演的角色是苏维埃活动中集体的宣传者和集体的组织者[12]，它成为一种战斗力的传播者，一种打击敌人的投枪，是民众最迫切需要的武器。

三、进行扩红宣传，制定优势政策，吸引民众参加红军，人民群众成为中共武装力量壮大的坚强靠山

苏维埃政权建立只是中国革命的一部分，要完成整个中国革命的任务必须要有自己的武装、自己的军队，否则，革命就不会成功，大革命失败的教训就是证明。为此，毛泽东在"八七"会议上提出了"须知政权是由枪杆子中取得的"的论断，这是在告诫全党，没有革命的武装就不会有革命的胜利。况且在苏维埃政权建立后，要保卫苏维埃政权，没有枪杆子不行；要巩固和扩大苏区，离开枪杆子也不行。然而，从1927年8月到1931年12月，在红军建军4年多的时间里，红军的兵员发展只有15万人左右[8]，这远远不能满足斗争的需要。因此，《红色中华》在创刊号第1版就刊登了内务人民委员周以栗的文章——《纪念广州暴动》，号召苏区人民"要在纪念广州暴动运动中，动员工农群众加入红军，组织大规模的红军……反对帝国主义瓜分中国，迎接伟大的革命潮流"[9]。

之后，《红色中华》一直持续不断地进行扩大红军（简称扩红）的舆论宣传。"红色声音"边对民众进行政治动员、思想动员、军事动员与经济动员，边宣传红军的斗争成果，边揭露国民党政府的反动统治和日寇的横征暴敛。《红色中华》尤其注重用民众感受到的事例来说明红军是老百姓信得过的队伍，只有依靠红军，百姓才能过上幸福生活。并用"当兵就要当红军，帮助工农打敌人"[13]的歌声开展扩红，感染民众。扩红效果非常明显，下面用几则事例佐证。

1932年5月25日，《红色中华》在题为《上杭才溪区"五一"纪念中——扩大红军的热烈》报道中描述到：会场四周布满纪念标语，悬挂彩旗，到会群众手持武器，非常庄严，人数2000左右。上午10点半，即宣布开会。至12点，举行全区扩大红军比赛，计从1932年1月起至4月30日止，全区共计扩大红军366名，大会时又自愿加入红军的有17名，各乡比赛结果以才溪乡最多，取得第一等优胜，大家鸣炮鼓掌欢迎，会场气氛更加雄壮。[14]

1933年2月16日，《红色中华》报道说，会昌县举行纪念"二七"工人惨案群众示威大会，参加会议的有城乡人员2000余人，尤其是城市工人，更为热烈整齐。会上，县工联代表号召工人纪念"二七"当红军去，加强红军中无产阶级的领导。号召一呼百应，当场热烈自动报名当红军的计14名。同时，参加会议的城市及各乡村群众也有 14 名自动报名当红军,在群众大会上共有 28 人自动报名当红军,是会昌空前的记录。这是纪念"二七"最实际、最光荣的表示![15]

1933 年 4 月 29 日,《红色中华》载文,黎川工农群众在党中央局创造 100 万红军的号召和黎川党的直接领导下,他们认识到红军是自己的军队,当红军是光荣的……便引起了人们加入红军的极大积极性。这次在 4 月 1 日至 10 日的短时间内,黎川扩大了一百多名红军新战士。其中青年占 50% 以上,工人占 1/4,雇农、贫农和苦力共 30 名。[16]

事例说明,扩红得到了百姓的积极支持,群众认识到共产党是自己人,懂得了要解放更多受苦难的人,就要参加红军打敌人。扩红宣传一边向民众讲道理、论是非,一边还推出优势政策增加参军的吸引力和解决民众的后顾之忧。概括地讲,这些优势政策包含三方面。一是政治优势。苏区农民和红军有着鱼水般的感情。红军建立苏区后,帮助那里的人民打土豪、分田地,原来生活在社会底层的贫苦农民一下子翻身成了社会的主人,他们不仅获得了政治权利,而且拥有了属于自己的土地,这是他们祖祖辈辈梦寐以求的事情,他们从心底里感谢红军,感谢共产党,为了保卫这些胜利果实,保卫自己的土地,他们自愿加入红军。[17]二是政策优势。为了鼓励苏区群众参军,苏维埃政权制定并实施了《中国工农红军优待条例》(1931 年 11 月 7 日第一次"全苏大会"通过)。《条例》共十八条,基本涵盖了优抚内容。如第一条"凡红军战士家在苏维埃区域内的,其本人及家属均须与当地贫苦农民,一般地平分土地、房屋、山林、水池……"第二条"凡红军战士家在白色区域的,以及新由白军中过来的,则在苏区内分得公田,由当地政府派人代耕"。第四条"红军战士在服务期间,无劳动力耕种家中田地,或分得之公田,应由苏维埃政府派人帮助全部耕种、灌溉、收获工作……"第十一条"红军在服务期间,子弟读书,免纳一切费用";第十三条"在红军中服务 5 年以上年龄满 45 岁者,可退职休养,国家补助其终身生活……"第十六条"红军战士在战争中牺牲或在服务中因劳病故者须照下列条件抚恤之……"[18]等等。从家庭到婚姻、从子女到父母、从生活到服务、从伤残到牺牲,每一方面都进行了细致的规定,对民众既实际又实用。这样做既给红军官兵提供了生活保障,也解除了他们的后顾之忧,参军的积极性自然会提高。据 1932 年 1 月《红色中华》的报道:红军优待条例颁布后,各地工农群众更加踊跃参军。"最近一个月来,自愿加入红军者,几近万人,瑞金一县,最近十数天,亦有数百人之多。"[19]三是运动优势。为了打败国民党的"围剿",中共根据形势的需要,不断发动扩红运动。就以 1933 年上半年中央苏区的扩红运动为例,《红色中华》的报道是这样说的:3月,中共发出在全国"创造100万铁的红军"的号召;4月底,中共把红5月作为"扩大红军冲锋月",要求"扩大红军1万人(赣8000,闽2000)"。号召一公布,就得到了苏区群众的热烈响应。参军现场出现了父送子、妻送郎、兄弟争参军的动人场景,更动人的是:父子一同参军。福建上杭县旧县区新坊乡新坊村李永书,他在了解了战争形势和政府扩大红军的号召后,于6月带着儿子来到报名处,和儿子一同加入了红军。[20]在中央苏区,"当红军光荣"已成为广大群众的追求,那些到了当红军的年龄不当红军,或者当不了红军的人,往往会自己觉得不光彩,被人瞧不起。

  政府为人民,政策得人心,扩红运动开展得轰轰烈烈。其实,在中共的整个发展过程中,红军队伍伴随着中共的壮大而扩大。类似的扩红运动不仅在土地革命时期有,在抗战时期、在解放战争时期同样也有,不过是叫法不同而已。这场扩红运动,《红色中华》发挥了突出作用,它不但自己进行宣传,还发动各级组织、各类人员一起进行宣传,通讯员队伍就是其中的一支重要力量。通讯员既是百姓中的一员,也是报社的骨干,他们对中共的政策理解得深、掌握得透,能很好地把其实质内涵传授给群众。事实证明,"红色声音"开展的扩红运动宣传活动取得了很好的效果。其结果,不但增强了红军的实力,也显示出中共的领导能力,而《红色中华》也名副其实地成为一切群众的集体宣传者与组织者,是一支特殊环境下用文字进行战斗的骨干力量。

  中共的扩红政策,通过《红色中华》深入浅出的宣传,得到了人民群众的大力支持,加入了红军队伍的民众亲身体会到共产党是为老百姓谋利益的党,故而,民众参军热情非常高涨。中共的扩红运动,在动作上、数量上、效果上都超出了预期,成为一种潮流。对于这种潮流,也许中共没有料到,但这恰好说明了中共的政策是得人心的,红军队伍是受欢迎的。孟子在2300年前就提出了"得人心者得天下"的民本思想,未曾想其思想的合理性在中国革命的过程中也得到了证实。红军由小变大、由弱变强,战胜了一次次的艰难险阻,取得了一场场战争的胜利,其原因就在于其身后有一座坚强的靠山——人民大众。

四、以民族革命胜利为目标,调动全民族的抗战热情,反对国民党的不抵抗政策,在国难时刻竖起一面保家卫国的大旗

  1931年"九一八"事变爆发后,中共动员和领导广大民众,坚决地开展了同日本帝国主义的斗争。然而,国民党实行"攘外必先安内"的不抵抗政策,各进步报刊,高举爱国大旗,刊发中共的抗日救国主张,批判国民党反动派的卖国行径，发动爱国人士和普通大众积极地进行抗日救国运动。《红色中华》在创刊当日，就刊登了中华苏维埃共和国临时中央政府《为国民党反动政府出卖中华民族利益告全国民众书》，号召全国的劳苦群众，起来！团结起来，组织起来，武装起来，与帝国主义和国民党做决战！到苏维埃的旗帜下来，以工农苏维埃革命来消灭国民党反革命的统治，推翻帝国主义在华的半殖民地的统治制度，获得中华民族及中国民众的自由和解放！[21]

为响应中共的号召，战斗在前线的红军将士同国军进行了顽强的交锋。如1933年5月，"我建石宁广边区红军配合地方武装之一部，于前月28日晚进攻水西之敌，猛追猛攻，将敌消灭一部，敌死伤甚多，被我活捉13名，内有安远市保卫团总司令及大刀会师傅各一名。是役我缴获步枪3支，炮3架。马刀迷旗、枪械等甚多。29日，我军进攻半寮，大部消灭了该地反动地主武装，俘虏缴获均甚多，安远市一带的群众兴奋万分"[22]。10月，红军与国军在黎川交战，红军战士不畏敌人的钢枪利炮，巧妙迂回，机智拼杀，一举"消灭敌第五、六、九十六三师共六团，俘获枪械辎重无算"[23]。1934年1月31日，全苏大会给东方军全体指战员奖励电，赞扬"你们在占领沙县的伟大胜利中，给与（予）了第二次全苏大会以最光荣的礼物。我们谨以十二分的热忱，接收你们的这一礼物，并代表全国工农劳苦群众向你们致最热烈的革命敬礼！"[24]。

前线的胜利，提振了根据地民众的士气。1934年2月17日，福建沙县举行了反帝反蒋示威大会。大会的宣言告知世人："只有苏维埃才是反帝反蒋的唯一力量，只有用工农自己团结的力量，坚决进行反帝反蒋，才能争取解放。"大会动员沙县广大工农群众及红色战士"坚决进行反帝反蒋的斗争""把帝国主义赶出中国去！"[25]

对前后方的反帝反蒋活动，《红色中华》用了大量的版面进行报道，来揭露国民党的不抵抗政策和日寇的侵略罪行。如1934年6月23日出版的《红色中华》第206期，同时刊发了中央执行委员会主席毛泽东、副主席项英、张国焘签发的《中华苏维埃共和国中央政府为国民党出卖华北宣言》（第1版）和《反日统一战线五大纲领》（第4版）。宣言说："我们相信一切愿意反对帝国主义不甘做亡国奴的中国人都会自动地参加这一神圣的民族革命战争，我们相信卷入全中国千千万万群众参加的民族革命战争，不但能够战胜日本帝国主义，而且能够战胜一切帝国主义！"1934年9月21日，在中央红军实行战略转移前夕，该报第236期头版头条刊登了《中国人民对日作战的基本纲领》及第2版《中国民族武装自卫委员会——为对日作战宣言》，呼吁中华民族动员起来，武装自卫，把日本帝国主义赶出中国。9月29日，《红色中华》第239期头版头条发表了张闻天撰写的《一切为了保卫苏维埃》的社论，文章指出红军必要时应"突破封锁转移地区"作战。10月3日，第240期《红色中华》出版，这也是主力红军在转移前看到的最后一期，该期头版头条上刊登了中共中央和中华苏维埃共和国中央政府联合发出的《为发展群众的游击战争告全苏区民众》一文，文章喊出了"群众的游击战争万岁！"的口号。1935年12月6日，该报第243期头版头条刊文《占领了华北之后，又要图谋华东华南！！！》，文章揭穿了日寇侵华的野心，号召全国军民行动起来同侵略者做坚决斗争。一系列文章传播出的"红色声音"，展现出共产党保家卫国的坚强决心和坚定信心，也成为工农劳苦群众斗争的旗帜，引领着人们以进攻路线，进行彻底的民族革命战争，粉碎帝国主义的侵略图谋和国民党反动派的妥协投降政策。

那么，共产党抗敌的信心和决心是从何而来的呢？毛泽东在接受《红色中华》记者采访时给出了答案。他说："中国民族已经到了极端危急的关头，死亡奴役的命运威胁着全国的劳苦群众！"[26]面对着国破家亡的险境，有血性的中国人，不做亡国奴，必须挺身而出，誓死捍卫祖国。"苏维埃政府与红军，为了保卫自己的领土，正在领导广大群众与英勇红军在各个战线上与优势兵力的敌人开展最激烈的血战。"毛泽东呼吁"中国一切军队都应该枪口向日本帝国主义放，向着卖国的汉奸放！"[26]红军长征到达陕北瓦窑堡后，《红色中华》在复刊当日，毛泽东对《红色中华》报记者再次发表谈话（足以看到中共对于当时国内形势的关注），提出"苏维埃中央政府愿意与国内任何武装队伍订立反蒋的作战协定……彻底进行民族革命战争，中国人民才能得到独立解放与领土完整。"[27]

1936年2月21日，中共发表《关于召集全国抗日救国代表大会通电》（简称《通电》）。《通电》告诫国人"救国大计，事不宜迟"，主张"立刻召集全国抗日救国代表大会，正式组织国防政府与抗日联军，开始'行抗日战争的具体步骤'"[28]。为使全国抗日救国代表大会能真正代表全国爱国同胞的意志，《通电》提出了六个条件，其中包括"取消国民党一切禁止抗日反卖国贼运动的命令"和"停止内战，一致抗日讨逆"[28]。12月13日，即"西安事变"发生的第二天，针对国民党对事变严密封锁和大肆攻讦的行为，《红色中华》将事变真相及时进行了详细报道，分析了事变发生的原因，并指出"将迅速地开展为大规模的抗日民族革命战争"[29]。此时的《红色中华》已将大力宣传中国共产党的抗日民族统一战线政策作为自身的首要任务，"红色声音"告知国人中共在国难当头的危急时刻，愿以民族利益和抗日大局为重，显示出宽广的胸怀。1937年，抗日战争的全面爆发，完全印证了《红色中华》的预言，说明中国抗战潮流的发展不是以某个人的个人意志为转移的，而是由革命的斗争方向来决定的。共产党抗日救国的主张受到了人民的支持和拥护，为受奴役的中华儿女指明了斗争的方向。

《红色中华》作为一个舆论工具，旗帜鲜明地谴责了国民党对外卖国和对内压迫人民的反动政策，客观公正地刊登中共中央政府的文告和领导人的讲话，实事求是地阐明中共的斗争策略，深明大义地建议组织抗日救国的全民族统一战线。它报道全国人民抗日武装斗争的事迹，宣传苏区人民抗日救亡运动的热情，传播国统区人民顽强抗日的斗志。"红色声音"所表现出的这些红色作用，唤醒了个别党派和少数投机分子曾经幻存的错误认识，在"不做亡国奴"的誓言之下，全民抗战，全力以赴，用鲜血和生命铸就了抗战的胜利。在国家危难时刻，《红色中华》竖起了一面保家卫国的大旗[30]。

五、结语

《红色中华》是在民族危机中诞生的报纸，它植根于人民、植根于未来，在极端艰难的条件下生存、发展。作为中共声音的传播者，它坚守宣传阵地，报道苏区苏维埃运动，宣传中共政策方针，指导根据地建设，组织民众革命运动，动员农民支援前线，等等。它服从服务于苏维埃的建设需要，服从服务于共产党的中心任务需要，服从服务于战争的需要，服从服务于人民群众需求。[1]它与百姓打成一片，与敌人针锋相对；它是中共贴近群众、贴近实际的重要工具，使中央与地方、领导与群众可以良好地沟通、联系；它具有鲜明的政治性、革命性、群众性和鼓动性，很好地指导了革命和斗争工作，是维系民族精神的灵魂，是激昂爱国热情的良药。《红色中华》在这场血与火的交融、枪与炮的碰撞的民族战争中，勇敢地竖起了保家卫国的大旗，动员民众参军，扩大红军武装力量，其精神感召力，为民众所拥戴，发挥出苏维埃临时中央政府对于中国革命运动的领导作用，推动了全国抗日救亡运动的高涨。《红色中华》这个媒体工具，其"红色声音"是投枪，承载着民族的历史使命，赓续传承了伟大民族精神，完整诠释了媒体的功效，释放出英勇战斗的红色力量，是一张深得群众喜爱的报纸。它是"苏维埃运动中一个最有力的战士！""成为苏区千百万群众斗争积极性发扬的广播台"[10]，它的红色功效永载中国革命史册。

参考文献：

[1]《红色中华》发刊词[N]. 红色中华（创刊号），1931-12-11（1）.

[2]《当代中国的新闻事业》编辑委员会. 当代中国的新闻事业（上）

[M].北京：当代中国出版社，2009.

[3]《中央苏区文艺丛书》编委会.中央苏区文艺史料集[M].武汉：长江文艺出版社，2017.

[4]邓书杰，李梅，吴晓莉，等.中国历史大事详解近代卷：战争岁月（1930—1939）[M].长春：吉林音像出版社，2006.

[5]张静如，梁志祥，镡德山，等.中国共产党通志：第二卷[M].北京：中央文献出版社，2001.

[6]傅柒生.苏区历史和精神研究[M].北京：中共党史出版社，2013.

[7]王文彬.中国现代报史资料汇辑[M].重庆：重庆出版社，1996.

[8]赵理文.中国共产党党校教育史[M].北京：中共中央党校出版社，2014.

[9]黄黎.共产国际与中国苏维埃政权的建立[C]//中国中共党史学会，中共福建省委党史研究室.纪念福建省苏维埃政府成立80周年理论研讨会论文汇编.福州：福建人民出版社，2012.

[10]李富春.《红中》百期的战斗纪念[N].红色中华，1933-08-10.

[11]斗人.赠给一周岁的《红色中华》[N].红色中华，1932-12-19.

[12]凯丰.给《红色中华》百期纪念[N].红色中华，1933-08-10.

[13]李新芝.邓小平实录1：1904—1945[M].北京：北京联合出版公司，2018.

[14]上杭才溪区"五一"纪念中：扩大红军的热烈[N].红色中华，1932-05-25.

[15]飘梨.示威群众二千余 二十八人当场入红军[N].红色中华，1933-02-16.

[16]在创造百万红军声中黎川第一次光荣成绩[N].红色中华，1933-04-29.

[17]文辉抗，叶健君.红色大本营·瑞金[M].长沙：湖南人民出版社，2004.

[18]中国工农红军优待条例[N].红色中华，1932-01-13.

[19]工农群众踊跃加入红军[N].红色中华，1932-01-20.

[20]李中.父子一同加入红军[N].红色中华，1933-06-11.

[21]中华苏维埃共和国中央临时革命政府为国民党政府出卖中华民族利益告全国民众[N].红色中华（创刊号），1931-12-11.

[22]前方来电：边区红军新胜利[N].红色中华，1933-05-05.

[23] 东北战线来电.我红军又获光荣伟大胜利[N].红色中华,1933-10-09.

[24] 第二次全苏大会的奖励电[N].红色中华,1934-01-31.

[25] 沙县电.沙县群众举行反帝反蒋示威大会[N].红色中华,1934-03-01.

[26] 毛泽东.目前时局与红军抗日先遣队[N].红色中华,1934-08-01.

[27] 毛泽东同《红色中华》记者的谈话[N].红色中华,1935-11-25.

[28] 中华苏维埃人民共和国中央政府关于召集全国抗日救国代表大会通电[N].红色中华,1936-02-26.

[29] 西安电.蒋介石在西安被扣留[N].红色中华,1936-12-13.

[30] 方汉奇.中国新闻事业通史:第二卷[M].北京:中国人民大学出版社,1996.

红色诗歌的思想政治教育价值与实践路径

马 勇[①]

摘 要：红色诗歌，是红色资源的重要内容、红色基因的重要载体、红色传统的重要符号，是思想政治教育的重要资源；红色诗歌，内蕴革命先烈的伟大革命精神、崇高革命理想，具有丰富的育人价值，是思想政治教育的重要内容。实现红色诗歌的思想政治教育价值，需澄清思维观念上的认识偏差、融入班级文化建设、融入校园文体活动。

关键词：红色诗歌；思想政治教育价值；实践路径

2022年，习近平总书记在党的二十大报告中强调，必须"用好红色资源"[1]，强调"红色资源是我们党艰辛而辉煌奋斗历程的见证，是最宝贵的精神财富"[1]。红色资源内容丰富，包括革命遗址等物质资源与红色歌曲等精神资源两大类，作为精神资源的红色诗歌，是党在抗日战争时期领导广大的人民群众创建红色政权的精神财富，在鼓舞革命斗志、团结人民力量中，在引导人民艰苦奋斗、坚持革命斗争事业中发挥了重要的作用。梁启超曾言："盖欲改造国民之品质，则诗歌音乐为精神教育之要件。"[2]红色诗歌作为"精神教育之要件"，必须实现与思想政治教育的融合，助力时代新人的培育。

一、红色诗歌是思想政治教育的宝贵资源

2022年，习近平总书记在党的二十大报告中强调，新时代要坚持"传承红色基因，赓续红色血脉"[1]。学校思想政治教育工作作为为党育人、为国育才的重要工作，作为党的意识形态工作的主阵地，必须在新时代率先发挥发扬红色传统、传承红色基因、赓续红色血脉的先锋作用，承担起这份重要的使命与任

---

① 作者简介：马勇，男，宁夏固原人，东北师范大学博士研究生，研究方向为思想政治教育理论与实践。

务。红色诗歌作为红色资源的重要组成部分，包含着丰富的红色基因与红色传统，是思想政治教育培育时代新人的宝贵资源。

（一）红色诗歌，是亟待运用的思想政治教育资源

红色诗歌经过岁月的沉淀与实践的检验，作为中国共产党在不同时期展现不同面貌、发挥不同作用的红色资源，今天不仅以人们可观的诗集、诗卷而存在，更重要的是作为一种宝贵的精神财富为整个民族所拥有。这份精神财富无论是对当时的革命先烈而言，还是对今天的每一个中华儿女而言，都极其宝贵。红色诗歌作为红色资源的重要组成部分，思想政治教育用好红色资源，实现红色资源育人作用发挥的整体效能，必须坚持马克思主义整体与部分的辩证关系原理，对红色资源中的红色诗歌进行充分运用，对红色诗歌蕴含的育人内容进行全面开发，确保完整继承、创新运用，实现红色诗歌的创造性转化、创新性发展。

（二）红色诗歌，是思想政治教育传承红色基因的宝贵资源

2022年10月，习近平总书记在陕西延安和河南安阳考察时强调，要勉励青少年"立志成为社会主义建设者和接班人，确保红色基因代代相传"[3]。红色基因传承极其重要，对党和国家而言，红色基因能否得到传承，关乎党的事业性质是否始终保持不变，关乎中国特色社会主义事业发展方向是否始终保持不变；对青少年健康成长、成才而言，青少年能否传承红色基因，关乎青少年成为社会主义事业的建设者与接班人还是社会主义事业的旁观者与反对派。在这一意义上，思想政治教育传承红色基因、培育时代新人的紧迫性不言而喻。红色基因内蕴着深深扎根于革命先烈心中的精神与品质，是革命先烈内心纯洁、高尚、先进的理想追求，是共产党人始终不懈奋斗的精神动力。思想政治教育传承红色基因，旨在实现革命先烈的理想追求在新时代的一脉相传，发挥红色基因培育时代新人的政治价值、时代价值与历史价值。

（三）红色诗歌，是思想政治教育弘扬红色传统的宝贵资源

红色传统，是指党在"政治上的、组织上的、工作作风上的一切好的东西"[4]。红色诗歌蕴含着十分丰富的红色传统，具体而言，可以表现为政治上爱国和忠诚于人民的价值取向，组织上服从和以大局为重的政治立场，工作作风上严明与廉洁的职业操守。中国共产党一贯注重继承党的优良传统，例如，始终高度重视思想政治工作，将思想政治工作当成是党的一切工作的生命线始终继承，并根据时代的发展不断创新；对党在革命战争年代遗留下来的，体现革命先烈伟大品质与精神的红色遗址加以改造，使之成为当代人们缅怀先烈、铭记历史的有效载体，这些都证明了党对红色传统的高度重视。红色诗歌创生于

中国共产党为实现中华民族伟大复兴而进行伟大革命的战争年代，在革命理想的引领下、在革命事业的呼唤中，红色诗歌天然地拒绝了无病呻吟、排除了悲观厌世的消极情绪，充分地表达着革命先烈坚定不移追求理想的愿望，突出地彰显着革命先烈积极进取的乐观意志、完全地展现着革命先烈对美好未来无限憧憬的优秀品质。思想政治教育通过引导大学生进行视觉上的阅读与心灵上的感悟，实现大学生对党的红色传统的情感认同，做党的红色传统的忠实继承者与发扬者。

二、红色诗歌蕴含思想政治教育的重要内容

"文章合为时而著，歌诗合为事而作。"红色诗歌因时代需要而产生，反映时代诉求，蕴含丰富的思想政治教育内容，内蕴革命先烈的伟大革命精神、内蕴革命先烈的崇高革命理想、内蕴丰富多样的育人价值。用好红色诗歌蕴含的内容，既是思想政治教育内容丰富的需要，也是思想政治教育工作实效提升的需要。

（一）红色诗歌，内蕴革命先烈的伟大革命精神

有一首民谣这样唱道："为什么战旗美如画，英雄的鲜血染红了她；为什么大地春常在，英雄的生命开鲜花。"它突出地表达了人民对于英雄的热爱与敬仰之情，也突出地反映了革命英雄在为民族谋复兴之路上彰显的不怕牺牲、忠诚于党和人民的伟大革命精神。

无数革命英雄写下了不朽的诗作，如周恩来在不同境遇中写下了《大江歌罢掉头东》《生别死离》等诗歌，以《大江歌罢掉头东》为例，其中"面壁十年图破壁，难酬蹈海亦英雄"，十分强烈地宣示了周恩来从日本回国参加革命前，对革命充满乐观积极的态度和内心那种深深的、忧国忧民般的革命爱国主义精神；朱德久经战场，写下了《井冈山会师》与《纪念"八一"》等诗歌，以《井冈山会师》中的"革命雄师会井冈，集中力量更坚强"一句为例，突出表达了朱德对革命事业充满信心的革命精神；叶剑英写下了《刘伯承同志五十寿祝（二首）》，以其中"遍体弹痕余只眼，寿君高唱凯歌旋"一句为例，强烈表达了叶剑英同志对刘伯承个人伟大革命精神的充分肯定，因为刘伯承负伤达九处仍然坚定不移地投身于革命事业；廖承志写下了《戴枷行万里》，以其中"缠索戴枷行万里，天涯海角任消磨"一句为例，充分表达了他虽七次被捕入狱承受各种痛苦，但始终忠于革命、心系祖国、坚强不屈、追求自由与先进，以及希望革命胜利的乐观心态。通过阅读、吟诵、传唱革命英雄所写的每一首诗歌，进而间接性地重温那段水深火热的革命岁月，感受其中蕴含的革命情感，

体悟其中表现出的革命精神。革命战争年代，有人会为个人功名利禄而苟且偷生，有人会为蝇头小利而出卖同胞，但革命先烈们心系祖国、心系民族，始终为民族复兴、为国家富强、为人民幸福而勇敢斗争，如此鲜明的革命精神格外伟大。红色诗歌集中彰显了革命先烈忠于革命事业的革命精神，如对民族与国家的赤诚，为革命事业的无私奉献，为民族复兴与国家昌盛的鞠躬尽瘁，为人类自由与幸福的振臂高呼，均鲜明地体现了革命先烈忠于革命事业的伟大精神。产生于革命年代的红色诗歌必然深深地带有革命年代的印迹、必然含有无产阶级革命党人对待革命事业的态度与情感、必然彰显着革命党人所具有的革命精神，这份革命精神"是中国共产党人不忘初心、牢记使命的重要精神支撑""是坚定中国特色社会主义文化自信的重要思想资源""是高校思想政治工作的生动教材"[5]。这不但有益于大学生加深对革命战争年代重要事迹、重要人物的深刻印象，更有益于大学生继承党的革命精神，发扬担当与奋斗的精神状态，在中华民族伟大复兴中有所作为。

（二）红色诗歌，内蕴革命先烈的崇高革命理想

正所谓"共产党人不屑于隐瞒自己的观点和意图"[6]。伟大的革命先烈既通过直接投身于革命事业的革命运动、兴办学校进行革命宣传工作团结人民群众，来表达自己热爱党、热爱祖国、热爱人民的理想，也通过积极创作与吟诵诗歌来表达对崇高理想的追求。

红色诗歌的创作主体是伟大的革命先烈，他们在不同时期的伟大革命事业中创作了红色诗歌，所以红色诗歌内蕴的崇高革命理想内容丰富多样，集中体现在五个维度：在世界维度，对人类命运的关心；在祖国维度，对祖国深深的赤子之情；在社会维度，对旧社会的批判与建立新社会的诉求；在集体维度，不计较个人利益而为集体利益做出牺牲；在个体维度，追求远大的理想与实现自己的价值。在祖国维度，以周恩来的《大江歌罢掉头东》为例，阅读其中的"大江歌罢掉头东，邃密群科济世穷？"能够让人深切地感受到，作者在当时忧国忧民、急于报国的赤子情怀与革命理想；在社会维度，以贺敬之的《胜利进行曲》为例，"那万恶的反动派，封建和独裁，就要灭亡"一句，既表达了作者对当时榨取劳苦大众利益的反动派、压迫劳苦大众的封建派和独裁势力的强烈不满与仇恨，又包含了作者希望在毛主席的带领下，以革命方式打破旧枷锁，改变社会黑暗现实而即将获得完全胜利的革命理想；在集体维度，以陈毅的《新四军军歌》为例，其中"为了社会幸福，为了民族生存"一句，旗帜鲜明地表达了个人以集体利益为先、为重的革命信仰和革命立场，为集体利益牺牲自我、无私奉献的革命理想；在个体维度，以朱德的《寄语蜀中父老》和《出

283

太行》为例，前者"战士仍衣单，夜夜杀倭贼"与后者"两岸烽烟红似火，此行当可慰同仇"，都充分彰显了革命先烈在绝境中自强不息，为革命事业牺牲的革命理想。

（三）红色诗歌，内蕴丰富多样的育人价值

红色诗歌的育人价值，集中表现在：有助于大学生敬重革命先烈，有助于大学生科学审视与理性批判错误思潮，有助于大学生内化与践行社会主义核心价值观，有助于大学生树立远大的理想信念。

一是有助于大学生敬重革命先烈。"诗是情绪的直写。"[7]即诗是一个人喜怒哀乐的表现。正因为伟大的先烈们是一个个活生生的人，他们在特殊历史时期面对不同的境遇与选择，难免产生纷繁复杂的情感，比如，在民族危难之际，是选择陪家人避难还是选择上前线奋勇作战？比如，面对革命的一次失败，是选择放弃还是选择继续？比如，在被捕入狱时，是选择在敌人的严刑拷打面前屈服，还是选择不畏强暴，严守革命事业重要机密？红色诗歌与革命先烈的一生紧紧关联，大学生通过阅读革命先烈的诗歌，既可以真切感受革命先烈伟大又普通的一生，又能拓宽与丰富自己认识革命先烈的视野。

二是有助于大学生科学审视与理性批判错误思潮。近年来，以历史虚无主义为代表的错误思潮不断地在社会传播，使一些别有用心者乘机或对革命史书中的内容断章取义，或对革命先烈的过错以偏概全地进行攻击，由此产生了负面影响。尤其在网络化时代，错误思潮借助媒体大肆宣扬一些不正确言论，比如，对历史断章取义、抹黑历史人物、美化历史反面人物、否定历史事实，这既是对历史的不尊重，也是对革命先烈高尚形象的歪曲，"要警惕和抵制历史虚无主义的影响，坚决抵制、反对党史问题上存在的错误观点和倾向"[8]。错误思潮不仅影响大学生的正确观念，使大学生在革命先烈的认知上发生思维混乱，而且更重要的是可能推动大学生传播错误思潮，对整个社会风气进行污染，阻碍社会主义先进文化的传播，动摇社会共同的精神根基。大学生通过红色诗歌了解历史事实，进而在面对错误思潮时能以更加昂扬的姿态、理论的自信、事实的雄辩批判错误思潮。

三是有助于社会主义核心价值观的内化与实践。社会主义核心价值观在总体上引领着当代人民大众的价值取向，它内容的高度凝练性、表达方式的简洁性，使我们直接内化它存在一定的难度，而红色诗歌包含了国家层面每个人所渴望实现的富强、文明等内容，包含了社会层面自由、平等等社会建设目标的取向，包含了个体爱国等强烈的赤子情怀，对于我们每个人而言具有一定的吸引力与感染力。思想政治教育工作通过引导大学生深刻品味红色诗歌所蕴含的以上内容，再将以上内容与社会主义核心价值观联系起来，通过比较与糅合，既能很好地领悟到红色诗歌所蕴含的价值内容，又能很好地学习与理解、感悟与内化社会主义核心价值观。

四是有助于大学生树立远大的理想信念。个人的成长成才离不开知识的积淀、实践活动的参与，更离不开榜样人物的引领和先进精神的熏陶。大学生通过品读经典红色诗歌，重温革命年代的岁月，唤起革命历史的记忆，既能深受其鼓舞而追求进步，又能受其感染励志做一个胸襟开阔、心有大我的社会公民。比如，通过阅读《朱德诗选集》中"我党英雄真辈出，从兹不虑鬓毛斑"这一句，领悟作者蕴含其中的对伟大祖国的责任感、对革命事业不断胜利的荣誉感、对党组织真诚的归属感，会使大学生深深受到震撼。在以上诗歌所传达出的精神力量的感召下，大学生更愿意积极主动为集体做贡献，自觉地有一种社会使命感，从而珍爱祖国事业、捍卫祖国利益、致力于做祖国建设和发展的贡献者，在更高层面上还可以树立致力于维护世界和平、反对国际极端与恐怖势力的意识，做一个具有国际视野和人类情怀的中国公民。大学生还可以通过阅读《周恩来青年时代诗集》中"举起工具，出你的劳动汗，造你的成绩灿烂"这一句，感受其中所蕴含的劳动精神和作者渴望改造当时社会现实的强烈情感，不但有利于增强大学生热爱劳动的意识，更有利于培育大学生内心对于祖国的热爱之情。

三、红色诗歌的思想政治教育价值实践路径

红色诗歌在新时代有效发挥思想政治教育价值。首先，需要澄清人们主观思维上对于红色诗歌的认识偏差；其次，坚持围绕学生与贴近学生的原则，将红色诗歌融入教室文化、融入校园文体活动。

（一）澄清主观认识偏差

理论是行动的先导。澄清人们对于红色诗歌的主观思维认识偏差，有利于正视红色诗歌在思想政治教育中的育人价值，更有利于红色诗歌在实践中有效发挥育人价值。

列宁认为："文学事业应当成为无产阶级总的事业的一部分，成为一个统一的、伟大的、由整个工人阶级全体觉悟的先锋队所开动的社会民主主义的机器的'齿轮和螺丝钉'。"[9]而红色诗歌作为党的事业中的"齿轮和螺丝钉"，在党的历史上发挥了重要作用，但认为红色诗歌属于纯粹文学，没有意识形态内容也没有意识形态教育价值；属于纯粹个人感情娱乐活动，没有高尚的精神内容也没有价值引领的认识偏差仍然存在。这种在主观上对于红色诗歌内容性质的

认识偏差，忽视与掩盖了红色诗歌所蕴含的政治立场、价值追求、家国情怀等具有鲜明意识形态导向的育人内容。红色诗歌的创作者，是深深影响了历史发展的民族英雄与历史伟人，他们不仅是每一位中华儿女的骄傲与荣耀，更是新时代青年一代为追求中华民族伟大复兴实现中国梦而奋斗的应该学习的榜样和典范，他们挽救民族于危亡之际、挽救同胞于水深火热之中，在中华民族历史上、人类发展历史上书写出了感动中外的伟大诗篇。"祖国是人民最坚实的依靠，英雄是民族最闪亮的坐标。"[10]英雄们是伟大的，"他们是国民的楷模、时代的先锋。在他们身上集中体现了中华民族的优良传统和共产党人的高尚道德情操"[11]。他们的思想、人格、事迹、精神的伟大蕴含于个人创作的诗歌内容中，既具有重要的历史意义，也具有重要的育人价值。

（二）融入班级文化建设

"班级是学生成长的重要领域，承载着立德树人的重要职能。"[12]学生在学校学习的主要阵地在班级，红色诗歌有必要融入班级文化建设。融入班级文化建设，对于红色诗歌可以更好地、更直接地发挥思想政治教育价值极为必要。

红色诗歌融入班级文化建设，可采用在班级文化建设中适当布局红色诗歌内容的方式，既能丰富班级文化的展现样态，又能潜移默化地促进班级文化育人价值的发挥。红色诗歌融入班级文化建设的方式理应做到多样、多元，因为多元的文化呈现方式既能丰富学生的精神世界，开阔学生的视野，也能发挥诗歌内容合力育人的作用。当前，多数校园的班级文化多以伟大人物的肖像、艺术书法为主要内容，如果将革命英雄与其所写的诗进行有效搭配，并且以伟人所处的主要时代背景为内容的背景，不但能够增加教室文化载体的吸引力，而且会增强感染力，让学生在感受"有形象、有思想"的班级文化的同时，还能做到"有联想、能共享"。同时也可充分利用专家进班级的形式，邀请专家进行理论讲解与思想解读，或者引导学生在班级内自发开展朗诵吟读，在欣赏与感受中汲取精神营养与思想动力。

（三）融入校园文体活动

2016年，习近平总书记在全国高校思想政治工作会议上指出，要"广泛开展文明校园创建，开展形式多样、健康向上、格调高雅的校园文化活动"[13]，因为校园文化活动与每一个学生的健康成长紧密相关，潜移默化地对每一个学生的思想观念产生着深刻的影响。红色诗歌融入校园文体活动，主要形式有红歌会、学术沙龙、网络创作。

一是红歌励志：红歌会。红色诗歌既是革命战争年代特殊时期中国共产党革命文化的重要组成部分，也是中华民族优秀传统民歌文化不可分割的一部分，在今天具有重要的时代意义。在红歌传唱的具体实现路径上，既可以将红歌传唱活动融入大学生文化艺术节等各类文化活动之中，也可以在红色体验实践活动中组织开展。二是科研领航：学术沙龙。举办学术沙龙，为对红色诗歌抱有浓厚学习与研究兴趣的学生提供机会与平台，同时还可邀请相关的老师进行指导，对红色诗歌所蕴含的红色精神进行探讨，既能够满足学生个人的兴趣爱好，又能够很好地挖掘红色诗歌中丰富的思想政治教育资源，实现红色基因的传承与红色传统的弘扬。三是网络创作。当前，随着党和国家的高度重视，各地区丰富多样的红色教育基地得到了广泛利用，主流媒体也竞相宣传红色文化，各种类型的网站纷纷宣传红色文化，大学生在实地认知与体验红色文化后，在网络上获得与学习各种红色资源后，可探索性地仿写模拟，在创作中汲取精神营养。

参考文献：

［1］习近平．高举中国特色社会主义伟大旗帜 为全面建设社会主义现代化国家而团结奋斗：在中国共产党第二十次全国代表大会上的报告［N］．人民日报，2022-10-26.

［2］梁启超．饮冰室诗话［M］．北京：人民文学出版社，1959.

［3］习近平．全面推进乡村振兴 为实现农业农村现代化而不懈奋斗［N］．人民日报，2022-10-29.

［4］毛泽东．毛泽东文集：第一卷［M］．北京：人民出版社，1993.

［5］刘大为．让革命精神永放光芒［J］．中国高校社会科学，2018（3）.

［6］马克思，恩格斯．共产党宣言［M］．北京：人民出版社，1997.

［7］郭沫若．郭沫若文集：第10卷［M］．北京：人民文学出版社，1959.

［8］中共中央党史研究室．历史是最好的教科书：学习习近平同志关于党的历史的重要论述［J］．中共党史研究，2013（9）.

［9］列宁论文学［M］．北京：人民文学出版社，1959.

［10］习近平．在中国文联十大、中国作协九大开幕式上的讲话［N］．人民日报，2016-12-01.

［11］张泰城，常胜．红色文化资源与社会主义核心价值观培育［J］．求实，2016（11）.

［12］殷蕾．基于场域理论的班级文化育人研究［J］．中国教育学刊，2018（2）.

［13］习近平．把思想政治工作贯穿教育教学全过程 开创我国高等教育事业发展新局面［N］．人民日报，2016-12-09.

红旗渠红色文化与旅游融合发展的路径研究

王 煜①

摘　要：近年来，国内红色旅游蓬勃发展，带动当地经济快速增长。林州市红旗渠风景区作为全国红色旅游经典景区拥有丰富的红色旅游资源。本文在探讨红旗渠红色旅游发展现状的基础之上，分析了红旗渠红色文化与旅游融合发展所取得的一些成就，但是红旗渠风景区在文旅融合发展上依然存在一些问题，针对这些问题提出了促进红旗渠红色文化与旅游产业更好融合发展的对策。

关键词：红旗渠风景区；红色文化；融合发展

红旗渠精神发端于新中国成立初期的艰苦岁月，辉煌于中国特色社会主义的新时代。党的二十大报告中指出，从现在起中国共产党的中心任务就是团结带领全国各族人民全面建成社会主义现代化强国，实现第二个百年奋斗目标，以中国式现代化全面推进中华民族伟大复兴。传承和发扬伟大的红旗渠精神有利于增强文化自信，建设社会主义文化强国，激励中华儿女自强不息，艰苦奋斗，为实现中华民族伟大复兴的中国梦而接续奋斗。红旗渠是开发红色文化资源、挖掘红旗渠精神的重要物质载体，重视红色文化资源，探寻其与旅游产业融合发展的路径既有利于景区的可持续发展，又有利于弘扬红旗渠精神，使红旗渠精神如川流不息的渠水一般历久弥新。

一、红旗渠红色文化与旅游融合发展的现状

红旗渠风景区位于河南省林州市北部，地处河南、山西、河北三省交接地带。新中国成立前，该地区水资源严重不足，人民生活极端困苦。为了能够生

---

① 作者简介：王煜，女，河南安阳人，江西师范大学马克思主义学院、苏区（革命老区）振兴研究院硕士研究生，研究方向为马克思主义与当代中国经济社会发展。

存，改善当地缺乏水资源的困境，林县（今林州市）人民付出了巨大的牺牲和代价，靠着勤劳的双手和坚强的意志，修筑红旗渠，成功引来了漳河水，给当地人民带来了生的希望，由此创造出来的红旗渠红色文化，培育出的红旗渠精神激励了万千中华儿女。红旗渠的红色文化资源可以分为物质形态和非物质形态两种。物质形态是指红旗渠宏伟的水利工程、红旗渠纪念馆、历史文物、文献资料、英雄事迹、红色故事、文学作品等。[1]非物质形态是指，在修筑红旗渠的艰辛岁月里孕育形成的劳动人民自力更生、艰苦创业、团结协助、无私奉献的红旗渠精神。目前，林州市已经形成了以红旗渠为核心的红色文化旅游带，红旗渠红色旅游也日渐成为林州市的一张名片，成为当地重要的产业。目前，红旗渠红色文化在与旅游产业融合的过程中，取得了一些成绩，但还存在一些问题。

（一）红旗渠文旅融合发展的成就

1. 将红色文化资源与研学旅游相融合

2022年，习近平总书记在林州市红旗渠考察期间指出，红旗渠是纪念碑，承载了林县人民不认命、不服输、敢于战天斗地的英雄气概。要用红旗渠精神教育人民特别是广大青少年，社会主义是拼出来、干出来、拿命换来的，不仅过去如此，新时代也是如此。[2]利用红旗渠的红色文化资源发展研学旅游有利于广大青少年扣好人生的第一粒扣子。为了推动红色文化与研学旅行更好地融合，红旗渠风景区依托红旗渠干部学院、红旗渠廉政教育学院、红旗渠精神营地和石板岩国家特色小镇，持续拓展"研学+培训+写生"的旅游业态，着力打造国家级研学培训写生基地。除此之外，红旗渠风景区还编制了《红旗渠研学旅行专项规划》，出版了红旗渠小学、初中、高中研学旅行系列教材，开展了红旗渠精神进校园、我是小小讲解员、研学活动主题直播等活动，充分发扬了红旗渠红色文化，使红旗渠精神在青少年心中生根发芽。[3]近年来，红旗渠研学旅游不断发展，红旗渠先后被授予"全国研学旅游示范基地""全国中小学生研学实践教育基地"等多项荣誉称号。

2. 运用红色文化资源开展红色培训

红旗渠风景区在运用好红色文化资源方面不断地创新探索。2019年，红旗渠风景区为了进一步开展好红色培训，加强党员的教育培训工作，创新性地设立了廉政、红色、劳模三大讲堂。此外红旗渠风景区依托丰富的红色文化资源打造了多种类型的红色培训课程，如音像教学：组织游客观看访谈片《巍峨山碑——杨贵篇》和话剧《红旗渠》；体验教学：打"开山锤"、推"民工车"、吃"民工饭"、走"水长城"，以及开展"红旗渠精神的时代价值"的专题讲座。红旗渠打造的红色实训基地,让游客在理论与实践相结合的过程中进一步感悟红旗渠精神,为广大党员干部和企业职工坚定理想信念、陶冶道德情操、提高自身素质提供了极大的帮助。

3. 文旅融合助推乡村振兴

红旗渠风景区在发展红色旅游、不断自我壮大的同时,也在助力脱贫攻坚、推进乡村振兴方面发挥了很大的带动作用。红旗渠风景区为周边地区居民提供了众多就业岗位。红旗渠为带动当地就业率实行了"六个一批"行动,在红旗渠风景区内部设置了保洁和安保的公益性岗位。除此之外,景区还设置了数百个旅游服务岗位,如讲解员、售票员、咨询服务人员。红旗渠风景区在景区内部的餐厅等服务型场所安排当地贫困人口就业,助力了50余人成功脱贫。景区依托红色旅游辐射周边地区,带动景区周边地区大力发展酒店、餐饮、农家乐等服务型产业,当地居民在红旗渠景区旅游沿线经营了近百家大、中、小餐厅和农家乐。这些餐厅和农家乐可以同时接待游客食宿800余人,满足了游客最基本的吃住要求。此外,还能拉动当地经济增长,增加居民收入,2021年当地就实现了年收入1500余万元,当地大部分贫困村和贫困群众通过发展旅游产业实现了就业,增加了收入,摆脱了贫困。

(二) 红旗渠文旅融合发展存在的问题

1. 红色文化资源保护不当

红旗渠修筑于20世纪60年代,由于当时社会物质条件匮乏,林县经济发展水平较低,修筑水利工程的技术还不够成熟,再加上当时多为民众自发集资修建渠道,因此工程标准比较低。之后经过长达60多年的运行使用,红旗渠的部分渠道因为外界环境的风吹日晒和人为的故意破坏,已经出现了老化、拥堵、渗透、甚至坍塌的问题,这导致红旗渠的基础性灌溉功能受到了严重影响。当地政府也针对这些问题对红旗渠进行了修复,但这只是针对红旗渠的主干渠和部分主要渠道进行抢救性工作,而其他渠道目前运行的情况仍然不太乐观。红旗渠的渠底由白泥灰砌成或者直接是土底,渠道墙壁的材质为白泥灰、岩石或者石块。这些修筑水渠的材料由于质量差,再加上年久失修,都已经造成了不同程度的损耗,大部分都存在淤泥堆积、渗透严重、泥灰脱落、渠道变形的问题。[4]除此之外,人为的不良行为也导致渠道损坏速度加快。红旗渠在20世纪90年代曾遭受人为恶意炸毁,红旗渠遭到严重破坏,不仅造成了严重的洪涝灾害,甚至一度让红旗渠彻底断流。近年来,由于政府先后出台了一系列关于保护红旗渠的相关法律法规以及当地村民法律意识的逐渐提高,类似炸毁渠道的事例已经鲜少发生了。但是随着红旗渠红色旅游的快速发展,一些游客不文明的旅游行为、红旗渠周边的居民排放的生活废水，以及生活垃圾导致了水体和土壤污染，对红旗渠周边的环境造成了破坏。

2. 景区客源类型比较单一

红色旅游的客源类型市场受限是整个红色旅游行业所面临的一个共性问题。因此，加快红色旅游转型升级从而拓宽客源市场，是那些仅以红色文化为卖点的传统红色旅游产业急需解决的一个重要任务。红旗渠是全国知名的红色文化旅游景区，但由于红旗渠独特的红色文化和精神内涵，红旗渠景区的受众群体与其他类型的景区相比，会受到一定的限制。一些中小学、干部学院、军队、政府部门为了学习红旗渠精神，会专门来参观、游览红旗渠，所以红旗渠风景区的游客群体主要是专项旅游人群，比如，学生、军人、事业单位的工作人员、党政机关的领导干部等，对于普通大众而言却很少涉及。虽然近些年来红色旅游的发展速度不断加快，再加上研学旅游也开始慢慢兴起，普通大众也都逐渐参与到了红色旅游活动中。但比起其他的旅游类型，如观光旅游、休闲旅游、康养旅游等，普通大众在红色旅游中的参与度仍然比较低。又因为红旗渠风景区的红色文化具有独特的政治性，因此，红旗渠在开发红色旅游产品的过程中，会有一定的局限性，往往总是侧重于政治性，而忽略了增加红旗渠对普通游客的吸引力，这也是红旗渠风景区客源类型单一的原因。[5]

3. 高素质的旅游服务人员短缺

2020年，我国已经全面建成小康社会，人民群众的生活水平不断提高，外出旅游成为人民生活中很重要的一部分，因此游客对于景区的服务质量也有了新的要求，普遍要求高品质的旅游服务。红色旅游景区由于其历史文化底蕴深厚，红色文化资源丰富，具有很强的知识学习性，因此，相对于一般的休闲观光型旅游景区而言，游客对红色旅游景区服务人员的综合素质要求会更高。[6]由于红旗渠红色旅游开发起步较晚，景区内缺乏专业的旅游服务人员，红旗渠风景区的从业者大多数为当地普通民众，这些旅游服务人员普遍学历不高、年龄较大，并且没有经过专门、系统的培养，而这些情况会为景区的发展带来一些弊端。比如，一些景区讲解员普通话不标准、讲解缺乏感染力、知识性不强、不能够对红旗渠的红色文化进行深刻而又生动的阐释，那么这就会降低游客的旅游体验感，也不能满足游客学习红色文化的需求。此外，景区的经营管理、旅游产品开发、创意宣传、自媒体运营等方面也缺乏大量的专业人员，这都很不利于景区的长足发展和转型升级。总而言之，当前红旗渠风景区旅游从业人员的数量和质量都不能满足景区长远发展的需求。

291

4. 红色旅游宣传方式创新不足

近年来，网络媒体、电子商务、手机媒体作为新兴的传媒手段广泛地出现在人们的生活中，这些新兴媒体传播速度快、受众面广、时效性强，更加受大众所青睐。因此，景区应该跟上时代发展的潮流，淘汰原先落后的宣传方式，创新红色旅游传播途径。但红旗渠风景区对自身的宣传创新力不足。一方面，从景区的宣传途径和内容来看，红旗渠风景区创建了官方网站、自媒体账号、公众号，但是这些新媒体宣传方式在运营过程中还存在一些问题。比如，红旗渠风景区的官方网站页面设计不够新颖、内容板块不够丰富、信息更新慢，这些问题都需要景区进一步改进。红旗渠景区创建的自媒体账号发布的内容多为红旗渠周边的风景视频，但是红旗渠的特色在于它是红旗渠精神的物质载体，如果只注重宣传其自然风光便会忽视其红色文化资源的传播。另一方面，从游客在景区内的体验感来看，红旗渠景区多为静物陈列以供游客观光、游览，游客的参与性和互动性较少。而且传统的景区讲解容易让游客感到枯燥和乏味，单一的旅游项目也不能引起游客的兴趣，从而使游客不能深入了解红旗渠的红色历史故事，也可能会导致景区客源流失。

二、红旗渠红色文化与旅游融合发展的对策

（一）加强对红色文化资源的保护

渠道是红旗渠红色文化资源的重要组成部分，如果不及时修复，会为红旗渠红色文化的传播和景区的发展带来很大的弊端。因此，在对红旗渠红色旅游资源开发的过程中，要注重开发与保护并重。首先，加强对红旗渠渠道的日常检查和维修，并进行技术上的改造。由于渠道使用时间较长并且经历了自然侵蚀，渠道存在质量问题，一些支渠和末渠损坏严重，并且长期处于不受保护的状态。当地的部门应该派专门的技术人员对渠道进行日常的维修检查，及时修复，并且对渠道进行技术上的改造，用节水的滴灌来代替以往大水漫灌的粗犷方式。其次，创新管理机制。落实好红旗渠渠道管理责任制，把责任具体分配到乡镇，明确权力与责任，发动群众力量进行管理与监督。最后，加强宣传教育力度。利用互联网、广播、实地访谈等形式增强当地居民保护渠道的意识，让他们真正参与对水渠的保护工作；完善相关法律法规，加强对破坏渠道者的惩处力度，以起到警示作用；加强游客对保护景区旅游资源的教育，使他们从思想层面意识到问题的重要性，并付出相应的实际行动。

（二）推动红色文化资源与旅游产业多角度融合

红旗渠风景区如果只发展单一的红色旅游就会面临客源市场狭窄的困境，要想解决这个问题，就要推动红旗渠风景区转型升级。以红旗渠最为突出的红色文化为依托，将红旗渠红色文化与旅游产业多角度融合，打造出多样化的红色文化旅游产品，从而吸引更多游客的目光，扩宽红旗渠风景区的客源市场。一方面，推动红旗渠红色旅游与自然生态旅游相融合。林州市位于太行山东麓，境内的地质地貌多为山地和丘陵。林州市拥有森林、山地、湖泊、瀑布、河流为一体的优美生态自然景观，地理环境优势明显。林州市也多次被评为全国文明城市、国家园林城市、全国绿化模范单位。林州市依托良好的自然生态环境，很适合发展休闲旅游以及康养旅游，因此，红旗渠风景区可以将红色旅游与生态自然旅游相融合，形成红色文化与山水自然风光融合发展的格局。另一方面，推动红旗渠红色旅游与乡村旅游相融合。近年来，乡村振兴战略的提出为乡村旅游的发展提供了一个良好的发展契机，而林州当地的农村本身就为红旗渠红色旅游与乡村旅游的融合提供了得天独厚的优势。林州市政府也紧跟农旅融合发展的步伐，打造了红旗渠现代农业产业园。在对产业园的发展规划中着重突出产业园的景观养生和观光体验功能，让游客参与产业园的农业活动。此外，景区还可以加强与产业园的合作，以租赁土地的方式，让游客亲自参与农业种植活动，增强游客的沉浸式旅游体验感。

（三）提高景区从业人员的专业素质

景区从业人员专业水平的高低是衡量景区竞争力的重要因素。目前，红旗渠风景区需要提高从业人员的专业水平。首先，要大力培养景区内部员工，对景区内部员工采取定期的培训，培训内容包括旅游专业知识、服务技能、管理运营等。建立完善的专业技能考核制度，对景区旅游从业人员展开定期的业务考核，并且要制定好考核的内容和标准，采取公平公正的考核原则。考核完成后要采取一定的奖惩制度，以此来激励旅游服务人员提高专业素养。其次，红旗渠景区可以与周围的高校构建校企合作关系，一方面，景区可以为旅游管理专业的大学生提供实习岗位，满足学生实习就业的需求；另一方面，高校的专家学者可以为景区的服务人员开展讲座，提高景区内服务人员的专业素养，这样景区和高校可以达成互利共赢的合作关系。再次，景区要引进旅游方面的专业人才，吸引毕业大学生群体来景区就业，为景区的发展注入新鲜血液。当地政府可以制定相关政策，提高旅游从业者的薪资和生活待遇，改善工作环境，这样才能留住人才。最后，提高当地群众的人文素质，景区当地群众人文素养的提高能够给外地游客留下更好的印象，提升景区口碑。景区需要主动加强与当地居民的沟通，开展一些宣传景区活动，为当地居民提供优惠措施，共同努力为景区营造一个良好的人文环境。

（四）创新红色旅游宣传方式

新媒体的不断兴起为红旗渠红色文化资源的开发和传播提供了一个非常便利的平台，有利于推动红旗渠红色旅游发展，进一步发扬伟大的红旗渠精神。因此，红旗渠风景区应该转变发展思路，抓住当今自媒体飞速发展带来的机遇，创新红色旅游宣传方式，推动景区发展再上一个新的台阶。一方面，景区应该创新自媒体运营，扩宽青少年市场。新一代的青年人是互联网的"原住民"，抖音、微博、微信等互联网社交平台遍布着他们的足迹。景区相关的工作人员应该提高其互联网敏锐度，善于捕捉当下最热门的话题和词条，从而将其融入视频制作中，输出高质量、吸人眼球的视频内容，最好带有一定的反差感，打破人们对于红色旅游景区的刻板印象。另一方面，景区要着重宣传红旗渠红色文化和红旗渠精神内涵，可以充分利用各大互联网新媒体平台，与当下热门的旅游博主进行合作，利用其自身所拥有的巨大流量，为景区进行宣传，让更多普通游客了解红旗渠背后的感人事迹，从而可以对红旗渠的红色文化进行广泛的宣传。[7]

三、结语

红旗渠精神作为红旗渠红色文化的核心是中国共产党人精神谱系的重要组成部分，承担着涵养社会主义核心价值观，培养担当民族复兴大任的时代新人的重要历史使命，红旗渠红色文化反映了中华民族自强不息、无私奉献的民族精神。旅游作为传播当地特色文化的重要方式，能够使游客在休闲娱乐的同时感悟红色文化的精神内核，以此来升华游客的精神境界，因此红旗渠风景区承担着传承发扬红旗渠精神的重要责任。推动红色文化与旅游产业融合既能保护红色文化，也能推动红色旅游景区转型升级，对林州市的经济社会发展和乡村振兴也有很大的积极作用。

参考文献：

[1] 郝祎娜．红旗渠红色文化资源的开发与利用研究［D］．新乡：河南师范大学，2016．

[2] 龚金星，王乐文，马跃峰，等．发扬延安精神和红旗渠精神，全面推进乡村振兴［N］．人民日报，2022-10-30（1）．

[3] 王余．河南省林州市红旗渠红色旅游发展问题及对策研究［D］．武汉：

华中师范大学，2023.

[4] 王春凤，李静涛. 红旗渠灌区工程运行管理存在问题与对策 [J]. 河南水利与南水北调，2018，47（5）.

[5] 樊英洁，张艺，邢鹏，等. 文旅融合视角下林州市红色文化资源保护与利用研究 [J]. 旅游纵览，2021（15）.

[6] 王夏楠. 红旗渠红色旅游发展路径探析 [J]. 旅游纵览，2022（18）.

[7] 梁梦瑶. 乡村振兴视域下林州文旅融合发展策略研究 [J]. 南方农业，2022，16（6）.

革命文物承载光荣的历史

——馆藏革命文物文献资源的利用及"活化"案例

魏金华[①]

摘　要：习近平总书记指出："加强革命文物保护利用，弘扬革命文化，传承红色基因，是全党全社会的共同责任。"革命文物见证光荣历史，传承红色基因。其中品种多样、数量众多的革命文献资源，需要不断挖掘内涵、创新传播方式，讲好革命文献的故事，增强红色文化的吸引力。同时，革命文献还要积极探寻更多满足群众需求、紧跟时代潮流的展示传播方式，扩大革命文献资源影响力。随着时代的发展，信息的传播方式、范围和渠道发生了转变。革命文献要采用更贴近群众、更有亲和力、更符合群众信息获取习惯的展示传播方式，提升传播效果。让革命文献的精华为社会教育功能发挥更大的作用，让更多群众了解革命文物和文献背后的故事，让红色基因代代相传。

关键词：红色基因；历史价值；铸魂育人；活化案例

苏区红色文物、文献、史料等实物原件，其主体是新民主主义革命这一特定历史时期内，中国共产党带领全国人民进行艰苦卓绝的革命斗争，最终建立新中国这一非凡历史过程中所形成的各种文物、文献史料，是革命文化的重要载体，记载了中国共产党为实现民族独立和人民解放而斗争的奋斗历史，昭示着中国共产党人的初心和使命，见证了中国人民站起来了的光辉历程，是党史学习教育、革命传统教育和爱国主义教育不可或缺的珍贵资料证据。

一、红色历史文献的内涵及其历史价值

红色文献是革命文物的重要形式，是承载红色记忆、传承红色基因的重要

[①] 作者简介：魏金华，男，广东省五华县人，中国收藏专家，广东省省情专家库专家，梅州市客侨博物馆馆长，研究方向为早期红色文献史料、华侨文化史料。

载体，红色文献诉说百年革命奋斗历程。这些革命文献的时间跨度已有百年，主要包括了记录中国新民主主义革命进程和对中国新民主主义革命产生过影响的文献；在中国传播马克思主义和辩证唯物主义，并将马克思主义应用于不同学科领域的文献；各革命根据地出版的各种红色文献等。近几年，为深入贯彻十九大精神，积极落实上级部署的学习党史的工作要求，引导党员干部继承党的优良传统，弘扬伟大爱国主义精神，锤炼坚强党性，提升历史修养，红色收藏愈来愈热，尤其是中共建党已过百年，关注红色文献的收藏爱好者越来越多，人们渐渐认识到了其中蕴含的价值。

红色文献收藏，不仅包括藏书、藏报、藏刊，也包括收藏革命历史文件、信函、文稿、图片、影视等品类。红色文献是红色资源的载体和重要组成部分。红色文献不仅具有一定的历史价值、学术价值，它还是一种思想、政治战略资源。这一战略资源，关系到"不忘初心、牢记使命"，关系到坚持中国特色社会主义道路，关系到坚定"四个自信"即道路自信、理论自信、制度自信、文化自信，是党领导人民走向胜利的根本保证。

根据档案记载，革命文献的征集工作最早可以上溯自战火纷飞的抗日战争时期。新中国成立后，革命文物的征集与保护工作受到了党和国家的高度重视。《中国国家博物馆近现代文物的征集与捐赠》中写道："与革命文献相关的文物包括：秘密或公开发行之报纸、杂志、图书、表册、宣言、标语、日记、手稿、传记、墓表、信札、墨迹、影片、年画、木刻以及一切有关革命之史料（反革命之文献有关革命者亦在征集之列）。"革命文献的范围内容及表述已经十分清晰、明确。

20多年来，梅州市客侨博物馆深入闽粤赣等原中央苏区征集革命文献和实物，征集到大量从中共建党前后、土地革命战争时期、抗日战争时期、解放战争时期的红色文物、文献、史料等实物原件。由于战争环境使然，苏区文物存世稀少，是近现代文物中的一个稀有品种。上述文物直接从闽粤赣革命老区征集而来，互为关联印证，来源确凿可靠，对馆藏革命文献形成重要补充。

革命文献中不乏极具文物价值和文献价值的革命文献，一般读者难以充分利用原始文献。近年来，梅州市客侨博物馆根据革命文献的文物价值、学术价值和版本特点，出版《梅州与红色记忆》《广东梅州文书》等20多本著作，计划出版《赓续"红脉"——魏金华藏珍贵革命历史文献图录》，整理编辑广东苏区历史文化系列丛书：《广东苏区珍藏百件文献资料汇编（1—10册）》等一系列揭示革命文献内涵、弘扬革命文化的出版物，为中国特色社会主义的文化研究和建设提供资源借鉴，弘扬革命文化，传承红色基因。

二、红色文献提升传播效果与铸魂育人

如何"活化"这些珍贵的民间红色资源，是一个应该加大力度去探索的重要课题。目前，民间红色文献史料的收藏、保管、研究、利用至今没有引起足够的重视，如果不加以重视，许多珍贵史料在不久的将来，将避免不了流散、消失的命运。如今许多国有红色纪念馆、博物馆里的文物展品数量并不多，尤其是文物文献史料的实物原件非常少，基本上是利用网络图片替代，如果能将民间收藏家的红色文物、文献史料的实物原件与国有红色纪念馆、博物馆进行良好融洽的对接，形成有规模的公共文化产品，必将是皆大欢喜的好事。

收藏如练武，要打通奇经八脉，融会贯通，练就"红色通脉"。客侨博物馆利用馆藏，无论报刊还是书籍，都是围绕广东展开，再而扩展至闽赣原中央苏区的出版物，形成红色收藏特色。摸准"红脉"、活化利用是对革命文物原件的最好保护，要在严格保护的基础上，着力推动革命文物"活"起来，充分发挥革命文物资政育人的作用，融入社会教育，加强主题创作。要用好革命文物资源，配合打造一批"重点红色旅游经典景区"，推出一批革命文化主题研学旅行、体验、感悟休闲旅游项目和红色精品旅游线路。

要把铭记革命历史、弘扬苏区精神作为做好革命文物文献史料工作的根本要求，通过实物载体，引导广大党员、民众学史明理、学史增信、学史崇德、学史力行。要服务党史学习教育，弘扬伟大建党精神、苏区精神，注重革命老区建设，做好调查研究、挖掘收集、编制出版完成红色图谱，加强科学保护，拓展教育功能，进一步发展红色旅游，做好精品展陈工作。把革命文物保护利用与乡村振兴、民生改善、产业发展等相结合，切实发挥革命文物服务经济社会发展的功能。

党史学习教育正在全党上下深入展开，红色文献史料蕴含着党的初心使命，记录着党领导人民推进实现中华民族伟大复兴的奋斗历史。一份份珍贵的历史文献、一件件难得的史料、一个个鲜活的记录，生动展现了中国共产党的奋斗历程和伟大成就，具体讲述了中国共产党人坚守初心使命的感人故事，深刻诠释了我们党不断取得胜利的成功密码和力量所在。革命文物的最大价值在于其所承载的历史、精神，要善于挖掘提炼发光点，深入阐释其蕴含的革命精神、思想内容、时代价值，以史鉴今，传史育人。

红色文献是中国共产党领导的新民主主义革命中留下的重要史料，记载了革命先辈抛头颅、洒热血，创造辉煌的历史史实，因此它是马克思主义理论研究者、中国共产党党史研究者进行学术研究的第一手资料，具有历史研究价值、

科学理论研究价值以及艺术研究价值；红色文献作为红色文化的重要载体，具有重要的文化价值，蕴含着老一辈无产阶级革命家对马克思主义的信仰，对党和社会主义的忠诚，对革命无私奉献和终身为人民服务的精神，这些都具有积极的文化导向价值。

革命文献是弘扬革命精神、继承革命传统、传承红色基因的生动教材，也是激发爱国热情、振奋民族精神的宝贵资源。用文献说话，讲好党的故事、革命的故事、根据地的故事、英雄和烈士的故事，坚守革命传统，传承好革命文化是我们义不容辞的责任和担当，未来还有许多工作值得我们去探索、去实践。

如今，跨入新时代，迈向新征程，红色文献藏家也要以新的风采，高高举起传承红色基因的旗帜，在红色文献收藏与研究中汲取宝贵营养，担当起传承红色基因的新使命。红色文献藏家是个庞大的群体，而其中的个体各有各的优势与特色，可从社会需要与个人实际出发，联系重大历史节点与节庆，脚踏实地多做一些传承工作，更好地促进红色基因、革命薪火代代相传。梅州是革命老区、红色热土，有着光荣的革命历史、革命传统和珍贵的实物史料、革命旧址，孕育了伟大的"苏区精神"。

三、红色文献创新传播方式与活化利用案例

要传承好红色基因，就必须对红色文献做好研究，弄清楚红色文献的红色基因所在，搞明白红色文献的内涵、价值、革命精神、优良传统和正能量，在研究的基础上进行有效的开发与利用。要传承好红色基因，还必须广拓传承渠道，运用多渠道、多形式、多链接的方法扩大实际成效。以近年的收藏、研究与传承的实践看，利用红色文献传承红色基因的主要途径有：（1）编发书报刊；（2）展览展示；（3）研讨会交流；（4）发表文章；（5）编辑出版图册；（6）提供咨询与史料服务；（7）利用新媒体发布信息；（8）科研合作；（9）宣讲推介；（10）讲座讲授；（11）讲故事；（12）拍摄发行文献纪录片；（13）制作网络视频；等等。

近10多年来，梅州市客侨博物馆运用新颖的展陈表现手法策划了"铁血印记凝浩气 南岭烽火耀千秋——广东人民革命历史文物史料藏品展""梅江烽火耀千秋——中央苏区（梅州）文物、史料展""追寻红色记忆 传承革命精神——纪念中国人民解放军建军90周年暨叶剑英元帅诞辰120周年系列展""献礼祖国70华诞——红色文献史料展""纪念中国人民解放军成立90周年——粤东苏区文物史料展"；"烽火燎原耀万川——大埔革命文物史料藏品展""老梅城记忆之'红色记忆'展""英雄红土地 大美南洋山——中央苏区（五华）文物史料展""坚定信仰 再启征程——中国共产党百年党章史料展""烽火征程 红色苏区——客都红色文献史料展""奋斗百年路 启航新征程——中共百年党史、党章文献史料展"等一系列大型公益展览，加强革命传统的宣传教育，取得了非常好的社会反响。多年来红色文献"活化"与做法主要是依据中国共产党的发展主要历程时间段而展开，具体的做法有：

做法1

2016年是中国共产党成立95周年和中国工农红军长征胜利80周年，梅州市客侨博物馆从收藏的"中央苏区（梅州）文物史料"中精心遴选了260多件（套）红色文献及史料，并设计了"铁血印记凝浩气 红色传统耀千秋——魏金华藏中央苏区（梅州）文物史料"的首展；这是梅州市"中央苏区一片红"以来举办的首次大型"粤东苏区"文物史料展览，此次展览也为研究梅州"粤东苏区"的历史地位提供了重要的参考价值和实物佐证。展览内容分为四大部分：(1) 梅江烽火；(2) 峥嵘岁月；(3) 苏区先驱；(4) 红色金融。

通过多场次的展览讲解，广大市民对梅州这个富有光荣革命传统的老区有了深入了解。梅州人民为反对国民党反动派进行了艰苦卓绝的斗争，建立了以八乡山、九龙嶂、九里岌、北山嶂等为中心的东江革命根据地。五兴龙、梅埔丰、饶和埔诏、蕉平寻等苏区在土地革命斗争时期为中央苏区的巩固和发展做出了重大贡献，立下了丰功伟绩。在这漫长而曲折的艰苦岁月中，梅州人民不怕艰险、不怕牺牲、前仆后继、顽强战斗，用鲜血和生命谱写了梅州地区革命斗争历史的光辉篇章。

做法2

2019年编著出版的《梅州与红色记忆》——梅州市客侨博物馆藏革命文献史料图录汇编，从馆藏的万件红色藏品中，精选梅州重要革命历史文物、文献、史料、手稿等研究文图稿。其中不少为珍稀初印罕见之"新善本"，如1920年8月最早传入梅州的《马格斯资本论入门》，1924年10月初版《社会主义史》，1925年梅州学艺中学《互助》半月刊，1925年初版《帝国主义与中国》，1926年8月《省港罢工概观》，1927年初版《资本主义的解剖》，1928年11月中央苏区共产党人6人签盟手稿《盟约书》，1929年6月纲刻油印本《中国共产党宣言》，1932年2月红色珍本《中华苏维埃共和国宪法大纲》，1938年毛泽东《论持久战》毛边本，等等。

《梅州与红色记忆》的出版印行，是落实习近平总书记"要系统梳理传统文化资源，让收藏在禁宫里的文物、陈列在广阔大地上的遗产、书写在古籍里的文字都活起来"的指示精神。让苏区红色文化"飞入寻常百姓家"，用红色故事

"点亮理想的灯，照亮前行的路"，推动红色梅州的绿色发展。红色苏区精神在梅州的落地生根、开花结果，为研究粤东苏区的历史地位，提供了重要的参考和实物佐证。《图录汇编》按馆藏文物特点，分为五大类：（1）"真理的力量"研究文稿；（2）"烽火梅江 苏区遗珍"研究文稿；（3）"艰苦卓绝铭记历史"研究文稿；（4）"红色书刊研究图文"120本/套；（5）"红色苏区研究"文稿集锦。

做法3

2019年是中华人民共和国成立70周年，梅州市客侨博物馆承办了庆祝中华人民共和国成立70周年"梅江烽火耀千秋"红色文献史料藏品展。通过这些难得一见的珍贵文献史料，来感悟中国共产党带领人民军队和全国人民走过的那些峥嵘岁月，并且把它作为紧跟以习近平同志为核心的党中央在新时代阔步前行的精神动力。本次展览共展出1000多件（套）珍贵文物、文献、史料。展品包括革命文物、文献、新善本、文件、书刊、传单等史料，通过展览，追寻红色革命在梅州发展的光辉足迹，感受革命先辈造福于民、执着奉献的理想信念和不屈不挠、英勇奋斗的革命精神，让广大民众在红色革命历史的熏陶中，增强对党的历史自信，坚定对中国特色社会主义事业的道路自信、理论自信、制度自信、文化自信，激发大家为民服务、干事创业的革命热情和投身事业、创先争优的工作干劲，不断为梅州的发展贡献力量。

做法4

在中华人民共和国成立70周年之际，梅州市客桥博物馆充分利用馆藏红色文献资源与梅州日报社联合开设"梅州与红色记忆"专栏，精选梅州早期革命历史相关的文献、史料、手稿等形成文章，以重温革命历史，传承红色基因，连载发表了18篇研究文章，欢庆中华人民共和国成立70周年。同年在中央人民广播电台"神州之声"栏目中制作红色文献收藏系列专题访谈节目，在梅州电视台、梅州电台、梅州客家网上谈红色文献史料收藏及研究体会，红色文献研究成果也得到了以上单位及《梅州日报》的广泛宣传。梅州市电视台专题制作了《围龙故事"红痴"老魏》节目给予宣传报道，在社会上得到了广泛的认可和肯定。

做法5

2021年是中国共产党成立100周年，梅州市客侨博物馆在大埔县博物馆隆重举办了"不忘初心 再启征程——百年党史、党章文献史料专题展"，全面讲述百年党史、党章的诞生缘起、主要内容、发展历程、历史价值、文献价值和时代价值，展览选取各时期珍贵史料还原历史、解读史实。让广大市民直观、深入地了解中国共产党经历的磨难和其成为中国革命事业当之无愧的领导核心的足迹，重温中国共产党从诞生到新中国成立28年间艰难而辉煌的历程。让观众深刻感悟中国共产党团结带领中国人民开辟的伟大道路、创造的伟大事业、取得的伟大成就。

这次展览分五个时间段的专题展出，（1）1906年1月~1921年6月：马克思主义走进中国开始的一百多年。（2）1921年7月~1927年4月：1921年7月，第一次全国代表大会宣告中国共产党正式成立。这是中国历史上开天辟地的大事件。(3) 1927年8月~1937年7月：是中国共产党在极端艰难曲折的斗争中发展并达到成熟的重要时期。（4）1937年7月~1945年8月：抗日战争是近百年来中国人民第一次取得完全胜利的伟大的民族解放战争，中国共产党成为抗日战争的中流砥柱。（5）1945年8月~1949年9月：全国解放战争时期是中国新民主主义革命取得全国性胜利的重要历史阶段。中国共产党领导全国人民，仅用了3年多的时间，就以摧枯拉朽之势，推翻了以蒋介石为代表的帝国主义、封建主义和官僚资本主义的反动统治，实现了"解放全中国，建立一个新民主主义中国"的奋斗目标。

四、结语

革命文物、文献史料是人民共同拥有的宝贵遗产和精神财富，如何更加有效地保护和利用馆藏革命文物，传承和弘扬革命文化，服务当代社会是一个重要的课题。近10年来，随着革命文献与民间文物保护机制的逐步建立，梅州市客侨博物馆围绕革命文献进行了许多积极有益的探索，经年累月、聚沙成塔，时至今日，已入藏了数千件红色文物、文献、书报刊史料，目前正在开展挖掘藏品中的党史价值，摸准革命的"红脉"从中汲取党史的养分，与大家共享。通过传承红色基因，既体现了红色文献的重要价值，也凸显了藏家更美好的人生价值，自觉地、主动地利用手中的、身边的、馆藏的红色文献，结合实际需要，为传承红色基因多做一些实际事情，这正当其时。

莫道收藏痴，我解其中味。收藏是一种眼光，一种能力，一种在生活中随处发现审美载体的享受，如果把馆藏的红色文献史料串联起来，呈现在人们面前的是一部豪气冲天、荡气回肠的革命史诗。梅州市客侨博物馆收藏的不仅是红色文献史料，更是一盏照亮历史的明灯。

参考文献：

［1］安跃华.中国国家博物馆近现代文物的征集与捐赠［J］.中国国家博物馆馆刊，2012（10）.

［2］魏金华.梅州与红色记忆［M］.海口：南方出版社，2019.

［3］曹树基，陈支平.广东梅州文书［M］.广州：广东人民出版社，2019.

"互联网+"时代红色文化社会化传播的际遇、困境与对策[①]

徐功献[②]

摘 要："互联网+"时代背景下，红色文化社会化传播既面临着难得的际遇，也面临着诸多的挑战。以时代和辩证的眼光来审视"互联网+"时代红色文化社会化传播的现实境遇，通过找准红色文化主体责任定位，构建红色文化社会化主体权威；确立红色文化内容导向地位，实现红色文化社会化内容科学；健全红色文化网络传播制度，保障红色文化社会化传播效果等多种对策，是实现"互联网+"时代红色文化社会化传播实效的关键。

关键词："互联网+时代"；红色文化；社会化传播

互联网的迅速发展，使网络空间成为思想文化传播的新阵地，为红色文化的社会化传播提供了重要的载体。红色文化的生命力在于其社会化。推进红色文化的社会化传播，不仅关乎着红色文化的发展，而且关乎着社会主流意识形态和主流价值观的践行，是实现红色文化价值的关键环节。习近平总书记在党的二十大报告中指出："加强全媒体传播体系建设，塑造主流舆论新格局。"[1]"互联网+"时代背景下，红色文化的社会化传播得到了难得的机遇，但也遇到了诸多的困境。因此，探究"互联网+"时代红色文化社会化传播的际遇和困境，提出科学有效的传播对策，对进一步推进红色文化的社会化传播具有重要的意义。

[①] 基金项目：本文系2022年江西省社会科学基金一般项目"红色文化社会化研究"，编号：22DJ11。

[②] 作者简介：徐功献，男，安徽阜阳人，法学博士，赣南师范大学中国共产党革命精神与文化资源研究中心副教授，硕士生导师，研究方向为中共党史、红色文化研究。

一、"互联网+"时代红色文化社会化传播的际遇

"互联网+"时代，传播渠道多样化、准入门槛平等化、资源信息共享化等特征，从革新传播模式、扩大传播范围、优化传播内容等方面，给红色文化的社会化传播提供了难得的机遇。

（一）传播渠道的多样化，革新了红色文化社会化传播的模式

传统的红色文化传播主体以机关单位、学校、社会团体等为主，传播载体以报纸杂志、广播电视等传统媒介为主，"进行直线式、单向度传播，传播渠道相对单一，传播效果不突出"[2]，导致红色文化在传播过程中缺乏活力，迟滞了人们对红色文化的认同和理解。互联网的出现和快速发展，改变了传统的红色文化传播模式，图文、数字、图像、影音等的多元融合出现了新的传播媒介，人们接收红色文化的来源、途径变得多种多样，拓展了红色文化的传播渠道。

"互联网+"时代集聚报纸、杂志、广播和电视等优势的传统媒体运作模式，颠覆了以往"红色文化传播者—红色文化接受者"的传统定位，传播对象的主体性得到凸显，增强了红色文化社会化传播的辐射性。相对于单一枯燥的传播媒介，新颖灵活的互动式互联网新媒体更受欢迎。而以抖音、快手和微博等为代表的互联网载体具有图文声像生动、互动性强、话语传播快、辐射范围广等特征，增强了红色文化的视觉冲击力，提高了人民群众的红色文化体验，营造了人民群众学习红色文化的氛围，革新了红色文化社会化传播的模式，在艺术化红色文化资源的同时，也极大满足了人们的需求。

（二）准入门槛的平等化，扩大了红色文化社会化传播的范围

"互联网+"时代是对传统大众传媒时代的一种解构和颠覆，具有无法比拟的优势，准入门槛的平等化就是其中最鲜明的一个优势。准入门槛的平等化，主要体现在两方面：一是红色文化传播者身份的平等。在互联网社会中，没有上下尊卑关系、男女老幼之别，每个人都是红色文化传播者，也是红色文化的接收者，大家都是地位平等、互动交流的红色文化参与者。红色文化的传播没有设置门槛，没有等级划分，没有交流的限制，无论传播者的身份、地位、学历如何，都是地位平等的互联网发声者。这就打破了传统大众媒体对红色文化的垄断，摆脱了精英文化和高学历社会群体的门槛限制，少数人把持红色文化话语权的状态被打破，平等化传播得以实现。传播者与接收者身份的融合，推动了红色文化从单向的线性传播转变为多向的多维立体传播，使红色文化的传播呈现"病毒式"扩散，传播范式形成了一个网络上的多维交互立体传播模式。传播主体的日益多元，扩大了红色文化社会化传播的范围。

二是红色文化话语表达门槛的平等。"互联网+"背景下,每个个体都可以成为传播的节点或起点,每个媒体都可以成为传播的组织者或参与者。[3]与传统媒体相比,"互联网+红色文化"促使每个人都可以通过自己喜欢的方式参与到红色文化话题的讨论,表达自己的看法。科学技术的迅猛发展,红色文化利用媒体传播的渠道在不断拓宽,方式在不断更新,突破了时间和空间的界限。智能手机甚至 VR 和 AR 等技术的开发与运用,拓宽了人们话语表达的通道,最大化地释放了话语活力。同时,人们喜欢在微博、微信、抖音及快手等新媒体上制作图文、影视、音乐、视频等,为红色文化传播提供了全新的模式。人们在各个平台上对自己感兴趣的红色文化话题进行个性化的表达,甚至在这一过程中还会带动其他主体参与和讨论。交互式的传播模式增加了红色文化的趣味性,激发了人们参与话题讨论的兴趣,突破了传统的单向传播模式,使红色文化不再是单向灌输传播,一定程度上扩大了红色文化社会化传播的范围。

(三)资源信息的共享化,优化了红色文化社会化传播的内容

"互联网+"时代背景下,人们的价值取向和行为选择发生了变化,对精神文化等高层次需求开始增多。他们想获得尊重、情感满足以及自我价值的实现,于是人们喜欢在互联网上发表自己的观点,共享资源,寻求认同,获取尊重,从而实现自我价值,并获得自尊心、成就感和满足感。

自媒体创作时代,人们借助全网全平台,运用当代人们喜欢的形式,借助文字、图片、音视频、动漫等方式,积极参与红色文化话题的讨论,发表和分享自己的观点,相互交换、分享多种资源,由此形成开放的价值观表达和资源共享氛围。人们可以在信息容量巨大的网络空间中汲取精华,去其糟粕,为己所用,这一过程不受时间和空间限制,随时随地就能内容共享。人们也容易在学习、借鉴和互动中搭建起红色文化共享系统,构建社会交往关系,聚拢各种优秀红色作品,实现社会成员之间的信息与资源共享,并提升红色文化在民众中的认可度及践行度。互联网传播可以"同时进行一对多、多对一、点对面、面对面的即时传播"[4],很大程度上可以不断对外延伸红色文化资源的共享范围,继而缩短地域之间、民众之间由于认知及经济水平不同所造成的资源在质量上存在的差距,有效缓解红色资源在区域上分配不均的矛盾问题,促使各地区形成资源的互通连接,让优质资源的共享网络不断壮大,从而优化红色文化社会化传播的内容。

二、"互联网+"时代红色文化社会化传播的困境

红色文化在"互联网+"时代也呈现出发声混乱化、表达多元化以及传播过

程分流化等多种困境,给红色文化的社会化传播带来了一系列严峻的挑战。

(一)红色文化发声混乱化,致使红色文化社会化传播主体责任不明

一方面,在文化多元化、社会媒介化的情况下,发声主体的变化带来了红色文化传统传播主体话语权的弱化。在现代社会,尽管国家和政府高度重视红色文化传播,并赋予了极高的政治地位,但由于市场经济以及互联网行业商业化、娱乐化的影响,红色文化传播环境也变得功利化,在一定程度上冲击了红色文化传播的权威性和价值。在"互联网+"环境下,传统媒体的传播渠道的主导性受到互联网传播渠道的冲击。传统的传播,传播者和受众界限明显,传播有一定的组织性及单向性。信息受众方被动接受传播内容,在反馈时往往不方便,及时性欠缺。但是在"互联网+"时代,受众在红色文化信息传播过程中的主动性、参与度都大大增加。他们是信息传播者—信息把关人—信息接收者三种合一的角色,可以利用各种媒介平台,根据自己的兴趣爱好,在任何时间、地点进行传播、分享和选择接受信息和资源。可红色文化网络宣传中真正懂党史、有涵养、有专业素养和责任意识的复合型人才非常稀缺,直接导致红色文化社会化传播效果不佳,甚至有些传播主体利用互联网之便,故意曲解、丑化红色故事和人物,赚取流量,博取眼球,获得个人利益。

另一方面,互联网媒体社交虚拟性增加了网民到互联网中参与红色文化话题讨论的机会,但由于互联网监管制度还不完善,不少人容易丧失社会责任感,偏离社会价值导向,制造误导性言论,发声不受制约,导致红色文化传播混乱。海量用户参与到红色文化传播,信息的多源头、传播快等特点加大了对传播者身份追责的难度,致使红色文化社会化传播主体责任不明,使得"互联网+"时代的话语空间不是一个完全规范的社交空间,而是演化成"监管者缺位、把关者失位、传播者越位"[5]的一种失序空间,从而导致部分网民对红色文化产生认同危机和抵触心理。

(二)红色文化表达多元化,引发红色文化社会化传播内容导向不清

首先,传播环境是实现红色文化传播内容的重要场域。无论是传播者还是接受者,都会受到传播环境变化的影响,从而影响到对红色文化的接受与认同。随着全球化进程的推进,社会开放程度不断扩大,加上传播技术的发展,人们的思想得到解放,价值观念也在随之变化,各式各样的文化思想不断碰撞交流,导致红色文化传播处于复杂的文化环境中。如历史虚无主义抹黑和诋毁我国的建设、改革成就和革命历史,试图从根基上动摇我国红色文化;灰色文化把时尚流行元素作为外衣,试图曲解和解构红色文化的价值体系;西方文化霸权主义,大力宣扬"自由、平等、博爱"的"普世价值"思想,鼓吹以自我为中

心,强调个人利益至上等,加之"新自由主义、宪政民主论、历史终结论、文明冲突论、中国威胁论、历史虚无主义等社会思潮林林总总,不绝于耳"[6],试图消解红色文化的价值;资本主义意识形态通过网络媒体对社会主义意识形态进行攻击、丑化,大肆宣传渗透、美化西方价值观,不断消解红色文化认同。这些腐朽的外来文化乘虚而入,在我国实行文化和价值渗透,给红色文化的传播带来一定冲击,弱化了红色文化的传播效果。

其次,在红色文化社会化传播过程中,除各级党政机关、事业单位、教育主体、共青团组织、群团组织外,还有各种文化传媒公司、私人企业和个体借助互联网传播平台进行红色文化传播。这些多元的传播主体虽然在积极推动红色文化社会化传播,但由于其性质和功能不同,出发点和目的也不同,传播的内容和侧重点迥异。如党政机关和群团组织所传递出来的红色文化较为严谨,具有抽象性和理论性强的特点,传播的语言、图片和视频严肃庄重,保证了红色文化内容的准确性和权威性。市场化的传播主体如公司、企业等,他们通过制作电视、电影、歌曲、短视频等方式开展红色文化传播,富有鲜活性和活力,更容易被大众接受,更有吸引力。但这些主体主要是以赚取流量和牟利为主,传播红色文化属于从属地位,所以市面上就会出现大量罔顾事实、曲解历史、诋毁历史人物等为了经济利益而损害红色文化传播的现象,极大影响人们对红色文化内容的理解。

(三)红色文化传播分流化,造成红色文化社会化传播认同效果不佳

信息技术革命和互联网的快速发展,多线性和裂变式的现代传播方式使红色文化内容在传播过程中出现分流的态势。在市场和资本利益的驱动下,信息的传播方向很难得到有效控制和监管,尤其是现在网络监管制度还不完善,各种言论在其传播过程中容易出现分流的现象。红色文化一旦分流化,极易在市场的驱使下被解构、消耗,从而影响社会化传播效果。

首先,红色文化内容的分流化。全球化过程中,经济在快速发展,各种文化和价值也在加速流动,在与原有的、传统的价值观念发生碰撞中,人们容易产生认同焦虑。红色文化内容分流的态势,一方面来源于全球文化的自然渗透。在文化交流过程中,外来文化及价值观念潜移默化地渗透到我国文化中。这些外来文化包含的思想和价值观念良莠不齐,我国是个兼容并蓄、对外开放的大国,这在一定程度上会影响我国人民对红色主流文化的认同。另一方面来源于西方资本主义文化的故意渗透。如"普世价值"、人权至上、新自由主义等文化思潮通过互联网的各种媒体渗透到中国社会生活的方方面面。这对那些信仰不坚定、分辨是非能力弱的群体和民众极易产生影响,导致他们对红色文化的价

值和我国主流价值观的认同感弱化,产生怀疑甚至批判。久而久之,固有的认同根基易受损乃至坍塌,社会群体会产生迷茫和无助感,产生认同危机。

其次,红色文化传播方向分流。信息技术的发展使得很多平台迅猛出现并发展,导致红色文化内容的传播渠道变得多元化、多样化。但是很多传播主体并不具备专业的红色文化知识体系,所以在宣传过程中可能出现内容失真、断章取义和价值模糊或者偏移主流价值导向的方向。导致红色文化内容不能按照既定方向、目标进行传播,即红色文化传播方向呈现分流化态势。如红色内容创作者的作品可能被用来多次创作,在多次创作改编之后的红色文化内容存在"被裁剪或者被修改"的状态,红色文化内容的完整性也会被磨损,大众接触的可能就是这种不真实和虚假的内容,从而误导民众,甚至消解红色文化认同形成的基础,给红色文化社会化传播权威的塑造带来挑战。

三、"互联网+"时代红色文化社会化传播的对策

习近平总书记强调,要"生动传播红色文化"[7]。红色文化只有经过广泛的社会化传播,才能被社会大众认知和认可、内化和践行。"互联网+"时代,红色文化社会化传播可以从找准红色文化主体责任定位、确立红色文化内容导向地位和健全红色文化网络传播制度等方面入手。

(一)找准红色文化主体责任定位,构建红色文化社会化主体权威

首先,树立主体权威,需要传播主体掌握现代技术。传播者要主动接受并积极利用各种传播方式,积极转换身份,改变过去单一的说教和线性灌输,树立新媒体思维,把握住当代互联网传播规律,提升策划和宣传能力,完成传统媒体人向现代媒体人的转变。在传播红色文化的过程中,更多地采用图文、音视频结合,使用VR和现代先进技术来实现从红色文化书面文字传播到情景体现,让受众感受红色文化的魅力,提升其对红色文化的兴趣,为实现红色文化社会化传播奠定良好基础。

其次,传播主体要不断更新红色文化知识储备。要发挥红色文化宣传者话语权威的号召力和感染力。"传道者自己首先要明道、信道。"[8]这就需要通过红色文化宣传者不断学习,更新知识储备。传播主体权威的确立需要传播主体对红色文化内容进行多角度、全方位的了解和认识,要提高红色文化自觉,明确红色文化在当前时代背景下的意义和价值,深入挖掘其时代内涵,确保宣传方向不变,价值不减,内容完整、规范和准确,更好地揭示红色文化的本质和内涵。同时,在宣传过程中把红色文化的传播与时政热点相结合,最大限度地吸引不同社会群体关注红色文化。在内容和形式上赢得大众的关注和喜爱,并得

到他们内心的认可，这样才能使红色文化传播主体真正在人民群体中树立起威信，提高传播主体的公信力，进而构建传播主体权威。

最后，做好传播主体的形象管理和责任担当，彰显其魅力和权威。人们对红色文化传播主体的认同，很大程度上取决于主体本身展现出来的形象，以及受众方对传播主体的敬仰和尊重程度。人们往往对于自己喜欢、信任或敬仰的人传播的东西会更容易接受。所以，政府及高校等主体作为红色文化内容的传播者和践行者，要尤其做好话语形象管理，向大众传播主流社会主义核心价值观，把红色文化的独特魅力和伟大精神展现在人们面前。用真挚的情感表达对红色文化内容的真学、真信、真懂和真用，以及对红色文化内容的虔诚和至信，并在互联网空间也约束自己话语实践。此外，传播主体要明晰自己的责任担当，学习媒体知识并有效利用媒体，以负责的态度、专业的精神、批判的眼光来传播有价值的红色文化内容，重构其主体权威，进而模范地引领网络受众主体。

（二）确立红色文化内容导向地位，实现红色文化社会化内容科学

"互联网+"时代，人民的阅读、学习和社交方式都发生了较大变化。在红色文化的传播中，"过不了网络关就过不了时代关"[9]。仅依靠强制灌输和硬性要求的手段是不可取的。要根据新媒体和人民群众的特点，以人民喜爱的方式呈现红色文化，实现大众对红色文化的认同。红色文化产品拥有核心竞争力，才能引领网络文化潮流，把哗众取宠、低俗娱乐的"红色产品"排挤出文化市场。

一要做好红色文化内容溯源，坚持红色文化社会化传播的正面导向。在红色文化社会化传播过程中，"不让廉价的笑声、无底线的娱乐、无节操的垃圾淹没我们的生活"[10]。在复杂的网络环境中，严把质量关，保证内容的正确性和规范性。改革开放后，红色文化在过度包装宣传的过程中，有些偏离了历史轨迹，有些损害了英雄人物的英勇形象，更有些损害了中华民族精神价值和社会公共利益。这些商品化和娱乐化的红色文化产品没有把其蕴含的革命精神很好地进行传播。只有严把质量关，把革命、建设和改革各个时期中涌现出的浴血奋战、勇于斗争、锐意进取的精神回归到红色文化传播中来，才能够释放出红色文化的内在激励作用和价值，使红色文化的精神内涵得到传承和永续发展。

二要坚持红色文化内容的真实性、针对性和知识性，增强红色文化说服力、吸引力和互联网主体的审美力。网络社会，人们已不满足于完美理想化、完美正义化的英雄形象，绝对神话的人物脱离了普通大众的生活，难以与大众产生共鸣。红色文化产品需要展现多层次的人物形象，对历史情境的叙述、人物形象和心理的描述要力求真实，充分还原历史事件和人物形象的细节，增加红色

文化的感染力和说服力,提升观众的共情力。另外,要根据不同年龄阶段的差异和不同群体的需求,生产出各具特色的文化产品。还需充分考虑到科学技术的发展和人民喜好的变化,开发出新的红色文化产品,如VR体验、动漫、游戏和短视频等有趣的新的表现形式。此外,在网络红利时代,有大量的低俗文化和快餐作品涌入,主流红色文化需要用极具理论性和实践性的优秀作品对这些低俗恶趣味产品进行打击,提升互联网观众的鉴赏力和审美能力,满足观众的精神文化需求。

三要借助媒体技术创新红色文化内容,丰富红色文化表现形式,创作人民群众喜闻乐见的红色文化。红色文化社会化网络传播不能仅仅依靠简单、传统的模式,也不能只依靠政府、学校等进行单一渠道的网络宣传。要不断挖掘互联网技术资源,对网络传播方式进行融合创新,采取图文、音视频结合的方式,或是融入虚拟技术实现多样化的传播。用虚拟技术把红色文化激活,把革命历史的真实情境通过现代化技术进行虚拟还原,实现红色文化的简单传播转为情景体验,真正做到盘活革命历史,让网络接收者在体验中感受红色文化,领悟革命精神,实现红色文化的有效传播和传承。红色文化社会化网络传播还可以采取协同互动的传播方式,汇聚民众的智慧,倾听民众的声音和他们对红色文化的感悟,实现红色文化的互动交流和传播,优化红色文化的内容质量,提升红色文化的传播效率。

(三)健全红色文化网络传播制度,保障红色文化社会化传播效果

"互联网+"时代背景下,网络已成为亿万群众的精神家园。共建网上美好家园,保障红色文化社会化传播效果,必须按照习近平总书记"要坚持发展和治理相统一、网上和网下相融合,广泛汇聚向上向善力量"[11]的指示精神,加强互联网法律法规建设,积极抢占网络舆论主阵地,提升对网络舆论的引导力,让网络空间始终高扬主旋律、吸收正能量。

一方面,加强互联网法律法规建设,树立良好的网络制度秩序。网络不是法外之地,要以法律作为网络社会秩序的"底线",为网络传播者的言行设立基本的制度和规范。国家要从顶层设计入手,确保网络中红色文化社会化传播不受不良因素干扰,把网络虚拟社区纳入法律监管范围之内,制定相关的法律法规,构建良好的网络管理体系。对于为了追求利益、赚取流量而制造博眼球、恶搞丑化革命历史或英雄人物等行为要加以处罚;对于散布网络谣言和制造恐慌内容的网络主体追究责任;对于恶意袭击红色网站、扰乱网络治理等行为加以取缔。用法律遏制网络不良行为的扩散,为红色文化社会化传播提供法律保障。此外,网络传播个体不是网络治理的局外人,作为信息的生产者、传播者

和接收者，每个人都要提升网络文明素养，在网络空间的一言一行都要遵守法律，承担责任，并积极"确保设备管理维护工作的有序性和协同性"[12]，参与网络治理，进行监督，为构建文明健康的网络传播环境共同努力。

另一方面，利用信息技术保证红色文化传播内容的科学。大数据等科学技术工具可以有效地利用起来，加强对传播平台的规范管理和监督，构建起精准的信息筛选系统，对相关信息进行筛选、监控和预测，屏蔽历史虚无主义、过度娱乐化、虚假化信息，实时发现并消除各种曲解和亵渎红色文化的负面内容，从技术层面上降低低俗、有害信息的广泛传播，扩大红色文化主流意识形态阵地。此外，利用大数据、云计算技术等提高用户投放的精准度和实时性，"科学化、立体化呈现红色文化资源的传播与利用情况以及特征"[13]。根据用户的反馈，在传播内容和手段上不断进行调整和优化，保障红色文化社会化传播效果。

此外，提升对网络舆论的引导力，塑造积极向上的网络价值观念。红色文化传播者要提高舆论引导水平，掌握网络话语权，推动红色文化社会化传播进程，占领红色文化信息传播的制高点，要及时发现负面新闻，对传播不良信息的行为形成舆论压力，压缩负面信息的传播空间，并促使其反思，引导其正向转变。完善网络伦理规范，加强网络引领功能。对网络主体进行理想信念教育，引导其文明使用网络。借助重大节日和纪念日等在网络上进行宣传，向民众普及红色故事和英雄事迹，用形式多样的活动增加仪式感，唤起民众对红色文化价值的认同，达到红色文化传播的良好效果。

参考文献：

[1] 习近平. 高举中国特色社会主义伟大旗帜 为全面建设社会主义现代化国家而团结奋斗：在中国共产党第二十次全国代表大会上的报告[M]. 北京：人民出版社，2022.

[2] 孔庆霞，朱志明，刘映芳. 融媒体时代红色文化大众化传播探析[J]. 河南工业大学学报（社会科学版），2022，38（3）.

[3] 张珊. 全媒体时代红色文化传播构想[J]. 人民论坛，2020（8）.

[4] 杨雪萍. 机遇、困境与突破：新媒体时代背景下的红色文化传播[J]. 新闻爱好者，2022（6）.

[5] 李万平，方爱东. 微时代高校主流话语权威塑造的机遇、挑战及对策[J]. 理论导刊，2019（11）.

[6] 黄国辅，郭巧云. 新时代文化自信的意识形态逻辑研究：学习习近平总书记关于文化自信的重要论述[J]. 湖北行政学院学报，2020（5）.

［7］习近平. 用好红色资源 赓续红色血脉 努力创造无愧于历史和人民的新业绩［J］. 奋斗，2021（19）.

［8］习近平. 习近平谈治国理政：第2卷［M］. 北京：外文出版社，2017.

［9］吴刚. "过关意识"：过不了网络关就过不了时代关［J］. 党建，2016（9）.

［10］中共中央文献研究室. 习近平关于社会主义文化建设论述摘编［M］. 北京：中央文献出版社，2017.

［11］习近平. 习近平致信祝贺首届中国网络文明大会召开强调 广泛汇聚向上向善力量 共建网上美好精神家园［N］. 人民日报，2021-11-20（1）.

［12］陈阳，戴嘉辉，陈雅芳. 融媒体视阈下红色文化融入高校课程思政的三重向度［J］. 南昌师范学院学报，2022（1）.

［13］付安玲，肖朝霞. 大数据时代红色文化的数字化变革与实现路径［J］. 红色文化学刊，2022（1）.

专题研讨四 06

苏区振兴

数字化推动老区振兴发展研究

——从红色龙岩到数字龙岩

陈 捷[①]

摘 要: 党的二十大指出要深入实施区域协调发展战略。龙岩是全国著名革命老区、原中央苏区核心区,红色是闽西最鲜明的底色,传承红色基因是责任所系、发展所需。2022年,国务院正式批复同意建设包括龙岩、三明在内的闽西革命老区高质量发展示范区,这为龙岩的发展带来了重大的历史机遇。当前,龙岩正全力推动与粤港澳大湾区共建产业合作试验区,与广州开展对口合作,积极融入闽西南协同发展区。数字化是老区振兴建设发展的新阶段与新方向,加快老区经济信息化转型,为闽西革命老区示范区建设争取更多项目支撑,开启城乡经济融合新局面,促进区域协调发展提供重要助力。

关键词: 高质量发展;数字化转型;共同富裕

一、新发展阶段老区振兴发展的理论逻辑

新发展阶段的老区振兴发展不仅要缩小收入差距,而且既要体现社会主义的本质,又要体现出中国式现代化、人的全面发展和乡村振兴的要求。

（一）推动老区振兴发展是社会主义的本质要求

在新发展阶段,经过多年的高速增长,国民收入显著提升,我国社会主要矛盾转化为人民日益增长的美好生活需要和不平衡不充分的发展之间的矛盾。消除贫困、改善民生、实现共同富裕,是社会主义本质要求,是我们党的重要使命。新发展阶段的共同富裕是在生产力不断发展的基础上,全体社会成员按照社会主义公平与正义的原则共同分享经济社会发展成果。因此,新发展阶段推进共同富裕必须发展生产力、解放生产力和保护生产力,并且社会主义的最终目标是实现共同富裕,是生产力发展水平超越资本主义国家的富裕。发展的

---

① 作者简介:陈捷,福建社会科学院习近平经济思想研究所。

不平衡、不充分导致城乡区域发展和收入分配依然存在着不容忽视的差距。新发展阶段的共同富裕是进入基本实现现代化阶段和中等收入阶段的共同富裕，其新内涵是全体人民的共同富裕，解决中国经济社会面临的不平衡问题，着力提高低收入群体的收入，扩大中等收入者的比重，加强对高收入者的规范和调节。因此，新发展阶段共同富裕的重点在于高质量的发展、协调和共享，发展是要进一步做大蛋糕来消除贫困；协调区域、城乡和行业关系，提高发展的平衡性、协调性和包容性来做好蛋糕；共享在于推动共同富裕均等化，进而不断改善民生来分好蛋糕。

（二）推动老区振兴与促进人的全面发展高度统一

新发展阶段的共同富裕归根结底是要解决人的高质量发展的问题，其核心指导思想是以人民为中心，践行发展为了人民、发展依靠人民、发展成果由人民共享。在目标维度，发展是为了满足人民日益增长的美好生活需要；在过程维度，要培育人民的创新动力和创富能力从而释放发展的活力；在结果维度，高质量的发展成果要由全体人民共享，协同提升全体人民的综合素质。

一是要提高人均收入水平。新发展阶段的共同富裕要满足人民日益增长的美好生活需要，首先要稳步提升居民的收入水平和财富存量，为激活广大人民群众的购买力和消费力奠定基础。在边际消费倾向递减规律的作用下，单纯的国民收入攀升会导致平均消费倾向下降；建立在共同富裕之上的收入增长才能引发平均消费倾向上升，进而满足消费需求。

二是要供给高质量的精神产品。新发展阶段的共同富裕要满足人民日益增长的美好生活需要，不仅要提供平衡而充分的高质量物质产品，更要供给高质量的精神产品，物质富裕决定了全体人民的整体福祉水平和发展能力，精神富裕则关系到人民群众的获得感、满足感和幸福感。

（三）推动老区振兴是弘扬革命传统的根本遵循

党的十八大以来，全省上下在以习近平同志为核心的党中央的坚强领导下，自信自强、守正创新，经济社会发展取得了新成绩。全省地区生产总值连跨3个万亿元台阶，2021年达4.88万亿元；全省居民人均可支配收入连跨3个万元台阶，去年超4万元。福建老区苏区与全国同步迈入小康，老区苏区110万贫困人员提前一年全部脱贫，2201个建档立卡贫困村全部退出。全省老区苏区地区生产总值从2012年1.4万亿元提高至2021年3.5万亿元，年均增长8.2%；老区苏区农村居民人均可支配收入从2014年12957元提高至2021年24442元，年均增长9.5%，增速均高于全省平均水平。目前，全省老区苏区都实现了市通动车、县通高速、镇通干线、村通客车，所有老区苏区县均是全国义务教育发展基本均衡县，都实现了低保、特困供养、临时救助等标准城乡一体化，老区苏区基础设施、社会事业和公共服务水平持续提升，昔日的贫困山村如今变成了幸福美丽乡村。

习近平总书记在福建工作期间，经常深入老区苏区调查研究，关心支持老区苏区发展，倾力改善老区苏区民生，强调"老区苏区的红土地孕育了革命，也孕育了革命老前辈，为中国人民解放事业作出了巨大贡献"①。党的十八大以来，习近平总书记作出一系列重要指示，2014年来闽考察时指出"我们永远不要忘记老区，永远不要忘记老区人民"②，2019年参加全国两会福建代表团审议时要求"决不能忘了老区苏区人民，全面建成小康社会要确保他们一个都不掉队。"③，2021年来闽考察时强调"推进老区苏区全面振兴""不断探索各具特色的乡村振兴之路"④。这些重要指示，为我们弘扬革命传统、做好老区苏区工作，指明了前进方向、提供了根本遵循。

二、打造从红色龙岩到数字龙岩的样板实践

福建是我国著名革命老区，现有69个老区苏区县（市、区），其中赣闽粤原中央苏区县（市、区）40个。⑤近年来，福建省坚持以习近平新时代中国特色社会主义思想为指导，深入贯彻落实习近平总书记来闽考察重要讲话和对福

---

① 上下同心再出发——习近平总书记同出席2019年全国两会人大代表、政协委员共商国是纪实［N］. 光明日报，2019-03-15（1）.
② 2014年10月31日习近平总书记在福建古田同老红军、军烈属和"老地下党员、老游击队员、老交通员、老接头户、老苏区乡干部"代表座谈时的讲话，《论中国共产党历史》第八篇《革命老区是党和人民军队的根》。
③ 上下同心再出发——习近平总书记同出席2019年全国两会人大代表、政协委员共商国是纪实［N］. 光明日报，2019-03-15（1）.
④ 尹力. 在纪念福建省苏维埃政府成立90周年大会上的讲话［N］. 福建日报，2022-09-19（头版）.
⑤《福建省"十四五"老区苏区振兴发展专项规划》闽发改区域【2022】85号，福建省发展和改革委员会。规划以原中央苏区、闽东苏区为重点，协同推进福建革命老区发展。规划范围包括69个老区苏区县（市、区），分别为：40个原中央苏区县（市、区），包括龙岩全市7个县（市、区），三明全市11个县（市、区），南平全市10个县（市、区），漳州市芗城区、龙海区、平和县、诏安县、南靖县、漳浦县、云霄县、华安县8个县（市、区），泉州市安溪县、南安市、永春县、德化县4个县（市）；11个闽东苏区县（市、区），包括宁德全市9个县（市、区），福州市连江县、罗源县2个县；18个其他革命老区县（市、区），包括福州市长乐区、闽清县、永泰县、闽侯县、福清市，漳州市长泰区，泉州市泉港区、惠安县、石狮市、晋江市，莆田市涵江区、荔城区、秀屿区、城厢区、仙游县，厦门市同安区、翔安区，平潭县（平潭综合实验区）。

建老区苏区工作的重要指示、批示精神，全面落实《国务院关于新时代支持革命老区振兴发展的意见》（国发〔2021〕3号），倾力支持老区苏区巩固脱贫攻坚成果与乡村振兴有效衔接，提升特色产业、基础设施建设和公共服务保障，老区苏区振兴发展取得了积极成效。2021年，69个革命老区苏区县实现地区生产总值35082.7亿元，同比增长11.11%。《福建省"十四五"老区苏区振兴发展专项规划》以原中央苏区、闽东苏区为重点，协同推进福建革命老区发展，其中，龙岩作为原中央苏区，全境纳入规划，受重点支持。

龙岩市是盖满红色印章的老区，这里有永放光芒的古田会议，这里有毛泽东同志抱着中国革命必胜的信念写下的《星星之火，可以燎原》《才溪乡调查》等著作，提出了"没有调查，没有发言权""中国革命斗争的胜利要靠中国同志了解中国情况"等系列科学论断，引领全党不断从胜利走向胜利。在这片红土地上，革命先辈们抛头颅、洒热血，前仆后继、英勇斗争，靠的就是理想信念的支撑。这些实践深刻启示我们，我们要始终坚定对马克思主义的信仰，坚定对社会主义、共产主义的信念，坚定对实现中华民族伟大复兴的信心；充分发挥福建优势，深学、细照、笃行习近平新时代中国特色社会主义思想，不断提高政治判断力、政治领悟力、政治执行力，始终在思想上、政治上、行动上同以习近平同志为核心的党中央保持高度一致。

作为革命老区，龙岩经济发展相对较为落后。但是，数字经济时代，往往给经济后发地区带来赶超机遇，如今的龙岩让人们印象深刻的还有互联网的传奇。在互联网新兴力量中，有不少龙岩人，他们创办的独角兽互联网企业，很多和老百姓生活息息相关。比如，今日头条创始人张一鸣、美团创始人王兴、微医创始人兼CEO廖杰远、雪球创始人兼CEO方三文……近年来龙岩市委、市政府十分重视运用互联网技术和信息化手段，整合政务资源和媒体资源，创新体制机制，推动红色龙岩向数字龙岩进行转变。

（一）紧紧抓住国家支持老区振兴发展的历史机遇，精心谋划数字经济项目

龙岩市成立由市委主要领导担任组长、市政府主要领导担任副组长的数字龙岩建设领导小组，统筹协调全市各级各部门合力推进数字龙岩建设和数字经济发展工作。2020年以来，市委、市政府多次召开会议专题研究数字龙岩建设有关工作。根据《国务院关于新时代支持革命老区振兴发展的意见》的要求，龙岩市积极策划生成一批数字经济领域项目，包括中国东南声谷、红色基因数字化传承基地、旅游大数据中心、稀土大数据中心等。

（二）用好"互联网龙岩军团"资源，推进互联网返乡工程实施

龙岩市拥有近300位龙岩籍互联网创业精英，分布在国内各地，他们创办

了字节跳动、美团、微医、易极付等互联网企业。自2015年起，龙岩市大力实施"互联网返乡工程"，吸引了大批龙岩籍互联网创业精英返乡投资。市委、市政府领导与张一鸣、王兴、廖杰远等互联网大咖建立了紧密、畅通、高效的常态沟通交流机制。龙岩市政府与北京字节跳动、美团、微医等互联网企业签署了战略合作协议，一批具有影响力的数字经济项目纷纷落地。龙岩互联网大会暨数字产业发展项目对接洽谈会、龙岩互联网精英联合会充分发挥桥梁纽带作用，构建互联网龙岩军团合作交流平台。

目前，龙岩籍互联网精英返乡落地项目达20多个，涉及数据标注、网络游戏、互联网医疗、智慧交通、智慧教育、智慧旅游、数字农业、电子信息制造等多个领域。其中，字节跳动落地内容质量中心、指悦科技、今日头条龙岩学院和创作空间等项目，美团落地智慧公交项目，微医落地互联网医院项目，天英联合教育落地智慧教育设备生产线项目，广州快批落地超级货源项目，深圳道和落地上杭金融科技产业园项目等。

（三）实行清单制管理，强化挂钩帮扶，推动项目加快落地见效

龙岩市统筹管理推进一批重点数字经济项目，明确建设内容、完成时限、阶段目标、责任单位、责任人、责任领导，每月逐一抓好项目跟进落实，并纳入全市年度绩效考评内容体系，实行"一月一通报、一季一汇报、年终总考评"，推动项目加快落地见效。深入开展干部职工挂钩数字经济企业帮扶服务活动，每季度深入挂钩帮扶企业，切实帮助企业解决项目建设中存在的困难。

（四）加强统筹协调，加快推进新型基础设施建设

龙岩市制定出台《龙岩市进一步支持5G网络建设和产业发展十条措施》《龙岩市新型基础设施建设三年行动计划（2020—2022年）》，由龙岩市大数据局牵头统一推进全市5G通信规划编制工作，市财政给予80万元规划编制经费补助。截至目前，全市7个县（市、区）光网和4G实现城乡全覆盖，建成5G基站1891个、开通1813个，龙岩成为全省第四个实现市域重点区域5G网络信号连续覆盖的设区市。加快推进互联网协议第六版（IPv6）规模部署，全力打造泛在智能的数据感知、覆盖城乡的"双千兆"网络，在全省首批上线运行区块链服务网络（BSN）城市节点，进一步夯实平台经济发展基础。

（五）着力构建产业服务平台，加速数字化转型升级

实施数字经济园区提升行动。加快推进龙雁组团未来城、文秀数字产业园、上杭电子材料、武平新型显示、连城光电新材料、长汀医疗器械等园区建设，推动数字经济集聚发展，建设完善产业数字化服务平台。加快培育一批工业互联网平台，促成企业信息基础设施、工具应用软件等"上云上平台"。大力发展

直播电商，持续拓展"云消费"，着力打造一批互联网平台型企业。"以赛促产"打造合作载体，高水平举办2021数字中国创新大赛"数字党建"赛道，借助大赛平台，分别与清华大学、中信银行等单位合作成立清华大学龙岩市域治理研究中心、设立数字经济产业基金等。

三、老区数字化转型存在的短板

我省老区乡村数字化建设尚处于早期探索阶段，整体发展水平还不高，试点经验仍在积累中。目前乡村数字化转型还存在一些短板。

第一，投入不足与资源浪费并存。投入不足主要表现在资金、技术、数据、人才等要素的投入力度不足。乡村地区的新型基础设施建设相对滞后，农村居民互联网使用率还不够高，数字素养总体偏低；农业数字技术支撑不足，缺乏经济实用的农业生产智能化设施设备和技术；农业有效数据资源不足，数据资源分散、不够精准，难以利用数据进行趋势性决策分析；乡村数字化复合型人才不足，大部分农业经营主体文化程度不高，难以应用数字化技术。资源浪费主要表现在部分地区的平台、软件和数字化设备存在重复建设现象，以及盲目跟风模仿建设数字化项目的现象。

第二，发展不平衡的问题比较突出。一是城乡不平衡。智慧城市建设起步早，各方面条件比较成熟，发展较快，而数字乡村建设起步晚，基础条件不够成熟，面临的挑战和困难多，发展难度大，进展缓慢。二是区域不平衡。相较于东部地区，中西部地区数字乡村发展水平明显落后；相较于一、二线城市，三、四线城市的数字乡村建设相对滞后。三是工农不平衡。相较于工业数字化，农业在数字化生产、数字化管理、数字化营销、数据库建设等方面的建设比较落后。

第三，多元主体协同机制不够完善。当前数字乡村项目建设还存在过多依赖政府投入的现象，尤其是资金投入方面，对社会资本的吸引和撬动不足，多元化的协同参与、运营机制还未有效普及，建设力量相对薄弱。开展数字服务且具备较强实力的企业和人才短缺，基层部门数字化专业人员配备不充足，各部门的协调机制有待建立和理顺。经济社会效益好的数字乡村新业态、新模式还需要深入探索和挖掘。农民的参与度与获得感还需要进一步提高。

四、数字化推动老区振兴发展的对策

未来几年数字化推动老区振兴发展重点将从建设基础网络应用，统筹公共平台等转向深化整合应用强化公共服务。主要发展方向和重点建设内容如下：

（一）制定统一的老区数字化标准规范和评价指标体系

建立符合我国老区苏区的城市健康、可持续发展的保障体系，是老区数字化建设的必然要求和趋势。应切实重视数字城市指标体系建设和核心技术标准的制定、修订工作，着力解决不同标准之间的协调问题，并要特别做好重要基础性、公共性标准的贯彻实施工作，使技术标准在数字城市建设和应用中能真正发挥规范、约束和指导作用。鉴于我国老区数字化建设处于起步阶段，一方面，各地数字化建设发展很快，急需规范和引导；另一方面，有一些政策、管理模式创新等问题尚未解决，制约着今后的发展。应充分认识、加强保障体系建设的紧迫性和艰巨性，把健全保障体系的工作放在优先地位。

（二）以公共事业信息化为重点，提升电子政务的公共服务能力

推进公共事业信息化是城市信息化尤其是电子政务的核心内容之一。要做好公共服务信息化，政府要减少对市场的干预：削减名目繁多的规制，简化政府管理的行政流程；在政府管理中引入市场机制，推行政府主导、企业参与的公共服务市场化运作机制；将部分政府职能向社会转移，更多地发挥非政府组织或民间组织在公共管理中的作用；优化政府组织结构，将政府的决策和执行功能分离，提高政府管理的透明度等。

（三）以城市管理信息化为手段，促进老区管理模式创新

以信息资源开发利用为导向，加强公共数据集合，优化老区管理的内部结构。应逐步明确规划、建设、管理职能分配的框架，重点解决以往城市中普遍存在的"轻规划、重建设、轻管理"的问题，将进一步强化政府的社会管理和公共服务职能，有利于老区管理长效机制的建立。

（四）全面提升科技创新能力，支持老区加强创新平台建设

与机械科学研究总院等科研机构合作建设创新中心（平台）和中试基地，支持承接制造业创新成果产业化项目，创建国家科技成果转移转化示范区；支持老区建设国家创新型城市，打造双创示范基地；支持在科技特派员选派、科技创新资源和产业对接等方面开展合作交流；鼓励结合示范区实际出台吸引、留住人才的政策措施，指导和支持示范区申报重大人才工程和引智项目。

（五）推动数字经济发展，支持老区开展数字经济提升行动

加快产业数字化转型，发展智慧广电网络，推进5G场景应用，建设工业互联网平台和数字化转型促进中心。加快推进跨境电商综合试验区建设，打造赣闽粤交界地区电商运营集聚中心、仓储物流中心；支持建设行业大数据中心；支持建设网络生态治理与网络信息安全产业园、金融安全智能产业园，打造特色鲜明的数字产业基地。

（六）全面推进乡村振兴

支持老区建设特色现代农业产业园、国家林下经济示范基地，创建农业产业强镇；开展乡村建设行动，加强县域村庄规划，做好农村危房改造工作，建立健全农村低收入群体住房安全保障长效机制，因地制宜推广装配式钢结构等新型建造方式；支持传统村落集中连片保护利用，加强传统村落保护；开展数字乡村建设，推动城乡信息基础设施同步规划建设；支持做好金融科技赋能乡村振兴示范工程；支持在老区开展可持续发展试验；支持老区与重点名牌大学探索共建乡村振兴基地；支持建设稻种电子商务交易平台、水稻生产与繁育研究所，打造杂交水稻制种基地；强化山洪灾害防治体系建设，支持开展小型水库管护政府购买服务标准化建设。

参考文献：

[1] 习近平. 扎实推动共同富裕 [J]. 奋斗，2021（20）.

[2] 国家发展改革委. 闽西革命老区高质量发展示范区建设方案 [EB/OL]. 国家发展改革委网，2022-03-17.

[3] 万海远，陈基平. 共同富裕的理论内涵与量化方法 [J]. 财贸经济，2021，42（12）.

[4] 张来明，李建伟. 促进共同富裕的内涵、战略目标与政策措施 [J]. 改革，2021（9）.

[5] 任保平. 全面理解新发展阶段的共同富裕 [J]. 社会科学辑刊，2021（6）.

[6] 李敏. 农业数字化转型发展研究 [J]. 信息通信技术与政策，2020（11）.

[7] 刘海启. 加快数字农业建设 为农业农村现代化增添新动能 [J]. 中国农业资源与区划，2017，38（12）.

运用红色文化资源　助力红色乡村振兴

——以广东省汕头市潮南区红场镇为例[①]

程大立[②]

摘　要：党的二十大报告把全面推进乡村振兴，加快农业农村现代化，作为全党高度重视的一个关系大局的重大问题。当前，红色乡村的红色资源保护与利用虽然取得了一些成效，但大多数是以红色旅游开发为主线，没有从全面推动乡村振兴视角去系统规划，存在保护与利用模式雷同、文化内涵与时代精神阐释不够、村民主体性和创造性发挥不足、与农业强和农民富的目标相距较远等问题。以红色文献资源价值和在乡村振兴中的意义为基础，以广东省汕头市潮南区红场镇为例，在总结红色文化资源利用成效的基础上，实施本土性保护、增强文化融合度、坚持人民性本质，推动宜居宜业和美乡村建设。

关键词：乡村振兴；红色乡村；红色文化资源

红色文化资源是指中国共产党在领导全国各族人民进行革命、建设和改革的过程中形成的具有文化资源属性的物质财富和精神财富。习近平总书记指出：在我国 960 多万平方千米的广袤大地上红色资源星罗棋布，在我们党团结带领中国人民进行百年奋斗的伟大历程中红色血脉代代相传。红色文化资源蕴含着"英勇无畏、敢于牺牲；矢志不移、坚定执着；自力更生、艰苦奋斗；锐意进取、敢为人先；依靠群众、联系群众"的精神内涵[1]，深刻诠释了我们党的性质和宗旨，体现了马克思主义世界观和革命首创精神，是中国共产党革命精神的重要组成部分。红色文化资源的内容有两个层面：一是精神层面，包含中华优秀传统文化和思想道德传统在长期历史发展过程中凝聚而成的伟大民族精神；

[①] 基金项目：广州市哲学社会科学规划项目"乡村振兴背景下广州传统村落保护与利用研究"（2018GZYB141）结项后资助项目。

[②] 作者简介：程大立，男，安徽桐城人，研究馆员，文学硕士研究生，研究方向为文化社会学、图书馆学。

二是物质层面，包含静态的革命遗址、旧居旧址、文献文物、博物馆、纪念馆、展览馆、烈士陵园、革命传统教育基地、爱国主义教育基地、社会实践基地等。

在传统意义上，乡村的基本含义是主要从事农业、人口分布较城镇分散的地方。在现代意义上，乡村是指城市建成区以外具有自然、社会、经济特征和具有生产、生活、生态、文化等多重功能的地域综合体，包括乡镇和村庄等。本文所称的红色乡村，特指第二次国内革命（土地革命）战争时期中国共产党领导的农村革命运动地区，又称老区、苏区。红色乡村是中国红色革命星星之火的发源地，原本偏僻、闭塞、贫困，新中国成立以后，虽然得到了一定程度的发展，但发展速度相对缓慢；新时代脱贫攻坚和乡村振兴伟业，使红色乡村发生了根本性变化，与全国乡村一起走上了社会主义小康之路。新时代新征程，在全面开启建设社会主义现代化强国道路上，要巩固和拓展脱贫攻坚成果，全面推进乡村振兴，加快农业农村现代化，扎实有序做好乡村发展、乡村建设、乡村治理重点工作，扎实推动红色乡村产业、人才、文化、生态、组织振兴，把红色乡村建设成高质高效、宜居宜业、富裕富足的和美幸福乡村。

一、红色文化资源的价值

红色文化资源是阐释马克思主义真理力量的教科书，是印证中国共产党百年奋斗历程的资料库，是激励党员干部走好新的赶考之路的催征鼓，是党和人民宝贵的物质和精神财富。因此，不仅要重视红色文化资源物质和精神层面的开发，还要重视其行为和制度层面的开发，充分地认识和彰显红色文化资源的政治价值、文化价值、教育价值、生态价值和经济价值。将其蕴含的核心价值挖掘出来，以增强人们对红色文化的认同，坚定人们对红色文化的自信。

（一）政治价值

政治价值是红色文化资源的基本价值。从理论角度来说，红色文化资源生发于党的百年理论探索史，是马克思主义在中国持续创新和发展的注脚。从红色文化资源中可以认识马克思主义科学性和真理性、人民性和实践性、开放性和时代性。从历史角度来说，红色文化资源见证了中国共产党百年奋斗的光辉历程，体现着伟大的建党精神、艰苦的创业精神、不懈的斗争精神、勇敢的改革精神和宝贵的创新精神。从实践角度来说，红色文化资源是鲜活的马克思主义教材，有利于培育人民爱党、敬党的情感，维护中国共产党的执政地位；有利于强化地方政府的服务宗旨意识，提高党的执政能力；有利于激励和团结全国各族人民为全面推进乡村振兴、建设中国特色社会主义现代化强国、实现中华民族伟大复兴的中国梦而努力奋斗。

（二）文化价值

文化价值是红色文化资源的核心价值。通过物质和精神层面，红色文化资源潜移默化地渗透到人民的精神世界，形成人民群众的文化共识。它是对中华优秀传统文化的传承与弘扬，是对社会主义先进文化的丰富与发展。有利于保护和利用革命历史文化遗产，发挥着凝聚人心、提升文化自信、激发文化自觉的作用；有利于培育人民的爱国主义情怀，弘扬社会主义核心价值观；有利于抵御不良文化的渗透和侵蚀，提高国家文化安全水平。

（三）教育价值

教育价值是红色文化资源的重要价值。红色文化资源是党自我革命的生动教材，党员群众可以从红色文化资源里汲取营养，重温革命理想、革命精神、革命故事，将精神之氧注入红色血脉，为新时代挑战风险浇筑精神堡垒，自觉坚守政治定力、守住纪律底线、抵御风险考验。红色文化资源是立德树人的优质资源和斗争精神的有效载体，有利于开展革命传统教育，加强和改进新时期爱国主义教育，为培养、德、智、体美劳全面发展的社会主义建设者和接班人发挥着非常重要的作用。

（四）生态价值

生态价值是红色文化资源的关联价值。中国共产党领导的新民主主义革命，经历了从农村包围城市的曲折过程，与农业、农村、农民关系密切，红色文化资源与农业农村生态融为一体，革命年代表现的天人合一的传统自然观和保护自然、顺应自然、尊重自然、绿化美化的行为，体现了马克思主义革命者的生态价值观，如今，红色文化资源与新时代绿色生态发展高度融合。

（五）经济价值

经济价值是红色文化资源的附加价值。红色文化资源本身并不产生经济价值，但红色文化资源与文化旅游、体育赛事、教育培训、农业产业发展相融合，形成了红色文化产业，为地区的经济发展注入强大的驱动力，成为全面推进乡村振兴，特别是贫困老区、苏区红色乡村振兴的重要经济增长点。

二、红色文化资源在红色乡村振兴中的意义

民族要复兴，乡村必振兴。土地革命时期做出了巨大牺牲和贡献的红色乡村，在全面推进乡村振兴伟业的进程中，一定要紧紧跟上时代的步伐实现农业全面升级、农村全面进步、农民全面发展。红色文化资源有着丰富的文化内涵和价值功能，是激活红色乡村振兴的巨大动能，在红色乡村振兴中具有重要的现实意义。

(一)红色乡村组织振兴的思想库

红色文化资源是党员干部提高政治能力、增强斗争精神、勇于创新创造的思想之源,有利于党员干部从红色文化资源中汲取强大的信仰力量,以坚定的理想信念砥砺对党的赤诚忠心;从红色文化资源中汲取斗争智慧、学习斗争艺术、增强斗争本领;从红色文化资源中汲取创新元素和创新方法,创造无愧于新时代的新业绩。

(二)红色乡村人才振兴的聚集地

用好红色文化资源,能够弘扬社会主义主旋律,传递社会主义正能量,对于吸纳优秀人才投身于红色乡村振兴建设具有重要价值。红色文化资源激励广大优秀人才投身于红色乡村振兴建设,还可以创造多元化的就业岗位,有利于促进外出务工人员返乡创业,推动乡村稳定发展,真正增强红色乡村人才的幸福感和获得感。

(三)红色乡村文化振兴的财富通

革命洗礼铸就的红色精神,是革命老区宝贵的精神财富。红色文化资源蕴含的共产主义理想和革命先驱的伟大献身精神,是乡村文化振兴的宝贵财富,已经融入红色乡村地方优秀传统文化之中,凝结形成地方特色文化的道德规范、人文精神和价值理念,引导农民勤俭持家、团结互助、尊老爱幼、和睦相处,不断提升农民道德素养和精神面貌,进一步规范乡村社会秩序,为营造和谐稳定的社会环境提供坚强的制度保障。

(四)红色乡村生态振兴的驱动力

实施乡村振兴战略,不得践踏乡村生态文明的底线。以红色文化为引擎,驱动融合红色乡村生态文明建设,有助于振奋人心、警示人心,实现乡村生态环境保护和产业升级协调发展。红色文化资源保障生态文明建设成效,既可以引导村民自觉保护生态环境,又可以巩固红色文化资源成果。

(五)红色乡村经济振兴的发电机

红色文化资源的运用有利于带动红色乡村经济社会协调发展。可以将红色文化资源优势转化为经济优势,推动经济结构调整,培育特色产业,带动商贸服务、交通电信、城乡建设等相关行业的发展,扩大就业,增加收入,为红色乡村经济社会发展充实更强的"电力"。

三、红色文化资源保护和运用现状

(一)取得的成效

我党历来有保护红色文化资源的光荣传统。新中国成立以来,全国各地红色文化资源得到恢复性保护。党的十八大以来,以习近平同志为核心的党中央高度重视红色文化资源保护工作。从南湖红船到双清别墅、延安窑洞、红旗渠,习近平总书记亲自带领中央领导同志瞻仰学习。在党中央的率先垂范下,新时代全国各地红色文化资源的保护和运用取得了显著成效。作为革命老区的汕头市潮南区红场镇投入资金千余万元,打造汕头市红场大南山红色旅游景区(又名大南山苏区革命纪念园、大南山苏区红场公园),建立了国家AAA级旅游景区。该景区主要以红场大南山苏区党政军指挥机关所在地旧址为依托,采用旧址复原、室内展陈、浮雕墙、生态园林、生动景墙等艺术化的处理方式,将大溪坝革命遗址群进行一体化升级,建设"一心"(景区服务中心)、"一寨"(大南山红色古寨展现苏区党建文化)、"一带"(苏区文体印象带展现苏区文体生活)、"一场"(红场纪念广场展现苏区革命活动)、"一碑"(红场大南山革命烈士纪念碑展现苏区革命精神)五大重点品牌项目,生动展示了1927—1935年在红场该地发生的红色历史事件。景区内还设计有大南山石刻革命标语、革命歌谣、革命英雄人物等多个纪念景观小品。景区自2021年1月开放以来,共接待开展党史学习教育的机关团体、企事业单位、学校师生及参观学习的游客达8万多人次,单日接待游客达2000人次,红色文化资源的保护利用取得了初步成效。

1. 红色文化资源得到原貌性保护

原貌性保护就是最大限度地保持红色文化资源在历史时期的本体及环境原状,加强遗址旧址周围环境整治。早在2006年6月10日"文化遗产日"调研时,习近平总书记针对文化遗产保护就提出了"修旧如旧"原则;在2013年11月对筹建武汉中共中央机关旧址纪念馆的批示中,再次提出"保留原貌,防止建设性破坏"。保留原貌原状就是"保留历史内涵与真实感"[2],防止建设性破坏。红场镇在红色资源原貌性保护上取得了突出成效,体现在四个方面:

(1) 红色文化遗址历史格局保存完整

红场镇所在的大南山革命根据地曾是东江革命根据地的指挥中心,红色文化遗迹遗址星罗棋布,在红色文化资源保护中,红场镇没有单纯追求资源的宏大性和旅游者感官的刺激性,采用易址集中重建,而是尊重历史事实,在原址恢复原样。红场公园里,闽粤赣第一次党代会旧址、红军戏台、红军军营戏台、球场、秋千场等都在原址复建,保留着当年的格局,最大限度地保持着红色文献资源的真实性,再现了当年苏区的生活场景。

(2) 保持红色文化建筑原始风貌

原始风貌真实记录了建筑物历史,反映了当时的物质条件、技术水平、经济能力；保持红色文化建筑原始风貌能让后人体会到建筑者的设计意图和精神追求，准确体悟红色文化资源的本质意义。红场镇在1962至1963年分别按原状恢复了国民党张瑞贵于1932年4月烧毁的红军戏台、东江特委办公旧址、红宫、闽赣粤苏区党代会旧址，其中闽赣粤苏区党代会旧址余氏祖祠的坐向、一厅一拜亭四房一天井的建筑结构，以及"余氏祖祠"四个字都保留着原始风貌。

（3）红色革命文物收集较多

由于时间久远，条件有限，革命文物的完好保管存在诸多困难；文物散失或因为收藏者逝去而被湮没，收集也很困难；"文革"时期对革命文物的破坏、损毁造成文物不可逆转的消失。虽然如此，红场镇还是尽最大努力征集了很多文物，陈列在诸多红色纪念场馆内，为丰富展览内容，突出展览主题发挥着重要作用。红宫里陈列的海丰农会会旗、海丰总工会印戳、彭湃题词等珍贵文物，生动诉说着曾经波澜壮阔的革命史章。

（4）红色文化资源环境整体性修复与完善

红色文化资源存在于特定的自然和人文环境中，注重其周边环境整体性的修复与完善，能有效提升红色文化资源的价值功能。红场镇做了三个方面卓有成效的工作，分别是初步整治周边环境，完成道路、绿化、设施、水电等布局，在水头村到四溪村长约13千米的路段，安装315盏以"大南山"为元素的崭新路灯，用"小路灯"点亮"大民生"。扎实推动水美新村住宅区给水管网建设、老村给水管道改造建设、沙土路硬底化升级改造等重点民生项目建设；逐步增加一些纪念性文物，如红场革命烈士纪念碑、李多年母女事迹铜像、排金山战役石刻、红军立体雕塑、彭湃同志铜像；增建一些融入红色文化资源场景性的设施，如在红军阅兵台上修建一个四角亭，在苏区文体印象带设立红歌谣朗读亭、识字运动观景平台、梅林地雷体验径，在红色纪念广场设立苏区戏剧运动展墙等。

2. 红色文化资源与文旅融合度较高

与文化旅游融合发展是红色文化资源保护利用的主要路径。利用红色文化资源打造红色旅游景点，开展红色旅游活动；通过文化旅游，传承红色基因，光大革命精神。因此，红色文化资源与文化旅游的融合，既能在较大范围内发挥红色文化资源的政治功能、文化功能和教育功能，又能在一定程度上发挥红色文化资源的经济功能。

在汕头市和潮南区的支持下，红场镇相继通过主题活动，推动红色文化旅游走向深入。

(1) 红色惠民之旅

首期推出的是"红色潮南，潮人风采一天游"，这条线路带领游客前往大南山革命历史纪念馆、红场公园、明安里、蔡楚生故居等景点，深入探寻潮南的红色基因，领略潮人的英姿风采。

(2) 主题研学活动

"潮南红场+N"的学生教师红色研学路线、汕头市全民国防教育主题系列活动暨"铭记光辉历史，弘扬革命精神"主题研学活动，丰富的红色旅游资源和可歌可泣的革命史吸引众多市民和师生前往红场游览参观，在感受优美山水风景的同时，体验一场别开生面的党史学习教育。

(3) 红色主题展览

海丰红宫红场旧址纪念馆加入了广东省流动博物馆成员单位，与省博物馆和广州农民运动讲习所合作，举办了"领袖家风风范长存——党和国家第一代领导人家风展""党的光辉照南粤——中国共产党领导下的广东革命历程"等流动展览，开创了建馆以来馆际合作展览的新模式。红场镇通过对红色文化资源的全面保护和恢复，带动红色文化旅游，每年累计约5万人次到访红场镇参观革命遗址、瞻仰革命先烈，红色文化旅游成为红场镇潜在的经济增长点。

3. 红色文化资源得到"活化"利用

"活化"就是运用现代信息技术手段和当代表现方式，将静态红色文化资源进行动态呈现和展示。通过"活化"方式让红色文化资源在政治教育、文化旅游、生态环保、经济发展等方面发挥其功能，实现红色文化资源价值的当代作用。红场镇一方面持续做好红色文化资源的保护工作，另一方面努力推进红色文化资源的"活化"利用，其成效体现在三个方面：

(1) 将红色文化资源灵活运用于主题教育

红场镇禁毒办与汕头市禁毒办组织汕头市禁毒协会等单位在红场公园举办以"经典文化润山村，潮语歌谣唱禁毒"为主题的革命老区红场镇禁毒文化宣传活动，绿水青山之间唱响红色潮剧经典片段和禁毒潮语歌谣，10个禁毒故事连环画展板图文并茂、引人入胜，为山村群众送去了充满新意及正能量的文化大餐；精心制作8部党史学习教育视频和出版《汕头市潮南区革命老区发展史》，打造党史学习教育的"红色熔炉"；将英雄石洞、红场阅兵台和石刻标语等革命遗址串联起来，组织开展"重走红军路"爱国主义主题教育、"洞见初心"大南山徒步行、"赞颂辉煌成就、军民同心共筑梦"爱国教育主题夏令营等活动；推进主题歌曲、主题童谣、主题壁画、主题木雕等创作，力求通过一批红色主题文艺精品，使党史学习教育更加鲜活生动。

（2）创新红色文化资源的传播方式

汕头市委网信办、南方报业传媒集团汕头分社联合出品的庆祝中国共产党成立100周年"百年百场 党旗飘扬"网络主题宣传活动，推出《飞"阅"红色汕头 览读革命遗址》系列，深入汕头红色乡村遗址，通过航拍视角，与读者一同重温历史，感受红色文化，传承革命精神，领略在党建的引领下革命遗址焕发的新颜和党史文化建设成果；红场公园广场上，LED屏幕每天定时播放《红场印记》影像片和红色歌曲，让人们在参观的同时有一种身临其境的声光体验；在展览形式上，逐步改变展陈手段单一的局面，通过丰富展览的载体和手段来提升展览效果，比如，加入一些多媒体手段，在静态展陈的同时用音频播放先辈创作的歌曲，用视频展现先烈生前的画面，通过VR技术"修复"文物，让文物既能重焕昔年光彩，也能弥补因场地不足无法放置更多文物的遗憾。

（3）深入挖掘并创新发展红色文化资源的历史内涵

由中国核工业集团有限公司、海丰县委宣传部主办，海丰红宫红场旧址纪念馆策展的"中国核动力事业拓荒牛——'时代楷模'彭士禄生平展"把展陈内容延伸到彭湃烈士儿子彭士禄先生身上；根据传奇石匠翁千、优秀共产党员吕甜梨、战斗英雄张木葵、烈士刘大刚和刘明合等先烈事迹，编写本土红色故事，组织力量创作红色革命情景剧《大南山"红色华章"故事汇》等文艺作品；精心打造旅游精品路线——"追寻红色足迹，品味工夫茶香"红场文化茶旅，不仅为茶产业开拓了新的发展空间，也促进了当地三产融合发展。

4. 红色文化资源助力基层党建

红色文化资源及其背后的人物故事、历史事件彰显了中国共产党立足基层、发动和依靠人民群众，建立、巩固和发展党组织的光辉历程，是红色乡村党建工作的重要政治资源。深入挖掘和充分利用红色文化资源的核心元素，为红色乡村基层党建工作提供政治智慧和创新思想。红场镇把大溪坝村和审者、大陂、虎白坟、高桂等村联合起来，开展"红色家园"创建活动，搭建"大党委"平台；通过"党建+"模式，充分挖掘红色资源历史底蕴，将家门口的红色地标打造成党员群众心灵"红色精神课堂"，党员群众思想觉悟进一步提高，红色基因焕发新的生命力；给每个党员家庭挂上"党员之家"的门牌，亮出党员身份，激发广大党员的责任感、荣誉感，提升党员身份意识，凝聚党员群众共建"红色村"、新农村的思想共识；升级改造村党群服务中心，搭建党员群众学习教育平台，走出一条围绕建党群服务中心，辐射红色文化传承，发展乡村红色文化旅游，夯实基层党建之路。

（二）存在的问题

虽然红色乡村在红色资源的保护和利用上取得了成效，但也存在着一些问题。就红场镇来说，着力为红色旅游设计，没有从全面推进乡村振兴的角度进行系统规划；基础性服务设施相对滞后，特色旅游资源未充分开发利用、农业产业结构单一、村民未充分参与、积极性不高、受益面不大等一定程度上影响了红色乡村全面振兴的工作成效。

1. 没有从红色乡村振兴角度进行系统性规划

全面推进红色乡村振兴要紧密贯彻"农业强、农村美、农民富"的总体要求，实现乡村产业、人才、文化、生态、组织振兴。从当前来看，红色文化资源的保护和利用还没有从以上方面做出系统性规划，存在的问题有：

（1）忽视红色乡村环境全方位整治，没有达到"农村美"的要求

从目前情况来看，红色乡村对红色景点或景点集中区外的民居及生活设施整治做得不好，在《飞"阅"红色汕头（三）：红色广场革命旧址》共1分32秒的视频中村庄建筑零乱，外墙斑驳无装饰、空窗，与红场公园整洁、优美的环境形成鲜明反差。

（2）没有发挥基层群众的主体性和创造性作用

红色文化资源形成的红色景点，大多是以乡镇干部为中心提出议题，再以邀请或招标的方式，由社会机构进行设计和施工，红色乡村村民参与度并不高。忽视基层群众在红色文化资源建设中的主体性作用，包括老一辈农民保护和建设红色文化资源的经验、新时代农民建设和运用红色文化资源的热情和创新力，造成红色文化景点内容特点趋同性、经营模式陈旧性、服务方式单一性、产品开发滞后性、收益产出低效性的局面。

（3）与"农业强、农民富"的核心目标距离较远

没有将红色文化资源的利用与农业发展高度关联，没有充分利用红色文化资源基因融入农业产业发展和品牌创建，形成了"两张皮"的现象，甚至出现忽视做大做强农业的不良现状。红色乡村振兴最根本的目的是让全体农民富裕起来，当前红色文化资源利用更多的是政治功能的发挥和旅游经济的发展，这两者之间并不矛盾，问题是红色乡村在保护和利用红色文化资源的过程中，没有系统设计让农民全方位、全过程、全员参与和获得全面经济收益的方案，一方面旅游产业链（包括相关的服务业）尚未完全形成，另一方面未带动农业产业发展，事实上当前的受益者和受益方还是很少的。

2. 文化内涵的时代性精神阐释不够

红色文化资源产生于特定的历史年代，具有特定年代的基础文化内涵，同

时也在不断发展，与时俱进。红色乡村没有充分阐释红色文化资源的时代意义和精神内涵。具体体现在：

（1）没有系统阐释红色文化资源的革命精神

红色乡村没有将红色文化资源在马克思主义传播，没有对中国共产党和人民军队建立、发展、壮大的过程中的意义和价值进行充分揭示，没有对每一个重大历史事件和重要人物在中国革命史中的地位和价值进行充分揭示，也没有充分揭示其在全面建设中国特色社会主义新时代、全面推进乡村振兴的新阶段精神内涵和价值。红场镇是全国唯一以"红场"命名的区域行政单位，该镇还有"苏林""苏光""苏明"等一系列以"苏"命名的区域行政单位，彰显了这个革命老区苏区独有的红色基因，可惜这方面意义和价值发掘还非常有限。

（2）没有提炼出红色文化资源所体现的区域文化精神

红色文化资源是党领导红色乡村人民敢于斗争、善于斗争，走向胜利的精神财富，是汕头、潮南、红场等区域文化精神最具本质意义和文化精神的内核，如果没有对这些精神内涵进行提炼和概括，并让其成为红色乡村村民认同和遵循的理想追求，就不能很好地凝聚红色乡村人民的思想共识、协力推进红色乡村全面振兴。

（3）没有组织研究红色文化资源的时代意义和价值

红场镇还停留在"物质"层面的保护和利用，忽视了"精神"层面的研究，尤其是红色文化资源的时代意义和价值的研究，使得红色文化资源的知名度不高，很难打开价值利用市场；"红色文化资源开发利用力度不足，红色旅游产业还处于初期探索阶段，红色文化资源的经济价值有待深入拓展"[3]。

3. 与区域优秀传统文化黏合度不高

马克思主义在中国的成功实践在于与中国国情相结合，与中华优秀传统文化相结合。2022年10月28日，习近平总书记在河南安阳考察时强调：中华优秀传统文化是我们党创新理论的"根"，我们推进马克思主义中国化时代化的根本途径是"两个结合"。当前，红色文化资源保护与利用普遍存在与地域优秀传统文化黏合度不高的问题。具体表现在：

（1）没有将红色文化资源与中华优秀传统文化进行深度联系

事实上，大多数革命老区是传统文化村落，传统建筑、民风民俗、民间故事等都是传统文化资源诞生的重要土壤；红场镇没有充分联系东仓埔（明代"社仓"、清代"东仓"）、余氏宗祠、明代学宫分别成为红场、红宫、闽粤赣边区第一次党代会会址的历史偶然和文化必然，没有充分揭示李多年母女"要死死自己"的勇敢牺牲精神背后的中华优秀传统美德的力量，没有将更多的民俗、习俗传统与革命老区军民的精神、意志、品质相关联，在一定程度上削弱了红色文化资源的感召力。

（2）没有将红色文化资源与中华优秀传统文化融合发展

红色文化资源产生和发展离不开区域优秀传统文化的影响，而当下的保护和利用同样没有实现二者的有机融合。红场镇没有从自身基础、当地特色、乡村民俗的可展示性等方面，深入挖掘红色文化资源的特色，尤其是在利用红色文化资源与区域传统文化相融合的优势下做大做强茶文化，发展茶产业经济还有很多工作可做。

4. 过于关注旅游经费效益

红色文化资源的保护和利用的根本路径是充分发挥其理论资政、文化育人、生态保护和促进经济发展等价值，最终目标是全面推动红色乡村振兴。当前存在的问题是，红色文化资源的所有利用都是围绕经济发展，而且是局限于旅游经济的发展。过度关注旅游的经济效益可能会出现两个误区：一是将红色文化资源的利用形式变得娱乐化。习近平总书记指出：关于发展红色旅游，指导思想要正确，旅游设施建设要同红色纪念设施相得益彰，要接红色纪念的地气，不能搞成一个大游乐场。因此，无论是内容的异化还是形式的娱乐化都不是真正意义上的"活化"。二是忽视红色乡村经济系统化发展。红场镇还没有做到以红色文化资源促进农业现代化发展，没有做到以红色旅游带动农业产业经济的全面发展。

四、运用红色文化资源　助力红色乡村振兴

习近平总书记在二十大报告中强调："全面推进乡村振兴。坚持农业农村优先发展，坚持城乡融合发展，畅通城乡要素流动。扎实推动乡村产业、人才、文化、生态、组织振兴。"党在"十四五"时期经济社会发展的重要任务之一是全面推进乡村振兴。按照《乡村振兴战略规划（2018—2022年）》的文件精神，在乡村振兴制度框架和政策体系初步健全的基础上，全面实现农业强、农村美、农民富的总体要求，持续全面推进乡村振兴。红色文化资源是红色乡村全面振兴最宝贵、最值得利用的物质财富和精神财富，要按照习近平总书记的要求，根据红色资源的特点特性，在挖掘红色资源内涵的基础上灵活"运用好"红色资源；要紧密结合全面推进乡村振兴核心目标和基本要素，充分发挥红色文化资源在农业农村现代化和宜居宜业和美乡村建设等方面的重要作用。

（一）实施本土性保护，推动宜居乡村建设

本土性保护是红色文化资源保护和运用的本质性要求。只有实施本土性保护，才能让红色文化资源彰显地域特征，才能保持红色文化资源的独特个性，增加其文化竞争力。习近平总书记强调："我们要牢记亿万农民对革命、建设、改革作出的巨大贡献，把乡村建设好，让亿万农民有更多获得感。"实施本土性保护的根本目的是推动红色乡村建设，打造美丽宜居红色乡村，让农民充分享受乡村建设成果。

1. 保持红色村庄原有肌理，尽力还原红色历史场景

红色乡村延续着红色传统，保持其原有肌理可以再现当年革命老区特有的景观结构，有利于红色文化资源背景溯源和意义揭示。做好红色乡村全面振兴的顶层设计，在编制乡村振兴战略规划时，需要掌握乡村红色文化资源的位置、数量、级别等信息，为开发做好统筹安排；结合山体水系等自然生态环境，因地制宜，合理利用场地，塑造富有乡土气息的特色景观风貌。立足乡土特征、地域特点和民族特色提升村庄风貌，注重保护传统村落和特色民居，传承好历史记忆，把挖掘原生态村居风貌和引入现代元素结合起来，打造各具特色的现代版"富春山居图"。要塑造富有历史传统和时代气息的红色景观，尽力还原红色历史场景，创建沉浸式、体验式文化情境，既要突出红色景观的核心地位，也要保留和恢复传统建筑风貌，充分体现红色景观文化与传统建筑文化的有机融合。红场镇较高程度地实现了红色建筑文化资源肌理的保持，对红场、红宫、中共闽粤赣边区第一次党代会等重要红色景点进行了原貌恢复，也较好地恢复了余氏宗祠、学宫、东仓埔等富含历史文化内涵的传统建筑。在此基础上，红场镇还可以进一步做到：对宗祠、古厝、集福善堂等有历史纪念价值的建筑进行环境整治，拆除乱搭乱建、铺设阳埕，并对古树名木结合绿地进行保护；同时净化、美化周边环境，使其成为乡土文化的延续；另外，红军医院、彭杨军校、东江特委党校、红军修械厂、赤花剧社等红色景观或场景需要进一步还原历史，以提升红色建筑景观文化资源的丰富性和运用空间。

2. 紧密结合红色乡村革命史，重点建设本土红色文化资源

全国各地有众多的革命老区，红色景点星罗棋布；红色文化资源建设一定要突出个性，避免千人一面，这就需要紧密结合本土红色革命史，展现本土英雄人物、历史事件和生动故事，这样做既可以丰富全国红色文化资源库，也能展现地域特色红色文化资源，揭示地域红色革命精神。普通农民李多年母女、石匠翁千等本土人民革命故事，既体现了老区人民坚定革命信念、敢于牺牲、勇于奉献的精神，也反映了潮汕人民淳朴坚忍、向往光明的坚定意志。而纪录片《见证初心和使命的"十一书"》，虽然内容精美，场面壮观，但人物和故事没有和东江革命根据地或红场镇相关联，显得有点突兀。因此，非本土红色

文化资源的选择一定要与本土红色革命有关联性，才能让红色文化资源的主题更加集中、特征更加鲜明、感染力和影响力更加强大。

3. 创立本土红色资源文化圈，形成区域联动运用机制

红色乡村的红色文化资源并不是孤立存在的，而是与县、市、省级红色文化资源形成多点布局、线性发展结构。提升和扩大区域本土红色文化资源知名度和辐射力，必须建立县、市、省级行政区域协调联动机制。以红色革命主题为中心，建立红色资源文化圈，在红色文化资源保护、建设、运用方面统一行动、协调联动，实现区域红色文化资源系统化、规模化发展。2021年汕头市"红色汕头惠民之旅"，5—7月专门采用"红色展馆景点+N"、9~10月推出"绿色汕头惠民之旅"线路，涵盖了红色文化、华侨文化、美食文化、海洋文化、非遗文化、乡村振兴、绿色亚青多条汕头旅游精品线路，"红色汕头研学之旅"等市级联动性活动参与人数多、涉及范围广、持续时间长，形成串珠共振效应。可整合其他资源，形成多元化格局；加强区域联动，打造红色旅游圈；人文与自然景观相结合，红色旅游与绿色产业发展相结合；增强参与体验性；在打造主题性、高品质、区域性红色资源文化圈的基础上，活动可以延伸到广东省甚至全国和海外。

（二）增强文化融合度，推动和美乡村建设

红色文化资源对红色乡村而言，不仅是对革命历史的追忆，更是推动乡村发展的宝贵财富，是新时代振兴红色乡村"活的灵魂"。"激活"红色资源价值与生命力，通过开展系统研究，充分挖掘红色资源中蕴含的思想内涵、人文精神、价值理念，促进价值苏醒，激活资源的生命力。要增加红色资源与地域特色文化、新时代中国特色社会主义文化的融合，支持红色乡村治理体系和治理能力的现代化建设，提升红色乡村精神文明水平，全面推动和美红色乡村建设。

1. 增强与地域特色和新时代先进文化的融合度，促进文化体验性与创新性

习近平总书记强调，农村是我国传统文明的发源地，乡土文化的根不能断。红色文化资源形成于革命战争年代，发育和生长于地域文化肥沃土壤，革命斗争过程中诞生的可歌可泣的革命故事，融合了根据地军民淳朴优良的民间民俗文化传统；革命生活中的衣、食、住、行也离不开与区域饮食文化、农耕文化的关联；革命年代培养、造就的地方党组织和军队领导人、英雄人物，其价值观念、道德情操同样汲营养于优秀传统文化。农村优秀传统文化是我国农耕文明曾长期领先于世界的重要基因密码，也是新时代提振农村精气神的宝贵精神财富。因此，红场镇在运用红色文化资源的过程中，要着力发掘其与地域特色文化的密切联系和互动发展脉络，比如，镌刻在潮阳大南山的红军石刻标语，

不仅可以从石匠们身上提炼出坚韧不拔、甘于奉献的潮南人民质朴的文化特征，还可以从标语的内容、文字的形象等方面联系到潮汕文化中崇尚正义、追求光明的传统文化特征，以及农耕技术文化和手工艺术文化对红色文化资源的创建与支持作用。红色文化资源还要与社会主义核心价值观相融通，以红色文化的精髓涵养滋润红色乡村村民。"红色"是红色文化资源最鲜亮的底色，是伟大的建党精神、老区（苏区）精神的集中体现，是社会主义核心价值观最具动力的源泉。红场镇还应该在全面阐释红色文化资源的基础上，形成新时代中国特色社会主义文化教育的系统教材，让其不仅是哺育红色乡村村民的宝贵资源，还要成为红色乡村全面振兴的精神动力。

"奉劝我郎心莫慌，前头自有好春光。总欲革命会成功，烂屋烧了起砖房。"[4]革命年代大南山地区传唱的这首山歌，充分体现了群众不屈不挠的革命意志和对红军的信赖，也体现了新时代坚定党的正确领导、实现红色乡村振兴的思想信念。红色资源运用的核心观点是让红色资源"活起来"。让文物说话，让历史说话，即将红色资源价值以新形式、新途径传递给社会大众。"鲜活"展示红色资源，要求教育机构或是公共文化机构运用群众喜闻乐见的形式，生动形象地呈现红色资源中蕴含的文化价值与精神价值，避免同质化与机械的说教；灵活运用各类网络平台、网络媒体，利用网络技术与媒体技术，采用文字、音频、视频、图片等多种形式，将红色资源及其价值内涵展示出来，传递给观众。红场镇可以引入大数据、云计算、物联网、VR体验舱等技术，实景还原当年的红色文化资源实景，让参观者获得沉浸式的真实体验；还可以恢复彭杨军校、红军医院、赤花剧院等红色文化资源景点，让青少年参观者真实体验革命年代的斗争、学习和生活，使红色文化资源由"静"态转为"动"态，实现当代的创造性转化和创新性发展，助力红色乡村文化振兴。

2. 教育培养热爱红色文化资源的优秀人才，促进红色乡村治理和服务

人才是乡村振兴的关键要素，发挥好乡村红色文化资源禀赋优势，建立符合乡村振兴发展特色的红色教育体系，吸引广大人才投身红色乡村农业现代化事业，尤其是让各类留乡、返乡、入乡人才就业和创业，成为带动乡村发展的主力军，为乡村全面振兴输送"新鲜血液"。[5]红场镇应着力从更大范围、更广层面吸纳英才和贤才加入乡村振兴队伍。高校的宣传与文化工作者，他们有着深厚的马克思主义理论基础，对红色文化资源有着浓厚的兴趣，他们的加入将扩充和提升红色文化资源的覆盖面和影响力；青年大学生和志愿者，他们青春朝气，对红色文化资源有着浓烈的热情和崇高的敬意，可以根据自己的切身体会扩大红色文化资源的知晓度和感召力；高校和科研机构的专家学者，他们对

红色文化资源精神与内涵的阐释有高度、有深度，能充分发掘红色文化资源的时代意义和应用价值。总之，要努力实现以高层次研究型专家为引领，体制内与体制外、创新创业与工作就业、个人与团队、人才引进与本土发掘等全方位、立体化、全覆盖的人才构成模式，立足于当地实际，"通过专业人才为红色文化资源赋能并靶向施策，为当地经济社会发展、民生改善、社会治理提供科学路径和持久动力"[6]。现代化人才队伍是红色乡村治理体系和治理能力现代化的基础条件，有利于综合运用传统治理资源和现代治理手段，推广应用积分制、清单制、数字化等治理方式，推行乡村网格化管理、数字化赋能、精细化服务。

3. 全面提升红色乡村精神文明水平，促进红色乡村生态文明建设

全面推进乡村振兴要把物质文明、精神文明、生态文明一起抓。红色文化资源最本质的意义在于精神层面，要坚持全面性和系统化运用的方针，"要注重处于中层、里层的行为、制度和精神层面红色文化资源的开发"[7]，既要满足展现红色资源表面的历史和艺术价值，又要挖掘其中的精神内核，让红色资源在更大程度、更高层次上满足人们的精神文化需求。要充分运用红色文化资源中的革命精神，进一步改善农民的精神风貌，提高乡村社会的文明程度。红场镇在竭力向"外"推广红色文化资源的同时，也要极力向"内"开展全体村民红色资源文化自信、文化自觉、文化自强教育，引导农民成长为具有崇高精神风貌的新时代农民。农村生态环境逐步好转，绿色生产生活方式深入人心。在乡村生态文明建设的全过程、全体系中，有效融入红色文化元素，通过弘扬、传承红色文化资源的方式，助力乡村绿色产业发展。广泛运用"红色+民俗、红色+生态旅游、红色+乡村建筑物、红色+美丽乡村、红色+……"等特色化和综合化的发展模式，引导和鼓舞农民通过土地、林权等方式参与乡村红色遗迹资源的保护和建设；要进一步引导村民牢固树立和践行"绿水青山就是金山银山"的理念，充分发挥红色文化的正向导向作用，彰显红色文化引领生态宜居环境建设的独特功能，建设生态宜居的和美乡村。[8]

（三）坚持人民性本质，推动宜业乡村建设

红色文化资源的运用要坚持人民性本质，以红色乡村村民共同富裕、幸福生活为目标，充分调动和发挥人民群众的主动性、积极性、创造性，高质量发挥红色文化资源在经济发展中的催化剂作用，推动农村和农业现代化，促进农业高质高效发展，建设宜业和美乡村。

1. 充分发挥农民的主体性、创造性地位

农民是红色乡村的主人，是红色乡村全面振兴的主体元素和主要力量。让全体村民参与运用红色文化资源助力乡村经济振兴事业，一方面，可以充分发

挥乡村主体力量,形成"众人拾柴火焰高"的良好气象;另一方面,可以充分发挥农民在农业经济发展中的能动性和创造性,实现传统农业持续发展、红色旅游业态兴旺、农业农村现代化水平日升的良好局面。在红色文化资源原貌性保护与全面性恢复的基础上,可以根据村民的性别、年龄、知识技能等因素,让每个农民在红色旅游事业中找到自己的位置,让他们分别参加到旅游项目设计、接待服务、特色商品生产与销售等环节之中,让每个人充分展示自己的能力。在特色产业经济发展过程中,既要充分发挥老一辈农民种茶、制茶、工夫茶的精湛技艺,也要激发全体村民将在红色文化熏陶下产生的灵感,巧妙融入茶产业品牌创立、包装设计、营销宣传等过程之中,还要调动新时代青年农民科技创新的积极性,引导红色文化背景下茶产业现代化建设。

2. 坚持以红色文化资源带动特色产业发展

有效发挥红色文化资源的辅助性价值,坚持以红色文化资源带动特色产业发展,可以促进农业农村现代化,支持乡村产业振兴目标实现。以红色旅游发展提升特色产业知名度。红色文化资源崇高的政治价值和丰富的教育价值能吸引广大干部群众和青少年学生参观考察、学习培训、旅游观光,红色乡村可以借此机会,打造以红色文化资源和特色产业为主线的红色旅游项目,积极推介农业特色产品,引发游客兴趣,提升农业特色产品销售量和知名度。红场镇可以充分发挥当地红色和绿色资源的优势,在茶叶的规模化、科技化、品牌化上下功夫,促进茶旅融合发展,努力实现以茶兴业、以茶富民、以茶强镇,走出革命老区的乡村振兴特色之路。以红色资源文化形成特色产业标识。当前红色乡村的特色产业均存在现代化水平不够高、形象塑造不典型的问题,可以在推动产业转型升级、逐步实现现代化生产的基础上,组织社会和本地力量进行充分研讨论证,提炼出具有本土特色、个性化的红色文化符号,为特色产品设计地理标识和包装形象。设计一款专用的茶旅视觉符号系统,统一的红场镇茶叶产品商标对可持续发展起着至关重要的作用。对入选红色茶旅路线的茶产品进行严格把关,冠以统一的红场茶叶产品标志,明确销售信息及渠道,规范视觉符号给人以红场形象化的塑造,利于后期游客的满意回购。建立"红色文化资源+特色产业"平台。革命老区(苏区)红色文化资源具有经久不衰的政治感召力和令人神往的现代魅力,身临其境感受更真切,但毕竟不能人人、时时都能实现,因此,红色乡村一定要建立红色文化资源网络宣传门户,以自身独特的优势形成常态化的网络宣传空间,在红色空间里有机融入红色乡村特色产业与产品推介,通过在线销售、直播带货、团购直销等现代化销售方式促进特色产业现代化发展。红场镇可以通过邀请茶叶形象大使,拍摄红场专题宣传片,进一步通过互联网平台快速传播推广；将每期活动及茶乡旅游其他特色产品元素融入，带动其他产业链发展，让潜在游客更加全面地了解红场镇旅游景点的平台，同时通过互动收集游客对茶旅后期的反馈并加以改进，更好地促进红色茶乡可持续性发展。

3. 保障共享红色文化资源经济效益

中国式现代化是全体人民共同富裕的现代化，全面推进乡村振兴是实现全体农民走向经济富裕和生活富足的必由之路。因此，红色文化资源的运用一定要关注全体村民的共同发展，不让一个村民掉队。为村民开发更多红色赋能的特色产业。红色文化资源的灵魂为乡村特色产业赋能，不能仅限于现有个别或为数极少的产业类型，农业现代化需要根据乡村实际开发更多红色赋能产业。红场镇是一个以茶为传统产业的红色村庄，当前茶叶种植、生产、销售模式和方式都已可观，但红场镇还有山药、砂糖橘、青梅、蜂蜜等绿色无公害食品，如果以红色文化赋能这些产品，同样可以显现强劲的发展潜力。为村民提供更多的红色赋智就业岗位。当农业多种功能、乡村多元价值得到有效开发，乡村产业发展提供更多就近、稳定的就业岗位，农村劳动力也能回乡务工就业，农民生产经营能力、就业技能和质量显著提高。红场镇要树立带动农民就业、促进农民增收的发展导向，依托红色文化资源，发展乡村二、三产业，延长产业链、提升价值链，推动乡村产业发展向深度和广度进军，提高质量效益和市场竞争力。为村民开辟多元红色赋力增收渠道。农民增收长效机制进一步健全，是农民生活水平不断提高的保证，是红色乡村产业兴旺、农民宜业的保证，要充分运用红色文化资源为拓展多元增收渠道赋能的优势。红场镇全面带动乡村红色文化体验、红色文创产品销售、红色休闲旅游产业融合发展，优化以红色文化资源为代表的产业链，做大、做强、做优乡村产业链条，为更多村民提供更多致富渠道。

红色文化资源是红色乡村振兴的宝贵资源，深入贯彻"以人民为中心"思想，以红色乡村村民为主体，从全面推动红色乡村振兴的维度去保护和运用，才能实现红色文化资源高质量保护和高效益运用。

参考文献：

[1] 陈政禹，倪新兵. 东江革命根据地的革命精神及其当代价值 [J]. 探求，2019（1）.

[2] 冯雅，吴寒，李刚. 论习近平红色资源观 [J]. 图书馆论坛，2022，42（1）.

[3] 陈碧娟,廖列营.潮州红色文化资源的价值功能及其开发路径[J].韩山师范学院学报,2019,40(5).

[4] 中共广东省委党史研究委员会,东江革命根据地史料片集编写协作组,潮普惠苏区史料汇编协作组.大南山苏区史料汇编[M].广州:广东人民出版社,1989.

[5] 张健丰,杨忠琴.弘扬红色文化资源 赋能乡村振兴建设[J].山西农经,2021(23).

[6] 乔谦.红色文化资源建设对大凉山彝区乡村振兴的意义与路径[J].民族学刊,2022,13(5).

[7] 黄三生,凡宇,熊火根.乡村振兴战略视域下红色文化资源开发路径探析[J].价格月刊,2018(9).

[8] 孙明霞.地方特色文化助力乡村振兴的路径研究:以汕尾市为例[J].广东开放大学学报,2021,30(6).

产业关联、产业转移与苏区产业振兴研究[①]

胡淑琴　张其富[②]

摘　要：支持革命老区加快发展是近年来我国区域协调发展的重大战略，而苏区振兴是支持革命老区发展的重要内容。苏区振兴的关键是产业振兴，产业振兴的关键是建设产业转移示范区，而建设产业转移示范区的关键是强化跨区域产业关联。苏区地处内陆又毗邻粤港澳大湾区，是湾区打通内地市场、内陆连接湾区的桥头堡，是承接湾区产业转移的重要地区。实证结果表明，苏区与湾区产业关联存在空间错配现象，即苏区与湾区主导产业关联度很低，而高关联度产业则是非主导产业。因此，通过强化跨区域间产业关联构建产业转移示范区，是促进苏区产业振兴和湾区高端产业发展的有效路径。

关键词：苏区产业振兴；跨区域产业关联；产业转移示范区；粤港澳大湾区

一、问题提出与文献综述

党的二十大报告指出，要"支持革命老区、民族地区加快发展，加强边疆地区建设，推进兴边富民、稳边固边"。[1]赣南等原中央苏区（以下简称苏区）是革命老区的典型，支持苏区振兴是区域高质量发展的重要部分。在探索支持苏区振兴发展方面，中央出台了很多有效政策：2021年1月发布的《国务院关

[①] 基金项目：本文系2022年江西省教育厅科技项目"产业转移示范区视角下苏区振兴发展研究"，编号：GJJ2201242，2022年江西省社科规划项目"全球供应链重构背景下江西稀土产业集聚及其对策研究"，编号：22YJ51D。

[②] 作者简介：胡淑琴，女，江西赣县人，赣南师范大学经济管理学院，讲师。研究方向为苏区振兴、产业转移；张其富，男，江西吉安人，博士，江西理工大学经济管理学院副教授，研究方向为区域经济研究。

于新时代支持革命老区振兴发展的意见》指出，要"支持赣南等原中央苏区和海陆丰革命老区深度参与粤港澳大湾区建设，支持赣州、龙岩与粤港澳大湾区共建产业合作试验区"；2021年7月发布的《中共中央、国务院关于新时代推动中部地区高质量发展的意见》明确指出，要"推进……赣南、湘南湘西承接产业转移示范区……建设"；2022年3月，国务院批复的《赣州革命老区高质量发展示范区建设方案》明确指出，要"支持苏区探索与深圳开展对口合作……加快建设深（圳）赣（州）港产城一体化合作区，鼓励探索承接产业转移新模式，支持苏区与粤港澳大湾区城市共建赣粤产业合作试验区"。梳理以上政策文献可得出两个重要信息：第一，苏区振兴的关键在于产业振兴，而产业振兴的关键是产业转移，那么产业转移的关键是什么？第二，苏区毗邻粤港澳大湾区，是承接湾区产业转移的理想区域，如何承接湾区的产业转移？解决这两个问题的关键在于强化区域间产业关联度。

关于苏区振兴的研究成果很丰富，主要有中心城市影响力、产业转移、内陆开放高地、教育扶贫、红色旅游和政策驱动等视角。中心城市影响力对苏区振兴有很重要的影响，但是基于系统经济网络方法，将苏区14个地区城市构建成为苏区特色城市群经济网络系统，来研究中心城市的空间效应，研究显示赣州是中心度最高额城市但尚未演变为核心城市。[2]而且，苏区经济发展绝对差异呈扩大趋势，其空间格局呈现出"西南强、东部弱"的特征，赣南苏区经济关联性较弱，赣州市对苏区经济的辐射力总体偏弱。[3]产业转移对苏区振兴也存在着深远影响，利用2000—2016年赣州市数据研究产业转移与经济增长，其结果表明产业转移能促进苏区产业结构优化升级和经济增长，苏区振兴的政策变量短期内能促进经济增长，但长期内没有效应。[4]内陆开放高地对苏区的影响是在内陆开放型经济试验区的基础上基于开放高地潜力指标体系和熵值法研究苏区经济开放度位势，苏区在开放高地中处于有利位势，苏区的发展应推动"双循环"合作平台建设，大力培育出口主导型经济，优化空间开放格局，实施开放型创新驱动战略。[5]教育对苏区振兴的影响研究是基于教育精准投入视角来考察苏区振兴政策的政策效应，教育精准投入的直接效果是促使年均人数显著提升5.9%，有效提升了适龄儿童的人力资本水平。[6]红色是苏区的底色，也是苏区振兴的基准色，红色旅游既促进了苏区的经济发展，也满足了中央和地方政府的利益诉求，是构建和谐社会政治稳定的整合力量。[7]

现有文献研究从多个视角探索了苏区振兴问题，也有文献注意到了产业转移是苏区振兴的有效路径，但尚没有文献在产业转移示范区视角下探索苏区产业振兴问题，更没有文献研究如何解决产业转移问题。产业转移示范区涉及两方面,一是从苏区振兴的角度来说,苏区是承接产业转移的地区。苏区振兴受益于湾区和苏区政策推动是不争的事实[8],如何对接融入湾区成为江西省重要的经济政策,尤其是赣南可以将区位优势转化成后发优势。二是从湾区产业转移方而言,湾区向周边地区发展也很重要。粤东、粤西、山区作为生态屏障,可以在绿色、休闲旅游等产业与湾区高度关联[9],更何况融合发展应在广东周边省区,如江西、福建、湖南[10]、海南[11][12]等地区。因此,苏区建设产业转移示范区面临着周边地区的竞争,如何在竞争中脱颖而出,强化跨区域产业关联是关键。

本文在前人基础上,通过论证跨区域产业关联促进产业转移和构建产业转移示范区,最终促进苏区产业振兴,创新之处有二:一是发现了跨区域间的产业关联空间错配现象,并基于该理论机制提出重点发展地区带动周边地区、周边地区支撑重点地区相互促进的融合发展路径;二是在产业关联和产业转移视角下研究苏区产业振兴问题,是研究苏区产业振兴的新视角。

二、理论机制分析

苏区虽然已经承接了湾区部分转移的产业,如纺织、家具等产业,但湾区的主导产业很难与苏区主导产业高度关联,这成为苏区难以获得大湾区经济发展溢出效应的关键,必将阻碍苏区产业转移示范区的构建。破解产业关联空间错配效应的关键在于疏浚区际产业关联通道,提升主导产业关联度,为实现双循环战略提供支撑、外部机遇。

(一)湾区向苏区产业转移的障碍:产业关联空间错配现象

产业关联错配产生机制有两个:一是国际大循环战略是产业关联错配的必要条件,二是晋升锦标赛是产业关联空间错配的充分条件。

机制一:国际大循环战略是产业关联错配的必要条件。20世纪80年代,我国确立了走国际大循环战略。为适应全球分工而建立沿海地区"大进大出"的出口导向模式,其产业结构高度匹配国际原料和消费市场,却未必匹配内陆。例如,湾区通信电子与国际芯片产业高度关联,使粤港澳大湾区地区发展实质上带动了国际相关产业。沿海地区深度参与全球分工、偏重国际市场的格局,是长期国际大循环战略的结果。

机制二:晋升锦标赛是产业关联空间错配的充分条件。在晋升锦标赛的机制下[13],各地区倾向于建立完整的排他性产业链,以省、自治区、直辖市等为单位的行政区域间主导产业会力求保留在行政区域内。这种情况下,沿海与内陆地区主导产业很难形成较高关联度。

总之，国际大循环战略和晋升锦标赛机制造成了产业关联空间错配效应，解释了阻碍产业转移的现象，破解产业关联错配效应有助于促进区域间产业转移。双循环战略将对传统国际大循环战略进行调整，要求区域间主导产业高度关联，推动构建国内统一大市场。

（二）苏区与湾区主导产业关联促进产业转移的理论机制

1. 理论机制分析

区域平衡发展向心力和离心力分析。自然规律通常使事物趋向于平衡，区域平衡是向心力和离心力相互作用的结果：向心力是指有利于区域平衡的因素，如自由贸易、产业关联等；离心力是指不利于区域平衡的因素，如关税、贸易配额、产业界限和空间距离等。增加向心力能促进区域平衡发展，如在双循环战略下，构建产业关联，促进自由贸易，构建国内统一大市场；增加离心力则加剧区域不平衡，如美国增加关税、降低贸易配额、强化产业界限等。中国的双循环战略是顺应自然规律的平衡发展战略，而美国的逆全球化战略是违背自然规律的不平衡发展战略。

区际产业关联是产业转移的内在推动力。区际产业关联是产业转移的内在主导，而区际贸易是区际产业关联的外在表现。"贸易导致要素价格均等化"是贸易理论中的主要观点[14]，该理论认为区际自由贸易可以促进区际劳动力流动，最终促进区域间劳动力价格均等化。但是，该理论解释不了"为什么沿海与国际发达地区收入差距趋于缩小，而与内陆地区的收入差距越来越大"的经济现实，因为国内区际流动性远比国际流动性大得多。该理论忽略了一个内在的因素，这个内在的因素就是区际产业关联，因为只有强有力的产业关联才能增加区际贸易流量。在"贸易导致要素价格均等化"的理论基础上，区际产业关联推动地区产业分工和区际自由贸易，区际自由贸易促进劳动力工资（劳动力收入）均等化，而劳动力工资均等化是区域平衡发展的理论内涵。

产业关联与区域平衡。借助空间经济学"中间产品模型"，首先构建区域间产业关联与收入差距的一般理论模型，然后在模型中分别加入国际大循环和双循环战略的外生变量约束条件，分析国际与区际环境下模型结论的差异。模型旨在分析产业关联度对区域间收入差距的影响，产业关联度用地区 r 使用中间投入品所占份额 α 度量，收入差距用劳动者工资收入差距（$\omega_1 - \omega_2$）度量。模型构建的目的是推导收入差距与产业关联度之间的数理关系，也为构建计量模型提供理论基础。理论机制数理模型是基于空间经济学"中间投入品模型"构建，限于篇幅，本文从略。

2. 国际循环战略下国际产业关联与国际平衡发展理论分析

国际成本主要表现为国界，国界的阻碍程度相当于约 2735 千米的空间距离所带来的影响。模型中用冰山成本 T 表示，包括运输距离、关税和配额。当关税和配额很低时，运输距离阻挡不了贸易量迅猛增加，比如，美国给予中国最惠国待遇、入世等事件，使中国与国际其他国际关税降到最低。在 T 不断下降的国际环境下，国际产业关联度 a 不断提高，导致国际贸易量自由化促使（$\omega_1\_\omega_2$）逐渐缩小。国际大循环战略使中国沿海地区深度参与国际分工，沿海地区通过"两头在外，大进大出"的出口导向模型逐步嵌入国际产业链和价值链，与国际其他地区形成了自由贸易格局。一方面内陆地区很难嵌入国际产业链，与国际产业链较难形成高关联度；另一方面由于晋升锦标赛机制，区际很难形成主导产业高度关联，导致区际贸易量不足。但是当冰山成本 T 中的关税和配额增加，超过了产业关联度 a 对（$\omega_1\_\omega_2$）缩小的贡献度时，国际循环战略则显露出不足之处。双循环战略应运而生，目的在于形成国内区际产业高度关联和国内统一大市场。

三、模型、指标与数据

（一）模型设定

根据理论机制设定面板模型（1）检验产业前向关联对收入差距的影响，设定面板模型（2）检验产业后向关联对区域平衡的影响，具体模型如下：

$$\ln(\omega_1\_\omega_2)_{it} = \alpha_0 + \alpha_1 a_{1it} + \alpha_3 \ln X_{it} + \mu_i + \varepsilon_{it} \qquad (1)$$

$$\ln(\omega_1\_\omega_2)_{it} = \beta_0 + \beta_1 a_{2it} + \beta_2 \ln a_{2it} + \beta_3 \ln X_{it} + \zeta_i + \xi_{it} \qquad (2)$$

两个公式中的 $\ln(\omega_1\_\omega_2)$ 代表区域平衡发展指数，i 代表产业，t 代表年度，X 代表控制变量。公式（1）中的 a_1 代表区际产业前向关联度，μ_i 代表个体固定效应，ε 代表随机扰动项。公式（2）中 a_2 代表区际产业后向关联度，ζ_i 代表个体固定效应，ξ 代表随机扰动项。模型中需要测度因变量 $\ln(\omega_1\_\omega_2)$、核心变量 a 以及其他控制变量，接下来分别阐述变量如何测度。

（二）指标测度

1. 因变量指标测度

因变量是区际平衡发展指数 $\ln(\omega_1\_\omega_2)$。根据姚鹏和叶振宇（2019）[15]的研究可知，区域协调发展指数包括区域发展差距等五大指标，与本文密切相关的是区域发展差距指数。主要指标如表 1 所示。

表1 区际平衡发展指数指标体系表

指标含义	具体指标	相关关系
发展水平差距	地区人均 GDP 差距	-
劳动收入差距	劳动工资差距	-
固定资产投入差距	固定资产投资占 GDP 比重的地区差距	-
创新投入差距	地区研发支出占 GDP 比重差距	-

注：相关关系中，-表示负相关关系

表格中，劳动、固定资产、创新等要素产生的收入是理论中"要素收入"的具体体现，人均 GDP 差距是其他复合指标。因此，因变量指标选取符合"产业关联→自由贸易→区际平衡［要素收入（$\omega_1\_\omega_2$）差距缩小］"的理论机制。借鉴姚鹏和叶振宇的做法并根据本文实际情况，将人均 GDP、劳动、资本、创新等要素收入的权重分别设置为均等权重，综合指数加权公式如下：

$$S = \sum (\omega_1\_\omega_2)_i \cdot W_i \tag{3}$$

公式（3）中，（$\omega_1\_\omega_2$）代表要素收入差距，与理论机制和计量模型的含义一致。i 代表发展水平差距、劳动收入差距、固定资产投入差距和创新投入差距等指标，W_i 表示每个指标的权重，通过加权形成区域平衡发展测度指标（$\omega_1\_\omega_2$）。最后，对（$\omega_1\_\omega_2$）取对数得到 ln（$\omega_1\_\omega_2$）。

2. 核心变量测度

核心变量是区际产业关联度，测算区际产业关联度是核心环节。要测度跨区域产业关联度，需要获得跨区域间投入产出矩阵，要获得跨区域投入产出表，需要获得跨区域贸易流矩阵和各省投入产出矩阵。各省投入产出矩阵有原始数据，研制跨区域贸易流矩阵成为关键。三类指标可以构建修正的引力模型研制出基于 MIRO 模型的跨区域投入产出矩阵。

根据理论模型推导可知，产业关联度使用中间投入占比表示，产业关联度是直接消耗系数。同时，借鉴钱肖颖和孙斌栋（2020）[16]等人的研究成果，我们测算区际产业关联度的直接消耗系数公式如下：

$$a_{ri,\,sj} = flow_{ri,\,sj}/flow_{sj} \tag{4}$$

$a_{ri,sj}$ 表示 r 省 i 产业到 s 省 j 产业的直接消耗系数，$flow_{sj}$ 表示 s 省 j 产业投入量。根据投入产出表中的投入和需求方向，将投入方作为前向关联 a_1，将需求

方作为后向关联 a_2。

3. 控制变量指标测度

根据理论可知，影响区际平衡的其他变量还有：地区消费需求 E_1、E_2，产业劳动力占比 λ_1、λ_2，中间投入品价格指数 G_1、G_2，冰山成本 T，要素替代弹性。同时，借鉴钱肖颖和孙斌栋等人的文献做法，控制变量选取与测度如下：用消费支出之比作为 E_1/E_2 的代理变量；用制造品价格指数之比作为 G_1/G_2 的代理变量，用省会城市距离作为 T 代理变量，用就业人数比率之比作为 λ_1/λ_2 的代理变量，要素替代弹性体现在回归的常数项中。

（三）数据来源

本文所用数据主要有四类：一是投入产出表，包括历年全国投入产出表和2007、2012、2017 年各省投入产出表；二是各省省内与省际运输量，包括在《中国交通统计年鉴》和《中国统计年鉴》中获得的历年全国铁路跨省运输量数据，全国历年省际公路、水路和铁路运输量和转运量数据；三是进出口贸易，主要来源于海关总署各省历年进出口贸易数据；四是区域间投入产出表，包括现有文献测算的区域间投入产出表。

四、实证结果与分析

基于湾区与周边地区的实证，既能检验区际产业关联与区域平衡发展理论机制，又有利于为湾区与周边地区的平衡发展提出对策。由于香港和澳门数据的可获得性与统计口径问题，本文使用广东省数据作为湾区的代理数据。利用可获得的相关数据，可以测算出广东与江西、湖南的区域平衡发展指数、前向与后向产业关联度以及相关控制变量，为复杂网络分析、趋势分析和回归分析奠定了基础。

（一）产业关联度复杂网路图分析

广东与周边内陆省份的产业关联度复杂网络图如图1所示，将区际产业关联度可视化，分成两个图更容易观察。图形清晰地显示了产业规模与区际产业的关联度。为了方便分析，我们将产业分为主导与非主导产业。通过对图形的阅读，可以得出两个结论：第一，产值越大的产业关联度往往越小，比如，图1中广东最大的电子信息产业与其他省份关联度都不大；第二，关联度高的产业往往产值都较小。

由此可得出，两个地区间存在区际产业关联错配现象，即两个地区间的主导产业关联度不高，而关联度高的产业是非主导产业。区际产业关联错配意味着广东很难获得周边省份的优势资源支撑，周边省份也很难借助广东主导产业的发展优势和红利带动自身发展，没有产业强有力关联很难促进区域平衡发展。广东产业扩散效应在事实上形成了对周边省份的虹吸效应，如广东与周边省份的批发和零售产业有着高关联度。可视化的复杂网络图直观检验了产业关联促进区域平衡发展的理论机制，也发现了阻碍广东与周边省份平衡发展的根源。为了检验数理理论机制，接下来进行趋势分析和回归分析。

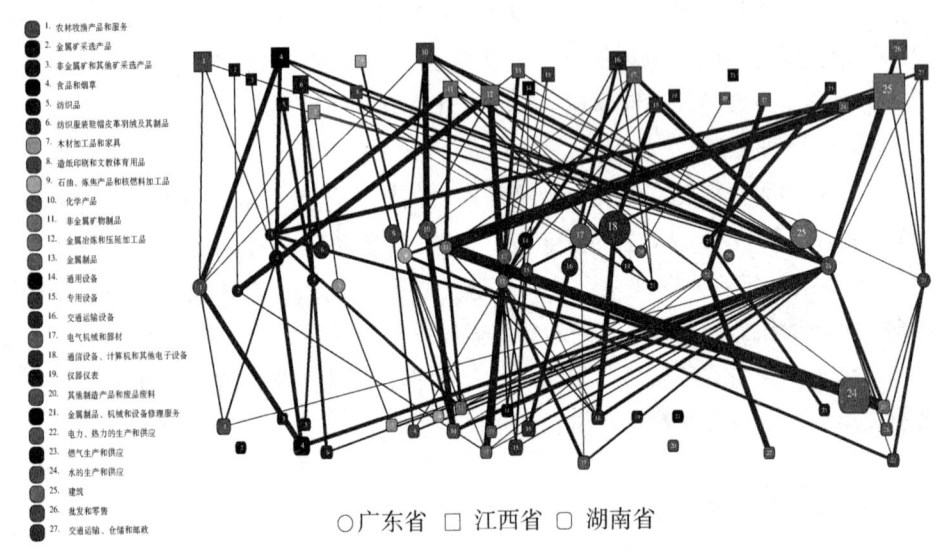

图1　广东-江西-湖南前向产业关联复杂网络图①

（二）产业关联度与区际平衡发展散点趋势图

区际产业关联度数据是 n×n 矩阵形式，为了进行散点趋势和回归分析，需要将 n×n 矩阵数据降维成 n×1 列向量形式。散点趋势图可以看出区域收入差距 $\ln\omega_1\_\omega_2$ 与区际产业前向关联度 a_1、后向关联度 a_2 的相关关系。限于文章篇幅，仅展示 2017 年广东与周边地区前向关联的散点趋势图，如图2和图3所示。

---

① 图1中每个几何小图形代表某一产业，图形大小代表产业产值与该省 GDP 比值大小，可以比较同一省份间产业规模，图形颜色随机产生。连接线代表区际产业关联度，线条粗细由同一代码设定、可比较。为了便于观察，去除了微小产值的产业和落脚不自由的产业，且产业关联度设定大于 0.1 才会显示。

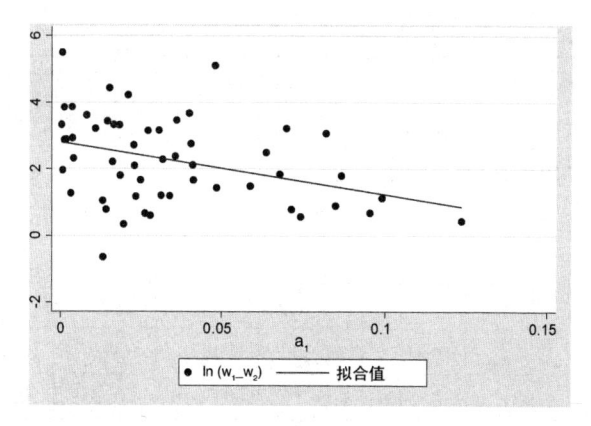

图 2　2017 年广东与江西前向产业关联度散点拟合

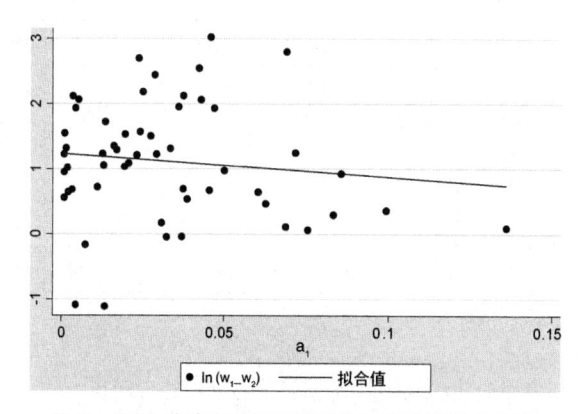

图 3　2017 广东与湖南前向产业关联度散点拟合

所有图形相同之处是：收入差距与产业关联度都呈现负相关关系。负相关关系表明，产业重要程度越高，产业关联度则越低，反之产业重要程度越低则产业关联程度越高。图形不同之处是：负相关程度有差异。由此表明，广东与江西的区域平衡更依赖区际产业关联，与福建次之，与广西又次之，与湖南最小。广东与周边地区散点趋势分析表明，广东发展没有周边省份优势产业的支撑，而周边省份也没能借助广东市场优势发展自身企业。

（三）固定效应回归分析

回归分析基于两两地区面板数据，我们将 2007 年、2012 年和 2017 年三年数据处理成产业和时间维度的面板数据。回归方法使用固定效应回归分析，实证结果如表 2 和表 3 所示。由于回归分析采用两两地区面板数据，两个地区间的省会距离是常数而非变量，因此回归中的控制变量没有包括距离 T。

表2 广东-江西回归结果

自变量	因变量							
	随机效应回归				固定效应回归			
	$\ln(\omega_1\_\omega_2)$	$\ln(\omega_1\_\omega_2)$	$\ln(\omega_1\_\omega_2)$	$\ln(\omega_1\_\omega_2)$	$\ln(\omega_1\_\omega_2)$	$\ln(\omega_1\_\omega_2)$	$\ln(\omega_1\_\omega_2)$	$\ln(\omega_1\_\omega_2)$
a_1	-18.582***				-31.787***			
a_2		-17.10***		-10.202*		-23.217***		-15.367**
$\ln a_2$			-0.516***	-0.287			-0.694***	-0.323
E_1/E_2	-1.305	1.931**	0.040	1.591**	-0.016	-0.359	0.092	-0.150
G_1/G_2	1.084	0.722	0.070	0.491	-0.652	-0.071	0.036	0.020
λ_1/λ_2		-0.817	0.102	-0.433	-1.811	1.149	1.793	1.200
常数项	2.906***	3.085***	0.392	1.711*	3.354***	3.374***	-0.259	1.825*
Hausman test	通过	通过	通过	通过	通过	通过	通过	通过
N	81	81	81	81	81	81	81	81
R^2	0.5373	0.4833	0.5787	0.3159	0.3159	0.5373	0.4833	0.5803
aic	—	—	—	—	119.509	98.398	104.353	95.127

注：* $p<0.1$；** $p<0.05$；*** $p<0.01$

表2是广东与江西区域平衡指数和产业关联度的回归结果，无论是随机效应还是固定效应模型，前向产业关联度a_1和后向产业关联度a_2及其对数$\ln a_2$的系数均显著为负，仅当a_2和$\ln a_2$同时回归时，后向产业关联度对数系数不显著为负。回归结果印证了图2的散点趋势分析，区域收入差距与产业关联度呈负相关关系。

表3 广东-湖南回归结果

自变量	因变量							
	随机效应回归				固定效应回归			
	$\ln(\omega_1\_\omega_2)$	$\ln(\omega_1\_\omega_2)$	$\ln(\omega_1\_\omega_2)$	$\ln(\omega_1\_\omega_2)$	$\ln(\omega_1\_\omega_2)$	$\ln(\omega_1\_\omega_2)$	$\ln(\omega_1\_\omega_2)$	$\ln(\omega_1\_\omega_2)$
a_1	-7.668***				-8.651***			
a_2		-5.928**		-17.33***		-6.719***		-19.227***
$\ln a_2$			-0.049	-0.337**			-0.066	-0.373**

续表

自变量	因变量							
	随机效应回归				固定效应回归			
	$\ln(\omega_1\_\omega_2)$	$\ln(\omega_1\_\omega_2)$	$\ln(\omega_1\_\omega_2)$	$\ln(\omega_1\_\omega_2)$	$\ln(\omega_1\_\omega_2)$	$\ln(\omega_1\_\omega_2)$	$\ln(\omega_1\_\omega_2)$	$\ln(\omega_1\_\omega_2)$
E_1/E_2	0.688**	0.478*	0.316	0.238	-0.016	-0.155	-0.642	0.883***
G_1/G_2	0.691**	-0.163	-0.057	-0.065	-0.652	-0.810**	-1.158	1.384
λ_1/λ_2		0.593***	0.628**	0.623***	-1.811	-0.642	5.678**	
常数项	1.369***	1.328***	0.932***	3.032***	1.400***	1.355***	0.864**	3.236***
Hausman test	通过	通过	通过	通过	通过	通过	通过	通过
N	81	81	81	81	81	81	81	81
R^2	0.2644	0.1574	0.0225	0.3239	0.2644	0.1574	0.0225	0.3239
aic					1.935	9.268	17.290	-0.619

注：* $p<0.1$；** $p<0.05$；*** $p<0.01$

表3是广东与湖南区域平衡指数和产业关联度的回归结果，产业关联度几乎均显著为负，只有$\ln a_2$回归时，后向产业关联度对数系数很小且不显著为负。总体回归结果基本能检验理论假设：收入差距与区际产业关联度存在负向关系，即产业关联度越小，区域平衡发展指数越大。通过分省实证分析也表明，广东与周边省份存在错配现象。因为没有构建强有力的产业关联通道，周边省份没有能力获得广东省高速发展的溢出效应，而广东也很难获得周边省份的资源优势以提升其竞争力。

五、主要结论与政策建议

通过理论分析和实证结果表明，苏区与湾区产业关联存在空间错配现象，也由此导致了苏区与湾区难以形成协调发展的格局。理论分析和实证检验表明，苏区应通过加强与湾区的产业关联，构建产业转移示范区，进而促进苏区产业振兴。

（一）主要结论

第一，区域间产业关联度影响了区域协调发展。国际大循环战略完成了湾区与国际产业高度关联的使命，但晋升锦标赛造成了沿海与内陆地区主导产业关联度低。湾区与国际产业关联度高，而与苏区主导产业关联度低的经济现实，扩大了区域不平衡程度。我国现阶段的区域经济不平衡表现为区域两极分化，不仅成为经济发展的内在动力提升的阻碍，也背离了"先富带动后富"的初心使命，而且将影响双循环战略的顺利实施。

第二，苏区和湾区主导产业关联度很低。苏区与湾区生产要素在空间上存在的错配现象，导致苏区与湾区主导产业关联度很低，而高关联度产业则是非主导产业。在晋升锦标赛机制的作用下，国内区际产业关联度不高，尤其是主导产业。

第三，苏区与湾区产业关联度高的产业不是主导产业。国内文化、政治、市场和关税等贸易条件远好于国际，但改革开放以来沿海与内陆地区收入差距仍不断扩大。

(二) 政策建议

主要建议如下：

首先，将协调、共享等新发展理念纳入地区官员的晋升锦标赛。单纯的GDP竞争主导的晋升锦标赛机制，不利于提升主导产业区际关联，扩大了区域不平衡发展。在"创新、协调、绿色、开放、共享"的新发展理念下，应将"协调、共享"等理念纳入晋升锦标赛中，形成复合指标锦标赛机制，有利于破除行政壁垒对主导产业的禁锢。中央应构建更合理的晋升机制，而沿海应疏浚与内陆产业的关联通道，努力建设成为国内国际双循环中枢，内陆应积极与沿海形成主导产业高度关联。

其次，苏区应主动加强与湾区的产业关联度，构建苏区与湾区产业转移示范区。通过强化跨区域间产业关联构建产业转移示范区，是促进苏区产业振兴和湾区高端产业发展的有效路径。因此，湾区应侧重疏浚国内产业关联，努力打造成为国内国际双循环的中枢。一方面，可以利用国际循环为内地输送市场和资源；另一方面，利用国内循环向国际循环输送产品和服务。加强国际国内产业关联，畅通国际国内大循环，沿海地区可以获取国际与内陆地区的资源，为经济增长提供了有利条件。

最后，以高关联产业关联度的非主导产业为基础，通过非主导产业转移影响湾区主导产业向苏区转移。区域平衡发展是通过产业为纽带连接起来的整体发展，分工进入到的产业链甚至产品分工，不同区域间利用各自资源优势进行分工。地区间根据自身优势，形成区域产业分工与协作，能极大提升效率并有利于创新。苏区需要将主导产业高度嵌入沿海地区主导产业链中，形成与沿海地区协调发展的新格局。

总之，双循环是对传统国际大循环的底层战略转变，对区域平衡发展有重要影响。无论如何变化，产业关联是实现湾区产业向苏区产业转移的基础。中央应改变单纯 GDP 晋升锦标赛机制，苏区地区应积极寻求与湾区产生高度关联的方法，湾区则要在继续保持与国际产业高度关联的同时加强与苏区主导产业关联，构建产业转移示范区，最终支持苏区产业振兴。

参考文献：

[1] 习近平. 高举中国特色社会主义伟大旗帜为全面建设社会主义现代化国家而团结奋斗——在中国共产党第二十次全国代表大会上的报告［R］. 北京：人民出版社，2022-10-16.

[2] 张明林，孔晓莹. 赣闽粤原中央苏区城市群经济网络结构演变及其影响因素研究［J］. 苏区研究，2022（1）.

[3] 张明林，曾令铭. 苏区振兴背景下赣南经济差异格局与空间联系研究［J］. 地域研究与开发，2020，39（6）.

[4] 邱小云，彭迪云. 苏区振兴视角下产业转移、产业结构升级和经济增长：来自于赣州市的经验证据［J］. 福建论坛（人文社会科学版），2018（2）.

[5] 龙晓柏，蒋金法. "双循环"背景下内陆老区建设开放高地研究：以赣南苏区为例［J］. 当代财经，2021（8）.

[6] 舒长江，齐锦，张良成. "扶教育之贫"与"扶收入之贫"：中央苏区振兴政策的教育精准投入实施效果研究［J］. 教育学术月刊，2021（2）.

[7] 左冰. 红色旅游发展中的央地关系研究：兼与 Zhao & Timothy 商榷［J］. 旅游学刊，2022，37（7）.

[8] 谢晗进，李骏，李鑫. 政策驱动、空间溢出与原中央苏区振兴：来自赣闽粤县域数据的准自然实验［J］. 经济地理，2020，40（10）.

[9] 孙久文，夏添，胡安俊. 粤港澳大湾区产业集聚的空间尺度研究［J］. 中山大学学报（社会科学版），2019，59（2）.

[10] 杨黎静，李宁，王方方. 粤港澳大湾区海洋经济合作特征、趋势与政策建议［J］. 经济纵横，2021（2）.

[11] 裴广一. 海南自由贸易港与粤港澳大湾区联动发展的实现模式与路径［J］. 经济纵横，2021（2）.

[12] 陆剑宝，符正平. 海南自由贸易港与粤港澳大湾区联动发展的路径研究［J］. 区域经济评论，2020（6）.

[13] 周黎安，中国地方官员的晋升锦标赛模式研究［J］. 经济研究，2007（7）.

［14］藤田昌久，保罗·R. 克鲁格曼，安东尼·J. 维纳布尔斯. 空间经济学：城市、区域与国际贸易［M］. 梁琦，译. 北京：中国人民大学出版社，2013.

［15］姚鹏，叶振宇. 中国区域协调发展指数构建及优化路径分析［J］. 财经问题研究，2019（9）.

［16］钱肖颖，孙斌栋. 跨区域产业技术关联与产业创新：基于中国制造业的分析［J］. 地理科学进展，2020，39（11）.

红色旅游推动赣南高质量发展路径研究[①]

黄 春[②]

摘 要： 经过数十年的实践，赣南依托当地红色旅游资源，发展红色旅游助力乡村实现脱贫取得了一定的成效，在当前深入贯彻党的二十大会议精神，加快落实《国务院关于新时代支持革命老区振兴发展的意见》的背景下，进一步探索红色旅游助力乡村振兴的机制路径势在必行。文章以赣南红色旅游发展为研究对象，通过对该地区红色旅游发展助力乡村振兴典型进行分析总结，提出了创新红色旅游助力乡村振兴的机制，带动赣南产业发展、经济建设发展、路径选择的对策建议。

关键词： 赣南；红色旅游发展；乡村发展

《国务院关于支持赣南等原中央苏区振兴发展的若干意见》出台实施 10 年来，赣南红色文化在保护中传承，在传承中开拓出文旅融合的新路径，正如党的二十大报告提出，弘扬以伟大建党精神为源头的中国共产党人精神谱系，用好红色资源，深入开展社会主义核心价值观宣传教育。赣南红色文化资源优势正逐渐转化为推动高质量发展的新动能。

一、赣南以红色旅游助力乡村振兴的实践探索

近年来，赣州市人民政府加强顶层设计，积极谋划文旅融合发展，健全文化和旅游产业链"链长制"工作机制，编制《赣州市全域旅游发展总体规划（2021—2035 年）》《赣州市旅游产业高质量发展三年行动计划（2021—2023 年）》《赣州市"十四五"文化和旅游发展规划》。

---

① 基金项目：本文系国家社科基金项目"基于农民获得感的连片特困区精准扶贫绩效评价及脱贫巩固路径研究"阶段性成果，编号：19BJL038。
② 作者简介：黄春，女，江西省社会科学院，副研究员，研究方向为产业经济学、旅游经济。

围绕"一核三区三线一网"全域旅游空间布局和文化旅游业发展目标，赣州市积极探索、推行"文化+旅游"有机融合的发展模式，以红色文化为引领，着力打造"红色故都""客家摇篮""江南宋城""阳明圣地"四张文化旅游特色牌，加快建设全国著名的红色旅游目的地、世界客家文化传承体验地、阳明文化国际旅游胜地、粤港澳大湾区生态康养旅游"后花园"，为打造世界级旅游城市奠定基础。红色旅游正是赣州旅游规划发展的第一着力点，开发利用好红色文化资源，发展红色旅游，不仅可以带动老区人民增加就业、提高收入，还能促进相关产业融合发展，改善群众的生产生活条件，是夯实脱贫攻坚的基础保障。

（一）红色旅游产业发展进入快速发展阶段

赣州红色资源丰富，全市18个县（市、区）中有13个是"全红县"、15个是"老区县"，共有革命类文物保护单位389处472个点，其中全国重点文物保护单位12处67个点，省级文物保护单位114处140个点。

赣州市红色旅游产业工作围绕红色文化传承创新区的战略定位，发挥红色资源禀赋，促进红色旅游产业发展又好又快。赣州把341个革命旧居旧址开辟为红色旅游景点，现有红色旅游A级景区9处，瑞金共和国摇篮景区成功创建为国家5A级旅游景区。2021年，赣州红色旅游共接待6348.7万人次，同比增长56.4%，比2019年增长6.88%；红色旅游总收入达613.5亿元，同比增长70.4%，比2019年增长8.63%。红色旅游已逐渐成为赣州经济高质量发展的新增长点和赣南苏区振兴、区域经济发展的有力支撑。

（二）以产业项目夯实红色旅游发展基础

2019年12月，中共中央办公厅、国务院办公厅联合印发《长城、大运河、长征国家文化公园建设方案》，江西被列为长征国家文化公园重点建设区之一。赣州编制了《长征国家文化公园赣州段建设保护规划》，提出沿中央红军长征线路，修复重要遗址、遗迹，重现重大事件原貌，打造转折节点体验场馆等项目，全域打造长征从赣州出发的重大革命历史展示园，弘扬长征精神，带动旅游发展。赣州为此规划了25个重点项目，实行市、县分级调度，在全市14个县（市、区）同步开展建设。目前已经建成于都中央红军长征出发地纪念园、长征步道于都段、南方红军三年游击战争纪念馆等10多个项目。

（三）创新红色文化精品，激活红色资源

赣州坚持连片规划、整体打造，推进革命文物的活化利用。赣南是原中央苏区的主体和核心区域，是中央红军长征出发地，是苏区精神、长征精神主要发祥地。这里红色家底深厚，据文物部门统计，全市拥有革命类文物保护单位

409处，其中全国重点文物保护单位12处，省级文物保护单位114处。为切实把红色资源保护好、把红色传统发扬好、把红色基因传承好，《国务院关于支持赣南等原中共苏区振兴发展的若干意见》出台实施10年来，一直在加大对革命遗址的保护传承和开发利用力度。编制完成《赣南等原中央苏区革命遗址保护规划》，制定《赣州市革命遗址保护条例》，全市所有县（市、区）均列入全国革命文物保护利用片区分县名单。全市236个革命遗址列入赣南等原中央苏区革命遗址群修缮工程，获得中央财政文保专项资金3.54亿元，资金投入超越了此前全市所有文保项目的总和。修缮保护是为了更好地传承，目前，全市已形成国家级爱国主义教育基地6个。会昌风景独好园、于都中央红军长征集结出发地纪念园、兴国苏区干部好作风陈列馆、信丰长征国家文化公园红色展馆、于都祁禄山红军小镇、中华苏维埃江口贸易分局旧址等一大批红色教育基地得到修缮、保护、利用。

例如，1905年出生于南康县三江乡（今属赣州经开区）的我国著名经济学家、教育家、翻译家郭大力，是《资本论》首个中文全译本的主要译者，为马克思主义在中国的传播做出了巨大贡献。2021年12月，赣州经开区全面启动郭大力故居保护利用工作，投入600万元对故居主体进行了修缮，组织人员前往中央党校、华东师范大学和厦门大学等单位挖掘整理相关档案资料，收集100余册著作、郭大力生前资料及相关展品。在陈列布展中，综合运用浮雕、标语、绘画、雕塑以及声光电多媒体场景等现代科技，系统全面地呈现了红色翻译家郭大力的伟大事迹。

（四）以精品路线带动旅游产业创新

赣州以方特东方欲晓主题公园为龙头，不断优化红色旅游线路，还推出了"中心城区—兴国—于都—瑞金"的"红色故都·革命赣南"旅游线路。

依托丰富的红色文化资源，赣州大力发展红色旅游业。赣州红色旅游主打红色故都旅游品牌，以红色经典体验之旅、共和国摇篮之旅、"初心路"精品线路游等将众多革命遗址串珠成链，吸引全国各地游客前来体验。例如，于都将旅游作为全县战略性支柱产业来抓，立足"长征集结出发地"品牌特色和优势，提出"景城共建共享，做旺全域旅游"的发展思路，努力形成"红色引领、景城一体、全业共融、全域共建"的旅游新格局。于都县按照"支部过硬、红色突出、服务优质、村庄秀美、乡风文明"的标准，融合推进红色名村建设与传统村落保护。于都县用活红色资源，布置完善餐饮民宿、红色景点、教育培训等配套设施，把发展红色旅游、红色教育产业，红色资源优势作为乡村发展优势。习近平总书记视察过的潭头村，2021年，被文化和旅游部、国家发展和改革委员会公布列入第三批全国乡村旅游重点村名单。潭头村通过完善基础设施、打造富民产业、发展乡村旅游，建民宿、富硒食堂，发展旅游合作社，实现环境美、产业兴、人气旺的生态宜居的新农村发展格局。

于都的文化旅游市场作为当地发展的红色引擎，在带动经济发展、扩大就业的同时，实现着带动老区人民走上致富路的目标。近年来，于都以长征国家文化公园（于都段）项目建设为契机，致力于打造全国著名红色旅游目的地，积极推动红色旅游、红色教育培训、休闲康养融合发展，年均接待游客近1000万人次。值得一提的是，古田村按照"一馆一院一道一剧"进行规划建设，通过串起中央红军长征出发地纪念园（国家4A级景区）、中央红军长征出发纪念馆、长征大剧院、红色宾馆、古田村史馆等红色景点，打造了一条集吃、住、游、购、娱、学于一体的红色精品旅游路线，被列入第一批全国红色美丽村庄试点村。

（五）探索"红色+"旅游融合发展模式

赣南努力探索全新的旅游发展模式，通过大力发展红色旅游，经济建设保持了高速增长，人民生活水平得到快速提升。在加快红色旅游发展实现乡村振兴的实践中，取得了较好的成效。

1. 以瑞金市为例：瑞金市探索出"红培基地+红色优课"的模式

编制《红色教育培训"十四五"规划》，优化红培产业结构，成立红培行业协会。开发系列精品课程，培育红培师资、红色导游，讲好瑞金故事。以瑞金干部学院、赣州人民警察学校建设为主，全面提升红培研学承载力。

2. 以项目建设为抓手，做好红色文化保护传承工作

保护利用武阳革命旧址等红色文化遗产，推进中央红军长征决策和出发重点展示园、长征步道、大柏地战斗遗址、红井革命旧址提升改造等项目建设，打造一批新晋红色旅游打卡地。积极融入粤港澳大湾区的旅游合作联盟，深化与北京、遵义、延安、龙岩、井冈山等城市的合作，把握赣深高铁开通、瑞金机场加快建设等有利契机，加速引客增流，提升瑞金红培研学的影响力。

3. 探索实施"革命文物+"，助力经济发展工作模式

把革命文物保护利用传承融入城镇建设、景区发展、乡村振兴、文明创建、产业开发等领域，完善旅游要素配套，健全旅游产品体系，补齐、补强各类要素。推出红军鸭、牛肉汤、黄元米果等地方美食，培育红色菜肴文化品牌；加快推进瑞金宾馆扩建，鼓励社会资本建设主题酒店、精品民宿、乡村客栈；挖掘以红色资源、客家风情为主题的旅游线路，形成覆盖全域、适应各类人群和市场需求的旅游产品体系；推进旅游集散中心建设，优化城区至景区旅游公交

线路；做好工旅、文旅结合文章，以红色人物、红色建筑、旅游景点、客家文化为主题元素，推出"红创包装""红创食养""红创玩具"系列产品；开发农业观光、农事体验项目，加速城市休闲和乡村旅游有机融合，形成全域化旅游效应。

4. 打造城市旅游 IP。以中华苏维埃共和国国徽红星为蓝本，设计推广红色城市 LOGO。实行城市设计和风貌管控，推广"灰白"主色调风格，控制 50 米以上高层建筑。推进红都古城等项目建设，加快形成"蓝天、绿地、碧水、白墙、灰瓦、闪闪的红星耀中华"的城市风貌；开发公共艺术作品，利用设计动漫、短视频等方式，推广城市历史文化；抓好音乐剧《闪闪的红星》全国巡演和驻场演出，持续开发周边产品，实现旅游产业多元化融合发展，将瑞金"红五星"打造成全国知名的城市旅游 IP。据统计，在 2021 年"五一"小长假期间，瑞金市仅前两天的红色旅游接待就达到了 39.4 万人次，收入约 2 亿元，同比增长了 579.3%和 622.9%。游客们白天前往瑞金叶坪乡的叶坪革命旧址群和沙洲坝乡的红井等地参观红色遗址，夜晚前往大柏地乡观看《浴血瑞京》实景演出。同时，瑞金还引进了裸眼 3D、VR/AR 畅游、"声光电"等实景演出，炫目的现代科技和红色旅游跨界融合，让革命老区焕发新的生机。红色旅游带动乡村振兴，让越来越多的群众从产业增值中获益。

二、赣南苏区以红色旅游助力乡村振兴的现实问题

经过多年努力，赣南通过发展红色旅游，培育了贫困地区的餐饮业、住宿业、农特产品加工业、旅游服务业和交通运输业等产业，实现了产业机构全新调整。但是，赣南革命老区在运用红色资源进行乡村振兴的进程中，还存在管理体制不畅、部分旅游资源整合不够、人才不足等诸多问题。

（一）赣南旅游路径设施建设规划不足

串联瑞金、宁都、兴国、会昌、于都、信丰、大余等县，赣州长征国家公园的重点展示区和枢纽，向东延伸至闽西，向南对接融入粤港澳大湾区，向西南贯通长征沿线，突出苏维埃共和国长征历史的路径不清晰，沿线交通、环境整治、公共配套、美丽乡村等基础设施建设有待规划建设。

（二）管理机制缺乏，部门联动机制有待构建整合

各部门管理分工割裂，缺乏以长征历史为提升赣州全域红色旅游发展的经济带，缺乏把长征历史内涵融入古色、红色、绿色等文化资源，联合乡镇、党史、博物馆、乡村振兴、农业农村、宣传等部门共同打造长征红色旅游的顶层设计。

（三）人才问题突出

人才一直是制约赣南经济快速发展的关键问题，旅游服务人才短缺，红色旅游缺少优秀的景区经营管理者，本土人才如大学生毕业后返乡比例较低，去往广东、福建等附近沿海地区的较多。

（四）文旅产品质量不够高

红色旅游单一产品依然占据主导地位，旅游产品单一，娱乐、购物、康养，春夏秋冬四季产品存在明显短板，住宿、购物、娱乐、餐饮等高附加值产品开发不足，优质供给、优质产品还需进一步增加。旅游消费档次有待提升，人均日消费远低于国内其他知名红色旅游目的地的游客水平，高标准、高质量产品少，特色化住宿产品体系有待完善。夜间消费产品类型不足，城区夜游体系产品、文化演艺、精品夜市等业态较少，城市博物馆、艺术馆等公共场馆的文化活动不丰富。

三、发展红色旅游乡村旅游的路径选择

让市场化红色文化与乡村旅游有机嵌入，是实现红色文化和乡村旅游要素融合发展的重要途径，需要通过转变文旅融合发展思路，促进文旅融合驱动转换，构建产业内外部融合模式，推动产业结构转型升级，推动文旅融合多要素联结，创新文旅融合业态以发挥其产业融合推动力。

（一）做好红色旅游发展布局规划

1. 做好红色旅游项目总体规划，做好产业布局

构造一个相对完整、相互联动的红色旅游接待服务体系，要做好产业发展综合规划，优化资源配置，有效形成产业之间协调发展的机制，进行区域整合升级，形成红色旅游的带动示范作用，从而带动整体区域经济的发展及社会的进步。通过产业要素的布局构建旅游目的地和城乡统筹下的城市化建设、新农村建设。乡村红色旅游区，要科学地划分区域功能，使功能划分对当地旅游规划起促进作用，带动服务地区经济和社会发展。在景区划分上，可分为根据地型、故居型以及乡村综合型，红色旅游资源的分布集中，可以划分景区的，景区间也大都相互衔接，从而使整个红色旅游区的空间形态相对规范、完整；战场型的红色旅游资源分散，划分景区难度大；城市综合型又有不同，城市中红色旅游资源密集，各种红色旅游资源互相交叉，红色景区的分布往往呈现出互不联结的间隔性。

2. 重点抓好红色旅游的基础项目建设

（1）建设红色旅游区展览馆是项目开发的首位工作。作为传统的综合性展

示地，展览馆具有不可替代的作用。作好红色旅游区的规划，使基础建设的钱用在刀刃上。（2）保护旧址遗迹是红色旅游区开发的首要原则。革命战争年代遗留至今的旧址遗迹，具有珍贵的历史价值。旧址遗迹是红色旅游区感受展览馆历史氛围与现场体验震撼感的好场所，二者的结合，能够将红色旅游呈现得更加完美。（3）纪念地及其标志物：雕塑、纪念碑、纪念塔、纪念堂、纪念馆、墓地，以及其他纪念物，这些纪念性载体是红色旅游区不可缺少的吸引物。故保护、完善、建设和活化这种载体，是红色旅游区开发的基本要求。

3. 要注意红色旅游区文化环境和自然环境的保护

保护旧址遗迹，可与周边环境一起保护，保护建筑的地域风格，保护区域的整体生态。赣南山清水秀，红色旅游景点多位于偏远的山区，在良好的自然环境中，有独特的自然、人文景观。红色旅游产品带有明显的地域文化特点，红色旅游打绿色牌，以红色吸引人，以绿色留住人，做到"红绿结合"（与自然生态旅游相结合），将红色旅游与自然生态旅游有机结合，在突出"红色"的同时，也要重视绿色资源的充分利用和保护旅游开发的新模式，形成"红古结合"（与文物古迹游相结合）、"红俗结合"（与民俗风情游相结合）、"红蓝结合"（与章贡赣江水上游相结合）。在江西赣州，有5A景区"红古结合"的集约效应，让赣州成为愿意来、留得住的新型旅游城市。功能不要贪大，重在提升品位。

（二）创新"红色+"模式

文化要素和旅游要素的有机结合，将文化资源比较优势转化为旅游发展竞争优势，是旅游业转型升级的关键。红色文化融合嵌入乡村旅游是全方位、多维度的互补性融合。将红色文化与乡村旅游融合，还包括与农业、加工业等乡村其他产业跨界融合，从而构筑乡村新的产业发展格局，促进乡村经济发展壮大。

1. 培育发展新业态

加大产业融合，丰富文旅产品供给，构成文旅发展的主线，国家深入推进"文化+""旅游+""体育+""互联网+"等战略，实施旅游与农业、教育、科技、体育、健康、养老、文化创意、文物保护等领域深度融合，不断培育发展新业态。推进研学旅游、体育旅游、红色旅游、风景道、康养度假等产品提质升级。

科技赋能创新文旅发展。以体验式旅游、互动式旅游、参与式旅游等旅游方式带给游客新的体验感、文化感和获得感，以新颖多样的现代化信息技术为旅游业的发展增添新的推动力。

2. 实行红色文化与乡村旅游建设同步规划

可通过统一规划，与乡村旅游协同发展。通过红色教育基地的活动引流，拉动交通、住宿和餐饮等行业经济增长，把传承红色基因、社会主义核心价值观、时代精神、文化自信的公益性红色文化项目建设与农业休闲、乡村文化和旅游景观建设同步进行，同时规划配套自然及人文景观，能兼顾人们对红色文化和乡村旅游的多元化需求，达到重构乡村文化符号及文化空间的目的，形成乡村旅游发展的特色和核心竞争优势，增强乡村旅游边际产出效应，打造新的增长极。

（三）以高服务提升旅游发展质量

红色旅游是向社会输送中国先进文化的好渠道，更是推进苏区向外界宣传自己的一个窗口。苏区人民在充分利用红色资源、开发红色旅游的时候，更应加强服务意识，提高管理质量，树立老区光辉形象。

1. 红色旅游促进了苏区的经济发展

红色旅游成为苏区经济发展的增长点，提高了苏区经济竞争力。红色旅游作为第三产业，它的发展，进一步转变经济增长方式，优化了苏区产业结构，并带动了其他行业的发展。同时，增加了老区人民的收入，实现了老区人民共同富裕等目标。有关研究表明，由旅游业发展解决的贫困人数占全部脱贫人口的 10% 左右。

2. 加强服务，发展红色旅游

进入市场经济秩序中，一切活动要遵循市场经济规则，把握服务质量，以老区人民淳朴的优秀品质，做优秀红色文化的榜样。提升旅游目的地设施智慧水平，着力打造旅游景点现代化管理设施。一是加大基础设施如停车场管理系统、交通疏导系统、智能购票及检票系统、感应器、监控系统、客流量及天气情况数据显示系统、安全系统等智慧程度；二是景点配备讲解二维码服务，景点信息服务平台、电子导游系统、AR 虚拟扫描智能讲解系统、VR 虚拟体验系统等配套的软件设施讲解，能最大限度满足大多数游客的多样化体验需求，以鲜活故事提高游客旅游的文化感、体验感、获得感。

（四）做好品牌建设及营销

打造特色化、规模化的旅游产品品牌，大力开展旅游营销，通过政府的成功运营，做大旅游产业。就创建红色旅游品牌而言，赣南的发展空间还很大，如将每年 10 月份举办的长征纪念月暨红色旅游推广活动，做成赣州红色旅游节庆品牌。赣州作为中央苏区革命根据地，几乎家家都是红军后代、家家都是一部苏区史，发挥当地政府、人民群众的主观能动性，激发人民参与到长征文化的共建、共护、共享工作中来，培养多个像"李子柒"式的网红达人，采用直播、抖音、公众号等形式传播赣州红色文化。

（五）人才战略

以特优的政策引进信息化建设、网络传播、民宿打造、文创设计等各行各业的建设人才，吸引他们扎根赣州、服务赣州、建设赣州，为建设魅力赣州出谋划策，从而提升赣州红色旅游高质量发展，与中国接轨、与世界接轨。

（六）努力拓宽投资融资渠道

创造"政府主导，各方参与，齐抓共上"的发展机制和发展环境，引进市场经营的理念，对现有红色资源在坚持所有权归政府的前提下，把经营权出让给民间团体或个人，让民间资本进行投资、开发、经营和管理，逐步减少政府的直接投资。不同行政区域的红色资源可按照所有权、经营权分离的方式，通过经营权的转让、出租等手段实行联合，通过利益共享的方式整合开发。即采取"政府出资源，企业出资金，整体控制，独家开发"的模式，合理地把资源变成经济，最终实现政府、企业、人民、社会、环境等多方面的共赢局面。

四、结语

整合各类红色旅游资源，实现"红色+"产业融合，形成完善的旅游产业链，对提高旅游整体效益进而促进区域产业结构调整及布局，具有极大的推动作用。创新发展红色旅游，全面科学规划产业发展、注重产业融合效应，快速形成全域旅游新业态，助力乡村经济水平提升，是实现苏区经济可持续发展的有效途径。

参考文献：

[1] 江西省文化和旅游网.盘活红绿资源 推动老区振兴：赣州红色旅游高质量发展纪实［EB/OL］.江西省人民政府网，2022-07-06.

[2] 赣州市全域旅游发展总体规划（2021—2035 年）［EB/OL］.赣州市人民政府网，2021-12-15.

[3] 瑞金市"十四五"文化和旅游发展规划［EB/OL］.瑞金市人民政府网，2022-01-07.

[4] 黄春.红色旅游主体行为规律研究：以井冈山等地为实例［J］.科技广场，2012（6）.

[5] 李秀，曹冰玉.红色文化嵌入式乡村旅游典型案例研究［J］.中南林

业科技大学学报（社会科学版），2021，15（6）.

［6］郭斓，敖美蓉. 建党百年背景下红色旅游助力乡村振兴的机制研究：以赣南革命老区为例［J］. 农村经济与科技，2021，32（13）.

［7］党云峰. 于都：红色沃土上的新长征［N］. 中国文化报，2022-10-22.

革命老区共同富裕：生成逻辑与实践方略[①]

黄玉发　廖嘉乐[②]

摘　要：共同富裕是社会主义的本质要求，是中国式现代化的重要特征。革命老区是党和人民军队的根，是中国人民选择中国共产党的历史见证。老区和老区人民为中国革命的胜利做出了巨大牺牲和重大贡献，让老区人民过上富裕幸福的生活，具有特殊的政治意义。对马克思主义理论的继承发展、对中华优秀传统文化的赓续传承、历代中国共产党人的艰辛探索、经济社会和谐稳定发展的效能审视，分别构成了革命老区共同富裕生成的理论逻辑、历史逻辑、实践逻辑、价值逻辑。在新征程上，应以党的领导引领正确方向、以人民为中心彰显鲜明主题、以高质量发展激发内生动力、以制度优势筑牢重要保障，扎实推动革命老区共同富裕的实现。

关键词：共同富裕；革命老区；生成逻辑；实践方略

一、引言

党的十九届五中全会提出要"扎实推动共同富裕"，《中共中央关于制定国民经济和社会发展第十四个五年规划和2035年远景目标的建议》明确要求：到2035年"全体人民共同富裕取得更为明显的实质性进展"。习近平总书记在庆祝中国共产党成立100周年大会上发表重要讲话，也明确提出"推动人的全面发展、全体人民共同富裕取得更为明显的实质性进展"。2021年，《国务院关于

[①] 基金项目：本文系江西师范大学马克思主义学院"青年马克思主义者理论研究创新课题项目"，编号：22QMZX13，"习近平关于中国式现代化重要论述蕴含的思维方法研究"课题的阶段性研究成果。

[②] 作者简介：黄玉发，男，江西赣州人，江西师范大学马克思主义学院、苏区（革命老区）振兴研究院硕士研究生，研究方向为马克思主义与当代中国经济社会发展；廖嘉乐，男，深圳人，籍贯江西，华润小径湾贝赛斯国际学校高中学生。

新时代支持革命老区振兴发展的意见》明确指出:"支持革命老区在新发展阶段巩固拓展脱贫攻坚成果,开启社会主义现代化建设新征程,让革命老区人民逐步过上更加富裕幸福的生活。"① 党的二十大报告明确提出:"共同富裕取得新成效。"② 这意味着在取得全面建成小康社会的伟大历史性成就后,实现共同富裕成为党团结带领全国人民接续奋斗的目标。习近平总书记多次强调,"一定要把老区特别是原中央苏区振兴发展放在心上""让老区人民同全国人民共享全面建成小康社会成果"③。这为新时代推动老区振兴发展指明了前进方向,提供了根本遵循。革命老区共同富裕的底色将很大程度上影响全国共同富裕的成色。因此,理顺革命老区共同富裕的生成逻辑,把握探寻共同富裕的实践方略具有重要的理论意义与现实价值。

二、革命老区共同富裕的生成逻辑

(一)理论逻辑:共同富裕是对马克思主义理论的继承、发展

革命老区共同富裕是对马克思主义理论的继承和发展。一方面,马克思和恩格斯关于共同富裕的思想,为革命老区共同富裕发展奠定了理论根基。首先,马克思与恩格斯运用唯物史观与剩余价值学说,批判地"扬弃了人类历史上所有关于共同富裕的理论成果,使共同富裕理论由空想走向科学"[1],使共同富裕有了科学根基。其次,马克思与恩格斯认为实现共同富裕的第一步是实现公有制。通过淋漓尽致地批判资本家利用剩余价值进行资本积累,扩大生产规模的实质,揭示了资产阶级与无产阶级之间剥削与被剥削的关系以及不平等的地位,他们认为只有打破资本主义国家机器,消灭带有剥削性质的私人财产占有制度,建立社会主义制度,才能消除贫富两极分化,实现共同富裕。最后,实现共同富裕的根本途径是生产力的高度发展,社会财富的极大丰富。正如马克思在《政治经济学批判》中指出的"社会生产力的发展将如此迅速,……生产将以所有的人富裕为目的"[2]。只有社会生产力高度发展,创造出更大的财富才能满足共同富裕的物质基础。另一方面,中国共产党作为马克思主义政党,继承和发展了马克思、恩格斯关于共同富裕的思想。新中国成立初期,毛泽东在为南方

---

① 国务院关于新时代支持革命老区振兴发展的意见(国发〔2021〕3号)[J]. 中华人民共和国国务院公报,2021(7):34-39.
② 习近平. 高举中国特色社会主义伟大旗帜 为全面建设社会主义现代化国家而团结奋斗:在中国共产党第二十次全国代表大会上报告[M]. 北京:人民出版社,2022:32.
③ 中国老区建设促进会. 让革命老区人民过上更加幸福美好的新生活[N]. 光明日报,2015-01-24(2).

革命老区人民题词中写道：发扬革命传统，争取更大光荣。这成为激励老区人民在实现共同富裕上奋勇前行的巨大精神力量。1955年，毛泽东明确指出："现在我们实行这么一种制度，这么一种计划，是可以一年一年走向更富更强的，一年一年可以看到更富更强些。而这个富，是共同的富，这个强，是共同的强，大家都有份。"[3]改革开放与社会主义现代化建设时期，邓小平强调："战争年代老区人民对革命作了很大贡献，中央很重视老区建设，你们一定要把老区建设和群众生活搞好。"[4]江泽民指出："革命老区在战争年代为党和人民的事业做出了巨大贡献，付出巨大牺牲，我们有责任帮助老区群众尽快脱贫致富，否则我们就难以向烈士交代，向人民交代。应该集中一切财力、物力和人力，尽快地解决好这些地区的问题。"[5]胡锦涛要求："一定要坚持立党为公，执政为民，坚持从实际出发，发扬党的优良革命传统，真心爱民，一心为民，诚心富民，走出一条能够加快农村发展、实现农民致富的发展道路，让老区经济社会更快更好地发展起来，让老区人民的生活越来越好。"[6]习近平总书记多次强调："加快老区发展，使老区人民共享改革发展成果，是我们永远不能忘记的历史责任，是我们党的庄严承诺。"[7]马克思主义关于共同富裕的思想，党和国家领导人的重要论述是滋养革命老区实现共同富裕的理论源泉。

（二）历史逻辑：共同富裕是对中华优秀传统文化的赓续传承

欲知大道，必先为史。中国传统历来重视民生福祉，共同富裕内在延续了中华优秀传统文化中理想社会的历史根基。中国革命老根据地简称革命老区或老区，是指土地革命战争时期和抗日战争时期，在中国共产党领导下创建的革命根据地，分布包括山东省、河南省、甘肃省、陕西省、广东省、江苏省等在内的全国21个省。革命老区的先贤志士均对共同富裕进行过探讨与探索，体现在各时代思想家、政治家的富民、大同等思想以及底层民众在斗争中提出的各种均贫富的口号中。孟子极为重视富民，他在《孟子·尽心上》强调："易其田畴，薄其税敛，民可使富也。"陈胜、吴广起义提出"苟富贵，无相忘"。西汉王匡、王凤的"除霸安民，劫富济贫"。汉代的王符于《潜夫论·务本》篇中，明确地提出"为国者，以富民为本"的观点。南宋钟相、杨幺领导的农民起义在"均富"的基础上加入权利平等要求，宣扬"我行法，当等贵贱，均贫富"。明末的李自成实行"均田免赋"的政策，将斗争矛头直指土地生产关系及所有制，集中反映了广大贫苦农民的愿望。中国近代史上，康有为主张"公天下"；革命先驱孙中山先生领导的资产阶级民主革命将"平均地权""节制资本"当作经济领域的行动方针，致力于扫除横亘在中国人民共同富裕面前的体制障碍。共同富裕始终是广大革命老区人民群众的根本利益诉求，但由于生产力水平低下和阶级矛盾制约,在旧中国无法确立人民大众的主体地位,革命老区共同富裕的理想一直没有也不可能实现。自中国共产党成立以来,中国共产党始终把维护好、发展好、落实好广大人民的利益作为一切工作的出发点和落脚点,始终把马克思主义基本原理同中国具体实际相结合、同中华优秀传统文化相结合,在革命、建设、改革、复兴时期,带领革命老区人民追求共同富裕,实现了从温饱不足到总体小康再到全面建成小康社会的历史性跨越,革命老区共同富裕的发展面貌早已焕然一新。

(三)实践逻辑:共同富裕是历代中国共产党人的艰辛探索

消除贫困,改善民生,实现共同富裕,是社会主义的本质要求,也是我们党的重要使命。中国共产党始终是推进革命老区共同富裕的领导核心,始终将马克思主义理论与革命老区实际情况相结合,始终把实现革命老区共同富裕作为重要工作,笃行不怠推进革命老区共同富裕的探索与建设。社会主义革命和建设时期,毛泽东通过实施"一化三改"方针,逐步实行农业的社会主义改造,建立健全社会主义制度,"并使农民能够逐步完全摆脱贫困的状况而取得共同富裕和普遍繁荣的生活"[8],为革命老区实现共同富裕进行了探索。改革开放和社会主义现代化建设时期,邓小平创造性地提出我国在社会主义初级阶段的经济水平下,只能通过先富带动后富的途径来尽快实现共同富裕;为解决贫富不均和地区发展不平衡的问题,做出"两个大局"的战略构想,适应了改革开放新时期革命老区的共同富裕新要求;1994年,中共中央、国务院制定了《国家八七扶贫攻坚计划(1994—2000年)》,这是解决全国革命老区农村贫困人口的温饱问题,是革命老区实现共同富裕道路上的一个重要举措。1999年,根据邓小平"两个大局"的思想,以江泽民同志为核心的党的第三代中央领导集体,提出了"西部大开发",为西部地区的革命老区的快速发展和实现共同富裕开辟了一条广阔的道路。以胡锦涛同志为核心的党的第四代中央领导集体,通过建设社会主义和谐社会,取消农业税、实施粮食补贴等具体措施提高农民生产积极性,实施工业反哺农业的政策,促进科学发展,改革收入分配制度,强调收入分配要更加注重社会公平,使革命老区共同富裕获得了较大发展。进入新时代,以习近平同志为核心的党中央把加快革命老区振兴发展、实现革命老区共同富裕摆在治国理政的突出位置。习近平总书记调研最多的是革命老区和贫困地区,惦记最多的是困难群众,深入全国14个集中连片特困地区,考察调研了24个贫困村,在革命老区集中分布的地区,留下一串串足迹,丈量着从贫困到全面小康的进程,澎湃着党心民心的同频脉动,亲自关心并推动《国务院关于支持赣南等原中央苏区振兴发展的若干意见》《国务院关于新时代支持革命老区振兴发展的意见》等政策出台，为支持新时代革命老区振兴发展提供精准有力的政策保障，使革命老区蹄疾步稳地奔向共同富裕。

（四）价值逻辑：共同富裕是经济社会和谐稳定的效能审视

一方面，共同富裕既是衡量经济繁荣发展的重要标准，也是保持经济高质量发展的必要条件。居民收入分配差距过大，会影响经济社会发展的健康和可持续性。全国革命老区如期打赢脱贫攻坚战，全面建成小康社会，人均收入差距有所缩小，但受历史、自然等因素的影响，革命老区大部分位于多省交界地区，很多仍属于欠发达地区，革命老区振兴发展的基础仍然较为薄弱，革命老区居民收入分配差距与全国其他地区相比仍然较大，由此带来总体消费能力不足，导致内需难以有效扩大，难以融入以国内大循环为主体、国内国际双循环相互促进的新发展格局，必然限制其经济高质量发展。另一方面，共同富裕既是促进社会和谐稳定的内在要求，也是实现美好生活需要的重要保障。"中间大两头小"的"橄榄型"社会结构是现代化社会的阶层结构，这样的社会才是比较稳定健康的社会。虽然党和政府通过对口支援、转移支付等一系列政策举措，不断增强了革命老区发展的造血功能和内生动力，但是，由贫富差距衍生的社会矛盾仍然存在。唯有"努力抓好保障和改善民生各项工作，不断增强人民的获得感、幸福感、安全感，不断推进全体人民共同富裕"[9]，才能消除阶层分化造成的隐患，实现社会和谐稳定发展。

三、推动革命老区共同富裕的实践方略

推动革命老区共同富裕要构建起坚持党的全面领导引领正确方向、坚持以人民为中心彰显鲜明主题、坚持高质量发展激发内生动力、坚持发挥制度优势筑牢重要保障的四位一体实践路径，努力走出一条新时代振兴发展新路，把革命老区建设得更好，让革命老区人民过上更好的生活，逐步实现共同富裕。

（一）以党的领导引领革命老区共同富裕的正确方向

以党的领导引领共同富裕的正确方向，增强革命老区党的政治领导力、思想引领力、群众组织力，才能使党在有效应对国内外各种风险和考验的历史进程中始终成为老区人民的主心骨，才能使革命老区在共同富裕历史进程中凝聚社会各界共识，才能使革命老区共同富裕各项工作得到扎实推进。

第一，党的政治领导力，能够有效应对各种重大挑战。历史和实践证明，没有中国共产党就没有新中国，就没有老区人民的幸福生活。在党的坚强领导下，革命老区有力应变局、战洪水、抗地震、化危机等，展示出党的集中统一领导，发挥出集中力量办大事的核心作用。只要革命老区坚持党的全面领导不

动摇，坚决维护党的核心和党中央权威，充分发挥党的领导政治优势，把党的领导落实到党和老区共同富裕事业各领域、各方面、各环节，就一定能凝聚起战胜各种风险、挑战的强大力量，革命老区共同富裕就一定能劈波斩浪、行稳致远。

第二，党的思想引领力，能够凝聚社会各界共同认识。精神富裕是共同富裕的重要方面，革命老区"要强化社会主义核心价值观引领，加强爱国主义、集体主义、社会主义教育，发展公共文化事业，完善公共文化服务体系，不断满足人民群众多样化、多层次、多方面的精神文化需求"[10]。善用中华优秀传统文化熏陶人民，多用社会主义文化引导人民，开展革命传统文化教育，坚持用道德模范先进榜样激励人民，发挥多元主体联动作用教育人民。

第三，党的群众组织力，能够扎实推动各项工作落实。党的力量来自组织，党的全面领导、党的全部工作要靠党的坚强组织体系去实现。党一切工作的出发点和落脚点都是为了人民群众，都需要依靠人民。革命老区必须更加注重党的组织体系建设，不断增强党的群众组织力，把群众动员起来，为实现共同富裕和目标团结奋斗。要善于研究和把握群众工作的特点和规律，用群众喜闻乐见、易于接受的方法，推进共同富裕各项工作；要大力弘扬唯实求真的寻乌调查精神，发扬深入群众、深入基层、深入调查研究的优良作风，做好新时代共同富裕"第一等工作"；要充分认识实现共同富裕和加强基层党组织建设是一项长期任务，是一个永恒课题，还有许多"腊子口"和"娄山关"需要跨越。

（二）以人民为中心彰显革命老区共同富裕的鲜明主题

实现共同富裕不仅是经济问题，而且是关系民心进而关乎党的执政基础的重大政治问题，促进共同富裕必须坚持以人民为中心。要始终把增进人民福祉、促进人的全面发展、朝着共同富裕方向稳步前进作为经济社会发展的出发点和落脚点，依靠人民推动发展，使发展造福人民；要始终把人民立场作为根本立场，确保党始终保持同人民群众的血肉联系，筑牢党长期执政最可靠的阶级基础和群众根基；要始终把人民满不满意、高不高兴、答不答应，当作衡量一切工作的重要标尺。

第一，要在继续推动发展的基础上着力解决发展不平衡、不充分的问题，大力提高革命老区发展质量和效益，更好地满足老区人民在经济、政治、文化、社会、生态等方面日益增长的需要；抓住老区人民最关心、最直接、最现实的利益问题，不断保障和改善民生，促进社会公平正义，在更高水平上实现幼有所育、学有所教、劳有所得、病有所医、老有所养、住有所居、弱有所扶，使老区人民的获得感、幸福感、安全感更加充实、更有保障、更可持续，朝着实现革命老区共同富裕不断迈进。

第二，要充分认识到在推进革命老区共同富裕的征程上，党面临的长期执政考验、改革开放考验、市场经济考验、外部环境考验具有长期性和复杂性，党面临的精神懈怠危险、能力不足危险、脱离群众危险、消极腐败危险具有尖锐性和严峻性。必须始终与人民心心相印、与人民同甘共苦、与人民团结奋斗，才能坚定不移地推进党的伟大自我革命，敢于清除一切侵蚀党的健康肌体的病毒，使党不断自我净化、自我完善、自我革新、自我提高，确保党始终保持同人民群众的血肉联系。

第三，推进革命老区共同富裕必须进一步增强宗旨意识，坚持全心全意为人民服务的根本宗旨，坚持以人民为中心的发展思想，始终站在人民立场上谋划推进工作。要真心维护群众切身利益和长远利益，经常用人民群众满意不满意这把尺子量一量自己，把人民拥护不拥护、赞成不赞成、高兴不高兴、答应不答应作为衡量一切工作得失的根本标准，努力向历史、向人民交出新的更加优异的答卷。

（三）以高质量发展激发革命老区共同富裕的内生动力

习近平总书记在《扎实推动共同富裕》的重要文章中提出"在高质量发展中促进共同富裕"[10]，为扎实推进革命老区共同富裕提供了科学指引。革命老区应立足新发展阶段，在高质量发展中形成促进共同富裕的制度安排；贯彻新发展理念，在高质量发展中巩固促进共同富裕的社会根基；构建新发展格局，在高质量发展中畅通促进共同富裕的经济循环。

第一，立足新发展阶段，在高质量发展中形成促进共同富裕的制度安排。坚持科技是第一生产力。革命老区要加大科技创新投入力度，运用科技创新培育、延伸产业链，强化特色优势产业抗风险能力和产业链的核心竞争力，加快构建科技创新体系，加速完善科技成果和知识产权的保障制度。坚持人才是第一资源。革命老区要加强对人才工作的政治引领，坚持人才引领发展的战略地位，全方位培养好人才，深化人才发展体制机制改革，营造好识才、爱才、敬才、用才的环境，实行更加积极、更加开放、更加有效的人才引进政策，聚天下英才而用之。坚持创新是第一动力。革命老区要发挥在新征程中的引导作用，围绕壮大创新主体，开展创新型企业培育；围绕增强区域发展实力，布局建设创新载体；围绕提升创新能力，加快创新平台建设；围绕优化创新环境，深化改革创新。

第二，贯彻新发展理念，在高质量发展中巩固促进共同富裕的社会根基。坚持高质量传承红色基因，用好红色资源、赓续红色血脉。革命老区须将红色文化资源优势转化为经济优势和民生优势，统筹推进社会稳定与经济发展，立足革命老区资源禀赋，在推动乡村振兴、城乡融合发展与传承红色基因中进一步扎实推进实现共同富裕。坚持"绿水青山就是金山银山"的发展理念，在环境赋能中促进共同富裕。革命老区要统筹推进山水林田湖草沙一体化保护和修复，建立健全流域上下游横向生态保护补偿机制，实施生物多样性保护重大工程，加快能源资源产业绿色发展，延伸拓展产业链，实现资源就地转化和综合利用与地方经济协同发展。

第三，构建新发展格局，在高质量发展中畅通促进共同富裕的经济循环。实现共同富裕是一项长期的任务，畅通的经济大循环是使革命老区高质量发展拥有不竭动力和持续活力的重要保障。在对内方面，革命老区要完善实体经济的供给体系，引导各类资源要素流向实体经济，加强与国内中心城市、城市群合作，共同探索生态、交通、产业、园区等多领域合作机制；重点培育和完善内需体系，发挥内需拉动经济增长作用，积极参与粤港澳大湾区、成渝地区双城经济圈建设、海南自由贸易港建设，对接长江经济带发展、黄河流域生态保护和高质量发展、长江三角洲区域一体化发展。在对外方面，革命老区要深化要素型开放，在高质量引进来和高水平走出去的过程中，以国际先进要素带动产业升级，提升革命老区企业在国际市场的竞争力，继而带动企业高质量发展；要推进制度型开放，深化放管服改革，通过提升革命老区市场环境的竞争力，加强对国际企业和优质项目的吸引力。

（四）以制度优势筑牢革命老区共同富裕的重要保障

制度优势是一个国家的最大优势，是共同发展、共同富裕的根本保证。改革开放40多年来的中外历史和实践充分证明，中国特色社会主义制度为实现共同富裕提供了坚实保障。实现革命老区共同富裕，必须充分发挥中国特色社会主义制度优势。

第一，推动巩固脱贫成果同乡村振兴相衔接，建立解决相对贫困的长效机制。虽然革命老区实现了整体脱贫，但是并不是说贫困问题得到了完美解决，可以一劳永逸，而是贫困问题存在的形式变化了。因此，巩固拓展脱贫攻坚成果是革命老区实现全面小康后重要的努力方向，需要建立结构完善、多层次的解决相对贫困的长效机制。首先，要针对相对贫困的动态性建立长效识别机制。确定相对贫困的合理标准和主体对象是破解相对贫困的前提；其次，要针对相对贫困的多维性建立长效保障机制；最后，要针对相对扶贫的隐蔽性建立长效动力机制。

第二，充分发挥社会主义集中力量办大事的制度优势。首先，要坚持公有制为主体、多种所有制经济共同发展，按劳分配与多种分配方式并存，社会主义基本制度与市场经济相结合。更好地发挥国有企业的优势，积极吸引包括非公有制经济在内的各方面力量参与。其次，要在推进国家治理体系和治理能力现代化过程中，善于运用制度力量应对风险挑战冲击。最后，要不断完善支持赣南等原中央苏区振兴发展部际联席会议制度，建立革命老区省部会商和省际协商机制，建立发达省市与革命老区重点城市对口合作机制。

第三，坚持基本分配制度，持续推进收入分配制度改革。首先，要坚持按劳分配为主体、多种分配方式并存的基本分配制度。其次，要构建初次分配、再分配、三次分配协调配套制度。发挥政府在再次分配中的调节矫正作用，通过社会保障等方式对收入进行二次调整，实现社会公平；充分发挥企业、社会组织、个人等在第三次分配中的帮扶作用，鼓励他们自愿通过募集、资助、捐赠等方式，对其他弱势群众进行帮助，从而对社会资源进行再次分配，促进收入分配合理、社会和谐稳定。最后，要优化分配结构。发展壮大中等收入群体，合理调节过高收入，取缔和禁止非法收入，逐渐形成中间大、两头小的橄榄型分配结构，促进社会公平正义。

四、结语

实现革命老区共同富裕不仅是一个经济问题，还是一个重大政治问题。革命老区共同富裕的实现是一个渐进的长期性、艰巨性和复杂性的过程，不可能一蹴而就，要脚踏实地、久久为功。以中国式现代化全面推进中华民族伟大复兴的号角已经吹响，必须牢牢把握革命老区共同富裕的生成逻辑，以党的领导引领革命老区共同富裕的正确方向，以人民为中心彰显革命老区共同富裕的鲜明主题，以高质量发展激发革命老区共同富裕的内生动力，以制度优势筑牢革命老区共同富裕的重要保障，奋力实现革命老区共同富裕。

参考文献：

[1] 刘长明，周明珠. 共同富裕思想探源 [J]. 当代经济研究，2020 (5).

[2] 中共中央马克思恩格斯列宁斯大林著作编译局. 马克思恩格斯全集：第46卷：下册 [M]. 北京：人民出版社，1980.

[3] 毛泽东. 毛泽东文集：第六卷 [M]. 北京：人民出版社，1999.

[4] 中共中央文献研究室. 邓小平年谱（1904—1974）：下 [M]. 北京：中央文献出版社，2009.

[5] 江泽民. 江泽民文选：第3卷 [M]. 北京：人民出版社，2006.

［6］任继众．筑牢思想基础助推加速跨越［N］．赣南日报，2011-11-16．

［7］中国老区建设促进会．让革命老区人民过上更加幸福美好的新生活［N］．光明日报，2015-01-24（2）．

［8］中共中央文献研究室．建国以来重要文献选编：第4册［M］．北京：中央文献出版社，1993．

［9］习近平．习近平谈治国理政：第三卷［M］．北京：外文出版社，2020．

［10］习近平．扎实推动共同富裕［J］．奋斗，2021（20）．

红色旅游对农户增收的影响研究[①]

龙 玲 王 俊 舒长江[②]

摘 要：基于2013—2019年赣南A镇的901户农户的面板数据，采用双重差分法模型研究了红色旅游对革命老区农户增收的影响。研究结果表明：红色旅游对农户收入增长具有显著的促进作用，且通过了多项稳健性检验；打造5A级红色旅游景区对老区农户收入增加作用呈现正向递增趋势，收入较低的农户可以从红色旅游景区的设立中获得更高的收入增加；政府政策的制定会影响红色资源效果的发挥，将红色资源打造成旅游景区往往能对农户收入的增加产生更大的正向影响。

关键词：红色旅游；农户增收；双重差分法

一、前言

全面建设社会主义现代化国家，最艰巨、最繁重的任务仍然在农村，要巩固拓展脱贫攻坚成果，增强脱贫地区和脱贫群众内生发展动力。因此，立足农村地区发展实际，提高农村地区的造血能力，对推动乡村振兴，最终实现共同富裕具有重要意义。

由于历史沿革和地理位置等原因老区的发展往往较为落后，老区的农村地区更是发展的洼地，但随着我国经济发展水平的提高，人民对美好生活的需求也在随之提升，越来越多的人选择红色旅游，而我国的红色资源普遍集中在老

[①] 基金项目：本文系江西省教育科学规划重点项目"共同富裕视角下教育精准投入对赣南原中央苏区的减贫效应"，编号：22ZD05。
[②] 作者简介：龙玲，女，江西永新人，南昌航空大学经济管理学院经济学系，研究方向为新结构经济学；王俊，男，江西赣州人，南昌航空大学经济管理学院经济学系，研究方向为新结构经济学；舒长江，男，安徽广德人，南昌航空大学经管学院教授，江西省"青年井冈学者"，金融学博士，硕士生导师，研究方向为数字经济、企业融资。

区的农村地区,是老区独特的资源,是促进老区发展,助力乡村振兴,从而带动农户增收的重要禀赋。可见理清红色旅游与农户增收之间的关系,构建红色旅游高质量发展市场,充分发挥有为政府的作用,因势利导,将潜在比较优势转化为自身的竞争优势,无疑会为老区乡村振兴,最终实现共同富裕注入强劲动力。

二、文献综述

实施乡村振兴战略是新时代中国特色社会主义建设的必然要求,是推动乡村加速发展、协调城乡矛盾、促进城乡均衡发展的基本策略。[1]理论和实践经验都表明,城市的发展只能解决部分农村人口的发展问题,要让农民过上美好生活,必须强化农村的内生发展。[2]特别是革命老区,革命老区作为一个特殊的政治地理区域,有相当一部分地区地处山区、交通闭塞、群众生产生活条件艰苦。[3]悄然兴起的"红色旅游"正是拓展老区社会经济发展空间新的增长点,它为老区的建设和发展创造了新的机遇。[4]2004年年底,我国正式提出了红色旅游,所谓红色旅游就是把红色人文景观和绿色自然景观结合起来,把革命教育传统和促进旅游产业发展结合起来的一种新型的主题旅游形式。要充分利用、合理开发"红色旅游"资源,把这些资源与其他旅游资源进行优化配置,最大限度地发挥这些资源的社会效益和经济效益,并以旅游产业带动和促进其他产业的发展。[4]

在现有的文献中,也有较多的文献将红色资源与革命老区的发展进行了研究,站在老区这一独特的资源禀赋上,分析红色资源带给老区不同的发展方向,如红色旅游产品特点和发展模式研究,对红色旅游的特点和发展模式进行分析[6];发挥党史文化在老区建设与发展中的重要作用,更加紧密地融党史文化于促进经济社会发展之中[6];发挥红色资源的开发在社会主义核心价值体系教育中的功用,要注重发挥红色资源的教育意义[7];等等,对老区红色资源的开发路径具有借鉴意义。

也有学者以其他的视角对革命老区的发展展开研究,从生态文明角度,发展革命老区必须走生态文明的道路,要在生态文明理论的框架下提出老区发展的基本思路[8];从政策角度分析,要推进革命老区发展的政策创新,与时俱进,推进革命老区高质量发展[9]。

在实现中华民族伟大复兴的征程中,加强老区建设,促进老区的乡村振兴是我国发展道路上的应有之举。尽管我国已进入全面小康,但老区的发展依旧是一个需要重点关注的问题,因此,迫切需要找到一条适合革命老区的可持续发展道路。

关于革命老区的发展有着多种研究视角,但绝大部分都聚焦于红色旅游对革命老区发展的影响研究,从这些文献我们可以发现红色旅游对老区的发展具有明显的促进作用,以蒙阴县野店镇旅游业的综合开发[10]、韶山红色旅游产业[11]以及井冈山旅游开发[12]等多个革命老区的发展来看,可以明显地证明这一点。基于这样的视角,本文利用面板数据,采取双重差分模型(DID)实证结果,用单差法估计误差,并进行了动态效应和平行趋势的检验,得出以下结论:打造5A级红色旅游景区对农户的收入具有促进作用。

三、模型构建与变量描述

(一)理论假说

长期以来,老区的发展主要是靠外部因素推动,整体而言,老区自身的发展优势没有体现出来,直到红色旅游的兴起,为老区的发展带来了可持续的发展道路,显著推动了老区的乡村振兴,提高了农户收入。换言之,农户收入的提高,可以反映出老区农村地区的发展。红色旅游给老区农村地区现阶段注入了新的发展动力。据此,本文提出如下假说:

打造5A级红色旅游景区可以促进老区农户收入的增加。

农户收入的增加会受到不同要素禀赋的影响。一个地区的发展如果能够找到对本地区影响最大的资源禀赋,并采取符合比较优势的发展战略,那么,对该地区的经济发展会有明显的促进作用。革命老区的农村地区较其他地方而言,最明显的优势便是独特的红色资源,充分利用红色资源,引导红色旅游的合理开发,加大对红色旅游的宣传力度,不断延长红色旅游的产业链,推动乡村振兴,为农民的收入增加提供新的渠道。与此同时,我国对老区的发展愈发重视,更加认识到了红色资源对老区尤其是老区农村地区发展的重要性,出台了一系列的政策以支持对红色资源的利用。随着乡村振兴战略的布局和产业政策的引导,红色旅游也为革命老区的经济建设发挥着积极作用。新时代下我国红色旅游的高质量发展也是推动我国国民经济的重要抓手[13]。打造5A级红色旅游景区,是老区农村地区"造血式"的可再生发展,由此也可延伸出其他产业的发展,对老区乡村振兴具有长期的推动作用。

农民作为老区农村地区的主要群体,自然优先享受农村地区发展所带来的红利,近几年来,随着红色旅游的市场化程度提高,政府在尊重市场的前提下对老区实行精准政策扶持,5A级红色旅游景区的设立带来民宿、餐饮以及产业结构调整等,红色资源带给老区的经济效益不断上升,拉动了老区农户的就业,农户收入也在不断增加，这可以看出，打造5A级红色旅游景区对农户收入具有显著的促进作用，进一步论证了本文的研究视角。

（二）模型构建

为了检验打造5A级红色旅游景区对农户增收的效果，通常使用单差法来进行检验，即通过比较农户的收入增长水平在打造5A级红色旅游景区前后之间的差异。但影响农户收入的影响因素有许多，单差法无法考虑时间等其他因素对农户收入的影响，所以使用单差法得出的结论可能是不准确的。因此本文使用双重差分模型来研究打造5A级红色旅游景区对农户增收的影响。双重差分法可以通过控制时间和个体固定效应的影响，控制研究对象之间的事前差异，将政策实施的效果分离出来。[14]本文具体的模型设定为：将享受红色旅游景区打造的农户作为"处理组"，未享受红色旅游景区打造的农户作为"控制组"。由此，构造如下双向固定效应的双重差分模型：

$$Y_{it} = \beta_0 + \beta_1 did_{it} + \beta_2 X_{it} + \gamma_t + \delta_i + \varepsilon_{it} \tag{1}$$

其中，i代表不同的农户，t代表年份，Y_{it}为第i个农户在t年的家庭人均收入水平。did_{it}即为双重差分的交互项，用于估计打造红色旅游景区的实施效果。X_{it}为控制变量，γ_t和δ_i分别用于控制年度固定效应和个体固定效应，ε_{it}为随机误差项。

hs_i为处理组虚拟变量，表示农户是否享受红色旅游景区所带来的收益，若该农户享受红色旅游景区所带来的收益则设定为1，否则为0；$time_t$为处理效应时期虚拟变量。瑞金共和国摇篮景区是中宣部首批公布的全国爱国主义教育示范基地，也是中国红色旅游经典景区之一，并且于2015年7月被列为国家5A级旅游景区，其中部分重点景区在A镇。因此，本文将2015年作为政策开始产生影响的年份，2015年及之后赋值为1，之前赋值为0。

（三）变量选择

本文的核心解释变量为农户家庭人均收入水平的对数值（Y_{it}），核心解释变量是双重差分的交互项（did_{it}）。

因此，本文选择的控制变量如下：

家庭规模（$fpop$）。有研究发现，家庭规模越大即人口数量越多，会对农户的平均收入增长水平有显著负向的影响。[15]因此，该项预期的估计系数为负。

家庭人均受教育程度（edu）。研究指出，贫困地区的农村教育具有显著的教育回报，即教育水平的提升可以扩大农户的收入效应，进而提升收入增长水平。[16]因此，该项预期的估计系数为正。

家庭劳动力占比（lab）。家庭劳动力占比越大，劳动力数量相对越多，家庭的生产能力越大，可增加的收入越多，从而改善家庭的收入状况。因此，该项预期的估计系数为正。

家庭在读学生数（stu）。汪德华等（2019）[17]发现，在国家义务教育政策的扶持下，可以提升儿童的教育水平，并且减少家庭教育支出，但是在读学生过多也会为家庭带来较大的教育负担，因此并未给农户带来增收效应。因此，该项预期的估计系数为负。

家庭健康人口比例（health）。有学者研究发现，健康水平的提升可以显著提升人力资本的积累效率和家庭的生产效率，从而促进经济的持续增长。[18]因此，该项预期的估计系数为正。

就业扶持政策强度（jy）。政策的就业扶持政策可以为农户提供更多的就业岗位，从而增加农户的再就业能力，增加农户的收入来源，为农户增收提供一个强有力的动力。因此，该项预期的估计系数为正。

是否有龙头企业（com）。龙头企业大部分从事非农产业，为农村提供大量非农就业岗位。而农村劳动力进入当地企业大部分是从事农业而非提供非农劳动。[19]因此，该项预期的估计系数为负。

本文数据来源于2013—2019年赣南A镇901户农户的面板数据，数据基于在A镇多年的走访调研以及2020年和2021年进行的深度访谈所获。由于所有样本位于同一个行政单位内，可以有效消除一些不可观测因素带来的估计偏误。通过对A镇的所有农户进行全面调查，剔除2013—2019年间去世农户、举家搬迁农户及其他不合格数据后，得到901户建档立卡农户数据。表1和表2是变量的定义和描述性统计。

表1 主要变量及定义

变量	变量名称（单位）	变量说明
lninc	家庭人均收入水平	取家庭人均收入的对数
hs	分组变量（虚拟变量）	是否有红色旅游景点，是=1，否=0
fpop	家庭规模（人）	家庭总人口，根据户主户口本上所记载的家庭人数
edu	家庭人均受教育程度	家庭中每个人受教育程度加总/家庭人口总数×100，受教育程度：文盲或半文盲=0，小学=1，初中=2，高中=3，大学及以上=4
lab	家庭劳动力占比	家庭中具有劳动能力的人口/家庭总人口×100
stu	家庭在读学生数（人）	家庭中仍在校读书的人口数量
health	家庭健康人口比例	家庭中身体健康的人口数/家庭总人口×100

续表

变量	变量名称（单位）	变量说明
jy	就业扶持政策强度	就业扶持项目包括务工、农业实用技术培训、扶贫车间，每个项目赋值为1，就业扶持政策强度为参与项目个数的加总
com	是否有龙头企业	是＝1，否＝0

表2 描述性统计

变量	观测值	平均值	标准误	最小值	最大值
y	6307	8.768	0.705	6.481	11.23
hs	6307	0.062	0.241	0	1
fpop	6307	3.91	1.815	1	11
edu	6307	1.397	0.605	0	4
lab	6307	0.521	0.28	0	1.5
stu	6307	1.087	1.087	0	6
health	6307	0.707	0.292	0	1
jy	6307	0.856	0.388	0	3
com	6307	0.084	0.277	0	1

四、实证结果分析

（一）DID实证结果

本部分通过构建双重差分模型（DID）来检验打造5A级红色旅游景区对农户增收的影响，基准结果如表3所示。为了使回归结果更为可靠，在具体回归分析的过程中，采用逐步回归的方法，并且进行了个体、地区和时间的三固定效应。表3中，模型（1）是没有加入控制变量时的估计结果，模型（2）是加入部分控制变量的结果，模型（3）是加入全部控制变量的结果。模型（1）的结果显示，农户收入增长的平均处理效应为0.2464，系数显著为正；模型（3）的结果显示，在加入全部控制变量后，核心解释变量的估计系数为0.2391，且在1%水平上显著，表明打造5A级红色旅游景区对农户收入增长有显著的正向作用。结果表明，无论是否加入其他控制变量，核心解释变量的系数都在1%的水平上显著为正，即证明了打造5A级红色旅游景区对农户的收入增长具有推动作用。表3的结果基本上验证了本文的理论假说，即打造5A级红色旅游景区对农户收入增长有显著的促进作用。

以模型（3）的结果为例，简要描述其他控制变量的估计结果。家庭规模的估计系数显著为负，表明家庭规模越大，农户收入增长水平越低，这可能是因为家庭人口数量越多，家庭的支出越多，导致农户增收减少；家庭人均受教育水平对农户增收影响不显著；家庭劳动力占比的估计系数显著为正，即农户收入增长水平随着劳动力占比的增大而上升，这是因为家庭中劳动力越多，收入来源越多，从而提升收入增长水平；家庭在读学生数的估计系数显著为负，即家庭在读学生数越多，农户收入增长水平越低，这是因为对于农户而言，家庭中在读学生越多，教育支出越多，给家庭带来的教育负担也会更重；家庭健康人口比例越多，不仅可以提升家庭的生产效率，并且可以减少医疗等其他支出，从而提升家庭的收入增长水平[20]；就业扶持政策的估计系数显著为正，即就业扶持政策可以提升农户的增收水平，因为就业扶持政策可以为农户提供大量的就业岗位和培训，从而增加收入水平；龙头企业的估计系数为负，且不显著，符合本文的预期。

表3 基于DID红色旅游对农户增收的作用

	模型（1）	模型（2）	模型（3）
did	0.2464 ***	0.2418 ***	0.2391 ***
	(7.1438)	(7.0672)	(7.0407)
$fpop$		−0.0807 ***	−0.0673 ***
		(−8.3614)	(−6.0167)
edu		−0.0021	−0.0316
		(−0.1008)	(−1.4528)
lab		0.2504 ***	0.1497 ***
		(6.8567)	(3.9672)
stu			−0.0603 ***
			(−5.3638)
$health$			0.2093 ***
			(3.7757)
jy			0.1048 ***
			(5.8774)
com			−0.0133
			(−0.8456)
个体效应	控制	控制	控制

续表

	模型（1）	模型（2）	模型（3）
地区效应	控制	控制	控制
时间效应	控制	控制	控制
_cons	8.7571***	8.9452***	8.8157***
	(2320.4762)	(162.8839)	(138.7009)
N	6307	6307	6307
R^2	0.844	0.849	0.851

注：*、**、***分别表示在10%、5%、1%的水平上显著，括号内数值为标准误。

（二）动态效应检验

表3表现了打造5A级红色旅游景区对农户增收的平均效应，但无法说明打造5A级红色旅游景区对农户增收的持续效应。因此，为了验证打造5A级红色旅游景区后对农户增收的动态效应，将（2）式模型变形如下：

$$Y_{it} = \beta_0 + \beta_k hs \times time^k + \beta_x X_{it} + \gamma_t + \delta_i + \varepsilon_{it} \quad (2)$$

其中，交互项 $hs \times time^k$ 是农户自2015年享受5A级红色旅游景区收益后第 k 年的虚拟变量。β_k 度量了农户自2015年享受5A级红色旅游景区收益的第 k 年，打造5A级红色旅游景区影响农户增收的效应。

表4的结果显示，不管是否加入控制变量，交互项 $hs \times time^k$ 的系数均为正，并且均在1%的水平上显著，即打造5A级红色旅游景区对农户增长的促进作用是长期有效的。模型（2）的结果显示，在加入控制变量后，通过观察交互项 $hs \times time^k$ 的系数变化，可以发现5A级红色旅游景区的设立自2015年实施后的两年内，该措施对农户的收入增长具有快速且持续的促进作用，但到2018年，连续两年的措施效果均稍有下降，但依旧是显著正向的。这表明打造5A级红色旅游景区对农户增收确实有长期有效的促进作用。

表4 红色旅游对农户增收的动态效应检验结果

	模型（1）	模型（2）
$hs \times time^1$	0.223*** (0.0611)	0.217*** (0.0590)
$hs \times time^2$	0.239*** (0.0596)	0.230*** (0.0555)
$hs \times time^3$	0.219*** (0.0547)	0.203*** (0.0536)
$hs \times time^4$	0.208*** (0.0534)	0.195*** (0.0516)
控制变量	否	是

续表

	模型（1）	模型（2）
_cons	8.760*** (0.00186)	8.819*** (0.0869)
N	6307	6307
R^2	0.867	0.873

注：①*、**、***分别表示在10%、5%、1%的水平上显著，括号内数字为标准误；②$hs \times time^k$表示实施红色旅游政策后的第k年。

五、稳健性检验

（一）平行趋势检验

双重差分法的重要前提符合平行趋势检验，即如果没有打造5A级红色旅游景区，该地区与其他地区农户的增收趋势应该是平行的。为了检验这一点，本文借鉴 Jacobson 等（1993）[21]的做法，利用事件分析法来进行平行趋势检验。如果满足平行趋势检验，则打造5A级红色旅游景区对农户增收的影响只会发生在景区设立之后，而在设立之前，享受红色旅游景区收益的农户和未享受红色旅游景区收益的农户的收入水平变动趋势应该不存在显著差异。

表5和图1的结果显示，5A级红色旅游景区设立之前，Before的系数并不显著并且为负，可能是因为在景区设立之前，政府对财政的支出分配有一定的倾向性，减少了对其他可以提升农户增收的方面的支持，从而使农户的收入增长速度变慢。而在景区设立之后，$After^k$的系数均显著为正，这说明打造5A级红色旅游景区确实对农户增收具有显著的促进作用，满足平行趋势检验，使本文的结论更为可靠。

表5 平行趋势检验结果

	模型（1）	
Time	1.6319***	(120.5686)
$Before^1$	−0.0439	(−0.8085)
Current	0.1254**	(2.3091)
$After^1$	0.2501***	(4.6062)
$After^2$	0.2657***	(4.8938)

续表

	模型（1）	
$After^3$	0.2457***	(4.5242)
$After^4$	0.2351***	(4.3293)
控制变量	是	
_cons	7.8548***	(847.8662)
N	6307	
R^2	0.821	

注：①*、**、***分别表示在10%、5%、1%的水平上显著，括号内数字为标准误；②$Before^k$表示实施红色旅游政策之前的第 k 年，$Current$ 表示实施红色旅游政策当年，$After^k$ 表示实施红色旅游政策之后的第 k 年。

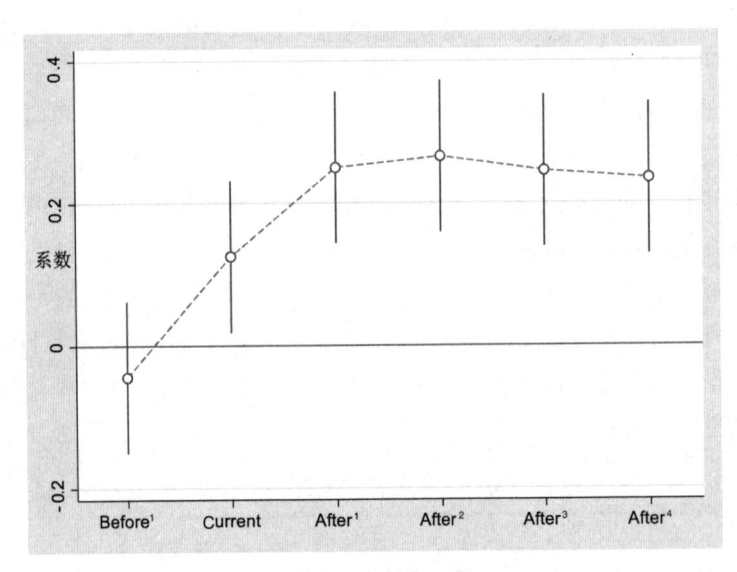

图1 平行趋势检验

（二）安慰剂检验

此外，为了检验上述结果是否会受到遗漏变量和随机因素等影响，参考 La Ferrara et al. （2012）[22]和 Li et al. （2016）[23]的做法，本文通过随机筛选享受红色旅游收益的农户并随机设定景区设立时间，据此构建了景区设立时间和个体两个层面的随机实验。接下来重复上述过程1000次，最后得出随机实验的估计系数分布图。如果随机实验的估计系数分布在0附近，则表明在模型设定中并没有遗漏重要的影响因素。从图 2 的结果中可以看出，随机的双重差分项的估计系数集中分布于 0 附近，表明在模型设定中不存在遗漏变量问题，结论具有稳健性。

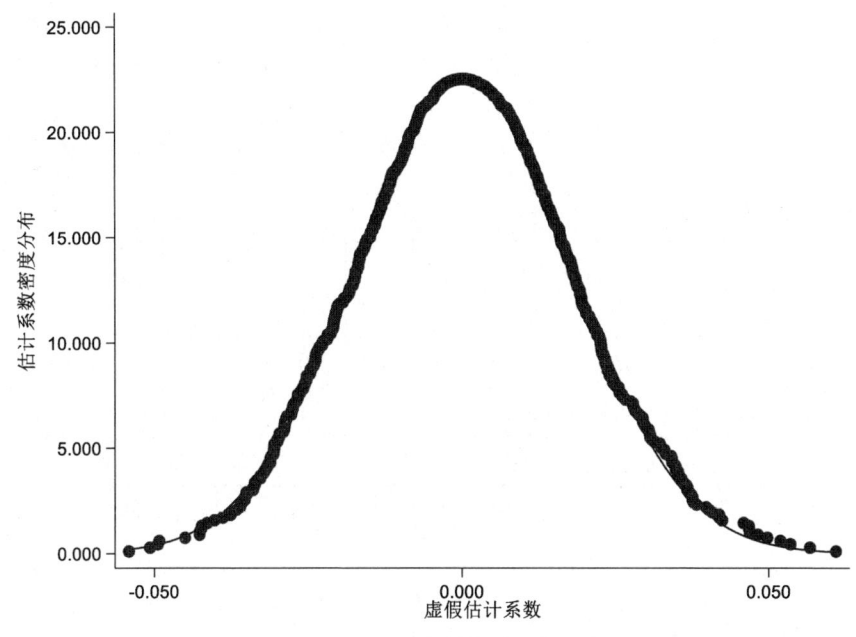

图 2　双重差分项的估计系数分布

（三）单差法

除了进行平行趋势检验和安慰剂检验外，我们还按照传统的处理方式，使用单差法检验打造 5A 级红色旅游景区对农户收入增长的作用，回归结果如表 6 所示。模型（1）和模型（2）的结果显示，在只控制了个体效应的情况下，无论是否加入控制变量，核心解释变量的估计系数均显著为正。但与表 3 的结果相比较可知，利用单差法得到的系数均远高于表 3 中双重差分法的系数，表明单差法高估了打造 5A 级红色旅游景区对农户增收的作用。因此，使用双重差分法得出的结论更加可信。

表 6　单差法检验

	模型（1）		模型（2）	
did	1.3616***	(17.5996)	1.2240***	(17.9558)
fpop			0.1500***	(6.7792)
edu			0.7831***	(17.9527)

续表

	模型（1）		模型（2）	
lab			−0.3525***	(4.7586)
stu			−0.0104	(−0.4613)
$health$			0.4947***	(4.6949)
jy			0.4128***	(11.4931)
com			0.7909***	(23.2105)
个体效应	是		是	
地区效应	否		否	
时间效应	否		否	
_cons	8.7076***	(930.0917)	6.0911***	(52.5196)
N	6307		6307	
R^2	0.037		0.260	

注：*、**、***分别表示在10%、5%、1%的水平上显著，括号内数值为标准误。

六、结论与建议

打造5A级红色旅游景区是促进老区农户增收的一条可持续发展路径。农户收入的增加是衡量老区发展的一个重要指标。文章以赣南A镇901户农户的面板数据为支撑，运用双重差分模型检验红色旅游对农户增收的影响程度。通过实证研究表明，研究结果基本符合A镇客观实际，且通过了动态效应检验、安慰剂检验。实证结果表明：打造5A红色旅游景区对农户收入的增加具有促进作用。

如何更好地发展红色旅游，实现红色旅游对农户收入的促进作用是地方政府和学术界积极思考的问题，因此，针对上述的研究视角，本文尝试给出以下政策建议：

第一，政府根据各地红色资源的不同特点出台相应的政策以扶持红色旅游的发展。5A级红色旅游景区的发展要走多样化、个性化的道路，要避免每个地方红色旅游景区的发展都是千篇一律，要与地方特色相结合，要鼓励各地政府因地制宜，把握老区的发展优势，正确施政，发挥政策的最大化效应。

第二，政府要合理引导社会力量参与老区5A级红色旅游景区的开发。以市场为导向，让老区红色资源的发展朝着更加有效的方向前进，同时，政府要对进入老区的企业给予一定的政策优惠，更好地鼓励、支持他们的发展，为老区乡村振兴贡献力量。

第三，要重视对老区农户的个人素质培训，提高自身技能。农户要实现可持续的增收，不能仅仅靠政府的帮助，更重要的是要提高自身的发展能力，要让农户真正能够参与老区红色旅游的发展，与红色资源的开发形成很好的联动作用，从而稳定农户收入。

参考文献：

[1] 何仁伟. 城乡融合与乡村振兴：理论探讨、机理阐释与实现路径 [J]. 地理研究, 2018, 37 (11).

[2] 陈龙. 新时代中国特色乡村振兴战略探究 [J]. 西北农林科技大学学报（社会科学版）, 2018, 18 (3).

[3] 韩广富, 赵佳佳. 习近平革命老区脱贫攻坚思想及其指导意义 [J]. 理论学刊, 2016 (5).

[4] 毛日清. 老区建设与"红色旅游"事业的发展 [J]. 求实, 2002 (12).

[5] 尹晓颖, 朱竑, 甘萌雨. 红色旅游产品特点和发展模式研究 [J]. 人文地理, 2005 (2).

[6] 龙新民. 发挥党史文化在老区建设与发展中的重要作用 [J]. 中共党史研究, 2017 (2).

[7] 李康平, 李正兴. 红色资源开发与社会主义核心价值体系教育 [J]. 道德与文明, 2008 (1).

[8] 曾雪玫. 生态文明框架下革命老区的发展研究 [J]. 生产力研究, 2011 (11).

[9] 龚斌磊, 张启正, 袁菱苒, 等. 革命老区振兴发展的政策创新与效果评估 [J]. 管理世界, 2022, 38 (8).

[10] 李宗尧. 论"红色旅游"功能的多样性：兼谈蒙阴县野店镇旅游业的综合开发 [J]. 山东省农业管理干部学院学报, 2002 (4).

[11] 方世敏, 罗茜. 打造韶山红色旅游产品的战略思考 [J]. 湘潭大学学报（哲学社会科学版）, 2004 (5).

[12] 余凤龙, 陆林. 红色旅游开发的问题诊断及对策：兼论井冈山红色旅游开发的启示 [J]. 旅游学刊, 2005 (4).

[13] 付璐. 文化强国视域下红色旅游的高质量发展 [J]. 社会科学家, 2022 (8).

[14] 董艳梅,朱英明. 高铁建设的就业效应研究:基于中国285个城市倾向匹配倍差法的证据 [J]. 经济管理, 2016, 38 (11).

[15] 胡联. 贫困地区农民专业合作社与农户收入增长:基于双重差分法的实证分析 [J]. 财经科学, 2014 (12).

[16] 张永丽,李青原,郭世慧. 贫困地区农村教育收益率的性别差异:基于PSM模型的计量分析 [J]. 中国农村经济, 2018 (9).

[17] 汪德华,邹杰,毛中根."扶教育之贫"的增智和增收效应:对20世纪90年代"国家贫困地区义务教育工程"的评估 [J]. 经济研究, 2019, 54 (9).

[18] 张辉. 健康对经济增长的影响:一个理论分析框架 [J]. 广东财经大学学报, 2017, 32 (4).

[19] 辛岭,蒋和平. 农村劳动力非农就业的影响因素分析:基于四川省1006个农村劳动力的调查 [J]. 农业技术经济, 2009 (6).

[20] JACOBSON L S, LALONDE R J, SULLIVAN D G. Earnings Losses of Displaced Workers [J]. The American Economic Review, 83 (4).

[21] LA FERRARA L, CHONG A, DURYEA S. Soap Operas and Fertility: Evidence from Brazil [J]. American Economic Journal: Applied Economics, 2012, 4 (4).

[22] LI P, LU Y, WANG J. Does Flattening Government Improve Economic Performance? Evidence from China [J]. Journal of Development Economics, 2016 (123).

中央苏区国有企业党的建设的历史考察

牛玉杰①

摘　要：国有企业党建肇始于中央苏区时期，它是基于中国特殊国情的独特创新和理性设计。中央苏区时期的国企党建以俄国十月革命送来的马克思列宁主义为理论渊源，以中国共产党创办和经营国有企业的实践为基础，实现了理论逻辑和实践基础的有机统一，深刻回答了中央苏区时期在国有企业中应该建设什么样的党、怎样建设党的问题。如今，中国处于全面建设社会主义现代化国家的关键节点，通过对中央苏区时期国企党建进行历史考察，回顾和总结其具体内容，有助于为巩固和改进习近平新时代中国特色国有企业党建工作提供历史维度的参照。

关键词：中央苏区；国有企业；国企党建；历史考察

1931年11月，中华苏维埃政权在红都瑞金成立，中国共产党治国安邦、局部执政的伟大实践由此发端。中央苏区鼎盛时期的区域"共设有江西、福建、闽赣、粤赣4个省60个行政县"[1]。1931—1934年期间，中国共产党带领苏区群众创办的国有企业②蓬勃发展起来。国有企业党建是基于中国特殊国情的独特创新和理性设计，其探索实践也正是肇始于中央苏区。近年来，学界关于国有企业党建研究成果颇丰，但多聚焦于改革开放以后，尤其是十八大以来的新时期。然而有关新民主主义革命时期国有企业党建的研究相对薄弱，尤其是围绕中央苏区时期国有企业党建的既往研究，仅散见于一些学术专著的章节中[2]，并且相关研究的学术文章寥寥无几，即使有所涉及，也仅是置于经济管理史、

---

① 作者简介：牛玉杰，男，安徽阜阳人，南开大学马克思主义学院中共党史专业硕士研究生，研究方向为党史党建。

② 在中央苏区时期的法令、纲领和相关文件中，中国共产党对公有制企业的称谓不尽相同，如国家企业、国营企业、国有企业、公营企业、公有企业等。考虑到如今"国有企业"被广泛使用，因此，本文采用"国有企业"这一概念。

反腐监察史、动员群众史等领域进行。[3]因此,在全面建成社会主义现代化强国的关键节点,从相关文献记载史料为切入视角,对中央苏区时期国有企业党建进行历史考察,以期为巩固和改进习近平新时代中国特色国有企业党建工作提供历史维度的参照,据古鉴今、以立时治。

一、中央苏区时期国企党建的理论渊源和实践基础

国有企业党的建设发端于中央苏区,然而它并非无源之水、无本之木。它以俄国十月革命送来的马克思列宁主义为理论渊源,以中国共产党创办和经营国有企业的探索历程为实践基础。

(一)中央苏区时期国企党建的理论渊源

1. 马克思、恩格斯关于企业公有制的思考

"十月革命一声炮响,给我们送来了马克思列宁主义。"[4]不过,马克思、恩格斯并没有对国有企业党的建设问题细致地进行描述,而是在批判资本主义社会时,以一种较为粗线条的方式勾画出了未来公有制社会时期国有企业的发展轮廓。马克思指出:"随着联合起来的个人对全部生产力的占有,私有制也就终结了。"[5]在恩格斯构想的未来社会的新的社会制度中,他认为无产阶级取得国家政权后,"一切生产部门将由整个社会来管理"[6]"即以社会的名义占有生产资料"[7]。马克思、恩格斯虽然没有明确提出"公有制""公有企业""国有企业"等这类概念,没有详细论述公有制以及公有制企业组织在未来社会所实现的形式,但是二者都主张消灭资本主义私有制、建立未来公有制社会的思想是不可否认的。这一思想正是列宁在俄国十月革命后领导布尔什维克党创办国有企业的直接理论来源,也为后来中国共产党探索国有企业党的建设奠定了理论基础。

2. 列宁关于国有企业党的建设的理论发展

俄国十月革命后,列宁继承和发展马克思、恩格斯关于未来社会公有制的思想,领导布尔什维克党将这一伟大设想付出了实践。列宁指出在无产阶级专政的时代,国家政权将在全国范围内的国有企业中组织大生产,"从'工人监督'过渡到'工人管理'工厂"[8]"在国营企业中,工会也义不容辞应维护无产阶级和劳动群众的阶级利益"[9]"要求一切国营企业建立严格的规章制度"[10]。同时,列宁强调"苏维埃政权首先在第一批国有化企业里推行计件工资制。在和平喘息时期,计件工资制得到广泛推广"[11],随后将这一原则载入了《苏维埃劳动法典》。1922年3月,列宁在回顾和总结新经济政策的经验时,指出要"通过国营企业同资本主义企业的竞赛来检验共产党人的经营管理水

平"[12]，以此促进共产党人管理经济工作能力的提升。可以看出，列宁在带领布尔什维克党人不断探索如何领导和管理国有企业时，初步形成了无产阶级政党国有企业党建思想，为后来中国共产党创建和经营国有企业奠定了理论基础。

（二）中央苏区时期国企党建的实践基础

1. 井冈山时期创办国有企业的初步实践

大革命失败后，为了支援革命战争和巩固政权的需要，毛泽东在井冈山革命根据地带领工农兵群众创办了若干类型的国有企业。井冈山革命根据地时期的国有企业有工业企业、商业企业和金融企业，具体来说，国有工业企业有兵工厂（如莲花兵工厂、红四军军械处、闽北兵工厂和赣东北兵工厂）、被服厂（如桃寮被服厂和长汀被服厂）和井冈山红军印刷厂，除此之外，还有通讯材料厂、卫生材料厂等一些其他工业企业；国有商业企业有红色圩场（如草林红色圩场和大陇红色圩场）、公卖处（如茨坪公卖处、大井公卖处、小井公卖处、下庄公卖处、白银湖公卖处）以及其他公营商店、药店和饭店等；国有金融企业有国有银行（如东固平民银行、闽西工农银行、江西工农银行、赣东北的贫民银行）、造币厂（如上井造币厂和湘赣边界造币厂）以及其他信用合作社和金融组织等。[13]这为党在中央苏区创办国有企业奠定了实践基础。

2. 中央苏区时期党创办国有企业的实践

在井冈山革命根据地创办国有企业的实践基础上，本着必要且可能的原则，中国共产党在苏区兴办了若干种类的国有企业，初步构建起由工业、商业和金融业组成的国有企业体系。到1934年3月，刘少奇指出"现在中央苏区的苏维埃工厂已有32个"[14]，说明苏维埃形式的新式国有企业已经开始发展起来。中央苏区时期国有企业体系由工业、商业和金融业组成，其中工业企业有兵工厂（如中央军委兵工厂、闽西兵工厂和第三分区兵工厂）、被服厂（如第一被服厂、第二被服厂和第三被服厂）、印刷厂（如中央印刷厂）、纺织厂（如瑞金纺织厂和瑞金织布厂），还有于都卫生材料厂、硝盐厂和造纸厂等；国有商业企业有商业公司（如中央钨砂公司、中华商业公司造纸厂、兴国樟脑股份有限公司和博生纸业股份有限公司）、粮食调剂局、对外贸易局和国有邮政企业等；国有金融企业有国家银行及其分行（如中华苏维埃共和国国家银行和苏维埃国家银行福建省分行）以及地方银行（如湘赣省工农银行）等。[15]可以看出，在苏区创办国有企业的实践基础上，中国共产党也深化了对国有企业党建的认识。

二、中央苏区时期国有企业党建的核心内容

中央苏区时期，中国共产党带领苏区人民创办的国有企业蓬勃发展起来，

国有企业党建的探索实践也由此发端，深刻回答了中央苏区时期在国有企业中应该建设什么样的党、怎样建设党的问题，体现了理论渊源和实践基础的有机统一。

（一）坚持中国共产党的领导和发扬实事求是的思想路线

1. 发挥党的领导核心作用，调整和完善国有企业管理体制

井冈山革命根据地时期，党中央在国有企业里实行军事化管理体制，在领导体制和管理方式上较为混乱，缺乏统一性。针对这一问题，党中央不断调整和完善国有企业管理方式，形成了以中央革命军事委员会总供给部、人民委员会财政部的国产管理局、中央国民经济人民委员部的国有企业管理局为主的分级分类的领导体制。苏维埃临时中央政府成立后，立即成立了中央革命军事委员会，下设总经理部，随后总经理部改为总供给部。1931年11月决定在中央人民委员会下设中央财政部。1932年8月，中央人民委员会第22次常会决定在人民委员会财政部之下，设立国产管理局，掌管国有企业的经营。1933年2月，中央人民委员会决定成立中央国民经济人民委员部，同年4月，中央人民委员会发布第10号训令，颁布了《中华苏维埃共和国各级国民经济部暂行组织纲要》，规定国民经济人民委员会内部暂时设立国有企业管理局，"管理各种国有企业并度量衡事宜"[16]。1933年12月，临时中央政府规定各级地方国民经济部之下必要时要设国有企业科，管理各种国有企业经营。此时，人民委员会财政部的国产管理局不再履行管理国有企业的职能。

1934年3月，刘少奇认为由于在国有企业中还没有建立科学的领导制度，没有正式规定厂长的权限，没有实行工头负责领班制度，所以"我们现在还没有一个工厂是管理得很好的"[17]。针对以上国有企业中存在的领导方式弊端，刘少奇提议采用"三人团"（党支部书记、工会主任和工厂厂长）的方式来管理国有企业，必须将厂长个人负责制建立起来。随后，这一提议被载入《苏维埃国有工厂管理条例》中，正式确立下来。可以看出，在中央苏区时期，中国共产党始终在国有企业中发挥领导核心作用，不断调整和完善国有企业的领导方式和管理体制，以保证国有企业发展的政治方向，巩固了革命根据地国有经济的发展。

2. 深入实际进行调查研究，坚持实事求是的思想路线

中央苏区时期，中国共产党创办和发展国有企业的生态环境是较为恶劣的。由于客观上地处偏僻闭塞、经济滞后的山区，中国共产党身陷国民党政府不断地发动军事"围剿"和实行严密的经济封锁之中，加之主观上王明"左"倾路线在党中央占据统治地位，为此中共中央深入实地进行调查，坚持用实事求是

的思想路线指导国有企业的发展。

首先,正确处理了革命战争与国民经济建设的关系,审时度势地发展中央苏区的国有企业。1934年1月,毛泽东指出:"在可能的条件之下,苏维埃政府应创办与扩大特别需要与特别有利的国有企业……但必须坚决反对在目前由国家垄断一切生产事业的企图。"[17]"国家经营的经济事业,在目前,只限于可能的与必要的一些部分。"[18]其次,中共中央根据革命战争形势的变化,不断地调整国有企业的布局和生产地点,以保障其安全正常地进行生产。如莲花兵工厂自在永新西乡九陂创办以来,"1931年移到曾潭,1932年住上圩,后转移到夏圹,1933年转移到象形,1934年转移到牛田,到长征"[19]。赣东北兵工厂是在圹湾创办的,第三次反"围剿"时,搬到徐家坂,后迁到弋阳江同源村,1931年5月迁到德兴洋源村。中央印刷厂"是1931年8月16日创办起来的,它是由兴国东固搬至宁都青塘,再搬到下陂坞后才成立的。1933年4月搬到沙洲坝"[19]。最后,在与"左"倾路线的斗争中,一大批同志深入实际调查、实事求是,用求真务实的工作作风促进了中央苏区国有企业的发展。如刘少奇、张闻天等同志抵达中央苏区后,便立即深入瑞金、福建长汀等地进行调查研究。不久他们便发现在国有企业中存在许多脱离实际的过"左"要求,如机械地实行8小时工作制,不顾企业的经济承载能力,强迫介绍大批失业工人进去,在企业内签订与实际不符的劳动合同等,严重影响了国民经济的发展。为此,他们在《斗争》《苏区工人》《红色中华》等刊物上发表文章,如《苏区工人的经济斗争》《怎样订立劳动合同》《论苏维埃经济发展的前途》等,大声疾呼反对"左"倾路线。总之,正是由于中国共产党发扬了实事求是、求真务实的优良作风,坚持深入调查,从而保障了中央苏区国有企业的健康发展。

(二)坚持党管干部和重视专业人才,加强国有企业党组织建设

1. 坚持党管干部原则,发挥经济管理人才在国有企业党建中的作用

1933年2月,中共中央指出各工厂支部要"努力不懈地、耐心地去教育和培养工厂支部的中心干部,依靠着工厂支部新的强有力的干部,作为改变支部工作的支柱"[17]。同年8月,毛泽东在江西南部十七县经济建设大会上指出,为了开展大规模的经济建设,培养工作积极、政治坚强的经济干部是非常重要的,因此,要求"在9、10这两个月中最少要为每县训练出10个干部,为每区训练出5个干部来加强经济战线上的战斗力量"[20]。为此,党和苏维埃政府还采取了多种方式来培养经济建设人才。

一是组织学习培训。国有企业管理骨干和专业人员在任职上岗之前,都要进行集中学习训练,如短期训练班、速成班等。据叶凤兰老人回忆:"我是1931

年春节后去瑞金的，先到红军学校学习了两个月，大约是1932年的4月调到瑞金纺织厂工作。"[19]二是在干部学校学习。在中央党校和苏维埃大学等干部学校，通过开设有关经济管理专业的培训班、短训班来培养人才。三是在专业学校接受教育。中央苏区开办了有关经济建设的专业学校，如中央农业学校、商业学校、中央银行学校等，为苏区的经济建设造就了一批骨干和专业人才。四是以工代干在实践中学习。张贤德老人原来是中央被服厂的工人，他回忆说："当时脱产干部很少，就是厂长、特派员、工会主任等几个脱产，大都是以工代干。"[19]中央兵工厂厂长吴汉杰当时经常和工人兄弟们打成一片，虚心向懂技术的工人请教，讨论怎样克服生产技术上的困难。五是聘请专门技术人才。1933年8月，中央人民委员会发布了征求专门技术人才启事的通告，指出："中华苏维埃中央政府现以苏区缺乏技术人员，特以现金聘请。"[21]总之，在创建和管理国有企业的过程中，由于采取了上述多种培养干部人才的有力措施，所以涌现出了大批具有经济头脑的领导干部，如邓子恢、吴亮平、林伯渠、严朴、钱之光、吴汉杰、胡良俊、姚名琨、唐义贞、谢里仁、陈祥生等。

2. 加强国有企业支部建设，壮大党员队伍以发挥党员先锋模范作用

"苏区的国家工厂企业（主要是军工企业和邮政、合作社、国家银行等）也单独建立了党的支部。"[22]1933年2月，中共中央强调"目前彻底转变工厂支部的工作，创造和加强工厂支部，成为全党最主要的任务之一"[23]。同时强调必须"面向企业，一切工作经过支部"[24]，国有企业应该以工厂基层党支部为基础，采用合理的组织形式和联系方法，来改变企业支部在党的工作系统上的地位。例如，每个工厂支部要建立党的分工和专责制度，把工厂支部的力量，按照工作范围的大小和重要的程度去适当地进行分配；要经过民主选举，以易于集合为原则，根据工厂生产部门或班次来建立党小组；要以支部委员会工会的干事为主，建立工会党团小组，集合工厂中做工会工作的积极分子等。1934年4月，中央组织局颁布《苏维埃国家工厂支部工作条例》，总结了以往国有企业党建的工作经验，这是中央苏区第一个国有企业支部建设条例。从条例的内容可以得知，该条例规定了国有企业党支部的基本任务以及支部保证生产计划完成的方式和程序，强调了支部应加强对工会与青年团工作的领导等。

同时，中央苏区国有企业中的党员队伍也随着支部的健全而不断发展壮大，在生产中展现出了党员应有的先锋模范作用。如《造币厂支部通讯》记载，全厂有正式工人53名，其中"有党员25名，团员11名，分两个小组。每月开四次干事会，四次小组会，两次支部大会"[25]。据中央兵工厂的郑家迪回忆，造弹厂当时党员占全厂人数的20%—30%，在生产生活中党员可以积极发挥带头

作用。在中央兵工厂的韩日升、郝希英等同志，他们是从沈阳兵工厂调来的地下党员，在帮助兵工厂生产技术的提升、产品质量的提高上发挥了极大的作用。因此，基层党支部建设的加强和党员队伍的壮大，在中央苏区国有企业党的建设中发挥了战斗堡垒作用。

（三）加强和改善国有企业的政治教育，筑牢国有企业发展的政治堡垒

1. 重视国企基层组织的思想政治工作，发挥党团员的思想政治教育作用

1933年2月，中共中央指出，要"加强和改善支部的政治教育"[23]，同时提出了加强企业支部政治工作的四种途径。第一，每个产业支部要以小组的形式经常地开展政治生活，根据中央或地方党部的指示，按时学习和研究上级党支部下发的决议和文件，深刻了解每个决议。第二，企业党支部必须根据实际，将政治教育与工厂生产活动相结合，激发支部成员的积极性与创造性，善于发现他们中的优秀分子，给予其特殊训练后，提拔他们担任较重要的工作。第三，产业支部必须采取集体学习与互相帮助的方法，鼓励同志们阅读党报、革命理论书籍和其他定期刊物，同时在其他的时间内，党支部也可以根据工厂实际开设短期班或谈话班。第四，对于新加入的党员同志，党支部必须严肃认真地给予其政治教育，帮助他们尽快融入共产党的队伍。

除此之外，在国有企业中发挥党团员的思想政治教育作用。据中央兵工厂职工会委员长郑家迪回忆："党团员在工厂中发挥很大作用，那时每个党员都有向俘虏过来的工作人员进行宣传教育的责任。团组织要天天具体分配任务给团员跟谁谈话。因此，每天团员向团委书记汇报谈话情况，团委书记再向党委书记汇报。平日吃过晚饭后，工人们都娱乐去了，但党团员都要进行个别谈话。对那些犯错误的同志，第一、二次是批评教育，到第三次就开大会讨论如何处理。"[19]中央造币厂"对于政治文化教育工作，首先是宣传干事提出计划，在党内每星期训练一次新党员，老党员也有参加，并在支部大会上讨论——中央七月二日决议。在群众方面每月两次政治课，全体工友参加。工人夜校分为甲乙丙三班轮流上课，工友都能按时到"[26]。

2. 表彰先进典型给予奖励，严守厂规、厂纪批评不良倾向

1934年1月，党中央在关于苏维埃经济建设的决议指出："对于劳动的共产主义的态度，首先应该在国家企业内极大地发扬起来，教育工人群众为苏维埃政府劳动。"[17]同时指出："在苏维埃企业内的劳动纪律，应该是无产阶级纪律的模范。一切提高生产力的发明都应该得到苏维埃政府的奖励。"[27]据在中央被服厂工作的张贤德回忆："班与班、组与组开展了劳动竞赛，成绩好的表扬，发给奖旗，年终评劳模，评上劳模的，用丝线在帽子上绣上'模范工人'的

字。"[19]他还说:"当时厂里的制度很严格,组织纪律性也很强。有严格的上下班制度,有领发手续制度,有检查生产产品数量和质量的制度,有评比制度,一月评一次,有学习政治、技术的制度,一般是晚上学习,特派员上政治课,组长教技术。"[19]在瑞金纺织厂工作的叶凤兰回忆说:"那时,还有这么个规定,不准吸烟、喝酒、吃辣椒,违犯这个规定的,就要罚他打扫厕所。"[19]汪财旺回忆说:"在闽浙赣边区兵工厂时,每月任务都完成得很好,发给我们兵工厂很多奖状,表扬我们做出的优异成绩。"[19]从以上可以看出,苏维埃政府将思想政治教育工作与生产经营融为一体,充分认识到了思想政治工作在苏区国有企业党建中的基础性作用,凝聚党心、民心,保障了国有企业的发展。

(四)注重密切联系群众,切实提高民众的生产生活质量

1. 广泛动员职工参与民主管理,丰富工农群众学习和娱乐生活

在艰苦的生存环境下,中央苏区国有企业的发展离不开千百万拥护革命的群众,"这是真正的铜墙铁壁"[18]。1933年2月,中共中央指出:"彻底转变厂内的群众工作,使每个产业支部能够经过无数的桥梁,真正成为党与群众联系的核心。"[23]1934年4月,中央组织局颁布了首个苏维埃国有企业支部工作条例,规定"支部应经常了解群众的实际生活,倾听群众的意见,从各方面去改善群众的生活"[28]。1934年1月,党中央在关于苏维埃经济建设的决议指出:"对于劳动的共产主义的态度,首先应该在国家企业内极大地发扬起来,教育工人群众为苏维埃政府劳动。"[17]同年3月,刘少奇强调要动员工人群众广泛参与国有企业的管理,指出:"教育工人为自己、为工农民众的工厂而努力工作……学习生产的管理。"[29]据邓颖超记载,经过民主的战争动员,工人们表现出极大的热情,"中央造币厂的工人为了充实战费,12月比10月份增加生产量30%以上,印刷厂增加17.5%,青年工人在斗争中大批地、自动地加入红军"[30]。

除此之外,还丰富工农群众学习和娱乐生活,提高生产积极性。据郑家迪回忆说,在中央兵工厂时,在学习时间上成年工人和青工每晚2小时,童工每天4小时。学习内容有两种,分别是政治课和技术课。政治课由政治教员讲授,技术课由工厂老师傅讲授。在文娱活动方面,"兵工厂里有列宁小学、俱乐部,晚饭后,工人们有的在列宁小学、俱乐部内打乒乓球、走棋,有的跳高、跳远、打球、玩秋千,还有的练枪、玩马刀,星期日下午就是游戏,有时要上操,不过青年人参加得多"[19]。张贤德回忆说:"虽然当时的生活很艰苦,但大家非常乐观,干劲很大。厂里有剧团,星期日或节日会演文明戏,开娱乐会。"[19]

2. 切实为人民群众谋利益，改善民众的生产生活质量

首先，在国有企业中认真贯彻执行《中华苏维埃共和国劳动法》，切实保障工人群众的利益。1931年12月，中共中央指出："苏维埃政府要将劳动法首先在国有工业中彻底实行，改善工人的生活。"[31]《中华人民共和国劳动法》规定在国有企业中实行8小时工作制，要对从事特别有害身体的工作（如高温、潮湿或沾污身体，及有毒环境）的工人进行劳动保护（如分发工作服、眼镜、面具、呼吸器、消毒药水等各种防护器具和肉类、牛乳、鸡蛋等特别食品，定期检查身体），并为受雇用的工人群众购买社会保险。[21]其次，切实解决工农群众的吃饭、卫生、住所、娱乐、教育等生活问题。如中央造币厂及时满足工人们的需求，"如工人因缺乏水桶洗澡不方便，有少数同志要求加工资，房子须要修理等，我们立即召开干事会讨论，一方面报告了厂长，一方面在各小组讨论办法，经过工会，正确地解决了问题。如增加工资，即由工会选举代表与厂方代表组织了工资评议委员会来检查各工友的工作，讨论决定后，再由工会召集全体工友开会报告检查结果，认为某工友应加工资，某工友还不能增加工资，在工人同意之下解决。水桶也买了，房子也修了，这样工友们的积极性更提高了"[19]。除此之外，还成立公卖处解决老百姓吃盐等日用必需品问题，积极响应优待红军家属政策。如规定"凡属国家商店及合作社等，卖给红军家属的货物一律九五折"[17]"实行在国家企业与合作社的盈利中抽出10%供给红军家属"[17]。最后，提高工资收入和生活待遇，真心实意为工农群众谋利益。1934年1月，毛泽东指出："在城市中特别在国家企业，工人的卫生与伙食有了很大的改善。"[17]如兵工厂的工人每月6元、8元、12元不等，中央被服厂的工人每月7元，中央钨砂公司的工人每月20多元等。总之，在中央苏区时期国有企业中，中国共产党充分发挥了"群众经济生活的领导者与组织者"[17]的作用。

（五）加强国有企业反腐倡廉建设，厉行节约、力克贪污腐败

1. 通过多种监督力量的整合协作，力克国有企业贪污腐败之风

毛泽东曾多次告诫领导干部："贪污和浪费是极大的犯罪。"[18]苏维埃通过多种监督力量的整合与协作，形成了以多层次的监督主体和不同的法令政策为主的多重监督防线。一方面，从法令政策来看，可以分为党内法规、政府机关组织规范、刑事法律法令、行政法令和政策四类。如《关于惩治贪污浪费行为》规定，国有企业的工作人员"利用自己地位贪没公款以图私利者"[32]，依据贪污公款金额大小给予对应的处罚（贪污公款100元以下处以半年以内的强迫劳动，贪污公款500元以上处以死刑）。

另一方面，从国有企业的监督主体来看，主要有以下五类。一是党内监督，

如规定中央党务委员会与省县监察委员会具有检查"官僚主义及腐化现象等,并与之做无情的斗争"[23]的职责,要求"防止一切腐化官僚化贪污等现象的产生"[31]。二是行政监督,主要是苏维埃政府设立的各级工农检察部,若发现如行贿、贪污等犯罪行为,"有向各该级执行委员会建议撤换或处罚国家机关与国家企业的工作人员之权"[21],以便实行法律上的检查和裁判。三是审计监督,1934年2月颁布的中字第1号文件规定:"在中央执行委员会之下,设立审计委员会。"[33]在阮啸仙出任中央审计委员期间,发现中央印刷厂不仅存在浪费而且存在贪污的现象,还有邮政总局吞没300多元巨款,中央造币厂没有进行收入预算,粮食调剂总局没有建立预决算制度,不能明确收支状况,贸易总局贪污浪费现象无法肃清等问题。[34]四是社会组织和群众监督,社会组织主要有工会组织、共青团组织、妇女组织,除此之外,工农群众还成立了"突击队""轻骑队""工农通讯员"等队伍对国有企业进行突击检查。如《工农检察部控告局的组织纲要》规定,对于苏维埃经济机关中的贪污腐化现象,"苏维埃公民无论何人都有权向控告局控告"[35]。五是媒体舆论监督,如《苏区工人》设有"反对贪污腐败"专栏,《青年实话》内设"轻骑队"专栏,《红星》报设有"铁锤"专栏。尤其是《红色中华》,不仅设有"突击队"专栏,还增设"红黑板",如在第61期刊发的一文中指出:"在几个国家企业和军事工业中,亦检举了个别的贪污消极、浪费公物的分子。"[36]综上,通过多种监察力量的协作,有效地遏制了中央苏区国有企业贪污浪费风气的蔓延。

2. 积极响应节俭经济运动,采用多种方式厉行节约、反对浪费

首先,国有企业内部、国有企业之间广泛开展劳动竞赛,明确提出了节省运动的具体生产任务。如中央兵工厂的工人积极响应布尔什维克红板的革命号召,"用冲锋的战斗的英勇精神,组织第三次两个月的革命竞赛,结果在提高劳动纪律上、节省材料上、提高生产数量与质量上,超过了原定计划80%"[37]。"现又举行第四期革命竞赛,正在精神抖擞地酣战中,比2、3两月当有更大进步。"[38]同时该企业又与中央印刷局签订了为期两个月的国家企业革命竞赛条约,明确提出在增加生产上"要节省材料生产完美优良"[19]。第二被服厂在企业内部采取分组竞赛的方法,在节省原料上取得了很大的成绩。"原定6.67米布做一套单衣,现在每套衣服只要6.4米,每套可以节省0.27米布,每天每架机子生产24套衣服,可以节省一套,全厂有12架机子,每天可以节省12套,每个月可以节省360套衣服(每套5元5角),约每月可节省1980的巨大数目。"[15]

除此之外,各国有企业齐心协力,形成了厉行节俭、反对浪费的良好氛围。

在中央政府"加紧节省经济"的要求下,"国家企业与国家工厂工人,公开提出免发或少发工资问题"[39]。据《红色中华》报道:"邮局工人经常的、大量的节省,调剂局、贸易局工人响应《红色中华》号召,自动的完全不要工资,贸易局工人每天减少一分半钱伙食,这是值得赞扬的。"[34]江西全省邮务工会全省邮务工人"自动起来节省和募捐的总结,以兴国的邮务工人最有成绩,……总计节省:公略136元4角"[40]。赣县江口对外贸易分局"一致自动节省三个月工资,同时每人每月节省伙食大洋一元"[39],赣县粮食调剂分局的工人纷纷发言说,"我们大家节省今年全部工资(4月份以后的)来帮助前方战费"[39]。尤其是1934年3月,苏维埃中央政府提出要在今后的4个月内节省80万元,规定"减少国家企业工作人员的津贴,及改善国家企业的管理,每月可节省1万元"[41]。于是在很短的时间里,据中央审计委员会统计,已交到中财部的节省款项显示,中央印刷厂为91800元,第一被服厂9000元等。[39]以上可以看出在中央苏区时期的国有企业中,厉行节约、反对浪费确实是蔚然成风。

三、结语

综上所述,历史以无可辩驳的事实证明:国有企业党的建设肇始于红都江西瑞金,这是基于中国国情的独特创造。中央苏区时期,中国共产党以马克思列宁关于国企党建理论为指导,在创办和经营国有企业的实践中,不断探索国企党建的实现方式,深刻回答了革命时期在国有企业中应该建设什么样的党、怎样建设党的问题。从瑞金开始追根溯源,通过对中央苏区时期国企党建的历史性勾勒和展示,回顾和总结其具体内容,对新时代国有企业党的建设仍具有现实意义。如要坚持党对国有企业的领导不动摇,确保国有企业牢牢掌握在党的手中;加强国企党的基层组织建设不放松,坚持聚焦基层党支部抓党建,不断提升基层党支部的组织力;在坚持党管干部、党管人才原则的同时,要遵循人才成长规律,及时提拔选用具有专业素质的良将贤才;在国有企业中落实意识形态工作责任制,创新思想政治工作方法和内容形式,努力实现思想政治工作常态化、制度化;加强和改善国有企业党的优良作风建设,整合多种监督力量,厉行勤俭节约,反对铺张浪费的现象。

十八大以来,习近平总书记对国有企业党建工作极为重视,多次在不同场合就提高国有企业党建水平提出要求,强调"坚持党的领导、加强党的建设,是我国国有企业的光荣传统,是国有企业的'根'和'魂',是我国国有企业的独特优势"[42]。在推进新时代国有企业党建纵深发展的关键节点,深入挖掘中央苏区时期国企党建的历史经验,必将为新时代以高质量党建引领国企高质量发展提供历史借鉴。

参考文献：

[1] 余伯流，凌步机．中央苏区史：上［M］．南昌：江西人民出版社，2017．

[2] 余伯流．中央苏区经济史［M］．南昌：江西人民出版社，1995；余伯流，凌步机．中央苏区史［M］．南昌：江西人民出版社，2017；余伯流，凌步机．中国共产党苏区执政的历史经验［M］．北京：中共党史出版社，2010；許毅．中央革命根据地财政经济史长编［M］．北京：人民出版社，1982；赖宏，凌步机．中央革命根据地党的建设发展史［M］．北京：中国社会出版社，2008；陈荣华，何有良．中央苏区史略［M］．上海：上海社会科学院出版社，1992；张侃，徐长春．中央苏区财政经济史［M］．厦门：厦门大学出版社，1999；舒龙，凌步机．中华苏维埃共和国史［M］．南京：江苏人民出版社，1999；周金堂．井冈山斗争与中央苏区时期党的经济工作研究［M］．北京：社会科学文献出版社，2018；本书编写组．执政之基：中央苏区国有资产管理［M］．北京：中国经济出版社，2020；朱钦胜．中央苏区反腐倡廉史［M］．北京：中国社会科学出版社，2009．

[3] 刘毅．中央苏区国营企业外部监督述论（1931—1934）［J］．苏区研究，2022（1）；肖文燕．中央苏区合作社经济的策略、绩效与启示［J］．江西财经大学学报，2018（6）；王小元，徐志宏．中央苏区廉政文化建设的措施、效果与当代启示［J］．江西财经大学学报，2018（4）；邓美英．从"毫不妥协"到"有条件让步妥协"：中央苏区工商阶层政治动员考察［J］．江西师范大学（哲学社会科学版），2022，55（2）；刘一博．塑造革命者：中央苏区社会改造中的青少年动员［J］．苏区研究，2020（2）．

[4] 毛泽东．毛泽东选集：第四卷［M］．北京：人民出版社，1991．

[5] 中共中央马克思恩格斯列宁斯大林著作编译局．马克思恩格斯选集：第1卷［M］．北京：人民出版社，2012．

[6] 恩格斯．共产主义原理［M］．北京：人民出版社，1973．

[7] 中共中央马克思恩格斯列宁斯大林著作编译局．马克思恩格斯全集：第25卷［M］．北京：人民出版社，2001．

[8] 中共中央马克思恩格斯列宁斯大林著作编译局．列宁选集：第4卷［M］．北京：人民出版社，2012．

[9] 中共中央马克思恩格斯列宁斯大林著作编译局．列宁全集：第42卷［M］．北京：人民出版社，2017．

［10］中共中央马克思恩格斯列宁斯大林著作编译局. 列宁选集：第3卷［M］. 北京：人民出版社，2012.

［11］中共中央马克思恩格斯列宁斯大林著作编译局. 列宁专题文集：论社会主义［M］. 北京：人民出版社，2009.

［12］中共中央马克思恩格斯列宁斯大林著作编译局. 列宁论新经济政策［M］. 北京：人民出版社，2020.

［13］许毅. 中央革命根据地财政经济史长编［M］. 北京：人民出版社，1982；周金堂. 井冈山斗争与中央苏区时期党的经济工作研究［M］. 北京：社会科学文献出版社，2018.

［14］中国井冈山干部学院. 斗争（苏区版）：第3辑［M］. 北京：中国发展出版社，2017.

［15］许毅. 中央革命根据地财政经济史长编［M］. 北京：人民出版社，1982；余伯流. 中央苏区经济史［M］. 南昌：江西人民出版社，1995.

［16］中华苏维埃共和国各级国民经济部暂行组织纲要［N］. 红色中华，1933-05-08（5）.

［17］中共中央文献研究室，中央档案馆编. 建党以来重要文献选编（1921—1949）：第11册［M］. 北京：中央文献出版社，2011.

［18］毛泽东. 毛泽东选集：第一卷［M］. 北京：人民出版社，1991.

［19］许毅. 中央革命根据地财政经济史长编：上［M］. 北京：人民出版社，1982.

［20］中央苏区南部十七县经济建设大会的决议［N］. 红色中华，1933-08-19（1）.

［21］厦门大学法律系，福建省档案馆. 中华苏维埃共和国法律文件选编［M］. 南昌：江西人民出版社，1984.

［22］赖宏，凌步机. 中央革命根据地党的建设发展史［M］. 北京：中国社会出版社，2008.

［23］中共中央文献研究室，中央档案馆编. 建党以来重要文献选编（1921—1949）：第10册［M］. 北京：中央文献出版社，2011.

［24］关于区委对支部的领导（转载中央斗争）［N］. 斗争，1933-02-04（1）.

［25］造币厂支部通讯［N］. 斗争，1933-11-19（25）.

［26］中国人民银行.《新中华报》金融史料摘编［M］. 北京：中国金融出版社，2018.

[27] 全国人大图书馆．中华苏维埃代表大会重要文献选编［M］．北京：中国民主法制出版社，2019．

[28] 中央组织局．苏维埃国家工厂支部工作条例［N］．斗争，1934-04-21（56）．

[29] 刘少奇．论国家工厂的管理［N］．斗争，1934-03-31（53）．

[30] 邓颖超．实际为巩固与加强无产阶级领导权而斗争的检讨［N］．斗争，1933-01-13（1）．

[31] 中共中央文献研究室，中央档案馆编．建党以来重要文献选编（1921—1949）：第8册［M］．北京：中央文献出版社，2011．

[32] 中央执行委员会第二十六号训令——关于惩治贪污浪费行为［N］．红色中华，1934-01-04（2）．

[33] 中华苏维埃共和国临时中央政府执行委员会命令（中字第一号）——中华苏维埃共和国中央苏维埃组织法［N］．红色中华，1934-02-22（5）．

[34] 中央审计委员会审查国家企业会计的初步结论［N］．红色中华，1934-03-31（6）．

[35] 工农检察部控告局的组织纲要［N］．红色中华，1932-09-06（7）．

[36] 董必武．把检举运动更广大的开展起来［N］．斗争，1934-05-22（61）．

[37] 孟平．兵工厂工友不断冲锋：三次竞赛超过百分之八十，第四次的计划又在开始了［N］．红色中华，1933-06-11（4）．

[38] 兵工厂工友是国家企业工人的模范：牺牲一切帮助革命战争［N］．红色中华，1933-05-05（5）．

[39] 许毅．中央革命根据地财政经济史长编：下［M］．北京：人民出版社，1982．

[40] 江西邮务工人热烈节省经济的总结［N］．红色中华，1933-04-11（6）．

[41] 余伯流，凌步机．中国共产党苏区执政的历史经验［M］．北京：中共党史出版社，2010．

[42] 习近平．习近平谈治国理政：第2卷［M］．北京：外文出版社，2017．

赣南苏区高校专利转化和高质量发展研究[1]

王　昆　孙家兴　迟嘉琪[2]

摘　要：近年来，我国高校研发力度不断加大，高校科技创新能力不断提升，由此产生的专利数量惊人，但也存在着专利转化率不高、许可程度偏低和产业化质量不高的现象。中部、西部地级市高校获批专利量多而不优，产业化低，且在专利转化制度、模式、政策鼓励措施等方面与省会高校与发达地区高校有着明显差距。基于此，以赣南苏区高校专利转化许可率不高的问题为导向，结合赣南苏区高校的基本情况与江西高校的整体情况，采用实证分析方法，探究影响高校专利转化许可的深层因素。为赣南高校激发创新活力、机制建设，专利高质量发展提供相关建议，进一步助力赣南苏区振兴。

关键词：专利转化；高质量发展；赣南苏区振兴；创新

一、引言

当前，我国正在从知识产权引进大国向知识产权创造大国转变，知识产权工作正在从追求数量向提高质量转变。在我国加快推动实现"两个转变"的顶层设计中，高价值发明专利的核心地位进一步凸显。高校作为知识型人才与科研成果的输出地，对我国企业的创新发展尤为关键。近年来，国家不断加大科技投入，我国高校发明专利更是不断增长，据教育部统计，2012年到2021年，高校专利申请量从10.6万件增加到36.7万件，增幅达到246.2%，专利授权量

---

[1] 基金项目：本文系江西省高校人文社科项目"商标权质押融资风险防控对策研究"，编号：JJ22222，大学生创新创业训练计划项目"商标权质押大数据分析及风险管理"，编号：S202210407050，系列成果之一。

[2] 作者简介：王昆，河南开封人，江西理工大学经济管理学院，博士，副教授，研究方向为创新与高质量发展；孙家兴，男，江西萍乡人，江西理工大学经济管理学院本科生，主要研究方向为高校专利转化与高质量发展；迟嘉琪，女，山东青岛人，江西理工大学经济管理学院本科生，主要研究方向为高校专利转化与高质量发展。

从 6.9 万件增加到 30.8 万件，增幅达到 346.4%，授权率从 65.1% 提高到 83.9%。① 高校的研发成果数量显著。全社会对科技创新关注程度不断提高，但对我国科技成果转化率低的批评之声也不绝于耳，据推算，中美两国的科技成果转化率数值分别为 3% 和 50%；更有文章指出"我国科技成果转化率仅有 10%，相比美国 80% 转换率低 70 个百分点"，我国高校科研能力结构性不均衡的问题较为明显，东部发达省份的专利申请量、有效率和授权率相比西部和南部不发达地区普遍较高，这其中有受区域经济发展水平、高校自身的科研实力与人才培养模式、政府扶持力度等因素的影响。但普遍存在重数量、轻质量，转化和管理制度不完善、激励与扶持政策不到位的现象。基于此，围绕非赣南苏区有关高校和革命根据地赣南苏区的专利转化现状展开对比研究，以发现专利转化在我国本土范围内的区域差异与普遍问题。

二、赣南苏区高校专利技术转化的问题现状

（一）高校专利布局差异大，发展欠均衡

据江西省国家发明专利统计报告显示，2021 年，江西省内高校获批国家专利 6743 件，位列国内第 19 名，专利数量增幅达 53%，近年（2014—2021）来平均增长率高达 31%。在江西省内，省会城市南昌专利获批数量排名第一，达 2672 件；赣州市、抚州市、宜春市、吉安市、九江市五市高校专利获批数量也位居前列。高校内部，位于赣南苏区的江西理工大学获批国家专利数量最多，达 261 件。另外，南昌大学、南昌航空大学、华东交通大学、江西师范大学、东华理工大学也获批了大量专利。在江西省内的各类专利中，公司专利占 63%，高校专利占 24%，科研机构专利占 7%，个人专利占 4%。2021 年，在地域分布上，省会城市南昌市和赣南苏区中心城市赣州市的专利有效量分别为 10939 件和 2531 件，在专利有效率和专利授权量上，赣州市达 68.31% 和 29.67%，相比省会城市南昌的 40.39% 和 17.22% 高出多个百分点。而中部城市如吉安、新余、抚州的专利数量较少，东西部城市上饶和萍乡的高校专利有效量最少，仅为 195 件和 148 件。高校专利在数量上和质量上呈现南北多，东西少的严重不均衡现象，发展欠均衡。据中国高校专利大数据平台统计，发明专利相较于外观设计专利在 2019 至 2021 年增幅较大。高校实用新型专利增长迅猛，2021 年实用新型专利达 5518 件，同比增长 18.9%。②

---

① 数据来源：中国专利统计报告 2021。
② 数据来源：奥凯专利大数据中心壹专利平台。

（二）重数量、轻质量，专利转化实践效果差

据调查显示，2021年我国国内有效专利产业化率为44.6%。从不同专利权人来看，企业专利产业化率最高，为49.8%；科研单位其次，为15.9%；高校最低，仅为2.3%。从专利类型看，外观设计专利产业化率最高，为52.3%；实用新型专利次之，为46.2%；发明专利产业化率为35.4%。① 以专利产业化为指标，赣南苏区高校和全国绝大部分地区高校同样存在着重数量、轻质量的现象，高价值的专利稀缺。随着经济发展，赣南苏区高校的科技创新环境、科研人员数量、科技研发投入与实验设施配备已较为完善，科技创新理应出现较为显著的成果。但赣南苏区各高校专利科技创新程度、产业转化幅度明显弱于预期水平，未能较好地激发科技创新活力和充分利用高校科技创新资源。虽然近年来一部分高校的专利申请及授权数量增幅较大，刚有起色，但与省内头部高校仍有较大差距。据相关数据统计，赣南苏区高校专利申请、授权数量增长速度虽较为强劲，但其专利转化率仅有10%左右，专利产业化率则更低，仅在1%左右，高校专利技术实质性创新与应用化程度严重影响赣南苏区技术创新与产业升级的步伐。② 表1为江西省有关地级市高校的专利情况。

表1　江西省各地市高校专利有效量统计

序号	城市	有效量	有效率	授权量	授权率	申请量
1	南昌市	10963	40.35%	27169	17.31%	38517
2	赣州市	2537	68.18%	3721	29.76%	5638
3	景德镇市	1079	33.69%	3203	16.09%	3568
4	抚州市	999	40.63%	2459	13.89%	3254
5	九江市	910	35.95%	2531	8.30%	3049
6	新余市	590	32.58%	1811	2.11%	1943
7	吉安市	411	53.31%	771	13.27%	1010
8	宜春市	365	24.45%	1493	5.31%	1734
9	上饶市	195	49.49%	394	9.98%	501
10	萍乡市	149	27.04%	551	3.45%	667

---

① 数据来源：奥凯专利大数据中心壹专利平台。
② 沈健.中国科技成果转化率与美国差距有多大，问题在哪里？（连载一）[J].大学科普，2020（1）：79-82.

（三）评价管理制度不完善

我国是世界上排名第一的论文大国，论文数量居世界第一位，这与我国特有的教育教学机制与评价机制有较大关系。高校体制内评价指标将专利、论文等科研成果与学生毕业、保研，教师职称评定等紧密联系，因专利产业化难度较高，需要教师本人与高校、政府和企业等第三方机构展开系统合作与深入研究，需要消耗大量时间精力和相应经费。目前，我国专利技术市场和服务平台还不够完善，平台成熟度普遍不高，高校科研人员"望洋兴叹"，在评价体系的有效时限内与以权威期刊发表数量的评价指标下，专利不免被束之高阁，成为纸化专利，这也进一步造成了"重论文、轻成果""重立项申请、轻成果转化"的劣币驱逐良币的现象。同样值得注意的是，高校导师教授对专利的市场化运作不太熟悉，专利能否得到有效保护、发明创造是否与市场需求匹配、成果是否能链接到合适的产业化资源的问题也难以解答，高校教师相关能力要素缺失明显。

三、赣南苏区的高校专利现状实证分析

（一）数量上：政策与专利增长的可行性分析

赣南苏区在中国革命史上具有重要的地位，改革开放以来，伴随时代红利，赣南苏区发生了翻天覆地的变化，生产力大幅发展，社会面貌焕然一新、赣南苏区地域面积将近江西省域面积的四分之一，人口数量占全省约计五分之一，但与全国大部分地区相比，赣南苏区的经济发展程度和城镇化推进幅度明显滞后，当地群众给外人"老区人民"的印象较为深刻，也不乏扣着贫穷落后的帽子。2012年《国务院关于支持赣南等原中央苏区振兴发展的若干意见》出台，赣南苏区的经济发展与产业转型升级迫在眉睫，要求赣南苏区经济发展步入快车道，在振兴赣南苏区的伟大历史任务进程中，高校作为人才输出基地与科技成果研发中心有着举足轻重的作用，高校专利的获批情况与质量水平和产学研一体化进程联系紧密，在某种程度上也体现着当地的科技创新水平与科技竞争力。因此，政府高度重视高校专利工作以助力科技创新与产业高质量发展。一是在国家层面，2021年，财政部、国家知识产权局（以下统称两部门）联合印发《关于实施专利转化专项计划助力中小企业创新发展的通知》，科技部、教育部印发《关于进一步推进高等学校专业化技术转移机构建设发展的实施意见》等指导性文件，在顶层设计方面积极利用政策支持来进一步加大高校科技成果利用幅度与提升转化能力。二是在地方政府层面，江西出台《到2025年，近三分之二以上的本科高校将建成应用型高校》的通知，江西省科学技术厅等六个

部门印发《2021年江西省减轻科研人员负担、激发创新活力专项行动工作方案》。赣州市出台《赣州市级专利专项资金管理办法》的通知，专利转化迎来了政策的进一步加持。以赣州市部分高校的专利授权量为例：2019年，江西理工大学发明专利151件，实用新型专利43件，外观设计专利6件；2021年，发明专利增长到286件，实用新型专利465件，外观设计专利43件。发明专利翻了近一番，实用新型专利增长超10倍，外观设计专利增长7倍。2019年，赣南师范大学发明专利15件，实用新型专利12件，外观设计专利1件；2021年，发明专利22件，实用新型专利49件，外观设计专利12件，增长明显。① 高校专利在政策支持下，在数量上有所增长，创新能力和水平得到进一步提升。

（二）质量上：高校专利转化、许可情况

从数量上看，赣南苏区高校专利申请量增长强劲，甚至有部分高校申请了国际性专利，但在专利转让、许可、质押上，赣南苏区高校的专利质量令人担忧。表2是赣州市Top10的高校专利情况表，从表中可以看出，除江西理工大学的专利转让突破100件，其他高校的专利不足六件，专利许可和质押的情况更是不容乐观，而其中又以带有科技属性的"工科"类院校居多，矛盾明显。

表2 赣州市Top10高校专利情况

	发明专利	实用新型	外观设计	专利转让	专利许可	专利质押	国际专利
江西理工大学	1271	174	39	162	4	1	26
赣南师范大学	92	122	60	4	0	1	2
赣南医学院	28	121	7	1	0	0	1
赣南科技学院	15	23	4	4	0	0	0
赣南师范大学科技学院	0	5	0	0	0	0	0
江西应用技术职业学院	68	139	10	5	0	0	2
江西环境工程职业学院	23	243	52	1	0	0	0
赣州师范高等专科学校	0	3	4	0	0	0	0
赣南卫生健康职业学院	0	21	1	0	0	0	0
赣州职业科技学院	0	12	0	0	0	0	0
总和	1497	863	177	177	4	2	31

数据来源：奥凯专利大数据中心壹专利平台。

① 数据来源：奥凯专利大数据中心壹专利平台。

（三）区域上：专利与地理因素的关联

赣南苏区，指以赣州市为中心的江西南部原中华苏维埃政府地区，因历史条件等诸多因素，赣南苏区高校的竞争力还有待提高。尽管如此，赣南苏区在一些方面也享有得天独厚的条件，赣州是国家Ⅱ型大城市、"一带一路"重要节点城市、赣粤闽湘四省通衢的区域性现代化中心城市，拥有4个国家级开发区和1个综合保税区。赣州的钨矿与稀土资源丰富，是全国稀有金属产业基地和先进制造业基地。赣州是革命老区、原中央苏区振兴发展示范区、红色文化传承创新区。实现赣南苏区经济发展，因地制宜显得尤为关键。赣州是中国重点有色金属基地之一，赣州市保有矿产储量的潜在经济价值达3000多亿元，享有"世界钨都""稀土王国"的美誉。

江西理工大学是我国有色金属工业和钢铁工业重要的人才培养和科研基地，被誉为"有色冶金人才摇篮"。该校科研实力强劲，由下图可见，江西理工大学在专利申请和授权上，位居全省前列。该校积极利用自身强势专业的科研力量与多家企业联合展开研究工作，合作申请专利的比例不断扩大。此外，结合自身优势专业，开展校企联合模式研究，采用国外先进大学科技园模式，并先后成立钨、锂动力、稀金新材料、磁悬浮、先进铜产业等多个研究院，江西理工大学的专利申请领域也呈现多元化的特点，在现有资金、人才、科研政策支持等资源利用方面，取得了良好的成效，值得赣南苏区其他高校借鉴。图2为江西理工大学的优势专利领域比例分布。

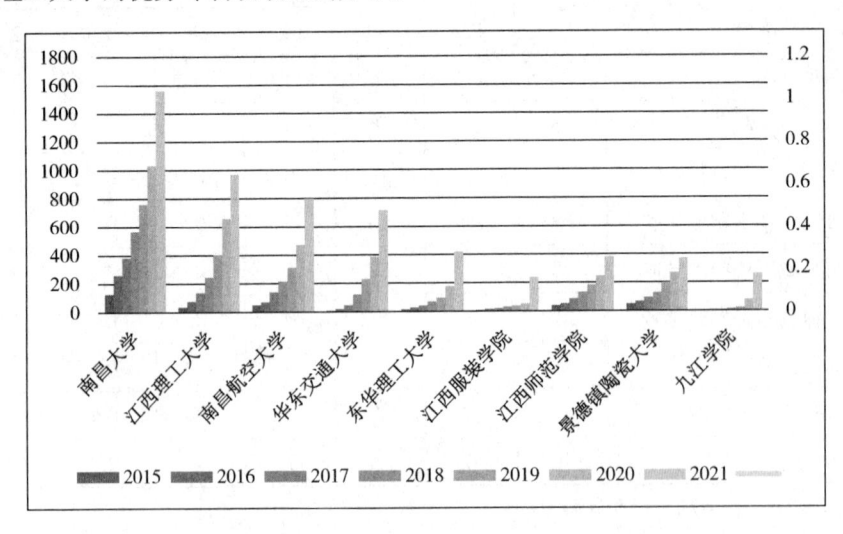

图1　近10年江西高校专利有效量分析统计

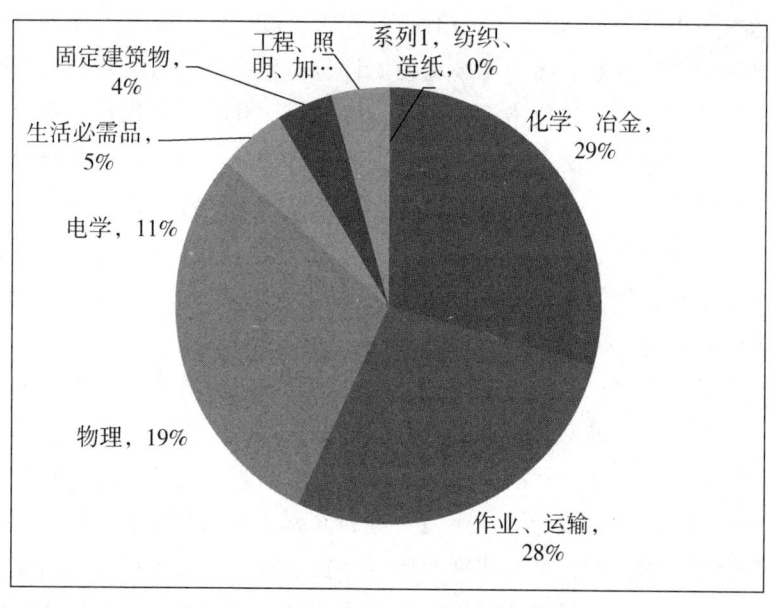

图2 江西理工大学各专业专利技术统计

（四）制度上：专利制度体系的认知

从高校专利制度的对外性来看：一方面，赣南苏区高校知识产权管理意识薄弱，专业管理机构不完善，缺乏专职管理人员。赣州科技大市场综合服务平台成立已有多年，但平台服务主要是企业之间的专利转让与出售服务，而高校与平台之间的市场对接极少，平台高校院所库信息不够完善，有的必要信息严重缺失，高校专利进入市场的渠道难以打通，且信息透明度较低。高校专利负责人、平台管理者也未实现有效对接，高校专利被忽视，专利难以商品化，信息不对称现象明显，难以推进专利转化和许可的市场化。另一方面，赣南苏区高校体制中没有专门的知识产权管理部门及管理人员，高校专利申请主要取决于申请人，申请门槛较低，这不仅仅是赣南苏区的专利申请现状，在全国诸多地区也大多如此，而国外发达国家的专利一般隶属于高校，专利只作为高校教师的职务性产出。专利的前期评估、筛选直至审批环节都较为严格，往往只有50%的专利能够申请成功。这也是发达国家的高校专利转化率能达到60%甚至70%的重要原因，并从制度层面，解释了我国高校专利为何量大质量却欠佳的现状。从更深层次来看，非985、211高校的职称评定本身竞争较为激烈，加之科研经费投入有限，这也导致了教师热衷于追求"短平快"专利项目，以打造职务升迁的政绩工程。从高校专利制度的对内性来看，高校缺乏能够既懂技术、又懂市场的复合型人才。专利价值的开发只是科研部门、校团委等机构或部门的临时性或辅助性的工作，学校内部的专利转化管理办法实施力度不强，缺乏必要的监督和考核机制。赣南苏区高校的评价体系按论文数量、期刊水平、科研成果申请成功与否的量化指标来衡量。专利应用化、产业化的职称、奖金评价体系缺乏，结合自身能力与客观条件，考量机会成本后，高校教师也会规避高成本、高投入、高风险的专利转化过程。这反映了高校内部专利转化激励机制的缺失，也反映了仅凭高校教师的个人力量，专利难以转化，需政府政策、技术服务、企业市场的多方推动。

（五）市场上：专利的固有特性与要素市场匹配

专利的法律解释：专利在现代一般是由政府机关或者代表若干国家的区域性组织，根据申请而颁发的一种文件。这种文件记载了发明创造的内容，并且在一定时期内产生这样一种法律状态，即获得专利的发明创造在一般情况下他人只有经专利权人许可才能予以实施。专利分有效专利和无效专利，国家为鼓励创新和保护知识产权，对专利赋予特定保护期限，通过法定程序确定发明创造的权利归属关系，从而有效保护发明创造成果，独占市场，以此换取最大的利益。这也表明专利自产生就有专利权，受到国家专利法保护，未经专利权人同意许可，任何单位或个人都不能使用，并保留状告他人侵犯专利权，索取赔偿的权利。形成一项专利，必须具有新颖性、创造性、实用性、非显而易见性、适度揭露性五种特性，为企业创造经济价值所服务。但是，高校无论是从劳动、资本还是人才等要素条件考虑都不具备产业化的条件，加之赣南苏区经济发展较晚，赣南苏区高校内部缺乏统一的专利管理团队和归属制度，尚未形成成熟的技术转化和服务平台，专利产业化需经过政府企业等多方协调，专利转化过程效率低，工作量大。高校的很多专利或束之高阁，或仅为企业二次开发新的专利提供参考。据中国高校统计平台统计显示，在赣南苏区的中心高校中，高校的专利转让出手较多，但也仅有江西理工大学的专利在2021年突破56件，其他高校的专利转让、许可和专利质押都极低，不足5件。这表明，激发赣南苏区科技创新和专利高质量发展，助推产业化经济，专利的发明到后期的处置都还有较大提升空间。

四、如何实现赣南苏区高校专利高质量发展

（一）借鉴国外先进高校专利制度与管理经验

欧美国家已有技术许可办公室、大学科技园模式、技术管理公司等较为成熟的专利转化与产业化模式，国外高校对专利申请的把控十分严密与谨慎，专利申请淘汰率高。其核心是一套明晰的责权法则，高校研发的专利经许可后供企业使用，如企业在其专利中成功产业化并取得收益，则高校及其发明者将共享企业所得收益，其收益又可作为一笔新的研发资金，笔者认为，外国的这种高校"企业化"是一项较为可行的制度创新，据中国人民大学知识产权管理办公室沈健学者的最新研究成果——《中国科技成果转化率与美国差距有多大，问题在哪里？》可发现美国高校实行的是专利许可制度，而我国高校更多的是专利转让制度，前者一家高校的专利可以供多家企业使用，后者则是一对一的转让。美国高校专利管理制度作为一种风险创新机制，一方面，如一家企业未能开发出专利价值，则可由其他企业开发；另一方面，采用专利许可制度，企业可以以较低的成本在前期研发阶段利用高校专利为样本或在其基础上用于产品开发，以此来降本增效。对于高校专利所有者来说，这也是一种利益上的共赢，专利的真正价值得以体现。遗憾的是，赣南苏区高校极少有专利许可的模式，高校专利大多"沉默"，这无疑是一种资源浪费。对此，实现赣南苏区经济的高质量发展，在社会层面，有必要加快产学研一体化，积极推进校企联合，政府有关知识产权部门可以打通市场，积极搭建高校与企业的科技成果交流平台，在高校层面，高校可以作为技术储备与人才储备库，扮演好企业部门"原材料技术厂"的作用，以高校专利助推企业研发，以更好地为企业加快实现经济价值为目标，为苏区经济发展贡献力量。

（二）专利产业化的激励机制与资金问题

激励机制是发明者前行的动力，而资金是专利研发与产业化进程的重要支撑力，是激励机制能顺利施行的基础。从高校自身出发，建立完善有效的知识产权激励机制，避免政府资助政策期满后或者科研项目经费花销完后专利开发进程自动放弃的情形。第一，要明晰专利转化收益分配规则、设立多层级奖励制度，兼顾学校、发明人所在院系、发明者的利益，合理适当提高发明者个人收益占比，调动广大科研教师人员的积极性和创造性，使知识产权的价值及其所有者和发明者的合法利益得以充分实现。第二，分阶段资金激励，赣南苏区高校的专利开发多位于初级阶段，以高校的自身力量，单纯的专利难以形成面向市场的产品，专利技术的产业化进程本就是将风险逐步放大的过程，最终实现价值的产业链过程缓慢，中间的环节甚多，在此可以借鉴国外发达地区高校和国内顶尖高校分阶段激励措施来鼓励高校科研人员的高价值专利开发，做好利益分配，吸引更多科研人员关注、从事核心知识产权的研究与开发。第三，应鼓励高校充分运用财政、税收、金融等政策，激励更多核心专利的创造与转化。利用 PPP 模式，高校可以与政府、企业展开积极合作，搭建第三方专款专用专利转化基金库，解决金融机构贷款限制多的问题，高校可以将科研成果奖

413

励的一部分以专利后期产业化收益来奖励科研教师,以此来降低风险,激励创新,最终实现互利共赢。以市场需求为基本原则导向,制定相关管理制度,对专利研究人员的相关研究水平进行评估,对符合市场需求或企业需求的专利技术研发给予一定的资金支持。对于研发成本高昂,专利转化风险较大的专利,在转化过程中可以适当引入风险投资,利用企业或社会的资金力量化解专利转化市场化的风险,以此提升高校专利转化的绩效和专利转化的风险溢价。

(三)建设高校专利技术转化服务平台

赣南苏区已有成熟的企业之间的技术服务平台,高校的角色往往被忽视。基于此,可以加快建设高校专利技术转化服务平台,搭建一个交互平台,将企业、高校、政府链接,高校跟随市场的变化产出相应专利成果,与企业合作,政府积极推动和制定相关帮扶政策,高校专利产出成果透明化,激发企业创新利用高校专利,实现与科研人员有效对接,使大学从次要的科研机关后备站转变为经济与社会发展的动力站,为建立高校专利技术转化提供机制保障,推进高校专利技术的商用化和产业化。

(四)加强高校自身专利管理与人才培养建设

目前,高校专利管理人员编制配置偏少,苏区高校江西理工大学虽已通过知识产权贯标验收,创建知识产权委员会,但是相对配备人员数量较少,一般是1—3名,专业性不强,一人身兼数职,缺少专业性专职人才,专利管理机构和专利管理制度也多集中于专利申请、专利缴费、专利奖励、专利合同审核、科技成果推广等日常事务,缺乏战略规划和统筹协调,管理部门级别设置低,没有决策权,大多维持着"专利代理"和"专利统计"的工作。甚至部分高校根本没有设置专门的知识产权管理部门和专职管理人员。为改变高校专利管理部门职能弱化和专利管理人才匮乏的局面,高校应加大校内关于知识产权的宣传力度,设立技术转移及知识产权运营相关课程,加强知识产权相关专业、学科建设。并组建科技成果转移转化工作专家委员会,引入技术经理人全程参与高校发明披露、价值评估、专利申请与维护、技术推广、对接谈判等科技成果转移转化的全过程,促进专利转化运用,培养知识产权管理与技术转移的专业人才队伍,推动专业化人才队伍建设。除此之外,高校还应重塑管理体系,完善专利管理规章制度和具体业务流程,加强专利管理团队建设,形成从研究、开发到产业化、商品化全过程中的目标管理、过程管理和动态管理,将专利管理纳入高校科技管理的全过程。各高校应围绕本校发展战略和目标,明确高校专利管理职能,配备专利管理人员和相关工作经费,保障专利管理工作的正常、有序开展。

（五）市场导向，完善人才评聘体系

截止到2022年11月12日，赣南苏区高校江西理工大学专利转化头部效应较为明显，专利转化量已达162个，超专利总量11%，但放眼赣南苏区整体高校转化率则严重偏低，转化量极低的原因之一在于专利本身脱离市场，因此，各高校需调整专利管理理念，建立以市场为导向的专利管理理念，提高高校管理层以及科技创新人才的专利成果市场化、产业化的意识，改变科研管理以事务性管理为主的状态，积极按《高等学校知识产权管理规范》规定的流程和要求进行知识产权的管理，推动科研管理的效益，打造一支既懂技术又懂营销、法律以及管理知识的专利管理人才队伍，逐步建立较为完善的专利技术转化管理人员培养机制。2021年3月21日，江西理工大学发布《关于提升高等学校专利质量促进转化运用的若干意见（教科技〔2020〕1号）》。文件指出，要以质量和转化绩效为导向，更加重视专利质量和转化运用等指标，在职称晋升、绩效考核、岗位聘任、项目结题、人才评价和奖学金评定等政策中，坚决杜绝简单以专利申请量、授权量为考核内容，加大专利转化运用绩效的权重。要根据岗位设置管理有关规定自主设置技术转移转化系列技术类和管理类岗位，激励科研人员和管理人员从事科技成果转移转化工作。此文件注重解决目前专利重数量、轻质量的问题，为高校专利转化快速发展奠定基础，为其他高校提供参考。

（六）加大政策扶持力度

近年来，国家陆续出台知识产权相关政策，10年来累计减免专利费、商标费1262.8亿元，大大推动专利转化发展。赣南苏区紧随国家政策导向，有关部门先后发布《2021年江西省减轻科研人员负担、激发创新活力专项行动工作方案》《2021年度江西省专利费资助专项申报指南》《2020年度江西省企业专利权质押融资成本补贴专项申报指南》等通知。未来，随着知识产权的进一步发展，应加大政策扶持力度，积极借鉴国外先进管理经验，并结合实际国情，因地制宜，构建具有中国特色、赣南苏区特色的专利转化体系，进一步推动赣南苏区知识产权发展，为老赣南苏区振兴事业献出力量。

参考文献：

[1] 沈健.中国科技成果转化率与美国差距有多大，问题在哪里？（连载一）[J].大学科普·知识产权，2020（1）.

[2] 常建宝，丁良喜，曹莉.江西省专利发展现状及建议[J].中国高校科技，2019（7）.

［3］贺银娟．江西省高校专利成果转化的现状及对策研究［J］．中国成人教育，2016（22）．

［4］姚晓斌，李怡，陈玉芳，等．国外高校专利转化运用的经验对我国高校的启示［J］．新教育时代电子杂志（教师版），2014（32）．

［5］张友生，梅元红．国外高校专利技术转移工作分析及对我国高校的启示［J］．科技进步与对策，2010，27（24）．

［6］王鸿奇，郭梁，史耀波．科技金融对科技型企业发展的促进作用研究：来自陕西科技企业的证据［J］．未来与发展，2020，44（4）．

［7］曹瑞丽．地方高校专利工作存在的问题及对策研究［J］．长江丛刊，2020（1）．

［8］魏太琛，刘敏榕，陈振标．高校专利技术转移转化价值影响因素实证分析：基于11所一流高校专利转移转化数据［J］．图书情报工作，2022，66（9）．

［9］邱洪华，王斌，杨柳．中国境内高校科技成果转化的现状与策略研究：基于专利的视角［J］．西部经济管理论坛，2021，32（6）．

三农问题与自然生态：邓子恢环境观及其当代意义

王 韵 何爱国[①]

摘 要：邓子恢同志作为我国杰出的农村工作专家，其农业思想包含了保护环境、生态平衡的因素，具有很强的战略性与前瞻性。从生态文明的视角观察邓子恢的环境观及其在农业现代化进程中的贡献，回溯邓子恢环境观形成的历史背景，从政策、制度、措施三方面讨论邓子恢环境观的具体内容，了解马克思主义自然观引导下人类与自然的辩证统一，进一步探讨邓子恢三农思想的思维旨趣和具体路径，提取对当今生态文明建设有益的当代意义与实践价值，为解决生态环境危机、理性思考生态文明提供历史经验。

关键词：邓子恢；环境观；三农问题；生态文明；三农现代化

一、引言

邓子恢是中国农民运动领袖和农村工作专家，引导和推动了我国的农业农村建设，对我国社会主义农村发展进程起到持久且深远的影响。许多学者关注邓子恢的革命事业、在农业合作化中的地位和作用、农民观念，鲜少注意到邓子恢在处理三农问题时，除了通过经济生产与阶级斗争的手段，还包含对自然生态的关注与保护，具有保护生态环境的现代化雏形，为我国后来的生态文明建设提供历史借鉴，也为今天经济发展与生态破坏的脱钩提供实践经验。所谓生态文明，既是人类文明的一种转型，也是现代化的一种转型。发展生态文明，不是遏制经济发展，也不是反对现代化，而是以生态文明建设为引领，协调人与自然的关系，解决工业文明、过度开发带来的矛盾，把人类活动限制在生态

[①] 作者简介：王韵，复旦大学马克思主义学院中共党史专业硕士研究生，研究方向为中国近现代思想史、中国现代化史；何爱国，复旦大学历史系副教授、中外现代化进程研究中心研究员，研究方向为中国近现代思想史、现代化史。

环境能够承受的限度内，实现经济发展和环境保护的有机耦合。生态文明是人类为了保护和建设美好生态环境而取得的物质成果、精神成果和制度成果的总和，不仅体现在对生态环境的保护上，还贯穿于经济建设、政治建设、文化建设、社会建设的全过程，最终呈现出社会文明的现代化进程。

步入21世纪，中国农村的建设事业日新月异，发展模式也逐渐从"生存"向"生态"过渡转型，走向了当代"生态文明之路"，人们开始关注环境污染、资源短缺、生态失衡等环保问题，保护农业生产环境也迫在眉睫。结合生态文明理论，作为农村工作专家的邓子恢，其农业思想不仅没有局限于生产与开发，还包含生态建设的环境观，具有很强的现实性和前瞻性，是值得研究的新面向。在非常有限的邓子恢环境思想的研究中，基本只涉及山林和水土流失问题，只说明了邓子恢对山林所有权分配标准的规定及对水土保护的相关措施，现有的研究还未涉及邓子恢环境思想的形成过程、历史背景、实施效果及后世影响。因此，了解邓子恢的环境思想与政策举措有着深刻的意义，不仅能丰富苏区研究的成果，更为中国式现代化的生态治理提供经验。

二、邓子恢环境思想的形成背景

马克思和恩格斯说："不是意识决定生活，而是生活决定意识。"邓子恢环境思想的形成，必定和其成长过程、时代背景、自然经济条件密切相关。邓子恢是一个富有同情心的社会活动家，作为落魄乡绅的后代，他的人生跨过了清末、中华民国和中华人民共和国，个人与家庭命运的苦难让他有切身的农村经历与心理体验，致力于贫苦农民的翻身。邓子恢的环境观，是在农民需要、农民利益的驱动下，以农民为出发点，用长远的战略眼光和底线思维，为农业生产发展提供新动力和新方式，为提高农村的生活质量和农民的生活水平做出可持续发展的策略。作为优秀的无产阶级战士，邓子恢有着丰富的革命经验，同时，长期接触农村工作的他，有着坚实的群众基础和充足的实践经验。新中国成立后，他担任中央农村工作部部长、国务院副总理，始终秉持实事求是的工作作风和以人民为本的工作态度，为建设有中国特色的社会主义农村发展道路做出了不可磨灭的贡献。

从自然环境来看，邓子恢从小在位于闽西山区的龙岩长大，福建是多山的省份，山地面积占全省总面积80%以上，有"东南山国"之称。龙岩位于福建西部山区，田少人多，粮食常年仅够自给，荒年甚至要靠洋米进口，其他土产如烟、纸、茶、竹、木产量不大，出口也不多，并且由于闽西多山起伏，雨量丰沛，土壤以红壤为主，保水、保肥能力差，抗蚀能力低，潜伏着水土流失的危机，在对生态进行水土保持之前，闽西山区的经济作物基本难以开发。在雨季，甚至会出现大面积的自然灾害，"闽西汀连各县同样地受了空前的大水灾，各灾区的田园、屋宇、纸木、牲畜及一切衣服什物不知漂多少，统计损失总数在数千万以上"。同时，闽西历来造纸行业发达，耗材量大，需要大量木材。发挥地方资源禀赋是发展地方经济的重要途径，造纸业在闽西具有重要的地位，以长汀造纸业为例，20世纪30年代，长汀城关水东街、太平桥、小关庙前、跳石桥等处开设大小纸行百余家，纸业年营业额在200万银圆以上。"苏维埃政府获悉造纸需要以竹子或木材为主要原料，制作过程需要较洁净的水，为了造纸业的发展必须保护山区林木，涵养水源。"闽西是邓子恢出生、成长之地，也是他施展农村工作才能的首选地，他对山区的生态条件较为熟悉，对山区的经济概况及面临的问题深有感悟。

遗憾的是，20世纪以来，闽西土地大面积退化，山林水土流失严重，在水土保持之前粮食和经济作物产量低，许多人口只能外出谋生，"龙岩地处漳厦与汀州、赣南的交通枢纽，货物转运频繁，一般农民除耕田外，很多做搬运工人"。因此，邓子恢较早意识到环境保护的重要意义，从山区开发与生产、生态环境保护两个角度思考治理和发展山区的必要性。出于发展苏区经济和服务战争的目的，他颁布了一系列措施支持山林经济的发展。作为中央苏维埃领导人之一的邓子恢，迫切需要发展山林农业来维护政权建设和打破国民党的经济封锁。中华人民共和国成立之后，闽西成为邓子恢进行农业农村改革探索的重要考察地和试行地。邓子恢对闽西农村有着特殊的情感，长期与自然共处的经历也让他较早认识到生态环境保护的必要性和紧迫性，从"先发展后治理"转向"边发展边保护"，从人为建设到自然恢复。邓子恢对自然破坏深感痛心，他某次回龙岩老家，"便沿途看到林木大量砍光，路旁堆积腐烂木材很多，火烧山很多。之后回到我家邓厝，后龙山也被砍个光。为什么这几年会造成这种严重局面呢？"邓子恢目睹了家乡的翠绿山林被乱砍滥伐的景象，他大受震撼，心碎不已，更加坚定了护山护林、保持水土、保护生态的想法。因此，邓子恢萌发生态保护的意识是基于对山区开发、经济建设、战争支援的需要，也有对农村、农民的一片真心与深切爱护，这些都间接推动了生态建设，为其环境观提供条件。

三、邓子恢环境思想的内容及思考

此部分内容，将引入生态文明的相关概念，用现代化的视角来观察邓子恢在中国农业农村现代化进程的作用和经验。笔者主要依据邓子恢的重要文章、报告、讲话、书信、自传、回忆录、调查报告等,挖掘邓子恢决策和推行的相关政策、制度、具体措施,探究邓子恢环境思想的内容与具体实践。

(一)修复生态环境,预防生态失衡

我国环境问题的基本特点是人口众多,环境压力大,由于经济落后,很长时间内国家缺少充足资金去治理环境。邓子恢在全国第四次农村工作会议上,提出要从经济特点上对我国的发展情况进行分析,指出我国特点是人多地少,同时人口分布很不平均、地少人穷、工业落后,农业为主,人民生活水平低。进入工业化初级阶段后,工业占据主要位置,当时最主要的问题是乱砍滥伐、过度垦殖造成的水土流失,引发了一系列自然灾害。农村贫困问题无法得到妥善解决,为了生存,只能牺牲生态环境来发展生产,加速了自然资源的损耗,也使生态系统的生产能力减弱,加剧了贫困,造成了恶性循环。在"剪刀差"的供给模式下,农业的资金少、人员少,资源分配出现了极大的不对称。针对这些情况,邓子恢在中南军政委员会第四次会议上作出工作报告,提出"首先就要兴修水利、护林、造林、扑灭害虫,以求避免或减少水、旱、风、虫的灾害"。邓子恢较早地关注到了我国工农业失衡的问题,反复提出"必须在实现工业化的过程中保持工农业发展相适应"。

在生产开发的同时,邓子恢敏锐地注意到山区环境的恶化,认识到生态保护的重要性。他始终坚持"山林是农业最基本的建设""林业是农业的父亲"。因为森林破坏,南方很多地方出现了"小黄河",水土流失严重,因此他大力推行造林政策,坚持预防水土流失和山林灾害,保持水土,要求"大力开展造林、营林、护林工作",认为"森林情况正像毛主席说过的'大势不妙'",要改变砍得多、造得少的不利局势,要做到"砍一造二或造三、造四甚至更多",只有这样,才能保持水土,涵养水源,调节气候,保证农业生产的顺利发展。为了避免春耕、秋耕时过分削弱土壤肥力、破坏地质,邓子恢提出"禁止水田下硫酸""限制水田下石灰数量""割禾时留一定高度的禾头""留一定稻草回田",同时对化学物质的使用进行限制,保持土壤肥力。自然灾害已经成为发展和生产农业最大的敌人。在山区长大的邓子恢深知自然灾害的威力,因此有防患于未然的意识,对于难以解决的自然灾害,邓子恢强调要有预防的意识,"像福建的台风,再过100年恐怕也不能解决,但事先预防,适当减轻灾害,应当总是可以的"。在短时间内完全消除灾害是不可能的,治理的目的在于尽量减轻灾害。

在出于经济建设的迫切需求、对工业化的渴望、超英赶美的竞争氛围下,农业出现了揠苗助长的现象,对自然资源进行了无节制的攫取,对我国的生态环境造成了不可逆的破坏。在这种大环境下,邓子恢用长远的战略眼光看待环境破坏与经济发展的关系,始终坚持发展需要关注环境,生产与保护要相结合,他对修复生态环境和预防生态失衡做出的努力在一定程度上阻止了我国环境问题的进一步恶化,也改善了我国经济生产的结构,扭转了人民的发展观念。

(二)有效治理山区,发展多元经济

我国是多山的国家,在大陆国土中的总面积中约有80%是山区和半山区,广大的山区里有极丰富、宝贵的资源,也有许多革命老根据地,对我国的革命事业有巨大的贡献。因此,治理山区不仅有着重大的经济意义,同时也有重要的政治意义。邓子恢分析:"过去有人说,我国是'三山六水一分田'。现在看来实际上是八山一水一分田。""总的来说,我国山区生产是:地区辽阔,资源丰富,潜力无穷,前途无限,对全国社会主义的经济建设关系非常大。"中华人民共和国成立以来十分重视林区、山区的建设和多种农业经济的发展,《中国人民政治协商会议共同纲领》中的第四十三条规定,要保护森林,有计划地发展林业;保护沿海渔场,发展水产业;保护和发展畜牧业,防止兽疫。在山区生产座谈会中,邓子恢提出要"向山区进军",充分利用开发山区的各种资源。在东北、内蒙古林业工作会议上,邓子恢发表讲话,提出关于林业工作的三大任务,其中第一个任务就是"大力护林、造林、育林,来保护和培养森林资源,以便保持水土,涵养水源,调节气候,以保证农业丰收,促进社会主义建设大发展"。1961年,邓子恢在福建龙岩地、县、公社干部会上作报告时强调,扩大耕地面积,必须在"不破坏水土保持的原则下开荒"。邓子恢极其重视对山林的维护和水土的保持,林业的第一个任务便是造林、护林,培育森林资源,并把护林计划作为国家建设的根本大计,是子孙万代之业。

但山区治理也面临着一系列的困难,例如,山多、树少、缺水、灾害多、产量低等。改变山区不利条件的主要办法就是搞好水土保持,植树造林,增加水源。"山区的潜力很大,有条件发展多种经营,农、林、牧、副业综合发展,远景会超过平原区。"邓子恢也观察到,山区人口向平原大量倒流,导致荒地增加,对山区建设十分不利。于是他提出要采取一系列政策措施,如适当调整山区的负担,普遍建立土特产采购网,合理调整土特产价格,修筑道路,发展交通等,需要进行长期规划。国家也应给予山区必要的经济援助,发展山区经济,特别是对于一些革命老根据地和贫瘠山区,更应该多加注意。

摆脱山区贫困面貌和治理自然环境有莫大的关联。山区之所以贫困,是因为交通不便、信息滞留、教育文化水平低、人地矛盾尖锐。传统"竭泽而渔"的农业方式让农民在开发山区时形成惯性,毁林开荒、种植庄稼,但粮食产量不仅没有上去，还破坏了生态环境，导致水土流失，陷入了"越垦越荒，越荒越穷，越穷越垦"的恶性循环中。面对"贫困开发"，邓子恢对建设山区提出了六条方针：山区生产，必须是多种经营；要因地制宜，研究历史，不能割断历史，反对一般化；要力争粮食、油料、肉食自给有余，并加强对平原、城市、工矿地区的支援；林业建设是山区生产的一个重点，必须大力植树造林，有林才能更好保持水土；一切生产，都要服从于水土保持，水土保持是发展山区生产的生命线；要全面规划，不要顾此失彼。只有做到以上六个原则，才能促进山区的全面发展。对水土流失较严重的地方，他建议要有计划，分期、分批、分沟、分片地进行治理。邓子恢还列举了河南省林县的例子，"没有水群众就下山，有了水群众就上山"，鼓励全国学习甘肃武山县东梁社和山东莒南县引水上山的做法，大力开展山区的水利建设，做好水土保持工作。

在山区开发潜力的驱动和我国粮食供应短缺的情况下，邓子恢意识到发展山区多种农业经济可以缓和生态，推动粮食作物、经济作物、生态作物共同种植，在提高农业种植效益的同时，兼顾土地利用率和承载量。"在农产品中除粮、棉外，油料（包括花生、菜籽、芝麻三种）的供求关系目前也是紧张的。为解决食油问题，应大量养猪和发展山区油料作物，如核桃、菜籽、花椒、椰子、葵花籽等。"为了促进经济作物和副业的有效发展，邓子恢先见地提出"要有正确的价格政策和做好农产品的收购工作来配合"。在经济作物的利益分配上，邓子恢进行了规划，提出"林权要随公社体制调整，除国有林划归公社管以外，原属高级社所有的山林，应立即归还大队所有""订立联营合同""以后国家或公社要采伐木材，必须事先商得所有者同意"。这些措施都帮助了山区固定山权、百姓收益，同时有效防止过度采伐，防止对环境造成破坏。

既要提高产量，又要预防灾害，邓子恢提出"农业上山"的构想，扩大灌溉面积，减少受灾面积，开发山区作物，如薯类、茶叶、果类、柞蚕等，分摊农村土地的压力。除了山区农业之外，邓子恢还对畜牧业、水产业、渔业进行规定，同时制定了发展林业的计划，"我国木材资源缺乏，一方面应积极造林，另一方面应积极节约使用木材"。对于山区过度砍伐的问题，邓子恢认为"砍伐和更新跟不上""很容易把森林破坏，也破坏了水土保持，造成农林矛盾"，这些情况不仅影响山区人民的生产生活，城市供应紧张，而且影响到水土保持，甚至将来会出现山光水尽的现象。于是他提出轮伐区制度，既照顾了当前利益，又照顾了长远利益，并吸引农民上山。除了实行轮伐区制度，邓子恢还认为要提高木材的利用率，减少浪费，他建立采伐与更新结合的制度，采伐要处处为更新创造条件，人工更新与自然更新"两条腿走路"，自然更新要和封山育林相结合。到1956年，我国对生态环境的保护、新型农业的开展取得了良好收效，在造林方面，造林面积超过原定指标，在耕作制度改革、技术改革、使用新式农具和推广优良品种上都取得了成绩。

邓子恢还具有用法律和规章制度缓解山区生态问题的思维。早在苏区时期，他就主持起草了我党历史上第一部有关生态保护的法令——《闽西苏区山林法令》，将山林建设列为政府工作的重要内容之一。更详细的是，他制定了造林计划，"5年内，计划造林1.08亿亩，其中：经济林（包括用材林）7100万亩（主要在闽、湘、赣、两广等省），占总造林面积的65%；防护林和水源林（防护林主要在东北、西北，水源林主要在淮河、黄河的上游）3700万亩，占总造林面积的1/3。"1958年至1961年，由于"大跃进"和人民公社化运动中的"左"倾错误，我国连续几年遭受大面积自然灾害，产生了全国性的粮食和副食品的短缺危机，面临新中国成立以来最严重的经济困难，为了克服困难，中央提出了"调整、巩固、充实、提高"的八字方针。这一年里，邓子恢率领工作组多次到广东、福建、江西，做了大量的山区、农村调查，向中央提交了许多极有价值的调查报告。在自然与经济的双重压力下，对生态的保护迫在眉睫，邓子恢开始用法律的眼光看待对山区的开发，"除大力造林外，应制定护林、采伐、用材等森林立法"。不难看出，邓子恢对各地山区农林业的保护性建设与对生态的关注比较全面，一方面致力于推广高效生产，另一方面加强对生态的防护，制定相关计划，推动森林立法。

（三）防治水土流失，治理大江大河

面对水土流失严重的情况，邓子恢提出水利建设与治理大江大河，他主张贯彻"全面规划、综合治理、集中治理"的原则，水利工作要防洪、排涝、灌溉、水土保持相结合，发展水利要注意上下游兼顾，左右岸兼顾。他制定的水利建设方针是"减少受灾面积并扩大灌溉面积，主要为农业服务，同时为工矿业服务"。他批评"不看条件，兴修水库，扩大了盐碱化面积"的现象，提倡循序渐进，科学兴建水利，不要好高骛远，"为了搞大的，中小型水利失修"。邓子恢重视对大江大河的水利建设，尤其是黄河的开发，反复强调要加强堤防和勘察，他统计5年内，水利建设计划完成后，可减少受灾面积2500万亩，可扩大灌溉面积5700万亩。邓子恢在水利建设上表现出务实、科学的态度，综合考虑了工农业发展和自然灾害两个因素，对我国的水利建设和环境保护提供了宝贵的经验。

除了水利建设外，黄河的治理与开发也是邓子恢的关注重点，他多次强调对黄河水土流失现象进行防治的重要性。黄河是我国第二大河流，在很长的时段内是全国政治、经济的中心。先秦时期，黄河中上游的气候温和、植被茂密，整个黄土高原森林覆盖率超过50%，秦始皇时期大兴土木、毁伐森林，黄河流域森林资源受到严重破坏。汉朝人口剧增，粮食需求急剧增大，于是毁林开垦成为解决粮食问题的重要手段。后至唐代，经济繁荣，又开始了新一轮更大规模的开荒。历史遗留问题在中国工业化进程启动后凸显，暴露出危害。1955年，邓子恢专门就黄河治理的问题发表讲话，从流经省份、自然条件、生态环境、水利资源等方面强调了对黄河进行治理和开发的重要性。邓子恢用数据说明了黄河对于我国农业生产、水力发电的现实重要性，"只要充分利用，可以把灌溉区域扩大到1.16亿亩土地，在这个灌溉区域内可以使粮食增产137亿斤，棉花增产12亿斤""黄河由于地形优越，大多数水电站的造价都比其他地方低廉，至于发电成本，可以低到等于目前我国水力发电成本的1/10左右"，同时邓子恢也提出治理黄河的另一大目的是防治黄河水灾的泛滥。"黄河是古今中外著名的一条灾害性的河流""这种夏季的集中的暴雨经常造成洪水暴涨，称为'伏汛'""黄河的水灾之所以特别严重，不但是因为黄河流域的夏季暴雨，更重要的还是由于黄河下游的泥沙淤积""遇到较大的洪水，河堤无法约束的时候，黄河下游就要发生泛滥、决口以至改道的严重灾害"。由于黄河流域的旱灾、水灾和水土流失，我国农业生产受到很大的损害，消除黄河的各种灾害，能增加黄河流域的谷物产量，还能充分利用黄河的水力资源进行灌溉、发电和通航，促进农业、工业、运输业的发展。

在黄河流域水土流失地区，邓子恢按照当地具体情况采取了一系列措施，大力发展农业技术，"改良农业耕种技术措施——为了加强土壤吸收雨水能力，实行深耕和雨后中耕；为了加强土壤结构，实行增施肥料和作物轮换，等等"。在农业改良土壤上，邓子恢提出"田间工程"，即坡地修筑梯田，修筑田间集水沟和导水沟系统，并且将禁止在陡坡上耕作改为在陡坡上植树种草，保持水土。治水之本，在于治山，在黄河流域的森林治理上，邓子恢提出"在沟底和沟坡造林，在河岸和河滩造林，在水库岸边造林，在碱地造林"，在干旱区域，要"营造防风固沙护田林"，同时提出"封山育林，坡地和丘陵地造林"的政策。这些措施的推广，很大程度上保持了土壤的吸水能力，也减轻了下游负担，减少了黄河流域水土流失的频率。

我国大江大河的洪涝灾害，并非降水量的变化，而是植被减少的后果，水土流失严重、河道淤积、河床抬高、蓄洪能力减弱。邓子恢水利建设和治理黄河的措施和实践，现在看来仍然具有很强的科学性和可操作性，并且在黄河的治理和开发上也取得了良好的收效，对于黄河流域的生态平衡和环境保护，起到了重要的作用，对于今天的水利工程和大河治理仍然有着建设性的指导作用。

（四）推动科技创新，注重因地制宜

工业化体制下的发展模式是一种粗糙的增长模式，存在诸多弊端，以牺牲环境、滥用资源为代价，这种模式应用在农村也造成了生产效益低、耗费大、环境污染、生态破坏等问题。解放战争时期，就有广泛的农业技术运动，组织有经验的专家和老农帮助政府指导农业生产，提倡和鼓励改良农具。邓子恢在此基础上继续推动技术革新，促进科技进入农业生产领域，开发和利用再生资源，可见循环经济的雏形也为农村培育新的农业增长点提供了重要途径。

生产设备落后、畜力耕种、旧式农具、人工灌溉……这些不利于农业发展的耕作技术引起了邓子恢的高度关注。他认为必须在合作化基础上进行一系列的技术改革措施，将"改良农具""兴修水利""提高肥料供应""推广良种"列入农业发展计划，他还推广精耕细作、合理密植等科学种植方式，一方面使粮食大量增产，另一方面减少不合理的种植开发对环境的破坏。邓子恢始终强调兴修水利、防治水患、开发肥源、改良土壤，并选用良种，推广新式农具，防治病虫害，改进耕作技术，改变耕作制度等措施，在技术创新与推广中必须因地制宜，采取稳进的步骤。在引进外来技术或种子之前，邓子恢强调"一定要经过当地试验"，注意就地培养、就地推广，并且推广是有步骤的，"必须事事经过试验，一切先进经验要第一步经过重点试验，第二步多点试验，第三步才可以大面积推广"。在推广先进经验时，要逐步实现农业技术和耕作制度的改革，必须因地制宜，不能不看当地条件，机械搬用。"在当地推行某种经验还没有十分把握的，应该先在少数地方试办，取得经验后，再普遍推广。"邓子恢强调推广技术必须循序渐进，必须有一个由点到面、由试到办的过程，指出有些地方推广先进经验和新技术制度的时候出现不顾群众的经验水平和科技水平的情况，没有进行必要的教育工作，不尊重老农老圃的意见。值得注意的是，在推广新型种植技术时，邓子恢秉持着实事求是的工作态度，强调实施前必须先对当地的自然情况进行调查走访，同时革新调查技术，推出"林野调查"的模式，即航空测量与地面测量相结合的方式，这种构想与方式在新中国成立初期无疑是非常先进的。

邓子恢对农业的科技化、现代化持有乐观的态度，除了吸纳先进技术，他还尤其重视技术的本土化过程。在推广新型农业技术时，他都强调必须与我国各地条件、发展历史结合，"改进农业技术必须坚持群众路线，因地制宜，就地试验、就地推广""改进耕作技术和改革耕作制度，不能割断历史""要避免从上而下主观制定千篇一律的技术改进计划""技术改进工作要通过典型示范和交流经验的办法，吸引农民自愿接受新技术""技术要尊重劳农的经验，避免主观主义的错误"。① 对待外来技术，不能盲目接受，而是以实践效果和群众感受为主，尊重历史规律和客观现实，以实验的态度对待科学技术。

（五）科学控制人口，加强农村教育

人口、资源、环境是可持续发展的三个关键因素，人口更是直接关系到其他两者的压力与效率。20世纪50—60年代以来，许多发展中国家人口高速增长，直接损害了经济发展，给环境造成巨大压力。针对我国人口基数大，但人口综合素质低的问题，邓子恢提出："不能再盲目地提倡多生育，要提倡'节育'。"中央还计划建立一个专门机构，加强对节育工作的领导。"农村工作干部要向农民宣传节育，指导农民逐步走向计划的生育。"② 对人口增长进行科学控制，对我国人口结构的调整和改善有着至关重要的意义，也是解决农民与环境问题的必要之举。

除了控制人口之外，加强农村教育以提高人口的素质也关乎我国环境的保护性开发。生态视野下的农业发展，不仅要关注地区的生产发展，而且要关注社会发展，关注生态和环境；不仅要考虑当前的经济收益和粮食供应，还要顾及长远发展。我国进入工业现代化道路以来，高投入、高消耗、高污染的粗放型发展模式就伴随着我国的现代化建设，从城市蔓延到农村。一个科学文化落后的国家，是难以建成现代化的，同样，也难以在短时间内扭转农民对生态环境的观念，无法有效改善生态。有鉴于此，加强对农民的科学文化教育，提高其认识能力和科学认知，转变农村传统发展观念，变革发展模式，是提高发展质量的必要举措。对于山区人口的素质问题，邓子恢提出要发展山区文教卫生事业，逐步提高山区人民的文化水平和消灭主要的地方病，必须从思想上采取有效的措施。农民只有提高文化水平，才能更好、更快地吸收新知识、新技术，才能转变破坏生态来发展农业的落后观念，用更加科学的眼光看待经济发展与生态环境之间的关系。

长时间以来，广大干部和群众缺乏生态学和环境科学方面的知识，加上法制不够健全，一味追求发展经济，开发自然资源，只顾眼前利益，不顾长远利益，只顾局部利益，不顾整体利益，造成自然资源与生态环境的破坏，也给经济带来阻碍，加强教育、转变观念成为保护生态的关键。邓子恢重视对农村的宣传和教育，他认为要让科学的、合理的生产方式普及到农村必须依靠教育，

---

① 邓子恢. 邓子恢文集 [M]. 北京：人民出版社，1996：495-496.
② 邓子恢. 邓子恢文集 [M]. 北京：人民出版社，1996：493.

干部要首先起到"带技术下乡"的带头作用,要号召农民上技术课、办技术训练班、印发技术手册等。在土地改革时期,邓子恢提倡加强农村民主建设与文化教育工作,把生产、民主、教育作为农民的三大要求,也是土改后农村工作中不可分离的环节。"大跃进"之后,"大量培养人才,扩大科学队伍",办训练班、办学校、个人带徒弟,形成科学网,通过科学技术在农村的推广,转变传统落后的发展观念和发展模式,推动农业现代化的转变。

四、转型与理论：生态文明视野下的重新思考

生态环境与人类文明是不可分割的有机体,任何文明的产生、发展、维系都需要对生态环境保持高度的警惕,用长远的眼光应对可能发生的环境危机。在《环境与历史》一书中,威廉·贝纳特说过这样一段话:"如果环境史学家在审视过去时脑海里只有一种认识——掠夺,字典里只有一个词汇——退化,他们就很难对自然界在不同情况下的重建和再稳定做出恰当的分析和描述。所以,在使用破坏这个概念的同时应该想到另一个概念:转型。"① 中国文明作为传统的农耕文明,土地是养家糊口的关键,我国自古以来就有关注环境可持续利用的传统,对环境的关注和爱护更是中华民族珍贵的历史遗产,现如今,我们逐步进入生态文明的绿色世界,处在转型的关键时期,因此对近现代以来几个经典的理论进行回顾与思考,也是对历史的省思和对未来的负责。

（一）马克思主义自然观的合理性

很长时间以来,人类在处理与自然的关系时都站在人类中心主义的立场,认为自然界的其他部分从属于人类,人类是自然界的绝对主宰。马克思主义自然观反对这种脱离生态系统、没有正确认识自然规律的观念,早在130年前,马克思就说过:"文明如果是自发地发展,而不是自觉地发展,则留给自己的是荒漠。"他强调要认清人是自然界的一部分,而非自然界的主人。他说:"我们不要过分陶醉于我们人类对自然界的胜利。对于每一次这样的胜利,自然界都对我们进行报复。""我们每走一步都要记住:我们决不像征服者统治异族人那样支配自然界,决不像站在自然界之外的人似的去支配自然界。""我们对自然界的整个支配作用,就在于我们比其他一切生物强,能够认识和正确运用自然规律。"② 100多年前,马克思就已经敏锐地关注到自然与人类复杂的关系,并

---

① 威廉·贝纳特,彼得·科茨.环境与历史[M].包茂红,译.上海:译林出版社,2008:66.
② 弗里德里希·恩格斯.自然辩证法[M].北京:人民出版社,2018:313-314.

且反复告诫我们，不能违背自然规律，破坏生态平衡，否则就要受到自然界的报复和惩罚。100多年后，我们在回顾世界发展进程中人类与自然的关系时，历史事实也向我们证明了马克思主义自然观的正确性与持久性，在当今生态环境问题日益严重的情况下，更显得意义重大。

联系邓子恢的环境观，人与自然的关系、对自然界的尊重与调节，都与马克思主义的自然观有所契合。邓子恢目睹了过度开发、开采、砍伐、种植、垦荒，我国的生态环境已经受到了不可逆的严重破坏，造成水土流失、土地荒漠化、洪涝多发、江河泛滥等严重自然灾害，人民的安全得不到保障，财产受到难以估计的损失。于是邓子恢推出一系列措施和制度来规范农业生产，在发展的同时兼顾生态保护、环境治理，大力提倡植树造林、减少污染、轮耕轮种、改良耕作工具与技术，极力挽救生态平衡与环境破坏。尽管在工业化的大背景之下，对生态环境的保护存在种种阻力，但邓子恢始终坚持人与自然要和谐共生的理念，反对以破坏生态为代价发展生产，认为要走"可持续发展"的路线。他实事求是，认为工农业发展的速度要取决于发展条件和发展质量，强调开发与维护必须同步进行，为防止我国森林消失、土壤侵蚀、地荒漠化、地盐碱化、生物多样性的丧失做出了巨大贡献。

（二）对人类中心主义的反思

美国生物学家蕾切尔·卡逊（Rachel Carson）在《寂静的春天》中质问："在所有这些情况中，人们都回避了去认真考虑这样一个问题：是谁做了这个决定？"[①] 人类的优越感在历史的进程中一直存在，这种认识意味着人类在很长时间里都以利润最大化为发展动力，对自然无限制地进行了压榨与污染。工业革命之后，科学技术大大加快了经济增长的速度，人类中心主义空前膨胀，人们认为自身具有脱离自然、无限开拓的能力。这种生根于发达国家的"新边疆"理念还顺着全球化和市场化来到了发展中国家，不仅引发发达国家高消费时代的到来，而且通过广泛的"示范效应"，诱发了发展中国家的"超前消费"。这也是导致目前人与自然环境之间矛盾激化的主要思想根源。

毫无疑问，当人类文明步入了新阶段，需要用新的、综合的、全面的视角来看待人类与自然的关系，对人类文明的历史从生态的视角重新进行审视。针对人类中心主义，英国环境史学家庞廷（Clive Ponting）对"自然界的其他部分从属于人类"的观点猛烈地进行了批判，强调"人类被视为与一个分离开来的

[①] 蕾切尔·卡逊. 寂静的春天 [M]. 吕瑞兰, 李长生, 译. 长春：吉林人民出版社, 1997: 89.

自然界相隔开，并高出一头，只要认为合适就有资格对自然界进行开发。这种开发被认为是一种粗糙的、未完成的自然环境的改进方式"。而农业更是与自然生态系统直接相关，"农业总是意味着扰乱自然生态系统，但日益增长的人口在许多地方将这一扰动变成了绝对的毁灭力量，对环境越来越多的损害，比以往任何时候都更威胁到更加边缘和脆弱的生态系统"①。按照庞廷的观点，"人口—资源—扩张"这一矛盾循环的滚动发展写就了人类的历史，人类要依赖资源才能生存，但当人口增长到一定程度时资源相对匮乏，人类就会进行改革，寻找新的资源，以此引起历史的变迁。

庞廷引出的这一规律具有普遍性的全球意义。从中国历史发展的经验来看，有限的资源下，人口数量的增长确实引发了巨大的人地矛盾，为了解决这一问题，我们陷入过度垦荒、过度种植、过度砍伐的粗暴陷阱之中，这种模式的影响也一直存续至今，存在很多历史遗留问题。我们必须意识到，人类与自然之间有一条切不断的天然母带，人是自然之子，受着自然的恩惠，依赖于自然生态系统。

（三）对发展主义的反思

根据孟凡东的分析，中国历史上形成了两种发展观，一种是"温和的发展观"，另一种是"发展至上主义"的发展观。在西方进入中国以前，中国一直存有"环境和谐"的思想，很早就有国家干预环境保护的做法。以彭慕兰《大分流》一书为例，中国的生态模式不同于西方，存在"可持续"的渐进发展观。②《大分流》引发了学界对于中西道路问题的一系列讨论，从生态文明的视野来看，在工业化初期，西欧和长江地区均面临着人口增长和资源短缺所带来的生态约束问题，然而英国的煤矿位于经济发展的核心地区，从而节省了运输成本，新大陆的发展更是为英国提供了一笔"生态意外之财"，使英国获得了经济转型所必需的资源、土地密集型产品、贵金属和经济空间。"从明清时代的产权制度就可以看出中国'温和型'的发展观：明清统治者重视农业的基本生产和农民的基本生活水平，小心维护着自给自足的自然经济状态，同时注意市场的作用。""对黄河、长江的'水患治理'，反映着中国'可持续'的渐进发展观的影子。这一发展观形成了中国'生态治理'的传统。"③ 中国的历史向来以兼容并蓄为主要文化基调，反对侵略扩张的道路，作为文明古国，我们走出了一条

---

① 克莱夫·庞廷. 绿色世界史[M]. 王毅, 张学广, 译. 上海：上海人民出版社, 2002：294.
② 何爱国. 当代中国生态文明之路[M]. 上海：科学出版社, 2012：123.
③ 何爱国. 当代中国生态文明之路[M]. 上海：科学出版社, 2012：123.

不同于西方的温和发展道路。

在环境保护与经济发展的关系的问题上，世界上出现了两种极端的观点和做法。"一种是先发展，后治理，只讲发展，不顾环境污染，以牺牲环境谋求经济发展。""另一种观点认为，为了保护环境，维护生态平衡，主张实行经济停滞发展的方针，即所谓'零增长'。更有甚者，主张回到大自然去，回到18世纪的农牧时代去，认为'只有这样，才能拯救世界免遭灾难与毁灭'。"[①] 这两种主张，都带有极端主义倾向，没有正确认识环境与发展的关系，把经济发展与环境保护完全对立起来，解决发展与环境的矛盾，应该协调好二者的关系，在发展中保护，在生产中预防。

五、邓子恢环境思想的现实意义

我们所强调的生态文明，不是停止生产、隔绝发展，而是探寻生态环境与人类活动的适度平衡，形成一种有机耦合。构建生态文明具有三个层面的"同心圆"，即物质技术层面、制度层面与理念层面。为了达成这种契合，必须让绿色、生态的发展观念进入到经济、政治、社会、文化的各个方面中，实现全方位的转型。邓子恢的环境观为我国生态文明建设提供了丰富的历史经验，也为我国维持经济发展与生态保护的平衡提供了有效的现实启示。

（一）强化组织与稳定产权

邓子恢在开展农村建设与生态工作时尤其注意强化组织与稳定产权。在调查走访的过程中，邓子恢发现农村生产和生态治理存在分散、缺乏监管的情况，于是他始终坚持要强化农民自发的组织，对合作社进行规定，颁布相关条例，推广国营农场，推动广大农民的集体化和互助合作，实行集体经营的管理办法，对组织劳动计分、分配，制定计划、合理规划。同时，他还非常重视稳定农村产权、林权，固定农民的收入与预期。农民是农业发展的主体，只有绑定产权，才能让农民充分考虑子孙后代的幸福，用长远的眼光有节制地损耗土地和环境，有效维护环境资源。邓子恢认为首先要进行合理的规划，考察各地的发展条件，制定各个地区相应的农业政策，实现经济发展与生态保护的耦合。在稳定产权的过程中，干部们要率先发挥带头作用，转变发展观念，不能为了一己私利而损害农民的利益，加强对农村、山区的管理。

（二）调整结构与转变方式

针对我国生态遭到不可逆的破坏、自然灾害频繁、农业发展的单一、人口

---

① 曲格平. 曲之求索：中国环境保护方略 [M]. 北京：中国环境科学出版社，2012：4.

压力与粮食供应的矛盾、大量山区资源未得到有效开发的情况，邓子恢致力于调整农村经济的结构，指出发展农业生产的另一个方面，就是必须转变单一的农业方式，发展多种经营。由于耕地不足，许多地方的农民不可能光靠耕地种植维持生活，因此我国农业历来就有多种经营的习惯。邓子恢指出必须因地制宜发展畜牧业、林业、渔业、园艺业、运输业、手工业及其他副业，连接各类农业，互相依赖、互相支援。他大力提倡"农业上山"，把荒山变宝山，加强对山区的保护与开发，做好水土保持，植树造林，增加水源，对于经济作物、山区特产他也做了细致规划，就产权、分配、收益等关乎农民利益的切实问题用文件的形式固定下来，稳定物价，合理控制价格，规范市场秩序。他还大力推动山区交通事业的发展，重视和利用水运，在制定山区生产全面规划时，应同时制定山区交通建设的规划和制定对现有运输工具技术改良及发展运输的规划。他始终强调土地、山林、渔业、畜牧业的可持续发展，在生产过程中必须控制在自然所能承受的限度之内，并且耕种、采伐必须与更新同步进行，摒弃以破坏生态为代表的农业生产方式。

（三）健全制度与完善法律

邓子恢在开展山区工作时尤其强调对规章制度的规范与革新，同时他也用法律的眼光看待环境保护与生态平衡。在建设山区时，由于制度不规范、监管不到位，造成采伐过量、水土流失的严重后果，影响了山林涵养水源、调节气候、保持水土。为了预防对森林的破坏，邓子恢推出轮伐区制度，把木材采伐与造林工作结合起来，提出"砍一造二或造三"，既保持了水土，照顾了长远利益，也照顾了当前利益。建立轮伐区制度，不仅可以推动木材综合利用，提高木材的利用率，也可以观察经济核算，合理利用森林资源。同时，轮伐区制度的实行能够吸引农民上山，护林防火问题也得到了解决。在划分时，邓子恢强调"因场制宜"，划一条"极限线"，确定轮伐区的最高年采伐量，人工更新要超过采伐。他提出的"极限线"制度在很大程度上保护了森林资源，同时也保护了农业的可持续发展。在生态文明建设的制度层面，我们应该继续秉持生态优先的制度体系，通过强化生态文化教育制度、落实生态环境保护法律、建立绿色经济的激励机制，为人与自然的和谐共生提供制度和政策保障。

（四）重视科研与环境管理

国际上一般把科学、技术、管理称为现代化的"三大要素"，三者互相联系，相辅相成。邓子恢重视科研与人才培养，强调技术必须逐步推广，而不能生搬硬套。要因地制宜地发展生产，注意各个区域自然、经济、历史的特殊性，不能放之四海而皆准。伴随着科学技术的进步，环境管理也必须提上日程，所谓环境管理,即编制环境保护规划、组织环境保护工作的协调、进行环境保护的监督。这"三功能说"在邓子恢的环境观中皆有显现,邓子恢注重对生态与经济制定长远计划,用责任制的方式规定义务、协调工作,依靠群众力量,解决跨部门、跨地区的环境问题,同时也强调合作社、自留地对农民生态破坏的监督。今天,我们在环境管理的过程中,需要抓住行政、经济、法律的三个环节,强化监督手段,将市场机制运用于环境与资源管理,明确环境责任,也要扩大公众参与的力度与广度,公众环保资源保护意识越强,越有可能运用法律武器保护自己的权益,同时要鼓励民间组织在环境保护中发挥积极作用。

六、结语

(一) 总结与评价

我们评价邓子恢,往往会给他很多头衔与称号,他是一位伟大的无产阶级革命家、杰出的马克思主义者、著名的政治活动家、卓越的农民运动与农村工作专家。随着我国现代化进程的深入,可以用新的头衔称呼他,那就是优秀的环境保护者和生态建设者。在国家工业化与集体化的大背景下,邓子恢始终坚持人与自然和谐发展,坚定不移地走在建设与生态同步的路上,对我国的环境进行治理,协调经济发展与生态平衡,推动我国农业由"先发展再治理"到"边发展边治理"的转型。受到当时历史条件的限制,科技认识和发展水平较低,邓子恢也未能从纯粹的绿色文明的高度去认识环境保护的意义,他的决策和施行的相关政策措施,很大程度是为了配合工业化与集体化,从我国经济发展的角度考量。但是他有较强的可持续发展观念,在一定程度上统筹经济发展与生态保护,控制不合理的资源开发,具有很强的战略性与前瞻性。邓子恢的探索也为我国的新农村建设提供了宝贵的实践经验,为今天如何发展绿色农业提供了历史借鉴。他在调和经济发展与生态建设的矛盾中表现出来的勇气和智慧,对于当今我国的生态文明建设仍然具有重要意义。

(二) 回顾与展望

环境污染和生态破坏不是个别国家、个别地区面临的问题,而是一个全球性的问题。无论是经济发达的国家,还是发展中国家,环境问题都不同程度地影响国家的发展与建设,生态失衡与环境破坏对发展中国家的影响远远大于对发达国家的影响,对经济社会的冲击更加严重。我国是一个发展中的社会主义国家,环境问题与发展经济存在尖锐矛盾,与西方工业国家相比,我国对环境的认识比较迟缓,虽然以邓子恢为代表的农业工作者高瞻远瞩地意识到了环境破坏的负面影响,但是未在全国范围内对环境问题引起警觉。

今天的中国，已经迎来了经济快速增长与生态文明建设的新纪元，但庞大的人口对环境造成的压力和生态破坏仍然严峻。我们不能走发达国家走过的"先污染、再治理"的老路，需要以经济发展来推动环境保护，以环境保护来促进经济发展，在发展中解决环境问题，必须科学认识自然发展规律与生态系统规律，尊重自然，把人类当成自然的一部分，怀着谦卑的决心，看见"明天的寓言"，树立可持续发展观、科学发展观和生态文明理念，实现经济效益、社会效益、环境效益相统一，坚定不移地付诸实践，才能逐渐扭转经济发展与生态建设的矛盾，实现二者的耦合，开拓有中国特色的绿色发展之路。

参考文献：

[1] 邓子恢. 邓子恢文集 [M]. 北京：人民出版社，1996.

[2] 邓子恢. 邓子恢自述 [M]. 北京：人民出版社，2007.

[3] 蒋伯英，邓淮生，张雪英. 邓子恢闽西文稿（1916—1956）[M]. 北京：中共党史出版社，2016.

[4] 国家农业委员会办公厅. 农业集体化重要文件汇编（1949—1957）[M]. 北京：中共中央党校出版社，1981.

[5] 国家农业委员会办公厅. 农业集体化重要文件汇编（1958—1981）[M]. 北京：中共中央党校出版社，1981.

[6] 中共龙岩地委党史资料征集领导小组，龙岩地区行政公署文物管理委员会. 闽西革命史文献资料：第二辑 [M]. 内部资料，1982.

[7] 史敬棠，张凛，周清和，等. 中国农业合作化运动史料：上卷 [M]. 北京：三联书店，1957.

[8] 何爱国. 当代中国生态文明之路 [M]. 上海：科学出版社，2012.

[9] 曲格平. 曲之求索：中国环境保护方略 [M]. 北京：中国环境科学出版社，2010.

[10] 宋健. 向环境污染宣战 [M]. 北京：中国环境科学出版社，2010.

[11] 深入学习实践编委会，科学发展观编委会. 科学发展观学习读本 [M]. 北京：人民出版社，2009.

[12] 中共中央党史研究室. 中国共产党的九十年 [M]. 北京：中共中央党校出版社，2016.

[13] 彭珮云. 中国计划生育全书 [M]. 北京：中国人口出版社，1997.

[14] 弗里德里希·恩格斯. 自然辩证法 [M]. 北京：人民出版社，2018.

[15] 威廉·贝纳特，彼得·科茨. 环境与历史 [M]. 包茂红，译. 上海：

译林出版社，2008．

［16］基斯·托马斯．人类与自然世界［M］．宋丽丽，译．北京：译林出版社，2009．

［17］克莱夫·庞廷．绿色世界史［M］．王毅，张学广，译．上海：上海人民出版社，2002．

［18］TOULMIN G H. The Antiquity and Duration of the World［M］. London：Gale Ecco，2018．

［19］蔡立雄．闽西商史［M］．厦门：厦门大学出版社，2014．

［20］斯柳．邓子恢与闽西苏区山林保护［J］．绿叶，2005（10）．

［21］闽西苏维埃政府关于设立赈灾委员会问题与水灾告群众书［A］．福建省档案馆藏，档案号：93-1-69。

国务院对赣南原中央苏区出台《若干意见》促进了当地的经济增长吗？[①]

——基于合成控制法的定量评估研究

肖晓军[②]

摘 要：本文利用2003年至2018年的17个地级市层面的面板数据，采用前沿"反事实"框架下的合成控制法，从整体经济增长和工业经济增长两个方面评估了《国务院关于支持赣南等原中央苏区振兴发展的若干意见》出台对原中央苏区的核心地区——赣州市经济增长的净政策效应。结果发现《若干意见》的出台的确对赣州市经济增长产生了显著的正向促进效应。通过安慰剂检验、时点节点变化及DID平均效应检验等一系列稳健性检验表明合成控制法的结果是准确和有效的。笔者进一步研究发现，《若干意见》的出台对吉安市的经济增长也具有正向促进作用，但其效应要远小于赣州；而对三明市、龙岩市、梅州市的经济增长具有负向效应。文章最后提出了更好地发挥中央对赣州支持政策效应的建议。

关键词：赣南原中央苏区；《若干意见》；合成控制法；经济增长

引言

赣南等原中央苏区地跨赣闽粤，是土地革命战争时期中国共产党创建的最大、最重要的革命根据地，是中华苏维埃共和国临时中央政府的所在地，是人民共和国的摇篮和苏区精神的主要发源地，为中国革命做出了重大贡献和巨大牺牲。但由于战争创伤的影响以及自然地理等多种原因，经济社会发展明显滞后，与全国的差距在不断扩大。中共中央、国务院审时度势，于2012年6月28日，国务院印发《国务院关于支持赣南等原中央苏区振兴发展的若干意见》（国

---

① 基金项目：江西省教育厅科技项目"'双碳'目标下我国绿色金融的激励约束机制创新与构建研究"（GJJ211434）。

② 作者简介：肖晓军，男，江西赣州人，经济学博士，副教授，硕士生导师，赣南师范大学经济管理学院，研究方向为国际经济与贸易。

发〔2012〕21号）文件（以下简称《若干意见》）[1]，旨在全面支持赣南等原中央苏区振兴发展。直观看来，《若干意见》出台实施10年多来，原中央苏区的核心地区——赣州市经济社会发展明显加速，主要经济指标增速持续高于全国、全省平均水平。2012年至2018年间，全市生产总值年均增长达10%，总量达到2807亿，跻身全国百强城市之列，可见《若干意见》对赣州市的振兴发展起到了重要的作用。然而现有对《若干意见》实施以来效果的评估，大多还处于统计描述阶段，这种方法难以控制同期其他因素的影响，难以保证评估结果的准确性。鉴于此，本文尝试采用科学的方法——合成控制法来对《若干意见》的实施对赣州市经济增长的影响效果进行严谨的定量评估，并在此基础上提出对策措施，以期为赣州市制定相关政策提供一定的参考。

一、文献综述

合成控制法被广泛地用来对政策实施的效果进行评估。王贤彬和谢小平以2003年广东佛山"撤市建区"行政区划调整作为案例，采用合成控制法评估了行政整合对地区发展的重要影响，结果发现地区内部行政区划调整能够实现市场整合，优化内部资源配置，加快地方经济增长。[2]刘乃全等以1998—2014年中国208个地级市的数据为样本，以合成控制法为工具，检验并比较了中国2010年长三角城市群扩容对整体城市、原位城市和新进城市经济增长的影响，结论显示：2010年，长三角扩容显著促进了新进城市和原位城市的经济增长，且对新进城市经济增长的影响大于原位城市。[3]邓文博收集了2004—2018年中国省际面板数据，运用合成控制法对海西经济区规划的经济效应进行实证研究，结果表明：海西经济区规划对福建省产生了正向冲击；对粤东4市和赣东南4市产生了负向冲击；而浙南3市先受到负向冲击，后受到了正向冲击。[4]邓慧慧等基于2000—2016年29个省份的面板数据，运用合成控制法对比自由贸易试验区（以下简称自贸区）设立前后产业升级变量的实际值与合成控制地区变量的"反事实"估计值来评估上海自贸区设立的产业升级效应，并基于地区异质性对天津、福建和广东自贸区进行比较分析，研究发现上海自贸区对上海产业升级起到了显著的正向作用，但天津、福建和广东自贸区的设立对推动地区产业升级的效果不显著。[5]谷祖莎和许维杰基于2000—2017年4个金砖国家和33个控制组国家的面板数据，利用合成控制法，实证研究了金砖国家合作机制的建立对中国与金砖国家双边贸易的影响，结果显示：金砖国家合作机制的建立显著促进了中国对金砖国家整体进口贸易的增长。[6]曾苑采集了广东省21个地级市的面板数据，运用合成控制法分别评估了河源市融入珠三角经济圈和融入深莞惠"3+2"经济圈的经济增长水平,研究结果表明:河源市融入珠三角经济圈并未有效促进经济快速增长,而加入深莞惠"3+2"经济圈实现了经济快速增长。[7]杨得前等基于2010—2018年的省级面板数据,采用合成控制法,评估了河北省水资源税改革对其用水效率的影响,结果发现:河北省水资源税改革显著提高了其用水效率,节水效应显著。[8]林阳和吴克宁基于我国35个大中城市2009—2016年的面板数据,运用合成控制法分析重庆房产税改革对土地价格的影响,结果表明:开征房地产税使得土地价格下降。[9]

2012年,国务院印发了《若干意见》文件,这是国家实施的一项重要区域发展政策,旨在全面支持赣南等原中央苏区振兴发展,缩小革命老区与其他地区的发展差距,保证与全国同步实现小康。《若干意见》出台实施近10年来,其效果如何?据我们所掌握的资料,目前还没有研究对此采用严谨科学的方法进行定量评估,鉴于此,本文拟运用合成控制法对《若干意见》的实施对原中央苏区的核心地区——赣州市的经济增长效果进行定量评估,以弥补已有研究的空白。

二、《若干意见》出台促进赣州市经济增长的机制

《若干意见》出台以来,在赣州市的积极争取下,中央和省级政府随即公布了对口支援赣南等原中央苏区的实施方案,开始从资金、政策、项目和人才等方面对赣州市进行对口支援,这些方面的支援有力地促进了赣州市经济的加快增长,具体表现在:

(一)资金支持为赣州市经济增长提供了直接的动力

《若干意见》出台以来,赣州市通过上级的对口支援获得了大量资金援助。据不完全统计,2012年以来,国家发改委、财政部、教育部累计支持赣州中央教育项目资金73亿元;国家发改委安排赣南等原中央苏区中央预算内投资76.35亿元,批准发行企业债券54亿元;交通运输部明确每年预留资金2亿元用于支持安远县交通设施建设;原农业部下拨5000万元专款支持赣州市柑橘黄龙病疫情普查及防治;国家原新闻出版广电总局将赣州"户户通"工程列入享受西部政策补助范畴,下拨价值1.28亿元的双模卫星接收设备;中国民用航空局安排1200多万元扶持赣州机场的运营;国家烟草专卖局明确每年投入3亿元资金用于支持赣南苏区新农村建设,目前已经投入资金4亿多元等。

除了中央国家机关的对口援助以外,中央企业也加大了对赣州的投资力度,通过举办央企入赣投资合作洽谈会,已有一大批"中"字号、"国"字头的大型央企纷纷来赣洽谈合作。据统计,从2013年到2019年为止,赣州市共有央企

入赣项目56个，投资总额达1448.18亿元。此外，根据《若干意见》"加大中央财政对赣南等原中央苏区振兴发展的财力补助"的要求。2012—2018年，中央、省财政累计下达赣州市各类补助资金2998.7亿元，年均增长17.2%。

以上这些资金的流入直接和间接地带动了赣州市投资快速增长，2012—2018年固定资产投资年均增长20.3%，为赣南苏区振兴发展、经济增长注入了强劲动力。

（二）支持优惠政策为赣州市经济增长提供了内在活力

《若干意见》明确"赣州市执行西部大开发政策"，因而税务部门对设在赣州市的鼓励类产业的内资企业和外商投资企业按15%的税率征收企业所得税。该政策的实施使赣州市成为税收"洼地"。据统计，2012年至2018年，全市累计为2300余户（次）企业，减免企业税收40.91亿元。税收"洼地"带来两个效应：一是直接为企业减负增效，促进了企业发展；二是使赣州市成为吸引沿海特别是珠三角地区产业转移的有力竞争地，承接的电子信息业、服装业等产业形成了一定规模，以上两方面都有力地推动了赣州实体经济的发展。

同时，《若干意见》也赋予赣南等原中央苏区先行先试权，围绕这一点，赣州市成功争取了上级部门支持赣南苏区开展多种多样的先行先试工作，如原文化部在赣州设立了国家级客家文化（赣南）生态保护实验区；国家原旅游局、原国务院扶贫办在赣州设立了"国家旅游扶贫试验区"；国家原质检总局验收并通过南康市（现为南康区）"全国实木家具产业知名品牌创建示范区"；国家发改委批准在赣州设立电子商务示范区；国务院批准在赣州设立跨境电子商务综合试验区；海关总署积极推动在赣州设立综合保税区，支持赣州市口岸和"三南"加工贸易梯度转移重点承接地等开放平台建设。除此之外，在赣州市还推动实施了东江流域生态补偿试点、稀土开发利用综合试点、重金属污染防治试点、农村环境综合整治试点等工作。据不完全统计，迄今共争取了80多项省级以上的试点工作，这些先行先试事项，极大地促进了赣州体制机制的改革与创新，激发了赣南振兴发展的活力。

（三）交通基础设施的改善为赣州市经济增长提供了基础条件

"要先富，先修路"，这是经济发展最为朴素的原理，《若干意见》提出要把赣州建设成为连接东南沿海与中西部地区的区域性综合交通枢纽和物流商贸中心。因而《若干意见》实施以来，赣州交通基础设施得到了极大改善，为经济的加快增长提供了基础条件。全市铁路运营及在建总里程达1000千米，昌赣高铁建成运营，赣深高铁即将建成，动车运营实现零的突破，"一纵一横"十字形高铁和"两纵两横"普铁网加速构建；全市已建成高速公路总里程达1490千米，约占江西省的 1/4，形成"三纵三横六联"的高速公路网，实现县县通高速公路；修建改造农村公路 2.6 万千米，25 户以上人口的自然村全部通水泥路；赣州黄金机场改扩建工程基本建成，瑞金机场项目获批建设；赣州市区快速路建成通车；建成了赣州综合商贸物流园、赣州空港物流园、赣州水西物流中心、赣州保税物流园、赣州沙河物流中心。

（四）人才的交流与培训为赣州市的经济增长提供了智力保障

《若干意见》提出要加大东部地区、中央国家机关和中央企事业单位与赣南等原中央苏区干部工作交流的力度，为苏区振兴发展提供人才保障。因而自从《若干意见》实施以来，中组部同意扶持赣州并设立了海外高层人才创新创业基地，出台了《关于选派干部到西部地区、老工业基地和革命老区挂职锻炼的通知》，迄今先后选派三批共 120 名左右的干部到赣州市和赣州市 18 个县（市、区）挂职锻炼。先后建立了 9 家院士工作站，8 家博士后科研工作站，共柔性引进院士 11 人，以及"千人计划"专家等高层次人才 596 人。这些人才的到来有的直接带来了项目，更为重要的是带来了新思想、新理念、新技术，带动了当地干部作风的改变，促进了地方企业技术的进步，为赣州市的振兴发展提供了智力支持。

（五）民生的改善通过刺激消费促进了赣州市的经济增长

《若干意见》出台的首要任务是解决好民生问题。通过加大资金投入，集中力量解决最突出的民生问题，切实改善群众生产生活条件，保护和调动人民群众参与振兴发展的积极性。《若干意见》出台 7 年来，据市财政局统计数据，全市民生类财政资金共投入超过 3078 亿元，年均增长 21.3%。据赣州市统计局数据，全市累计改造农村危旧土坯房 69.52 万户，建成保障性安居房 22.21 万套；解决了近 300 万农村人口安全饮水和稳定用电的问题。全市共脱贫 176.02 万人，贫困人口减至 18.86 万人，贫困发生率由 2011 年年底的 26.71%降至 2018 年年底的 2.45%。2018 年，全市常住人口城镇化率突破 50%，比 2011 年提高近 11 个百分点。赣州市中心城区建成区面积扩大到 180 平方千米，人口达 179 万人。城镇和农村居民人均可支配收入年均分别增长 10.3%、12.1%。可见《若干意见》出台 7 年来，赣南人民的生产生活条件得到了极大改善，有力地促进了消费市场特别是农村消费市场的扩张，社会消费品零售总额年均增长达 12.1%，振兴发展的积极性高涨。

三、研究设计

（一）合成控制法

目前，国内外研究政策效应的主要方法包括倾向得分匹配法（PSM）、双重差分法（DID）及合成控制法（SCM）等准自然实验方法。Abadie等提出的合成控制法主要是通过为每个控制组的个体赋予权重，加权平均后构造与实验组行为相似的合成控制组，通过对实验组与合成控制组差值（即处理效应）的分析来揭示政策效应。[10]该方法很好地解决了其他传统自然实验方法存在的控制组选择的主观性以及相似性的问题，因此被广泛运用于评估政策效应的研究中。其基本原理为[11]：

假设能够观测到的地区数量为N+1，样本区间为［1，N］。其中，第1个地区（以赣州市为例）在T_0时期受到政策冲击（2012年6月《若干意见》出台），且$1 \leq T_0 < T$，其他未受到政策冲击的J个地区作为潜在的控制组，T_0为政策开始产生影响的时期。令Y_{it}表示地区i在时期t的经济指标观测，Y_{it}^N表示地区i在时期t没有出台《若干意见》时的经济指标观测值，Y_{it}^I表示地区i在时期t出台《若干意见》后的经济指标观测值，其中，$i=1,\cdots,N+1$，$t=1,\cdots,T$。设定模型如下：

$$Y_{it} = Y_{it}^N + \alpha_{it} D_{it} \tag{1}$$

其中，D_{it}为是否受到《若干意见》影响的虚拟变量，当$i=1$且$t>T_0$时$D_{it}=1$，否则，则$D_{it}=0$。

对于所有i，当$t \leq T_0$时，均有$Y_{it}=Y_{it}^N=Y_{it}^I$。当$i=1$且$t>T_0$时，$\alpha_{it}=Y_{it}-Y_{it}^N=Y_{it}^I-Y_{it}^N$，即为本文需要估计的处理效应。由于当$t>T_0$时，$Y_{it}^I$是能够观测的，但$Y_{it}^N$作为"反事实"变量是无法直接观测到的，故估计处理效应α_{it}，需要先估计出Y_{it}^N。本文借鉴Abadie等[12]提出的因子模型来估计Y_{it}^N：

$$Y_{it}^N = \delta_t + \theta_t Z_i + \gamma_t \mu_i + \varepsilon_{it} \quad (i=1,\cdots,N+1; t=1,\cdots,T) \tag{2}$$

其中，δ_t是对所有地区具有相同影响的时间固定效应；Z_i是一组不受处置影响、不随时间改变的可观测的控制变量；$\gamma_t\mu_i$表示不可观测的互动固定效应，即时间固定效应γ_t与固定效应μ_i的乘积；ε_{it}是随机扰动项。

为了能够构造出一个"反事实"结果，我们还需要假设存在一个$N\times 1$维的权重向量$W=(w_2,\cdots,w_{N+1})$，满足$w_i \geq 0$，$i=2,\cdots,N+1$，并且$w_2+\cdots+w_{N+1}=1$。向量W表示潜在的合成组合，w_i表示控制组中的地区对政策干预地区的合成所占的比重，因此，该合成控制模型为：

$$\sum_{i=2}^{N+1} w_i Y_{it} = \delta_t + \theta_t \sum_{i=2}^{N+1} w_i Z_i + \gamma_t \sum_{i=2}^{N+1} w_i \mu_i + \sum_{i=2}^{N+1} \varepsilon_{it} \tag{3}$$

假设存在权重向量$W^*=(w_2^*,\cdots,w_{i+1}^*)$满足$\sum_{i=2}^{N+1} w_i^* Z_i = Z_1$，且对于任意

$t\in[1,T_0]$ 均满足 $\sum_{i=2}^{N+1}w_i^*Y_{it}=Y_{1t}$，则如果 $\sum_{t=1}^{T_0}\gamma'_t\gamma_t$ 为非奇异（non-singular）矩阵，那么下式成立：

$$Y_{1t}^N-\sum_{i=2}^{N+1}w_i^*Y_{it}=\sum_{i=2}^{N+1}w_i^*\sum_{s=1}^{T0}(\sum_{t=1}^{T_0}\gamma'_t\gamma_t)^{-1}\gamma'_t(\varepsilon_{is}-\varepsilon_{1s})-\sum_{i=2}^{N+1}w_i^* \quad (4)$$

Abadie 等证明[12]，若政策实行前的时间段相对于实行后的时间范围较长，则式（4）等号右边将趋近于 0。因此，对于政策实施期间，即对于 $t\in(T_0,T]$ 可以用 $\sum_{i=2}^{N+1}w_i^*Y_{it}$ 作为 Y_{1t}^N 的无偏估计量，进而可得到处理效应的估计量为：

$$\hat{\alpha}_{it}=Y_{it}-\sum_{i=2}^{N+1}w_i^*Y_{it} \quad (5)$$

得到处理效应 α_{it} 估计量的关键在于找到满足条件的 W^*，即需满足第 1 个地区的特征向量位于其他地区特征向量组的凸组合之内，但现实情况中无法保证根据已有数据能够得到使方程组恰好成立的解，此时可以采用近似解的方式来确定合成控制向量 W^*，即通过最小化 X_1 和 X_0 之间的距离函数 $\|X_1-X_0W\|$ 来确定 W^*。本文借鉴 Abadie 等[12]采用的距离函数，即 $\|X_1-X_0W\|_v=(X_1-X_0W)'V(X_1-X_0W)$，其中 V 是一个对称半正定矩阵，V 的选择会影响估计值的均方误差。本文使用 Abadie 等开发的 Synth 程序包进行模型的估计。

（二）变量说明和数据来源

《若干意见》的出台对赣州市的影响是全面的，在众多指标中，我们认为经济增长指标更能反映全面的影响情况，其他方面的影响最终都可以通过经济增长情况表现出来。因而本文主要考察《若干意见》的出台对赣州市经济增长的影响效应。以赣州市为处理组，选择南昌、九江、景德镇、萍乡、新余、鹰潭、宜春、上饶、吉安、抚州以及周边福建的三明市、龙岩市，广东的梅州市、河源市、韶关市，湖南的郴州市共 16 个地级市为控制组，采用各地区实际经济增长率来衡量经济增长，同时选取各地区投资水平、对外开放程度、政府财政支出、金融发展水平等为影响评估变量的主要因素。指标具体衡量如下：对外开放程度主要反映国际市场的开放，本文采用各地区进出口贸易总额占 GDP 比重来衡量，金融发展水平采用金融机构贷款规模占 GDP 比重衡量，地区投资水平用固定资产投资额占 GDP 比重来衡量，政府财政支出水平用政府财政支出占 GDP 比重来衡量。

以上衡量变量的数据：2003—2016 年数据来源于《中国城市统计年鉴》，2017—2018 年来源于各城市的经济与社会发展统计公报。

四、实证结果分析

(一) 对赣州市整体经济增长的影响效应

表1列出了运用合成控制法构造合成赣州市的各地区的权重,可以看到除上饶市、南昌市、梅州市、郴州市4个地区之外,其余各地区的权重均为0。其中上饶市的权重最大,南昌市、梅州市次之,郴州市最小,4个地区权重之和为1。这说明与赣州市情况最相似的是上饶市。

表1 合成赣州市的各地区权重

上饶市	南昌市	梅州市	郴州市
0.558	0.160	0.262	0.020

图1和图2是采用合成控制法估计《若干意见》的出台对赣州市经济增长影响的结果图。图1展示了赣州市2002—2018年实际经济增长率的真实值,以及利用合成控制法得到的合成赣州的实际经济增长率的拟合情况及变化趋势。其中,垂直虚线表示《若干意见》出台的年份,即2012年。不难发现,《若干意见》出台之前,真实赣州与合成赣州的实际经济增长率十分相近,变动趋势基本一致,两条曲线的拟合程度较高,因此可以说合成赣州能较好地反映《若干意见》出台之前的经济增长情况,能够较好地作为控制组来分析《若干意见》出台的政策效应。但在2012年《若干意见》出台后,赣州市经济增长的真实值开始明显高于合成值,两条曲线开始呈现出不同的变动轨迹,并且真实值始终处于合成值的上方,特别是2015年后,差距越来越大,表明《若干意见》的出

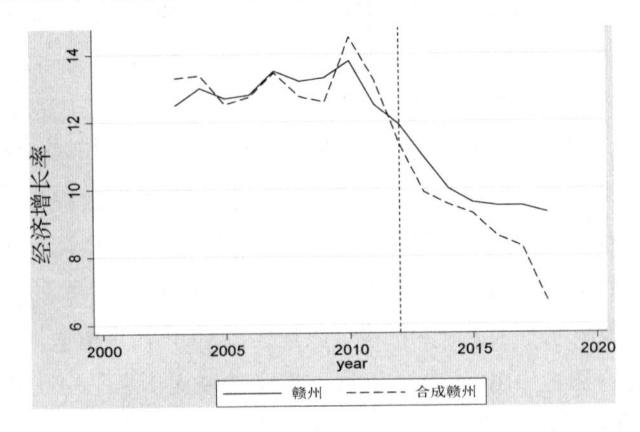

图1 真实赣州与合成赣州经济增长率变化趋势对比

台对赣州市经济增长具有明显的提升作用,并且这种提升效应在 2015 年后越加明显①。

为更清楚地观察《若干意见》的出台对赣州市经济增长的影响,本文计算了真实赣州与合成赣州经济增长率的差值(即处理效应)随时间变动的趋势,如图 2 所示,其中水平虚线为 0 值作为参考线。也不难看出,《若干意见》出台之前,二者的差值在 0 值附近波动,并无明显的向某单一方向变化的趋势;《若干意见》出台后,该差值改变原来沿 0 值参考线波动的趋势,差值持续为正且在 2015 年后增加迅速,到 2018 年其值已达到 2.62,以上变化趋势表明,《若干意见》的出台有效地提升了赣州市的经济增长率,并且这种效果在 2015 年后越来越明显。

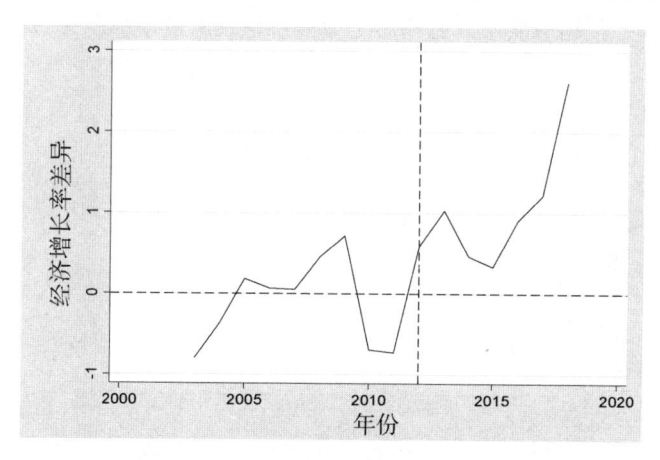

图 2 真实赣州与合成赣州经济增长率差异的变化趋势

总之,由图 1 和图 2 可知,《若干意见》的出台对赣州市经济增长有着显著的正向影响,并且这种正向效应在 2015 年更为明显,平均来看达到 1.09,即《若干意见》出台后赣州市经济增长率与没有出台时相比,平均提高了 1.09 个百分点。

(二)对赣州市工业经济增长的影响效应

工业化是经济发展不可逾越的阶段。赣州经济发展的短板在工业、瓶颈在工业。为补齐短板、突破瓶颈,赣州市委、市政府历来重视工业发展。特别是 2015 年赣州新一届领导班子就任以来,围绕这一发展瓶颈,紧紧抓住《若干意

---

① 2015 年,赣州市新的市委书记李炳军履新,赣州市出现了新一轮抓住《若干意见》出台的历史机遇,为了加快苏区振兴发展的高潮,立下了"主攻工业,三年翻番"的战略目标,更加积极争取中央和省级政府的各项支持,因而 2015 年后政策效果更加明显。

见》出台这一历史难得机遇,立下了"主攻工业,三年翻番"的战略目标[13],因而本文还将就《若干意见》的出台对赣州市工业经济的增长效应进行合成控制分析,结果见图3、图4。我们可以看到,在2012至2015年间,真实赣州与合成赣州的变化趋势基本一致,拟合得很好,但2015年以后它们的变化趋势开始出现明显的差异,真实值明显高于合成值,从其2013—2018年间处理效应分别为-0.0101、0.7814、0.4430、2.2629、3.1714、3.5335的数据中可以更为清楚地看到这一变化特点。表明《若干意见》出台对赣州市工业经济增长也具有正向促进效应,而且从2015年以后这种正向促进效应更为显著,这一分析结论与2015年新一届市委领导开始推行"主攻工业,三年翻番"的战略目标相吻合,也表明这一战略的实施对赣州市工业经济增长有着明显的成效。

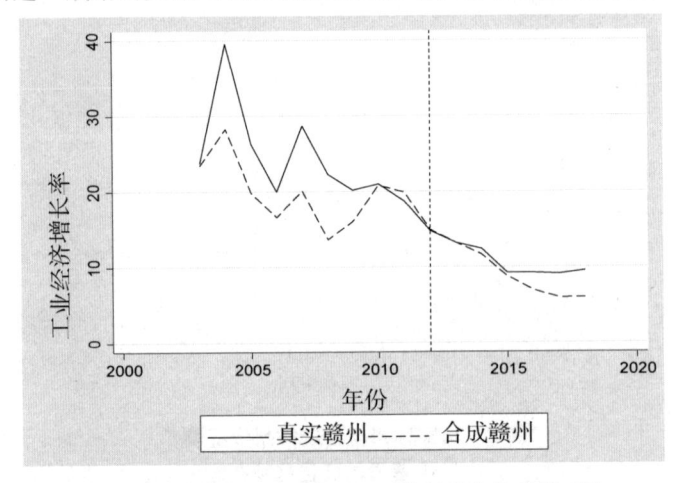

图3 真实赣州与合成赣州工业增长率变化趋势对比

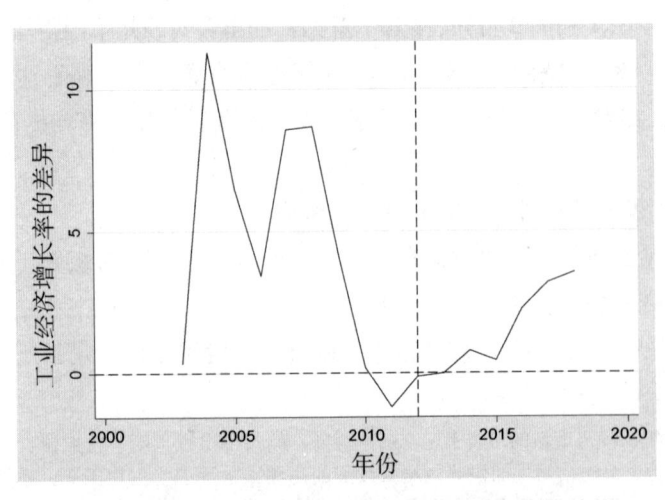

图4 真实赣州与合成赣州工业增长率差异的变化趋势

（三）对吉安市等地区的经济增长的影响效应

由于享受《若干意见》政策红利的地区除了江西省赣州市全境外，还包括临近的吉安市以及三明市、龙岩市、梅州市，因而本文还将采用合成控制法来研究《若干意见》出台对这四个地区经济增长的影响效应。图5至图8分别展示了吉安市、三明市、龙岩市、梅州市经济增长率的真实值与合成值拟合情况及变化趋势。首先来看吉安市（见图5），《若干意见》出台后，其真实经济增长率与合成值之间存在一定差距，并呈现不同的变化趋势，合成吉安市的"反事实"值要小于真实值，表明《若干意见》的出台对吉安市经济增长也与对赣州市一样存在明显的正向促进效应，但其处理效应与赣州市相比要小很多，平均只有0.4649（见表2）。这既归咎于自从《若干意见》出台以来，中央与省级政府对赣南地区的大力支持，又归咎于赣州市委、市政府，特别是2015年赣州市新一届领导就任以来，高度重视，紧紧抓住这一历史机遇，高位推动，全面落实《若干意见》各条款，积极争取中央与省级政府对赣南地区资金、项目、政策、人才等方面支持的结果。

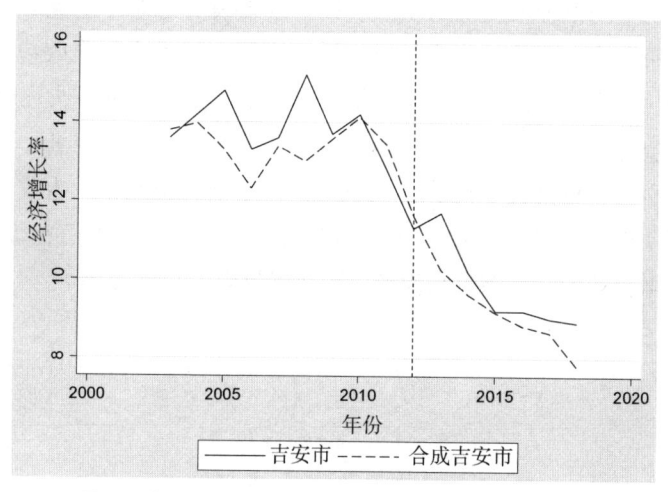

图5　真实吉安市与合成吉安市经济增长率的对比

表2　五个地区经济增长处理效应大小情况对比

	处理效应				
	赣州市	吉安市	三明市	龙岩市	梅州市
2013	1.0296	0.6381	3.1798	-3.0812	-5.7590
2014	0.4628	0.5107	-0.1142	0.0321	-1.3392

续表

	处理效应				
2015	0.3311	0.0255	−0.3625	−0.1215	−0.3804
2016	0.9070	0.3683	−0.8322	−0.5767	−1.6248
2017	1.2120	0.3058	−0.5486	−0.2093	−2.2176
2018	2.6172	0.9408	−0.9752	−0.1811	−6.5784
平均	1.0933	0.4649	0.0578	−0.6896	−2.9832

其次来看三明市、龙岩市和梅州市，《若干意见》出台后，它们的真实经济增长率与合成值的变化趋势（见图6、7、8），除三明市2013年其真实值大于合成值外，它们其余年份的真实值均小于合成值。从具体处理效应的大小来看（见表2），三明市虽然平均处理效应表现为微弱的正值，但这是由于其2013年具有较大的正的处理效应的结果，实际上其他年份的处理效应均为负值。龙岩市和梅州市的平均处理效应均为负值。以上结果表明《若干意见》的出台对三明市、龙岩市和梅州市的经济增长产生了不利影响，具有挤出效应，其主要是《若干意见》出台后，使得赣州市、吉安市等政策支持力度最大、交通基础设施、营商环境等各方面改善明显的地区对国内外投资资本、产业、人才等具有了更大的吸引力，更具竞争优势，能吸引它们不断向赣州市、吉安市等地内流集聚，而三明市、龙岩市和梅州市的相对优势却在减弱，因而在促进赣州市、吉安市经济增长的同时，却对它们产生了挤出效应。

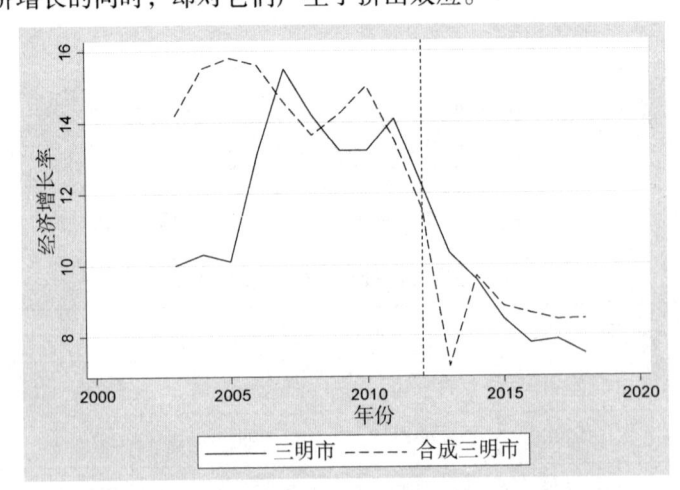

图6 真实三明市与合成三明市经济增长率的对比

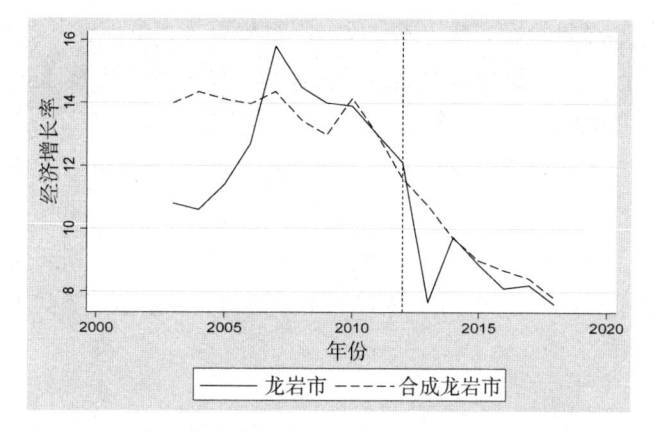

图7　真实龙岩市与合成龙岩市经济增长率的对比

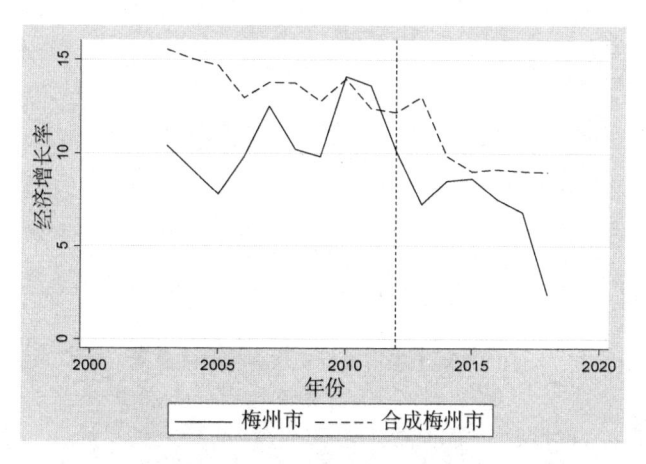

图8　真实梅州市与合成梅州市经济增长率的对比

五、稳健性检验

（一）安慰剂检验

为了验证以上实证结果的有效性，检验《若干意见》出台前后经济增长率指标的差异并非来源于其他未观测到的干扰因素的影响或赣州市的特殊性，本文首先借鉴 Abadie 等所采用的安慰剂检验（Placebo Test）方法来进行稳健性检验。其基本思想为：针对一个没有受到《若干意见》出台影响的地区，假设与赣州市一样在 2012 年受到《若干意见》出台的影响，然后通过合成控制法来分析该地区 2012 年前后经济增长率的差异。若所得结果与处理组（即赣州市）类似，则表明合成控制法没有提供有力的证据说明《若干意见》的出台对赣州市经济增长产生了影响，反之，则表明结果是有效的。

选择安慰剂对象的标准是构成合成控制组权重最大的地区，本文为上饶市，因为在所有地区中，上饶市与赣州市最为相似。图9是对上饶市进行安慰剂检验的结果，在2012年《若干意见》出台之前真实的经济增长率变化趋势与其合成值基本一致，表明合成控制法非常好地拟合了真实上饶市的增长路径，但与赣州市不同的是，它们的拟合情况在《若干意见》出台之后也并未发生突变，故该检验证明了是《若干意见》的出台影响了赣州市的经济增长路径，而非其他偶然因素，《若干意见》的出台对赣州市经济增长产生了显著的正向影响的结论是可靠的。

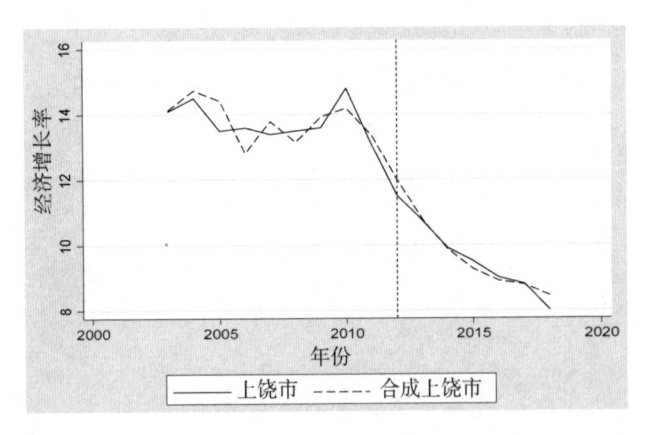

图9　对上饶市进行安慰剂检验的结果

（二）事件节点检验（提前到2010年）

为排除其他政策、时间趋势变化等对我们分析的干扰，我们将《若干意见》出台的时间提前至2010年，仍然采用合成控制法对《若干意见》出台的政策效应进行稳健性检验。

图10报告了政策节点提前后赣州市的真实值与合成值拟合情况及变化趋势。明显可以看出，2010年之前真实赣州与合成赣州的变化趋势基本一致，拟合程度较好，而2010年至2011年间的真实值与"反事实"值变化趋势依然一致，只有从2012年开始，赣州市的真实值明显高于合成值，并且差距在2015年后呈现逐渐扩大的趋势，与前文分析的结果相类似。以上检验结果表明赣州市经济增长的变动的确是《若干意见》的出台引起的，而非其他政策因素或者时间趋势引起的。

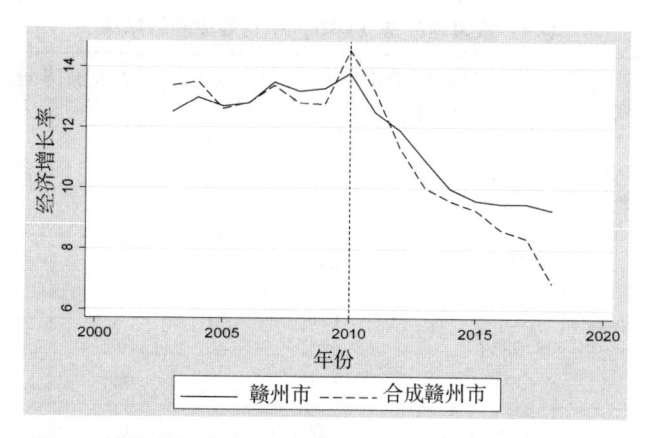

图 10　政策时间节点提前后对赣州市合成控制法检验结果

（三）双重差分法（DID）平均效应检验

前文讲到分析政策效应还有双重差分法（DID），因而本文还将采用双重差分法（DID）来识别估计《若干意见》的出台对赣州市经济增长的政策效应。DID 模型设定如下：

$$Growth_{it} = \beta_0 + \beta_1 Treatment_i \times Time_t + \beta_2 X_{it} + \mu_i + \varepsilon_{it} \quad (6)$$

上式（6）中，$Growth$ 表示地区经济增长水平，$Treatment$ 代表地区变量，控制组地区赋值为 0，处理组赣州市赋值为 1，$Time$ 代表时间变量，将 2012 年《若干意见》出台前的年份赋值为零，之后赋值为 1，则 $Treatment$ 与 $Time$ 的交互项的系数可以反映《若干意见》的出台对赣州市经济增长的政策净效应。X 为控制变量，分别包括各地区进出口贸易总额占 GDP 比重（$Trade$）、政府财政支出占 GDP 比重（$Gover$）、金融机构贷款余额占 GDP 的比重（$Finance$）、固定资产投资额占 GDP 比重（$Capital$）。μ_i 代表个体固定效应。数据仍然选择 2003 至 2018 年。

表 3 是上式（6）的计量回归结果，第 2 列、第 3 列反映的是对整体经济增长的影响，从中可以看到 $Treatment * Time$ 系数为正，且均通过了统计值 t 的显著性检验，表明《若干意见》的出台对赣州市经济增长存在明显的正向政策效应，DID 的结果与合成控制法的符号一致，进一步验证了合成控制实证结果的稳健性。

第 4 列、第 5 列反映的是对工业经济增长的影响，从中可以看到 $Treatment * Time$ 系数虽然为正，但并不显著，这可能是如前面分析指出的《若干意见》的出台只有从 2015 年开始对工业经济产生明显的正向影响所致。

表3 双重差分法（DID）平均效应检验结果

	整体经济增长率		工业经济增长率	
	OLS	FE	OLS	FE
$Treatment * Time$	1.9978** (2.54)	1.9729* (3.48)	2.7383 (1.38)	1.4927 (1.23)
$Trade$	0.25511 (0.87)	0.2965 (0.78)	−1.2913 (−1.22)	−1.2214 (−1.44)
$Gover$	−2.9837* (−3.19)	−3.8467** (−2.55)	−5.1316*** (−2.04)	−7.4681*** (−2.07)
$Finance$	−0.3933 (−0.38)	−3.8444* (−3.52)	−0.0255 (−0.01)	−9.7067* (−4.04)
$Capital$	0.9454 (1.34)	3.9766** (2.30)	0.4825 (0.27)	8.8347** (2.25)
$Cons.$	42.142 (6.64)	60.2672* (10.14)	96.959* (5.05)	149.49* (11.73)
R^2	0.4048	0.5935	0.4543	0.6900
样本容量	272	272	272	272

注：*、**、***分别表示在1%、5%和10%置信度水平下显著，括号内表示统计值 t。

六、结论与建议

（一）主要结论

《若干意见》是国家制定的振兴发展革命老区的重要区域政策之一。为了评估这一政策的实施效果，本文利用2003年至2018年的17个地级市层面的面板数据，以《若干意见》文件出台为例，采用前沿"反事实"框架下的合成控制法，从整体经济增长和工业经济增长两个方面分析了《若干意见》的出台对原中央苏区的核心地区——赣州市经济增长的净政策效应。实证结果发现，《若干意见》的出台对赣州市经济增长存在显著的正向促进效应，通过真实值与合成值的差额对比发现它们的平均处理效应分别达到1.0933和1.6972，表明《若干意见》的出台对赣州市整体经济增长和工业经济增长都具有明显的正向促进作用，并且对工业经济增长的促进效果更为明显。通过安慰剂检验、《若干意见》出台时点变化及DID平均效应检验等一系列稳健性检验，进一步验证了合成控制法结果的准确性和有效性。并通过进一步研究发现，《若干意见》的出台对赣州市、吉安市经济增长具有正向促进作用,但对三明市、龙岩市、梅州市的经济增长具有负面影响。

(二)建议

第一,十九大指出我国的主要矛盾已经转变为人民日益增长的美好生活需要和不平衡不充分的发展之间的矛盾。区域发展不平衡是我国发展不平衡的重要方面之一。革命老区由于战争创伤的影响,以及自然地理等多种原因,其经济社会发展明显滞后,与全国的差距在不断扩大,也是区域发展不平衡的主要表现之一。通过单独出台政策来促进这些地区的振兴发展,以缩小甚至消除这些地区的不平衡是我国的一项重要区域发展政策,本文研究表明这类区域政策能起到明显的效果。因而在国家层面、在区域发展政策制定方面,今后应进一步加强研究,针对不同落后地区特点,结合当地发展优势,"一地一策"制定不同的区域发展振兴政策来促进不同地区的共同发展,应是一条减少,甚至消除我国区域发展不平衡的有效路径。

第二,本文研究显示《若干意见》的出台对赣州市的振兴发展起了重要的推动作用,因而争取国家支持赣南等原中央苏区振兴发展政策至关重要。正如赣州市原市长曾文明所强调的,争取国家出台支持政策事关赣州当前和未来的发展,事关赣南老区981万群众的切身利益。因而赣州市应积极向上,加强和国家部委、省直部门的对接汇报,争取新的政策,如加强赣州市与外省市交通基础联通的支持,加强对赣州市特色产业、高技术产业的支持,加强对赣州市高等教育发展的支持,等等。

第三,本文研究显示同样享受《若干意见》支持政策的地区如三明市、龙岩市、梅州市,其政策效果与赣州市、吉安市完全不同,这是因为不同地方政府的作为也将影响上级政府支持地方发展政策的效果,上级支持政策虽然可以通过加大资金、项目的流入来促进地方的振兴发展,但这只是"输血",要完成从"输血"到"造血"的转变,还需要地方政府积极作为,深化自身改革,充分发挥好国家支持的杠杆作用。因而赣州市在利用好上级政府支持政策的同时,也应积极深化自身改革、完善政府职能、改善营商的硬环境和软环境、扩大对内和对外开放、加快制度创新,努力与发达地区对标对表。

第四,当前,赣州市正在全力打造对接融入粤港澳大湾区桥头堡的工作,应充分利用好《若干意见》赋予赣州市的政策优势,把政策优势转变为竞争优势,在对接融入粤港澳大湾区的地区竞争中取得优势,大力提高对大湾区的开放水平,加大对大湾区产业转移的承接力度,努力把赣州市建设成为大湾区的生活休闲旅游共享区。

参考文献：

[1] 国务院. 国务院关于支持赣南等原中央苏区振兴发展的若干意见[EB/OL]. 中国政府网，2012-07-02.

[2] 王贤彬，谢小平. 区域市场的行政整合与经济增长[J]. 南方经济，2012（3）.

[3] 刘乃全，吴友. 长三角扩容能促进区域经济共同增长吗？[J]. 中国工业经济，2017（6）.

[4] 邓文博. 经济区规划促进经济共同增长吗？：基于合成控制法对海西经济区的实证研究[J]. 肇庆学院学报，2020，41（4）.

[5] 邓慧慧，赵家羚，赵晓坤. 自由贸易试验区助推产业升级的效果评估：基于产业技术复杂度视角[J]. 国际商务（对外经济贸易大学学报），2020（5）.

[6] 谷祖莎，许维杰. 金砖国家合作的贸易效应研究：基于合成控制法的实证分析[J]. 价格月刊，2020（7）.

[7] 曾苑. 区域一体化下河源市经济增长效应评估：兼论河源融入粤港澳大湾区对策[J]. 南方论刊，2020（6）.

[8] 杨得前，赵磊，杨豆豆. 水资源税提高了用水效率吗？：来自河北的经验证据[J]. 税务研究，2020（8）.

[9] 林阳，吴克宁. 房地产税对土地价格的影响效应：基于合成控制法新证据[J]. 地方财政研究，2020（3）.

[10] ABADIE A, GARDEAZABAL J. The Economic Costs of Conflict：A Case Study of the Basque Country [J]. American Economic Review，2003，93（1）.

[11] 王利辉，刘志红. 上海自贸区对地区经济的影响效应研究：基于"反事实"思维视角[J]. 国际贸易问题，2017（2）；刘秉镰，吕程. 自贸区对地区经济影响的差异性分析：基于合成控制法的比较研究[J]. 国际贸易问题，2018（3）；谭娜，周先波，林建浩. 上海自贸区的经济增长效应研究：基于面板数据下的反事实分析方法[J]. 国际贸易问题，2015（10）；黎绍凯，李露一. 自贸区对产业结构升级的政策效应研究：基于上海自由贸易试验区的准自然实验[J]. 经济经纬，2019，36（5）.

[12] ABADIE A, DIAMOND A, HAINMELLER J. Synthetic Control Methods for Comparative Case Studies：Estimating the Effect of California's Tobacco Control Program [J]. Journal of the American StatisticalAssociation，2010，105（4）.

[13] 杨晓安. 赣州市"主攻工业、三年翻番"目标任务和实现路径解析[EB/OL]. 中国赣州网，2015-09-29.

新时代推进红色文化旅游高质量发展路径研究

——以赣南革命老区为例

杨丽萍 廖嘉乐[①]

摘 要：随着我国经济快速发展，国内旅游业迅速兴起，文化与旅游产业间相互融合的程度日益增强。近年来，在省政府高位推动下，赣南革命老区红色文化旅游业发展机制更加健全，要素不断完善，教培事业发展迅速，红色旅游产业带动效能逐步凸显。但发展过程中依然存在人气指数不高、文创周边产品开发力度不足、现代化程度不高、各县"各自为阵"和服务水平有待规范化等短板弱项。面对人民日益增长的美好生活需要，赣南革命老区应抓住机遇，正确处理好红色旅游资源开发与保护的关系，推动赣南革命老区红色旅游产业高质量发展。

关键词：红色文化旅游；赣南革命老区；高质量发展

以瑞金为中心的赣南等原中央苏区是中国共产党领导革命时期中华苏维埃共和国临时中央政府所在地，是人民共和国的摇篮和苏区精神的发源地，是当代中国先进文化建设的重要支撑地。2020年以来，在省委、省政府的高位推动下，赣州革命老区深入贯彻旅游强省战略，在疫情防控常态化的形势下，以胜利筹办2020年全省旅发大会为契机，以文化旅游与多产业跨界融合为主题，进一步创新工作举措，释放发展活力，升级全域旅游，扎实推动旅游业回暖升温、高质量发展，这对江西红色文化旅游产业的发展、对革命老区加快实现产业振兴都是莫大的鼓舞。贯彻新发展理念、构建新发展格局是当前最主要的发展任务，赣南革命老区红色旅游高质量发展需主动融入这一发展大局当中，在党中

[①] 作者简介：杨丽萍，女，江西瑞金人，江西师范大学马克思主义学院、苏区振兴（革命老区）研究院硕士研究生，研究方向为马克思主义与当代中国经济社会发展；廖嘉乐，男，深圳人，籍贯江西，华润小径湾贝赛斯国际学校高中学生。

央提出"新时代支持革命老区振兴发展"的大背景下，如何抓住新契机，充分发挥赣南革命老区红色旅游资源优势，助推地方经济社会加速转型发展，是在今后的发展规划中亟待解决的难题。

一、新时代背景下加快推进赣南革命老区高质量发展的重要意义

红色文化是中国特色社会主义文化的重要组成部分，也是传播爱国主义精神的重在载体。2021年，中共中央印发了《关于在全党开展党史学习教育的通知》，旨在让民众了解共产党艰辛的百年奋斗历史，激励全国各族人民坚定地向建设社会主义现代化国家迈去。这场声势浩大的党史学习教育，彰显了我国对红色文化建设的重视。赣南革命老区红色文化资源丰富，发生过许多红色故事，留下了众多红色痕迹，为我国红色文化旅游发展做出极大贡献。

（一）有利于满足人民日益增长的美好生活需要

2020年，全年法定节假日出游总人数约9.9亿人次，占全年全国国内出游总人数的34.5%，较2019年占比提升了6.6个百分点；2021年，全年法定节假日出游总人数约13.3亿人次，占比则提升到41.4%。[①] 数据表明，当前国内疫情依然呈常态化趋势，在确保自身安全及遵守各地防疫规定的前提下，旅游逐渐成为人民日常消费需要之一。党的十九大报告指出：中国特色社会主义进入新时代，我国社会主要矛盾已经转化为人民日益增长的美好生活需要和不平衡不充分的发展之间的矛盾。"十四五"时期，我国将全面进入大众旅游时代，高品质旅游需求凸显，人们更加渴望从旅游中获取知识，获得深层次文化体验，单一的旅游方式已经不能满足人民日益增长的美好生活需要。赣南是原中央苏区的主体和核心区域，是中央红军长征的出发地之一，是红色文化的重要发源地，具有丰富的红色旅游资源。因此，新时代加快推进赣南革命老区高质量发展能够不断满足人民日益增长的文化需求。

（二）有利于增强中国人民对中华文化的文化自信

旅游是文化的载体，旅游业是传播文化的重要渠道。赣南红色文化是以马克思主义先进文化为指导思想，以中央苏区革命艰难的斗争环境为实践条件产生的革命文化。中国共产党之所以能领导人民取得革命的胜利，就是依靠坚定信念、艰苦奋斗、求真务实的文化精神。进入新时代，我国社会经济发展面临新的发展难题，中国共产党面临着"四大危险""四大考验"，要破解治国理政

---

① 2020年双节假期共6.37亿人次出游，出境游几乎为零！[EB/OL]. 搜狐快报，2020-10-09.

中的各种发展难题，就必须坚定"四个自信"，尤其是坚定文化自信。2016年，习近平总书记提出"四个自信"重要理论，其中特别强调文化自信的重要性，文化自信是国家发展更持久的动力。十九大报告也指出，文化自信是一个国家、一个民族发展中更基本、更深沉、更持久的力量。所以把赣南红色文化往深里传播、往心里传播、往实里传播，对增强赣南红色文化对大众的吸引力、认同力和影响力具有重要作用，对坚定文化自信具有现实意义。

（三）有利于促进赣南地区产业转型升级

赣南长期以来主要以传统农业为支柱性产业，工业基础薄弱，产业结构单一，经济发展动力不强，人民生活水平落后。新时代背景下推动赣南地区经济社会发展，促进产业结构转型升级迫在眉睫。2012年《关于支持和促进革命老区加快发展的若干意见》的出台为振兴赣南经济社会发展提供了政策支持，并明确指出要把赣南等原中央苏区建设成为"全国革命老区扶贫攻坚示范区"和"红色文化传承创新区"①，这为赣南经济增长指明了发展战略方向。通过大力发展红色旅游经济品牌，能够以最小的代价将红色旅游资源转化为现有的经济建设优势，并且带动整个地区第三产业的发展，实现赣南红色文化与当地经济社会发展的良性互动，把赣南红色文化产业作为经济发展新引擎和经济新的增长点，这既是转变赣南经济社会发展方式的实践，增加劳动就业机会，改善人民生活水平，同时也是传播赣南红色文化的新路径。

二、赣南革命老区红色旅游发展取得的主要成就

党的十九大报告明确了文化建设在中国特色社会主义新时代的战略定位，把文化放到了兴国强国的高度，提出要坚持中国特色社会主义文化发展道路，激发全民族文化创新创造活力，建设社会主义文化强国。赣南红色文化是全国红色文化的重要组成部分，是推动文化兴国强国的宝贵精神财富。近年来，在国家政策的大力支持下，赣南红色旅游体系和体制机制逐渐完备，旅游规模也达到新高度，红色旅游发展取得显著成就。

（一）全面推进，旅游要素不断完善

赣南革命老区坚持把项目建设作为推动红色旅游发展的重要引擎，组建旅游产业招商小分队，高密度、高频次开展旅游招商，在广州承办了"红土情深 嘉游赣"赣州旅游宣传推广暨项目招商会，在深圳举办了"红色故都 客家摇

---

① 来源于中共江西省委文件：关于贯彻《国务院关于支持赣南等原中央苏区振兴发展的若干意见》的实施意见［EB/OL］赣发〔2012〕8号

篮"2021年赣州旅游推介会,实施积极"走出去"策略。另外在2020年,赣南革命老区新增省级以上旅游景区品牌37个,其中4A级景区11处,全市各类省级以上景区品牌总数达163个,4A级旅游景区实现县县全覆盖。此外,赣南革命老区围绕"住、行、购"等短板,突出抓好旅游功能配套,高品质建设三星级以上酒店16个,其中四星级酒店5个,五星级酒店1个,推进了瑞金机场建设。①赣南革命老区开通了赣州—瑞金"共和国摇篮"旅游直通车,组建旅游公交公司和交通投资发展有限公司;研发推出罐装自热牛肉汤、红军干粮、红军美鸭等特色旅游食品,以及初心茶具、摆件、扇子等一批有红色文化元素的文创产品,特别是瑞金市连续两年成功承办中国红色旅游博览会和全省旅游产业发展大会,创造了"瑞金经验",进一步提升瑞金的旅游基础设施建设和公共服务水平。另外,第五代移动通信(5G)网络、工业互联网、物联网等新一代信息基础设施建设稳步推进,鼓励打造第五代移动通信(5G)网络制造产业基地,新开通5G基站3000个以上,实现市中心城区和各县(市、区)重点区域5G网络全覆盖。

(二)高位推动,发展机制更加健全

随着国家对红色旅游的重视,关于红色旅游的政策体系渐次完备,这为红色旅游的高质量发展提供了政策支持。在中央层面,党中央始终高度关注革命老区发展情况,关心老区人民生活水平,国务院于2021年印发《国务院关于新时代支持革命老区振兴发展的意见》,这是新发展阶段特别是"十四五"时期支持全国革命老区振兴发展的纲领性文件,其中便提及要支持革命老区立足红色文化、民族文化和绿色生态资源,加快特色旅游产业发展,推出一批乡村旅游重点村镇和精品线路,明确支持赣州建设革命老区高质量发展示范区,助推新时代赣南苏区高质量跨越式发展。制定出台《中华人民共和国国民经济和社会发展第十四个五年规划和2035年远景目标纲要》,提出要弘扬红色文化,保护红色遗迹,推进红色旅游。在省级层面,江西省文化和旅游厅则于2022年开始施行《江西省革命文物保护条例》《江西省红色资源保护与利用总体规划》,进一步创新发展红色旅游,持续唱响中国红色旅游博览会品牌,促进红色旅游与乡村旅游、生态旅游等业态融合,打造全国红色旅游首选地。此外,赣州市出台了《关于加快旅游投资和促进旅游消费的意见》,明确提出重点推进宋城文化旅游核心区、红色旅游区、客家文化旅游区、生态休闲度假区转型升级发展,构建"一核三区"的旅游发展格局,把赣州建设成为全国著名的红色旅游目的

---

① 江西赣州对接融入粤港澳大湾区[EB/OL].中国经济网,2021-07-26.

地、区域性文化旅游中心城市和东南沿海地区休闲度假后花园。根据赣州市文化广电新闻出版旅游局的资料显示，2020年，赣州市实现旅游总人数13560.2万人次，同比增长1.12%，实现旅游收入1413.9亿元，同比增长0.38%，旅游人数以及收入恢复到去年同期水平。[①]

（三）资源丰富，教育培训发展迅速

赣南革命老区拥有丰富的红色旅游资源，根据赣南红色文化资源的统计，赣南革命遗址共有666处，其中，列入国家级重点文物保护单位的有4处53个红色景点，省级有25处，市级有41处，县级105处。仅瑞金市保存完好的革命旧居、旧址就有180多处，全国重点文物保护单位18个，馆藏珍贵革命历史文物1万余件。[②] 同时瑞金拥有中国规模最大的县级旧址群，是全国第一批百个爱国主义教育示范基地，是全国重点建设的"10大红色旅游基地"和"20大红色旅游名城"之一。因此，以瑞金为例，瑞金市把抓好红色培训作为助推红色旅游发展的重要举措，把深挖和保护红色文化资源、建立和巩固红色教育阵地放在首位，通过建立红色培训人才培养和激励机制，展现红色培训新形式。另外，专门成立瑞金市红色教育培训教育产业发展领导小组办公室，扩建瑞金干部学院和瑞金市委党校，开发了一系列精品课程，开设了红色培训辅导员培训班，成功培育了一大批优秀的红色培训辅导员。一系列的创新举措，催化了红色培训的快速发展，目前，瑞金市已形成以瑞金干部学院、瑞金市委党校为龙头，62家红色教育培训机构共同发展的强大培训机构体系，创造性推出集培训、参与、体验为一体的红色培训模式。2019年，瑞金市共接待来自全国各地红色培训和红色研学的学员达5080批次，44.5万人次，中央红军长征集结出发地纪念园累计承接全国各地红色教育人数近254万人次，日均4000余人，成为全国学党史、悟初心的重要打卡地。另外，培养了文化旅游讲解员786人以及景区服务人员若干人，增加了当地就业机会，提升了人民生活水平。[③]

（四）红色旅游产业带动效能逐步凸显

赣南革命老区依托红色旅游资源，大力发展乡村旅游业、住宿业、餐饮业、娱乐业、农业和中小型工业。比如，瑞金、兴国、于都、宁都、寻乌等县充分运用本地区的红色资源，发展红色旅游，为红色旅游资源所在的村落及周边的农村地区，创造了大量就业岗位和自主创业机会，成为老区人民脱贫的重要方

[①] 如何看待赣州当前红色旅游发展前景？[EB/OL]. 腾讯网，2021-8-25.
[②] 李斌，潘理. 新时代赣南红色文化市场化传播策略研究[J]. 曲靖师范学院学报，2020，39（01）：24-29.
[③] 瑞金荣获2020中国县域旅游综合竞争力百强县市[EB/OL]. 腾讯网，2020-11-17.

式。以红色旅游资源较为集中的瑞金市为例，据统计，在2021年"五一"小长假期间，瑞金市仅前两天的红色旅游接待就达到39.4万人次，收入约2亿元。①红色旅游正带动乡村振兴，让越来越多的群众从产业增值中获益，同时赣南农村通过大力发展红色旅游，经济建设高速增长，人民生活水平得到快速提升。

三、赣南革命老区红色旅游资源开发利用面临的短板弱项

近年来，赣南革命老区红色旅游产业发展取得较大成就，创新示范点和亮点也有很多。但是，在新时代发展格局背景下离高质量跨越式发展目标还存在一定差距，同时存在着短板弱项。

（一）赣南红色旅游人气指数不高

赣南是红色文化资源的宝库，以瑞金"红色故都"为品牌的红色旅游资源在全国具有极高知名度，赣南地区目前具有相对垄断性和独特性的旅游资源。但由于红色旅游的开发仅仅停留在表层，开发的旅游单品也比较单一，因此品牌效应和辐射作用弱。现阶段，赣南革命老区红色旅游的主要形式仍以静态观光和人文体验为主，大多景区都是普通自然资源观光、红色纪念博物馆、抗战纪念设施观光，对沉浸式和体验向导旅游挖掘不够深入。随着国民经济和旅游产业高质量发展的要求，游客体验需求不断提升，追求个性化和品质化的服务，单纯依靠红色景点讲解和说教的方式已经过时，使得赣南景区在全国范围内整体存在感不强，对外地游客的吸引力不强。根据携程旅游官方发布的《2021年上半年红色旅游大数据报告》显示，2021年上半年周边红色景区的订单较2020年同期增长25%。此外报告还发布了上半年最具人气的红色旅游目的地TOP10，分别是北京、南京、上海、长沙、延安、嘉兴、遵义、韶山、南昌、安阳。由此可看出赣南红色旅游的人气指数远远低于上海、延安、嘉兴、遵义、韶山等地。

（二）科学技术运用有限，现代化程度不够

赣南革命老区大多数景区目前配备的现代化设备不仅种类少，而且只能实现简单的视频播放功能，无法做到"人机互动"，而且当前大部分景点目前采取的基本是人工讲解的方式，与当前信息化、网络化、数字化的发展环境不兼容，游客体验感较差，而且发挥现代化宣传手段的渠道有限。此外，赣南革命老区红色旅游产业发展过程中存在数字化建设不足这一问题，部分游客反映景区网

---

① 江西红色旅游"火爆"瑞金"五一"红色旅游收入约2亿元［EB/OL］.新华网，2021-05-04.

络速度慢且信号不稳定。总而言之，赣南革命老区景区整体上普遍存在现代化、科技化程度不高，对年轻消费群体的吸引力不足，以及未能发挥江西在 VR 技术、电子信息硬件制造等领域的优势的问题。

（三）文创产品开发力度不足

随着我国社会主要矛盾已经转化为人民日益增长的美好生活需要和不平衡不充分的发展之间的矛盾，人们对于物质产品的质量需求也逐渐提高。赣南革命老区虽然具有丰富的红色文化和红色资源，但是红色周边产品和纪念品的创新和生产不足，绝大多数景区内部发售的周边产品整体呈现款式老套、质量不高、种类稀少且产品雷同的特点。而且当前赣南红色文化产品知名度不高，核心竞争力不强，产品差异化不明显，缺乏明星周边产品，"爆品"项目少。例如，在红都瑞金、将军县兴国出售的红色文化产品仍然以领袖像章、塑像、画像等传统商品为主，这些红色文化产品在全国绝大多数红色景点都可以买到，千篇一律，缺乏新科技红色文化创意产品和赣南本土化红色文化产品，这极易让游客产生审美疲劳和视觉疲劳，也造成红色旅游市场的恶性竞争。另外对于自然风光也只是进行了一些简单的、粗放的、低层次的开发，对历史文化、客家文化的开发尚处于摸索阶段，没有形成系统的、复合型的红色旅游产品。

（四）各县"各自为阵"，县域间合作较少

赣南革命老区红色资源尤其丰富，比如，于都的长征第一渡，宁都起义总指挥旧址，兴国的将军馆、烈士馆，等等，但是各个地方旅游业未能很好地产生联动效应，基本上单打独斗，各自为政，甚至出现相互抢资源的现象，没有形成大旅游发展观念，旅游品牌影响力不强。另外在红色旅游资源开发管理方面，各县之间还存在部门管理交叉重复的现象，特别是文化局、旅游局之间还缺乏有效地衔接规划，进而导致出现景区建设资金浪费、重复建设严重、红色资源闲置等现象。

（五）服务水平有待规范化

赣南革命老区当地居民大多为老人、妇女、儿童，青壮年劳动力多为外出务工，村民文化水平有限，而且部分红色景区讲解员专业技能水平有待提高，在介绍历史文物和历史事件时一知半解，或者理解仅仅停留在表面，没有理解历史背后真正的内涵逻辑，当有些游客提出疑问时，甚至出现语塞现象，给游客留下"不专业"的印象。另外由于赣南经济发展相对较落后，人才吸引力不足，大部分高校毕业生毕业后基本不会留在当地，本土人才流失较为严重。

四、推进赣南革命老区红色旅游高质量发展的建议

习近平总书记在党史学习教育动员大会上多次强调"要将党的历史学习好，总结好"，这为新时代革命老区的红色旅游指明了方向。在新发展格局下，大力推进红色文化和旅游产业有机融合是大势所趋，赣南革命老区应围绕高质量发展目标，科学地制定适合赣南革命老区自身特色的发展对策，以推动赣南革命老区的振兴发展。具体发展建议如下：

（一）加大宣传力度，构建"红色旅游+"发展模式

赣南革命老区各景区要利用网络平台，通过直播、上传视频、推送旅游攻略等方式拓宽外省游客对赣南革命老区各处景区信息的获取渠道，在统一的网络平台、公众号等公共媒体广泛发布景区信息并及时进行更新，在做好省内宣传工作的同时，加大对周边地区乃至全国范围内的宣传力度，充分利用现代化的新媒体宣传渠道，也可以实施软营销，比如，举办红色旅游论坛、参加旅游博览会或展销会等，或在重大纪念活动、节庆之际，组织系列宣传推广活动，让更多的较远地区的游客能及时获取红色旅游相关信息，增强赣南地区红色旅游的知名度。另外，赣南革命老区红色旅游要以"红色"为主要吸引物，统筹推进"红与绿""红与古"协调发展，发挥"1+1>2"的整体效果；构建"红色旅游+"发展模式，以此打造红色旅游特色品牌，提升品牌效应，增强赣南红色旅游知名度；同时将生态环境发展要素融入其中，实现红色旅游发展与养生休闲的结合，满足社会流行的"养生热"及"休闲热"。例如，由于赣南地区地处山区，具有天然的温泉及森林资源，有关部门可以开发乡村与休闲为一体的红色度假休闲旅游，构建以赣州、瑞金、兴国为区域核心的旅游产业规模群，进而推动赣县至龙南的客家红色旅游产业、安远至定南和兴国至杨仙岭一带的生态文化旅游带的发展，同时处理好红色旅游资源开发与保护的关系，切实做到"既要金山银山，也要绿水青山"。还应该将赣南地区的客家文化和宋城文化融入红色旅游，通过整合各类资源，充分体现出赣南的地域特色，提高赣南红色旅游的吸引力和核心竞争力。

（二）融入现代新元素，促进红色旅游数字化开发

大力推动红色旅游产业数字化转型，完善红色旅游信息基础设施，加快建设智慧红色旅游景区。当前我国数字技术应用已在多方面进行了成功实践，江西在VR技术以及数字信息化研究方面已经取得了较好的成效。受2020年新冠疫情影响，严重受挫的旅游行业也应该在数字技术方面积极地进行探索，比如，运用3D或VR等技术，打造虚拟还原真实场景，建立网上展馆，使游客不出家

门也能身临其境参与到原汁原味的红色经历中,让游客与红色文化有互动、有沟通、有交流,深入到红色文化中去,达到一种沉浸式旅游体验。因此各景区可以将人工智能、VR 等现代科技手段应用于红色旅游开发,推动红色旅游产业数字化平台建设,提升数字化的场景服务能力,助推红色旅游产业实现全方位、全角度、全链条的数字化,并且推出一些呈现效果更佳、观众参与感更强的实景演出以及沉浸式体验馆等红色旅游项目,增强游客体验感,从而对红色文化达到一定高度的感知和认知。另外结合 5G 技术,通过抖音、快手等视频平台,开展网络文化旅游讲解直播节目,多种形式传播"赣南红色旅游"的品牌内容,吸引一批热爱红色文化的"忠实粉丝"。同时运用手机应用程序开发专门为赣南红色旅游品牌设计服务产品,比如,拥有地图、路线、餐厅、景点等多种内容的 APP,这为来赣南旅游或者想来赣南旅游的游客提供具体的帮助。同时可借鉴南昌八一起义纪念馆推出的"5G 红色旅游示范区"建设打造赣南革命老区"5G+VR"红色旅游示范样板。另外赣南苏区必须与途牛、携程等线上旅游平台 APP 进行积极合作,并通过平台对景区和相关产业进行整合,为游客提供更加方便、快捷且更为优质的服务,从而顺应未来旅游产业的发展趋势。

(三)开发周边产品市场,活化红色旅游产品

赣南革命老区要结合现有文化产品进行升级改造,以适应社会的经济转型,满足消费者需求。首先,从周边产品设计创意上下功夫,推出更多设计精巧、便于携带、质量有保障的"爆款"产品,在保证周边产品质量的同时,要结合各景区特点,设计具有景区特色的文创产品,打造出更多具有赣南革命老区特色的红色文化产品及副产品。这点可以借鉴黄鹤楼景区文创雪糕产品的开发,将黄鹤楼一比一复刻成精美的雪糕这种快销产品,既充分体现地域特点,又是游客必打卡的纪念品,游客爱惜的同时又不得不吃掉,此外也可以开发"盲盒"类的文创产品,将"小红军"等形象设计成创意感十足的"盲盒"类产品,并且合理设置价格,满足游客购物需求,开"盲盒"的过程不仅使游客好奇心增强,心情愉悦,而且可以增加景区的知名度。另外要结合"线上直播引流 + 线下实体消费"双轮驱动模式,为周边产品市场搭建推广销售渠道,打造景区营销"爆点",着力提升游客对周边产品的认同程度。其次,设计体验式旅游产品,结合赣南革命老区红色文化设计能够让游客参与的体验式旅游项目。比如,穿红军衣、走红军路、吃红军粮等,让游客在体验战争艰苦岁月的同时感受革命先辈坚贞不屈、不畏艰辛的精神。

(四)推动区域联动合作,携手打造精品旅游线路

在区域经济一体化的大环境下,赣南革命老区不仅要加强红色旅游的品牌

建设优势，也要根据赣南革命老区的现实情况，实行"区域联动""产业大发展"总体思路，共建符合市场及消费者需求的精品旅游线路。首先，加强区域内的合作。赣南革命老区是红色旅游资源的沃土，不仅拥有丰富的红色资源，还拥有客家文化旅游资源、赣南古文化旅游资源、乡村生态旅游资源。要加强各县域间的合作，实现多种旅游形式的有机结合，携手打造精品旅游线路，推动红色旅游资源与城市历史文化资源、绿色生态资源以及客家资源之间的融合，通过合作，整合各种要素、资源，实现区域旅游资源共享、信息共用、利益共谋。比如，将赣南革命老区红色资源融入其中，推动安远三百山、瑞金罗汉岩、小武当山、大余丫山等绿色旅游景点的开发，创建省级生态旅游示范区和生态旅游示范乡镇。促成建立各区域信息共享机制，以革命活动轨迹为基础，各相关景区为单元，构建一个多省份、跨区域的旅游信息共享数据平台。同时与周边省区市红色旅游项目开展深入合作，共同交流红色文化旅游开发经验，实现资源互换，还可以共同打造跨市、跨省红色旅游文化路线，拉动地区之间的文化交流，实现一种跨地区、无边界的省级旅游区域带。比如，湖南韶山作为伟人家乡，既是革命圣地也是红色旅游的重要吸引点，因此赣南革命老区可以通过与湖南红色旅游发展产业的合作，实现空间层面的有效衔接，打造一种具备核心竞争力的经典品牌。

（五）扎实推进人才队伍建设，提升服务专业化水平

人才队伍不足是红色旅游规范化水平低的主要原因。因此，赣南革命老区要大力引进和创新培养人才，防止人才流失。针对服务水平不规范和讲解人员知识能力不足的现状，赣南各级政府应组织开展旅游讲解人员资格认证，引导讲解人员取得资格证后再持证上岗，同时，定期举办旅游讲解能力建设培训班，通过集中学习和培训，强化讲解人员专业知识水平。另外建立高校和旅游企业联合培养旅游人才的机制，推动职业院校与旅游企业共建实训基地，在旅游管理专业增设红色旅游课程，充分利用产研学，补充红色旅游行业后备军。此外还可以对当地农民和自由职业者定期开展就业创业指导，吸纳其参与红色旅游的土特产加工销售、讲解、饭店服务、清洁服务等。对于受过良好教育的当地年轻居民，则应该破除人才流失的机制弊端，用更多好政策吸引优秀人才留乡、返乡就业，运用"内培＋外引"的旅游人才机制，推动红色旅游发展。

五、结语

在建党百年的背景下，红色旅游迎来了良好的发展机遇。赣南的红色旅游资源丰富多彩，只有坚持科学机制的构建与推进，科学、合理地开发红色旅游

资源，融合老区的地域特色文化和绿色生态资源，兼顾乡村振兴进程中各方的现实利益，才能推动老区的环境、经济和社会发展，真正通过发展红色旅游，助力乡村振兴。

参考文献：

[1] 廖星福，肖萍. 乡村振兴背景下赣南苏区红色文化资源的价值实现[J]. 现代交际，2022（6）.

[2] 陈建平. 赣南红色文化资源保护与开发研究[D]. 赣州：赣南师范学院，2009.

[3] 郭海龙. 红色文化助推乡村振兴[J]. 党史文苑，2022（8）.

[4] 谢思远，刘淑兰，王淑芳. 新时代红色文化引领老区公共文化服务路径[J]. 边疆经济与文化，2022（10）.

[5] 贾楠. 新时代发展红色文化的重要价值[J]. 江南论坛，2022（6）.

[6] 黄志斌，林明水. 高质量推进红色文化产业全域发展：以福建省为例[N]. 中国社会科学报，2022-04-21（8）.

[7] 孙剑，李翔. 红色旅游助推革命老区经济发展路径探析[J]. 旅游与摄影，2022（6）.

[8] 马云霞，裴雨婷. 红色文化助力革命老区乡村振兴的策略探析[J]. 和田师范专科学校学报，2021，40（6）.

[9] 马云霞，裴雨婷. 红色文化助力革命老区乡村振兴的策略探析[J]. 和田师范专科学校学报，2021，40（6）.

[10] 张晓彤. 革命老区乡村振兴新实践[J]. 理论观察，2021（9）.

[11] 凌晓风. 红色文化旅游高质量发展模式研究[D]. 武汉：华中师范大学，2022.

[12] 陈斌. 赣南红色文化旅游品牌形象设计与应用[D]. 武汉：湖北工业大学，2020.

[13] 李保玉. 红色文化旅游的理论解析及发展启示[J]. 广西职业技术学院学报，2018，11（4）.

[14] 吴志才，黄诗卉，张凌媛. 数字人文：红色旅游发展的新路径[J]. 旅游学刊，2021，36（6）.

[15] 晏媛. 湖南省平江县红色文化旅游发展对策研究[D]. 武汉：华中师范大学，2021.

赣南苏区振兴发展的历史性成就、基本经验及实践进路

张宜红 王露瑶①

摘 要：赣南等原中央苏区振兴发展的十年，取得了巨大的历史性成就，实现了与全国同步全面建成小康社会的目标，主要得益于习近平总书记重要指示批示精神的根本指引，中央与地方上下联动、协同推进的坚强保障，先行先试、改革创新的动力源泉，坚持以人民为中心的价值取向，代代相传红色基因的奋进力量。新时代对照革命老区高质量发展示范区的建设要求，赣南等原中央苏区高质量发展仍存在一些亟须解决的短板和弱项，应从打造国家区域性科技创新中心、具有全国乃至全球影响力产业集群、国家区域中心城市、"湾区+老区"开放合作典范、碳达峰碳中和试验区、全国红色基因传承高地等方面着力，探索建设革命老区高质量发展示范区的实践进路。

关键词：赣南苏区；历史性成就；基本经验；实践进路

赣南苏区是中央革命根据地的主体，为中国革命做出了巨大牺牲和重大贡献。2012年在习近平总书记的亲自推动下，国务院出台实施《国务院关于支持赣南等原中央苏区振兴发展的若干意见》（以下简称为《若干意见》），推动赣南苏区振兴发展取得历史性成就，实现与全国同步全面建成小康社会的目标；2021年1月24日，国务院又出台《国务院关于新时代支持革命老区振兴发展的意见》（以下简称为《新时代意见》）并把支持赣南苏区振兴发展作为重点；2022年3月，国家发展改革委正式印发《赣州革命老区高质量发展示范区建设方案》，正式开启了赣南革命老区高质量发展新篇章。因此，有必要对赣南苏区

---

① 作者简介：张宜红，男，江西省社会科学院农业农村发展研究所所长、副研究员，主要研究方向为农业农村；王露瑶，女，江西省社会科学院江西发展战略研究所，助理研究员，主要研究方向为农业农村、生态经济。

振兴发展十年的历史性成就及其基本经验进行科学总结，以期为新时代赣南建设革命老区高质量发展示范区提供指引。

有关赣南苏区振兴发展研究十分丰富，主要集中在振兴发展的意义、路径及政策效果评价等方面。张慧君（2013）提出，赣南苏区脱贫致富要坚持走产业扶贫的道路，形成消除贫困和促进经济发展的内生性机制。[1]季凯文（2016）认为，赣南苏区要善于借助外力，主动融入国内外新一轮开放大局，推动"引资、引技、引智"有机结合，积极开拓国际市场，不断提升参与国际分工与区域合作的能力。[2]此外，苏区精神是凝聚和团结一切力量的关键，也是苏区振兴发展的重要力量。[3]吴永明等（2019）对赣南苏区振兴发展六周年成效进行了调查分析，近两年通过模型分析对政策效应评价较多地进行了研究，罗连发等（2022年）认为原中央苏区振兴计划显著促进了这些地区的投资率及工业化进程，但政策对于这些地区自生能力的提升效应是负的。[4]苏区振兴策略的实施显著提高了中央苏区人民获得感水平。[5]此外，要运用"优势视角"，推动赣南苏区乡村振兴实现"优势治理"。[6]以上研究为本文提供了重要的理论参考，但仍存在有待补充的地方：一是赣南革命老区开启了高质量发展新征程，有必要从经验总结中获得启迪智慧、提炼制胜法宝；二是对照革命老区高质量发展示范区的建设要求，还存在不少短板和制约，亟须提出相应的对策建议。

文章通过对赣南①赣县区、南康区、瑞金市、兴国县、于都县、宁都县、石城县、信丰县、龙南县、定南县等10余个县（市、区）的实地调研，在总结赣南苏区振兴发展十年的历史性成就和探求其基本经验的基础上，比照革命老区高质量发展示范区的建设要求，深入剖析其高质量发展存在的障碍，进而阐述赣南建设革命老区高质量发展示范区的实践进路，对于让赣南老区人民生活更加美好、打造新时代革命老区振兴发展样板具有重大的现实和理论意义，亦可为全国其他革命老区高质量发展提供实践经验。

一、历史性成就

赣南地处江西南部，约占全省1/4区域面积、1/5常住人口，曾是全省人均收入水平最低、发展任务最重、贫困程度最深的区域。苏区振兴发展的十年，是赣南经济社会发展最快、城乡面貌变化最大、老百姓受益最多的十年。

（一）脱贫攻坚全面胜利，突出民生问题有效解决

2011年，赣南农村贫困人口194.88万，占全省的44.5%、全国的1.59%。

---

① 赣州，俗称赣南，因此本文均以赣南指代赣州。

赣南坚持以脱贫攻坚统揽经济社会发展全局，践行以人民为中心的发展思想，把上级扶持资源用在刀刃上，将财政支出近70%、新增财力近80%用于保障和改善民生。

一是同步全面建成小康社会。赣南用了不到8年的时间，贫困发生率由2012年的23.45%降至零，实现中华人民共和国成立以来最大规模人口脱贫，消除了绝对贫困和区域性整体贫困，脱贫攻坚取得决定性胜利。农村居民人均可支配收入由2011年的4684元增加到2021年的14675元，增长了2.13倍，增速连续9年全省领跑；农村居民人均可支配收入占全国平均水平的比重由2011年的67%提升至2021年的77%；在乡退伍红军老战士、红军失散人员等特殊困难群体生活水平得到很大改善。

二是一系列突出民生问题取得突破性进展。赣南累计改造农村危旧土坯房69.52万户，实现25户以上人口自然村全部通水泥路和村村通动力电，集中供水率提高为91.05%，自来水普及率为87.29%，[7]农村中小学校舍面积增加了近一半，基本养老保险、基本医疗保险基本实现全覆盖，长期困扰赣南人民的住房、饮水、用电、出行、上学、看病等民生难题基本上得到了解决。

（二）经济实力进位赶超，特色优势产业发展壮大

2011年赣南苏区资源禀赋较差、区位偏僻封闭，经济发展非常落后，人均主要经济指标只有全国平均水平的30%—40%。10年来，赣南主要经济指标增速保持在全省"第一方阵"（见表1），均高于全国同期水平，人均主要经济指标与全国平均水平的差距不断缩小。2021年，赣南地区生产总值达4169.37亿元，是2011年的2.74倍，人均GDP达到全国平均水平的70%—80%，在全国地级及以上城市的排名跃升至第65位，较2011年前移44位。

表1　2011—2021年赣州市主要经济指标情况

主要经济指标	2011	2021	年均增速
地区生产总值（亿元）	1519.51	4169.37	10.6%
一般公共预算收入（亿元）	110.05	294.07	10.3%
规模以上工业营业收入（亿元）	1824.42	4533.20	9.5%
社会消费品零售总额（亿元）	432.32	1987.68	16.5%
货物出口总额（亿元）	163.02	576.47	13.5%
实际利用外资（亿美元）	9.23	23.51	9.8%

续表

主要经济指标	2011	2021	年均增速
城镇居民人均可支配收入（元）	16058	40161	9.6%
农村居民人均可支配收入（元）	4684	14657	12.1%

资料来源：赣州市统计局、赣州市统计年鉴。

10年来，赣南坚持集群发展、创新发展，三次产业结构由2011年的17.4∶47.2∶35.4优化为2021年的10.3∶39.6∶50.1，特色优势产业不断壮大。

一是"1+5+N"产业集群①加速发展。2021年，赣南现代家居产业集群产值达2300亿元，"南康家具"品牌价值居全国家具行业第一；中国稀土集团落户赣州，成为首个把总部落到江西的中央企业，稀土钨新型功能材料产业集群获批国家级战略性新兴产业集群，有色金属、电子信息产业规模以上工业营业收入首次突破了1000亿元，分别达1377亿元、1327亿元，尤其是电子信息产业产值由2011年的170.51亿元增加到2021年的1156.49亿元，增长了5.8倍，纺织服装产业集群营业收入突破1000亿元；赣州经济技术开发区营业收入达1160亿元，实现了千亿园区"零"的突破。2021年赣南规模以上工业企业数达2478户，企业总数和净增数均居全省第一，比2011年增长2.2倍；实现营业收入4533.20亿元，比2011年增长1.5倍，营业收入超50亿元、100亿元的工业企业实现零的突破。

二是现代农业提档升级。2021年，全市农林牧渔业总产值为695.58亿元，比2011年增长了85.44%。赣南脐橙品牌价值稳居全国地理标志产品水果类第一、种植面积世界第一、年产量世界第三，成为全国三大产业扶贫典范之一；蔬菜产业发展势头强劲，建成粤港澳大湾区"菜篮子"生产基地48个，"赣南茶油"连续四年荣登中国地理标志产品区域品牌百强榜。

三是现代服务业发展强劲。2021年，赣南第三产业占GDP比重突破50%，金融机构存贷款余额分别是2011年的3.47倍、6.39倍，在全省率先实现上市公司A股板块全覆盖；全域旅游加快发展，国家4A级景区实现县域全覆盖，方特东方欲晓主题公园等建成运营，长征国家文化公园（赣州段）等加快建设，瑞金共和国摇篮景区晋升为国家5A级景区，跻身全国12大重点红色旅游区之

---

① "1+5+N"产业集群："1"是指超5000亿元的现代家居产业集群，"5"是指2000亿元的有色金属、电子信息、纺织服装、新能源及新能源汽车、医药食品5个产业集群，"N"是指超500亿元的特色产业集群。

一；商贸物流日益活跃，国家标准A级物流企业总数和增量稳居江西首位，成为全国首个电商进农村全覆盖的设区市，网络零售额占全省1/3以上。

（三）基础设施全面提速，城乡面貌发生重大变化

10年来，赣南将加快基础设施建设作为振兴发展的先导工程，实施了一大批重大交通、能源、通信、水利项目，横连东西、纵贯南北、立体延伸、通达全国、覆盖城乡、高效便捷的全国性综合交通运输网络已基本形成，城乡面貌日新月异。

一是基础设施建设实现跨越。赣深高铁、昌赣高铁、赣韶铁路、兴泉铁路、赣瑞龙铁路复线等穿境而过，全面迈入"高铁时代"，2021年铁路运营总里程达923千米，是2011年的2.4倍；高速公路通车里程占全省的比重为25%，"三纵三横六联"路网形成，县县通高速；黄金机场升为国际空港，迈入中型机场行列，通航城市、通航点分别增长135.71%、126.67%，架起了赣南联通世界的"空中桥梁"。[8]

二是城市功能品质双提升。赣南中心城区五区一体化进程明显加快，南康、赣县撤市（县）设区，蓉江新区加速发展，中心城区建成区面积达208平方千米，人口达207万人，常住人口城镇化率达56.5%，较2012年提高了17.21个百分点。

三是乡村旧貌换新颜。2021年赣南脱贫攻坚成果得到巩固拓展，对1.36万户监测对象全部落实了帮扶举措，易地搬迁后扶"点长制"做法及"防贫保"长效机制在全国层面得到推广。2021年全面启动乡村建设行动，2821个村点完成整治建设，基本实现城乡环卫一体化第三方治理，3.8万个农村户厕问题得到整改，农村生活污水处理设施建成数及覆盖村庄数、省级森林乡村创建数均排在全省首位。

（四）改革开放走深走实，振兴发展活力竞相迸发

老区之困，在于封闭。10年来，赣南坚持以开放促改革，以改革促发展，变"老区思维"为"湾区思维"，打造新时代"第一等"营商环境，赣南实现了"内陆洼地"变"开放前沿"的跳跃。

一是一批重大平台密集落地。2019年10月，中国科学院赣江创新研究院落户赣州，填补了江西无国家级大院大所的空白，国家稀土功能创新中心等20个国字号科研创新平台密集落地。3个开发区（龙南经开区、瑞金经开区和赣州高新区）升格为国家级园区。赣州国际陆港加快建设，赣州综保区调整至赣州国际陆港获国务院正式批复，赣州国际陆港获批平行车进口试点，赣州国际陆港多式联运示范工程通过交通运输部验收，龙南保税物流中心在全国85家保税

物流中心排第 19 位。赣州国际陆港中欧班列穿行于中亚五国及欧洲 22 个国家 151 个城市，赣州—布达佩斯跨境电商班列常态化运营，在全国首创"跨省、跨关区、跨陆海港"的通关新模式，实现"1210""9610""9710""9810"跨境电商全业态开通，在全省率先开展"跨境电商+中欧班列"B2B 业务试点，中欧（亚）班列突破 1000 列，铁海联运"三同"班列和内贸班列均突破 5000 列。

二是重点改革取得突破。2021 年，赣州市严格对标对照粤港澳大湾区营商环境的先进做法，推进政务服务"全程网办"事项 333 个，"跨省通办"高频事项 90 个，惠企政策"免申即享、即申即享"44 项，探索推动"一站式集成"审批、全产业一链办、施工图审查等工程项目审批改革，在 2021 年度全省营商环境评估中排第 4 位。顺利完成国企混改攻坚行动任务，兴国县节约集约用地获国务院督查激励。

三是开放合作成效明显。深圳与赣州正式开展对口合作，"三南"粤港澳大湾区产业合作示范园、深赣港产城特别合作区、赣闽产业合作区加快建设，引进了吉利科技、格力电器、富士康等"5020"项目 23 个。2011—2021 年全市累计引进省外资金项目 2802 个，实际进资 7538.68 亿元，年均增幅 12.6%。

（五）生态屏障巩固提升，生态环境质量持续改善

"土法"开采稀土，青山千疮百孔，水土流失一度占到区域面积的近 30%，严重威胁着赣南生态环境。10 年来，赣南积极践行习近平总书记"绿水青山就是金山银山"的发展理念，持续巩固南方生态屏障。

一是突出环境问题得到较好解决。扎实推进中央和省环保督察反馈问题的整改，完成 91.27 平方千米废弃稀土矿山的治理，近 50 年的"生态欠账"得到有效解决。赣州市被列为全国水土保持改革试验区和高质量发展先行区，完成新增水土流失治理面积 6281.51 平方千米，实现水土流失面积强度"双下降"，水土保持"赣南模式"在全国推广。

二是生态建设持续加强。投入 130.87 亿元实施山水林田湖草沙生态保护修复试点项目 52 个，并基本完成试点预期目标，实施 10 年时间改造 1000 万亩低质低效林工程，森林覆盖率稳定在 76.23%以上，位列江西省首位。[9]全面落实东江流域上下游横向生态补偿机制，出境断面水质全部达标，守护一江清水流向广东和香港。林长制、河长制、湖长制得到全面推广，空气质量稳定达到国家二级标准，水质综合指数居于江西省前列，城镇生活污水处理厂实现县县覆盖。

三是生态文明制度不断完善。以"一票否决"、约谈问责、终身追究的"责任链条"约束领导干部环境损害行为，常态化设立生态综合执法局、生态检察

处、环资审判合议庭等机构,用严格制度、严密法治保护生态环境。组建成立江西省第一家碳交易机构,探索碳排放权、排污权、水权交易试点,《赣州市低碳试点工作实施方案》获得国家发展改革委批复,建成赣州市"生态云+双碳"大数据平台并成功试运行,习近平总书记"绿水青山就是金山银山"的生态文明思想,在赣南大地日益彰显。

二、赣南苏区振兴发展的基本经验

赣南苏区振兴发展的实践历程,是习近平新时代中国特色社会主义思想在赣南大地的具体实践,是实现中华民族伟大复兴中国梦在革命老区的生动演绎,彰显了党中央关于全面小康不让一个老区苏区掉队的坚定决心,诠释了中国共产党不忘初心、继续前进的郑重宣言,体现了社会主义制度的优越性。

(一)十年振兴发展,十年赣南巨变,主要得益于习近平总书记重要指示批示精神的根本指引

习近平总书记一直关心着赣南的发展,先后2次亲临赣州视察指导,9次对赣南苏区振兴发展做出重要指示批示,亲自推动《若干意见》《新时代意见》等重大政策出台实施,反复强调"原中央苏区振兴发展工作要抓好,这很有政治意义""一定要把老区特别是原中央苏区振兴发展放在心上""要饮水思源,决不能忘了老区苏区人民。要梳理排查、抓紧工作,确保老区苏区在全面建成小康社会进程中一个都不掉队"。2019年5月20日,习近平总书记亲临赣州视察,强调"我们要饮水思源,不要忘了革命先烈,不要忘了党的初心和使命,不要忘了我们的革命理想、革命宗旨,不要忘了我们中央苏区、革命老区的父老乡亲们",正是习近平总书记的深情大爱和深切关怀,提供了强大的精神指引和动力,赣南苏区旧貌换新颜,苏区群众脸上喜笑颜开、幸福满满。

(二)十年振兴发展,十年赣南巨变,主要得益于中央与地方上下联动、协同推进的坚强保障

政策红利的充分释放,需要各方协调配合,形成强大合力。2012年以来,国家发展改革委牵头召开7次部际联席会议,江西省委、省政府对赣南苏区振兴发展"只做加法不做减法",先后召开10次领导小组会议和6次工作推进会议,确保政策落地生效。特别是由中组部、国家发展改革委牵头,40个中央国家机关及有关单位对口支援赣南,下派四批共161名干部挂职,先后出台配套政策文件200余个,科学谋划赣南苏区振兴发展"路线图""时间表",逐步形成了系统化政策支撑体系,构筑起区域性"政策高地"。这一系列政策支持,使赣州成为"老区中的特区",为经济社会发展注入了强劲动力。赣南注重主动加

强与国家、省的对接沟通,形成了"上接天线、下接地气"的协同落实机制,使各项政策措施得到有效落实,同时,坚定贯彻新发展理念,形成合力,持续用力、久久为功,闯出了一条革命老区高质量跨越式发展的新路子。

(三)十年振兴发展,十年赣南巨变,主要得益于先行先试、改革创新的动力源泉

赣南紧紧抓住苏区振兴发展的重大历史机遇,深挖政策富矿,在经济社会发展各个领域致力先行先试,争创"第一等工作",创造了一批在全国、全省有影响力的"赣南经验"。2012年以来,赣州获国家层面批复的试点示范平台100余项,是获批国家级平台最多的设区市之一。全国革命老区扶贫攻坚示范区、国家进境木材示范监管区、国家教育综合改革发展试验区、集体林权综合改革试验示范区、水土保持改革试验区等取得示范成果,脐橙产业脱贫经验成为全国典型案例,颁发了全国第一本林权类不动产权证,山水林田湖草沙生态保护修复试点经验在全国试点工作会上作典型经验发言,"小微信贷通""创业信贷通""产业扶贫信贷通"和"财园信贷通"的做法获国务院通报表扬,赣州国际陆港成为江西省吞吐量最大和全国铁海联运外贸集装箱吞吐量最大的内陆港。

(四)十年振兴发展,十年赣南巨变,主要得益于始终坚持以人民为中心的价值取向

习近平总书记在江西考察时强调,以百姓心为心,与人民同呼吸、共命运、心连心,是党的初心,也是党的恒心。赣南苏区从决战决胜脱贫攻坚,到解决群众关心的交通、就业、社保、教育、医疗、住房、养老等民生难题,不论是抓改革促发展,还是谋创新求突破,始终坚持把顺应人民群众对美好生活的向往作为一切工作的出发点和归宿点。[10]正是通过推进农村生活垃圾治理、"空心房"整治、农村基础设施建设等一件件民生实事和一项项民生工程的落地建设,既保障好事关老百姓生存发展的"头等大事",也解决好群众日常生活中的"关键小事",老百姓的幸福感、获得感、安全感不断增强,"感党恩、听党话、跟党走"的信念更加坚定。

(五)十年振兴发展,十年赣南巨变,主要得益于代代相传红色基因的奋进力量

历史在赣南镌刻下一座座精神丰碑,留下苏区精神、长征精神和老区精神等红色基因密码。时下的赣南大地,干部群众从红色基因中汲取不等不靠、感恩实干的奋进力量,作答苏区振兴发展的"每一个行程、每一次突围、每一场战斗"。面对振兴发展的历史机遇,赣南苏区干部群众以习近平新时代中国特色社会主义思想为指导,坚持国家支持与自力更生相结合,"输血"与"造血"

并重，不等不靠，主动作为，提出"解放思想、改革攻坚、开放创新、担当实干"的工作思路，大力弘扬"坚定信念、求真务实、一心为民、清正廉洁、艰苦奋斗、争创一流、无私奉献"为主要内涵的苏区精神和新时代苏区干部好作风，狠抓政策落实，把打好中央三大攻坚战的部署要求贯彻到经济社会发展全过程，深入推进"三大战略、八大行动"①，依靠自身的勤劳和智慧创造美好未来。

三、赣南苏区高质量发展面临的主要问题

10年来，赣南苏区振兴发展取得了长足进步，但发展基础还比较薄弱，全面小康的质量还不够高，欠发达、后发展的市情没有得到根本改变。对照革命老区高质量发展示范区的建设要求，仍存在一些亟须解决的短板和弱项。

（一）经济发展总体水平不高

建设革命老区高质量发展示范区，要提高经济整体实力和水平。然而，一是经济总量不大。赣南经济总量与其人口、地域大市不相符，2021年赣南地区生产总值、一般公共预算收入、社会消费品零售总额、出口总额4个指标占全省的比重分别为14.1%、10.5%、16.3%、15.7%；财政自给率较低，2020年财政自给率仅为29.3%，是典型的"吃饭"财政，赣南70%多的一般公共预算支出资金来源于上级补助；县域经济不强，18个县（市、区）中没有全国百强县。二是民生福祉仍需改善。虽然赣南实现历史性整体脱贫，但相当一部分贫困户的政策性收入占比较大，加上扶贫产业覆盖面还不够广、发展水平还不够高，脱贫稳定性还不够强，脱贫成果仍需进一步巩固提升。教育事业发展水平还有差距，小学、初中、中职生均公共财政预算公用经费支出低于全省平均水平，教育项目资金缺口大。卫生健康资源人均水平低，每千常住人口床位数分别为全国、全省平均水平的93.30%、95.4%；优质医疗资源短缺，缺少国家临床重点专科；乡村卫生健康服务体系短板突出，基层医疗卫生机构首诊分诊和健康管理能力不足。

（二）特色优势产业竞争力不强

建设革命老区高质量发展示范区，要培育壮大特色产业。然而，一是头部企业和引领性项目不多。赣南产业实力不强、层次不高、影响力不大。2021年

---

① "三大战略"：新时代赣南苏区振兴发展、打造对接融入粤港澳大湾区桥头堡、建设省域副中心城市。"八大行动"：工业倍增升级、科技创新赋能、深化改革开放、乡村全面振兴、城市能级提升、美丽赣州建设、提高民生品质、党建质量过硬。

全市规模以上工业营业收入达 4500 亿元，仅占全省的 10.2%。电子信息、纺织服装产业仍处于产业链中低端，现代家居、稀土钨等稀有金属产业全球竞争力不强，生物制药、新能源汽车等产业规模偏小。二是科技创新短板突出。2020年底，全市全社会研究与试验发展（R&D）经费支出仅占 GDP 比重的 1.58%，比全国低 0.83 个百分点，仅为全国的 60% 左右；全市规模以上工业企业中有研发活动的单位不到 25%。三是金融"活水"作用不够。赣南金融总量规模小，金融业增加值、贷款余额占 GDP 比重仍低于全国平均水平，国开行、进出口银行尚未在赣州设立分支机构，外资银行机构仍处于空白，金融"活水"浇灌实体不够。

（三）基础设施支撑能力偏弱

建设革命老区高质量发展示范区，要完善基础设施网络。然而，一是综合交通运输体系尚未完全形成。国省道技术等级不高，赣南二级及以上公路比例低于全省平均水平。铁路建设还有欠账，通车运营的高铁线路只有 2 条，未形成东西走向的高铁通道；铁路网密度低于全省平均水平，截至 2021 年 9 月底，赣南建成铁路网密度和人均规模仅为 200km/万平方千米和 0.88km/万人，分别只有全省平均水平的 66% 和 79%，尚有 5 个铁路空白县。二是能源保障能力不足。2021 年，赣南能源总自给率仅为 16% 左右，电力自给率不足 30%，70% 以上需从江西主网输入，煤炭、成品油、天然气等能源全部由外输入。三是航空水运发展缓慢。赣南机场承载能力不足，航班航线密度偏低，空港物流和航空产业发展基本处于空白状态；水运通道尚未打通，赣粤运河还处在规划研究阶段，赣江航道仍处于断航状态，内河水运发展缓慢。

（四）对外开放活力不够

建设革命老区高质量发展示范区，要深化扩大对外开放。但是，一是开放经济规模偏小。2021 年，赣南出口总额占全省比重仅为 15.7%，实际利用外资仅为全省 14.9%，利用省外 2000 万元以上项目资金仅为全省 11.5%。二是融入粤港澳大湾区机制有待创新。目前，赣州尚未列入粤港澳大湾区国家有关协调机制，与深圳、广州等大湾区发达城市对口合作机制有待创新。三是营商环境亟待优化。与浙江、广东等沿海发达地区相比，赣州在招才引智、招商引资过程中缺乏"五皮"① 精神，政务服务离"五心"② 要求还有差距。四是赣州国

---

① "五皮"精神：硬着头皮、厚着脸皮、磨破嘴皮、饿着肚皮、踏破脚皮的精神。

② "五心"服务：情感上暖心、行动上贴心、措施上用心、机制上顺心、关系上无私心的服务。

际陆港功能单一。赣州国际陆港尚未成为正式口岸，班列计划不多，发运计划不足，限制了其与广州港、宁波港等合作共建"组合港"；此外，赣州国际陆港无法发运带电池货物，跨境电商多品名货物运输安检较为复杂、效率低，如江铃每年1万辆以上的新能源汽车无法通过赣州国际陆港出口。五是开放平台基础偏弱。赣州、龙南、瑞金3个经开区和赣州高新区等国家级平台基础差、水平低、体量小，均居于全国219个国家级经开区后列；赣州综保区、瑞兴于经济振兴试验区等平台发挥的作用不够。

（五）生态资源要素制约明显

建设革命老区高质量发展示范区，要促进绿色转型发展。但是，一是生态治理难度较大。矿山开发历史悠久，水土流失、植被破坏等问题点多面广，不少矿山污染防治措施还不到位，一些尾矿库存在环境安全隐患，落实山水林田湖草沙整体保护、系统修复、综合治理与上级要求还有差距；城乡环保基础设施存在短板，仍然有65%的县（市、区）无建筑垃圾处置场，大部分乡镇无建筑垃圾消纳场所，农村生活污水治理设施覆盖率低、设施配套管网不足。二是生态红线成为发展"紧箍咒"。作为我国南方地区重要生态屏障，生态红线划定面积较大，生态红线与一些生态旅游、林业经济等重大项目的用地需求存在矛盾，成为"束缚"赣南提升自我发展能力的"紧箍咒"。三是碳排放指标成为制约发展的"利剑"。在碳达峰碳中和背景下，能耗指标、碳排放指标分配是基于"十三五"期末"存量"数据，可获得的能耗指标、碳排放指标将明显偏少，将对赣南提升自我发展能力造成明显制约。如赣县区2021年获得1.37万吨标煤能耗，截至8月12日已用9037吨标煤，面临着新项目因用能指标缺口而难以落地。

四、赣南建设革命老区高质量发展示范区的实践进路

新时代赣南苏区高质量发展，要用好用足对口帮扶机制、西部大开发政策、部际联席会议制度三大政策机制，加快建成革命老区高质量发展示范区。

（一）加快自主创新，打造国家区域性科技创新中心

一是加快推进重大创新平台建设。创建国家创新型城市试点和一批省级创新型县（市）试点，高质量建设中科院稀土研究院，加快赣州稀金科创城建设，推进稀土新材料国家实验室、国家稀土功能材料制造业创新中心、国家钨与稀土产业计量测试中心建设。二是创建国家科技成果转移转化示范区。对接知名高校或科研院所与赣州建立成果转化机制，推进赣南科技学院"双一流"学科建设；加强与国内"双一流"高校、科研机构和高水平高职学校的合作共建；

建强赣州科技大市场，推进赣州创建国家知识产权试点示范城市，建设中国（赣州）知识产权保护中心。三是建立鼓励创新、宽容失败机制。支持建投、发投向新一代信息技术、生命健康、新能源、新材料、柔性电子、通航及北斗应用等产业化项目倾斜，风险容忍度提高至40%。四是打造天下英才苏区栖息地。探索设立柔性引才的"苏区计划"、以才引才的"伯乐计划"、精准引才的"靶向突破计划"；探索设立人才发展集团，在技术路线、经费使用、资源调度等方面赋予用人主体和人才更大自主权；畅通人才向上流动通道，建立以信任为基础的人才使用机制，构建充分体现知识、技术等创新要素价值的收益分配机制。

（二）培育壮大优势产业，打造具有全国乃至全球影响力产业集群

一是打造两大具有全球影响力的产业集群。推进现代家居超5000亿产业发展，纳入全省"2+6+N"产业高质量跨越式发展行动计划，打造具有全球影响力的家居制造之都。高标准建设"中国稀金谷"，支持完善稀土产业链体系，建设世界级永磁变速器及永磁电机生产基地，建立国家（赣州）稀土稀有金属战略资源储备基地，做大做强中国稀土集团，打造具有全球影响力的稀土新材料产业集群。二是打造四大具有全国竞争力的千亿产业集群。大力承接粤港澳大湾区电子信息产业，差异化发展赣州电子信息产业带，打造特种芯片和半导体材料生产基地、"5G+工业互联网"应用示范基地；建设纺织服装产业带，加快建设全国纺织服装优质智造基地；推动新能源和新能源汽车产业全链条发展，建设全国重要的新能源（汽车）产业集聚区；做强"药品+医疗器械"双链条，创建国家区域医疗中心，壮大赣南脐橙、富硒蔬菜，茶油等农产品，打造全国知名的医药及大健康产业基地。三是繁荣现代服务业。加快国家普惠金融改革试验区建设，支持寻乌、崇义设立省级县域金融改革创新试验区；加大"险资入赣"力度，加快推进赣州银行上市，鼓励发起设立银行、保险、证券、基金等地方法人金融机构；打造全国物流结算中心、国家冷链物流基地，建设稀土、旅游等行业大数据中心，吸引更多知名企业在赣州设立运营中心、呼叫中心。

（三）完善现代基础设施体系，打造国家区域中心城市

一是老基建与新基建共同发力。加快瑞金—梅州、长沙—赣州、赣州—郴州—兴义（桂林）、赣州—韶关等铁路扩能工程建设，推动景德镇—鹰潭—瑞金、赣州—广州、赣州—龙岩—厦门等铁路规划建设；优化加密赣州高速公路网，推动寻乌—全南西延—韶关、赣州—安远、信丰—南雄东延—龙岩等高速公路，支持普通国省干线公路提档升级；推动赣州黄金机场三期改扩建，推进瑞金机场开通至国内重点城市航线，支持大余新城机场军民合用，建设一批通用机场；策应赣粤运河建设总体规划，做好赣江珠江水系周边项目规划；推进

"闽赣联网"项目落地赣州,推动信丰电厂二期、宁都电厂和赣县抽水蓄能电站建设,争取设立国家煤炭储备基地、天然气应急储备基地;推进赣州智慧城市、5G城市建设,打造"赣州数谷",实现重点城镇及产业园区5G网络全覆盖,建设全国"区块链+AI"应用标杆城市,推动共享经济、电子商务、网络直播等新业态向农村拓展。二是新型城镇化与乡村振兴双轮驱动。支持赣州建设城市轨道交通和市域铁路,推动赣州建设赣粤闽湘四省通衢区域中心城市和Ⅰ型大城市,推动上犹撤县设区、信丰撤县设市,适时推动于都撤县设区,壮大瑞金、龙南次中心城市,做大主城区,提升江西省域副中心城市能级;实施乡村建设行动,推进农村电网改造升级,实施电气化提升工程,支持赣州开展"数字乡村"试点;探索在赣州设立集镇建设资金或把农村资金使用范围拓展到乡镇建设,增强集镇为民服务功能,创建国家城乡融合发展试验区。

(四)深度融入粤港澳大湾区,打造"湾区+老区"开放合作典范

一是探索创新与粤港澳大湾区协调机制。借鉴安徽从长三角"旁听生"到"插班生"再到"正式生"的"三级跳"的经验,向中央争取,率先推动赣南等原中央苏区城市以观察员身份,列席到国家推进粤港澳大湾区发展相关会议及其他重大活动,加快赣州与深圳对口合作步伐,建立广州等其他大湾区城市与赣州对口合作机制。二是创建全国营商环境创新试点城市。对标上海、深圳、杭州、宁波等发达地区营商环境,制订出台赣州建设全国一流营商环境方案,争创全国营商环境创新试点城市,以争创试点打造新时代"第一等"的营商环境,真正实现"凡是大湾区能做到的,赣州首先要做到"。三是打造国家中欧班列集结中心。做大做强赣州国际陆港并成为国家一类口岸,争取更多中欧班列开行计划,推动赣广组合港建设,常态化开行"深赣欧"班列,推动"粤赣欧"班列开通运行;参照成都、西安等地做法,对赣州国际陆港开展锂电池、跨境电商带电池及多品名货物铁路运输安检等给予支持。四是创新产业与科技合作新模式。加快推进赣州与粤港澳大湾区共建产业合作试验区,重点推进深赣港产城特别合作区、赣粤产业合作试验区和赣莞产业合作区;推动全省电子政务外网数据备份中心和粤港澳数据备份中心落户赣州,鼓励粤港澳大湾区科研院所、高等院校、龙头企业在赣州设立技术转移中心分中心、国家重点实验室分支机构,充分利用粤港澳大湾区科技协同创新联盟特邀成员单位的身份,加快推进合作共建科创"飞地"。

(五)生态文明做示范,打造碳达峰碳中和试验区

一是探索创新生态保护机制。按照"总量不减、质量不降、相对连片"的原则,率先在全国对生态红线进行勘界落地。探索在赣江流域设置环境监管和

行政执法机构试点,开展禁伐补贴和非国有森林赎买(置换),协议封育试点,推进赣粤开展常态化跨省横向生态补偿机制,探索实施赣江流域生态补偿机制,支持上犹国家综合补偿试点,推动赣州与广东、福建探索共建南岭国家公园。二是拓展"两山"转换通道。参照丽水市有关做法,加快推动生态产品价值实现机制,破除生态资源有价无市,生态产品有市无价的情况;加快实施山水林田湖草沙一体化保护和修复行动,推进排污权、用能权、用水权、碳排放权市场化交易试点,加快大宗固体废弃物综合利用基地和"无废城市"试点建设,推广"两山银行""湿地银行"等,加快生态产品价值实现。三是加快推进赣州国家低碳城市建设。坚持发展第一要务,强化能耗双控管理,鼓励企业实施节能技术改造,开展能源回收,引导能源利用率低的企业转产或强制性退出以能耗强度的降低换取能耗总量的更多支持,力争在2030年实现碳达峰;坚决遏制"两高"项目盲目发展,探索设立低碳转型基金,鼓励零排放能源产品和企业开展直供电合作,推动产业结构低碳或减碳转型;探索建立环境权属交易市场,实现碳排放跨区域交易配置;实施林业碳汇指标"增量与存量兼顾"政策,推进林业碳汇先行示范区建设,建设南方林业碳汇交易市场。

(六)弘扬红色文化,打造全国红色基因传承高地

一是加强红色资源利用。高标准建设长征国家文化公园(赣州段),高水准配套旅游设施。深入实施革命文物遗址保护修复工程,维护运营好革命博物馆、纪念馆、烈士陵园等红色基因库。二是弘扬革命历史文化。大力培养引进一批优秀红色讲师,积极开展"苏区精神"走出去行动,高标准建设于都长征学院、兴国苏区干部好作风学院,推动设立寻乌调查研究干部学院,打造全国爱国主义、革命传统教育基地。举办全国性红色文化论坛,创建国家级红色文化研究中心。三是建设全国知名红色旅游目的地。推动赣州红色旅游列入国家旅游发展专项,开通红色旅游专线(列),组建长征旅游联盟,打响于都中央红军长征出发地金字品牌,通过众筹等市场方式,打造一批具有市场认可度、市场传播力和竞争力的红色文创精品,推进安远三百山、大余丫山等创建国家5A级景区,打造"江南宋城"历史文化旅游区,深入推进国家级客家文化(赣南)生态保护实验区建设,促进红色旅游与生态、客家文化、阳明文化的融合发展。

参考文献:

[1] 张慧君. 赣南苏区产业扶贫的"新结构经济学"思考 [J]. 经济研究参考, 2013 (33).

[2] 季凯文. 赣南苏区新一轮开放合作的现实基础与战略选择 [J]. 苏区

研究，2016（5）.

[3] 孙悦，钟小明. 讲政治 学理论 扎基层：毛泽东端正苏区干部作风的经验启示 [J]. 毛泽东邓小平理论研究，2019（3）.

[4] 罗连发，方乔梅，刘沛瑶. 优惠政策能促进经济发展吗？：基于原中央苏区振兴政策的再检验 [J]. 广西师范大学学报（哲学社会科学版）2022，58（4）.

[5] 李成，谢晗进. 赣南苏区居民获得感调查及影响因素研究：基于 LASSO 筛选 [J]. 商业经济，2021（3）；徐珂，谢晗进，罗启欢. 赣南等原中央苏区振兴发展效果评估：基于主观获得感调查数据 [J]. 商业经济，2022（1）.

[6] 萧子扬. 革命老区何以实现乡村振兴的"优势治理"：以赣南苏区为考察中心 [J]. 地方治理研究，2020（2）.

[7] 刘润发，钟义勇，谢瑞洪，等. 八年振兴路 一曲奋进歌 [N]. 赣南日报，2020-06-28（1）.

[8] 赣州市全力推进赣南苏区振兴发展 [J]. 中国产经，2021（6）.

[9] 李佳琪，刘沐笛，温居林. 赣州多项指标增幅稳居全省"第一方阵" [N]. 赣南日报，2020-07-03（1）.

[10] 吴永明，胡雪梅，桂榕，等. 习习春风暖人心：赣南苏区振兴发展调研报告 [J]. 苏区研究，2019（3）.

数字化引领革命老区高质量发展路径研究

——基于江西农业数字化发展的调研思考[①]

钟群英[②]

摘　要：当前，全球正迎来新一轮科技革命和产业变革，5G、云计算、大数据、物联网、人工智能等数字技术与实体经济深度融合，带来经济发展新优势，世界发达国家都把农业数字化转型作为农业发展的重要战略。江西作为农业大省，在推进革命老区高质量发展进程中，顺应时代发展潮流，积极推动数字科技与农业发展深度融合，将数字化和信息化技术贯穿农业发展全过程，大力推进农业数字化转型，实现高质量发展，为农业强省持续发力。

关键词：革命老区；数字化转型；数字农业；产业数字化

党的二十大首次旗帜鲜明地提出"加快建设农业强国"，是全面建成社会主义现代化强国的应有之义。随着5G移动互联网、云计算、大数据、物联网、人工智能等数字信息技术的高速发展和大范围普及，带来了新一轮科技革命和产业变革的战略机遇，世界发达国家都把农业数字化转型作为农业发展的重要战略。当前，我国农业处于转型升级的关键时期，积极推动数字科技与农业发展深度融合，将数字化和信息化技术贯穿农业发展全过程，是加快农业现代化的有效举措，也是高质量推进建设农业强国的有效抓手。江西是农业大省，是全国粮食主产区，必须走好农业现代化之路，在推进革命老区高质量发展方面，推进农业数字化转型，赢得数字经济时代国际竞争的主动权。

[①] 基金项目：本文系国家社科基金项目"基于农民获得感的连片特困区精准扶贫绩效评价及脱贫巩固路径研究"阶段性成果，编号：19BJL038。
[②] 作者简介：钟群英，女，江西省社会科学院，副所长、研究员，研究方向为产业经济学、数字农业。

一、数字化赋能促进革命老区高质量发展的重要意义

气候变化和资源不可持续利用，威胁着全球粮食安全，如何可持续地生产足够的健康食物，是21世纪全世界面临的关键的长期性挑战之一。为应对挑战化解粮食安全压力，要求农业粮食生产与食物体系尽快转型。通过数字技术创新，用更少的土地、更节约的用水和其他投入生产出更多的健康食物，推动数字化是农业转型发展的重要路径。

数字农业是我国发展"数字中国"战略的重要组成部分。习近平总书记在2013年中央农村工作会议上指出，世界上真正强大的国家、没有软肋的国家，都有能力解决自己的吃饭问题。美国是世界第一粮食出口国、农业最强国，俄罗斯、加拿大和欧盟的大国也是粮食强国。放眼全球，发达国家都把数字农业作为农业现代化发展产业优势的方向，积极推进农业产业的数字化转型。例如，农业发达国家已经实现了1人种地5000亩（公顷），1人年产蔬菜500吨，1人种养100万盆花，1人养殖20万只鸡、日产鸡蛋18万枚，1人养殖10000头猪，200头奶牛、100吨鱼，彻底改变粗放经营、竞争力不强、资源利用率低等传统农业面临的难题。

我国浙江省自2019年起，率先在全国试点建设"数字农业工厂"，围绕生产环境、生产过程、质量安全、流通营销、技术服务等环节开展数字技术装备的系统集成与综合运用。经过几年实践，2021年相继发布数字农业工厂、数字渔场、猪场数字化等建设指南。德清县水木蔬菜工厂将先进技术融入生产管理、产品营销、质量控制、生态保护等环节，实现年产番茄200万千克，效率是传统大田的30倍；桐乡市华腾牧业利用物联网、人工智能、生物耳标、区块链等技术助推畜牧业数字化变革，打造更安全、高产能、全自动的养殖环境，省工80%、节水60%；山东淄博在全国率先提出打造数字农业农村中心城市，聚焦农业生产加工、农产品仓储物流、农产品市场营销、农旅融合发展、夯实基层基础，建设智慧共享"云大脑"、高效优质"云产业"、区域中心"云市场"、便捷普惠"云金融"、新型服务"云乡村"。

由此可见，数字化赋能农业产业发展，其价值不仅在农业部门自身，还涉及与农业相关的产业链（价值链），包括生产过程、收获后处理、农产品的市场准入、融资服务以及供应链管理等多方面。因此，加快推进农业数字化，提高农产品及食物体系的质量效率，提升农业综合效益和竞争力，既是农业高质量发展的有力支撑，也是建设农业强省的关键举措。

二、江西数字农业发展的现实基础和初步成效

（一）农业生产要素集聚，是农业数字化的现实基础

江西是全国重要的商品粮基地。以占全国 2.5% 的耕地，生产了全国 4% 的农产品，是新中国成立以来唯一连续不间断向国家提供商品粮的省份。2022 年江西省早稻总产量 677.2 万吨，居全国第 2 位。2021 年江西省粮食总产 2192.3 万吨，多年来江西省的粮食总产量在全国排第 13 位，在全国 13 个粮食主产省份中排第 13 位，在中部省份中排第 5 位。

截至 2022 年 6 月底，全省蔬菜播种面积增长到 1200 万亩（公顷），总产量高达 1920 万吨，人均年占有量为 426 千克；其中设施蔬菜面积为 120 万亩，位居全国第 12 位，在南方省份中处于领先位置。与此同时，推动宁都、信丰、兴国、永丰、高安、崇仁等 32 个设施蔬菜重点县（市）加快建设。

建设高标准农田，夯实粮食生产能力，保障国家重要农产品供给。江西省坚持把高标准农田建设，作为落实"藏粮于地、藏粮于技"战略的重要抓手，规范项目实施。截至 2021 年底，江西累计建成 2622.7 万亩，占耕地总面积（4391 万亩）的 64.3%，四川 4989 万亩，河南 7580 万亩（含在建 1900 万亩），江苏 2460 万亩。通过高标准农田建设，使耕地遇旱能灌，遇涝能排，遇洪能防。而江西农业生产 10 亩地以下的小农户占 90%。

农产品通过数字化溯源，确保从田间到餐桌的农产品安全。江西省"赣鄱正品"农产品品牌，在全省范围内认证 150 个"赣鄱正品"品牌共 1200 多种农产品。建立包括质量安全标准、品质控制标准、产品包装标准等。通过数字化管理，将"赣鄱正品"产品纳入监管范围，加大日常巡查和监督抽查力度，及时处置违法违规行为；在质量监管上，推行"赣鄱正品"产品质量安全追溯，确保"来源可追踪、去向可查询、责任可追溯"。

（二）通过产业化发展，实现农业数字化闭环运行

以现代农业产业园和龙头企业为载体，促进三产深度融合，目前，全省共有经营主体 4.96 万个，农业产业基地 1.4 万个。培育 963 家省级龙头企业，69 家国家级龙头企业。在产业园建设方面，从 2017 年至今，建设 8 个国家级产业园。2021—2022 年，江西省建设省级现代农业产业园 48 个。通过现代农业产业园的建设，有效促进了农产品增值，推进了农业产业化经营，提升了农民收入。

农业物联网建设初见成效。江西智慧农业建设架构为"123+N"，即建设"1 个数据云"——江西农业数据云；"2 个中心"——农业指挥调度中心、12316 资讯服务中心；"3 个平台"——农业物联网平台、农产品质量安全监管

追溯平台、农产品电子商务平台；"N个系统"——涉及种植业、养殖业及OA无纸化办公、农业综合执法、农业技术服务等子系统。整个系统工程以实现农业生产智能化、经营电商化、管理高效化、服务便捷化为目标，旨在促进移动互联网、云计算、大数据、物联网等新一代信息技术与农业生产、经营、管理、服务全面融合发展。智慧农业功能定位上，力求实现"种得好、管得好、卖得好、服务好"。截至2022年9月，"123+N"智慧农业建设初具规模，"互联网+农业"战略布局已基本实现。农业数据云可为11个地市、100个县、1万个村庄、10万家新经营主体的信息化及电子商务提供强大的云计算服务支持。

（三）数字技术促进农业生产各个环节有效融合的模式

1. 农业产业链主体数字化模式。2022年，我省确立了56个"绿色有机地理标志农产品生产基地"为2022年全省"省级现代农业全产业链标准化基地"项目实施单位。农业产业链数字化要求龙头企业牵头，农民合作社、家庭农场和广大农民跟进，科研、金融、互联网、品牌创意机构参与，形成广泛的利益联合体。"一产接二连三"趋势明显，2021年农产品加工总产值突破6000亿元、休闲农业和乡村旅游综合收入930亿元。

2. 生产和加工过程的数字化模式。在生产、加工端，通过物联网技术，对农作物实行实时"四情"（虫情、灾情、苗情、墒情）监测，农户可通过手机或电脑精准控制种植过程中的水、肥、药。全面开展农业物联网应用试点示范，大力推动物联网技术在现代农业示范园区、重点农业龙头企业、新型经营主体中的应用，全省已有近600家农业企业或基地应用物联网技术，节本增效达到13%以上。目前在水稻生产（南昌等地）、蔬菜种植（赣州等地）、智慧果园（赣州、九江等地）等领域都建设了一批省示范项目。

同时，依托于智慧农业产业园，以物联网、5G移动互联网、云计算、大数据、视频监控等信息化技术为手段，对现有产业进行数字化改造，例如，九江彭泽凯瑞现代农业产业园，对稻虾蟹产业的全产业链开发。到2021年底，全省共创建了6个国家级、37个省级现代农业产业园，3个国家级农业现代化示范区。

3. 农产品冷链物流服务数字化模式。江西省供销合作社探索推进"互联网+第四方物流"供销集配体系建设，利用互联网技术，提供"统一仓储、统一分拣、统一配送"的服务，努力打通农产品进城和工业品下乡通道。目前，供销集配体系已覆盖全省50%以上县（市、区），有60个县级集配中心，50.89万平方米仓储设施，5686个集配网点。第四方物流还提供直播带货、食品质量追溯等多种功能。2022年，省供销社启动了全省14个城乡冷链物流项目建设，彻底解决过去生鲜农产品流通环节损耗高达20%的难题，冷链物流仓储的高效周转将增加农产品价值，能够带动农民增收。通过城乡冷链骨干网等现代物流服务体系建设，补短板强弱项，实现农产品跨季节销售，延长销售期，提升江西省农产品增量的附加值200亿元。

4. 农业社会化服务体系数字化模式。江西省分别在余干、高安、青原区等地，开展农业社会化服务与数字化结合试点探索，运行模式：一是成立合作社，通过"公司+合作社+农户"等引进各类智慧农业设备，建立智能化农业生产线，为周边乡镇提供托管服务。通过建立云信息平台，搜集和分析数据，为农户提供农业产前、产中、产后的全方位服务。目前在水稻种植（如吉安市青原区）方面有较为成熟的应用。二是利用合作社，盘活原有土地和资产，建立惠农服务中心，提供农资代购代送、农业技术咨询、统防统治、农业贷款、保险等综合性服务，服务范围要更广。数字平台可以帮助更好地提供以上服务，地方上已经有一些实践，如余干县建立的智慧农批网络平台。

5. 农产品电商数字平台模式。在现有的国家"互联网+"农产品出村进城工程试点县、国家电子商务进农村综合示范县（52个县）的基础上，江西省通过电商直播活动，与阿里巴巴、京东、淘宝、拼多多等大型电商平台合作，发展农业电商运营中心、益农信息社等。目前，有105家农产品运营中心、1.48万家益农信息社，覆盖全省近88%的行政村，2021年农村电商销售额达519.8亿元，培育出10个省级电商进农村示范县、30个省级电商示范基地、12个电商扶贫重点县、203家省级电商示范企业等项目。

三、数字技术推进农业强省建设的短板与不足

（一）产业链条不够完备，全产业链价值还未显现

1. 农产品生产的加工转化能力不足，产业附加值较低。江西有实力的农产品龙头企业不多，一些企业缺乏数字化思维，农产品精深加工不足，产业链依旧停留在"种植—采摘—销售"的阶段，缺乏前延后伸的张力，农产品精深加工不足，既不利于提升附加值，也不利于保护农民的收益。如南丰蜜橘，扎堆上市，保存较难，如果能延伸其产业链条，将有利于提高果农收益，增强产品竞争力。江西省农业与河南相比较，缺乏第一、二、三产业的融合的发展理念，在相关产业的合作中也不够重视主导产业对生产要素的连接、延伸、拓宽。例如，全国市场上1/2的火腿肠、1/3的方便面、1/4的馒头、3/5的汤圆、7/10的水饺都是河南生产的……从"粮头"到"食尾"，产业链的延伸，提高了种粮的"比较优势"。

2. 品牌优势发展欠佳。一是农产品区域品牌的经营规模过于分散和细小。与国内同行的农业产业化组织相比，不论在规模还是销售方面都存在着一定的差距。而"一县一业""一乡（或一村）一品"由于生产种植规模比较分散，难以形成规模效益。二是没有形成农产品区域品牌的产业化经营模式。除了南丰蜜橘、赣南脐橙区域品牌的雏形，但品牌运作主体是行业协会，难以发挥主导作用，协会缺乏"组织农户、行业自律、内管质量、外找市场、市场调控、品牌维权"的职能，未建立行业协会、经营企业与农户利益分享的长效机制。三是品牌观念落后。农民品牌意识淡薄，市场经济观念比较落后，对创办品牌的积极性不高。

3. 农业效益低，规模经济难以实现。从农民种粮收入看，很大程度依靠补贴，影响种植规模扩大。而江西省的龙头企业尤其是国家级龙头企业数量偏少、规模小、实力弱，加上经营效益低，带动农户能力弱。二是龙头企业加工能力不强，产品附加值不高。省级以上龙头企业仅有一半左右是加工型企业，且加工型企业中又是以粗加工为主，精深加工企业少。无论是在固定资产规模、实现销售收入和利税等方面，还是在带动农户数量、带动农户增收等方面，江西省农业产业化发展都极不平衡。

（二）数字技术运用场景存在数字化短板

一是农业大数据建设基础薄弱，质量不高。调研发现，各地普遍缺乏对开放、共享的农业大数据的管理意识，农业大数据整体利用率较低。"农业数据云"在农村地区没有达到全覆盖。二是江西省农村地区数字化配套设施不完善，后期信息化服务落后。一方面，益农信息社作为延伸至农村和农户解决农业信息服务的"最后一公里"，其建设数量不足、空间分布不合理、后期服务跟不上，严重影响数字农业功能的发挥；另一方面，农产品物流运输、售前分级包装以及生鲜农产品的保鲜处理配套服务不足。广大农村地区普遍缺乏物流服务站点，尤其缺乏生鲜农产品的预处理产地仓，生鲜农产品运输过程中浪费较为严重。

（三）农村物联网基础滞后农业数字化需求

江西省乡村数字农业、智慧农业、精准农业等现代农业发展模式尚未深入开展，对数字技术、信息技术、物联网技术的开发应用尚在试点示范中，发展物联网农业需要一定的人力、物力、财力支持，由于投入周期长而见效慢，因此会影响企业持续投入。目前，物联网农业建设才刚刚起步，需要一定的时间沉淀、经验积累，其建设方式的探索、规划，以及标准的制定都需要实践检验。而当前省农田规模种植所需的精准气象服务、田间重金属遥感监测、化肥农药污染监测数据的产业发展,还不能满足省内农产品高质量生产发展的需要。

四、数字化赋能促进高质量发展建设农业强省的建议

加快推进农业强省实现高质量发展,亟须数字引领、要素集聚、健全体制机制等方面的变革重塑。为确保江西省数字农业的可持续发展,要加强农业数字标准体系建设,培育壮大产业带,增强服务供给,做优、做强产业链,强化要素保障支撑,为农业强省持续发力。

(一)推进数字农业基础设施和标准体系建设

深入实施数字三大工程建设。一是实施数字农业工程,同步建设省、市、县三级智慧农业云平台,促进农业信息化水平提升,提升现代农业园区和新型经营主体的信息化水平;二是实施数字富民工程,通过数字赋能促进三产效能融合增长,增加农村居民收入;三是实施数字乡村建设工程,加大农村移动互联网和物联网设施建设,推动农业基础设施数字化升级,提高乡村建设、管理、可持续发展能力,进一步提升数字农业农村总体水平。

推动省域数字农业标准体系建设。充分依托江西智慧农业"123+N"平台,推进江西省农业大数据建设,打破地区、行业和部门条块壁垒,促进数据融合和业务协同,提高宏观管理决策的科学性;结合《数字乡村标准体系建设指南》,强化数字农业标准引领,制定农业农村天空地一体化监测网络、涉农数据资源、农业生产经营信息化等方面的标准,推动数字农业领域基础设施、农机装备、信息系统、数据资源互联互通。

(二)数字赋能传统农业改造,推动农业现代化发展

加强数字技术与农业产业深度融合。积极推进农业数字化领域国内外合作,面向国内外市场优化农业生产经营;通过培育发展农业数字技术创新联盟、产业联盟等,引导推动互联网、大数据、人工智能和农业实体经济深度融合;应用人工智能、云计算等快速获取、处理、分析农业信息,为农业生产经营管理者提供全维度、高精度的数据。

培育壮大数字特色产业集群,打造富有特色、带动力强的特色产业集聚区。加强省域数字农业建设统筹规划,构建数字农业新格局。对标陕西"国家级苹果产业大数据中心",发挥资源禀赋优势,建设国家级脐橙(水稻、油菜、中药材等)产业大数据中心,建设本地特色数字农特产品,发挥产业园区、龙头企业示范引领作用。

打造数字农业品牌建设,拓展农民增收空间。拓宽数字技术应用场景,不断催生新业态、新模式;利用数字技术发展生态农业、设施农业、体验农业、

定制农业和分享农业等，培育一批质量优、特色显的农业电商品牌，提高农业附加值；利用电商、直播带货等模式，打通农副产品网货通道，塑造"赣鄱正品"等地区特色品牌。

（三）推动数字农业产业链体系建设，促进三产深度融合

数字技术应用加速发展农业全产业链。以稻米、果蔬等省重点产业链为主线，积极探索单品种全产业链大数据建设；从农业研发、农资供应到农业生产、加工、流通，再到终端销售、服务各环节，均可通过供应链体系应用进行数字化改造，提高全要素生产率；实现产业深度融合发展，重点打造农业经济的中游和下游。

数字赋能农产品流通服务体系建设。畅通农产品冷链加工流通工程建设，促进"农产品进城、工业品下乡"双向流通；建设农产品流通市场骨干网络和毛细网络，培育农产品现代流通主体；推进"数字粮仓"建设，加大农村仓储冷链物流投入，着力提高农产品冷链流通率。此外，通过数字金融科学把控贷款风险，助力解决制约农业高质量发展和融资难的问题。

溯源系统赋能农产品高品质建设。建立农产品溯源服务体系，应用区块链、大数据等现代信息技术，健全农业投入品购销使用、生产过程管控、产品端销售等信息，提升农产品质量安全智慧监管水平，确保从田间到舌尖的农产品安全。为确保产出高品质农产品，开展农药化肥减量增效改善土壤地力示范。

（四）构建农业信息数字化服务体系

推进"三农"综合信息服务。完善农村信息化服务体系，整合共享政务、事务、商务信息系统资源，大力发展以数据为关键要素的农业生产性服务；加快建设"一门式办理""一站式服务"农业综合信息服务平台，统筹推进城乡信息资源整合共享与利用；通过智能装备、金融服务、生产资料采购、农产品电商、农业保险、农业订单等全链数字服务，为农业生产导入和链接优质资源。

培育数字农业企业、家庭农场等农业服务主体。通过数字云平台提供产前种子质量等生产资料服务，产中施肥、洒药等监测服务，以及产后加工、销售全产业链追踪服务。提高农业产品保险覆盖率和政策性农业保险规模。运用农业保险，提高农业抗风险能力，通过保费补贴、大灾赔付等，调动市场主体的积极性。

（五）加大政策支持数字农业强省建设力度

加快农业数字技术创新和转化。在相关核心关键技术攻关中，对智慧农业技术研发予以重点支持，加大数字农业领域新技术、新产品、新模式的应用推广力度；探索5G技术在农业农村中的应用场景，通过区块链技术应用试点，推

动科技成果尽快转化为现实生产力；以数字技术提升生产资源配置和农业资源、资金的高效配置。

加大数字农业投资力度。优化财政投入方式，引领金融资本和社会资本投入，推动数字农业，让信息技术与农业各个环节实现有效融合；建设农村仓储冷链设施，支持农产品冷链物流设施；对数字农业农村技术研发主体和数字化技术应用主体，建议参照农机购置补贴方式，尽快将农业传感器、智能设备等纳入农机购置补贴，给予政策性补贴和保证。

加强新型职业农民培训，提升农民数字素养。加快数字农业应用开发推广，推进数字技术匹配度，便于农民技术操作和使用，鼓励小农户共同参与；健全完善农民数字素养培育体系，依托基层农技推广和社会化服务组织开展定制化服务，强化软件工具在生产作业环节中的应用；培养壮大农业数字化人才队伍。

参考文献：

[1] 习近平. 高举中国特色社会主义伟大旗帜 为全面建设社会主义现代化国家而团结奋斗：在中国共产党第二十次全国代表大会上的报告 [N]. 新华社，2022-10-16.

[2] 习近平. 把握数字经济发展趋势和规律 推动我国数字经济健康发展 [N]. 人民日报，2021-10-20.

[3] 习近平. 不断做强做优做大我国数字经济 [J]. 奋斗，2022（2）.

[4] 吕小刚. 数字农业推动农业高质量发展的思路和对策 [J]. 农业经济，2020（9）.

[5] 王小兵. 数字农业农村发展趋势与推进路径 [J]. 机器人产业，2020（4）.

新中国成立以来寻乌经济社会发展成就研究

——基于《寻乌调查》

朱少媚[①]

摘　要：90多年前的寻乌调查堪称调查研究典范，树立了实事求是、从群众中来到群众中去等调查传统，尤其是《寻乌调查》以来所孕育形成的"深入实际、实事求是、艰苦奋斗、科学严谨、认真细致"的苏区调查精神，为全党深入基层开展调查研究提供了基本规范和遵循，也为我国的统计事业打下了扎实的根基。因此，借鉴毛主席当年座谈、走访等实地调查方式，重温毛泽东寻乌调查历史和学习《寻乌调查》，了解新中国成立以来寻乌的发展状况，总结寻乌经济社会发展取得的巨大成就，进一步弘扬寻乌调查精神，传承红色基因，为新时代寻乌经济社会高质量发展提供有效参考。

关键词：寻乌调查；新中国成立以来；经济发展

伟大的事业需要传承，奋进的足迹需要铭记。1930年5月，毛泽东同志在江西寻乌进行了深入系统的社会调查，对寻乌政治、经济、文化、阶级进行全面分析，创作形成了经典之作《寻乌调查》，为认清当时中国农村和小城市的经济状况、开展土地革命和巩固农村革命根据地提供了重要依据，孕育形成了"深入实际、实事求是、艰苦奋斗、科学严谨、认真细致"的苏区调查精神，为全党深入基层开展调查研究提供了基本规范和遵循。新中国成立以来，特别是党的十八大以来，在党和国家的大力支持下，寻乌始终秉持唯实求真的调查精神，认真贯彻落实党中央重要指示批示精神和政策方针，深入调查、科学研究，不断找到破解难题、改革创新的办法和路径，实施了一系列促进经济社会发展的举措，有力推动了寻乌高质量发展，各项事业实现了历史性跨越式发展。与

[①] 作者简介：朱少媚，女，甘肃平凉人，江西师范大学马克思主义学院、苏区（革命老区）振兴研究院硕士研究生，研究方向为马克思主义与当代中国经济社会发展。

此同时，在未来的发展中寻乌如何进一步加快经济开发，加大开发力度，带动区域经济的整体腾飞，需要深入地进行思考和研究。

一、新中国成立以来寻乌县经济社会发展的成就[①]

中华人民共和国成立以来，寻乌县在党中央、国务院的亲切关怀下，在江西省委、省政府的领导下，老区人民经过几代人的艰苦创业、锐意进取、开拓创新，取得了建设和改革发展的辉煌成就。特别是党的十八大以来，寻乌积极推进以人为核心的新型城镇化建设，围绕"山水客家韵、灵秀寻乌城"的建设目标，打造美丽宜居的生态之城，培育壮大富民产业，全面融入粤港澳大湾区。尤其是在赣南等原中央苏区振兴发展战略实施的十年中，寻乌县经济年均增速8.9%，人均年GDP突破4万元大关，这也是寻乌县发展速度最快、发展质量最好、综合实力进步最大、群众得实惠最多的时期。70多年来，寻乌的经济社会发展成就主要表现在以下四个方面：

（一）1949—978年：奠定基础，探索前路

1. 土地改革运动阶段

土地改革前，占主导地位的生产关系是封建土地私有制。1950年2月，根据《中华人民共和国土地改革法》和政务院《关于划分农村阶级成分的决定》，寻乌县各界人民代表会议决定部署土地改革。全县土改共分三批进行：第一批3个半区43个乡，人口7万人，耕地12.02万亩（公顷）（自1950年12月至1951年3月）；第二批9个乡，人口1.3万人，耕地3.4万亩（1951年夏季）；第三批18个乡，人口2.3万人，耕地1.8万亩（1951年冬至1952年春）。[2]整个土改过程，分为培训骨干、宣传动员、划分阶级、没收征收、果实分配、健全巩固乡、村组织6个阶段。1952年春，全县土改结束，实现耕者有其田。

2. 社会主义三大改造阶段

（1）引导农民走合作化道路

在《中共中央关于农业生产互助合作的决议（草案）》的指引下，寻乌农民逐步组织起来，走集体化道路。到1952年8月，全县实有互助组2022个，参加户数1.3万户，人口4.7万人，劳动力3.2万个，耕地8.2万亩，到1954年秋，有互助组2452个，参加农户2.4万户，占总农户的81.9%。[2]互助组期间，土地属个体所有，收益为个体支配。这样做的好处主要是能通过互助合作，克服生产资料不足和增强抵御自然灾害的能力，省工省钱，节约成本，增加收入。

[①] 第一节内容中所含部分数据来源通过实地调研所得。

1955年7月,毛泽东在中共中央召集的省、自治区、直辖市党委书记会议上,作了《关于农业合作化问题》的报告。不久,中共中央又通过了《关于农业合作化问题的决议》。1956年春,寻乌全县600多个初级农业生产合作社合并成144个高级农业生产合作社。至1957年冬,建高级社232个,入社农户3万户,占总农户的99%。

(2) 对手工业与工商业的社会主义改造

1949年前,寻乌工业领域中私营经济一直占主导地位。到1952年,全县全民所有制企业共14个,职工142人,动力机械设备50.55千瓦,而同时从事五金、缝纫、木器、陶器、砖瓦等行业生产的个体手工业者337人。私营个体工业在全县工业总产值中所占比重仍为31.9%。从1953年开始,寻乌对个体手工业进行社会主义改造。1955年上半年,手工业者参加互助合作社的有128人,其中生产合作社2个,社员23人;生产小组12个,组员105人。1956年手工业社会主义改造进入高潮,全县参加半社会主义性质的生产合作社的有468人,占手工业总人数的70%以上。至1957年,全县各手工行业先后组织集体厂、社、组,共计399个,职工648人,产值85.87万元,占全县工业总产值的80.8%。[2]从此,个体手工业者先后走上集体化道路。寻乌的商业由于受到资本主义经济的冲击,民国时期便衰败下来,到1949年,县城共有商号95家。1950年3月,寻乌建立了第一个消费合作社。1951年5月寻乌建立供销合作总社,到同年10月底,全县相继建立了澄江、三标、城关、吉潭、南桥、留车、晨光7个基层供销社,县城建立了1个贸易公司,这对树立国营合作商业的优势起了重要作用。1953年过渡时期总路线颁布以后,开始对私营工商业进行登记。1954年,本着改造与安排相结合的原则,对商业实行公私合营。为了加强对私营商业改造的领导,正确掌握与贯彻党的政策,1956年初,县委召开了对私营商业的改造工作会议,推动了私营商业的社会主义改造。全县517家私营商业和小商贩全面向集体经济发展,按照行业分类,成立合作组织,实现公私合营,合作商店则直接转为国营商业。至1957年12月,小商小贩加入合作商业的达90%以上,形成固定资产6.17万元,社员股金5.31万元,标志着全县工商业的社会主义改造任务已基本完成。

3. 经济社会的曲折发展阶段

1957年年底,寻乌县掀起了整风和生产两个高潮,并提出争取3年实现社社富裕化和生产"大跃进"的奋斗目标。生产管理上,"瞎指挥,浮夸风"盛行,结果造成粮食大减产,平均亩产降至455斤,低于1950年的水平。这些做法影响了生产的正常开展,浪费了大量资源,给生产和人民生活带来了严重的影响和困难。1958—1960年,农民的收入下降,有的生产队日工分值仅2、3角钱。从1961年开始,在中共中央关于"调整、巩固、充实、提高"的八字方针的指导下,寻乌及时调整了农村生产管理体制,加强了农业基础建设,压缩了基本建设规模,增加了农业投入;调整了工业结构及工商业所有制体制,企业的经营管理有了进一步改善,劳动生产率显著提高,到1965年,工业总产值288万元,地方财政收入247万元;精简了城镇职工和城镇人口,减轻了国家负担;交通、运输、邮电事业都有了很大的发展,全县有总机16处(部),单机469部,基本上实现了社社、队队通电话;科教文卫事业也得到了发展,特别是农民子弟入学人数大量增加,适龄儿童入学率达90%。总之,经过调整,寻乌的经济社会进入了一个较好的发展时期。

但1966—1976年的农村经济体制仍然是人民公社管理体制,使经过调整和恢复后的良好局面又遭到灾难性的破坏。原有的党政群组织瘫痪,工业、交通、商业等部门生产管理混乱,经济效益大幅度下降,在较长时间内挫伤了农民的生产积极性。由于社会秩序混乱,各级领导机关瘫痪,1966—1970年农业生产基本处于放任自流的状态。频繁的政治运动和生产上的"瞎指挥",使农民的收入普遍下降,人均收入最高的1971年才69元,多数年份在50—60元之间。尽管如此,在干部、群众的共同努力下,克服重重困难和干扰,各项事业仍有一定的发展。到1976年,全县工农业总产值为2926.38万元,人均产值149.05元,粮食总产5.93万吨,社会商品零售总额1795.6万元,县财政收入454.44万元。[2]另外,有线广播事业也有一定发展,达到队队通广播;合作医疗也给山区的群众带来一定的便利,基本实现了队队有医疗站。

(三) 1978年—2011年:迸发活力,生机盎然

1. 建立完善责任制,助推工农业取得大发展

(1) 农业方面

1986—1994年,农业生产责任制的建立和完善,寻乌的农业和农村经济取得了很大发展,农业结构得到进一步调整,农业产业化初具规模。1986年,全县农民人均纯收入306元,2000年达到1295元。同时,全县大面积推广杂交水稻、塑盘育种、抛秧和中稻再生利用等新技术,2000年全县水田约17.36万亩,全年粮食总产达9.3万吨。[1]15年来,寻乌农业结构得到调整,特色农业、订单农业得到推广,农村经济稳步发展。1995—2000年,开展以果茶、生猪、水产和无公害蔬菜为主导的农业产业化建设,参与农业产业化建设的农户达1.2万户,产业化农民人均年收入增加165元。1986—2000年,中央财政拨给农业综合开发经费1354万元,实施土地治理项目82个,多种经营项目7个。

(2) 工商业方面

1930年，毛泽东进行寻乌调查时，县内基本没有什么工业，仅有木竹采运、榨油、造土纸、铸铁等小作坊，以及五金、食品、泥木竹工、刨烟丝、磨豆腐等个体手工业，设备简陋，效率甚低。但经过几十年的发展与变化，到1985年，全县工业初具规模，工业部门种类扩展，同时，转变政府职能，实行政企分开。工业企业改革以转换经营机制为主，全县15个国有工业企业、9个农业企业、14个林业企业通过承包、入股、租赁等形式加快了改革步伐，因势利导，招商引资，大力发展民营企业。1985年稀土产值474.9万元，工艺设备达到国际先进水平，产品远销日本、美国、西德、法国等国外市场。1991—2000年，引进外资1112万美元、内资53850万元，出口创汇377.4万美元；引资兴办77个企业，主要涉足小水电、建材、冶金、服装等行业。1986年，全县工业总产值5189万元，2000年达33305万元，增长了5.42倍。商贸各业不适应市场经济的国营、集体商业退出市场竞争，民营商业迅速发展。[1]2000年，全县城乡集贸市场共24个，赣闽粤边际贸易繁荣昌盛，购销两旺。全县社会商品零售额达31505万元，是1985年的5.77倍。摩托车、彩电、冰箱、空调等高档商品销售量逐年增长。寻乌工业由注重完成产量产值任务向提升经济效益转变，国营、集体工业出现新机遇，民营工业迅速兴起，形成新的工业发展格局。2000年，工业总产值33305万元，是1986年的6.4倍。

2. 挖掘自身特色优势，促进国民经济快速增长

寻乌地处亚热带，气温、日照、雨量、山地土质均适宜种植柑橘等多种果树。1991年，寻乌把果业开发作为经济发展的一项支柱产业来抓，提出"在山上再造一个高效益的寻乌"，投入大量人力、物力和财力开发果业。全县干部职工利用节假日帮扶果农开山种果，果业开发如火如荼。2000年，全县果业种植13.35万亩，其中柑橘9.6万亩，年产鲜果5万吨，产值5661万元。寻乌蜜橘因成熟期早、果形美观、皮薄色艳、脆嫩多汁、无核化渣、香甜浓郁而驰名中外。1996年，寻乌被国家有关部门命名为中国蜜橘之乡。国民经济、财政收入呈现高速增长、快速发展的好势头。2000年，全县完成国内生产总值增加74177万元，其中第一产业增加值32405万元，第二产业增加值12619万元，第三产业增加值为29153万元。1986—2000年，国内生产总值年均增长4395万元，年均值增15.77%。2000年，县级财政收入6439.7万元，是1986年的11.2倍。

1986—2000年，上级补助26042.8万元，对县财政收支平衡起到重要作用。1986年，县税务局税收总计525.5万元。2000年，县原国税局税收872.7万元，

县原地税局税收 1523 万元，税收总计为 2395.7 万元，是 1986 年税收的 4.6 倍。[1]

3. 基础设施逐步完善，推动社会事业面貌一新

1997 年，寻乌县城中山路改造拉开了县城建设的序幕，接着房地产开发掀起高潮。城市品位提高，县城今非昔比。澄江、吉潭、留车、南桥、晨光乡村建设起步早，变化大，面貌焕然一新。1986—2000 年，新建县乡、村道 82 条共 394 千米，新建、改建公路桥 64 座共 2140 米。2000 年，客车 101 辆，39 条班线日发 143.5 班次，班线单程 6292 千米。邮件从 58 万件增至 610 万件，邮电业务总量从 43 万元增至 1004 万元。1986 年全县电话用户 534 户，2000 年发展到 20023 户，增长了 36.5 倍。水利投资 3424.45 万元，蓄、引、提等水利工程增至 2576 座，有效灌溉面积增至 15.05 万亩，旱涝保收面积增至 13.08 万亩、低产田改造 4.35 万亩；解决人口饮水 8.58 万人，牲畜饮水 3.23 万头；投资 85.1 万元治理水土流失，治理面积达 14.4 万亩。[1] 全县水电建设总投资共 37026.91 万元，开发水能 6.34 万千瓦，占可开发量的 70.4%。

中共十一届三中全会以来，随着工农业生产的不断发展，寻乌县其他各项社会事业也发生了深刻的变化，特别是 1980 年 12 月恢复县人民政府后，县委和县政府团结一致，带领全县人民紧紧抓住经济建设这个中心，统筹安排各项工作。几年来，县委和县政府在流通领域改革了不合理的商贸体制，打破分割封锁、独家经营的局面，国家、集体、个体商业蓬勃发展，国营商业实行了目标定额管理、承包和租赁等各种形式的责任制，服务生产，繁荣市场，方便了人民生活；在科技领域，他们加强了对科技工作的领导，恢复和健全了科技干部管理机构，进行了科技人员的考核晋升工作，还逐步开展了科技知识的普及教育工作；在教育领域，通过肃清极"左"路线流毒的影响，改革了招生制度，加强了学校领导班子建设和教师队伍的培训，建立了正常的教育秩序，提高了教育质量；其他如交通运输、邮电通信、社会安全等工作也付出了艰苦的努力，取得了一定成绩。总之，社会力量办学方兴未艾，科技服务走上社会，文化市场日益繁荣，卫生执法大力加强，广播电视广为普及，价格秩序趋于正常，社会保障更为完善，住房制度改革逐步把住宅推向商品化，计划生育规范管理，复合税制向分税制平稳过渡，金融推行抵押贷款和贷款担保制度并逐步向商业化经营转轨。

（四）2012—2021 年：十年振兴，砥砺奋进

自 2012 年 6 月 28 日《国务院关于支持赣南等原中央苏区振兴发展的若干意见》出台实施以来，在党中央、国务院的亲切关怀和省、市委、市政府和县

委、县政府的正确领导下，全县上下深入贯彻习近平总书记在江西视察、调研的讲话精神，深入推进赣南苏区振兴发展，以进一步完善政策、创新举措、补齐短板，坚持解放思想、内外兼修、北上南下，坚定不移打好"七大攻坚战"，全县经济平稳运行，产业结构不断优化，经济发展不断提质增效，民生事业不断改善，各项社会事业全面进步。

1. 坚持敢闯敢干，产业发展闯出全新路径

一是农业产业实现转型升级。经过近10年的努力，走出了一条"柑橘为主、多元发展"的现代农业产业转型之路。2021年全县果业总产值达13.38亿元，其中柑橘种植面积26万亩，产量27万吨，产值11.5亿元，百香果、猕猴桃、蔬菜等新型特色产业面积达14.2万亩。寻乌果业再现辉煌，果业产业再次成为寻乌的"致富树""振兴果"。[4]

二是工业体系不断集聚壮大。近年来，寻乌全面贯彻落实市委"主攻工业"战略，结合自身实际把通用设备制造定位为首位产业，同时通过开发利用废弃稀土矿山打造工业发展平台，寻乌首位产业实现从无到有、从小到大、从有到特的跨越，闯出了一条山区小县的工业创新发展之路。2016年，寻乌县工业园获批省级产业园，规划面积13.01平方千米，逐步形成了"一园三区"的空间布局。2021年，通用设备制造首位产业企业累计共85家，产业集聚度达56.6%，实现产值6.6亿元。

三是现代服务业势头迅猛。寻乌把现代服务业作为新的经济增长点，多措并举，全面发展金融、商贸、电商、旅游等新兴业态，寻乌经济日益繁荣兴旺。全域旅游纵深推进，一馆七址项目全面实施；青龙岩旅游度假区成功创建国家4A级旅游景区；石崆寨旅游景区、斗晏湖旅游景区等入选省级3A级乡村旅游点。寻乌荣获"国家农村电商精准扶贫农业标准化示范区"称号，寻乌广寻现代物流园被授予"数智化物流产业示范基地"等称号。

2. 坚持民生为本，社会事业取得明显进步

一是人民生活水平显著提升。2021年，寻乌县城镇居民人均可支配收入32 688元，是2012年的2.65倍；农村居民人均可支配收入14 834元，是2012年的3.94倍。城乡居民收入差距进一步缩小，城乡居民人均可支配收入比从2012年的3.27下降至2.20。

二是教育事业蓬勃发展。坚定不移实施教育优先发展战略，持续加大资金投入，办学条件不断改善，教育质量大幅提升。累计投入学校建设资金13.77亿元，实施了义务教育学校标准化建设、校舍改造、学前教育推进、普通高中改造等工程，新建寻乌中学、中等职业技术学校、各乡镇中心幼儿园等重点工

程，全县各级各类学校办学条件得到了极大改善，县域义务教育基本均衡发展，顺利通过国家督导组评估验收。

三是文化事业蓬勃发展。基本公共文化服务标准化、均等化试点扎实推进，全县建成村（社区）综合文化服务中心共171个，实现了全覆盖。县文化馆、图书馆总分馆建设扎实推进，建成文化馆、图书馆总分馆10个，寻乌县文化馆被国家文旅部评为"国家二级馆"，建成综合性体育场馆2个。2019年至2021年，寻乌连续三年亮相中国（深圳）文博会。

四是医疗服务水平显著提升。医疗卫生事业取得显著成效，新区人民医院、人民医院住院大楼、人民医院传染病大楼、县妇幼保健计划生育服务中心建成使用，县中医院完成整体搬迁，17所卫生院、148所村级公有产权卫生室完成标准化建设，共有卫生技术人员1130人，县、乡、村三级医疗卫生服务网络进一步完善。

五是社会保障体系更加健全。全县基本医疗参保率达98%以上，城镇登记失业率控制在3.5%。社会福利中心、夕阳红康养中心等项目投入使用，农村敬老院设施基本实现全覆盖。成功获评"2021—2025年度第二批全国科普示范县"，顺利通过了国家科技进步考核，成功获批省级可持续发展实验区。

3. 坚持均衡发展，城乡面貌展现崭新颜值

一是重大基础设施建设取得突破性进展。坚持重大基础设施先行战略，积极争取上级重大政策、项目及资金支持，围绕突出民生问题实施了一批重大基础设施项目。例如，在水利方面，全省首个以PPP模式落地实施的水利工程项目——太湖水库项目建成使用，从根本上解决寻乌人民多年来反映强烈的城乡居民饮水安全问题，沿线5个乡（镇）18.77万人喝上了"干净水""放心水"，彻底解决了寻乌单一水源供水的问题。在交通方面，乡（镇）100%通三级路，行政村100%通水泥路，农村公路总里程达2299千米，成功创建"四好农村路"全国示范县、江西省第四批"四好农村路"示范县。

二是新型城镇化建设成效凸显。围绕"山水客家韵，灵秀寻乌城"的定位，大力推进精致宜居城市建设，城市框架逐年拉大，城市功能不断完善。中心城区建成面积从2011年的8.6平方千米拓展到2021年的11.12平方千米，城区人口从9.61万人增至10.99万人，城镇化率从33.16%提高到44.29%，被评为省级"园林县城"和"森林城市"。中心城区重心不断向城北延伸，完成东江源移民特色小镇建设，客家小镇成为城市新名片。创新城市管理方式，智慧城市加快推进，启动数字城管项目，实现了城市网格化、智能化管理，城市品质持续提升。

三是美丽宜居乡村建设成果丰硕。深入推进"整洁美丽、和谐宜居"的新农村建设，扎实推进美丽宜居乡村建设试点工作，成功创建江西省美丽宜居示范县。完成新农村建设点1170个，配套设施更加完善，69个贫困村广播电视和通信网络实现全覆盖，184个村级光伏扶贫电站全部并网发电，行政村25户以上通组道路硬化达100%。农村环境更加宜居，大力开展农村人居环境整治行动，累计拆除农村"空心房"328.19万平方米，完成农村危房改造2.49万户。持续深化农村生活垃圾专项治理，2018年顺利通过了国家生活垃圾治理验收；积极开展农户"五净一规范"和庭院整治等工作，农户庭院整治共完成约7090户，创建了约1000户美丽示范农户庭院。

4. 坚持绿色发展，生态文明建设彰显重要优势

一是矿山修复推动"绿色蝶变"。首先，"生态+工业"，认真实施寻乌县石排废弃稀土矿山地质环境治理示范工程项目，项目总投资5.07亿元，治理面积10.1平方千米，新增建设用地约7000亩，新增建设用地直接收益7亿以上，利用综合整治后的存量工业用地，建成了寻乌县工业用地平台，入驻企业110多家，新增就业岗位万余个，有效恢复了生态环境，同时破解了工业用地瓶颈。其次，"生态+扶贫"，利用废弃稀土矿区建设高标准农田1800多亩，利用修复后的5600多亩土地种植油茶树、百香果等经济作物，改善当地居民的生活环境和耕种环境，促进农民增收。最后，"生态+旅游"，实现"绿""游"融合发展，经营收入超过1000万元，带动了周边村民收入增长，推动生态产品价值实现，用实际行动践行"绿水青山就是金山银山"的生态理念，并入选首批"江西绿色生态"品牌建设试点县。

二是山水林田湖草沙亮点纷呈。以废弃稀土矿山治理修复为突破点，大力实施山水林田湖草沙治理修复示范工程，项目总投资12.05亿元，治理总面积达20.7平方千米，统筹推进水域保护、矿山治理、土地整治、植被恢复四大类工程，将昔日的"环境痛点"转化为"生态亮点"，将被称为南方"白色沙漠"的废弃稀土矿山，打造为全国山水林田湖草沙治理样板工程，并在治理修复实践中探索总结出"山上山下、地上地下、流域上下"同时治理的"三同治"模式。

三是东江源保护工作力度空前。大力推进生态移民工程，投资12亿元对东江源头核心区及大湖水库水源保护区"两个半村"进行移民搬迁，涉及17个村民小组共547户2343人，让东江源头42平方千米水源涵养地成为无人区，彻底切断了上游污染源。在全省率先开展"河长制"试点工作，建立县乡村组四级河长分段管理、分段治理和分段保护的全覆盖河流管理机制，并在全省率先启

用县级河长制信息管理平台，2016年以来，每年投入资金2000万元以上。积极推进东江流域上下游横向生态补偿，国家重点生态功能区环境质量考核由"稳定"向"趋好"转变，出境断面水质长期稳定达标。

5. 坚持为民惠民，乡村振兴开启新的征程

一是脱贫攻坚取得全面胜利。坚持以习近平总书记扶贫重要论述为根本遵循，始终把脱贫攻坚作为首要政治任务和第一民生工程来抓，紧扣"两不愁三保障"的标准，推进脱贫攻坚政策落实，做到精准施策、应享尽享；落实"五个一"产业发展机制，瞄准行政村基础设施、公共服务保障短板，实施整村推进扶贫，改善贫困人口生产生活条件；推进农村公路"三年行动计划""四好农村路"建设，抓好改水、改厕、改沟、庭院整治、文体休闲广场等到户和公共服务项目建设；实施劳动力就业创业培训，帮助扶贫对象掌握一项以上职业技能，开发公益性岗位，对扶贫对象实行援助；实施安全饮水提升工程，安居扶贫；加强义务教育学校标准化建设，改善农村学校办学条件；完善贫困户子女资助体系，贫困户家庭学生享受资助政策实行全覆盖；落实健康扶贫"四道医疗保障线"；推进村集体经济建设，消除"空壳村"（即村集体没有固定资产，没有任何经济来源，所有经费开支全部来自上级财政拨款的村）。2019年，贫困发生率降至0.75%以下，实现贫困县摘帽，共涉及69个贫困村51 377名贫困人口，并探索出一条"智志双扶"的"寻乌模式"。

二是乡村振兴合力全面凝聚。围绕群众增收，重点用好客服产业平台、龙头企业带动、深圳支援合作三大平台，借助全国唯一的"学习强国"学习平台用户服务中心及全国第一家阿里巴巴县级客户体验中心，大力发展"客服经济"，解决近600人的就业问题。用好学习强国"强国城"助农平台，把寻乌蜜橘等38种112款特色农产品列入线上销售，有效解决了农产品卖出难的问题。利用年销售额近5000万元的"赣劲十足"辣椒酱企业、近2000万元的"巧耕人家"水咸菜等农业产业龙头企业，全县种植大棚和露天蔬菜1万余亩，累计带动1000余户农户种植。用好深圳支援合作平台，一大批农业经营主体积极争创绿色、富硒、有机、东江源等品牌，使产品更好地输入湾区，有效实现农产品溢价增值，有力推动乡村振兴。

6. 坚持解放思想，改革开放取得重大突破

一是"融湾"步伐不断加快。在中宣部高位推动下，深圳市与寻乌县于2019年建立支援合作关系，建立了常态化对口支援合作机制，寻乌成为江西唯一一个由深圳市直接支援合作的县。2021年12月，深圳市明确将按照"模式不变、力度不减"的标准在2021—2025年继续支援合作寻乌，深寻两地支援合作

开启全新阶段。寻乌县紧紧依托这一重大历史机遇,以支援合作为切入点,深入贯彻落实省市"打造对接融入粤港澳大湾区桥头堡"的重大决策部署,在基础设施、产业合作、体制机制、营商环境领域与粤港澳大湾区实现全方位对接融入。2019年以来,寻乌县争取深圳市投入资金2.96亿元,帮扶实施产业、教育、文旅、医疗等领域重点项目58个,全面深化各领域支援合作,为寻乌县高质量发展注入了强大动力。

二是重点改革事项成果斐然。全面贯彻落实习近平总书记全面深化改革的战略思想,坚持问题导向,敢于啃硬骨头,狠抓重点事项改革。山水林田湖草沙生态保护修复试点改革成功打造全国示范样板;营商环境进一步优化,全面实行"一窗式"综合受理模式;国家知识产权强县工程、河权到户、林权赎买、绿色低碳、园区循环化改造等改革试点工作稳步推进。

7. 坚持问题导向,社会治理开创和谐局面

一是新时代文明实践工作有声有色。充分依托中宣部对口支援优势,不断创新活动载体,扎实推进新时代文明实践工作。全县共建成县级新时代文明实践中心1个、乡镇所16个、村级新时代文明实践站186个。同时,通过整合各类基层阵地资源,打造"党群服务+文明实践+社会治理"综合体73个,建设新时代文明实践点785个,形成了"中心、所、站、点"四级阵地体系,探索出了一条适合革命老区、贫困地区,低成本、可持续的新时代文明实践中心建设路子,进一步密切了党群干群关系,巩固了基层执政基础。

二是社会治理寻乌样板影响深远。发扬"寻乌调查"唯实求真精神,围绕县以上信访总量、民事诉讼案件、民转刑案件"三个"逐年下降的目标,建立健全党组织领导下的自治、法治、德治相结合的乡村治理体系,推行联系挂点、联合排查、联席会商、联手调处、联动考核"五联"工作法,强化矛盾纠纷源头预防、前端化解、关口把控,探索出"联村共治,法润乡风"的寻乌经验。

二、新中国成立以来的经济发展对寻乌继续奋力谱写新篇章的经验启示

(一)坚定信念,始终坚持和加强党的全面领导

新时代践行寻乌调查精神,实现高质量跨越式发展,必须不断提高政治判断力、政治领悟力、政治执行力,始终把握正确政治方向,坚持中国共产党领导和社会主义制度,增强"四个意识"、坚定"四个自信"、做到"两个维护"。[3]始终坚持以习近平新时代中国特色社会主义思想为指导,深入贯彻落实习近平总书记重要讲话指示批示精神,深入贯彻党的十九大及十九届四中、五中全会精神,坚持理论联系实际,坚持把调查研究作为做好工作的基本功,贯

穿于工作谋划、决策和执行全过程，贯穿于发现和解决问题、密切党群干群关系全过程，结合"不忘初心、牢记使命"的主题教育，深入开展"寻乌再调查"系列活动，实现县情再认识、思路再理清、民情再了解、问题再解决、作风再转变、能力再提升，扎根红色圣土，赓续奋斗火种，为重大改革事项和重点工作任务持续稳步推进提供有力保障，努力做到让党中央放心、让人民群众满意，将新时代"寻乌经验"作为传承红色基因的实际行动，聚焦需求，注重实效，不断破解发展中的难题，与社会各项工作深度融合、科学耦合、有机结合、统筹推进，全力巩固拓展经验成果转化。

（二）问计于民，始终坚持从群众中来、到群众中去

人民对美好生活的向往，就是我们的奋斗目标。毛泽东的寻乌调查是贯彻党的群众路线的典范。在寻乌调查过程中，毛泽东坚持调研依靠人民，坚持从群众中来、到群众中去，坚持调研为了人民，有效回应人民的关切，拉近与人民群众的距离，获取了大量翔实的第一手资料。《寻乌调查》为新时代贯彻党的群众路线树立了标杆，对于新时代中国共产党人践行好党的群众路线具有重要的启迪意义。因此，在新时代砥砺奋进中必须切实践行党的群众路线，当好为民服务的"孺子牛"，深刻领悟毛泽东《寻乌调查》中蕴含的为民情怀，从中汲取利民惠民的精神力量，坚持以人民为中心的政治立场，将维护人民利益作为各项工作的出发点和落脚点，切实解决好人民群众的现实利益问题，以维护人民利益深化党的群众路线的价值性，在此基础上更好地将党的群众路线贯彻到各领域、各环节和各方面[3]，这样才能更加清晰地掌握寻乌县当前发展中存在的实际问题和困境，更加鲜活地了解到群众的诉求和期盼，才能摸清实情、获取实数，进而提出、有见地的对策建议，真正做到问计于民、问需于民，取之于民、用之于民。

（三）实事求是，大力弘扬唯实求真的寻乌调查精神

唯实求真的作风是毛泽东寻乌调查的显著标识，贯穿于寻乌调查的始终，是毛泽东得以获取大量翔实信息、做出科学决策的保证。8万多字的调查报告是实际调查、亲眼观察的成果，是客观事实的详述，得出的结论或者总结的规律也是在调查后完成的，做到了数出有据、事出有因。因此，寻乌调查为当下坚守唯实求真的工作作风树立了光辉典范。在新时代奋发进程中，我们既要看到寻乌发展取得的巨大成就，也要实事求是地点出其发展中存在的问题，坚决反对主观主义、本本主义和形式主义，矢志不移地做到访实情、说实话、出真数。

一是要提高站位，充分认识调查研究的重要意义。习近平总书记强调，调查研究不仅是一种重要的工作方法，而且是关系党和人民事业成败的重大问题。

调查研究是成事之基、干事之基、成事之道,要从全局和战略的高度深化认识,增强做好调查研究的思想自觉和行动自觉,抓好抓实调查研究,把事情办好,把实事做好,让群众满意。

二是要传承基因,赓续调查研究的精神血脉。寻乌作为调查研究的发源地,我们要传承红色基因,大力弘扬唯实求真的寻乌调查精神,让调查研究精神融入寻乌的血脉之中;要继续发扬下马看花的调查工作作风,调查研究既要走马看花,更要下马看花;要善用解剖麻雀的事实方法,全面了解、掌握真实的县情民意,为今后县委决策提供参考[3];要保持甘当小学生的谦逊谦虚的态度,虚心向群众学习,从群众中汲取智慧和力量。

三是要守正创新,用好调查研究的传家宝。当前是寻乌发展的关键时期,面临着诸多的困难和挑战,要做细用实调查研究的传家宝,全力推进调查研究成果转化,不断破解发展中的难题;要以实际调查研究来提升能力水平,确保各项决策能够找准上级的政策结合点、切入点;要在深入调查中摸清底数,明晰真实情况,在研究剖析中明确问题,拿出有力措施,在解决问题中对症下药,靶向精准施策,加快推进寻乌高质量跨越式发展。

(四)解放思想,始终做改革攻坚的排头兵

解放思想是实事求是的前提基础,与时俱进是实事求是的实践体现。新时代探寻高质量发展途径,努力走出一条新时代振兴发展新路,让寻乌人民过上更美好的生活,必须以习近平新时代中国特色社会主义思想为指导,顺应时代潮流,响应时代号召,努力做创新发展"拓荒牛",深入贯彻新发展理念,积极构建新发展格局,不断提高改革攻坚的能力和水平,继续深化改革,进一步转变工作理念,加大对经济发展质量效益、社会进步和民生改善、区域协调发展、绿色可持续发展等方面的科学反映,做好高质量发展综合绩效评价工作,加快推进信息化建设,加强对区块链、物联网、云计算、人工智能等现代信息技术的运用,切实提高各领域各方面各项工作的效能,构建与推进国家治理体系和治理能力现代化相适应的现代化体系。

(五)艰苦奋斗,始终坚持严谨细致、认真负责的优良作风

科学严谨是我们党一贯的工作态度,是党的事业成功的关键。毛泽东同志始终坚持用科学态度、科学方法获取第一手资料,坚持做到论据充分、论述严密、结论可靠,坚持定性与定量相结合,既收集属性资料,也采集数量资料,既做定性分析,也做定量分析,有力地确保了调查的科学性和实效性。天下大事必做于细,必须认真对待每一项事实、每一个情况、每一笔数据、每一张报表,这样才能经得起历史的检验。因此,新时代要始终坚持和发扬严谨细致、

认真负责的优良作风，保持真抓实干的优秀传统，推动全党力戒空谈、崇尚实干、精准发力，坚持不唯书，不唯上，只唯实，以寻乌精神激励全党形成求真务实的工作作风，在调查研究中要遵循习近平总书记提出的"深、实、细、准、效"的原则要求，践行寻乌调查精神，不断提升调查研究工作的水平和成效。

三、结论

《寻乌调查》作为毛泽东开展调查研究的经典之作，其中蕴含的思想精华和精神魅力在跨越90余年后，依然熠熠生辉，始终是指引我们党形成正确的思想认识、更好地坚定党的群众路线、改进工作作风、创新调研方法的光辉典范。展望未来，为实现"两个一百年"奋斗目标和中华民族伟大复兴，寻乌要立足资源禀赋和产业基础，始终坚持以习近平新时代中国特色社会主义思想为指导，牢固树立"小县也有大担当，小县也能大作为"的理念，以赶超一流的决心和敢为人先的胆识，持续统筹经济社会发展，深入实施"三大战略、八大行动"，强党建、兴产业、优环境、激活力、惠民生，全面对接融入粤港澳大湾区，凝心聚力谱写高质量跨越式发展寻乌新篇章，展现"寻乌不寻常"的担当和作为。

参考文献：

［1］丁伟志，李国强，廖士祥．百县市经济社会调查：寻乌卷［M］．北京：中国大百科全书出版社，1996.

［2］王达观．寻乌县志［M］．北京：新华出版社，1996.

［3］方正亚，张福坤，杨国万，等．传承红色基因谱写时代新篇："新时代再调查"系列调研报告之三［J］．调研世界，2021（12）.

［4］严丹．柑橘种植对寻乌县农民经济生活及农业产业结构的影响［D］．南昌：江西师范大学，2019.